南沙基础设施建设高质量发展

主　编：陈荣毅
副主编：宋光昕　文志成

1

高聚物注浆技术研究

分册主编：陈荣毅　宋光昕　徐　明
　　　　　谌琳琳　曹建新

中国建筑工业出版社

图书在版编目（CIP）数据

南沙基础设施建设高质量发展. 1, 高聚物注浆技术研究 / 陈荣毅主编；宋光昕，文志成副主编；陈荣毅等分册主编. —北京：中国建筑工业出版社，2024.6
ISBN 978-7-112-29822-8

Ⅰ.①南… Ⅱ.①陈… ②宋… ③文… Ⅲ.①高聚物—灌浆—基础设施建设—研究—南沙区 Ⅳ.①F299.24

中国国家版本馆CIP数据核字（2024）第087624号

责任编辑：刘婷婷
文字编辑：冯天任
书籍设计：锋尚设计
责任校对：赵　力

南沙基础设施建设高质量发展
主编：陈荣毅
副主编：宋光昕　文志成

*

中国建筑工业出版社出版、发行（北京海淀三里河路9号）
各地新华书店、建筑书店经销
北京锋尚制版有限公司制版
建工社（河北）印刷有限公司印刷

*

开本：787毫米×1092毫米　1/16　印张：42　字数：883千字
2024年6月第一版　2024年6月第一次印刷
定价：**458.00**元（共6册）
ISBN 978-7-112-29822-8
（42792）

《南沙基础设施建设高质量发展》

主　　编：陈荣毅

副 主 编：宋光昕　文志成

参　　编：霍文斌　谌琳琳　秦利辉　徐　明　黄　佳
　　　　　曹建新　黄　过

《高聚物注浆技术研究》分册

主　　编：陈荣毅　宋光昕　徐　明　谌琳琳　曹建新

参　　编：王　琦　徐　明　黄　过　江剑锋　孙　飞

参编单位：苏交科集团股份有限公司
　　　　　广州慧勤道路工程有限公司

前 言

南沙地区的市政道路在建设 20 余年后，一大批以沥青混凝土路面为主的道路路面结构接近、达到或超过了使用寿命。对于此类路面结构的处理方式目前尚无明确的指导计划和技术措施。沥青路面结构问题，如桥头跳车、车辙、沉陷、泛油、推移等，是普遍存在的，特别是南沙目前仍处于高速发展时期，重载交通还将加剧路面结构的问题，影响道路的服务功能。

桥头跳车是长期以来难以解决的问题，特别对于位于河流入海口、软土地基深厚的南沙地区。桥头跳车是由多方面的因素造成的，如桥台和路基相接处，两旁软土地基的沉降存在较大的差异；桥梁的纵坡较大；重载交通的影响等。新建道路已经针对桥头跳车采取了针对性的措施，如加强与桥台衔接段路基的软土地基处理方式，减小沉降差异；降低桥梁纵坡等。但对于已经通车的道路，当发生桥头跳车时，如何处理仍是比较棘手的问题。

本书第 2 章对南沙区桥头跳车的现状进行了分析，选择了南沙区的 5 条道路作为案例，包括万环西路、灵新大道、小虎二桥、市南路、万新大道。从项目概况、自然条件及地质情况、设计方案介绍、现场情况、方案分析、结论等几个方面，分析了各条道路的设计情况及桥头跳车情况。案例中既有正面的案例，也有反面的案例，从正反两个方面，有助于理解桥头跳车形成的原因。

本书对于解决路面结构沉陷问题的思路是，向路面结构内部或路基内部注高聚物，填充结构内部的空隙并挤密松散的颗粒，增强结构的强度，同时通过路表面的钻孔挤出路面结构和路基内部的存水，减少因水导致的损坏。对于解决桥头跳车的思路是，向路面结构或路基内部注高聚物，填充并挤密结构内部的空隙，通过高聚物的膨胀作用抬高路表面标高，消除桥头沉降或减小桥头沉降的高度。该措施对交通影响小，可以较小的代价解决路面结构沉陷和桥头跳车问题。

目 录

第1章

绪论

南沙地处广州市最南端、珠江虎门水道西岸，西江、北江、东江三江汇集之处。特殊的地理位置形成了特殊的地质特征：在长期河流冲积和海潮进退的作用下，南沙地区沉积了深厚的海陆交互相的软土，该种淤泥质黏土属于滨海沉积，厚度可达40m，特征为含水率高、抗剪强度低、压缩性高、承载力低。该土质特征导致南沙地区道路沉降病害严重，也是桥头跳车严重的成因之一。

1. 路基段不均匀沉降

我国的路面结构为沥青面层下设半刚性基层，当土基发生不均匀沉降时，会导致半刚性基层发生断裂，在长期交通荷载作用下最终会产生碎裂，表现为路面裂缝、沉陷、屡修屡坏，且病害越来越严重，面积越来越大，平整度迅速恶化，行驶舒适度降低，同时交通隐患加大。道路基层出现病害后，很难进行修复，目前最常采取的措施为在基层病害不严重时不进行干预，当基层病害非常严重时挖除重建。挖除重建工程量大、维修费用高，而且维修时间长、对交通影响大。影响基层维修开展的另一个重要原因就是处治技术，传统的水泥注浆需要养护至少3d，道路封闭不仅影响通行，还会带来巨大的交通隐患。

路基不均匀沉降病害成因如下：

1）软土地基工后沉降未完成

软土地基处治通常采用塑料排水板、堆载预压、粉喷桩等措施。但由于工期紧张，局部工后沉降没有完成即进入下一道工序，导致后续不均匀沉降变形。

2）外界扰动

由于外界扰动，如距道路较近位置基坑降水点或附近水塘抽水等原因，打破了原有的泥水平衡，造成路基不均匀沉降变形。

2. 桥头跳车

桥头跳车是指道路与桥梁台背的衔接区域出现路面或搭板变形、断裂，产生高差，不仅影响车行舒适性，而且影响交通安全，缩短桥台、桥头搭板、支座及伸缩缝的使用寿命，同时也会加剧汽车零部件的损耗，增大油耗，加大尾气排放，造成环境污染。在我国，运营中的桥梁普遍存在着搭板断裂和不均匀沉降，导致桥头跳车现象的产生，交通部门每年为解决桥头跳车的耗费（包括由此带来的高等级公路停止营运或边处理边营运，以及发生交通事故造成的经济损失）相当惊人。为此，许多学者对该问题从不同的角度进行研究，交通运输部及各地交通运输厅也对该问题立项研究。在美国，大约25%的桥梁受到桥头跳车病害的影响，由此引起的维护费用每年超过1亿美元。

随着经济的发展，交通量越来越大。在珠三角发达地区，快速处治道路路基不均匀沉降和桥头跳车病害是一个非常关键的技术，这种技术不仅可以减少安全隐患，同时也可以实现基层的预防性养护，出现问题及时干预，节省大量养护资金。

桥头跳车病害成因如下：

1）台背填料的压实不够

桥梁台背填料通常使用的是填土，按施工程序，先完成桥涵结构，再填筑两端路堤，因此在桥头形成填土较高、施工面狭窄、工期紧张的作业段，大型机械很难进场操作，使用小型压路机在台背碾压时也会有死角碾压不到。即使在施工过程中按照设计要求达到了压实标准，在道路使用过程中也会因为动载和路面自重作用，出现路堤压缩变形。

2）桥梁结构和路基段的沉降差

通常在设计时对桥台基础进行加固处理设计，除了沿海软土地区对有些桥梁台背填方路段基础进行加固设计外，一般对台后填方路段基础不进行加固设计。由于桥台基础与台后填方路基段形成变形差，导致桥台和台后填方段的差异沉降。

3）排水不畅及填土流失

在桥涵与路堤的连接部位，由于存在缝隙，雨水会沿着缝隙渗透，下渗水对桥台一般不产生破坏作用，但对土类填料会产生侵蚀和软化，特别对填方体压实不够的部位，水侵入后会降低其强度，导致填方体变形。在软土地基地带，由于没有沉降到位或者外界扰动打破了泥水平衡，造成深层水土流失，引起桥头路基沉降，产生桥头跳车。

第 2 章

桥头跳车现状

2.1 万环西路

2.1.1 概况

万环西路位于大湾区核心区南沙区南部，广州最南端，向南连接南中高速、深中通道及南沙港区，向北连通东新高速、南沙港快速路，往广州市中心区方向，路线大致呈南北向，东侧为南沙港快速路，西侧毗邻洪奇沥水道。

万环西路地处广州市南沙区万顷沙镇，万顷沙岛河网密布，河涌宽度 15 ~ 200m 不等，较大的河涌有四涌、十一涌、十三涌、十四涌、十九涌等，河涌沿东北 ~ 西南走向贯穿全岛，河涌两侧分别连接洪奇沥水道和蕉门水道。万环西路主线双向 6 车道，设计速度 60km/h；辅道双向 4 车道，按照城市次干路标准建设，设计速度 40km/h。

2.1.2 地质情况

场区的岩土层按其成因分类主要有：第四系全新统人工填土层、全新统海陆交互相沉积层、残积层、燕山期侵入花岗岩等。

（1）人工填土层

杂填土：灰褐色，稍湿，稍密，主要由黏性土、粒径为 2 ~ 8cm 的碎石、砂土和建筑垃圾组成，组分不均匀，堆积年限为 2 ~ 5 年，硬质物含量在 30% ~ 80% 之间，钻孔顶部有尺寸 20 ~ 200cm 不等的沥青、混凝土块。该层在陆地钻孔均有揭露，层厚 0.80 ~ 8.70m，平均厚度为 4.19m；层顶高程 3.38 ~ 10.26m；位于地表。标贯平均击数 7.7 击。

耕土：灰褐色，稍湿，松散，主要由黏性土及砂粒等组成，土质不均匀，部分顶部含有植物根茎，堆积年限为 0.5 ~ 1 年，硬质物含量在 15% ~ 30% 之间。该层在 14 个钻孔有揭露，层厚 1.20 ~ 7.20m，平均厚度为 3.51m；层顶高程 4.12 ~ 8.34m；位于地表。

（2）海陆交互相沉积层

淤泥质粉质黏土：深灰色，饱和，流塑 ~ 软塑，有机质含量为 0.01% ~ 5.63%，平均 2.45%，具臭味，局部夹薄层砂。该层各孔均有揭露，部分钻孔呈多层分布，层平均厚度为 19.52m；层顶深度 0.00 ~ 42.00m。标贯平均击数 2.5 击。

粉质黏土：土黄色、褐黄色、灰黑色，可塑，局部偏软塑，土质不均匀，具砂感。该层在 252 个钻孔有揭露，部分钻孔呈多层分布，层厚 0.50 ~ 16.70m，平均厚度为 3.65m；层顶高程 −35.49 ~ 6.82m；层顶深度 0.00 ~ 42.00m。标贯平均击数 10.2 击。

中粗砂：黄色、褐黄色、灰色，饱和，稍密为主，局部松散、中密，主要成分为石英、长石，分选性差，级配较好，粒径不均匀。该层在 255 个钻孔有揭露，部分钻孔呈多层分布，层厚 0.50 ~ 34.10m，平均厚度为 8.76m；层顶深度 15.30 ~ 47.90m。标贯平均击数 15.9 击。

细砂：灰色、灰白色，饱和，稍密 ~ 中密，浅部松散状，主要成分为石英、长石，呈亚圆状，分选性差，级配较差，含有较多黏粒。该层在 116 个钻孔有揭露，部分钻孔呈多层分布，层厚 1.00 ~ 20.20m，平均厚度为 5.65m；层顶深度 3.80 ~ 44.00m。标贯平均击数 12.3 击。

（3）残积层

粉质黏土：灰黄、灰红色，硬塑 ~ 坚硬，韧性较好，由砂岩风化残积形成，含较多砂粒。该层在 23 个钻孔有揭露，层厚 1.40 ~ 18.30m，平均厚度为 6.07m；层顶深度 20.30 ~ 50.50m。标贯平均击数 20.6 击。

砂质黏性土：褐红色、黄褐色，硬塑 ~ 坚硬，局部夹少量碎块，为花岗岩风化残积土，遇水易软化崩解。该层在 127 个钻孔揭露，层厚 0.50 ~ 12.10m，平均厚度为 5.04m；层顶深度 20.10 ~ 61.60m。标贯平均击数 28.6 击。

粉质黏土：灰绿色，硬塑 ~ 坚硬，由片麻岩风化残积而成，主要由黏粉粒、石英组成，遇水易软化崩解。该层在 11 个钻孔有揭露，层厚 0.60 ~ 9.00m，平均厚度为 3.92m；层顶深度 32.50 ~ 45.50m。标贯平均击数 25.5 击。

2.1.3　软基处理方案

沿线分布较深厚淤泥质软弱土，淤泥质土呈深灰色，饱和，流塑 ~ 软塑，有机质含量为 0.29% ~ 5.26%，平均 2.46%，具臭味，局部夹薄层砂。该层各孔均有揭露，部分钻孔呈层分布；淤泥质土为饱和软土，未完成自重固结，具有含水率高、孔隙比大、压缩性高、抗剪强度低、灵敏度高、承载力低的特点。

万环西路于 2006 年前后进行过改扩建，扩建前道路为水泥路，路面宽度约 20m。改建时，道路左半幅为利用原有道路进行加宽，既有道路不再进行软基处理，路基加宽部分采用塑料排水板堆载预压；右半幅为新建，采用塑料排水板真空预压的方法进行软基处理。

2.1.4　桥头段现场情况

本次踏勘的市南路软基位于万环西路十三涌桥附近，重点踏勘内容是该路段的路面平整度和十三涌桥的桥头跳车情况。万环西路拓宽改造后，已通车 17 年，近期进行过路面维修。维修后该路段路面平整度较好，未出现桥头跳车现象（图 2-1、图 2-2）。

图 2-1   十三涌桥桥面现状

图 2-2   十三涌桥桥头现状

2.2   灵新大道

2.2.1   概况

  灵新大道位于南沙区万顷沙镇，主要承担着联系和服务万顷沙内部各区块的作用，是南沙新区路网结构的重要组成部分。灵新大道是一条西北至东南走向的道路，起点接珠江大道，沿线跨越三涌~十七涌，下穿南沙港快速路，经百万葵园、南沙湿地，终点至十八涌北，全长约 16.6km。

  道路现状多为双向 2 车道水泥或沥青路面，宽 9~13m，局部过城区路段为双向

4 车道。目前由于道路沿线多个项目正在开发建设，日常有大量的重型工程车辆在灵新大道行驶，造成现状路面损坏较为严重。

场区现有在建地铁 18 号线与 22 号线，且与多条道路市政相交。沿线途经多个村镇，跨越三涌至十七涌共 15 个河涌，河涌宽 20 ~ 30m。现状道路过城镇段，两侧房屋较多；其余过村段，建筑物大多分布在河涌两侧。跨涌桥中，三涌与四涌桥均为 1987 年设计，采用 6 ~ 8m 跨径现浇板梁。

2.2.2　地质情况

场区主要出露第四系人工填土层、第四系全新统海陆交互相沉积层、第四系上更新统河流相冲积层、残积层和燕山晚期花岗岩等。

（1）第四系人工填土层

①$_1$杂填土：局部分布，呈似层状分布。褐灰色等杂色，稍湿 ~ 湿，松散 ~ 稍压实，主要为粉质黏土夹建筑垃圾等。此层均出露于地表，层厚 1.10 ~ 4.30m，平均 2.34m。

①$_2$素填土：分布于场区大部分地段，呈似层状分布。褐灰色，稍湿，松散，欠压实，主要由黏性土组成。层顶埋深 0 ~ 0.9m，层厚 0.2 ~ 6.8m，平均 2.06m。统计标准贯入试验 22 次，实测锤击数 N=1 ~ 11 击，平均 3.7 击。

①$_3$耕土：局部分布，呈透镜体状分布。褐灰色，湿，松散，含植物根系。层顶埋深 0 ~ 1.4m，层厚 0.5 ~ 2.3m，平均 1.12m。

（2）第四系全新统海陆交互相沉积层

②$_1$淤泥：全场地分布，呈巨厚层状连续分布。灰黑色、深灰色，饱和，流塑，含少量有机质，有机质含量为 0.76% ~ 4.63%，平均 2.77%，具臭味，局部夹薄层粉细砂，含少量贝壳碎屑。层顶埋深 0 ~ 38.7m，层厚 0.5 ~ 32.1m，平均 10.77m。统计标准贯入试验 2199 次，实测锤击数 N=1 ~ 4 击，平均 1.6 击。

②$_2$淤泥质细砂：呈似层状、透镜体状分布。深灰色 ~ 灰黑色，饱和，松散，颗粒较均匀，含少量贝壳和淤泥，局部相变为细砂。层顶埋深 0.8 ~ 33.4m，层厚 0.5 ~ 17.3m，平均 4.02m。统计标准贯入试验 203 次，实测锤击数 N=1 ~ 8 击，平均 5 击。

②$_3$中砂：零星分布，呈透镜体状分布。浅灰色，灰黄色，饱和，松散，粒径较均匀，砂质成分以石英为主。层顶埋深 12.7 ~ 36.8m，层厚 0.6 ~ 8.3m，平均 2.95m，平均 2.49m。统计标准贯入试验 17 次，实测锤击数 N=5 ~ 12 击，平均 8.5 击。

②$_4$粉质黏土：分布于场区部分地段，呈透镜体或层状分布。黄色，灰色，软 ~ 可塑状，土质均匀，手搓有砂感。层顶埋深 2 ~ 43.2m，层厚 0.5 ~ 10.1m，平均 3.16m。

统计标准贯入试验 334 次，实测锤击数 N=2～12 击，平均 6.1 击。

（3）第四系上更新统河流相冲积层

③₁ 粉质黏土：分布于场区部分地段，呈透镜体或层状分布。黄色、灰色，可塑状，土质不均匀，含砂砾，手搓砂感明显。层顶埋深 16.5～41.2m，层厚 0.6～10.2m，平均 3.01m。统计标准贯入试验 18 次，实测锤击数 N=5～17 击，平均 8.6 击。

③₂ 淤泥质粉质黏土：分布于场区部分地段，呈透镜体状分布。灰黑色，饱和，流塑，含少量有机质，具腥臭味，局部夹薄层砂。层顶埋深 24.3～46m，层厚 0.45～17.5m，平均 6.03m。统计标准贯入试验 7 次，实测锤击数 N=2～5 击，平均 3.1 击。

③₃ 粉细砂：零星分布，呈透镜体状分布。黄褐色、灰色，饱和，稍密，粒径不均匀。层顶埋深 18.7～38.5m，层厚 0.8～10.3m，平均 3.65m。统计标准贯入试验 5 次，实测锤击数 N=12～15 击，平均 13.2 击。

③₄ 中粗砂：分布于场区部分地段，呈透镜体或层状分布。黄褐色、灰色，饱和，稍密，粒径不均匀。层顶埋深 18.2～47.3m，层厚 0.8～22.8m，平均 6.35m。统计标准贯入试验 101 次，实测锤击数 N=9～29 击，平均 14.1 击。

（4）残积层

分布于场区起点至里程 K3+800、里程 K8+000 至终点段，主要为砂质黏性土，按其稠度状态可划分为：

④₁ 可塑砂质黏性土：灰绿色、褐黄色，可塑状，为花岗岩风化残积土，遇水易软化崩解，呈层状分布。层顶埋深 14.8～32.7m，层厚 0.7～5.9m，平均 3.59m。统计标准贯入试验 40 次，实测锤击数 N=6～18 击，平均 11.6 击。

④₂ 硬塑砂质黏性土：灰绿色、褐黄色，硬塑状，为花岗岩风化残积而成，遇水易软化崩解，呈似层状或透镜体状分布。层顶埋深 17～49.7m，层厚 0.2～8.03m，平均 3.23m。统计标准贯入试验 46 次，实测锤击数 N=5～43 击，平均 21.8 击。

2.2.3 软基处理方案

因本地段属软土地区，淤泥深度多在 10～24m，一般路段采用塑料排水板堆载预压处理。桥头路段采用水泥搅拌桩复合地基或搅拌桩 + 塑料排水板堆载预压处理。其中，三涌及四涌跨涌桥台后地质情况相对较好，桥头淤泥深度为 12～18m，水泥搅拌桩能够进入稳定的持力层，故采用水泥搅拌桩复合地基。三涌、四涌桥头路段软基处理情况见图 2-3～图 2-6。

水泥搅拌桩复合地基处理采用单轴双向水泥搅拌桩，正方形布置，桩径为 60cm。为了减少桥后沉降突变，水泥搅拌桩采用改变桩长的方式进行过渡，台后处理分为两段，靠近河涌的第一段长度为 20m，第二段长度需根据沿线相交路口位置确定（原则上

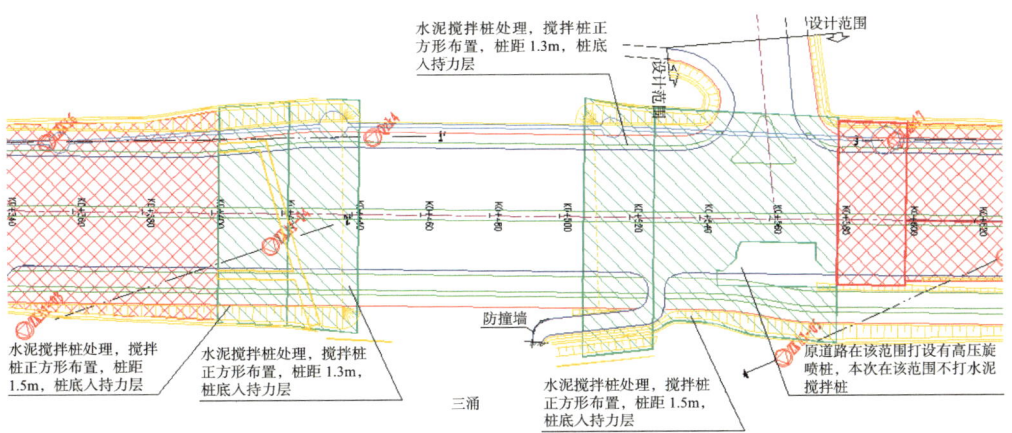

图 2-3　三涌桥头路段软基处理平面图

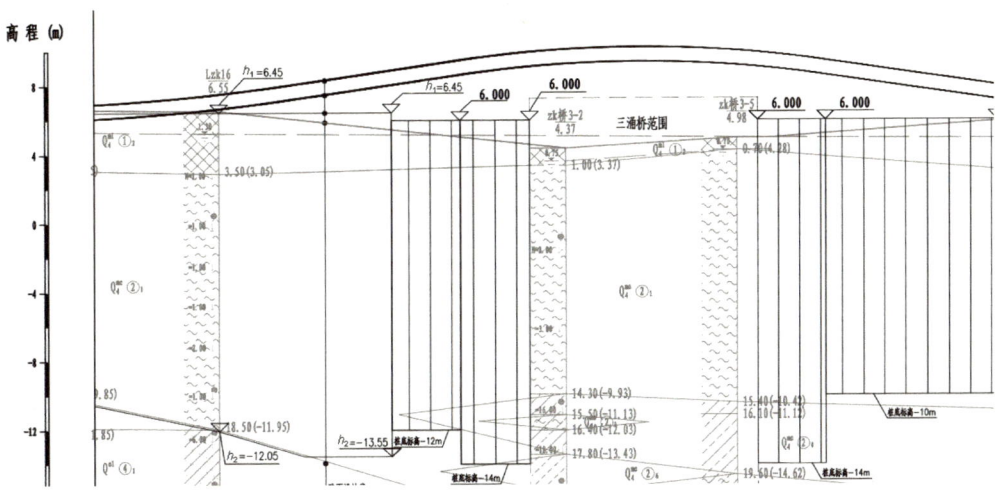

图 2-4　三涌桥头路段软基处理纵断面示意图

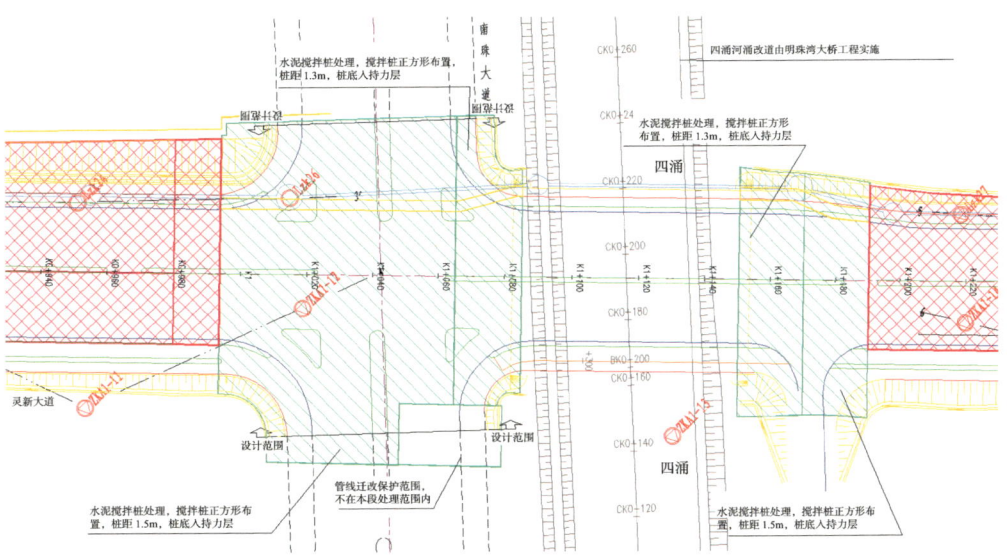

图 2-5　四涌桥头路段软基处理平面图

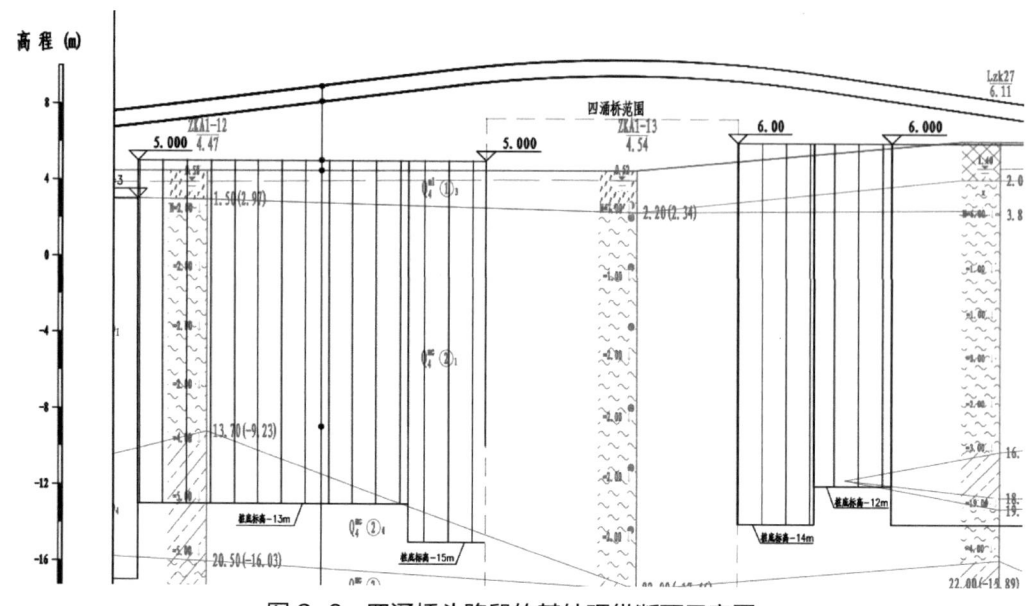

图 2-6　四涌桥头路段软基处理纵断面示意图

长度不得小于为 20m，且须保证交叉口范围内软基处理采用同一种处理方式）。设计控制标准为，第一段工后沉降不得大于 10cm，第二段工后沉降不得大于 20cm。

2.2.4　桥头段现场情况

三涌桥及四涌桥为新建不久的预制预应力小箱梁桥梁，三涌桥头及四涌桥路基为拼宽路基。旧路路基已竣工通车多年，拼宽工程与桥梁均建成不足 3 年。经调查，一般路段路面平整度较好。三涌桥头两侧均未出现桥头跳车现象，路面平整度较好。

三涌桥至四涌桥路段，平面线形为直线，最大纵坡坡度为 2.4%（图 2-7）。

三涌桥桥头两侧的纵坡均为 2.2%，四涌桥桥头两侧的纵坡分别为 2.0% 和 2.4%（图 2-8）。

三涌桥至四涌桥软基深度多在 10 ～ 24m。其中，桥头路段软基深度仅为 12 ～ 18m。软基深度不大，桥头路段采用水泥搅拌桩复合地基，水泥搅拌桩正方形布置，间距 1.3 ～ 1.5m，桩底进入稳定的持力层，目前暂未出现桥头跳车现象。三涌桥、四涌桥桥头路基情况见图 2-9、图 2-10。

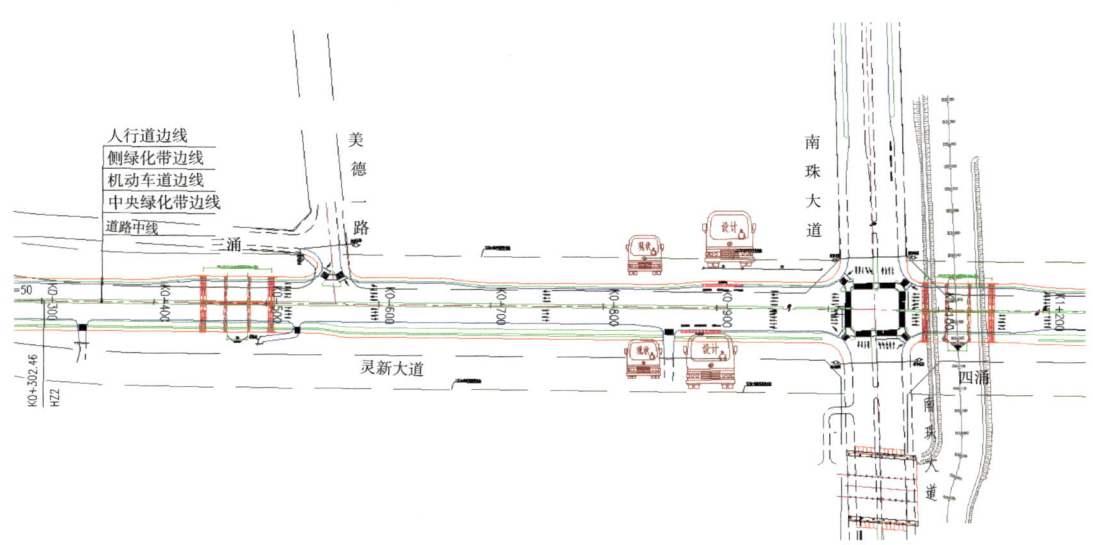

图 2-7　三涌及四涌桥平面图

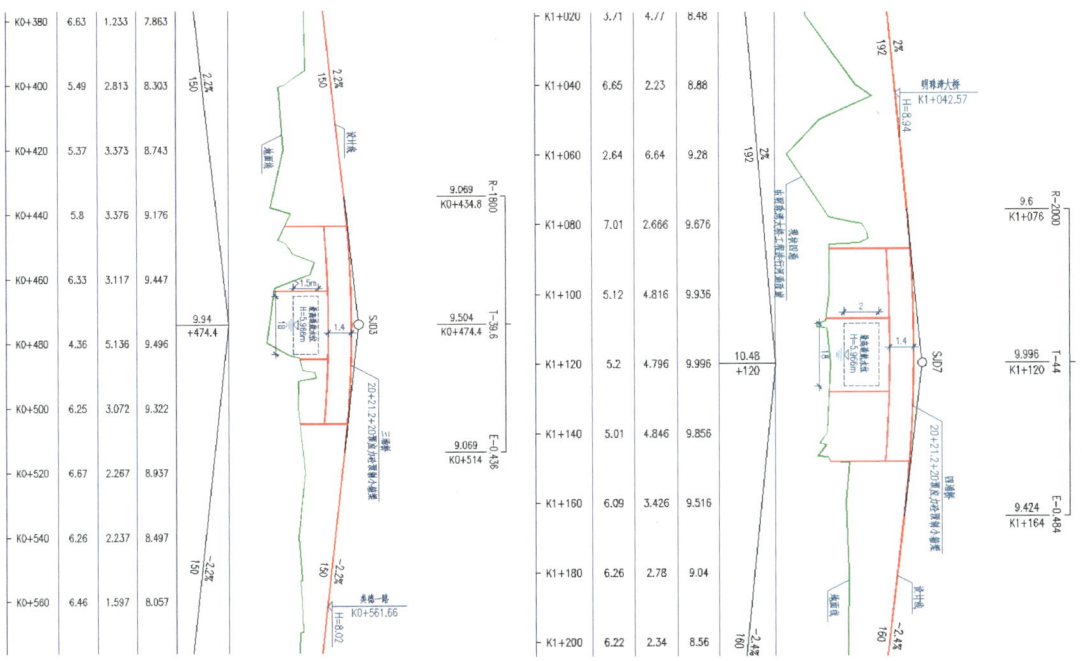

图 2-8　三涌及四涌桥纵断面示意图

图 2-9　三涌桥桥头路基情况

图 2-10　四涌桥桥头路基情况

2.3 小虎二桥

2.3.1 概况

　　小虎二桥位于广州市南沙区小虎岛中北部，行政区划属于广州市南沙区黄阁镇，原桥梁及引道在 2006 年已建成通车，2022 年进行了拼宽改造。线位呈东西走向，西侧起点顺接现状虎沙大道与黄阁东二路交叉路口，沿线交黄阁东一路和规划小虎北一路，东侧终点顺接虎沙大道与黄沙路（规划为小虎北二路）交叉路口。桥梁主线设计速度为60km/h，辅路设计速度为 40km/h。

2.3.2　地质情况

地层划分为第四系全新统人工堆积层、第四系海陆交互相沉积层、古近系莘庄村组泥岩。

（1）第四系全新统人工堆积层

①₁素填土：灰褐色，稍湿，松散，主要由粉砂和粗砂组成，含少量砾石及植物根系，局部夹有粉质黏土和淤泥质土。层厚 1.70～7.00m，平均厚度为 4.45m，层底高程 -3.57～3.40m。

①₂填筑土：黄褐色、灰褐色、杂色，松散～稍压实，稍湿，主要由中砂、粗砂组成，含大量砾石，局部夹有粉质黏土和碎石，表层为混凝土路面。该层场地内主要分布于河道两侧岸上表层，揭露层厚 2.00～14.20m，平均厚度为 4.46m，层底高程 -7.67～4.83m。

（2）第四系海陆交互相沉积层

②₁淤泥质土：褐灰色、青灰色，流塑为主，局部软塑，受上部荷载（车辆通行、土层自重等）作用完成部分固结沉降而以淤泥质土产出，土质较均匀，局部含粉细砂及腐殖质，富含有机质，具轻微腐臭味，手捏滑腻染手，韧性高，干强度高，无摇振反应。层厚 0.5～13.90m，平均厚度为 6.30m，层底高程 -17.25～1.53m。

②₂淤泥：褐灰色、灰黑色，流塑，土质较均匀，局部含粉细砂、腐殖质及少量贝壳，富含有机质，具腐臭味，手捏滑腻，切面光滑，韧性高，干强度高，无摇振反应。层厚 1.40～21.00m，平均厚度为 7.15m，层底高程 -19.45～0.05m。

②₃粉质黏土：灰褐色、褐黄色，可塑，主要由黏粒、粉粒组成，土质较均匀，含有少量细砂，黏性一般，切面粗糙，韧性中等，干强度一般。层厚 0.80～4.40m，平均厚度为 2.57m，层底高程 -24.75～-6.10m。

②₄粉砂：灰褐色，饱和，松散，成分以石英、云母、长石为主，砂质不均匀，含大量淤泥或淤泥质土，分选性一般，级配差。层厚 0.80～7.00m，平均厚度为 3.13m，层底高程 -15.30～-2.17m。

②₄₁粉砂：黄褐色、灰褐色，饱和，稍密，成分以石英、云母、长石为主，砂质不均匀，含大量黏性土及少量砾石，分选性一般，级配差。层厚 1.90～6.40m，平均厚度为 4.13m，层底高程 -22.50～-10.22m。

②₅中砂：黄褐色、褐黄色，饱和，稍密，成分以石英、云母、长石为主，砂质不均匀，含大量黏性土，局部含少量砾石，分选性一般，级配差。层厚 1.50～12.70m，平均厚度为 6.38m，层底高程 -29.85～-11.92m。

②₆砾砂：黄褐色、褐黄色，饱和，中密，主要成分以石英、长石为主，砾石含量约占 30%，粒径约 5～20mm，含大量中粗砂，局部夹有卵石。层厚 2.30～15.20m，平

均厚度为 8.94m，层底高程 –29.80 ～ –23.10m。

②$_1$卵石土：杂色，饱和，中密，母岩成分为砂岩，呈亚圆形、次圆形，磨圆度一般，一般粒径 20 ～ 60mm，最大粒径 100mm，含量约占 65%，余为中粗砂充填。层厚 0.60 ～ 2.60m，平均厚度为 1.52m，层底高程 –29.45 ～ –25.55m。

（3）古近系莘庄村组泥岩

③$_1$强风化泥岩：深灰色、紫红色，泥质结构，层状构造，节理裂隙发育，岩芯风化较强烈，岩芯呈碎块状，一般块径 3 ～ 8cm，日晒易开裂，轻敲易碎。层厚 0.9 ～ 7.0m，平均厚度为 2.76m，层底高程 –32.60 ～ –14.53m。岩石坚硬程度为软岩，岩体破碎，岩石基本质量等级为 V 级。

③$_2$中风化泥岩：紫红色，泥质结构，层状构造，节理裂隙较发育，岩芯呈柱状、一般节长 10 ～ 30cm，最大节长 65cm，局部夹碎块状，一般块径 3 ～ 8cm，锤击易碎。层厚 2.50 ～ 14.50m，平均厚度为 9.66m，层底高程 –42.65 ～ –20.27m，该层未揭穿。岩石坚硬程度为软岩，岩体较破碎，岩石基本质量等级为 V 级。

2.3.3　软基处理方案

小虎二桥东西引桥段均由 2 车道变为 3 车道，引桥段宽度由 9.6m 拓宽至 14.1m，拓宽部分占用现状绿化带及辅道机动车道，致辅道机动车道、人行道整体向外偏移 0 ～ 4m。

西引桥及东引桥桥头引道加宽，平面位置原为绿化带，采用高压旋喷桩加固处理。桩径 0.5m，采用正三角形布置，间距 1.5m。施工时需避开原挡墙墙趾，施工净距不得小于 0.5m。

2.3.4　桥头段现场情况

小虎二桥线位为一条东西走向的直线，桥梁段高程及坡度与既有桥梁一致，西侧引桥坡度为 4.5%，东侧引桥坡度为 5%，主桥段最大坡度为 2.2%，最小坡度为 0.8%。西侧软基深度在 22 ～ 25m 之间，东侧软基深度在 32 ～ 35m 之间，桥梁两侧引道拼宽位置的软基相对较深。

小虎二桥线形情况较好，但软基深度较大，原引道及桥梁在 2006 年已建成通车，原引道沉降相对稳定，现状存在跳车现象，本次拼宽引道及桥梁需考虑原引道已沉降稳定的因素，以及拼宽后断面的整体性，故拼宽后虽然通车仅 2 年，还是会存在轻微跳车现象。

小虎二桥路面情况见图 2-11、图 2-12。

图 2-11 小虎二桥西侧路面情况

图 2-12 小虎二桥东侧路面情况

2.4 市南路

2.4.1 概况

市南路北起南沙大道（沙湾大桥南端），南至进港大道（蕉门大桥附近），市南路是迎宾大道由北向南经沙湾大桥后朝东南方向的唯一分支线，由于原市南路受某项目的影响，将中断该路的交通。按南沙地区现有的发展速度，势必将加大南沙大道的交通压力。现在的市南路北段（黄沙快速干线—黄阁大道段）是原市南公路与黄沙快速干线及黄阁大道两交点的连线，该线路为 60m 宽的城市主干道，该线路的建成，将使进入黄阁工业区的车流可由市南路走黄阁大道，极大地减小南沙大道、市南路和亭角立交的交通压力，从而改善南沙经济开发区的投资环境。因此，市南路的扩建是势在必行的。

市南路北段（黄沙快速干线—黄阁大道段）扩建工程位于黄阁地区中部，为南北走向道路，北起黄沙快速干线，南至黄阁大道，全长约 3.6km。根据规划，本段道路按城市主干路进行改造设计，规划路宽为 60m，设计车速 60km/h。

2.4.2 地质情况

根据钻探资料，场地的岩土层按其成因分类主要有：人工填土层（包括杂填土和素填土）、耕土、淤泥、淤泥质粉质砂土、粉质黏土。

（1）杂填土：位于道路南北两端；主要沿旧路路基分布，其宽度一般到旧路基边线外 2 ~ 5m，个别地方达边线外 5 ~ 10m。以褐灰色、杂色为主，局部杂黄色，呈松散状态。本层位于地表，层厚 0.50 ~ 2.40m，平均 1.30m。

（2）素填土：广泛分布于场区，呈连续层状分布。以褐黄色为主，局部灰黄色，主要由软塑～可塑状态的粉质黏土回填而成，局部含少量碎砖、碎石及植物根系。本层位于地表，层厚 0.30～1.80m，平均 0.95m。

（3）耕土：仅在道路南北两端零星分布，为灰褐色、褐色、灰黑色，由软塑～可塑状态的粉质黏土组成，内含少量植物根系，局部含细砂。本层层面埋深 0.90～1.50m，层厚 0.90～1.60m，平均 1.33m。

（4）淤泥：呈连续厚层状分布。为灰黑色，饱和流塑状态，质较纯，内含少量粉细砂，具腐臭味。本层层面埋深为 0.30～3.00m，层厚变化较大，为 2.30～11.20m，平均 5.50m。

（5）淤泥质粉质砂土、淤泥质粉细砂：广泛分布于场地，呈断续层状分布。为灰黑色，饱和松散状态，分选性稍差，一般含少量贝壳碎片。本层层面起伏较大，层面埋深为 3.30～13.50m，层厚 0.50～6.00m，平均 2.87m。

（6）粉质黏土：呈层状分布为主，少量呈似层状或透镜状分布。为灰白色、褐红色、砖红色、黄色、红黄色等，呈可塑状，局部硬塑状。本层层面埋深 6.50～11.50m，层厚 1.50～3.50m，平均 2.46m。

2.4.3 软基处理方案

因本地段属软土地区，淤泥深度多在 7～11.2m，需做软基处理。设计时，考虑到一方面时间紧迫，另一方面在保证质量的前提下尽量节省投资，软基处理选用袋装砂井处理，砂井上面铺 60cm 厚的中粗砂，再铺 50cm 厚的碎石砂，最后是路面结构。袋装砂井直径 7cm，砂井间距 1.2m，正三角形布置。但桥头 30m 及管箱涵的基础下需采用水泥搅拌桩，桩径为 600mm，中央绿化带两侧的布桩范围各进入绿化带 1m。快车道桩距为 1.2m，人行道及两侧绿化桩距为 1.5m。没有中央绿化带的路段须按快车道桩距布置。

2.4.4 桥头段现场情况

市南路已通车 17 年，一般路段路面平整度较好。黄阁西涌（黄阁汽车城）未出现桥头跳车现象，路面平整度较好。三江涌和黄阁西涌位置原设计和施工了三江涌中桥和黄阁西涌中桥，但是三江涌中桥在黄阁立交施工时已经改造（图 2-13、图 2-14）。所以本次对市南路桥头情况的调查仅限于黄阁西涌中桥。

市南路在三江涌中桥和黄阁西涌中桥位置的平面线形为直线，路段圆曲线半径比较大，两个圆曲线半径分别为 1000m 和 1200m；黄阁西涌中桥和路段的纵坡均比较小，

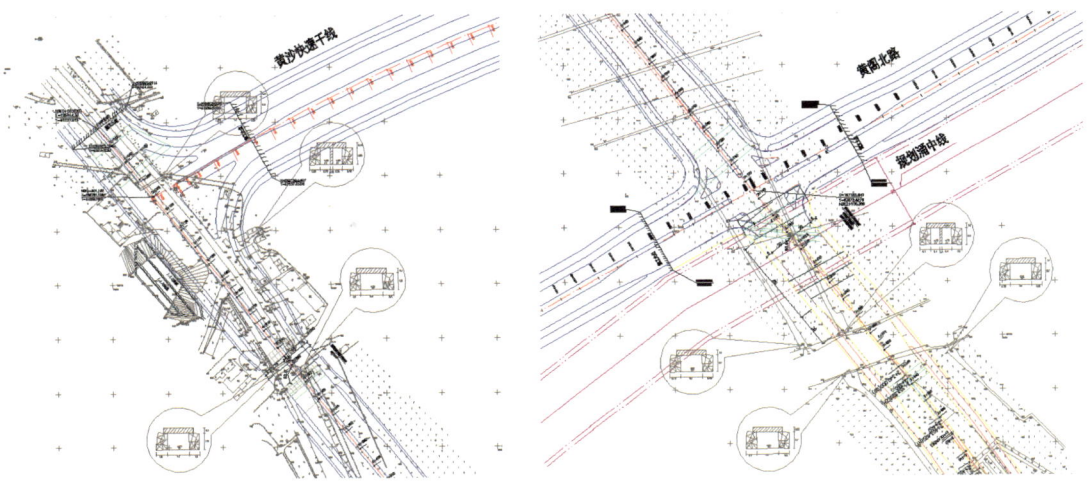

图 2-13　三江涌中桥平面示意图　　　　　　图 2-14　黄阁西涌中桥平面示意图

最大纵坡 1.232%；黄阁西涌中桥的软基深度在 7～10m 之间，一般路基段的软基深度在 7～12m 之间，软基深度相对不大。

市南路全线最小纵坡为平纵，最大纵坡为 1.232%，位于黄阁西涌；黄阁西涌中桥两侧的纵坡分别为 1.232% 和 1.038%（图 2-15），三江涌中桥的纵坡为 0.114%。全线纵坡比较平缓，特别是两座中桥位置的纵坡比较小。黄阁西涌、三江涌桥头路面情况见图 2-16～图 2-18。

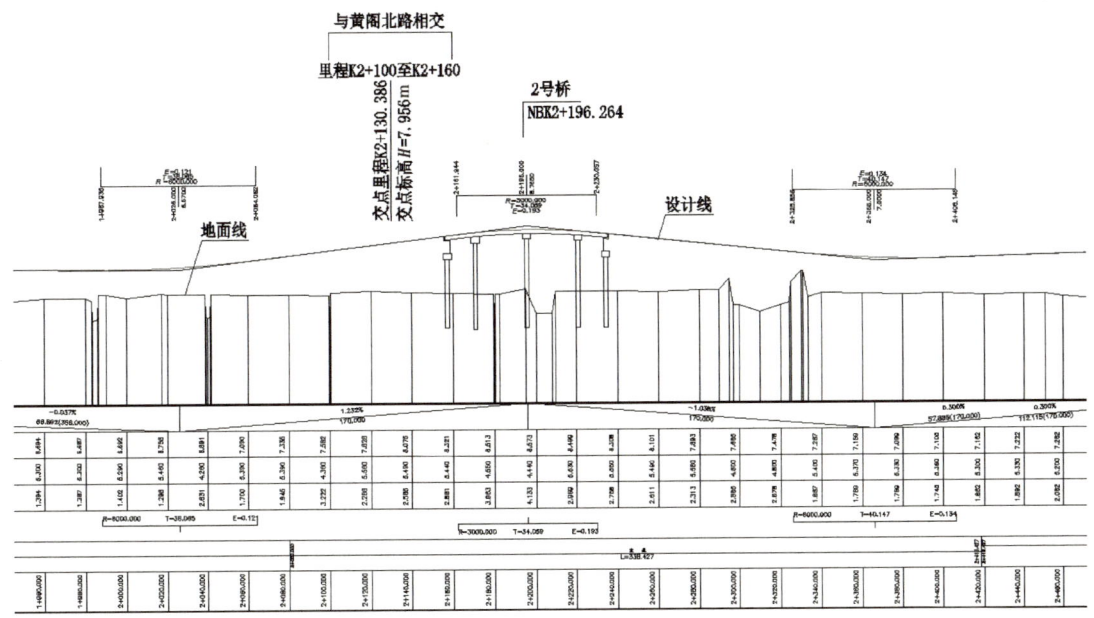

图 2-15　黄阁西涌中桥纵断面示意图

图 2-16　黄阁西涌（黄阁汽车城）桥头路面情况

图 2-17　三江涌南侧桥头路面情况

图 2-18　三江涌北侧桥头路面情况

市南路线形情况较好，软基深度不大，通车时间比较长（已经通车 17 年），沉降相对稳定。以上因素是市南路路面平整度较好及桥头没有跳车现象的主要原因。

2.5　万新大道

2.5.1　概况

万新大道位于广州市南沙区东南端的万顷沙镇区，道路等级为城市主干路，规划宽度为 60m，设计速度为 60km/h，双向 6 车道。万顷沙镇是南沙区下辖的一个镇，位于广州市的最南端，珠江出海口前沿，是珠江口比较大的沙岛，濒临伶仃洋，三面环海，总面积 56km²，由蕉门水道和洪奇沥水道冲积而成。

万新大道为万顷沙镇区南北向的主要干道之一，北起万顷沙三涌以北，连接凤凰大道，以汽配工业园 3 号路交点作为起点，由西北往东南方向延伸，线路基本与万顷沙河涌垂直，南至十四涌以南，沿线跨越四涌 ~ 十四涌，是连接汽配工业园、出口加工区、万顷沙镇规划中心镇区、钢铁工业基地的主要干道。

2.5.2　地质情况

根据钻探资料，场区上覆地层主要有：第四系全新统人工填土层、全新统海陆交互相沉积层、上更新统河流相冲积层以及残积层，下伏基岩为下古生界混合岩。

（1）第四系全新统人工填土层

①$_1$杂填土：揭露于部分地段，呈似层状分布。灰黄色、褐黄色，稍湿 ~ 饱和，松散，主要由粉细砂吹填而成，质较纯。局部地段底部为耕土层。

①$_2$素填土：揭露于大部分地段，呈层状或似层状分布。暗灰色、灰黄色、褐黄色，松散，局部稍压实，主要由砂土和黏性土组成，局部含少量碎石，多为塘基填土或村路填土。此层分布于地表，层厚 0.70 ~ 5.10m，平均 1.63m。统计标准贯入试验 3 次，平均击数为 5.7 击。

①$_3$耕土：揭露于大部分地段，呈层状或似层状分布。暗灰色、褐黄色，软塑，主要由黏性土组成，含少量植物根系。此层分布于地表，层厚 0.70 ~ 5.10m，平均 0.70m。统计轻型动力触探试验 28 次，平均击数为 12.8 击。

（2）全新统海陆交互相沉积层

②$_1$淤泥：揭露于整个场区，呈层状连续分布。呈灰色、深灰色，饱和，流塑，富含有机质和腐殖物碎屑，具臭味，普遍夹薄层线状粉细砂，局部含少量贝壳碎片。有机质含量一般为 0.45% ~ 3.14%，平均 1.769%。层顶埋深 0.00 ~ 5.10m，层厚 10.3 ~ 21.0m，平均 14.48m。统计轻型动力触探试验 506 次，平均击数为 24.5 击；统计标准贯入试验 129 次，平均击数为 1.0 击。

②₂淤泥质粉质黏土：揭露于部分场区，呈似层状或透镜体状分布。灰色、深灰色，饱和，流塑，含少量有机质，具臭味，局部夹薄层粉细砂，偶见贝壳碎片。该层以淤泥质粉质黏土为主，局部相变为淤泥质黏土。层厚 0.80～8.60m，平均 3.79m。平均标贯击数为 4.0 击。

（3）上更新统河流相冲积层

③₁粉、细砂：主要揭露于部分地段，呈似层状或透镜体状分布。灰色、灰白色，饱和，松散，粒径一般较均匀，含少量黏性土，局部含少量淤泥。

③₂粉、细砂：揭露于部分地段，呈层状连续分布。主要呈灰色、浅灰色、灰白色，部分深灰色、黄褐色，饱和，稍密，局部中密。粒径一般较均匀，含少量黏性土，局部夹薄层透镜状粉质黏土或淤泥质粉质黏土。该层以粉、细砂为主，局部相变为中砂或粗砂。层顶埋深 12.30～26.3m，揭露层厚 0.50～6.50m，平均 2.17m。统计标准贯入试验 35 次，平均击数为 14.0 击。

③₃粉质黏土：揭露于部分地段，呈层状或似层状分布。主要呈灰色、灰白色、灰黄色，部分深灰色、浅灰色，可塑为主，局部呈软塑或硬塑，土质一般较均匀，普遍含少量粉细砂，局部夹薄层透镜状粉细砂。该层以粉质黏土为主，局部相变成黏土或粉土。层顶埋深 13.30～31.90m，揭露层厚 0.50～12.00m，平均 2.92m。统计标准贯入试验 33 次，平均击数为 10.0 击。

③₄淤泥质粉质黏土：在钻探深度范围内，揭露于小部分地段，呈似层状或透镜状分布。灰色、深灰色，饱和，流塑，含有机质，具臭味，含少量粉细砂和腐殖物碎屑，局部夹薄层线状粉细砂。此层主要为淤泥质粉质黏土，局部相变成淤泥质黏土或淤泥质粉土。层顶埋深 15.20～35.90m，层厚 0.70～10.70m，平均 2.76m。统计标准贯入试验 19 次，平均击数为 6.0 击。

③₅粉、细砂：在钻探深度范围内，主要揭露于桥位钻孔。主要呈灰色、浅灰色、灰白色，部分深灰色、灰黄色，饱和，中密，粒径较均匀，含少量黏性土，局部含少量淤泥质粉质黏土。该层以粉、细砂为主，局部相变为粉土、中砂或粗砂。层顶埋深 18.70～33.90m，揭露层厚 0.8～5.90m，平均 2.59m。统计标准贯入试验 14 次，$N=13.0～32.0$ 击，平均击数为 20.6 击。

③₆中、粗砂：在钻探深度范围内，主要揭露于桥位钻孔。灰色，灰白色、灰黄色，饱和，中密，局部稍密，粒径一般不均匀，含少量石英砾石和黏性土。层顶埋深 15.00～43.80m，层厚 0.55～17.60m，平均 4.14m。统计标准贯入试验 41 次，$N=15.0～29.0$ 击，平均击数为 20.5 击。

③₇砾砂：在钻探深度范围内，主要揭露于桥位钻孔。灰色，灰白色、灰黄色，饱和，中密，砾石含量一般为 30%～50%，砾径 1.00～4.00cm，亚圆形，成分为石英岩、石英砂岩。该层局部卵石含量较高，相变为卵石。平均层厚 2.33m。平均标贯击数为 30.5 击。

（4）残积层

④砂质黏性土：在钻探深度范围内，揭露于局部地段，呈似层状或透镜状分布。褐黄色、浅灰色，硬塑，为混合岩风化残积土，遇水易软化崩解。层顶埋深 19.00 ~ 36.50m，揭露层厚 0.50 ~ 5.40m，平均 2.69m。统计标准贯入试验 6 次，N = 15.0 ~ 27.0 击，平均击数为 18.8 击。

2.5.3　软基处理方案

因本地段属软土地区，淤泥深度多在 11.1 ~ 34.7m，一般路段采用塑料排水板堆载预压法进行软基处理：清表后铺设 50cm 厚中粗砂垫层，打设塑料排水板，间距 1.1m，矩形布置，塑料排水板进入砂垫层 0.5m。塑料排水板以穿透淤泥层、底部进入黏土层或中粗砂层 0.5m 为终孔原则，但最长不超过 25m。桥台台后软基采用管桩处理。场地清表后铺设 30cm 厚中粗砂垫层和 35cm 厚碎石垫层。管桩采用预应力混凝土管桩，打设间距 2 ~ 2.8m，进入桩端持力层 2m。

2.5.4　桥头段现场情况

万新大道已经通车 7 年。四涌桥位置为直线，纵坡比较小，最大纵坡 1.5%。四涌桥段软基深度相对不大，在 9.9 ~ 12.1m 之间，但是桥头跳车情况严重。从视觉上观察，桥台位置车行道呈明显的折线形状，两侧人行道出现严重扭曲变形（图 2-19）。

图 2-19　万新大道四涌桥头路面情况

第 3 章

研究内容

3.1 研究思路

研究主要着眼于以下两个方面：一是改善注浆工艺的处治速度，以减少对城市道路交通的干扰，要求注浆处治后即可开放交通；二是改良设计方法，科学地判断病害类型，从而根据病害成因进行基层病害处治设计。

3.2 研究内容

针对快速注浆处治的材料特性和使用特点，结合工程实践，研究快速注浆施工过程控制关键技术，提出快速注浆处治技术实施方案。主要研究内容为：

（1）处治原则、注浆半径、注浆深度等参数
设计；

（2）施工工艺关键技术；

（3）质量控制技术标准和控制措施；

（4）提出基层快速处治实施方案。

技术路线如图 3-1 所示。

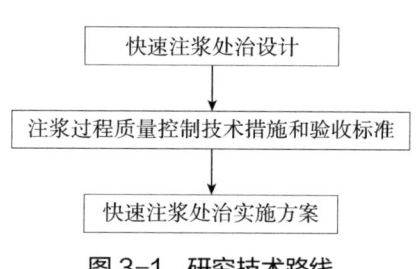

图 3-1 研究技术路线

1. 快速注浆处治设计

对检测结果进行分析，判断基层破坏成因，提出设计方案，包括注浆半径、注浆深度、注浆材料、注浆工艺及注浆后质量要求。

2. 快速注浆施工工艺与质量控制

总结适用于上述快速注浆材料的施工技术及施工质量控制方法。

3. 快速注浆处治验收标准

通过对快速注浆材料力学性能的研究，形成一套快速注浆处治施工工法及验收标准，为道路基层维修养护和品质提升提供高效益方案。

3.3 创新点

1. 根据不同病害进行材料力学性能和注浆设计

针对不同的病害类型进行分析，提出相应的材料力学性能和注浆要求。

2. 施工工法

施工前有检测、施工中有控制、施工后有评价的可控的施工工法。

3. 优越的处治效果

通过对早期道路基层病害进行干预，对已经损坏的基层进行矫正性修复，使道路面层的使用性能得到改善，延长道路面层及道路整体结构的使用寿命。

第 4 章

技术原理

注浆技术是指利用气压或液压，通过注浆管将浆液注入道路基层或土基中。注浆过程中主要利用外部压力并叠加材料膨胀实现注浆体的渗透、劈裂和压密，起到填充孔隙、挤密加固的作用，如图 4-1 所示。

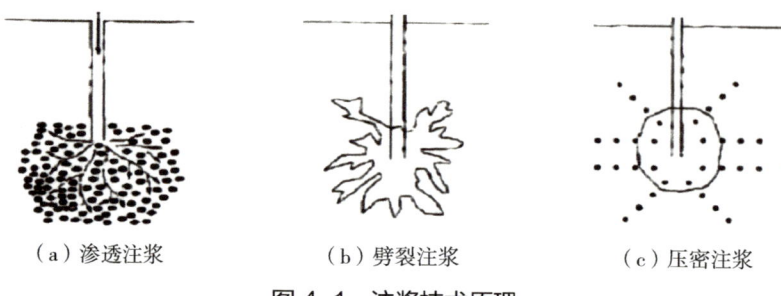

（a）渗透注浆　　　　　（b）劈裂注浆　　　　　（c）压密注浆

图 4-1　注浆技术原理

高聚物注浆技术是 20 世纪 70 年代发展起来的基础工程快速维修加固技术，其注浆原理如图 4-2 所示。该技术是按照一定配比，通过细小的注浆管（直径 16cm）向地基中注射双组分高聚物注浆材料，在注浆枪内，两种组分材料混合体发生复杂的化学反应后逐渐发泡，体积迅速膨胀并形成温度较高的流塑状的混合体，这些混合体通过预先植入的注浆管不断地流动并到达注浆点，然后填充周围土体中的孔隙，同时不断膨胀的体积将产生动力能量和膨胀力。由此产

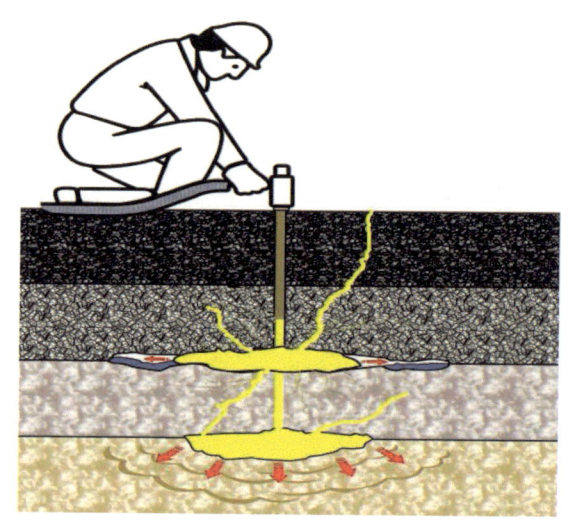

图 4-2　高聚物注浆原理

生的膨胀力一方面可以挤密周围土体，加速土体的固结；另一方面，也能起到抬升注浆点上方土层的作用。同时，混合体的膨胀硬化能够补偿压缩土体的体积损失，从而减小土体的孔隙比，补偿地基承载力，阻止地基沉降的进一步发生。

高聚物注浆材料是由 A、B 组分原料混合发泡制成，混合后为具有高膨胀性、流塑状的黏稠型发泡体，并在短时间内开始发泡膨胀，约 15min 后形成具有最终强度 90% 的固体胶结物。在这个过程中，高聚物混合浆液从流塑膨胀体到凝胶塑性体，最后硬化成固体。流塑膨胀体阶段的浆体主要还是液体状，流动性较强，但随着反应时间的进行，液体黏度开始增大，流动性也就下降，逐渐形成高强度固体。

第 5 章

材料性能指标

UTK 高分子聚合物具有一定的韧性，不易降解，防水性能优良，能密实地填充结构内的空洞、间隙，并具有良好的抗裂性和抗渗性，其主要技术特点如下：

1）对发生病害的部位进行精准处治；

2）干钻成孔，避免在成孔过程中水对结构造成二次不良影响；

3）材料具有一定的膨胀性，确保填充效果；

4）固化时间短，确保注浆料可以充分填充处治区域，包括纵向裂缝间隙；

5）材料与水不发生反应，在固化过程可以排除结构内部积水，且固化后可起到隔水阻水效果；

6）注浆处治后无需养护，施工完成后可立即开放交通，对交通影响小；

7）固化后的材料具有很好的韧性，不易发生脆裂；

8）材料稳定性强，耐久性好；

9）微损，注浆孔孔径仅为 16mm，对结构和外观影响非常小。

材料性能指标要求见表 5-1。

UTK 高聚物性能指标要求 表 5-1

序号	项目名称		要求
1	外观	泡沫外表皮	表皮无粉化现象
2		反应开始时间（25℃，s）	10 ± 5
3		反应持续时间（25℃，s）	50 ± 20
		自由泡密度（kg/m³）	55 ± 5
		膨胀比	$1 \sim 25$
4		尺寸稳定性（-30℃，%）	≤0.5
5		尺寸稳定性（80℃，%）	≤1.5
6		抗拉强度（25℃，项目密度为 0.10g/cm³，MPa）	≥0.40
7		抗压强度（项目密度为 0.10g/cm³，MPa）	≥0.60
8		弯曲强度（项目密度为 0.10g/cm³，MPa）	≥0.20
9		最大膨胀力（项目密度为 0.10g/cm³，MPa）	≥4.5
10		水中发泡收缩率（%）	≤3
11		材料密度	125kg/m³
12		抗渗性能（mL/min）	≤10
13		材料非水反应性	A/B 组分在水中反应成型且强度满足要求

第 6 章

设计理论
和设计方案

6.1 设计理论

浆液扩散机理可以采用点源球形模型作为注浆模型参考（图 6-1），其中：P_c 是注浆压力；P_r 是沿裂缝分布的注浆压力衰减值；r 是注浆的扩散半径；R_{max} 为浆液的最大扩散半径；r_c 为注浆管半径；P_0 为土层的启劈压力值；δ_0 为平均裂缝宽度。

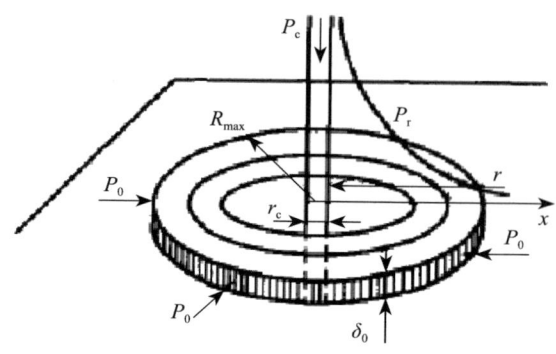

图 6-1　注浆扩散原理图

为方便理论分析，对注浆过程做出以下假设：

（1）视注浆浆液为牛顿流体，其在裂缝中流速较小，浆液流速变化的影响可忽略不计，浆液为层流运动且符合达西定律；

（2）视实际中不均匀的裂缝宽度为均匀的裂缝宽度，且裂缝面上的曲折粗糙面简化为平直缝面；

（3）被灌介质为各向均匀同性；

（4）地层应力分布均匀，劈裂面为以注浆孔为中心的平面径向辐射的圆形裂缝面；

（5）PVC 注浆管与钻孔内壁紧密结合，无浆液沿孔壁外渗。

以上假定忽略了浆液劈裂注浆过程中的紊流性、裂缝宽度不均匀性、浆液流动过程中的摩擦复杂性、地应力分布不均匀性以及浆液劈裂过程中实际扩散面非圆形平面等因素，但通过合理简化后的模型与注浆实际状态仍比较接近，以方便对浆液在基层内劈裂扩散机理和注浆压力沿裂缝的衰减规律进行充分分析。基于上述模型对浆液在平面径向流动的规律进行理论推导。

牛顿流体浆液在注浆压力作用下沿平行于裂缝面的平面径向流动，设流动沿 x 轴且满足 Navier–Stokes 方程：

$$\frac{\partial u}{\partial t} + u \frac{\partial u}{\partial x} = f_x - \frac{1}{\rho} \frac{\partial P}{\partial x} = \mu \Delta u \tag{6.1}$$

式中：u 为流速；t 为时间；f_x 为质量力；ρ 为流体密度；P 为注浆压力；μ 为运动黏度。

假设黏度保持不变，则得：

$$v = -\frac{1}{12} \frac{\delta_0^2}{\mu} \frac{dP}{dx} = \frac{1}{12} \frac{\delta_0^2}{\mu} \frac{\Delta P}{R} \tag{6.2}$$

式中：v 为平均流速；ΔP 为压力差；R 为裂缝长度；δ_0 为裂缝宽度。

设浆液运动黏度 μ 为变量，其值与时间 t 有关，即 $\mu = \mu(t)$，则浆液流动为非定常态，Navier-Stokes 方程变为：

$$\frac{1}{\rho}\frac{\partial P(x,t)}{\partial x} = v\frac{\partial u(x,t)}{\partial y^2} - \frac{\partial u(y,t)}{\partial t} \qquad (6.3)$$

定解条件：$x=0$，$P(x,t)=P_c$；$x=R_{max}$，$t=0$，则 $P(x,t)=P_0$；$y=\pm\delta_0/2$，$u(y,t)=0$。解式（6.2）得：$v = \dfrac{\Delta P}{12 R_{max}\mu_0}\delta_0^2$，其中，$R_{max}$ 为浆液的最大扩散距离。

对于牛顿体有 $Q=2\pi R\delta_0 v$，得到距离注浆孔 r 处的注浆压力为：

$$P_r = P_c - \frac{6\mu_0 Q}{\pi\delta_0^3}\ln\frac{r}{r_c} \qquad (6.4)$$

式中：P_r 为半径 r 处注浆压力值；P_c 为注浆孔内注浆压力值；r 为注浆孔半径。

上式可改写为：

$$P_c - P_r = \frac{6\mu_0 Q}{\pi\delta_0^3}\ln\frac{r}{r_c} \qquad (6.5)$$

式（6.5）表明，注浆压力的衰减规律为：沿缝上任意一点的注浆压力与裂缝扩散半径 r 的对数和注浆量 Q 成正比，与裂缝宽度 δ_0 的三次方成反比。所以，裂缝的宽度越小，注浆压力衰减越快。

当裂缝前端的注浆压力值 P_r 与土体的启劈注浆压力 P_0 相等时，便可求得在注浆压力 P_c 作用下浆液的最大扩散半径 R_{max}：

$$R_{max} = r_c e^{\frac{(P_c-P_0)\pi\delta_0^3}{6\mu_0 Q}} \qquad (6.6)$$

当浆液达到最大扩散半径时，注浆孔中单一裂缝的注浆量为：

$$Q = \frac{(P_c-P_0)\pi\delta_0^3}{6\mu_0\ln(r/r_c)} \qquad (6.7)$$

由式（6.6）、式（6.7）可知，最大扩散半径 R_{max} 与裂缝宽度 δ_0 的三次方和初始运动黏度 μ_0 的倒数成指数关系，与注浆孔半径 r_c 成正比关系；单一裂缝的注浆量 Q 与裂缝宽度 δ_0 的三次方成正比关系，与初始运动黏度 μ_0 成反比关系。因此可以由式（6.6）、式（6.7），求得在注浆压力作用下浆液的最大扩散半径 R_{max} 和单一裂缝的注浆量 Q。高聚物注浆材料由于具有自身膨胀性以及可灌性较好的特点，加上路面内部填充空洞较大，实际中的浆液扩散半径 R_{max} 应在理论计算公式上进行修正。

6.2 路基段处治设计方案

高聚物注浆处治技术方案应根据不同的路面结构形式分别进行设计，包括水泥混凝土基层结构形式和水泥稳定级配碎石基层结构形式。

材料设计原则为：材料的抗压强度与处治层材料的强度接近。

6.2.1 水泥混凝土基层路段的设计方案

1. 脱空水泥混凝土板注浆孔布置

根据检测数据结果，对脱空的水泥混凝土面板进行注浆处理，注浆孔沿行车方向布置，注浆孔距离板边约25cm。横向孔数为4个，孔距平均分配；纵向孔数为5个，孔距平均分配；板中均匀加密，如图6-2所示。

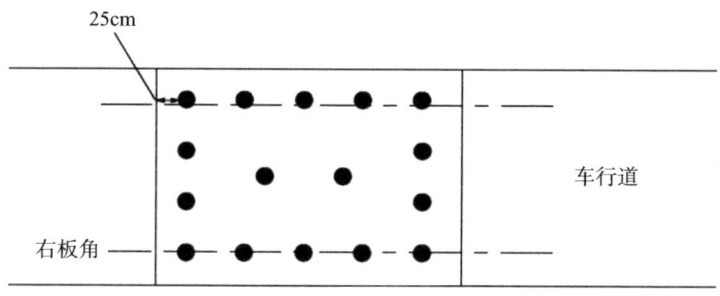

图6-2 注浆孔布置示意图

2. 裂缝板注浆孔布置

若水泥板断裂，在裂缝处增加注浆孔，注浆孔距离裂缝30cm，根据现场情况进行适当加密，如图6-3所示。

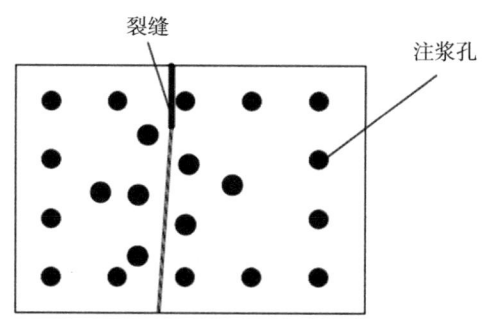

图6-3 裂缝位置注浆孔布置示意图

6.2.2 水泥稳定级配碎石基层路段的技术方案

注浆孔布置根据病害情况分为如下几种：

1. 整车道注浆孔布置

整车道注浆孔布置如图 6-4 所示：沿车行道方向每 100cm 布置注浆孔；沿横向距标线中部 37.5cm 开始，每 150cm 布置注浆孔。

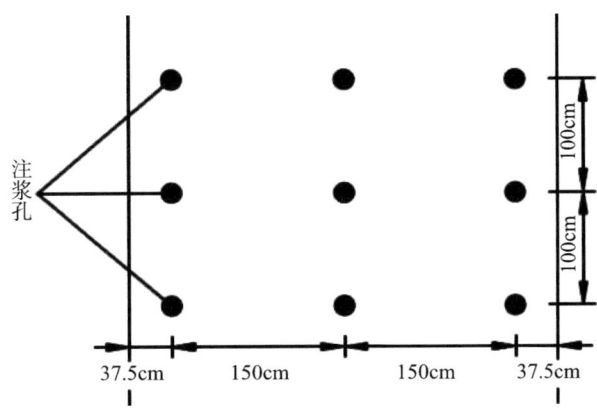

图 6-4 整车道注浆孔布置示意图

2. 横向裂缝注浆孔布置

在横向裂缝两侧，距横缝 25cm 处布置注浆孔，若横缝贯穿整个车道，则一侧注浆孔距标线中部 37.5cm，另一侧距中线 87.5cm 交叉布置，沿横缝方向，间隔 100cm 布置注浆孔，如图 6-5 所示。

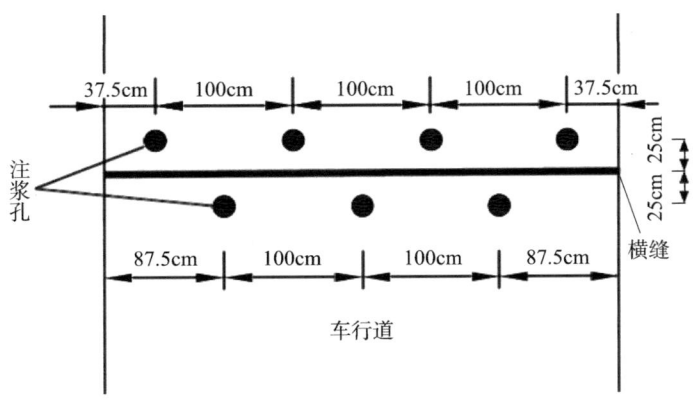

图 6-5 横缝注浆孔布置示意图

3. 纵向裂缝注浆孔布置

沿纵缝两侧交叉布孔，距纵缝间距25cm，间隔100cm布置注浆孔，如图6-6所示。

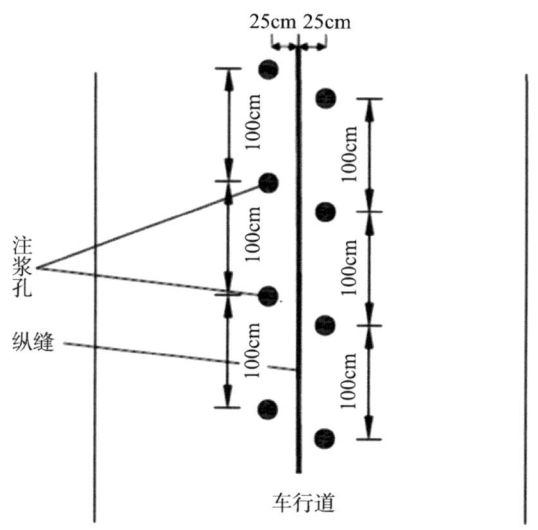

图6-6　纵缝注浆孔布置示意图

4. 修补处注浆孔布置

选定150cm×150cm正方形面积大小的修补处，在修补处正中心布置注浆孔，并以此为中心，横向、纵向交叉布孔，孔距为100cm。如图6-7所示。

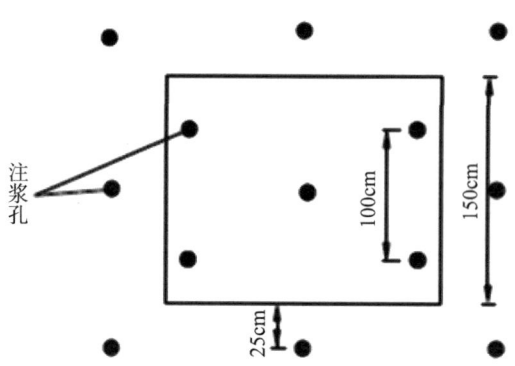

图6-7　修补块注浆孔布置示意图

5. 唧浆处注浆孔布置

以唧浆点为中心，竖向和横向各间距30cm布置注浆孔，如图6-8所示。

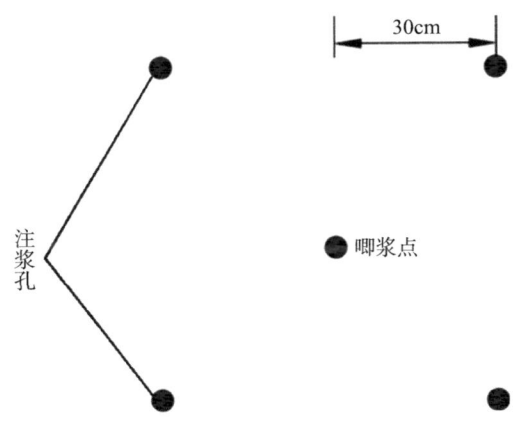

图 6-8 唧浆点注浆孔布置示意图

6.3 桥头跳车处治设计

综合考虑行车安全、行车舒适性和维修费用，当车速在 60～140km/h 范围，台阶高度在 1.5cm 以下时，桥头跳车对车辆行驶无明显影响；台阶高度在 1.5～3.5cm 时，车辆行驶速度将受到一定影响，同时产生较明显颠簸；台阶高度在 3.5～5cm 时，车速将明显降低，同时产生明显颠簸；台阶高度大于 5cm 时，不仅减速与颠簸现象更明显，而且在速度超过 80km/h 时，司机会产生掌握方向盘困难的感觉，行车安全受到很大影响，尤其是两端均有台阶的小桥情况更为明显。总结台阶对车速的影响：一般在台阶高度为 2cm 时会产生较为明显的颠簸，当台阶高度达到 4cm 时，车辆行驶明显减速，其减速幅度平均可达 9km/h，对行车产生显著影响。因此，将桥头跳车的处治标准确定为：当桥台沉降台阶高度达到 2～4cm 时，即应进行修复。

根据现场检测，提出维修设计原则如下：

（1）对已经断裂的桥头搭板进行换板；

（2）对检测出的脱空部位进行注浆加固；

（3）对路面台阶进行调平。

桥头跳车注浆处治，整车道注浆孔布置如图 6-9 所示：沿车行道方向每 100cm 布置注浆孔，沿横向距标线中部 37.5cm 开始，每 150cm 布置注浆孔。

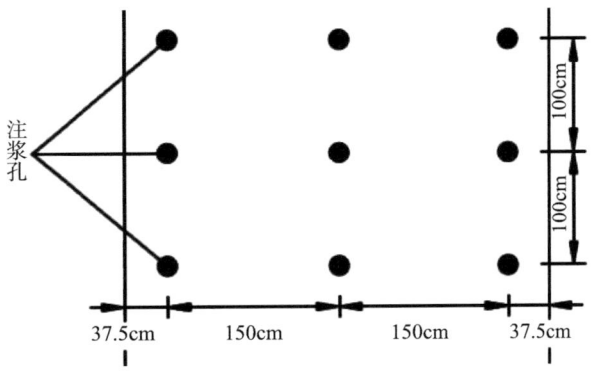

图 6-9 桥头跳车处治整车道注浆孔布置示意图

第 7 章

质量验收标准

7.1 路基段质量验收标准

1. 裂缝全深度处治

施工结束后，当总施工路段长度不小于 1km 时，以 1km 为一个评定单元；当总施工路段长度小于 1km 时，以每个施工段落为一个评定单元，选取测点进行质量评定。裂缝全深度处治质量验收标准应符合表 7-1 中的要求。

裂缝全深度处治质量验收标准　　表 7-1

项目	单位	要求	检验频率	检验方法
外观	—	表面平整、处治材料均匀分布，行车速度 60km/h 以上看不到处理痕迹	全检	目测
裂缝填隙率	%	≥95%	总裂缝的 5%	GPR
取芯	—	处治材料分布均匀	总裂缝的 1%	目测

注：GPR——探地雷达。

2. 唧浆、松散、沉陷处治

唧浆、松散、沉陷处治质量验收标准应符合表 7-2 中的要求。

唧浆、松散、沉陷处治质量验收标准　　表 7-2

项目	单位	要求	检验频率	检验方法
外观	—	表面平整、处治材料均匀分布，行车速度 60km/h 以上看不到处理痕迹	全检	目测
高聚物填隙率	%	≥95%	总裂缝的 5%	GPR
弯沉	0.01mm	满足设计要求	总量的 10%	FWD
取芯	—	处治材料分布均匀	总量的 0.5%	目测

注：FWD——落锤式弯沉仪。

3. 脱空处治

脱空处治质量验收标准应符合表 7-3 中的要求。

脱空处治质量验收标准　　　　　　　　　表 7-3

项目	单位	要求	检验频率	检验方法
外观	—	表面平整、处治材料均匀分布， 行车速度 60km/h 以上看不到处理痕迹	全检	目测
空腔中 高聚物填充率	%	≥95%	全检	GPR
弯沉	0.01mm	满足设计要求	总量的 10%	FWD
取芯	—	处治材料分布均匀	总量的 0.5%	目测

7.2 桥头跳车

桥头跳车处治主要是搭板下部基础（包括路面结构和土基）脱空填充处治，验收标准应满足表 7-4 的要求。

桥头跳车质量验收标准　　　　　　　　　表 7-4

项目	单位	要求	检验频率	检验方法
外观	—	表面平整、处治材料均匀分布， 行车速度 60km/h 以上看不到处理痕迹	全检	目测
空腔中高聚物填充率 （路面结构层）	%	≥95%	每块搭板 1 个点	取芯
空腔中高聚物填充率 （土基层）	—	每 10cm 进尺大于 8 次	每块搭板 1 个点	DCP

注：DCP——动力贯入仪。

第 8 章

施工工艺流程和操作技术要点

8.1 路基段高聚物施工工艺流程

路基段高聚物注浆施工流程如图 8-1 所示。

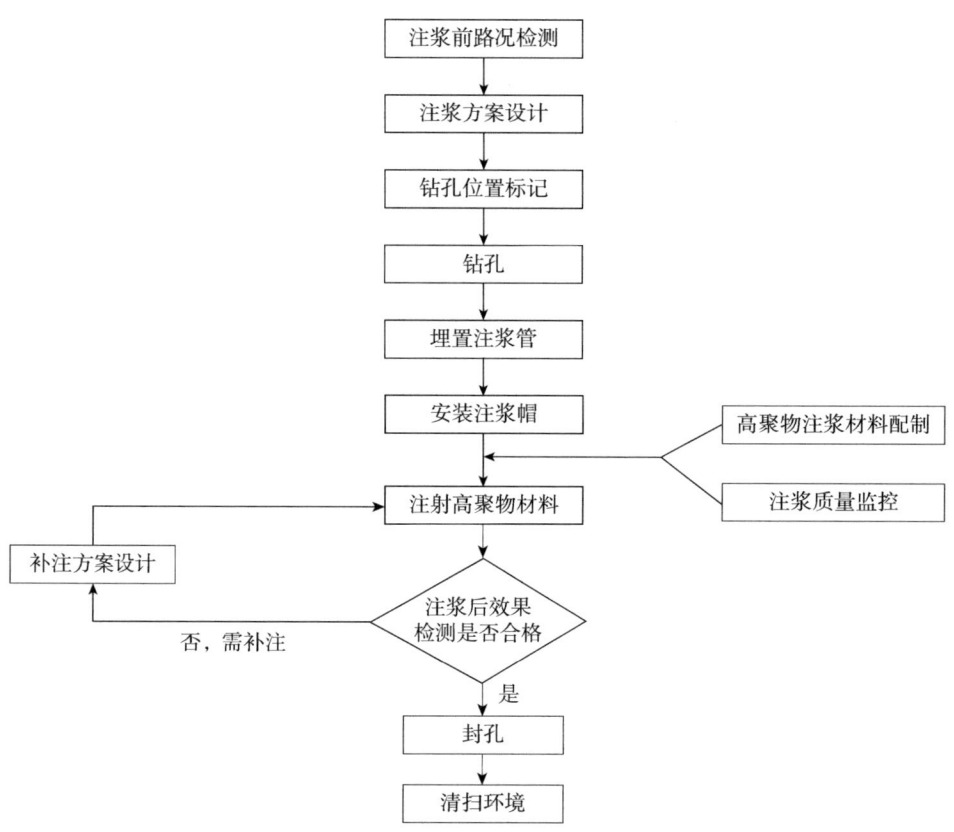

图 8-1　路基段高聚物注浆施工流程

（1）注浆前路况检测：通过实地的路况调查，对原路面存在的病害类型进行分类统计，根据不同的病害类型分别进行取芯、地质雷达、开挖等检测，分析病害成因，判断病害路段是否适合高聚物注浆。

（2）注浆方案设计：针对不同的病害类型，分别提出相应的技术方案，设计布孔形式，根据弯沉值初步确定注浆量。通过取芯、地质雷达、开挖等检测，判断注浆深度和注浆管的埋置深度。

（3）钻孔位置标记：根据高聚物注浆技术要求及注浆孔布置设计，对处理路段使用油漆标注，并标记出每个注浆孔位置。

（4）钻孔：钻孔过程必须保持路面清洁，不得污染路面；将 80cm 长的冲击钻头安装到冲击钻上，并及时对钻孔处进行清理。注浆孔直径约为 1.6cm，钻至设计要求的处治位置。

（5）埋置注浆管：根据高聚物注浆技术要求及路段现场情况，使用切割工具把 PVC 管截取成固定长度（截取长度根据路面厚度和上基层厚度决定，一般情况截取长度为路面厚 +1/2 上基层厚度），把 PVC 管通过注浆孔埋入。

（6）安装注浆帽：把注浆帽凹形边缘使用专用工具清理干净，以便与注浆枪更好地结合，使用铁锤把注浆帽敲入 PVC 注浆管内。

（7）注射高聚物材料：参考弯沉仪检测数据，并结合路面具体情况及工程经验，按照设计对注浆处实施注浆，注浆压力约 7MPa，通过输料管道分别把 A、B 两类高聚物材料输送到注浆枪口，两种材料在注浆枪口处通过 PVC 管输送到路面病害处，并发生化学反应，材料由液体变为固体，体积迅速膨胀。

（8）注浆后效果检测：根据高聚物注浆技术要求，利用弯沉仪、地质雷达等仪器对注浆路段进行检测，分析评价注浆效果，并根据检测结果对注浆不足点进行补注。检测内容主要包括：①弯沉仪检测；②地质雷达检测；③开挖检测；④取芯检测。

（9）封孔：注浆完成后，为防止雨水侵蚀破坏路面，并保持路面的整体形象，使用道路密封胶把注浆孔封住。

（10）清扫环境：使用铁刷对注浆孔及污染路面进行处理，并用笤帚对施工作业区进行清扫，再使用吹风机进行清理。

（11）开放交通：清扫环境后，施工作业区内的车辆要有序、快速地撤离。

8.2 桥头跳车施工控制

桥头跳车高聚物注浆施工流程见图 8-2。

（1）注浆前桥头检测：通过实地的路况调查，进行取芯、内窥镜、DCP 等检测，分析病害成因，判断病害是否适合高聚物注浆。

（2）注浆方案设计：针对病害情况，提出相应的技术方案，设计布孔形式，根据检测结果初步确定注浆量。通过取芯、内窥镜、DCP 等检测，判断注浆深度和注浆管的埋置深度，以及注浆工艺。

（3）钻孔位置标记：根据高聚物注浆技术要求及注浆孔布置设计，对处理路段使用油漆标注，并标记出每个注浆孔位置。

（4）钻孔：钻孔过程必须保持路面清洁，不得污染路面，根据注浆工艺进行不同深

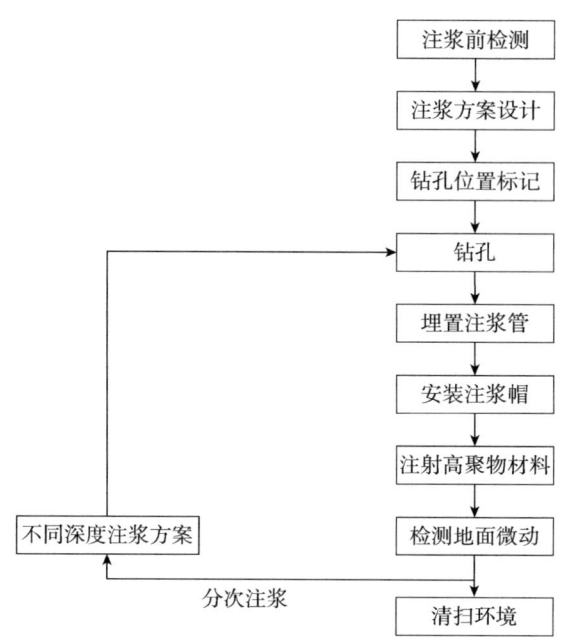

图 8-2　桥头跳车高聚物注浆施工流程

度的钻孔。

（5）埋置注浆管：根据高聚物注浆技术要求及路段现场情况，使用切割工具把 PVC 管截取成固定长度（截取长度根据路面厚度和上基层厚度决定，一般情况截取长度为路面厚 +1/2 上基层厚度），把 PVC 管通过注浆孔埋入。

（6）安装注浆帽：把注浆帽凹形边缘使用专用工具清理干净，以便与注浆枪更好地结合，使用铁锤把注浆帽敲入 PVC 注浆管内。

（7）注射高聚物材料：参考钻芯和 DCP 检测数据，并结合路面具体情况及工程经验，按照设计对注浆处实施注浆，注浆压力约 7MPa，通过输料管道分别把 A、B 两类高聚物材料输送到注浆枪口，两种材料在注浆枪口处通过 PVC 管输送到路面病害处，并发生化学反应，材料由液体变为固体，体积迅速膨胀。

（8）检测地面微动：注浆过程中将激光扫平仪放置于注浆孔附近，并密切关注其数值变化，当数值变动时，证明地面已经微动抬升，此时要停止注浆。

（9）分次注浆：当注浆深度超过 1.2m 时，需要分次分层注浆。

（10）清扫环境：使用铁刷对注浆孔及污染路面进行处理，并用笤帚对施工作业区进行清扫，再使用吹风机进行清理。

（11）开放交通：清扫环境后，施工作业区内的车辆要有序、快速地撤离。

第 9 章

质量、安全、
环保控制措施

9.1 质量控制措施

高聚物注浆现场需严格控制施工质量，主要控制要求如下。

（1）注浆弯沉检测，使用落锤式弯沉仪进行检测要注意温度对水泥混凝土板的热胀冷缩的作用，检测时尽量在 20～25℃ 温度范围内进行，并换算成标准温度下的结果。

（2）布孔位置严格按照设计方案进行控制，开孔孔位与设计孔位偏差一般不得大于 3cm。在病害较严重路段需进行加密，加密点控制根据现场实际情况确定。

（3）严格控制钻孔先后顺序，例如：路面病害为翻浆和路面沉陷时，首先对病害中心周围布孔点进行钻孔，然后进行注浆，最后对病害中心点进行钻孔并注浆，以避免病害中心点的孔洞发生堵塞。

（4）钻机和钻头的性能应满足注浆的要求，注浆的孔径为 16mm。钻孔应选派熟练的操作工，长短钻配合，先短后长，两短三长，每钻进 10cm 左右应上下提钻洗孔，以保证钻孔安全、高效、优质。

（5）通过钻孔排出的钻渣可直观判断路面内部的质量情况，为处治决策、布孔以及确定注浆导管长度提供参考，可进一步完善技术方案。

（6）进行高聚物注浆时，要时刻关注注浆压力变化，保持注浆压力在 7MPa（上下波动不超过 5%）。注浆时关闭注浆枪开关后应"停枪保压"约 30s。注浆后应尽早封孔，防止雨水渗入。

（7）确定注浆量（注浆时间）是高聚物注浆的关键和难点，应选派有经验的操作工注浆，根据浆料溢出情况、注浆枪"回顶力"大小等确定注浆时间，必要时采用水准仪监控路面高程变化，防止注浆量过大导致路面抬升隆起，影响行车的舒适性与安全性。

（8）根据落锤式弯沉仪测得的弯沉值，分配不同的注浆量。如注浆时注浆孔出现喷水，注浆量需大幅增加，注浆直到无出水为止。

（9）高聚物注浆施工过程中，要时刻关注路面的高程变化，利用 3m 直尺和水准仪实时监测路面高程变化，并与注浆前的测量值进行对比。

（10）高聚物注浆后效果评价，使用落锤式弯沉仪（FWD）对注浆路段进行检测，要求弯沉值大于 300μm 的点注浆后弯沉平均降低 30% 以上；注浆后最大弯沉控制在 200μm 以下，并根据检测结果对注浆不足点进行补注。

9.2　安全措施

高聚物注浆施工应遵循以下安全措施，以保证高聚物注浆施工人员、车辆的安全，并避免施工过程中危及他人生命财产安全。

（1）认真贯彻"安全第一，预防为主，综合治理"的方针，根据国家有关规定、条例，执行安全生产责任制。

（2）按照安全生产规定要求，落实各级管理人员和操作人员的安全生产责任制，成立以项目负责人为组长、由项目成员组成的项目部安全生产管理架构，明确各级人员的职责，抓好工程的安全生产，做到纵向到底，横向到边，各自做好本岗位的安全工作。

（3）在开工前，由项目部编制安全技术施工方案，并组织有关人员进行安全技术交底，履行签字手续，并保存资料。

（4）针对新工法、新工艺、新设备、新材料，结合工地特点加强施工现场安全教育，对所有从事管理和生产的人员进行全面的安全教育，重点对专职安全员、班组长、从事特种作业的操作工、机动车辆驾驶员等进行培训教育。

（5）着重针对机械伤害、车辆伤害、高温灼伤、粉尘吸入等风险控制点制定应对措施。施工人员应配备足够的劳动安全用具。各种机械要安排专人负责维修、保养，并经常对机械运行的关键部位进行检查，预防机械故障及机械伤人。车队按运输合同规定负责所属车辆的管理，定期组织运输司机进行安全培训、学习。

（6）按《城市道路施工作业交通组织规范》GA/T 900—2010 等有关规范规定进行占道作业安全交通设施设置，并设专人指挥交通，确保施工作业安全。施工围蔽地段的前后或路口处应设置交通导向标志或警示牌，夜间悬挂警示灯。应派专人协助指挥交通，尽可能减小施工对交通的影响。做到标牌清楚、标识醒目、施工场地整洁文明。

（7）施工中运输车辆应缓慢倒车给摊铺设备卸料，起车厢时必须缓慢提升，排挡位挂空挡，注意旁边施工人员的指挥意见。车辆行进过程中，如遇有高空电车线、通信线缆、电线和人行天桥时，应及时降低车斗，避免碰撞。如遇事故应及时上报，及时处理。

9.3　环保措施

高聚物注浆施工应遵循以下环保措施，以减少施工对环境以及他人的干扰。

（1）在施工过程中严格遵守国家和地方政府有关环境保护的法律、法规和规定，加强对施工燃油、工程材料、设备、废水、生产生活垃圾、弃渣的控制和治理，遵守废弃物处理的规章制度。工程完工后，按要求及时拆除所有施工围蔽、安全防护设施和其他临时设施，并将工地及周围环境清理整洁，做到工完、料清、场净。

（2）对产生噪声的机械应设置吸声设备，最大限度地降低施工噪声。对施工设备排烟管道进行改造，避免对路边绿化花草的灼伤。

（3）应合理设置施工照明灯的悬挂高度和方向，采取遮挡措施，减少或避免光污染。

（4）对施工中可能影响到的各种公共设施制定可靠的防止污损保护遮挡措施，加强实施中的监测。严格检查运输车辆车厢的密封性能，防止运输过程中沥青漏洒，污染路面。

（5）做好施工余料回收，对施工设备的清洗用水设立专用场地排放，做好无害化处理，杜绝施工废液废渣乱排放。

（6）现场施工时，若天气干燥、粉尘过大，应采取除尘措施，事先洒水湿润，防止粉尘飞扬。

第 **10** 章 |

工程应用
和实施效果

10.1 南沙大道基层 UTK 高聚物注浆处治

10.1.1 工程概况

南沙大道是广州南部重要的干线公路之一，初建时为水泥混凝土路面，后加铺沥青路面，呈南北走向，是从广州进入南沙的大动脉。2019 年地铁 18 号线施工横穿南沙大道后，地铁经过路段土层受到扰动，路面产生沉降。经过基层注浆及面层加铺维修后，大部分路面目前使用功能良好，但仍有局部路段存在面层坑槽密集现象，雨后唧浆尤为明显。从钻芯和地质雷达检测分析，南沙大道的道路病害成因主要是基层松散不密实沉降导致板底脱空，路面结构内部形成藏水区域，在车辆荷载作用下，动水压力的冲刷加速沥青面层水损害，从而出现坑槽病害。面层屡修屡补，严重困扰着管理单位和养护单位。路面病害见图 10-1、图 10-2。

图 10-1 坑槽密集   图 10-2 沉降、坑槽

经过不同方案分析比较，考虑到北斗大桥封闭维修，南沙大道成为连接广州市区和南沙区的唯一通道，交通流量大，且车辆无处分流，故选择高聚物注浆对基层进行处治。

10.1.2 UTK 高聚物注浆技术简介

UTK 高聚物注浆技术采用的注浆材料为新型非水反应类不敏感型自膨胀闭孔高分子聚合物材料，原材料为双组分液态预聚体。通过高压注射，原材料以注射点为中心在结构层内部快速渗流，迅速发生共聚化学反应，膨胀并形成固体，填充结构内部空隙、挤压稳定结构内松散固体，实现填充和增强结构密实度的作用（图 10-3、图 10-4）。

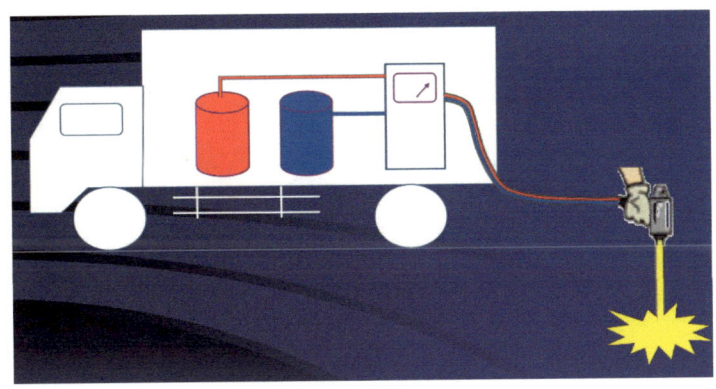

图 10-3　注浆技术原理

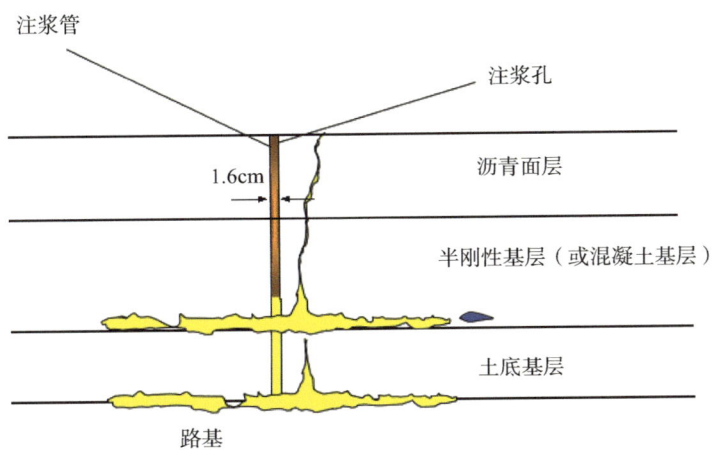

图 10-4　效果示意图

　　该技术具有微创、快速、安全、耐久、环保等特点，近年来在公路工程中逐渐得到广泛应用，主要用于路基路面裂缝、沉陷、脱空、唧浆等早期病害处理。

　　UTK 化学高分子技术参数详见表 10-1，反应参数见表 10-2。

UTK 化学高分子技术参数　　　　　　　　　　　　　　表 10-1

项目	UTK–A	UTK–B
产品外观	油状液体	油状液体
黏度（mPa·s，25℃ ± 2℃）	≤600	≤1000
密度（g/cm³，25℃ ± 2℃）	1.22 ~ 1.25	1.00 ~ 1.20
异氰酸根含量（%）	30.2 ~ 32.0	—
酸度（以 HCl 计，%）	≤0.050	≤0.050
混合体积比	1	1
有效存储期（月，25℃ ± 2℃），	12	12

UTK 聚合材料反应参数　　　　　　　　　　　表 10-2

项目	反应参数
混合情况	压力注浆机械混合
反应开始时间（25℃，s）	10 ± 5
反应结束时间（25℃，s）	50 ± 20
膨胀倍数	$1 \sim 25$
自由泡密度（g/cm³）	$\geqslant 50$

UTK 高分子聚合物具有一定的韧性，不易降解，防水性能优良，能密实地填充结构内的空洞、间隙，并具有良好的抗裂性和抗渗性，其主要性能指标见本书第 5 章。

10.1.3　注浆前检测

1. 现场检测

1）路况调查

采用测距轮测量、人工记录的方式进行施工路段的路况调查。

2）探地雷达检测

检测设备：采用中国电波传播研究院研发的 LTD–2600 型探地雷达及 GC400M 收发一体式屏蔽天线，现场检测工作如图 10–5 所示。

检测原理：地质雷达是一种宽带高频电磁波信号探测方法，它利用电磁波信号在物体内部传播时电磁波的运动特点进行探测；电磁波在地下介质中传播时遇到存在电性差异的界面发生反射，根据接收到电磁波的波形、振幅强度和时间的变化特征推断地下介质的空间位置、结构、形态和埋藏深度。

图 10-5　探地雷达现场检测

3）钻芯检测

采用路面钻芯的检测方法进行路面结构参数调查和路面结构内部病害验证。

2. 检测结果

1）路况调查

路面病害相对严重，主要为坑槽和沉降。

2）探地雷达检测

采用探地雷达对施工路段路面结构内部进行检测，以每车道的左右轮迹带进行布线。分析检测数据可知，路面结构内部缺陷（脱空或不密实）在距路面深度 40～100cm 范围。

3）钻芯检测

（1）北行（番禺方向）K33+737，在慢车道修补块左轮迹处钻芯，芯样沥青层松散，上层混凝土板块开裂，水稳层部分松散，下层混凝土板开裂。基层是水稳碎石，已松散，见图 10-6。

（2）北行（番禺方向）K33+618，在慢车道左轮迹坑槽中心钻芯，芯样沥青层松散，水泥板块完好，基层是水稳石屑，已松散，见图 10-7。

（3）北行（番禺方向）K33+497，在慢车道左轮迹坑槽内钻芯，芯样沥青层厚 15cm，下面层部分松散；水泥板块厚 25cm，整体完好，见图 10-8。

（4）北行（番禺方向）K33+241，在快车道右轮迹坑槽内钻芯，芯样沥青层厚 15cm，整体完好；水泥板块厚 25cm，整体完好，见图 10-9。

图 10-6　北行 K33+737 慢车道芯样

图 10-7　北行 K33+618 慢车道芯样

图 10-8　北行 K33+497 慢车道芯样

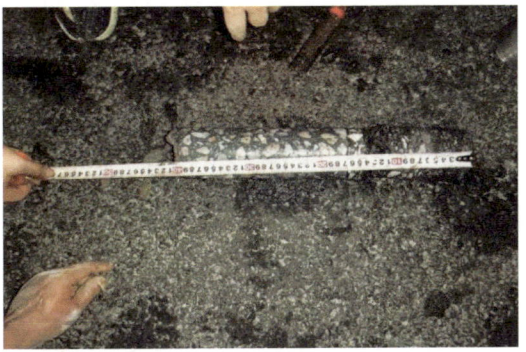

图 10-9　北行 K33+241 快车道芯样

（5）北行（番禺方向）K33+077，在慢车道左轮迹坑槽内钻芯，芯样沥青层厚20cm，整体完好；混凝土板块厚14cm，整体完好；混凝土板块厚25cm，开裂；基层松散，见图10-10。

（6）北行（番禺方向）K31+696，在慢车道中间无表面病害处钻芯，芯样沥青层厚23cm，整体完好；混凝土板块厚34cm，整体完好，见图10-11。

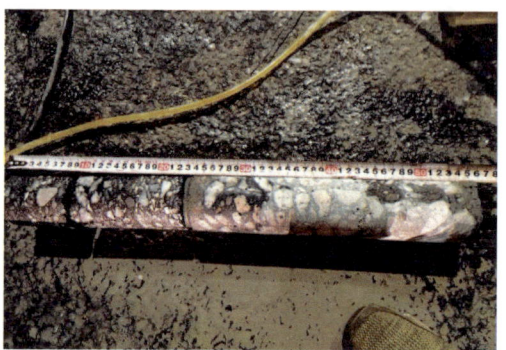

图 10-10　北行 K33+077 慢车道芯样　　　　图 10-11　北行 K31+696 慢车道芯样

3. 结论

（1）沥青路面水损害严重，主要为坑槽和沉降。

（2）根据雷达检测分析，路面结构内部薄弱位置主要集中在 40～100cm 深度范围。

（3）根据抽取芯样可看出道路结构复杂，不同路段结构不一，板块断裂，基层芯样松散、不密实。

10.1.4　施工控制

1. 交通控制

依照保通方案对注浆路段进行交通管制，按照《公路养护安全作业规程》JTG H 30—2015 的规定摆放各种施工标志牌。

2. 注浆前检测

利用探地雷达（GPR）以及现场抽取芯样对维修路段进行检测，判断病害情况。

3. 标记注浆孔位置

根据病害情况分析，结合车道宽度，采取整车道布孔，见图10-12；现场可以根据实际路面病害严重性进行调整。

4. 钻孔

利用冲击钻在标注的注浆孔位置进行钻孔，路面钻孔深度为80cm，见图10-13。

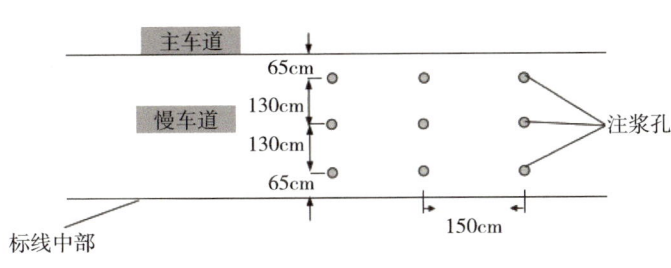

图 10-12　布孔示意图

图 10-13　钻孔（干钻成孔）

5. 下注浆管

使用切割工具按相应的长度截取 PVC 注浆管，坑槽内注浆管按 20cm 下入注浆孔中，其余位置按 25cm 下入注浆孔中。

6. 安装注浆帽

把注浆帽凹形边缘使用专用工具清理干净，用铁锤把注浆帽敲入 PVC 注浆管内。

7. 注浆

注浆时压力为 6~7MPa，通过输料管道分别把 A、B 两种高分子聚合物材料输送到注浆枪口混合，再通过注浆孔输送到病害处，并发生化学反应，材料由液体变为固体，体积迅速膨胀，达到填充脱空、挤密压实的目的。现场施工情况见图 10-14、图 10-15。

图 10-14　现场注浆施工

图 10-15　病害位置邻孔冒浆

8. 注浆后检测

注浆后使用专用工具把注浆帽去除，待 15 ~ 30min 后，利用探地雷达（GPR）进行注浆后检测，分析注浆维修效果；如满足要求，则完成注浆；如不满足要求，则须补注，直到达到要求为止。

9. 清扫环境

使用铁刷对注浆孔及污染路面进行处理，并用笤帚对施工作业区进行清扫。

10. 开放交通

清扫环境后，施工作业区内的车辆要有序、快速地撤离。

10.1.5 注浆后检测

为了判断注浆后的效果，对实施注浆路段进行探地雷达（GPR）以及现场抽取芯样检测，对注浆实施结果进行判定。

1. 雷达检测结果

注浆后的路面结构内部缺陷检测结果为密实，验证了注浆效果，达到预期的目的。

2. 芯样及铣刨开挖结果

在注浆后抽取芯样的 40cm 位置可看到约 2cm 厚的注浆料，表明对薄弱位置已进行有效填充挤密，进一步验证了注浆效果。

注浆后面层铣刨到混凝土面板顶面（铣刨深度为 18cm），裂缝被注浆料填充饱满，错台低洼的板块有一整层的注浆料，说明注浆量已达到饱和。注浆后芯样及铣刨开挖结果见图 10-16 ~ 图 10-20。

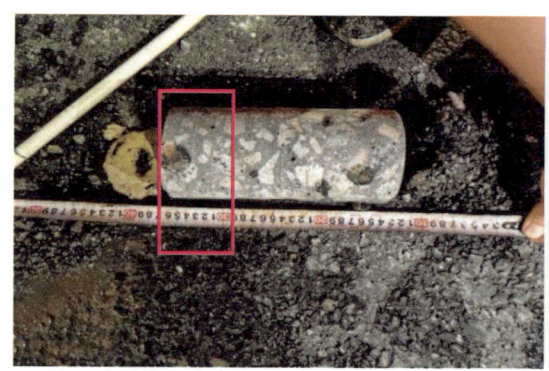

图 10-16　南沙方向 K33+430

图 10-17　番禺方向 K33+645-625

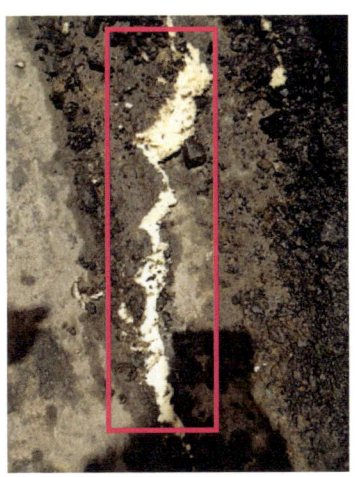

图 10-18　番禺方向
K33+535-520

图 10-19　南沙方向 K33+420-451

图 10-20　南沙方向 K33+420-451 浆料被
刨出

10.1.6　完成工程量

南沙大道项目注浆总工程量为 5854.4m²，其中番禺方向施工 4836m²，南沙方向施工 1018.4m²。

10.1.7　结论

1）根据雷达扫描出的图谱可见，注浆前脱空的位置，注浆后都得到了改善，变为密实，说明高聚物注浆对路面结构薄弱部位起到了较好的填充挤密作用。

2）根据注浆后抽取的芯样和铣刨开挖后的路面可以看出，高聚物注浆对路面结构层脱空和裂缝起到了很好的填充效果。

3）在注浆过程中，病害位置邻孔有注浆材料冒出，说明材料的流动性和布孔间距是适宜的，且结构内部裂缝或者孔隙已经被注浆填充饱满。

4）高聚物注浆施工方便、快捷，不需要养护；在项目施工期间，多次遇到车辆拥堵严重，均能快速撤场，恢复交通，且不影响已施工路段的施工质量。

综上所述，UTK 高聚物注浆能有效填充结构内部出现的薄弱部位，使结构内部缺陷得到较好的改善，且 UTK 高聚物注浆具有灵活施工、微创、早强等特点，是治理基层脱空（或者不密实）的理想解决方案。

10.2 黄阁南路 8 号桥桥头跳车处治

10.2.1 工程概况

黄阁南路 8 号、13 号桥位于广州南沙区黄阁镇就风涌附近，跨越河涌，车流量大，具有重要的交通运输作用。2022 年 3 月现场勘察表明，黄阁南路 8 号、13 号桥东西两侧的桥台台背均存在明显下沉，桥头存在较严重的跳车现象，见图 10-21 和图 10-22。

图 10-21　13 号桥西侧桥台南面挡土墙沉降开裂

图 10-22　13 号桥东侧桥头跳车

3 月 26 日晚，对 8 号桥西侧桥头搭板、13 号桥东侧和西侧桥头搭板进行动力锥贯入法（DCP）和内窥镜检测，发现板底 45～150cm 位置存在空洞和不密实现象，其中最大脱空厚度为 36cm。

为防止由于长期脱空引起搭板断裂塌陷，造成较长时间交通中断，图纸设计要求对主路桥台搭板及路面的脱空进行高聚物注浆处治。高聚物注浆处治的主要优点一是快速凝固，不出现跑浆现象，确保施工质量；二是不需要养护，晚上施工，白天开放交通，施工对现状交通的影响小。

10.2.2 UTK 高聚物成套注浆技术简介

UTK 高聚物成套注浆技术简介已在本书第 10.1.2 节介绍，此处不再赘述。其主要技术特点有：

1）对病害部位精准处治，包括处治范围和深度；

2）膨胀比可达 15∶1，能够填充脱空，压密周围介质，确保填充效果；

3）材料轻质，自重为同体积水泥浆的 10%，对地基承载力要求低；

4）固化时间短，确保注浆料可以充分填充处治区域；

5）材料与水不发生反应，在固化过程可以排除结构内部积水，且固化后可起到隔水阻水效果；

6）注浆处治后无需养护，施工完成后可立即开放交通，对交通影响小；

7）固化后的材料具有很好的韧性，不易发生脆裂；

8）材料稳定性强，耐久性好；

9）微损：注浆孔直径为 16mm，对结构和表观影响非常小。

10.2.3 施工工艺流程

高聚物注浆的施工工艺流程详见本书第 8.2 节。

10.2.4 施工过程实施及质量控制

1. 交通控制
注浆施工前对需处治路段作业区进行封闭。

2. 注浆前检测
注浆前采用 DCP 及孔内成像检测，主要是用来判断路基内部密实度情况，检测发现板底 45～150cm 位置存在空洞和不密实现象，其中最大脱空厚度为 36cm。

3. 布孔
根据高聚物注浆扩散特性，结合工程现场情况，确定注浆孔孔距为 1.2m，见图 10-23。

4. 钻孔
根据注浆孔位置，使用直径 16～20mm 钻头进行钻孔，分 3 次钻孔，第 1 次钻孔

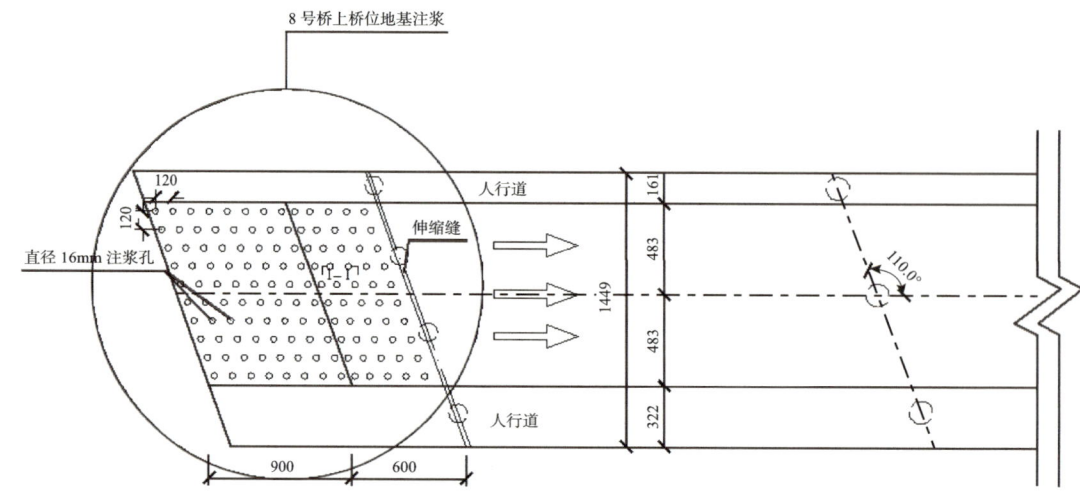

图 10-23 注浆孔分布示意图（单位：cm）

采用 16mm 钻头，钻孔深度为 80cm；注浆后在原孔第 2 次钻孔，采用 20mm 钻头，钻孔深度为 120cm；第 2 次注浆后在原孔进行第 3 次钻孔，采用 20mm 钻头，钻孔深度为 150cm。

5. 安装注浆帽和下注浆管

使用切割工具按下管深度截取 PVC 注浆管，第 1 次下管深度为 30cm，第 2 次为 50cm，第 3 次为 100cm；把注浆帽插入 PVC 注浆管内，再把带注浆帽的注浆管敲入注浆孔中，要求注浆帽与注浆孔紧密结合，不能松动。

6. 注浆过程控制

（1）注浆时，保证注浆压力为 6~7MPa。

（2）注浆材料是双组分材料，配比是固定的，即为体积比 1:1。配备的注浆设备是按此配比设定的，无须调整。

（3）注浆时，使用激光扫平仪对整个注浆过程进行监测。当路面提示被抬升时立即停止注浆，确保路面脱空被填充密实（图 10-24~图 10-26）。

7. 清扫环境

使用铁刷对注浆孔及污染路面进行处理，并用笤帚对施工作业区进行清扫。

8. 开放交通

清扫环境后，施工作业区的车辆应有序地撤离。

图 10-24 现场激光扫平仪监测

图 10-25　现场激光扫平仪监测，控制板微抬升　　图 10-26　注浆饱满后，注浆料从缝隙冒出
　　　　　　停止注浆

10.2.5　结论

　　现场通过对脱空和不密实的区域进行注浆，结合激光扫平仪监测，搭板微抬时停止注浆。注浆饱满后，从缝隙冒出，确保了注浆施工质量，达到预期的目的。

10.3　黄阁南路 9 号桥下行桥头跳车处治

10.3.1　工程概况

　　黄阁南路 9 号桥下行桥（梅山工业区往环市大道方向所经桥梁）伸缩缝后部位桥头跳车严重，且该病害于 2022 年 6 月 29 日发展迅猛，一日之内桥头部位最大沉降达 30～40cm，虽然为保证道路正常通行，施工单位已经进行了沥青混合料加铺拉坡，但还是存在较大的安全隐患。桥台台背存在明显下沉，桥头存在较严重的跳车现象，见图 10-27、图 10-28。

　　经各方沟通，决定对桥台搭板及路面的脱空，采用高聚物浅层注浆技术和深层注浆技术相结合的施工方案加固桥头搭板路基，防止由于长期脱空引起搭板断裂，造成较长时间交通中断。

10.3.2　UTK 高聚物成套注浆技术简介

　　UTK 高聚物成套注浆技术简介详见本书第 10.1.2 节。

图 10-27　9 号桥下行桥现场一　　　　图 10-28　9 号桥下行桥现场二

UTK 化学高分子技术参数及反应参数详见表 10-1、表 10-2。

UTK 高分子聚合物主要技术特点详见本书第 10.2.2 节。

10.3.3　施工过程控制

1. 交通控制

注浆施工前对需处治路段作业区进行封闭。

2. 注浆前检测

根据 2022 年 6 月 30 日中铁隧道局集团试验检测有限公司雷达检测报告，黄阁南路及蕉门水道下行桥南端桥头病害异常路段统计见表 10-4。

黄阁南路及蕉门水道下行桥南端桥头病害异常路段统计　　　　表 10-4

序号	异常位置	起始里程（m）	终止里程（m）	异常长度（m）	异常推断类型	异常深度范围（m）	备注
1	左侧车道 1 测线（北向南方向）	12	15.5	3.5	严重疏松体	1.1～1.7	
2	左侧车道 2 测线（北向南方向）	13	15.5	2.5	严重疏松体，局部脱空	1.1～1.55	
3	左侧车道 3 测线（北向南方向）	12.5	16	3.5	严重疏松体，局部脱空	1.1～1.75	
4	中间车道 4 测线（北向南方向）	12.5	15	2.5	严重疏松体，局部脱空	1.1～1.6	
5	中间车道 5 测线（北向南方向）	12.7	15.7	3	严重疏松体，局部脱空	1.1～1.65	
6	中间车道 6 测线（北向南方向）	12.5	15	2.5	严重疏松体	1.1～1.55	

续表

序号	异常位置	起始里程（m）	终止里程（m）	异常长度（m）	异常推断类型	异常深度范围（m）	备注
7	右侧车道 7 测线（北向南方向）	12	15.5	3.5	严重疏松体	1.1 ~ 1.65	
8	右侧车道 8 测线（北向南方向）	12.8	15.3	2.5	严重疏松体，局部脱空	1.2 ~ 1.54	
9	右侧车道 9 测线（北向南方向）	12.5	16.2	3.7	严重疏松体，局部脱空	1.15 ~ 1.7	
10	右侧车道 10 测线（北向南方向）	13	16.5	3.5	严重疏松体	1.0 ~ 1.5	
合计				30.7			

3. 布孔

根据高聚物注浆扩散特性，并结合工程现场情况，纵向注浆孔孔距为 120cm，横向注浆孔孔距为 130cm（结合现场情况局部略微调整注浆孔位置）。如图 10-29 所示。

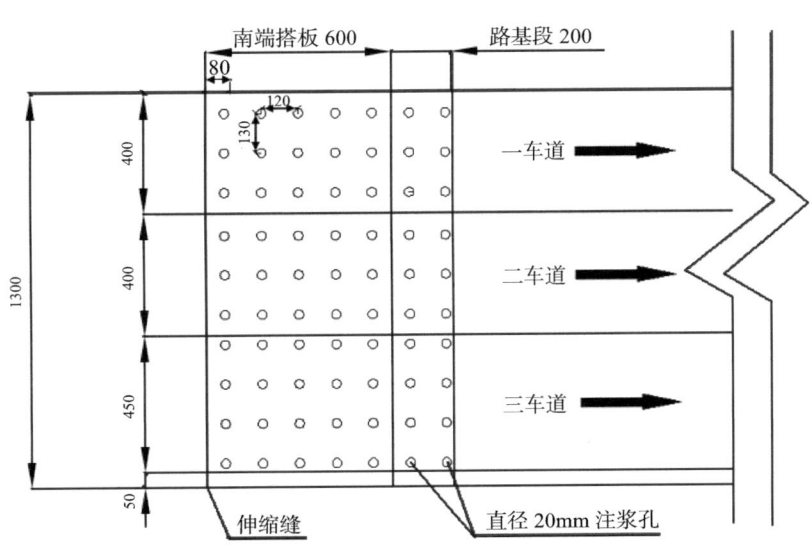

图 10-29 注浆孔分布示意图（单位：cm）

4. 钻孔

根据注浆孔位置，使用直径 20mm 钻头进行钻孔，分两次钻孔。第一次钻孔深度为 1.2m；注浆后在原孔第二次钻孔，钻孔深度为 1.5m（部分深度到 1.7m）。

5. 安装注浆帽和下注浆管

使用切割工具按下管深度截取 PVC 注浆管，第一次下管深度为 60cm；第二次下管深度为 80cm。把注浆帽插入 PVC 注浆管内，再把带注浆帽的注浆管敲入注浆孔中，要求注浆帽与注浆孔紧密结合，不能松动。

6. 注浆过程控制

（1）注浆时保证注浆压力为 6 ~ 7MPa。

（2）注浆材料是双组分材料，配比固定，体积比为 1∶1，配备的注浆设备是按此配比设定的，无须调整。

（3）注浆分两次，先浅后深，第一次钻孔深度为土基顶 1.2m，进行注浆；第一次注浆后在原孔第二次钻孔，钻孔深度为 1.7m，再进行注浆。

（4）第一次注浆时，注浆深度为 1.2m，使用激光扫平仪对整个注浆过程进行监测。当路面提示被抬升时立即停止注浆，视为路面脱空被填充。

（5）第二次注浆时，注浆深度为 1.5m（部分 1.7m），使用激光扫平仪对整个注浆过程进行监测。当路面提示被抬升时立即停止注浆，视为路面脱空被填充（图 10-30 ~ 图 10-32）。

图 10-30   现场激光扫平仪监测

图 10-31   现场注浆接缝冒浆、抬升

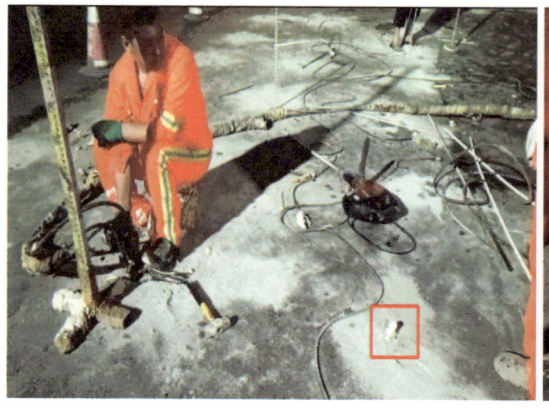

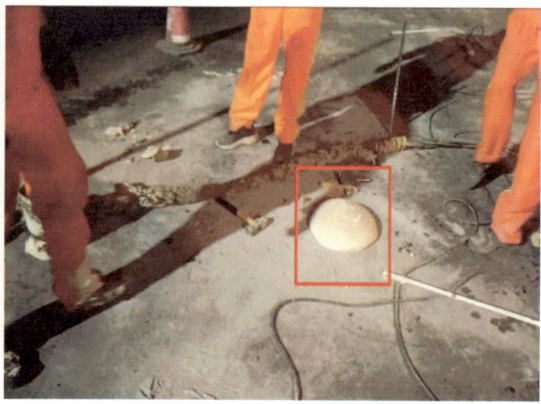

图 10-32   二车道注浆过程中邻孔冒浆

7. 封孔

为保持路面的整体形象，使用冷补料把注浆孔封住。

8. 清扫环境

使用铁刷对注浆孔及污染路面进行处理，并用笤帚对施工作业区进行清扫。

9. 开放交通

清扫环境后，施工作业区的车辆应有序地撤离。

10.3.4 结论

（1）注浆前通过内窥镜成像检测结果验证了板底存在严重疏松体和脱空现象，导致搭板沉降严重。为防止由于长期脱空引起搭板断裂，造成交通中断，使用 UTK 高聚物注浆处理。从处理后的结果来看，使用 UTK 高聚物注浆能密实地填充结构内的空洞、间隙，并具有良好的抗裂性和抗渗性。

（2）注浆过程中，出现多个邻孔冒浆现象。使用激光扫平仪实时监测，发现对每个孔注浆时都有抬升，抬升高度 1～3mm，距离伸缩缝最近的第一排孔抬升高度最大，达 4cm，确保了浆料有效填充挤压结构内部松散空隙位置，证明 UTK 高聚物注浆材料在内部空隙连通的情况下，能很好地扩散填充空隙，稳固结构内部薄弱位置，阻止雨水下渗，达到注浆处治效果。

（3）施工全过程使用激光扫平仪实时监测，确保浆料有效填充结构内部空洞和疏松部位。后期可以通过现场钻取芯样验证注浆效果，并与养护施工单位保持联系，继续观察注浆后搭板是否有沉降情况。

综上所述，UTK 高聚物注浆很好地填充了基层内部薄弱部位，使路面内部缺陷问题得到很好的改善，桥台搭板底脱空得到有效处治。且因其早强的特性，没有对交通造成很大影响，达到了解决方案预期的目的。

责任编辑：刘婷婷
文字编辑：冯天任
书籍设计：锋尚设计

ISBN 978-7-112-29822-8

9 787112 298228 >

(42792)

南沙基础设施建设高质量发展

主　编◎陈荣毅
副主编◎宋光昕　文志成

低碳环保路面铺装材料技术综合应用

分册主编◎陈荣毅　宋光昕　文志成
谌琳琳　曹建新

中国建筑工业出版社

南沙基础设施建设高质量发展

主　编：陈荣毅
副主编：宋光昕　文志成

2

低碳环保路面铺装材料技术综合应用

分册主编：陈荣毅　宋光昕　文志成
　　　　　谌琳琳　曹建新

中国建筑工业出版社

图书在版编目（CIP）数据

南沙基础设施建设高质量发展. 2，低碳环保路面铺装材料技术综合应用 / 陈荣毅主编；宋光昕，文志成副主编；陈荣毅等分册主编. —北京：中国建筑工业出版社，2024.6

ISBN 978-7-112-29822-8

Ⅰ.①南… Ⅱ.①陈… ②宋… ③文… Ⅲ.①路面铺装－基础设施建设－研究－南沙区 Ⅳ.①F299.24

中国国家版本馆CIP数据核字（2024）第087623号

《南沙基础设施建设高质量发展》

主　　编：陈荣毅

副 主 编：宋光昕　文志成

参　　编：霍文斌　谌琳琳　秦利辉　徐　明　黄　佳
　　　　　曹建新　黄　过

《低碳环保路面铺装材料技术综合应用》分册

主　　编：陈荣毅　宋光昕　文志成　谌琳琳　曹建新

参　　编：孔令云　张德才　贺舒榕　刘东光　陈峰阳
　　　　　张海舰

参编单位：苏交科集团股份有限公司
　　　　　重庆交通大学土木工程学院
　　　　　禹通道桥（深圳）材料科技有限公司
　　　　　重庆宇金硕新材料科技有限公司
　　　　　湖南黑马道路再生机械工程有限公司

前 言

《广州市南沙区综合交通运输体系发展"十四五"规划》(简称《规划》)对交通服务的高品质和低碳化提出了明确的要求。关于品质的要求,《规划》在"总体目标"一节指出:"对标国际领先标准打造湾区交通中心,全面提升交通服务品质,建成人民满意的城市交通系统,为南沙区经济和社会发展提供有力支撑。"在"科技创新"一节提出:"加大基础性、战略性、前沿性技术攻关力度,力争在重大交通项目建设和管理、工程精细化品质化提升、智能交通、交通大气污染防控等领域取得新成绩。"

关于低碳的要求,《规划》在"科技创新"一节提出:"鼓励和推广节能减排与低碳环保新技术应用。引导和支持在交通建设与交通运输领域采用节能减排与低碳环保的新技术、新方法、新产品、新工艺、新材料,推广可再生资源和资源的再生利用,发展交通循环经济。"

本书响应《规划》对品质和低碳的要求,总结了四种低碳环保路面铺装材料技术的综合应用情况,包括温拌环氧沥青技术、水性环氧沥青技术、双滚筒连续式拌和大比例热再生沥青混合料成套技术、泡沫沥青冷再生技术。其中前两种技术是响应对品质的要求,后两种技术是响应对低碳的要求。

钢桥面铺装的耐久性是长期以来难以解决的问题,特别是钢桥面和沥青材料的粘结性在高温时降低,发生推移等问题。针对这一难题,本书提供了温拌型环氧沥青技术,以期缓解解决南沙区的钢桥面铺装问题。

水性环氧沥青作为一种新型的路用材料,可用于面层,作为彩色路面铺装及道路预防性养护封层铺装;也可用于粘结层,提高结构的稳定性,减缓早期病害。水性环氧沥青的应用有助于提升道路品质。

南沙市政道路经历了20余年的建设之后,一大批道路的路面结构达到或超过了使用寿命,需要进行改造或重建。为减缓对交通的影响,路面结构改造是首选,对于沥青路面结构的改造,现状沥青混凝土的再生利用一直是研究的重点。本书第3章致力于沥青混凝土的大比例再生利用,第4章致力于轻交通沥青路面结构的再生利用。沥青混凝土的再生利用实现了旧物利用和低碳环保的目标,也是当前沥青路面技术发展的方向之一。

目 录

第 1 章

温拌型环氧沥青
技术综合应用

1.1 环氧沥青复合材料简介

环氧沥青作为一种高性能新型复合材料，其优良的力学性能有：

1. 保留了沥青的高弹性，确保道路的行车舒适性；
2. 提供了与道路桥梁基材间的高粘结力；
3. 具有良好的使用耐久性。

环氧沥青是将固化剂与沥青进行化学改性后，再与环氧树脂发生化学固化反应而形成的一种全新的热固性高分子材料（图1-1）。其分子结构与传统的基于物理共混改性的环氧树脂改性沥青完全不同。改性后形成的新的大分子结构克服了环氧树脂耐候性和柔韧性的不足，使其具有优良的高、低温性能和抗疲劳性能，以及良好的变形随从性。

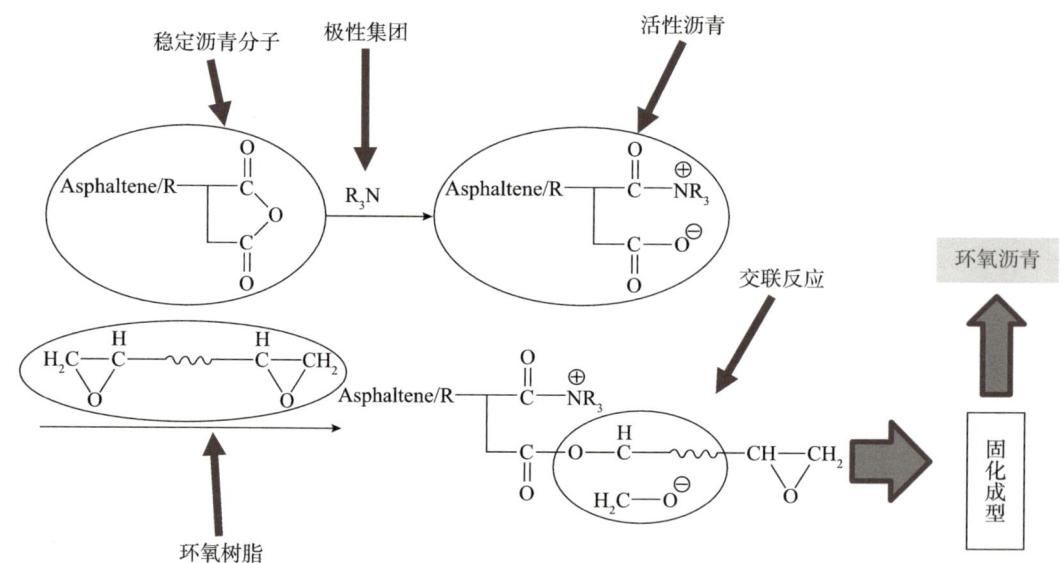

图1-1 环氧沥青形成机理

环氧沥青的两大系列、三大功能如下。

系列一：油性环氧沥青（温拌型）；

系列二：水性环氧沥青（常温型）。

构成了一个综合应用体系，形成了如下的三大使用功能。

功能一：特种铺装（钢桥、混凝土桥、机场）；

功能二：抗滑磨耗层（黑色、彩色）；

功能三：粘结防水层（桥面、路面）。

综合应用技术分别有：

1．"钢桥面铺装"难题解决方案——温拌环氧沥青混凝土；

2．安全可靠的高摩擦力路面处治方案——环氧沥青复合封层；

3．美化城市，提升道路功能化品位——人行天桥、慢行交通系统环氧沥青彩色路面；

4．长寿命沥青路面层间结合的关键技术——环氧沥青粘结层。

1.2 温拌型环氧沥青钢桥面铺装技术原理及特点

钢桥面铺装对材料的高、低温稳定性，抗疲劳开裂性，对钢板变形的随从性，层间粘结，防水性能以及施工便易性等，均有极高的要求。

自 2000 年南京长江第二大桥钢桥面铺装使用美国环氧沥青材料以来，我国很多大型桥梁钢桥面铺装采用进口或国产环氧沥青混凝土，从根本上解决了钢桥面铺装的耐久性问题。

1. 温拌型环氧沥青技术原理

环氧沥青将环氧树脂与沥青复合，经过与固化剂发生反应，形成不可逆的三维网状结构，使沥青性质由热塑性转化为热固性。温拌型环氧沥青不是环氧树脂改性沥青，它从根本上改变了沥青的热塑性性质，使其成为热固性材料。它既有沥青材料的某些特征（如低温柔性、施工受温度控制），也具有水泥等无机结合料的某些特点（如刚度高、强度随时间增长、反应不可逆），是继沥青、水泥之后的另一种全新的路桥用建筑材料。基于它的热固性特点，环氧沥青获得了优良的高、低温性能和抗疲劳性能，以及良好的变形随从性。

温拌型环氧沥青可通过调节材料各组分比例、生产条件等因素，对材料性能和施工特性进行调节，从而制备出适应不同工程用途、不同交通条件和不同气候环境的专用铺装材料。在温拌型环氧沥青专业工程师的培训和技术支持下，熟练的沥青路面施工人员可使用传统的沥青混合料施工设备，完成温拌型环氧沥青混合料的拌和、摊铺、碾压作业，铺筑安全、耐久、可靠的桥面、路面铺装结构。

2. 温拌型环氧沥青的主要特点

与其他沥青类路面材料相比，温拌型环氧沥青具有以下主要特点：

1）热固性

温拌型环氧沥青 A、B 两组分混合后，随着时间的延续，体系的黏度逐渐增大，并且最终成为三维立体互穿网络结构的热固性材料。温拌型环氧沥青的固化是一种不可逆的反应过程，一旦固化完成，即使温度达到 300℃，材料仍呈固态形式。

2）力学强度高

温拌型环氧沥青粘结料的粘结强度是常见热塑性桥面防水材料的 5 倍以上；温拌型环氧沥青混合料的马歇尔稳定度是热塑性改性沥青混合料的 3 倍以上。

3）温度稳定性好

温拌型环氧沥青混合料在夏季高温下不会软化，70℃环境中混合料动稳定度是热塑性改性沥青混合料的 5~10 倍，具有良好的高温稳定性。

温拌型环氧沥青混合料在低温下具有足够的柔性，−10℃环境中混合料极限弯曲强度是热塑性改性沥青的 3 倍，极限弯曲应变为热塑性改性沥青的 1.5~2 倍，具有良好的低温柔韧性。

4）耐久性好

温拌型环氧沥青混合料具有优异的耐疲劳性能，其疲劳寿命是热塑性改性沥青混凝土疲劳寿命的 10~30 倍，可显著降低道路运营后的养护和维修成本，是一种很好的长寿命路用材料。

用温拌型环氧沥青可配制完全不透水的高密度混合料，明显减少了铺装层水损坏的可能性。

温拌型环氧沥青具有很好的耐化学物品侵蚀性和耐油性。在酸、碱、盐、油等溶液中浸泡 15d 后，材料性能基本无变化。能有效防止车辆漏油导致铺装层出现松散、坑槽等病害和冬季除雪撒盐对路面造成的盐蚀破坏。

温拌型环氧沥青混凝土孔隙率小于 3%，用于钢桥面时可为钢板提供除防腐保护涂层外额外的防腐蚀保护。

5）节能环保

温拌型环氧沥青混合料的拌和温度一般在 100~110℃，较常用的改性沥青混合料低 60~70℃，属于典型的温拌混合料，可以节省 30% 左右的燃料；降低二氧化碳、烟尘等的排放 50%，减少氮氧化物（NO_x）、二氧化硫（SO_2）排放 60%~70% 以上，具有良好的节能、环保特性。

6）全寿命造价低，安全性高

温拌型环氧沥青混合料厚度只达到 3~4cm（复合式总厚度为 6~7cm）即可满足铺装层对强度和耐久性的要求（一般沥青铺装厚度设计要求为 9~10cm）。桥面铺装层厚度的减薄，减小了桥梁的恒荷载，增加了桥梁的承载能力，从而间接延长了桥梁的使用寿命。

基于温拌型环氧沥青的耐久性特点，用温拌型环氧沥青铺筑的桥面、路面使用寿命比常规的改性沥青铺装层延长 1 倍以上，养护费用大幅度降低，从而降低了工程的长期成本。

　　温拌型环氧沥青具有显著的阻燃性、防滑性，用于隧道路面铺装可以消减火灾、汽车打滑等安全隐患。

　　温拌型环氧沥青与 SBS 改性沥青的性能对比见表 1-1，固化后的温拌型环氧沥青显微照片见图 1-2，温拌型环氧沥青与 SBS 改性沥青的马歇尔稳定度对比见图 1-3。

温拌型环氧沥青与 SBS 改性沥青性能对比　　　　　　　　表 1-1

类型	指标		单位	温拌型环氧沥青	SBS改性沥青	备注
粘结料	拉拔强度（23℃）	钢桥面	MPa	6.0	0.7	与钢板之间
		混凝土桥面		1.0	0.65	与混凝土之间
	剪切强度（23℃）	钢桥面	MPa	5.0	0.5	与钢板之间
		混凝土桥面		1.2	0.4	与混凝土之间
混合料	马歇尔稳定度（60℃，45min）	钢桥面	kN	>40	12～15	EAC-10
		混凝土桥面		>35		EAC-13
	动稳定度（70℃，0.7MPa）	钢桥面	次/mm	>25000	3000～6000	EAC-10
		混凝土桥面		>15000		EAC-13
	低温弯曲应变（-10℃）		×10^{-3}	3.0	2.0	EAC-10

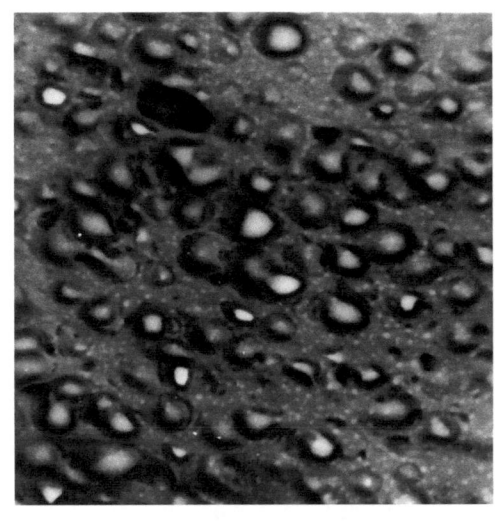

图 1-2　固化后的温拌型环氧沥青显微照片

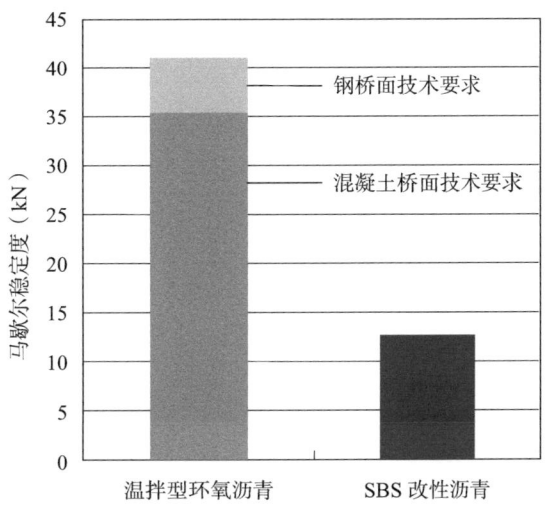

图 1-3　温拌型环氧沥青与 SBS 改性沥青马歇尔稳定度对比

1.3 温拌型环氧沥青材料技术指标及优势

1. 温拌型环氧沥青的技术指标

根据不同工程用途和材料分类，温拌型环氧沥青产品的主要技术指标见表1-2、表1-3。

铺装用结合料技术指标　　　　　　　　　　　　　　　　表1-2

类型	项目	单位	技术要求		试验条件
			钢桥面	混凝土桥面[①]	
材料性能	拉伸强度（23℃）	MPa	≥1.5	≥1.0	参见现行山西省地方标准《环氧沥青混凝土桥面铺装施工技术指南》DB14/T 1327
	扯断延伸率（23℃）	%	≥200	≥200	参见现行山西省地方标准《环氧沥青混凝土桥面铺装施工技术指南》DB14/T 1327
	热固性（300℃）	℃	不熔化	不熔化	参见现行山西省地方标准《环氧沥青混凝土桥面铺装施工技术指南》DB14/T 1327
	吸水率（23℃）	%	<0.3	≤0.3	参见现行国家标准《建筑防水卷材试验方法 第1部分：沥青和高分子防水卷材 抽样规则》GB/T 328.1
	黏度增至2000mPa·s的时间	min	≥150	≥180	参见现行山西省地方标准《环氧沥青混凝土桥面铺装施工技术指南》DB14/T 1327
混合料性能	马歇尔稳定度（60℃）	kN	≥40	≥25	固化后
			初始[②]≥6	初始≥7	未固化
	马歇尔流值（60℃）	mm	2～5	2～5	固化后
	动稳定度（70℃，0.7MPa）	次/mm	≥25000	≥15000	车辙试验

注：①混凝土桥面材料适用于特种路面及机场道面（下同）。
　　②初始稳定度为试件成型后室温下静置12h的测试值。

粘结防水层用粘结料技术指标　　　　　　　　　　　　　表1-3

类型	项目	单位	技术要求		试验条件
			钢桥面	混凝土桥面	
材料性能	拉伸强度（23℃）	MPa	≥5.0	≥1.0	参见现行山西省地方标准《环氧沥青混凝土桥面铺装施工技术指南》DB14/T 1327

续表

类型	项目	单位	技术要求		试验条件
			钢桥面	混凝土桥面	
材料性能	扯断延伸率（23℃）	%	≥190	≥200	参见现行山西省地方标准《环氧沥青混凝土桥面铺装施工技术指南》DB14/T 1327
	热固性（300℃）	℃	不熔化	不熔化	参见现行山西省地方标准《环氧沥青混凝土桥面铺装施工技术指南》DB14/T 1327
	吸水率（23℃）	%	≤0.3	≤0.3	参见现行国家标准《建筑防水卷材试验方法 第1部分：沥青和高分子防水卷材 抽样规则》GB/T 328.1
	黏度增加至1000mPa·s的时间	min	5～20	5～20	参见现行山西省地方标准《环氧沥青混凝土桥面铺装施工技术指南》DB14/T 1327
工程性能	拉拔强度（23℃）	MPa	≥5.0	≥1.5	与钢板
			—	≥1.0	与混凝土
	剪切强度（23℃）	MPa	≥3.0	≥1.0	与钢板

2. 温拌型环氧沥青的技术优势

1）容留时间长，施工节奏从容

新型温拌型环氧沥青是第二代国产温拌型环氧沥青，它和第一代产品及美国环氧沥青相比，除了技术性能指标保持一致以外，最主要的区别是：（1）施工控制温度进一步降低，混合料出料温度可以低至90℃左右，摊铺温度可以放宽到80℃，碾压终了温度可以低至40℃；（2）混合料容留时间明显延长，最长可达到200min（一般控制在180min以内）；（3）铺装层摊铺碾压容许在气温0℃或零下几度条件下作业，对于我国北方地区而言明显延长了施工季节。

2）组合设计，取长补短

新型温拌型环氧沥青的固化反应时间延长，铺装层强度形成速度减缓，不利于快速开放交通，可以通过结构组合形式予以解决。即：铺装下层采用环氧沥青，铺装上层采用改性沥青。这种组合可以利用上层改性沥青混合料的高温作用促进下层环氧沥青固化，并可适当分散荷载，为未完全固化的初期环氧沥青提供有效保护。另外，这种组合还充分发挥了环氧沥青混凝土强度高、耐久性好、高低温稳定性优良的优势，也利用了SBS改性沥青混凝土或沥青玛蹄脂混合料（SMA）表面功能好、价格便宜的优点，使得整体铺装结构造价适中、耐久长寿，为建造长寿命路面（桥面）提供了很好的途径。

3）广泛应用，量身定制

环氧沥青属于道路桥梁工程建设的高端建材，最早在我国应用是2000年南京长江第二大桥引进美国的温拌型环氧沥青。目前，在钢桥面铺装过程中采用的环氧沥青有美国进口和国产第一代温拌型环氧沥青、国产和日本进口的热拌型环氧沥青。其中进口环氧沥青是钢桥面铺装的专用材料，用途单一、价格昂贵。

国产新型温拌型环氧沥青（第二代）属于多用途的系列产品，它既可以用作钢桥面优质铺装材料，也可以用于水泥混凝土桥面、水泥混凝土路面"白加黑"复合式路面、重交通道路特殊路段（急弯陡坡、高速公路收费站等）、城市道路特殊路段（公交停靠站、交叉口等），可以根据设计需要按照不同的技术要求进行定制。

新型温拌型环氧沥青混凝土还可以和水性环氧沥青粘结料组合，使其具有更灵活的适应性和经济性。这种组合结构形成的系列方案可与不同的桥面、路面进行充分融合，为提高路面（桥面）使用耐久性和修建长寿命路面提供更多的选择。

4）绿色低碳，施工安全。

此外，新型温拌型环氧沥青相比于热拌型环氧沥青（国产、日本进口），不仅可以节省燃油、减少环境污染，而且当用于钢结构时，因其施工温度较低，对钢结构产生的温度应力较小，不存在钢结构超应力损伤的风险。

1.4 温拌型环氧沥青钢桥面铺装设计说明及设计方案

钢桥面铺装目前通常采用 3cm 厚 EAC-10 温拌型环氧沥青混凝土 +4cm 厚 SBS 或者沥青玛蹄脂碎石混合料（SMA-13）结构（表 1-4、图 1-4）。

钢桥面铺装结构表　　　　　　　　　　　　　　　表 1-4

层次	结构层	厚度	备注
上面层	SBS 或者 SMA-13 沥青玛蹄脂碎石混合料	40mm	不小于 40mm
粘结层	油性环氧沥青粘结料	0.45kg/m²	
下面层	EAC-10 温拌型环氧沥青混凝土	30mm	不大于 35mm
防水粘结层	油性环氧沥青防水粘结料	0.65kg/m²	
基底	钢板除锈及环氧富锌漆防腐处理	—	

注：在气候干燥、工序衔接紧凑的情况下，基底防腐处理工序可以省略，直接在除锈合格的钢板上喷涂环氧沥青防水粘结层。

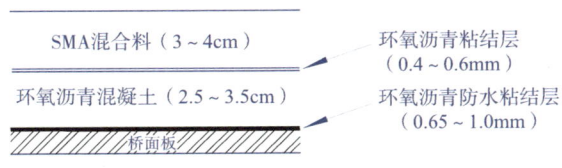

图 1-4　钢桥面铺装结构示意图

1.5 温拌型环氧沥青钢桥面铺装工艺

1. 钢桥面板除锈防腐

钢桥面板可采用抛丸除锈工艺，也可采用真空无尘打砂的除锈方法，要求喷砂除锈后钢板达到《涂覆涂料前钢材表面处理 表面清洁度的目视评定 第 1 部分：未涂覆过的钢材表面和全面清除原有涂层后的钢材表面的锈蚀等级和处理等级》GB/T 8923.1—2011 标准 Sa2½ 级的要求，即"非常彻底的喷射清理""在不放大的情况下观察时，表面应无可见的油、脂和污物，并且没有氧化皮、铁锈、涂层和外来杂质。任何污染物的残留痕迹应仅呈现为点状或条纹状的轻微色斑"。

钢桥面喷砂除锈选择金属混合磨料（30% 钢砂和 70% 钢丸），其技术要求如表 1-5 所示。

喷砂除锈混合磨料技术要求　　　　　　　　　　表 1-5

项目	技术要求	试验方法
规格等级	G240 ~ G005	参见现行国家标准《涂覆涂料前钢材表面处理 喷射清理用金属磨料的技术要求 第 3 部分：高碳铸钢丸和砂》GB/T 18838.3
密度（g/cm³）	≥7.0	
外来杂质（%）	≤1	
含水率（%）	≤0.2	

2. 温拌型双组分环氧沥青材料

钢桥面环氧沥青混凝土所用结合料采用温拌型双组分环氧沥青。其技术要求见表 1-6。

环氧沥青材料技术要求　　　　　　　　　　表 1-6

技术指标	EA–BM 防水粘结料	EA–CM 铺装结合料	试验方法
拉伸强度（23℃，MPa）	≥6.0	≥1.5	参见现行山西省地方标准《环氧沥青混凝土桥面铺装施工技术指南》DB14/T 1327 或现行行业标准《公路钢桥面铺装设计与施工技术规范》JTG/T 3364—02
断裂时的延伸率（23℃，%）	≥150	≥200	
耐热性（300℃）	不熔化	不熔化	小试件放置在热板上

技术指标	EA-BM 防水粘结料	EA-CM 铺装结合料	试验方法
吸水率（7d，23℃，%）	≤0.3	≤0.3	参见现行国家标准《建筑防水卷材试验方法 第 27 部分：沥青和高分子防水卷材 吸水性》GB/T 328.27
黏度至 1Pa·s 的时间 （110℃，min）	10~20	≥120	参见现行山西省地方标准《环氧沥青混凝土桥面铺装施工技术指南》DB14/T 1327
不透水性（0.3MPa，30min）	不透水	—	参见现行国家标准《建筑防水涂料试验方法》GB/T 16777
拉拔强度（23℃，MPa）	≥4.5	—	参见现行山西省地方标准《环氧沥青混凝土桥面铺装施工技术指南》DB14/T 1327
剪切强度（23℃，MPa）	≥3.5	—	参见现行山西省地方标准《环氧沥青混凝土桥面铺装施工技术指南》DB14/T 1327

铺装用环氧沥青混凝土的技术要求应满足山西省地方标准《环氧沥青混凝土桥面铺装施工技术指南》DB14/T 1327—2016 及行业标准《公路钢桥面铺装设计与施工技术规范》JTG/T 3364—02—2019 的相关规定，其技术指标见表 1-7、表 1-8。

环氧沥青混凝土马歇尔试验技术要求 表 1-7

试验项目		单位	技术要求	试验方法
试件击实次数		次	双面各 50	T 0702
马歇尔稳定度	固化试件	kN	≥40	T 0709
	未固化试件		≥5	
空隙率		%	1~3	T 0705
流 值		0.1mm	15~50	T 0709
沥青饱和度		%	≥75	T 0705

注："试验方法"列形如"T 0702"的试验编号引自行业标准《公路工程沥青及沥青混合料试验规程》JTG E20—2011，本书其余表格、文字有所引用的引自同一规程，不再赘述。

环氧沥青混凝土技术性能 表 1-8

试验项目	技术指标	单位	技术要求	试验方法
高温性能	动稳定度（70℃，0.7MPa）	次/mm	≥15000	T 0719
低温性能	弯曲破坏应变（-10℃）	με	≥3000	T 0715
水稳定性能	浸水马歇尔残留稳定度	%	≥90	T 0709
	冻融劈裂强度比	%	≥85	T 0729

注：桥面铺装用的其他材料要求参照山西省地方标准《环氧沥青混凝土桥面铺装施工技术指南》DB14/T 1327—2016 及行业标准《公路钢桥面铺装设计与施工技术规范》JTG/T 3364—02—2019 的相关规定执行。

3．施工要求

本书未明确列出的内容，可参见山西省地方标准《环氧沥青混凝土桥面铺装施工技术指南》DB14/T 1327—2016。

如受到工期等因素制约，在气温较低的环境下，经技术论证、确保工程质量的前提下，环氧沥青混凝土桥面铺装及粘结层撒布的施工气温不得低于 0℃。

1.6 温拌型环氧沥青钢桥面铺装质量验收标准

验收标准依据山西省地方标准《环氧沥青混凝土桥面铺装施工技术指南》DB14/T 1327—2016 及行业标准《公路钢桥面铺装设计与施工技术规范》JTG/T 3364—02—2019 规定执行。

1.7 温拌型环氧沥青钢桥面铺装案例

案例一（图1-5）

图1-5　武汉市天兴洲长江大桥钢桥面铺装层

案例二（图1-6）

图1-6　上海市长江隧桥桥面铺
装层

案例三（图1-7、图1-8）

图1-7　太原市天龙山旅游公路
桥桥面铺装层

图1-8　太原市天龙山旅游公路
桥桥面铺装层

案例四（图1-9）

图1-9　太原市东中环市政快速路高架桥桥面铺装层

案例五（图1-10）

图 1-10　鄂尔多斯市乌兰木伦河大桥桥面铺装层

案例六（图1–11）

图1–11　天津市富民大桥桥面铺装层

第 2 章

水性环氧沥青
技术综合应用

2.1 公路路面现有问题和需求

截至 2019 年底，我国的公路总里程已经达到 501.3 万 km，稳居世界第一。但是，随着总里程的不断增加，现有公路出现的路面病害也越来越多。表面磨光导致路面抗滑性能不断衰减，各类腐蚀性损害（酸雨、融雪剂、尾气、油污、紫外线等）加速路面老化，路面渗水、网裂、层间粘结强度不足，导致结构层损坏，道路使用寿命缩短。

目前，公路建设与养护工作的主要需求是"安全""耐久""美观舒适"三个方面。

首先，安全性要求路面具有持久的抗滑性能，夏季需要防水雾、冬季需要抗凝冰。其次，路面需要具有优异的防水、防腐、层间粘结性能，保证道路的表面以及结构不受损坏。再者，美观与舒适性要求路面具有优异的降噪吸声、防眩诱导功能，并起到美化环境、调节热岛效应等作用。

要解决这些问题，就离不开各种性能优异的道路建设养护材料。而传统的道路建设养护材料主要是沥青基质类材料，属于热塑性材料，其热稳定性差，力学特性和路用性能随温度的变化而变化，高温易变形、低温易开裂，且由于自身强度不足，导致粘结强度差；同时，油、水、融雪剂等腐蚀性物质还会对沥青材料有腐蚀、分解作用。

2.2 水性环氧沥青技术简介

水性环氧沥青作为一种宽领域、多功能的路用新材料，可以有效地解决目前公路建设养护领域遇到的诸多问题。它实现了环氧沥青材料由温拌技术向冷态铺装的跨越，而且材料性能、颜色灵活可调。通过配方调整，可以满足不同气候条件下路面、桥面等道路性能提升和结构层强化的需求，解决了以往以沥青为粘结料的冷铺工艺粘结性不足、耐久性差的问题，以及树脂类材料冷铺工艺环保性差、成本高的问题。

水性环氧沥青是水性化的环氧沥青材料，是由环氧树脂与沥青分子交联形成连续相，经化学固化成型的一种环保型热固性路用新材料。它最突出的优势就在于环保性和热固性两个方面。

1. 水性环氧沥青的环保性

经国家建筑材料测试中心检测，水性环氧沥青的挥发性有机化合物（VOC）<2g/L（报告显示"未检出"），远小于国家标准对室内装饰材料有害物质 VOC<80g/L 的规定（国家标准《建筑用墙面涂料中有害物质限量》GB 18582—2020）。总挥发性有机化合

物（TVOC）含量为 0.007mg/（m² · h）［国家标准《中小学合成材料面层运动场地》GB 36246—2018 要求 TVOC＜5mg/（m² · h）］。

经相关部门鉴定，水性环氧沥青材料技术达到国际先进水平（晋科鉴字〔2013〕061 号），获山西省科技进步三等奖。

2. 水性环氧沥青的热固性

（1）通过对水性环氧沥青进行红外光谱分析可知，环氧树脂和沥青分子间形成了物理或化学改性。1606cm⁻¹、1581cm⁻¹、1508cm⁻¹ 有明显的环氧树脂固化物的特征吸收峰，1376cm⁻¹、718cm⁻¹ 有明显的沥青组分的特征吸收峰（图 2-1），说明二者进行了理想的复合杂化，水性环氧沥青兼具沥青及环氧树脂材料的特性。

（2）通过 DSC（差示扫描量热法）分析可知，在 0～120℃之间，乳化沥青固化物每升高 1℃所需的热流是最小的，说明沥青材料对热量比较敏感，耐热性较差。环氧树脂固化物在此温度范围内的吸热较多，说明其对热量的敏感度较低，耐热性较好。水性环氧沥青介于二者之间，耐热性优于沥青材料（图 2-2）。

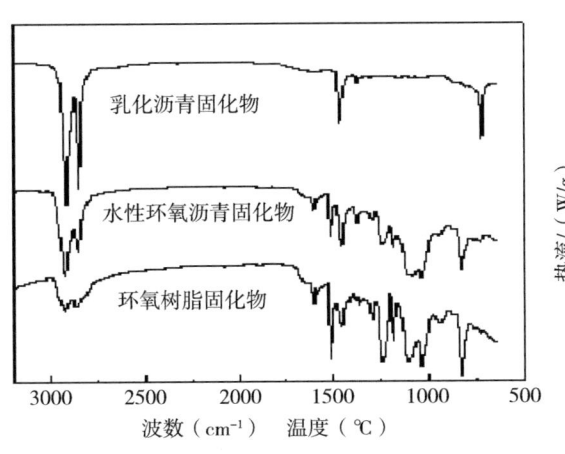

图 2-1 水性环氧沥青固化物红外谱图

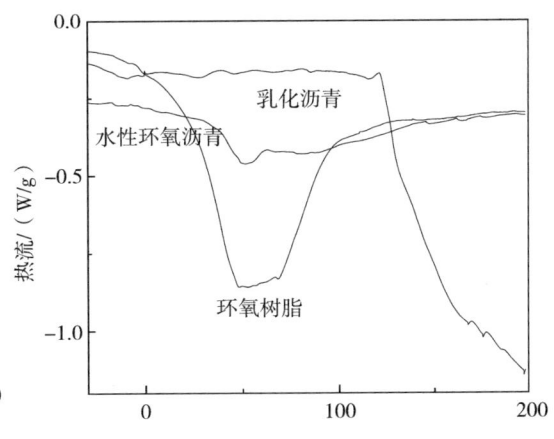

图 2-2 水性环氧沥青固化物的 DSC 曲线

当温度超过 120℃时，乳化沥青固化物 DSC 曲线出现向下突变，说明大于此温度后乳化沥青转变为完全的流态（大分子链完全开始布朗运动），开始大量吸热。而其他两种材料都不会出现这种状态，其吸热量基本保持恒定，具有热固性的特点。

水性环氧沥青作为一种新型的路用材料，它的应用范围涵盖了道路建养工程中的各结构层、功能层等部位，主要包括以下 5 种。

（1）环氧沥青彩色面层。用于景区、公园、绿道（碧道）、旅游公路、城市非机动车道、自行车赛道、高速公路警示区域等路面。可提高路面的美观性、舒适性及防滑、防渗性。

（2）环氧沥青封层。用于各等级公路和城市道路路面预防性养护，提高路面防滑、耐磨及防水性能。

（3）防水粘结层及下封层。用于路面结构及桥面铺装的防水粘结层，为路面结构或桥面铺装提供高强度的粘结防水层。用于路面上封层、下封层，使路面结构具有足够的封水性能，起联结作用。

（4）强化沥青路面冷再生结构。用于沥青路面冷再生结构的封层或粘层，弥补冷再生结构防渗性差的缺陷，提高路面耐久性。这种组合结构还可拓展到轻交通沥青路面和低成本农村公路柔性路面，以及桥隧结构的防腐、亮化。

（5）桥隧防腐、亮化。

2.2.1　水性环氧沥青封层材料技术指标及优势

1. 高渗透性

水性环氧沥青在分子结构中引入了活性基团，如羟基、环氧基、氨基、羧基等。这些基团的存在有利于封层材料和石料表面的化学键相亲相容，又由于其能发生自乳化作用，使自身黏度大大降低，进而对界面产生良好的渗透性和粘结性（图2-3）。

2. 自身强度高

水性环氧沥青材料具有很高的自身强度，渗入原路面表面和裂缝内部及周围后发生化学交联反应，产生"嵌入生根，整体融合"的效果，提升原路面表面的整体强度。

对涂刷有水性环氧沥青材料的沥青混凝土试件进行单轴贯入试验，贯入强度明显提高，说明水性环氧沥青封层材料对路面表层的固化作用是显著的，而且贯入强度随着涂刷厚度的增加而增加（图2-4）。

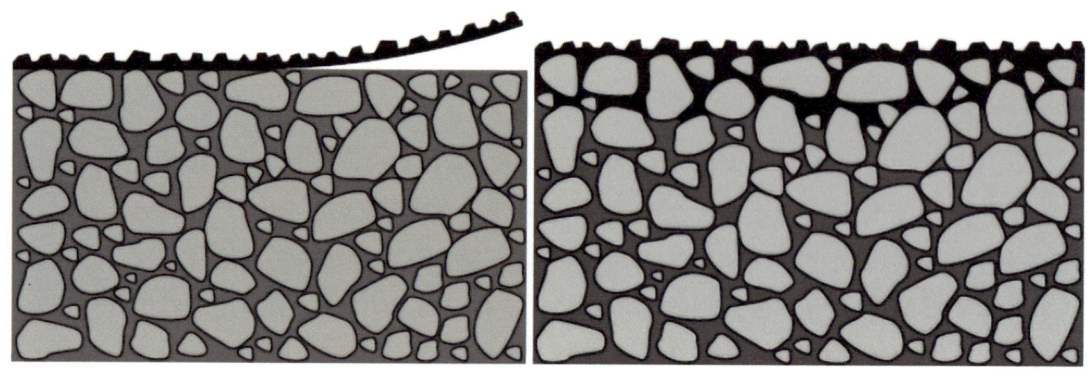

（a）材料无渗透容易剥离　　　　　（b）材料渗透到路面结构中

图2-3　材料嵌入原路面形成一体化结构

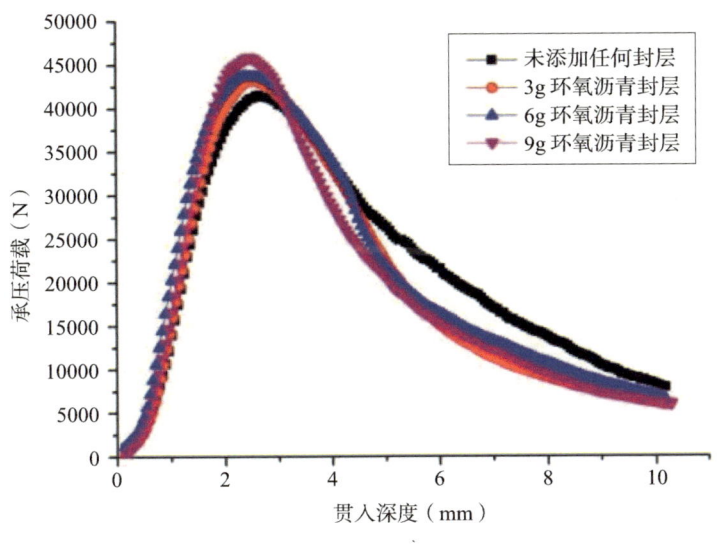

图 2-4　单轴贯入试验对比图

3. 粘结强度高

由于水性环氧沥青材料的高渗透性，再加上材料自身的高强度，所以材料同样具有优异的粘结性能。以乳化沥青、改性乳化沥青及水性环氧沥青作为比较对象，分别将其涂刷于沥青混凝土试件表面。测定 25℃（常温）和 60℃（高温）的粘结抗拉强度和抗剪强度。不同材料粘结抗拉强度和抗剪强度的对比见图 2-5、图 2-6。

从图 2-5 和图 2-6 可以看出，水性环氧沥青与沥青混凝土之间的粘结强度远高于乳化沥青或改性乳化沥青。

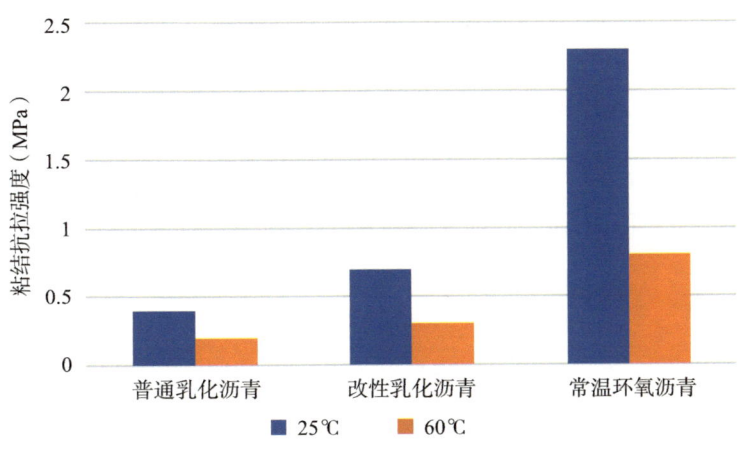

图 2-5　不同材料粘结抗拉强度对比

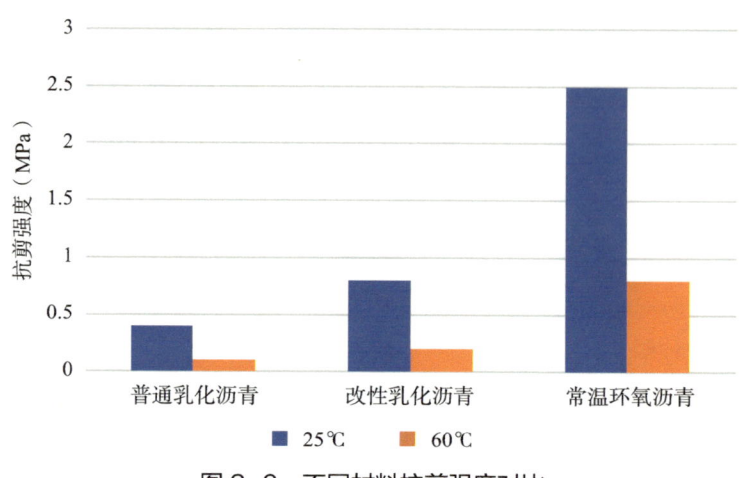

图 2-6   不同材料抗剪强度对比

4. 优异的高低温稳定性

水性环氧沥青的热固性特点使其摆脱了沥青类材料热塑性的缺点。一旦固化成型，其物理力学性能基本不随温度的变化而大幅度波动。在路面使用过程中，水性环氧沥青材料在夏季高温时不会软化，冬季低温时也不会变脆，具有很高的温度适应性。

5. 优异的防水防腐性能

水性环氧沥青固化前黏度低、渗透性强，能渗入路表空隙和微裂缝中；固化后粘结性强，嵌入路面结构使其融为一体，对处治后的路表形成薄层保护，防止雨水渗入路面造成水损害（图 2-7），并可有效隔绝各类腐蚀性物质（酸雨、融雪剂、尾气、油污、紫外线等）对路面的污染腐蚀。

（a）水性环氧沥青封层不渗水   （b）未做封层的路面易渗水

图 2-7   表面处治前后防水效果对比

6. 优异的抗水损害能力

以乳化沥青、改性乳化沥青及水性环氧沥青作为比较对象，分别将其涂刷于沥青混凝土试件表面，测定其经过冻融 – 水损害循环后的抗剪强度保持率（图 2-8）。

从图 2-8 可以看出，水性环氧沥青不仅具有优异的防水效果，自身的耐水性以及抗水损害能力也同样出色。

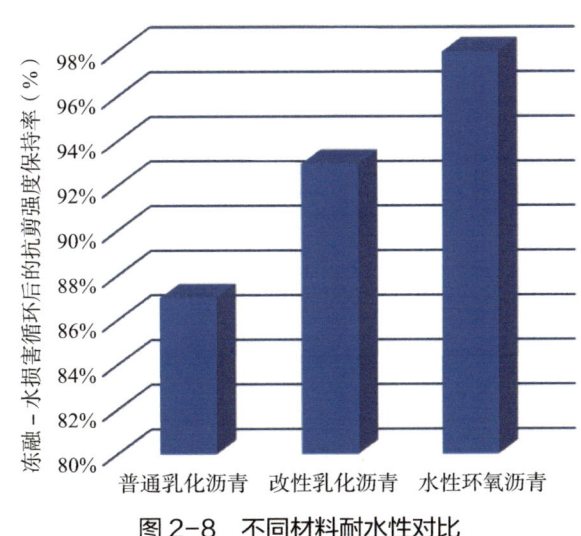

图 2-8　不同材料耐水性对比

7. 绿色环保

水性环氧沥青材料是一种水乳性新型绿色环保材料，其 VOC 含量远低于室内装饰材料的国家标准，不含重金属成分，且为冷法施工，对施工人员无伤害。

8. 施工快速、高效

环氧沥青封层技术采用智能同步封层车进行施工，施工精准、快捷。对交通干扰小，能有效减少交通封闭带来的经济损失和安全隐患。

环氧沥青封层技术指标参见表 2-1、表 2-2。

环氧沥青封层材料由粘结料和抗滑骨料组成。粘结料采用水性环氧沥青，抗滑骨料可为金刚砂、玄武岩等，粒径范围为 0.5 ~ 2.0mm。

水性环氧沥青粘结料性能指标　　　　　　　　　　　表 2-1

试验项目	单位	技术要求	试验方法
黏度（23℃）	mPa·s	50 ~ 300	参见现行国家标准《胶黏剂黏度的测定》GB/T 2794
固含量，不小于	%	45	参见现行国家标准《胶粘剂不挥发物含量的测定》GB/T 2793

续表

试验项目	单位	技术要求	试验方法
适用期，不小于	h	2	—
粘结强度（23±2℃），不小于	MPa	1.5	参见现行国家标准《建筑防水涂料试验方法》GB/T 16777
柔韧性（曲率半径），不大于	mm	1.0	参见现行国家标准《漆膜、腻子膜柔韧性测定法》GB/T 1731
挥发性有机化合物（VOC），不大于	g/L	10	参见现行国家标准《室内地坪涂料中有害物质限量》GB 38468
耐冲击性（1kg，50cm）	—	无裂纹	参见现行国家标准《漆膜耐冲击测定法》GB/T 1732
耐热性（100℃）	—	无流淌、无滑动	参见现行国家标准《建筑防水涂料试验方法》GB/T 16777
表干时间，不大于	h	3	参见现行国家标准《漆膜、腻子膜干燥时间测定法》GB/T 1728
耐水性（水中浸泡168h）	—	无异常	参见现行国家标准《漆膜、腻子膜柔韧性测定法》GB/T 1731
耐碱性［Ca（OH）₂饱和溶液168h］	—	无异常	参见现行国家标准《建筑涂料 涂层耐碱性的测定》GB/T 9265
耐温变性（3个循环）	—	无异常	参见现行行业标准《建筑涂料涂层耐温变性试验方法》JG/T 25

抗滑骨料技术要求　　　　　　　　　　　　　　表2-2

试验项目	技术要求	试验方法
外观	干燥无杂质，颜色均匀	抽样目测
莫氏硬度	≥6	参见现行行业标准《路面防滑涂料》JT/T 712

环氧沥青封层材料的技术指标完全满足行业标准《路面防滑涂料》JT/T 712—2008的技术要求。

基于水性环氧沥青的诸多优点，它既不分地域也不分气候区域，适用性非常广泛。因为它本身是一种水乳性材料，施工时不怕环境潮湿，只要不是在降雨过程中或路面有积水的情况，即可完成施工（工后1~2h可初步固化）。再者，它是一种热固性材料，无论是南方高温湿热地区还是北方寒冷低温区域，都具有很好的使用性能（高温抗流动性及低温抗裂性），且用于表面功能层的使用耐久性不小于5年。由于水性环氧沥青固化后优异的防水性能，其表面不怕污染，附着于路表的任何杂质、污物均可以采用高压水冲洗干净。

2.2.2　水性环氧沥青封层预防性养护设计方案及技术经济对比

水性环氧沥青封层结构组成见图 2-9，其预防性养护的技术经济对比见表 2-3。

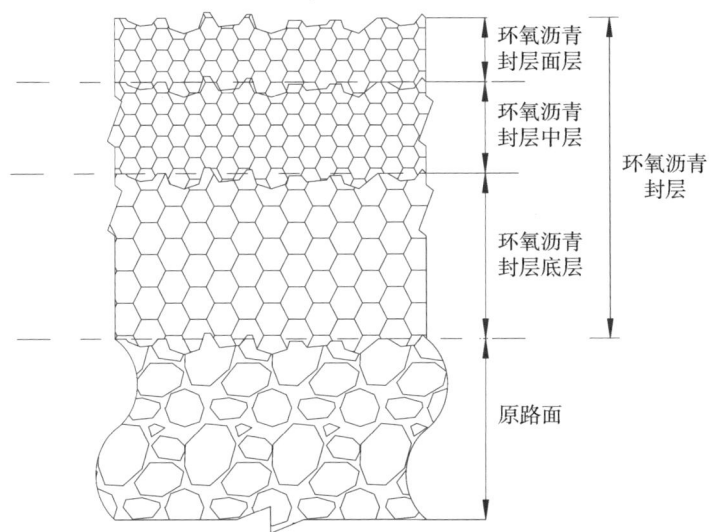

图 2-9　水性环氧沥青封层结构示意图

预防性养护措施的技术经济对比　　　　　　　　　表 2-3

措施类型	铣刨重铺（4cm）	微表处	水性环氧沥青封层	超薄磨耗层（2cm）
抗滑性（BPN）	中（≥45）	中（≥45）	高（≥55）	中（≥45）
二次施工便捷性	骨料表面磨光、老化后只能铣刨重铺	骨料表面磨光、老化后只能铣刨重铺	简单清扫即可进行二次施工	骨料表面磨光、老化后只能铣刨重铺
耐油污	不耐油污	不耐油污	对油污具备良好的免疫力	不耐油污
主要施工设备	铣刨机＋沥青拌和站＋摊铺机＋压路机＋运料卡车	摊铺机＋运料卡车	同步封层车	沥青拌和站＋同步摊铺机＋压路机＋运料卡车
成本	高	中	中	高
胶结料类型	热改性沥青	改性乳化沥青	热固性环氧沥青	热改性沥青，高粘乳化沥青
施工作业类型及效率	冷铣刨＋热拌热铺（热作业），效率低	冷铺（冷作业），效率中等	冷喷（冷作业），效率高	热拌热铺（热作业），效率低
能耗	高	低	低	高
感温性	热塑性材料，感温性大	热塑性材料，感温性大	热固性材料，感温性小	热塑性材料，感温性大

续表

措施类型	铣刨重铺（4cm）	微表处	水性环氧沥青封层	超薄磨耗层（2cm）
是否允许单车道处治	对标高无影响，可单车道处治	对标高影响小，可单车道处治	对标高影响微小，可单车道处治	对标高有影响，不可单车道处治
对标线的影响	必须重新画标线	必须重新画标线	可提前保护原标线，减少标线成本	必须重新画标线
工程规模要求	设备进出场、启动费用高，若工程量小，提高整体成本	设备进出场、启动费用较低，若工程量小，成本有所提高	工程量规模对成本影响不大，大/小工程均合适	设备进出场、启动费用高，若工程量小，提高整体成本

2.2.3　水性环氧沥青彩色封层设计方案

1. 铺装结构方案

1）慢行系统路面结构

慢行系统沥青路面彩色面层结构体系是基于水性环氧树脂作为表面固结材料的彩色抗滑面层铺装结构，推荐的结构组成见表2-4。

慢行系统沥青路面彩色面层结构组成　　　表2-4

层次	结构组合	厚度（mm）
彩色面层	水性环氧树脂+煅烧陶粒	2~3
上面层	AC-10细粒式沥青混凝土	30~35
下面层	AC-13细粒式沥青混凝土或AC-16中粒式沥青混凝土	40~45
基层	级配碎石或水泥稳定碎石	200~300
垫层	天然砂砾或其他改善土	150~200

2）慢行系统钢桥面结构（两种方案）

（1）慢行系统钢桥面彩色铺装层是在经过除锈、防腐的钢桥面板上铺筑温拌型环氧沥青混凝土后，在其表面涂布彩色抗滑面层的结构，推荐的结构组成见表2-5。

慢行系统钢桥面彩色面层结构组成　　　表2-5

层次	结构组合	厚度（mm）
彩色面层	水性环氧树脂+煅烧陶粒	2~3
结构层	EAC-10温拌型环氧沥青混凝土	25~30
防水粘结层	油性或水性环氧沥青防水粘结料	0.5~0.6
基底	钢板除锈及防腐处理	—

（2）慢行系统钢桥面彩色铺装层是在经过除锈、防腐及抛丸的钢桥面板上，在其表面涂布彩色抗滑面层的结构，推荐的结构组成见表 2-6。

慢行系统钢桥面彩色面层结构组成　　　　　　　表 2-6

层次	结构组合	厚度（mm）
彩色面层	水性环氧树脂 + 煅烧陶粒	3 ~ 5
防水粘结层	油性或水性环氧沥青防水粘结料	0.5 ~ 0.6
基底	钢板除锈及防腐处理	—

两种方案彩色面层体系由胶结料和耐磨骨料组合而成，骨料采用煅烧彩色陶瓷颗粒，粒径一般为 1.5 ~ 2mm，颜色根据需求综合选择。该体系以水性环氧树脂作为胶粘剂，不仅可以牢牢裹住骨料，而且与基面具有良好的粘结性；耐磨骨料形成粗糙的表面，可起到很好的耐磨抗滑作用。

彩色面层体系可制成红色、蓝色、绿色、黄色、灰色五种颜色，由于陶瓷颗粒实际色彩与理论色彩的差异，具体颜色以设计要求和实际可达到的程度进行控制。

3）汽车行驶钢桥面铺装

汽车行驶的钢桥面铺装采用国产温拌型环氧沥青桥面铺装和改性沥青混合料组合的铺装结构，根据需要加铺水性环氧树脂彩色面层，推荐的结构组成见表 2-7。

汽车行驶钢桥面铺装结构　　　　　　　表 2-7

层次	结构组合	厚度（mm）
彩色面层	水性环氧树脂 + 煅烧陶粒（根据实际情况选择加铺）	2 ~ 3
上面层	AC-13 细粒式沥青混凝土（目前通常多采用 SMA）	40 ~ 45
下面层	EAC-10 温拌环氧沥青混凝土	30 ~ 35
防水粘结层	环氧沥青防水粘结层	0.5 ~ 0.6
基底	钢板除锈及防腐处理	—

2. 彩色面层技术要求

（1）胶结材料

水性环氧树脂胶结材料的技术要求同表 2-1。

（2）耐磨骨料

耐磨骨料的技术要求见表 2-8。

耐磨骨料的技术要求   表2-8

试验项目	技术要求	试验方法
外观	干燥、无杂质，颜色均匀	抽样，目测
莫氏硬度	≥6	参见现行行业标准《路面防滑涂料》JT/T 712

（3）彩色抗滑面层

彩色抗滑面层的技术要求见表2-9。

彩色抗滑面层的技术要求   表2-9

试验项目	技术要求	试验方法
不粘胎干燥时间（h）	≤3	参见现行行业标准《路面标线涂料》JT/T 280
粘结强度（MPa）	≥1	参见现行行业标准《公路沥青路面养护技术规范》JTG 5142
抗滑性（BPN值）	≥70	参见现行行业标准《路面防滑涂料》JT/T 712
耐磨性（g/m^2）	≤30	参见现行行业标准《公路沥青路面养护技术规范》JTG 5142
挥发性有机化合物（TVOC）[$mg/（m^2 \cdot h）$]	≤20	参见现行团体标准《学校运动场地塑胶面层有害物质限量》T/310101002—C003
耐水性（水中浸泡24h）	无异常	参见现行行业标准《路面防滑涂料》JT/T 712
耐碱性[$Ca（OH）_2$饱和溶液中24h]	无异常	
低温抗裂性（-10℃ 4h，室温 4h，三个循环）	无裂纹	

3. 环氧沥青桥面铺装技术要求

（1）环氧沥青材料技术要求

环氧沥青钢桥面铺装技术要求参照山西省地方标准《环氧沥青混凝土桥面铺装施工技术指南》DB14/T 1327—2016 执行，其中环氧沥青防水粘结料及环氧沥青混凝土结合料采用国产温拌型环氧沥青，其主要技术指标如表2-10所示。

国产温拌型环氧沥青技术指标   表2-10

试验项目	技术要求		试验方法
	防水粘结料	结合料	
拉伸强度（23℃，MPa）	≥5.0	≥1.5	参见现行国家标准《建筑防水涂料试验方法》GB/T 16777
断裂延伸率（23℃，%）	≥190	≥200	

续表

试验项目	技术要求		试验方法
	防水粘结料	结合料	
拉拔强度（23℃，MPa）	≥3.0	—	参见现行山西省地方标准《环氧沥青混凝土桥面铺装施工技术指南》DB14/T 1327
剪切强度（23℃，MPa）	≥2.0	—	
黏度增至1Pa·s的时间（110℃，min）	10～30	≥120	参见现行行业标准《公路工程沥青及沥青混合料试验规程》JTG E20
吸水率（25℃，7d，%）	<0.3		参见现行国家标准《塑料 吸水性的测定》GB/T 1034
不透水性（0.3MPa，30min）	不透水	—	参见现行国家标准《建筑防水涂料试验方法》GB/T 16777
耐热性（300℃，15min）	不熔化		参见现行山西省地方标准《环氧沥青混凝土桥面铺装施工技术指南》DB14/T 1327
耐酸性（2% H_2SO_4，15d）	无异常		
耐碱性（2% NaOH，15d）	无异常		
耐盐性（2% NaCl，15d）	无异常		

（2）环氧沥青钢桥面铺装矿料技术要求

环氧沥青钢桥面铺装采用的矿料应满足现行行业标准《公路沥青路面施工技术规范》JTG F40 中高速公路的技术要求，车行系统所用的骨料建议采用玄武岩碎石，慢行系统的骨料可采用石灰岩碎石。

2.2.4　水性环氧沥青封层工艺

环氧沥青封层采用"抛丸（必要时，如水泥混凝土桥面或者水泥混凝土路面）+ 封层"施工工艺。

1）抛丸工艺（根据需要选用）

路面抛丸是对既有路面的表面进行预处理的一种工艺，目的是将表面粗糙化并除去污物残留，具有对既有路面除尘、清洁、纹理再造的功能。可根据路面的粗糙性和洁净程度选用（图 2-10）。

2）封层工艺

采用同步撒布工艺，将粘结料与抗滑骨料同步撒布在路表，为原路面提供具有抗滑、防水、防腐、美化等效果的全面保护（图 2-11）。

3）施工步骤

原路面状况调查（病害类型、数量及分布）→封层材料的配合比设计→路面封层的

图 2-10 路面抛丸作业   图 2-11 智能同步封层车施工

撒布工序设计→路面封层的工艺设计→道路附属设施保护。

4）封层工序

（1）基面处理

无论是水泥混凝土还是沥青混凝土，原路面的一些轻微病害预处理后，表面需进行清扫处理。表面清理采用压缩空气吹灰枪去除表面浮尘、油渍和其他污染物，将表面彻底清理干净，并使混凝土基面无显著水渍。

（2）封层工艺

基面检查合格后，调试封层车→装料→第一遍粘结料和骨料撒布→养生固化（约2h）→第二遍封层材料撒布→养生固化（约2h）→撤除道路保护设施（4~5h）→开放交通。

根据路面具体情况确定是否撒布第三遍（新建路面可能因空隙率大，粘结料渗入较多，有时需要进行第三遍撒布）。

（3）养护时间

养护时间取决于天气情况，正常气候条件下，可按上述时间开放交通。

慢行系统钢桥面施工方案一为机械施工，铺装应采用轻型施工设备，摊铺机的宽度应小于5m，质量小于10t；轮胎压路机的吨位不大于5t；双钢轮压路机的吨位不大于3t；混合料运输车车载质量不大于8t（实载质量不大于15t），施工机械及物料人工总重量预计为48t左右。环氧沥青混凝土桥面铺装的施工参照山西省地方标准《环氧沥青混凝土桥面铺装施工技术指南》DB14/T 1327—2016执行。

慢行系统钢桥面施工方案二是人工施工，物料及机具、人员施工荷载约为5t。

2.2.5 水性环氧沥青封层质量验收标准

水性环氧沥青封层质量验收标准见表 2-11、表 2-12。

交工验收技术指标 表 2-11

试验项目		质量要求	检验频率	试验方法
外观		均匀，无轮迹、无划痕	全线连续	目测
抗滑性能	摆值 BPN	≥55	5 处 /km	T 0964
	构造深度 TD（mm）	≥0.5	5 处 /km	T 0961
渗水系数（mL/min）		≤8	5 点 /km	T 0971
宽度（mm）		不小于设计值	5 点 /km	钢卷尺法

注：若需要对路面施工前、后的抗滑性能和渗水性能进行对比，应在施工前对原路面进行抗滑性能和渗水性能检测。测点宜选在平整、无裂缝或坑槽的轮迹处，使施工前、后的测点位置对应。

彩色面层验收技术要求 表 2-12

试验项目	技术要求	试验方法
表观	干燥成型后，颜色、骨料颗粒分布均匀，无裂纹，无骨料颗粒脱落现象	—
抗滑性能（BPN）	≥70	参见现行行业标准《公路路基路面现场测试规程》JTG E60

2.2.6 水性环氧沥青封层案例

案例一（图 2-12～图 2-14）

图 2-12 忻保高速原路面

图 2-13 水性环氧沥青封层撒布车

图 2-14 忻保高速水性环氧沥青超薄罩面（5mm）

案例二（图 2-15、图 2-16）

图 2-15 汾河公园自行车道（3mm）

图 2-16 汾河公园自行车道（3mm）

案例三（图 2-17）

图 2-17　重庆市国道 G242 新洪安大桥至老寨段预防性养护工程（厚度 3mm）

案例四（图 2-18、图 2-19）

图 2-18　二广高速广宁互通
水泥混凝土桥面超薄罩面

图 2-19　二广高速广宁互通
水泥混凝土桥面超薄罩面现场
（5mm）

案例五（图 2-20）

（a）施工前 （b）施工后（厚度 3mm）

图 2-20 国道 205 线福建南平—建瓯段环氧沥青路面预防性养护工程

案例六（图 2-21、图 2-22）

图 2-21 国道 205 线福建南平—蒲城段环氧沥青路面预防性养护工程施工前

图 2-22 国道 205 线福建南平—蒲城段环氧沥青路面预防性养护工程施工后

2.3 水性环氧沥青粘结层技术简介

2.3.1 防水粘结层现状及存在的问题

我国沥青路面结构设计理论采用多层弹性层状体系力学经验法，其中弹性层状体系理论假设层间处于连续状态。如果实际的路面各结构层达不到完全连续的状态，就会使层底拉应力（拉应变）大于设计值，从而导致沥青路面出现各种早期病害，降低路面使用性能，影响路面使用寿命。

1）层间结合不良的危害

沥青路面层间结合不良，使沥青层底产生的拉应变与拉应力过大，导致沥青面层开裂，造成大量的路面渗水，渗水进入层间后加剧了路面结构的分离，从而形成恶性循环。在汽车荷载的反复作用下，路面结构产生早期疲劳破坏，形成网裂、松散和坑槽。

层间粘结力不足还会使层间水平抵抗力降低，结构层产生水平推移变形，进而发生推移、壅包、车辙等病害，尤其在陡坡、急弯等路段更为严重（图 2-23）。

图 2-23　路面病害

2）层间有效结合，可延长路面的寿命

沥青面层层间结合好，能够使各层连续成为整体，相当于增加了沥青面层的厚度，大幅度地减小沥青面层层底拉应力（拉应变），延长路面的疲劳寿命。有关研究表明，当结合良好的沥青面层总厚度大于 20cm、沥青面层层底拉应变小于 $70\mu\varepsilon$ 时，沥青面层将不会发生疲劳破坏。

防水粘结层的费用占路面投资的比例并不大（10% 左右），但路面病害的发生大部分与防水粘结层相关，好的防水粘结层对防治病害可起到事半功倍的作用。

理想的防水粘结材料应具有粘结强度高、高低温稳定性好、渗透性强、防水性好、耐腐蚀性好等特性。

2.3.2 水性环氧沥青防水粘结材料特点及优势

水性环氧沥青粘结材料是水性化的环氧沥青材料，环氧分子与沥青分子交联形成连续相，化学固化成型。它以水为溶剂，安全环保，可在常温下施工，具有渗透性好、高低温稳定性好、粘结强度高、防水效果好等特点。

水性环氧沥青粘结材料可用于各等级沥青混凝土路面的层间粘结层、水泥混凝土路面"白改黑"粘结层、钢桥面及水泥混凝土桥面的防水粘结层等，可将路面各层结构粘结成一个整体，增加路面承载能力，延长道路使用寿命。该材料具有如下优势：

（1）化学固化反应，高低温性能好。环氧沥青固化形成稳定的三维网状立体结构，对温度变化不敏感，高温时只黏不流，没有迁移性；重载车运料车及履带摊铺车作业时不粘轮、不起皮，可保证高温状态下粘结层的稳定性；低温时韧而不脆，保证防水粘结层不开裂。

（2）力学性能卓越。材料具有优异的粘结性，将各沥青层形成一个整体，有效且均匀地传导路面荷载，减小路面应力，延长使用寿命。

（3）水性环氧沥青为水乳性产品，不燃、不爆，施工安全，绿色、环保。

（4）耐久性好，抗冻融、耐腐蚀（盐、碱）、抗硌破，防水性优越。

（5）常温施工，可同步撒布抗滑骨料，增大层间的内摩阻力。

2.3.3 水性环氧沥青粘结层材料的性能指标及技术经济性

水性环氧沥青粘结层材料的性能指标见表2-13，其与其他常用粘结层材料的技术经济性对比见表2-14。

水性环氧沥青粘结材料性能指标　　　　　　　表2-13

项目	技术要求	典型数据／表现
柔韧性，（-20±2）℃	无裂纹、断裂	无裂纹、断裂
耐热性，（160±2）℃	不流淌和滑动	不流淌和滑动
粘结性（MPa）	≥0.45	1.69
常温剪切（MPa）	≥0.45	1.17
高温剪切（60℃，MPa）	≥0.3	0.53

续表

项目		技术要求	典型数据 / 表现
不透水性		0.3MPa、30min 不渗水	0.3MPa，30min 不渗水
抗冻性（−20℃）		20 次不开裂	20 次不开裂
耐腐蚀性	耐碱（20℃）	$Ca(OH)_2$ 中浸泡 15d 无异常	15d 后无异常
	耐盐水（20℃）	3% 盐水中浸泡 15d 无异常	15d 后无异常
干燥性（25℃光照）	表干	≤3h	1.0h
	实干	≤10h	5h
抗硌破及渗水		重锤（500g，300mm 高）自由下落不穿孔，不渗水	重锤（500g，300mm 高）自由下落不穿孔，不渗水

不同防水粘结层材料技术经济性对比　表 2–14

项目	油性环氧沥青	水性环氧沥青	SBS 改性热沥青	橡胶沥青	改性乳化沥青
剪切强度	优	优	较差	一般	较差
粘结强度	优	优	较差	较差	较差
不透水性	优	优	较差	一般	较差
耐热性	优	优	较差	一般	较差
低温性	优	优	一般	一般	一般
耐久性	优	优	较差	较差	较差
施工可操作性	较差	优	一般	较差	优
不撒碎石	优	优	较差	较差	较差
修复微裂缝	优	优	较差	较差	一般
环保，冷用性	优	优	较差	较差	优
每 m^2 造价	较高	适中	适中	适中	低

2.3.4　水性环氧沥青粘结层施工工艺及验收标准

（1）工程用量

钢桥面粘结料撒布量：第一遍 0.3 ± 0.05kg/m^2；第二遍 0.4 ± 0.05kg/m^2。

水泥混凝土桥面撒布量：第一遍 0.4 ± 0.05kg/m^2；第二遍 0.5 ± 0.05kg/m^2。

沥青路面（包括沥青冷再生组合）层间撒布量：0.5 ± 0.05kg/m^2。

（2）施工要求

钢桥面板平整、清洁（抛丸除锈）；混凝土桥面（或桥面板）平整、坚实、清洁（抛丸或铣刨处理）；

水性环氧沥青撒布后避免雨水冲刷；

为防止运料车和摊铺机打滑，可在轮迹带撒布适量预拌料；

撒布粘结料后，一般在当天或第二天铺筑面层混合料，最迟应在 5d 内完成铺装。

2.3.5　水性环氧沥青粘结层材料应用实例

案例一（图 2-24）

图 2-24　榆次市政钢桥面水性环氧沥青粘结层

案例二（图 2-25）

图 2-25　太原东二环高速公路混凝土桥面水性环氧沥青粘结层

2.4 桥隧专用水性环氧瓷质材料

隧道作为一个相对封闭的空间，汽车在其中行驶，会产生扬尘、尾气等，污染隧道内的空气。悬浮在空气中的微小粒子会吸附在隧道内壁表面，且沾染后不易清洗，造成隧道内壁通常比较脏。这就导致在同等照明功率下，隧道洞内照度越来越低，日常养护费时、费力（图 2-26、图 2-27）。

桥隧混凝土构筑物，极易受到腐蚀破坏。腐蚀会使水泥混凝土疏松、开裂、失去强度；还会使混凝土中的钢筋锈蚀、膨胀，严重的会使钢筋断裂（图 2-28、图 2-29）。

图 2-26　隧道洞内实景

图 2-27　严重污染的隧道内壁

图 2-28　含盐水体中防腐的桥墩

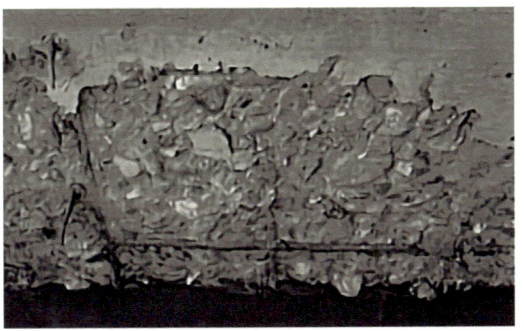

图 2-29　粗化脱落的混凝土表面

2.4.1 水性瓷质防腐材料技术原理

水性瓷质防腐材料是一种具有陶瓷质感，集防护、美化亮化于一体的混凝土表面防护材料。采用先进的有机和无机材料复合合成的纳米级改性环氧材料，含有多种纳米级氧化物。通过改进的溶胶－凝胶反应，在常温下水解固化，形成类似陶瓷和玻璃的漆膜。但其成膜机理又与普通的陶瓷不同，克服了陶瓷耐冷热冲击差、耐物理冲击差、易爆裂等问题。

　　水性瓷质防腐材料以水为溶剂，无毒、安全、环保，涂膜致密、坚韧，具有陶瓷的质感和优异的附着力，并且耐磨、抗冲击、防腐、抗紫外线，色彩稳定持久、易清洗，其主要特点和研究思路见图2-30。

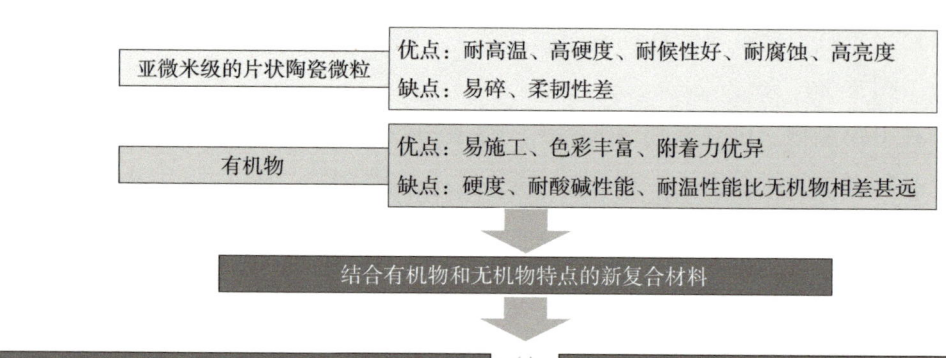

图2-30　水性瓷质防腐材料的主要特点及研究思路

　　桥隧专用水性瓷质防腐材料可用于隧道内壁和外立面，以及各种混凝土桥梁结构物等的防腐和美化亮化，高速公路的路缘石、防撞墙、护栏中央隔离带也可参照使用。

2.4.2　桥隧专用水性瓷质防腐材料的特点及优势

　　（1）极好的附着力：材料化学固化成型，结构中含有大量羟基以及醚键，能够与基材吸附，从而使涂层获得极好的附着力。

　　（2）优异的防腐蚀性能：亚微米级的片状陶瓷微粒，赋予材料超强的耐磨和卓越持久的防腐性能，对腐蚀质渗透具有良好的阻隔作用。

　　（3）绿色环保：材料为水性产品，不燃、不爆，施工安全，是绿色环保产品。

　　（4）美观、色彩持久：表面涂膜具有优异的防腐与抗老化性能，使得颜料长时间不褪色、不炫目，自然美观，色彩持久。

　　（5）便于清洗：固化后的材料表面致密、平整、光滑，表面不易吸附油污及灰尘；即使有所吸附，只要采取简单的水冲法即可进行清洗。

　　（6）表面光洁，对光具有较强的漫反射能力：其漫反射可增强行车环境亮度（图2-31），增强行车安全。根据行业标准《公路隧道照明设计细

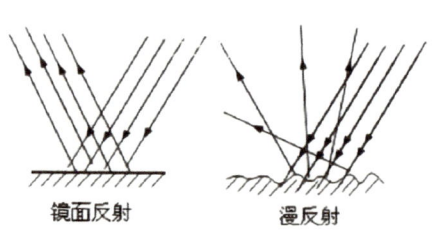

图2-31　镜面反射与漫反射

则》JTG/T D70/2—01—2014，当墙面反射率达到 70% 时，路面亮度可提高 10%。初步估算，使用漫反射率 70% 的瓷质防腐材料可节约能源 10% 左右（表 2-15）。

（7）施工便捷、高效：材料采用高压无气喷涂施工，可施工季节长，可进行夜间施工，施工速度快。

隧道常见侧壁材料漫反射率对比　　　　　　　　　　　　表 2-15

隧道常见侧壁材料	水泥墙面	普通涂料	瓷砖	瓷质防腐材料
漫反射率	35%	40%	50%	70%

2.4.3　桥隧专用水性瓷质防腐材料的性能指标与技术经济性

桥隧专用水性瓷质防腐材料的性能指标见表 2-16，与其他常用隧道墙面处理措施的技术经济性对比见表 2-17。

桥隧专用水性瓷质防腐材料性能指标　　　　　　　　　　表 2-16

项目	指标
适用期（min，≥）	120
固体含量（%，≥）	50
容器中状态	无硬块，搅拌后呈均匀状态
施工性	涂刷二道无障碍
低温稳定性	不变质
涂膜外观	正常
干燥时间（表干，23±2℃）（h，≤）	2
耐洗刷性（2000 次）	漆膜未损坏
耐碱性（48h）	无异常
耐水性（96h）	无异常
附着力（级，≤）	2
燃烧性能等级	A（不燃）
产烟特性	s1

隧道墙面处理措施的技术经济对比   表 2-17

指标	瓷质防腐材料墙面	瓷砖墙面	传统涂料墙面
与基面粘结性	化学固化成型，赋予材料超强的粘结性	完全依靠水泥粘结，容易因车辆行驶产生的震动而脱落，造成危险	物理干燥成型，粘结性差
防腐蚀性能	表面致密，耐酸碱、耐油污性优良	表面致密，耐酸碱、耐油污性优良	吸水吸油，耐酸碱、耐油污性差
使用耐久性	耐磨性、耐洗刷性优良，使用寿命长	耐磨性、耐洗刷性优良，使用寿命长，但易脱落	耐磨性、耐洗刷性差，易脱落，使用寿命短
原墙面病害反馈及时性	及时反馈	反馈不及时，给行车造成安全隐患	及时反馈
漫反射率	70%	50%	40%
隧道亮化效果	具有高亮、疏油疏水、抗裂等特点，能形成一个漫反射表面，可提升隧道照度3倍以上	虽可提升隧道亮度，但形成镜面反射，造成司机视觉不适，影响行车安全	极易吸附粉尘和尾气油烟，且污渍难以清洗，导致洞内光线昏暗、洞内外光线差别大，造成行车安全隐患
后期维护便捷性	采用纳米新技术，自洁性强，用高压水枪就可大面积冲洗，便于机械化清洗、保洁	可用高压水枪大面积冲洗	污渍难以清洗，只能通过重新粉刷翻新，降低了隧道的利用率，增加了维护成本
施工效率	采用机械化喷涂施工，施工效率高，300~500m²/（h·台）	完全依靠人工粘贴，施工效率低	采用机械化喷涂施工，施工效率高
环保性	水性产品，施工安全，成型后无有害气体挥发	无机材料，环保性好	涂料中含有有机溶剂，环保性差
防火、阻燃性	燃烧等级A级（不燃）	完全阻燃	防火、阻燃性差
成本	中	高	低

2.4.4　桥隧专用水性瓷质防腐材料的施工及验收

1. 施工工艺

施工工艺流程：交通设施保护→基层处理→桥隧专用水性瓷质防腐材料底涂施工→桥隧专用水性瓷质防腐材料面涂施工→养护→清理施工现场

2. 施工设备

桥隧专用水性瓷质防腐材料使用专用的高压无气喷涂机进行施工（图 2-32）。

3. 施工注意事项

①基面清洁：待处理基面应无浮尘、浮浆及油污，基面清洁时应将疏松部位清理干净。

图 2-32　高压无气喷涂机

②施工温度为 10 ~ 40℃，空气湿度 80% 以下，混凝土表面应清洁干燥。

③雨、雾、雪、大风和灰尘较大的条件下，禁止户外施工。

4. 质量验收

质量验收参照现行行业标准《路桥用水性沥青基防水涂料》JT/T 535。

2.4.5 桥隧专用水性瓷质防腐材料在公路桥隧及构筑物中的应用

1. 公路构筑物水泥混凝土表面防护

材料可以应用于海边、盐渍土地区等腐蚀环境中的公路构筑物的表面防护（图 2-33）；对寒冷地区需要使用除雪剂的道路构筑物表面，同样可以起到良好的防护作用。针对可造成隧道内壁混凝土腐蚀的汽车尾气中的硫化物、二氧化碳等有害气体和粉尘，也有着良好的隔绝效果（图 2-34）。

2. 公路构筑物表面美化

材料可以根据公路周边环境及需要，掺加各种不同颜色的颜料，使用后可以对公路环境起到良好的美化作用（图 2-35、图 2-36）。

图 2-33 高速公路桥梁防腐

图 2-34 隧道内壁防腐应用

图 2-35 防腐并兼顾美化的地下通道

图 2-36 防腐并兼顾美化的桥墩

3. 公路隧道行车环境的增亮、安全

材料可应用于公路隧道、停车场、下穿道等封闭的行车区域内（图2-37）。当墙面反射率达到70%时，路面亮度可提高10%。

4. 交通功能的区分与引导

材料可应用在道路、地下车库等地点，提供交通引导等功能（图2-38、图2-39）。

5. 桥隧专用水性瓷质防腐材料应用实例

桥隧专用水性瓷质防腐材料的应用实例见图2-40、图2-41。

图 2-37 公路隧道增亮

图 2-38 隔离墩防腐（交通引导）　　　　图 2-39 地下车库车辆引导

图 2-40　桥隧防腐及亮化实例一

图 2-41　桥隧防腐及亮化实例二

第 3 章

双滚筒连续式拌和大比例热再生沥青混合料成套技术简介及应用

基于我国环境保护及资源循环利用的迫切要求，公路维修部门对现行再生工艺存在的问题进行研究、探讨，对沥青路面再生技术的认识不断深化、积累，加上全球沥青路面再生技术的不断进步，近年来我国对沥青路面再生应用技术的研究迅速升温。在此环境下，经过近 6 年的研究与实践，采集了大量不同使用年限、不同气候环境、不同交通量的沥青混合料回收料进行取样分析，对老化的回收沥青恢复性能的补偿规律，及铣刨后骨料及填料的变异规律进行了大量的研究。同时，也对现行的间隙式拌和机配置高位烘干滚筒的厂拌热再生及沥青路面就地热再生工艺进行了再生效果的取样检测试验及分析。

3.1 传统热再生技术目前状况

1. 间隙式厂拌热再生

目前常用的间隙式拌和机存在以下问题：首先，间隙式拌和机配置高位烘干滚筒的工艺，即使是加入小比例回收沥青路面材料（简称 RAP，一般为 10%～20%），也无法用调和新沥青或再生剂对其进行性能进行恢复补偿。其原因是 RAP 在烘干过程中无法加入调和新沥青或再生剂（加入后会被燃烧器火焰烧损）。其次，间隙式拌和机对混合料进行拌和的过程中，在加入调和软质沥青或再生剂时，由于新骨料及填料所占比例大，绝大部分的调和新软质沥青或再生剂被新骨料及填料吸收，RAP 无法吸收足够的调和新软质沥青或再生剂，也无法在机械力及温度作用下进行充分分散，因此无法使老化沥青恢复到新沥青的性能，RAP 中的骨料及填料也不容易均匀地分散在成品再生沥青混合料中。

2. 就地热再生

就地热再生工艺最主要的弊端是在目前工艺条件下，RAP 无法形成骨料与填料完全分散的均质体。加上铣刨后松散的 RAP 在加热时因上下不同层深的温度差异离析，新添加的混合料无法与 RAP 一起拌和均匀，拌和后未经压实的不同区位混合料是不同级配、不同油石比、不同温度的不均质混合料。经过碾压的再生沥青混合料同样是不均质的，其空隙率、矿料间隙率、沥青饱和度等技术指标无法达到现行行业标准《公路沥青路面施工技术规范》JTG F40 的要求。

3.2　双滚筒连续拌和再生沥青混合料技术

为了克服上述再生沥青混合料制作工艺存在的弊端，采用双滚筒连续式拌和高掺量再生沥青混合料的全套技术，生产出来的再生沥青混合料完全能达到《公路沥青路面施工技术规范》JTG F40—2004 对沥青混合料的各项技术要求。

（1）双滚筒连续式高掺量再生沥青混合料生产工艺见图 3-1。

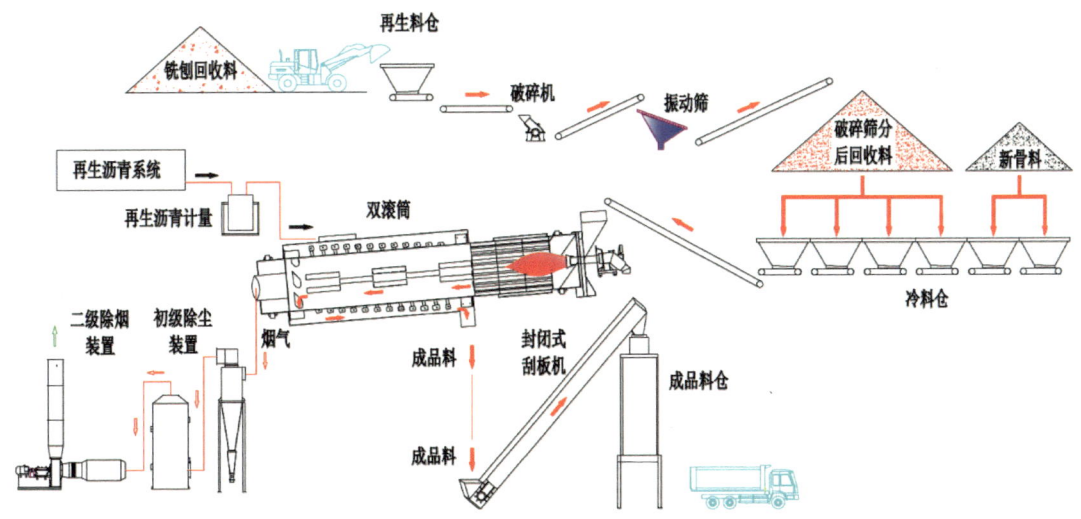

图 3-1　双滚筒连续式高掺量再生混合料生产工艺流程图

（2）RAP 冷铣刨回收进入料仓，通过装载机充分混合后，再装入破碎机进行破碎，并自动进入循环筛分系统，按要求的粒径进行筛分堆放。

（3）在双滚筒连续式拌和机组生产再生沥青混合料的过程中，将筛分好的 RAP 及新骨料分别装入料仓中（可根据设定的 RAP 比例配置新骨料及 RAPR 冷料仓的数量），新骨料及 RAP 根据配合比设计的要求，通过料仓下皮带的电子秤自动计量，并进入双滚筒的内滚筒中进行加热。

（4）双滚筒连续式拌和机内滚筒加热方式专门为高掺量 RAP 设计，有以下几个特点：

①在内滚筒内加热的全过程中，RAP 不直接接触燃烧器火焰，料沿内滚筒内壁圆周输送，到达离燃烧器火焰尾端 1m 以外，才形成料帘的大面积吸热。大部分 RAP 及新骨料主要是通过对流及吸收辐射热的热传导方式来吸收热量。避免了 RAP 直接接触火焰对 RAP 造成的再次老化。

②当大部分 RAP 及新骨料进入内滚筒末端时（温度在 130 ~ 150℃范围内，可根据需要设定），混合料通过内滚筒出料口进入内外滚筒夹层后，与外滚筒底部（约

180～200℃范围，可根据需要设定）接触，直接通过热传导方式进行加热，及时添加调和软质沥青或再生剂，边搅拌边向出料口输送混合料。由于调和软质沥青及再生剂对RAP具有高渗透能力，在强大的机械力及高温作用下，RAP中的骨料及填料能完全分散，其表面的老化沥青吸收再生剂，通过渗透作用扩散。沥青质与胶质在渗透扩散过程中与调和软质沥青均匀相融，粘附在骨料及填料表面，形成均质、符合设计要求的再生沥青混合料，进而由出料口进入刮板提升机，最终进入成品料仓。

3.3　RAP 铣刨回收

（1）对需要铣刨路段全长范围内进行钻芯随机取样分析，用阿布森法对不同路段的骨料级配、油石比进行分析。因原路面施工标段划分造成的RAP骨料及油石比变异未超过设计误差范围时，应分别堆放。因长期的路面维修造成的无规律变异的RAP，应弃除作他用。

（2）在导线及高程测量的放样中，应按铣刨宽度及深度挂线。铣刨机应严格按挂线进行铣刨。

（3）用于热再生的旧沥青路面的铣刨速度不得低于2m/min，不得高于4m/min。

（4）桥梁、明涵等构造物铺装层铣刨时，必须严格控制铣刨厚度，避免破坏桥面。桥梁伸缩缝处不得铣刨。

（5）铣刨过程中严格控制喷水量，使铣刨后的RAP的含水率不超过3%。

（6）不同级配类型，不同路段，不同沥青含量的RAP应分别进行铣刨回收，分开堆放，不得混杂，特别是不得混入基层材料、杂物及土等杂质。

3.4　RAP 阿布森法老化沥青及矿料分离回收与沥青再生恢复性能试验

试验用试样必须用经过预处理（用装载机充分混合拌和并通过破碎筛分）的RAP，要在料堆全高度的范围内，用装载机铲料放置在经硬化的场地推平后，用多次四分法随机取样。进行阿布森法试验时，必须注意如下几点：

（1）必须用二氧化碳作为蒸发三氯乙烯的介质，避免回收沥青的再次老化。

（2）先进行基质沥青与三氯乙烯混合溶液沥青标定试验。取300g选定的基质沥青，用三氯乙烯进行稀释（基质沥青与三氯乙烯比为 1∶6，RAP 回收也应控制在此比例）后，用不同的持续时间多次进行回收基质沥青的操作。在相同的温度试验条件下，当回收沥青的指标与基质沥青指标相近时的持续加热时间标定为相同试验条件下的 RAP 回收沥青的持续加热时间。

（3）及时做回收沥青的三大指标试验。用选定的再生剂按 6%、8%、10% 掺入回收沥青，经反复搅拌均匀后做其三大指标试验，得出加入再生剂后能恢复到选定新沥青技术指标的 RAP 合理掺量 α_z。并按下式计算出调和软质沥青的预估油料比（调和软质沥青重量与 RAP 加上新骨料重量的比值）。

$$P_t = P_g - P_{ab} \times \alpha_Z$$

式中：P_t —— 调和软质沥青的油料比；

　　　P_g —— 再生沥青预估油石比；

　　　P_{ab} —— RAP 油石比；

　　　α_Z —— RAP 合理掺量。

3.5　双滚筒连续式拌和高掺量再生沥青混合料配合比设计方法

在再生沥青混合料路面设计初期，必须对回收沥青路面材料（RAP）进行充分调查和分析，根据公路等级、使用层位、气候条件、交通状况等因素，充分借鉴成功经验，进行再生沥青混合料的配合比设计。特别是要进行 RAP 掺量分析比较及可行性试验。

在 RAP 掺量分析比较及可行性试验的基础上，双滚筒连续式拌和高掺量再生沥青混合料的配合比设计，同样要经过目标配合比设计、生产配合比设计、生产配合比验证三个阶段，以确定 RAP 的掺配比例、新骨料的品种及比例、理想的矿料级配、最佳调和沥青用量。

1. RAP 掺量的确定及可行性试验（以内蒙古自治区二广高速集宁至阿荣旗联络线路面改造工程为例）

RAP 掺量应根据工程需要、RAP 特性（主要是沥青的老化程度及矿料级配的变异情况），以及选择的再生沥青混合料的类型来定。当回收沥青老化程度比较严重、矿料级配变异较大时，RAP 的掺量应相对少一些；反之，可相对多掺一些。

从内蒙古自治区二广高速集宁至阿荣旗联络线路面改造工程原沥青路面钻芯取样的试验及分析中发现，由于原路面的沥青层为二层结构，上层 AC13 及下层 AC16 明显偏细，将二层混合料拌和均匀后抽提得到的骨料混合后进行筛分，其级配与 AC13 接近（表 3-1）。根据这一特殊路面混合料类型，经过反复的试配与分析，选择添加 60% 的 RAP 和 40% 的新骨料组成 AC-25C 类型的矿料级配是完全可行的。

选用北京中咨维克路桥工程有限公司（Roadkey）HMZS-1 型号的改性再生剂，对回收老化沥青进行性能恢复试验，其主要技术指标达到了同类新道路沥青要求。在全面试验分析的过程中，对 RAP、回收沥青、再生沥青、调和软质沥青等关键材料进行了检测，并进行了马歇尔试验，得出在表 3-1 合成级配及最佳调和沥青比为 1.3% 的情况下，AC-25C 再生沥青混合料马歇尔试验的各项技术指标均符合规范要求。可行性试验结果见表 3-1 ~ 表 3-6。

1）矿料集配如表 3-1 所示。

AC-25C 再生沥青混合料矿料级配表　　　　　　　　　表 3-1

材料名称	通过下列筛孔（mm）的质量百分率（%）													成分（%）
	31.5	26.5	19	16	13.2	9.5	4.75	2.36	1.18	0.6	0.3	0.15	0.075	
回收料	100	100	100	100	98.4	85.9	60.0	44.3	36.8	29.2	20.1	12.6	8.7	60
19 ~ 26.5mm	100	86.6	37.2	12.8	0.9	0.1	0.1	0.1	0.1	0.1	0.1	0.1	0.1	25
9.5 ~ 19mm	100	100	100	87.0	46.9	7.3	0.2	0.1	0.1	0.1	0.1	0.1	0.1	15
规范级配范围														
级配上限	100	100	90	83	76	65	52	42	33	24	17	13	7	100
级配下限	100	90	75	65	57	45	24	16	12	8	5	4	3	
级配中值	100	95	82.5	74	66.5	55	38	29	22.5	16	11	8.5	5	
合成级配	100	96.7	84.3	76.3	66.3	52.7	36.1	26.6	22.1	17.6	12.1	7.6	5.3	

2）RAP、再生剂、回收沥青、再生沥青及调和软质沥青的相关结果如表 3-2 ~ 表 3-4 所示。

RAP 检测结果　　　　　　　　　表 3-2

试验项目	试验结果	规范要求	试验方法
含水率（%）	3	实测记录	T 0305
RAP 级配	见表 3-1	实测记录	T 0327
沥青含量（%）	5.0	实测记录	T 0722
砂当量（%）	62	>55	T 0334
检测结论	检测结果均满足行业标准《公路沥青路面再生技术规范》JTG/T 5521—2019 对沥青混合回收料（RAP）的要求。		

HNZS-1（RA25）再生剂技术指标 表 3-3

生产厂家：北京中咨维克路桥工程有限公司（Roadkey）

样品型号：HMZS-1

样品用途：下面层 AC-25C 连续式厂拌热再生沥青混合料目标配合比设计

试验项目		试验结果	规范要求	试验方法
60℃黏度（cSt）		2860	实测记录	T 0619
闪点（℃）		226	≥220	T 0633
饱和分含量（%）		23	≤30	T 0618
芳香分含量（%）		39.8	实测记录	T 0618
薄膜烘箱试验	黏度比	2.5	≤3	T 0619
	质量变化（%）	−1.2	±3	T 0609
15℃相对密度		0.986（液态）	实测记录	T 0603
检测结论		HMZS-1 号再生剂的各项技术指标均满足行业标准《公路沥青路面再生技术规范》JTG/T 5521—2019 对再生剂的要求		

回收沥青、回收补偿沥青及调和软质沥青试验结果 表 3-4

RAP 中沥青回收方法：旋转蒸发器法

再生剂型号：HMZS-1（RA25）

试验项目		RAP 回收沥青	回收补偿沥青（回收沥青加入8% 再生剂）	调和软质沥青（再生剂 30%，A90 70%）	规范要求（A90）	试验方法
针入度（25℃，100g，5s，0.1mm）		36	98	106	80 ~ 100	T 0604
延度 5cm/min（cm）	10℃	2.9	42.1	46.4	≥30	T 0605
	15℃	8.5	>100	>100	≥100	
软化点（℃）		68.2	47	45.5	≥44	T 0606
15℃相对密度		1.061	1.032	1.016	—	T 0603
储存稳定性 48h 软化点差（℃）		—	1.2	—	—	T 0661
旋转薄膜加热实验（RTFOT）后	质量变化（%）	—	−0.3	−0.2	±0.8	T 0610
	残留针入度比（%）	—	65	62	≥57	T 0604
	残留延度 10℃（cm）	—	18.2	12.5	≥8	T 0605
检测结论		经检测，RAP 中回收的沥青老化现象比较严重，各项指标远低于技术规范对新沥青（A90）的技术要求；RAP 中回收的沥青加入8% 的 HMZS-1 号再生剂后，各项指标均满足技术规范对道路石油沥青（A90）的要求				

注：再生沥青为 100℃回收沥青添加 8% 常温再生剂经充分搅拌制成。调和软质沥青为 70% A90 基质沥青（温度 100℃）与 30% 的再生剂（常温）经充分搅拌制成。

3）马歇尔试验结果见表 3-5，马歇尔试验严格按行业标准《公路沥青路面施工技术规范》JTG F40—2004 中表 5.3.3-1 密级配沥青混凝土混合料马歇尔试验技术标准执行。

①将路面所取 RAP 芯样或通过预处理翻拌均匀，铣刨 RAP 放入 80℃烘箱保温约 4h，将其取出捣散，并再次用铲拌和均匀。用四分法取样按 RAP 掺量及新骨料掺量计算试件重量，同时用四分法按试件所需要的重量进行配料。

②将 RAP 及新骨料放入 155℃烘箱保温，用温度计测量 RAP 及新骨料达到设定温度时，先按表 3-1 的配比和预估的调和软质沥青油料比（调和软质沥青重量比 RAP 与新骨料重量之和）P_t 试配一个试件，并调整用料重量，使试件达到标准试验件的高度要求。

③以 P_t 为中值，取上下 0.2% 的差量的五种不同油料比分别作 5 个试件。同时分别用真空法对应作 5 组再生沥青混合料的最大理论密度，求出最佳调和软质沥青油料比，其结果如表 3-5 所示。

④通过比较各组相对应的技术指标以及马歇尔试验的结果，确定最佳软质沥青油料比。（此例中最佳调和软质沥青比为 1.3%。）

马歇尔试验结果汇总表 表 3-5

项目	试件 1	试件 2	试件 3	试件 4	试件 5	规范要求
再生调和沥青油料比（%）	0.9	1.1	1.3	1.5	1.7	—
击实次数（双面各次）	75	75	75	75	75	75
理论最大相对密度	2.652	2.647	2.644	2.641	2.632	—
毛体积相对密度	2.523	2.534	2.544	2.556	2.554	—
空隙率（%）	4.9	4.3	3.8	3.2	3.0	3~6
矿料间隙率（%）	13.4	13.2	13.0	12.8	13.0	≥12
沥青饱和度（%）	60.9	66.9	72.2	75.2	85.7	55~70
稳定度（kN）	10.72	11.23	12.52	10.58	9.89	≥8
流值（0.1mm）	24.7	28.3	34.6	36.5	38.6	20~40

4）基于大量的试验分析，从不同掺量的 RAP 试验路跟踪观测结果来看，基于双滚筒连续式拌和高掺量再生沥青混合料生产工艺，当用于热拌沥青混合料路面中、下面层普通再生沥青混 AC-20C、AC-25C 沥青时，RAP 的再生利用率可在 60%~80% 之间。

5）当 RAP 级配及沥青用量的稳定性完全可控，且所选再生剂能有效恢复回收沥青的性能时，再生沥青混合料最好选择较原类型混合料粗一个或两个等级。在绝对保证再生沥青混合料的体积指标及使用性能指标均符合规范要求的前提下，可选择添加一种或两种粗骨料。因为新添加的粗骨料的表比面积与整个混合料的表比面积相比不到 10%，在与新骨料及 RAP 混合拌和时，添加的调和沥青中的再生剂有 90% 以上能被 RAP 中的老化沥青吸收，从而确保回收沥青的性能恢复。

6）再生沥青混合料中的再生沥青油石比及再生沥青各项指标的测定，应按表 3–4 的要求，将已拌和的再生沥青混合料用阿布森法进行矿料与再生沥青的分离，准确测出再生沥青油石比，并检测再生沥青的技术指标。

2. 厂拌热再生混合料目标配合比设计流程

厂拌热再生混合料目标配合比设计流程见图 3–2。

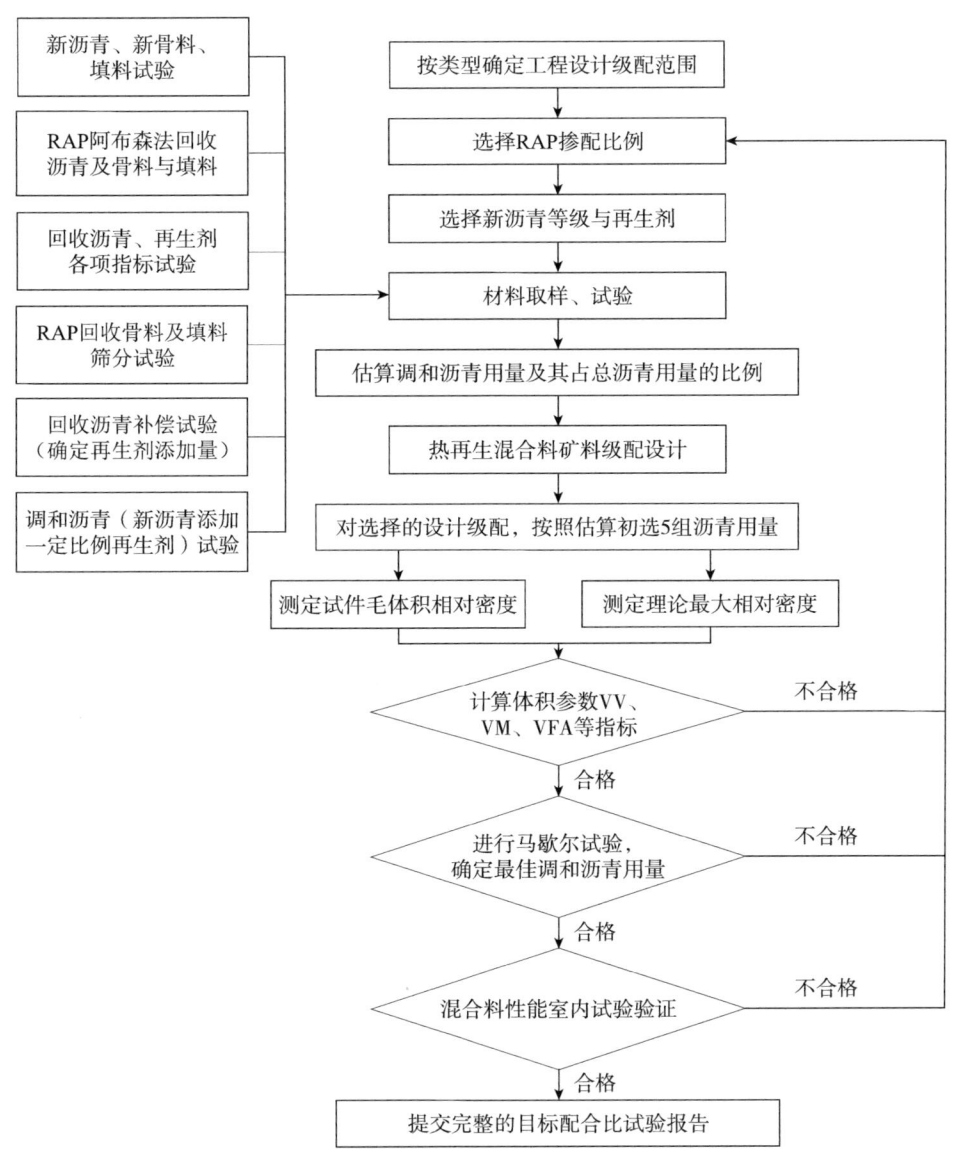

图 3-2　厂拌热再生混合料目标配合比设计流程

1）AC-20C、AC-25C 再生沥青混合料工程设计级配范围见表 3-6。

AC-20C、AC-25C 再生沥青混合料工程设计级配范围表　　　表 3-6

混合料类型		通过下列筛孔（mm）的质量百分率（%）												
		31.5	26.5	19	16	13.2	9.5	4.75	2.36	1.18	0.6	0.3	0.15	0.075
AC-20C	级配上限	—	100	100	90	78	65	43	33	22	16	11	9	7
	级配下限	—	100	90	80	68	55	33	23	12	8	5	5	3
	级配中值	—	100	95	85	73	60	38	28	17	12	8	7	5
AC-25C	级配上限	100	100	86	79	71	60	40	26	17	12	11	9	7
	级配下限	100	90	76	69	61	50	30	18	9	6	5	5	3
	级配中值	100	95	81	74	66	55	35	22	13	9	8	7	5

2）调和软化沥青技术要求（新沥青为 A90 再生剂为 HMZS-1）见表 3-7。

调和软化沥青技术要求表　　　表 3-7

指标		单位	要求指标	试验方法
针入度（25℃，100g，5s）		0.1mm	100 ~ 120	T 0604
软化点（环球法），不小于		℃	43	T 0606
60℃动力黏度，不小于		Pa·s	120	T 0620
延度（5cm/min，10℃），不小于		cm	40	T 0605
延度（5cm/min，15℃），不小于		cm	100	T 0605
含蜡量（蒸馏法），不大于		%	2.2	T 0615
闪点（COC），不小于		℃	230	T 0611
溶解度（三氯乙烯），不小于		%	99.5	T 0607
密度（15℃）		g/cm³	实测记录	T 0603
旋转薄膜加热试验163℃，5h	质量变化，不大于	%	±0.8	T 0610/T 0609
	残留针入度比（25℃），不小于	%	55	T 0604
	延度（10℃），不小于	cm	10	T 0605
	延度（15℃），不小于	cm	30	T 0605

注：考虑到调和软化沥青在拌和过程中轻质油分的挥发损失，依据再生沥青混合料抽提回收沥青试验及参考行业标准《公路沥青路面再生技术规范》JTG/T 5521—2019，可根据实际情况，适当降低沥青目标标号一个等级。

3）AC-25C、AC-20C 再生沥青混合料马歇尔试验技术指标见表 3-8。

AC-25C、AC-20C 再生沥青混合料马歇尔试验技术指标　　表 3-8

试验指标	单位	再生沥青混合料规定值	
击实次数（双面）	次	两面各 75	
试件尺寸	mm	$\phi 101.6mm \times 63.5mm$	
稳定度 MS，不小于	kN	8.0	
流值 FL	mm	2～4	
空隙率 VV	%	3～5	
沥青饱和度 VFA	%	65～75	
矿料间隙率	%	AC-25C：≥12.5	AC-20C：≥13.5
矿料间隙率 VMA，不小于	%	4（设计值）	

注：由于再生沥青合料实际油石比较新拌沥青混合料稍大，其矿料间隙率比新拌沥青混合料大 0.5%。

4）AC-25C、AC-20C 再生沥青混合料马歇尔试验水稳定性检验技术要求见表 3-9。

AC-25C、AC-20C 再生沥青混合料马歇尔试验水稳定性检验技术要求　表 3-9

检验项目		技术要求	
		AC-25C	AC-20C
车辙试验动稳定度（次 /mm）		≥2000	
水稳定性	浸水马歇尔试验残留稳定度（%），不小于	80	85
	冻融劈裂残留强度比（%），不小于	75	80
低温弯曲试验破坏应变（με）		—	2300
渗水系数（mL/min），不大于		120	120

3.6 双滚筒再生沥青混合料拌和机

双滚筒连续式再生沥青混合料拌和机的剖面示意图见图 3-3。

如图 3-3 所示，双滚筒的内滚筒与外滚筒同心，由固定在支座上的外滚筒与开机后通过链轮传动的、不断旋转的内滚筒组成。进料口与燃烧器在同一端，为顺流式结构，其所配置的燃烧器火焰柱为细长形。当 RAP 与新骨料进入内滚筒时，内滚筒内壁刮板使 RAP 及骨料混合料在内圆周边吸热边移动。当料到达离火焰柱末端约 1m 时，在内壁提升刮板的作用下形成料帘形态进行吸热。当料到达内滚筒，进入夹层入口时，即加入调和软质沥青以及填料与外掺剂（如果需要），在内滚筒外壁上的拌臂的强力搅拌下边加热边向出料口移动（外滚筒底部温度可根据需要达到 180～200℃）。当料到达出料口时，搅拌均匀的混合料温度到达 150～170℃（可根据需要自动设定），由刮板提升机进入成品仓。表 3-10 为双滚筒连续式高掺量沥青混合料再生拌和机的相关技术参数。

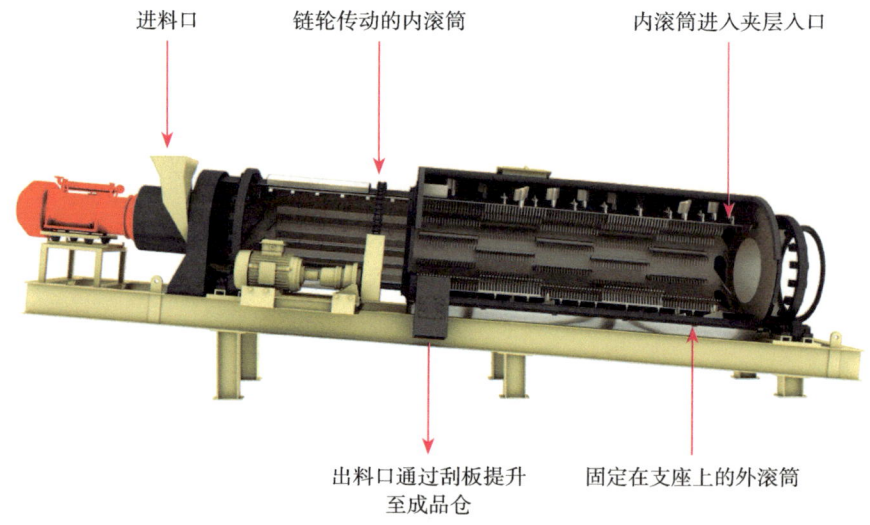

图 3-3 双滚筒连续式再生沥青混合料拌和机剖面示意图

双滚筒连续式高掺量沥青混合料再生拌和机相关技术参数 表 3-10

序号	参数名称	参数
1	燃烧器风机功率	75kW
2	内滚筒转速	11r/min
2	燃烧器最大输出热值	3200 万 kcal
3	滚筒驱动功率	132kW
4	拌制再生混合料能力	300t/h
5	混合料搅拌时间	80s

3.7　双滚筒连续式拌和高掺量再生沥青混合料的拌和

高掺量再生沥青混合料的拌和须采用上述双滚筒连续式高掺量沥青混合料拌和机组进行拌制。为确保其拌和能力达到 300t/h 的要求，应配置如下配套设备：

1. 拌和场应有带防雨棚、储量不少于 6000t 的 RAP 料仓，和不少于储量 3000t 的新骨料料仓。RAP 和新骨料的含水量均不应大于 3%。

2. 须配置如下机械设备：

1）能自动称重的 6 个容量为 11m³ 的冷料斗，其中 RAP 料斗 4 个，新料斗 2 个。

2）160～180t/h RAP 回收料破碎筛分系统 1 套。

3）50t 的保温沥青储罐 1 个和 30t 的再生剂储罐 1 个。

4）50t 的重油罐 1 个和 20t 的柴油罐 1 个。

5）具有保温性能的 180t 沥青混合料成品罐 1 个。

6）50t 填料罐 1 个

3. 在双滚筒连续式拌和机安装完毕后，要对整个机组配置的设备进行调试。其重点为对皮带自动称重系统用砝码及实物称重，并与控制系统显示重量数字进行对照调试，使其误差达到计量精度。

4. 再生沥青混合料的成品出料温度可比普通沥青混合料的出料温度高 5～10℃，在内外滚筒夹层的拌和时间不得少于 80s。

5. 双滚筒连续式拌和再生沥青混合料拌和的其他要求，应符合现行行业标准《公路沥青路面施工技术规范》JTG F40 对热拌沥青混合料路面的规定。

3.8　双滚筒连续式拌和高掺量再生沥青混合料的摊铺和压实

1. 双滚筒连续式拌和高掺量再生沥青混合料的摊铺和压实温度宜比热拌普通沥青混合料高 5～10℃。

2. 双滚筒连续式拌和高掺量再生沥青混合料摊铺和压实的其他要求应符合现行行业标准《公路沥青路面施工技术规范》JTG F40 对热拌沥青混合料路面的规定。

总之，双滚筒连续式拌和高掺量再生沥青混合料全套技术，针对再生剂的选择（可恢复回收沥青的使用性能）、在拌和过程中减少 RAP 加热老化（火炬不接触 RAP 的复合加热方法）等方面进行研究，选择稳定性较好的回收沥青混合料，通过加强铣刨

RAP 回收控制等有效措施，特别是专门研制了为高掺量再生沥青混合料设计的双滚筒连续式再生沥青混合料拌和设备，使 RAP 中的回收沥青在拌和过程中从旧混合料得以分离。当 RAP 温度达到老化沥青融化温度时，加入高渗透的再生剂，在拌和过程的不断扩散渗透，在双滚筒夹层内拌臂的强力搅拌下，融化了的旧沥青逐步转移到新骨料的表面。当混合料达到一定的温度时（150～160℃），在再生剂的作用下，恢复了性能的旧沥青与新沥青均匀融合在新矿料与旧矿料的表面，最终得到了与新沥青混合料品质相当的再生沥青混合料。

以科学的态度严格选取稳定的 RAP，选择能将老化沥青恢复到新沥青性能的高性能再生剂，严格执行行业标准《公路沥青路面施工技术规范》JTG F40—2004 及相关设计规范。随着双滚筒连续拌和高掺量再生沥青混合料全套技术的不断完善和深化，高掺量厂拌热再生沥青混合料全套技术将在合理利用自然资源、减少公路建设对环境的污染和破坏等方面取得一定成果，以求自然环境同人文环境、经济环境共同平衡可持续发展，扩大有用资源的再生产，这也符合我国环境保护及资源循环的基本国策。

3.9 案例：诸暨 S308 省道绍兴至大唐公路

1. AC-13 型再生沥青混合料路用性能指标试验

1）回收料及新集料来源：回收料来源于 S308 道路铣刨料，基质沥青、4.75～9.5mm 新骨料及矿粉为当地采购。

2）阿布森法试验回收沥青及补偿后再生沥青的路用性能见表 3-11。

回收沥青及再生沥青的路用性能   表 3-11

序号	试验项目		回收老化沥青	再生剂 10% 再生沥青
1	针入度（25℃，100g，5s，0.1mm）		38	72
2	延度 5℃（5cm/min，cm）		2.4	28
3	软化点（℃）		75.5	61.5
4	弹性恢复（25℃，%）		23	80.5
5	RTFOT	质量变化（%）	—	0.12
		针入度比（25℃，%）	—	68.5
		延度（5℃，cm）	—	17.8

2. 回收料骨料趋势曲线及补偿后合成骨料级配

补偿后合成骨料级配见表 3-12，回收料骨料趋势曲线见图 3-4。

补偿后合成骨料级配　　　　　　　　　表 3-12

筛孔尺寸（mm）	16	13.2	9.5	4.75	2.36	1.18	0.6	0.3	0.15	0.075
回收料（占 75%）	100	91.6	72.6	48.6	30.5	20.0	13.9	10.6	7.5	4.9
单粒径新骨料（占 23%）	100	100	88.3	2.2	0.5	0.5	0.5	0.5	0.5	0.5
矿粉（占 2%）	100	100	100	100	100	100	99.9	99.7	95.5	78.8
规范级配上限	100	90	68	38	24.	15	10	7	5	4
规范级配下限	100	100	85	68	50	38	28	20	15	8
级配中值	100	90	76.5	53	37	26.5	19	13.5	10	6
补偿后合成级配	100	93.7	76.8	39.0	25.0	17.1	12.5	10.1	7.7	5.4

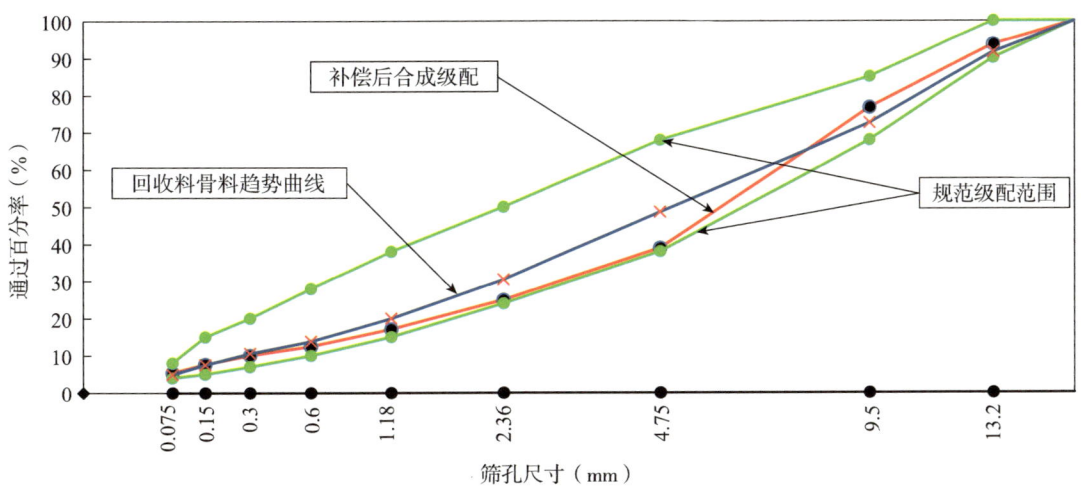

图 3-4　回收料骨料趋势曲线图

3. AC-13型再生沥青混合料技术指标试验

AC-13型再生沥青混合料技术指标见表3-13。

AC-13型再生沥青混合料技术指标　　表3-13

混合料类型	AC-13C	公路等级	一级公路	气候分区	1-4-1区
交通等级	—	沥青种类	SBS改性沥青	深度	90mm以内
设计空隙率（%）	3~5	配合比设计类型	再生沥青混合料		
公称最大粒径（mm）	16	级配型号	AC-13C改性		

试件编号	1	2	3	4	平均值	技术要求
高度（mm）	63.1	63.6	63.9	63.4	63.5	63.5±1.3
实测密度（g/cm³）	2.378	2.382	2.371	2.375	2.377	—
理论最大密度（g/cm³）			2.485			—
空隙率（%）	4.3	4.1	4.6	4.4	4.4	3-5
矿料间隙率（%）	16.1	16.2	16.9	16.9	16.5	≥14
有效沥青饱和度（%）	73.3	74.4	72.6	73.9	73.6	65~75
稳定度（kN）	12.8	13.6	14.2	13.5	13.5	≥8
流值（mm）	2.62	2.78	2.85	3.12	2.84	2-4

4. AC-13 型再生沥青混合料车辙试验

AC-13 型再生沥青混合料车辙试验（动稳定度）结果见表 3-14。

AC-13 型再生沥青混合料车辙试验结果

表 3-14

项目	参数				
试件制作参数	制作方法	T 0703、T 0719			
	材料名称 材料品种	回收料 铣刨料	新矿料 玄武岩	再生剂 3号再生剂	新沥青 SBS 改性沥青
	质量比例（%）	73.5	24.5	0.2	1.8
	试件规格（mm）	300×300×50			
	试件密度（g/cm³）	2.377			
试验参数	沥青种类	SBS 改性沥青		级配类型	AC-13
	气候分区	1-4-1		试验温度（℃）	60
	碾压速度（次/min）	42		试验轮压（MPa）	0.7
	试验机类型修正系数	1.0		试件系数	1.0
车辙试验	试件编号	1	2	3	
	动稳定度区域（min）	45～60	45～60	45～60	
	单值（次/min）	5863	6045	5642	
	均值（次/min）	5850			
	变异系数（%）	3.4			
	指标（次/min）	≥3000			

5. AC-13 型再生沥青混合料低温试验

AC-13 型再生沥青混合料低温试验（低温弯曲破坏应变）结果见表 3-15。

AC-13 型再生沥青混合料低温试验结果

表 3-15

试件制作参数	制作方法	T 0715			
	材料名称	回收料	新料	再生剂	新沥青
	材料品种	铣刨料	石灰石	3号再生剂	SBS 改性沥青
	质量比例（%）	73.5	24.5	0.2	1.8
	级配类型	AC-13			
	沥青种类	A-70/SBS			
试验参数	雨量分区	1（潮湿区）			
	试验温度（℃）	-10			

试件编号	试件跨径 L（mm）	跨中断面试件高度 h（mm）	跨中断面试件宽度 b（mm）	试件破坏时最大荷载 P_B（N）	试件破坏时跨中挠度 d（mm）	试件破坏时抗弯拉强度 R_B（MPa）	试件破坏时弯曲劲度模量 S_B（MPa）	破坏应变（$\mu\varepsilon$）
1	200	35.0	30.0	920	0.520	7.5	2751	2730
2	200	35.5	31.0	980	0.530	7.5	2667	2822
3	200	35.6	31.0	960	0.510	7.3	2692	2723
4	200	35.6	29.8	960	0.530	7.6	2694	2830
平均	200	35.4	30.5	955	0.523	7.5	2701	**2776**

第 4 章

泡沫沥青冷再生技术综合应用

泡沫沥青又叫膨胀沥青，其工作方式是将一定量的常温水注入热沥青，使其发生膨胀，形成大量的沥青泡沫，经过很短的时间，沥青泡沫破裂。当泡沫沥青与骨料接触时，沥青泡沫间化为数以万计的"小颗粒"，散布于细骨料的表面，形成粘有大量沥青的细料填缝料，经过拌和压实，这些细料能填充粗料之间的空隙，并起到类似砂浆的作用，使混合料达到稳定。

泡沫沥青冷再生混合料具有良好的性能，可作为沥青下面层和基层使用。其优点主要表现在可以对沥青面层和基层材料进行全厚式再生，同时将半刚性基层转换为半柔性基层，符合国际上柔性路面基层的潮流；泡沫沥青再生技术仅需加热沥青，不需要加热和烘干骨料，从而节省能源；与半刚性基层相比，其养护时间短，施工期短，对交通影响小。

用于发泡的沥青其技术要求及适用范围应符合现行行业标准《公路沥青路面施工技术规范》JTG F40 的规定。

4.1 轻交通道路低成本柔性路面

4.1.1 轻交通道路的现状与问题

近年来，随着我国乡村建设速度的快速发展，出于投资和施工条件的考虑，轻交通农村道路大量使用水泥混凝土路面。目前，大部分农村轻交通道路的水泥混凝土路面，由于面层厚度偏薄或基层强度不足等原因，使用 3~5 年后即出现大量的断板和破损（图 4-1），行车舒适性直线下降；另一方面，因水泥混凝土表面摩擦力不足，尤其在雨雪天气下，交通事故频发，给人民生命财产造成较大损失。

水泥混凝土路面损坏后，修复难度大，养护费用高。即使是修复完好的路面也不能持续提供足够的摩擦力，安全性、舒适性和美观性较差。

农村轻交通道路的沥青路面大部分采用单层沥青混凝土面层，路面厚度不足，承载能力不足，防水性能有限。随着车辆的增多，路面陆续出现裂缝、麻面、坑槽、沉陷等病害，严重影响道路的正常使用（图 4-2）。

图 4-1　轻交通公路水泥混凝土路面出现断板

图 4-2　沥青混凝土路面出现裂缝、坑槽

4.1.2　低成本柔性路面——泡沫沥青 + 环氧沥青

低成本柔性轻交通路面结构，是根据轻交通道路的发展现状、泡沫沥青路面技术的优势及缺陷、环氧沥青封层技术的优势等，开发出的适应国民经济发展需要的新型路面结构系统，是一种长寿命的柔性沥青路面。

根据建设成本、路面承载能力等使用性能的不同，低成本柔性轻交通路面结构可分为Ⅰ型和Ⅱ型（图 4-3）。

环氧沥青磨耗层
泡沫沥青冷再生面层
环氧沥青下封层
路面基层
土基

低成本柔性轻交通路面结构（Ⅰ型）

沥青混凝土面层
环氧沥青粘结层
泡沫沥青冷再生基层
环氧沥青下封层
路面基层
土基

低成本柔性轻交通路面结构（Ⅱ型）

图 4-3　路面结构示意图

低成本柔性轻交通路面结构（Ⅰ型）在路基或原有路面上铺筑泡沫沥青层作为面层。以环氧沥青封层技术的优势，弥补泡沫沥青层耐磨性差、渗透性大的缺陷，应用水性环氧沥青渗透固化原理，在对泡沫沥青层表面结构补强、封水的同时形成抗滑磨耗层。

低成本柔性轻交通路面结构（Ⅱ型）在路基或原有路面上铺筑泡沫沥青层作为下面层，以水性环氧沥青为粘结层，沥青混凝土为上面层。粘结层以其良好的粘结性和防水性，在对泡沫沥青层进行封闭、补强的同时，将各结构层粘结为一个整体，有效地分散荷载，提升其抗水损性能。该结构路面具有更强的结构承载能力和使用耐久性。

另外，针对不适合采用沥青混凝土路面的特殊路段及新建或路况较好的既有水泥混凝土路面，可直接使用环氧沥青封层技术，提升道路抗滑性能，增加道路安全性、舒适性、美观性。

4.1.3　技术机理及特性

在道路应用中，泡沫沥青相比水泥等无机材料更有柔性，且更耐疲劳，可以消除反射裂缝问题，延长道路使用寿命。同时还具有如下优势：

（1）泡沫沥青由于只裹覆细骨料，形成不连续的"点焊式"连接，因此具有较高的结构承载力，在重载交通作用下有较好的抗车辙能力。

（2）泡沫沥青采用机械物理方式改变沥青黏度，因此其混合料性能稳定，受其他因素影响小，存储时间较长，施工控制变得简单、方便，这对延长道路使用寿命极其重要。

（3）价格便宜，仅为热沥青混合料成本的 1/3 ~ 1/2。

但是，泡沫沥青混凝土是"点焊式"连接，空隙率大，最大问题是不耐水、不耐摩，无法作为上面层直接使用。

针对上述泡沫沥青存在的问题，环氧沥青以其独特的优势可以对其进行强化，从而达到"一加一大于二"的效果。

1）对于建设投资较低、路面承载能力要求不高的轻交通道路，可以选用Ⅰ型低成本柔性轻交通公路，即泡沫沥青 + 环氧沥青封层的组合。

环氧沥青封层是采用智能同步封层车将粘结料及抗滑骨料同步撒布在泡沫沥青表面，经过常温固化形成的一种处治封层，具有增强道路耐腐蚀、抗滑、防水性能，延长道路使用寿命的功能，和绿色环保、经济实用的特点。

同时，环氧沥青封层还具有以下优势：

（1）抗滑性能优异

使用环氧沥青封层技术可使路面的抗滑性能（BPN）长期维持在 60 左右，有效保证路面的高抗滑性能。

（2）防水性能优异

环氧沥青封层材料固化前黏度低，渗透性强，能渗入泡沫沥青层空隙和微裂缝，固化后粘结性强，与泡沫沥青层嵌入式融为一体，防止雨水渗入造成水损害。

（3）防腐性能优异

环氧沥青封层材料具有优异的化学惰性，能隔绝酸、碱、盐及油污的污染侵蚀，尤其是隔绝融雪剂、车辆尾气和漏油对路面的腐蚀。

（4）绿色环保

环氧沥青封层材料是一种水性的新型绿色环保型材料，其 VOC 含量远低于室内装饰材料的国家标准，不含重金属成分，且冷法施工，对施工人员无伤害。

2）对于路面承载能力要求较高的轻交通道路，可以选用 II 型低成本柔性轻交通公路，即泡沫沥青下面层＋水性环氧沥青粘结层＋沥青混凝土上面层的组合。

水性环氧沥青粘结层材料是水性化的环氧沥青材料，环氧与沥青分子交联形成连续相，化学固化成型。以水为溶剂，安全环保，常温施工，渗透性好，高、低温稳定性好，粘结及抗剪强度高，防水效果好。

4.1.4　长寿命柔性轻交通公路的价值

（1）冷料冷铺，环境友好，低碳、环保，热排放几乎为零。

（2）柔性路面承载力高，安全性、舒适性和美观性好。

（3）道路造价低，远低于传统热沥青混凝土路面和水泥混凝土路面。

（4）适应性强，施工设备简单、可靠，可适应不同的施工条件。后期维护简单、方便，成本低。

4.1.5　施工工艺

1. 泡沫沥青工艺

泡沫沥青工艺的施工现场图见图 4-4、图 4-5。

2. 环氧沥青封层（粘层）工艺

环氧沥青封层采用同步撒布工艺，将粘结料与抗滑骨料同步撒布在各种路表，为原路面提供抗滑、防水、防腐、美化等全面保护。环氧沥青粘结层施工工艺与封层一致，一般情况下只撒布粘结料，不撒布抗滑骨料。

图 4-4　泡沫沥青作业　　　　　　　图 4-5　环氧沥青封层（粘层）

4.2 案例

设计方案：20cm 水稳碎石 +16cm 泡沫冷再生 +3mm 水性环氧沥青磨耗层（图 4-6 ~ 图 4-10）。

图 4-6　国道 G241 朔州至阳方口段一级公路改扩建工程泡沫沥青冷再生施工现场

图 4-7　国道 G241 朔州至阳方口段一级公路改扩建工程泡沫沥青冷再生施工现场

图 4-8　国道 G241 朔州至阳方口段一级公路改扩建工程泡沫沥青冷再生厂拌现场

图 4-9　国道 G241 朔州至阳方口段一级公路改扩建工程环氧沥青封层施工

图 4-10　国道 G241 朔州至阳方口段一级公路改扩建工程环氧沥青封层完工现场

南沙基础设施建设
高质量发展

主　编：陈荣毅
副主编：宋光昕　文志成

3

道路交叉口高品质建设理念与策略

分册主编：陈荣毅　宋光昕　霍文斌
　　　　　陈　程　顾庆福　李　刚

中国建筑工业出版社

图书在版编目（CIP）数据

南沙基础设施建设高质量发展. 3，道路交叉口高品质建设理念与策略 / 陈荣毅主编；宋光昕，文志成副主编；陈荣毅等分册主编. —北京：中国建筑工业出版社，2024.6

ISBN 978-7-112-29822-8

Ⅰ.①南… Ⅱ.①陈… ②宋… ③文… Ⅲ.①道路工程—交叉路口—基础设施建设—研究—南沙区 Ⅳ.①F299.24

中国国家版本馆CIP数据核字（2024）第087622号

《南沙基础设施建设高质量发展》

主　　编：陈荣毅
副 主 编：宋光昕　文志成
参　　编：霍文斌　谌琳琳　秦利辉　徐　明　黄　佳
　　　　　曹建新　黄　过

《道路交叉口高品质建设理念与策略》分册

主　　编：陈荣毅　宋光昕　霍文斌　陈　程　顾庆福
　　　　　李　刚
参　　编：王　健　邓　卓　徐　明　金学锋　连　莹
　　　　　纪　鹏　林俊勇　陈丽甜　赵银柱

目 录

第 1 章

引言

1.1 研究背景简介

　　南沙是广州唯一的出海口，也是珠江三角洲的地理几何中心。自宋朝以来，从拍沙成田到屯田开村，从"海上丝绸之路"到近代文明，从千百年沧海桑田到一方开发建设热土，南沙依托着山、水、城、田、海的自然优势，正在建设成为一座宜业、宜居的滨海生态新城。

　　南沙历史悠远，人文荟萃。这里，存有距今3000多年的鹿颈村遗址，有建于清中后期的洪圣古庙，还有宋代以来形成的古建筑、摩崖、雕刻；这里，有麦氏大宗祠、东里大街等古建筑群，镌刻着南沙历史繁荣的印迹；连接中国与世界的海上丝绸之路的"哥德堡号"商船，曾经多次到访停歇，舢板洲灯塔百年屹立，迎送来自五湖四海的客商；这里，妈祖崇拜千年传承不息，浓缩着南沙历史文明的身影。

　　2002年4月，广东省委、省政府在南沙召开"广州南沙开发现场会"，拉开南沙大开发的序幕。至今，南沙区内已经拥有国家级的经济技术开发区、保税港区以及高新区，形成汽车、船舶及海洋工程装备、港航物流、电子信息、精细化工、精品钢和机械装备制造等现代产业集群。南沙港区货运航线范围覆盖欧洲、美洲、中东以及澳大利亚等全球主要贸易区（图1-1）。

图1-1　南沙港区航拍图

随着城市化进程的不断加速，城市交通问题越发突出。道路交叉口作为城市交通网络中的重要节点，其设计与管理直接影响着城市的交通效率与道路安全性。广州市南沙区位于珠江三角洲的几何中心，作为中国（广东）自由贸易试验区的关键区域，南沙的发展目标是成为粤港澳大湾区乃至全球经济的重要枢纽。其中，道路交通作为各项产业发展及城市运作的重要载体，其运作是否良好在一定程度上影响着南沙经济、产业及对外贸易的发展。

2022 年，《国务院关于印发广州南沙深化面向世界的粤港澳全面合作总体方案的通知》（国发〔2022〕13 号，简称《南沙方案》）赋予南沙"立足湾区、协同港澳、面向世界"的重要定位。这一战略意味着南沙将以国际化视野和标准，积极构建高品质的城市环境，建立湾区半小时交通圈。其中，道路交通网络，尤其是道路交叉口设计与管理的优化，是实现这一目标的关键一环。

同时，广州市委书记郭永航提出，南沙区的规划建设应秉持"精明增长、精致城区、岭南特色、田园风格、中国气派"的发展理念。这对南沙区的道路交叉口设计提出了更高的要求。如何在提升交通效率和道路安全性的同时，充分体现当地文化特色，展现"精致城区"的设计理念，是南沙区道路交叉口建设与管理面临的新挑战。

因此，对南沙区道路交叉口建设进行深入研究和优化，不仅有助于提升南沙区的交通效率，改善市民生活质量，更是建设粤港澳大湾区城市标杆的重要手段，对推动南沙区的城市建设与发展有着重要的借鉴参考作用（图 1-2）。

图 1-2　南沙城区基础设施

1.2　南沙区定位

南沙区位于粤港澳大湾区几何中心，其 80km 半径范围汇聚湾区"9+2"座城市，具有协同港澳的天然地理优势。2022 年国务院出台《南沙方案》，赋予南沙区更高层次的深化区域合作和引领城市创新发展的重任，国家对南沙的定位之高、政策之实前所未有（图 1-3）。

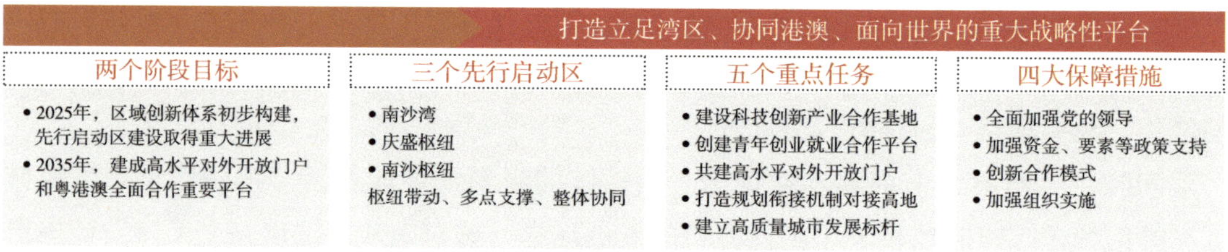

打造立足湾区、协同港澳、面向世界的重大战略性平台

两个阶段目标	三个先行启动区	五个重点任务	四大保障措施
• 2025 年，区域创新体系初步构建，先行启动区建设取得重大进展 • 2035 年，建成高水平对外开放门户和粤港澳全面合作重要平台	• 南沙湾 • 庆盛枢纽 • 南沙枢纽 枢纽带动、多点支撑、整体协同	• 建设科技创新产业合作基地 • 创建青年创业就业平台 • 共建高水平对外开放门户 • 打造规划衔接机制对接高地 • 建立高质量城市发展标杆	• 全面加强党的领导 • 加强资金、要素等政策支持 • 创新合作模式 • 加强组织实施

图 1-3　《南沙方案》主要内容

2023 年，南沙发展进一步迎来新格局。为更好地贯彻落实国家、区域发展战略，支持《南沙方案》赋予南沙的新定位，广州首次明确将南沙作为广州"双核"之一，提出把南沙建设成为高质量发展的主阵地和新引擎。"双核"即"中心核"与"南沙核"，建设"双核"之一的"南沙核"，是 2000 年广州整体空间布局规划八字方针中"南拓"的一种跃升。

《粤港澳大湾区发展规划纲要》提出"打造广州南沙粤港澳全面合作示范区"，明确要求南沙重点推进携手港澳建设高水平对外开放门户、共建创新发展示范区、建设金融服务重要平台和打造优质生活圈四方面任务。深中通道的打通将进一步成就以南沙为核心的城市群中部地区，成为城市湾区中环联动中枢，带领大湾区城市从"区域分工"进化到"全面合作"。未来穗、港、澳、深、珠、中、莞等多个组团在经济范畴内，将深受这一区域强中心的影响，各方向职能板块的联动需求，也将进一步带动人流、物流、产业流向湾区几何中心集聚。

1.3　南沙区道路交通发展历史

广州南沙区道路交通发展的历史可以追溯到 20 世纪 80 年代，当时的南沙区还是广州市一个较为偏远的农田地区。随着南沙经济开发区的建设和发展，南沙区逐渐成为广州市的经济增长极，道路交通的发展也成为重要的方向。

　　在 20 世纪 90 年代初，南沙区的道路以农村道路和小路为主，交通条件较为简陋。为了适应南沙经济开发区的建设，广州市政府开始进行南沙区道路交通规划和建设。通过修建和改造道路，提升道路交通能力，改善交通状况，为南沙区的经济发展提供便利（图 1-4 ～ 图 1-6）。

　　随着南沙区的不断发展，道路交通建设也不断提速。二十一世纪第一个十年，南沙港快速路、黄阁大道、新龙特大桥等主要道路和桥梁得到修建和改造，进一步改善了南

图 1-4　20 世纪 90 年代进港大道

图 1-5　20 世纪 90 年代虎门大桥

图 1-6　20 世纪 90 年代港前大道

沙区的交通状况。此外，南沙区还修建了多个跨线桥和立交桥，提高了交通效率。

近年来，南沙区的道路交通建设呈现出疏堵结合和智能化发展的特点。南沙区的交通拥堵问题得到初步缓解，道路网络更加完善，交通设施和服务水平得到大幅提升。此外，南沙区还积极探索智能交通技术的应用，提高交通管理的精细化水平（图1-7、图1-8）。

图1-7　南沙新区凤凰湖夜景

图1-8　南沙新区立体交叉口夜景

目前，南沙区的道路交通基础设施已经相对完善，道路网密度较高，交通流动性较好。南沙大道、穗莞深高速公路等交通干线的建设和改造为南沙区的经济发展和对外交流提供了便利。随着南沙区经济的进一步壮大，道路交通发展仍将面临新的挑战和机遇。

1.4 交叉口建设现状和挑战

交叉口是城市交通网中的关键节点，其设计和管理优劣直接影响着交通效率、安全性和环境质量。目前，随着南沙区快速的经济发展和城市建设，交叉口问题开始逐渐显现，并对区域交通发展和居民生活带来一系列挑战。

首先，从交通效率的角度，由于部分交叉口设计不合理，如车道设置不当、信号配时不科学等，造成了交通拥堵，降低了交通效率。尤其在高峰期，交叉口通行能力达到饱和，严重影响了交通的正常运行（图1-9）。

其次，交叉口安全问题也值得关注。由于部分交叉口缺乏必要的安全设施，如行人过街设施、非机动车道等，容易发生交通事故，对人民生命财产安全构成威胁。另外，不合理的交叉口设计也可能导致驾驶员视线受阻，增加了交通事故的风险（图1-10）。

图1-9 交叉口拥堵航拍图

图1-10 交叉口交通事故

再次，交叉口设计也会影响环境质量。频繁的停车和启动不仅会增加汽车油耗，加剧空气污染，还会引发噪声污染。因此，如何在保证交通效率的同时，减少交叉口对环境的影响，也是交叉口设计需要考虑的重要问题。

最后，过去的交叉口设计往往过于注重机动车的通行效率（图1-11），而忽视了行人和非机动车的通行需求。随着城市可持续发展及绿色交通理念的深入人心，如何在交叉口设计中实现机动车、行人和非机动车的和谐共存，也是目前交叉口设计面临的重要挑战（图1-12）。

图 1-11　城市早高峰机动车交通流

图 1-12　非机动车与机动车路口通行情况

　　针对上述问题，各国的交通工程师和学者已经进行了大量的研究，并提出了许多解决策略。如国外的《Handbook of Transport Systems and Traffic Control（交通系统与交通控制手册）》《Traffic Engineering Handbook（交通工程手册）》和《A Policy on Geometric Design of Highways and Streets（公路与城市道路几何设计）》等书籍详细介绍了交叉口设计的理论和方法，为交叉口问题的解决提供了理论指导。而国内的《城市道路交通设计》《交通工程设计》和《交通信号灯配时原理与方法》等书籍，则结合了中国的实际情况，探讨了交叉口设计的技术和应用。

　　然而，由于交叉口设计需要考虑的因素众多，包括交通流量、路况、地形、周边环境等，因此不存在一种适用于所有情况的设计方案。针对南沙区的交叉口问题，需要结合本地的实际情况，借鉴国内外的先进理念和技术，进行针对性设计和改造。

1.5　研究目标和方法

　　本书旨在为南沙区的交叉口建设提供科学的理论和方法支撑，确保其在实现交通流畅、提升道路交通效率、确保行车安全、优化交通环境和提高城市形象等方面达到更高的水平。具体的研究目标如下：

　　（1）确定交叉口的性能评价指标。基于交通工程的理论和实践，确定交叉口的性能评价指标，如服务水平（Level of Service，LoS）、交通延误情况、排队长度、交通事故率等。

　　（2）分析南沙区交叉口现状和存在的问题。采用现场调查和数据分析的方法，深入了解南沙区现有交叉口的配置、运行状况和存在的问题，寻找导致交叉口性能不佳的关键因素。

　　（3）提出优化设计方案。基于交叉口问题的深度分析，提出有效的优化设计方案，如改善交通信号控制策略、优化交叉口布局、提高非机动车和行人的通行条件等。

（4）验证优化设计方案的效果。利用交通流模拟软件，对优化设计方案进行仿真测试，评估其对交叉口性能的改善效果。

（5）探讨交叉口设计的未来发展趋势。结合智能交通系统、自动驾驶技术的发展，探讨交叉口设计的未来发展趋势，为南沙区未来的交叉口设计提供参考。

在研究方法上，本书将采用文献调研、现场调查、数据分析、数学建模和交通流模拟等多种方法，全方位、多角度地开展研究，以期提供全面、科学、实用的研究结果。

1.6 参考资料

（1）《城市道路交叉口设计规程》CJJ 152—2010

（2）《城市道路交叉口规划规范》GB 50647—2011

（3）《城市道路工程设计规范》CJJ 37—2012（2016 年版）

（4）《城市道路交通工程项目规范》GB 55011—2021

（5）《城市道路交通标志和标线设置规范》GB 51038—2015

（6）《道路交通标志和标线 第 2 部分：道路交通标志》GB 5768.2—2022

（7）《道路交通标志和标线 第 3 部分：道路交通标线》GB 5768.3—2009

（8）《道路交通标志和标线 第 4 部分：作业区》GB 5768.4—2017

（9）《道路交通标志和标线 第 5 部分：限制速度》GB 5768.5—2017

（10）《道路交通标志和标线 第 7 部分：非机动车和行人》GB 5768.7—2018

（11）《城市道路交通设施设计规范》GB 50688—2011（2019 年版）

（12）《广州市道路交叉口非机动车过街设施设置指引》（广州市公安局交通警察支队、广州市交通规划研究院有限公司，2023）

（13）《广州市建设工程绿色施工围蔽指导图集（V2.0 版）》（广州市住房和城乡建设局、广州市城市规划勘测设计研究院，2019）

（14）《城市道路交通组织管理实用手册》（公安部道路交通安全研究中心、同济大学，2017）

（15）《城市道路平面交叉口视距控制与计算》（高克跃，2013）

（16）《二次过街岛、渠化岛设施完善方案》（深圳市交通运输局、深圳市城市交通规划设计研究中心有限公司，2019）

（17）《道路交通控制方式 第 5 部分：可变导向车道通行控制规则》GA/T 527.5—2016

（18）《城市道路交叉口逆向可变导向车道设置及信号控制规则》T/CITSA 06—2020

（19）《上海市街道设计导则》（上海市规划和国土资源管理局、上海市交通委员会、上海市城市规划设计研究院，2016）

（20）《Streetscape Guidance（街道设计导则）》（伦敦）

（21）《Street Design Manual（街道设计手册）》（纽约）

（22）《Abu Dhabi Urban Street Design Manual（阿布扎比街道设计导则）》

（23）《Urban Street Design Guide（城市街道设计导则）》（美国全国城市交通机构协会）

（24）《Global Street Design Guide（全球街道设计导则）》（美国全国城市交通机构协会）

（25）《Urban Intersection Design Guide（城市道路交叉口设计导则）》（得克萨斯）

（26）《Traffic Engineering Handbook（交通工程手册）》

（27）《A Policy on Geometric Design of Highways and Streets（公路与城市道路几何设计）》

1.7 本书结构和组织

全书共四章，具体结构如下：

第 1 章　引言

介绍研究背景、目标和方法，阐述本书的主要内容。

第 2 章　设计理论和原则

从理论角度出发，探讨交叉口设计的基本原则和方法，介绍交叉口类型和特点，研究国内外先进设计理念。

第 3 章　常见问题及解决方案

深入剖析交叉口存在的问题，基于前两章的理论和分析，提出针对性的设计与管理解决方案，针对解决方案进行措施效果评估。

第 4 章　未来发展趋势

探讨交叉口设计的未来发展方向，为南沙区未来的交叉口设计提供参考。

每一章节的内容都紧密围绕研究目标展开，旨在通过全面、深入的研究，为南沙区交叉口的高品质建设提供理论支撑和实践指导。

第 2 章

设计理论和原则

　　道路交叉口是道路的汇集点，在交叉口处交通流最为密集，因此交叉口的设计显得极为重要。在交叉口路段的设计过程中，可以分析现有空间和地形特点，针对交通路段的地理特征和交通流向特征，提出相应的改善计划，使车流和人流安全、顺畅通过交叉口，保证交通运行的流畅。另外，在交叉口设计的过程中，还应满足道路景观的要求，符合整个城市景观设计标准，为城市增添亮点。

2.1　设计意义

　　交叉口设计的意义体现在以下几个方面：

　　（1）交通安全。交叉口是道路交通的重要节点，良好的交叉口设计可以提高交通安全性。合理的转弯半径、视距要求、标线和信号灯设置等，都可以减小交通事故的发生概率。

　　（2）交通效率。优秀的交叉口设计可以提高交通流量，减少交通拥堵。合理设置的转向车道、触发信号配时等措施可以提高交叉口通行效率，减少交通排队等待时间。

　　（3）交通容量。交叉口设计可以影响交叉口的通行能力。通过合理设置车道数目、专用转弯道、分流岛等，可以增加交叉口的容车能力，提高道路网络整体的通行能力。

　　（4）交通流调控。交叉口设计可以对交通流进行合理的调控。通过信号灯控制、交通指示标志等，可以引导交通流向，控制车辆的通行顺序和流量，提高道路网络的整体运行效果。

　　综上所述，交叉口设计对交通安全、交通效率、交通容量和交通流调控等方面都具有重要的影响，是保障道路交通畅通和安全的关键环节。

2.2　设计原则

　　无论是驾车、骑行、步行还是逗留，交叉口都是城市街道和交通网络中至关重要的节点。交叉口是行人、自行车骑行者和驾驶员之间最容易发生冲突的地方，良好的交叉口设计可以使过度建设或未充分利用的空间焕发出街道生活的活力。交叉口设计应当为所有使用者创造良好的可见性和可预测性，使复杂的行动变得安全、简便和直观，应促进所有街道使用者之间的目光交流，营造出一个行人、自行车骑行者和驾驶员相互认知，能够有效共享空间的街景。在城市环境中，交叉口设计是最具挑战性的街道设计内容。道路网络中设计不良的交叉口限制了道路的通行能力，从而成为瓶颈点。设计不良的交叉口可能导致行人穿越街道时面临巨大风险。本书所述的原则能够帮助从业者构建出适合所有使用者的良好交叉口，以下是本书遵循的交叉口设计原则。

1. 统筹性原则

交叉口设计应考虑与交通网络的连接和综合规划，需要将其纳入整个城市街道网络的视角进行综合分析，而非孤立地考虑，以保证交叉口与周边道路的衔接和协调。设计时应充分考虑周边建筑布局、人流量、公共交通等因素，提供更好的出行体验。

2. 共享空间原则

交叉口设计的目标不仅是在特定位置减少用户冲突数量，更重要的是创造一个让所有使用者相互感知、行动可见和可预测的共享空间，以降低事故发生率和事故严重程度，创造一个共享、公平和平等的交通环境，减少交通冲突。

3. 时空整合原则

交叉口设计需要考虑到交通流在时间和空间上的分布，这在空间布局和交通信号控制中尤为重要。首先，在空间布局上，设计者需要充分考虑交通流在各方向的需求，根据车流量的大小以及不同方向的车流需求进行道路宽度、车道数等的合理布局。其次，在交通信号控制上，设计者需要根据交通流在时间上的变化，采用灵活的信号配时策略，根据高峰时段和非高峰时段的车流量差异，进行信号配时的设置。

4. 集约化原则

交叉口设计应尽量利用有限的空间，提高道路使用效率，减少占地面积，降低环境影响。设计者需要通过合理的布局和设置，实现道路资源的最大化利用。

5. 投资成效原则

交叉口设计应考虑实际可行性，同时兼顾交通需求、土地利用和城市规划等因素。设计时应根据具体情况，考虑交叉口的规模、布局、类型等，确保设计方案符合实际条件。

6. 面向未来原则

交叉口设计需要考虑未来的交通需求和技术发展，例如自动驾驶技术、智能交通系统等。设计中应预留足够的灵活性和可扩展性，以便适应未来的变化。

2.3 交叉口类型和特点

常见平面交叉口类型如图 2-1 所示。

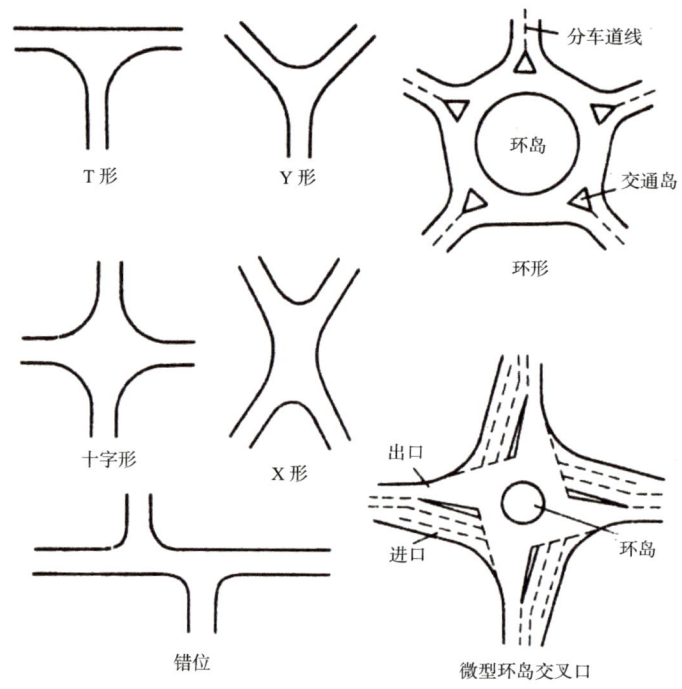

图 2-1　平面交叉口类型

（1）T形交叉口：一条主要道路和一条次要道路相交而成的交叉口。T形交叉口的特点是一条道路通行量较大，另一条较小，交叉点一般不会有轻型车辆冲突。

（2）Y形交叉口：一条道路分为两条道路的交叉口。Y形交叉口一般由一条主要道路和一条分支道路组成，交叉点较小，主要道路通行量较大，分支道路通行量较小。

（3）环形交叉口：由一个环状通道和几个进出口道路组成的交叉口。环形交叉口的特点是车辆在环形通道中按顺序行驶，避免了左转和直行冲突，提高了交通流畅度。

（4）十字形交叉口：由两条道路相互正交交叉而成的交叉口。十字形交叉口通常由四个方向的车辆组成，交通量大，车流量较集中，车辆冲突点多，交通管理时需要高度注意。

（5）X形交叉口：由两条道路相互斜角交叉而成的交叉口。X形交叉口通常由四个方向上的车辆组成，交通量大，车流量较集中，且转弯存在锐角与钝角，车辆冲突点多，视距及地面引导需要加强，交通管理时需要高度注意。

（6）错位交叉口：由两条或多条道路组成，呈现为两个交叉口的错位分布，错位距离较短，通常作为一个交叉口进行组织。错位交叉口的特点为对向进出口错位，需进行地面标线引导或车辆二次过街，交叉口信号灯设置采用联控，并加强交通指引，交通管理上需加强交通组织管控，保障人车安全。

（7）微型环岛交叉口：由一个微型环状通道和几个进出口道路组成的交叉口。微型环岛交叉口的特点是车辆在环形通道中按顺序行驶，避免了左转和直行冲突，提高了交通流畅度。

2.4　国内外先进理念和实践

一些国内外城市已经在交叉口设计方面进行了创新实践。例如，北欧国家在交叉口设计中广泛采用"共享空间"概念，将道路、人行道和广场融合在一起，取消交通标识和信号灯，以人的守则和自觉来协调不同交通参与者；中国深圳市实行"人行优先"交叉口设计，通过提高行人和骑车人的通行效率和安全性，鼓励人们放弃机动车出行，增加非机动交通模式的使用；荷兰阿姆斯特丹市在自行车交叉口设计中采用双向自行车道，提供安全的自行车通行环境，鼓励人们选择骑车出行。这些实践都展示了国内外对于交叉口设计的先进理念和创新实践。

1. 国外设计理念

随着道路设计理念的转变，美国、英国等欧美国家以及阿联酋等亚洲国家加快了对道路设计的研究和探索，强调道路共享，关注人们的出行需求。许多城市陆续推出与道路设计有关的指引或手册。纽约、伦敦和阿布扎比的街道设计手册相对经典，融合了先进的街道设计理念和实用措施。它们对促进城市和街道的改造，提高公共空间的质量，为公众创造更安全、更舒适的环境具有重要意义。

1）纽约市

为了优化城市交通环境，使街道更安全、更友好，纽约市交通部于 2009 年编制了《Street Design Manual（街道设计手册）》。随着城市发展目标的变化，该手册不断融入最新的实践经验和设计理念，经过三次修订，形成了 2020 年的第三版（图 2-2），旨在通过街道设计提供持续进步、创新、安全、良好的城市道路环境。

纽约街道设计理念如下：

（1）强调以人为本。街道设计应进一步加强道路权利的分配，确保人员和物流的高效运输，增强城市经济活力，并优先为行人和自行车交通提供安全、舒适、便利的设施。提升弱势群体出行路权，通过机动车道"瘦身"，增设非机动车道、行人安全岛，人行道拓宽和人行横道抬升等工程手段，提升行人和自行车路权。同时，积极推广普及货车侧护板、转向安全信号、公共汽车盲区预警等安全技术手段，打造更适宜主动出行的安全街道。

（2）强化系统设计思维。人行道，以及红绿灯、交通标志标线、隔离设施等街道管理设施，是街道公共空间质量的重要体现。通过系统和综合的标准化设置，提高了街道步行的可达性（图2-3）。

（3）全面精致设计。以工具箱的形式详细描述街道空间中不同控制元素的主要类型、配置条件和设计要点，并评估该措施在城市中的综合应用指标。

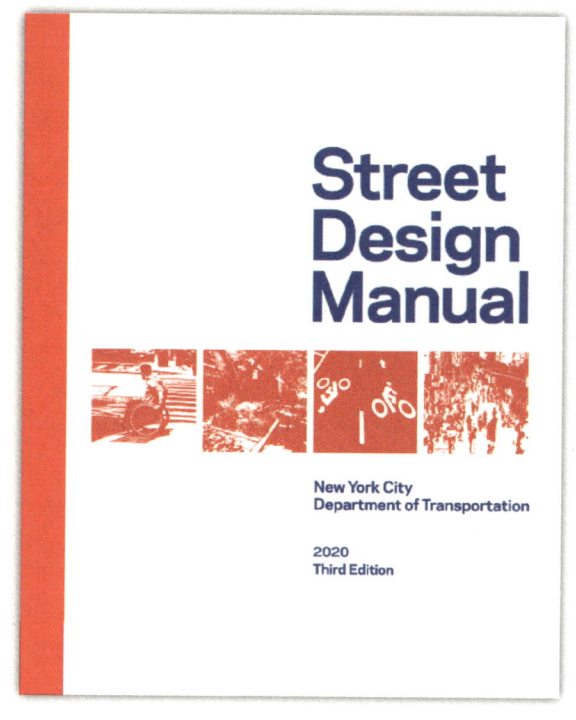

图2-2　纽约《街道设计手册》封面

（4）实践社会咨询策略。面向城市管理部门、设计机构、开发商、社区组织等各类主体，建立所有街道设计元素的合理分类和列表，形成设计元素检索，构建平等、共享、多方参与的讨论和评价平台。

图2-3　纽约街景
图片来源：纽约《街道设计手册》

2）伦敦市

伦敦交通局于 2004 年发布了《Streetscape Guidance（街道设计导则）》，并于 2009 年及 2022 年进行修订，旨在打造"与世界级城市相称的最好街道"，为城市创造一个更舒适、清晰、易辨识的街道空间，构建平等出行方式（图 2-4）。以下是伦敦《街道设计导则》的主要设计要点。

（1）强调人性化设计。街道设计将人文理念融入整个街道设计项目，需要考虑所有人群（特别是弱势群体）和所有交通方式的通行和使用，开发适合步行规模的活动空间，并通过提供安全、便捷的设施，鼓励步行和自行车交通。

（2）强调整体协调。强调设计细节和设计过程的协调，在项目启动和实施阶段与所有参与者协商，通过反馈进一步了解项目过程中合作伙伴与参与者之间的需求和意见，确保街道空间的整合及其与周围环境的协调。

（3）平衡安全性和功能性。街道的设计和管理应体现安全性和功能性，例如确保信号灯、标志和标线、行人护栏等设施应易于识别，确保车辆行驶速度与环境的适应性，以及各种交通方式的安全性。

3）阿布扎比市

2009 年，阿布扎比市编制《Abu Dhabi Urban Street Design Manual（阿布扎比城市街道设计导则）》（图 2-5），旨在创造安全街道环境，转变以汽车为主的出行方式，重视公交、步行和自行车出行方式，提高城市街道路网密度，并通过多路径选择提高街道的通行效率。《阿布扎比城市设计导则》的设计要点如下。

（1）以交通参与者的需求为本。关注行人的需求，平衡多种交通出行方式，使街道网络能够适用于所有的交通出行方式。街道要保证所有人的安全，尤其是行人，其中应着重考虑儿童、老年人和残疾人。

（2）可持续绿色发展。规划网络化街道，避免街道过宽，保证步行的安全性与舒适

图 2-4 伦敦街景
图片来源：伦敦《街道设计导则》

图 2-5 《阿布扎比城市街道设计导则》封面

度。鼓励对步行、自行车与公共交通加大投入，提高低碳出行率、交通承载力与出行效率。

4）移位左转设计理念

移位左转又称连续流交叉口（CFI，Continuous Flow Intersection），是世界上前沿的交通组织手段之一，美国应用较多，其他国家因道路条件有限，使用不多。这种做法是通过将左转车道渠化转移设置，重组道路断面，来实现相对方向直行和左转同时放行，从而减少信号相位，提升整个路口通行效率的交通组织形式。

简单而言，"移位左转"交通组织方式的基本原理就是将相对方向的直行和左转，在充分利用"时间差"的情况下，在空间上把它们排列开，让相对方向的直行和左转可以同时进行而不发生冲突。也就是，将原有的左转相位移到交叉口之外，交叉口内只留有一个直行相位，整个路口的通行延误会大大减少（图2-6、图2-7）。

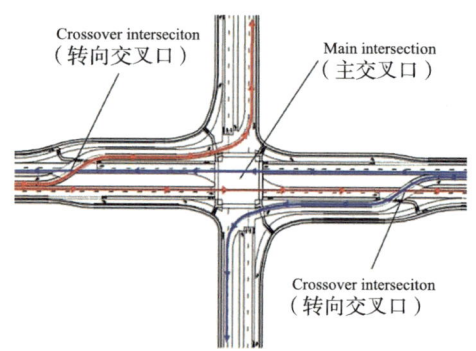

图2-6　十字交叉口施划的"移位左转"
图片来源：美国联邦公路局《左转交叉口信息指南》

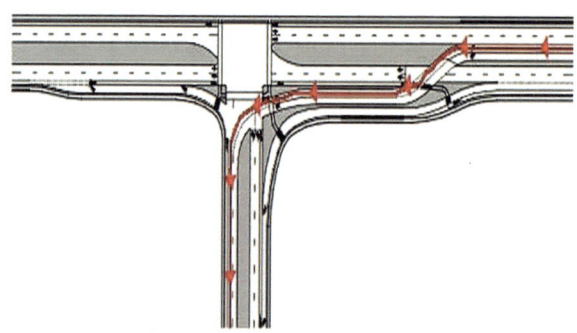

图2-7　在T形交叉口施划的"移位左转"
图片来源：美国联邦公路局《左转交叉口信息指南》

2. 国内设计理念

国内城市相较于国外发达城市道路交通建设起步较晚，但随着城市化进程的不断发展，国内主要城市先后发布了街道设计导则、地方性城市道路建设指引等，涌现了各种设计思路和设计导则，发展理念正在经历从"车行优先"向"以人为本"的转变。有的地区已经成功地实现了目标，改善了交通环境；有的地区还在有计划地分阶段实施，并已初见成效。

1）上海市

2016年10月，上海市规划和国土资源管理局、上海市交通委员会等联合发布了《上海市街道设计导则》（图2-8，简称《上海导则》），推动了上海街道的"人性化"转型。《上海导则》提出依据街道沿线功能与活动进行街道分类，主要形成商业、生活服务、景观休闲、交通性与综合性五种街道类型，对道路分级进行补充。针对这五种街道类型,《上海导则》提出了设施配置、绿化种植、街道空间形态的不同要求,并形成了相应的断面、平面、交叉口推荐设计。

《上海导则》提出了交叉口异化设计的理念,要点如下。

(1)车流量较小、以慢行交通为主的支路汇入主、次干路时,交叉口宜采用连续人行道铺装代替人行横道。在路口保持人行道铺装与标高连续,通过抬高或斜坡形式来保证人行顺畅。

(2)车流量较小及人流量较高的支路交叉口宜采用特殊材质或人行道铺装;可将车行路面抬高至人行道标高,进一步提高行人过街舒适性。采用粗糙的路面材料或人行道铺装,可以引导机动车

图 2-8　《上海市街道设计导则》封面

降低车速,增加步行的连续性和舒适性。交叉口抬高是指在交叉口范围内使车行路面与路侧人行道的标高一致或接近,以此降低机动车通过交叉口的车速,保障行人安全,方便行人过街。

2)北京市

新时代首都街道建设和管理面临着四个转变:从以车优先转变为以人优先,从道路红线内管控转变为街道空间整体管控,从政府单一管理转变为协同共治,从部门多头管理转变为平台统筹管控。《北京街道更新治理城市设计导则》(简称《北京导则》)的编制和实施,就是在这样的背景下提出和进行的。

《北京导则》遵循精细设计的原则,提出缩小行车道宽度、减小交叉口路缘石半径、采用更严格的交叉口机动车限速要求、抬升式人行横道、全相位人行横道等理念,并建议优先使用平面过街设施替代立体过街设施、加强路缘空间精细管理等,以营造更安全的步行环境、更连续的骑行线路和更优质的街道林荫,并有针对性地打造祥和邻里路、宁静胡同、安静校园路和有序就医路(图 2-9)。

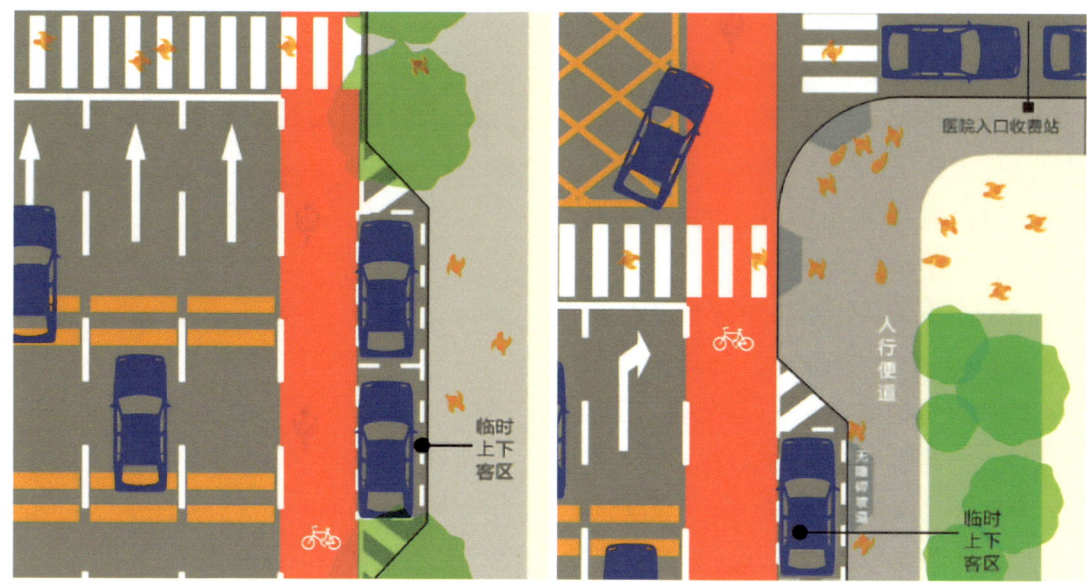

图2-9 《北京街道更新治理城市设计导则》（2018）部分内容

第 3 章

常见问题
及解决方案

3.1 常见交叉口问题

南沙区道路交叉口存在的问题主要表现在交通拥堵、交通安全、人行便利和交通设施四大方面，每一方面问题由不同因素导致，详见图 3-1。

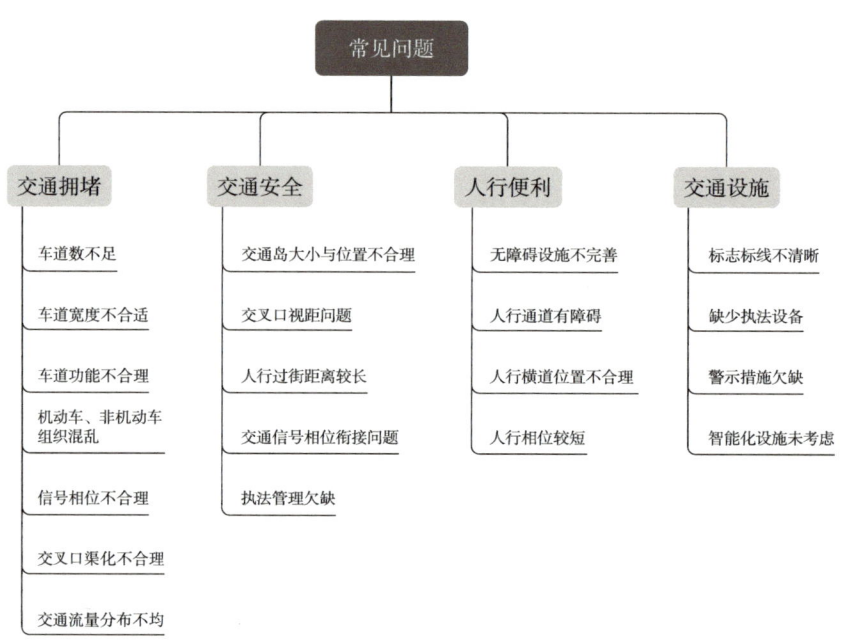

图 3-1 交叉口问题分析图

（1）交通拥堵。交叉口是车辆交叉流动的地方，如果规划和设计不合理，交通流量过大，交叉口通行能力低，易产生拥堵，影响车辆的通行效率。

目前南沙区交通拥堵点主要存在于重点客运枢纽、重点旅游景区及重点购物中心（表 3-1～表 3-3），以上区域拥堵的主要原因是交叉口通行能力不足或交叉口交通组织不畅。道路交叉口对车流的集聚与疏散起到关键性的作用，关键交叉口存在排队能力不足、交叉口通行效率不高等问题，成为人流及车流疏散的瓶颈。

交叉口交通拥堵的根本原因是交通供给与交通需求不匹配，主要表现在进口道排队能力不足、转弯半径设置不合理、信号相位方案与交通流量不匹配、交叉口渠化不合理等，导致交叉口上游车流交织严重、交叉口内部通行不畅、交叉口下游疏散不利，最终形成拥堵（图 3-2、图 3-3）。

广州南沙区重点客运枢纽拥堵情况（观测日期 2023.7.26）　表 3-1

排名	名称	拥堵指数	较平日	平均速度（km/h）	拥堵里程（km）	客流指数	较平日
1	庆盛站	1.139（畅通）	−34.8% ↓	73.44	0	0.99	100.8% ↑
2	潭州汽车站	1.08（畅通）	−0.3% ↓	59.73	0	0.09	88.3% ↑
3	南沙客运港	1.059（畅通）	−2.8% ↓	63.55	0	0.35	129.1% ↑
4	广州交通集团南沙客运站	1.046（畅通）	−4.5% ↓	65.31	0	0.05	44.3% ↑

广州南沙区重点旅游景区拥堵情况（观测日期 2023.7.26）　表 3-2

排名	名称	拥堵指数	较平日	平均速度（km/h）	拥堵里程（km）	客流指数	较平日
1	百万葵园	2.363（拥堵）	147.7% ↑	21.04	0.38	0.06	−57.6% ↓
2	南沙湿地公园	2.162（拥堵）	120.2% ↑	23.19	0.38	0.12	−34.4% ↓
3	大角山海滨公园	1.048（畅通）	−5.7% ↓	38.12	0	0.02	−97.7% ↓
4	南沙天后宫	1.034（畅通）	−5.6% ↓	38.76	0	0.07	−81.7% ↓

广州南沙区重点购物中心拥堵情况（观测日期 2023.7.26）　表 3-3

排名	名称	拥堵指数	较平日	平均速度（km/h）	拥堵里程（km）	客流指数	较平日
1	万达广场（南沙店）	0.978（畅通）	−4.8% ↓	58.63	0	0.59	−89.3% ↓

注：表 3-1～表 3-3 数据均摘自 https://www.icauto.com.cn/gonglu/yd_4401150.html。

（2）交通安全。交通事故主要发生在人车容易发生冲突的地方，而交叉路口、道路缺口位置，往往是这些冲突的集中爆发地。我国对交通事故的抽样统计表明，25%～35% 的城市道路交通事故发生在道路交叉口及其邻近路段。究其原因，主要涉及交叉口平纵线型不当、转弯半径不合理、过街距离较长、交叉口视距不足、路权不清晰、交通信号衔

图 3-2　万环西路-番中公路节点东进口拥堵

图 3-3 黄阁大道 - 黄阁西路节点转弯困难

接不合理、执法力度不严等因素（图 3-4 ~ 图 3-6）。

（3）行人便利。交叉口作为各方向车流人流交织的复杂区域，是体现以人为本、精细化设计的节点，部分交叉口出现无障碍通行受阻、绕行较远、接驳不畅等问题，使交叉口慢行通行的便利性大幅下降（图 3-7、图 3-8）。

（4）交通设施。交叉口设施应明确并保障不同交通方式的路权，最大化减少交叉口机动车与机动车冲突，机动车与非机动车冲突及机动车与行人冲突。交通参与

图 3-4 大涌东路 - 金岭南路交叉口
一次过街距离较长

图 3-5 进港大道 - 环市大道交叉口视距受阻　　图 3-6 进港大道 - 金沙路交叉口行人溢流

图 3-7　进港大道 - 环市大道交叉口　　　　图 3-8　大涌东路 - 金岭南路交叉口
　　　　无障碍通行不畅　　　　　　　　　　　　　　无障碍通行不畅

者通过各类交通设施提前获取路口信息，从而做出通行判断。部分现状交叉口由于地面标线不清晰、交通标志辨识性较差、警告措施缺失、执法力度不严等，导致交叉口交通拥堵、交通安全等问题进一步加剧（图 3-9 ~ 图 3-11）。

图 3-9　S111-S358 节点地面
标线缺失

图 3-10　进港大道 - 环市大道节点右转过宽　　　图 3-11　路侧设施遮挡

3.2 设计层面解决措施

设计层面的交叉口解决措施可以划分为两大类：交通组织和交通设施。

1）交通组织：这部分解决措施主要针对交叉口的交通流动性进行优化，可以进一步细分为静态交通组织和动态交通组织。

（1）静态交通组织：主要涉及交叉口的物理设计和布局。包括但不限于交叉口的几何设计（如交叉角度、车道宽度等）、竖向改造、交叉口区划改造（如车道划分、行人过道设计等）、转弯半径改善、畸形交叉口改造（如Y形交叉口、错位交叉口等不规则交叉口的优化）以及左转待转区的设置等。

（2）动态交通组织：主要关注交叉口在不同时间段（如高峰期和非高峰期）的运行方式。包括潮汐车道（根据交通需求的变化，调整车道的行驶方向）、可变导向车道（通过电子标识改变车道的行驶方向）、移位左转（在信号灯（控制下，通过移位车道实现左转）等。

2）交通设施：主要针对交叉口的设施布置进行优化。包括标志标线（如交通指示标志、车道分隔线等）、信号灯（如交通信号灯、行人信号灯等）、电子警察（用于监控交通违规行为），以及其他安全设施（如防护栏、安全岛等）。

综上，设计层面的解决措施主要是通过优化交叉口的交通组织和设施布置，提高交通效率，保障交通安全，以达到优化交叉口性能的目的（图3-12）。

图3-12 交叉口设计元素

3.2.1 交通组织

3.2.1.1 静态交通组织

静态交通组织是指城市或地区内各种交通方式的规划、布局和管理的组织形式。其主要目标是提高道路交通的效率和安全性，减少交通拥堵和事故发生的可能性。

1. 交叉口非机动车道设置

随着城市骑车出行人数的不断增加，骑行安全问题也备受关注。尽管骑行者在使用自行车或电动单车的行为上存在着诸多问题，但城市交叉路口设施不完善、设计不合理等因素也确实影响着骑行者的骑行安全。

设计指南1

对于非机动车交通量较大、机动车交通量较小的生活性道路交叉口，应优先考虑所

有交通参与者的安全，其至需要提供受保护的非机动车道和缓冲分隔带，这种被保护的
交叉口也被称为荷兰式交叉口，在非机动车道交会处为骑行者提供了安全的等待空间
（图 3-13）。

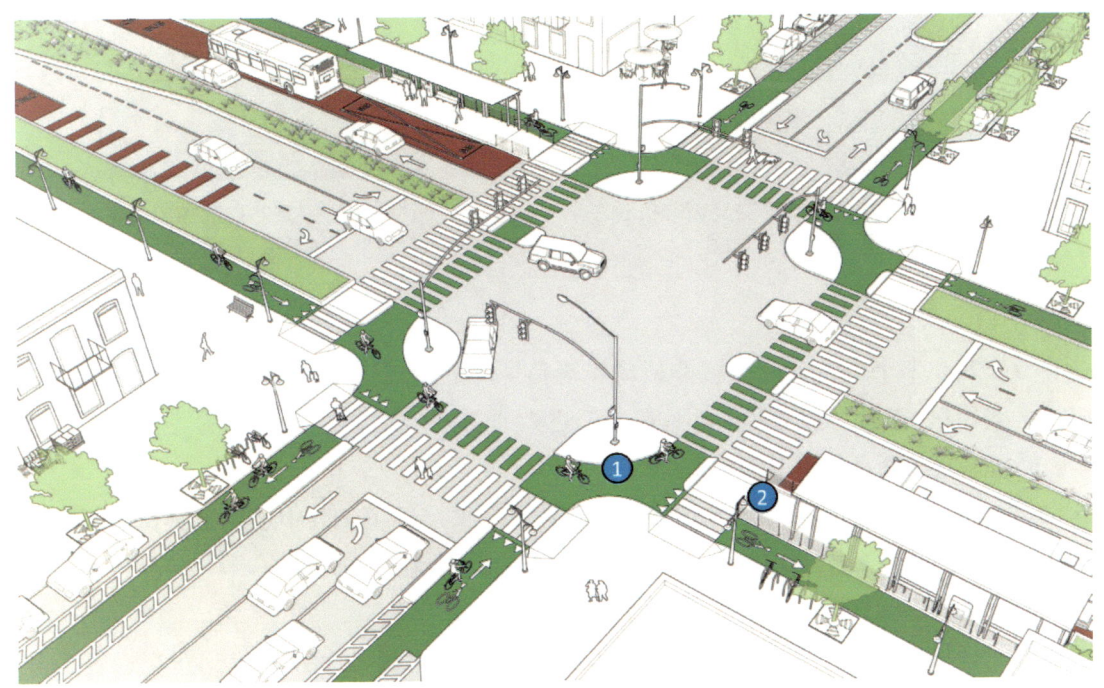

图 3-13　受保护非机动车道交叉口示意图

（1）减小车辆转弯半径，设置非机动车渠化岛及等待区，所有的非机动车转弯都
采用两阶段转弯，通过设置非机动车信号为非机动车提供优先通行的权利（图 3-13 中
①标记处）。

（2）将公交站台设置在机动车道与非机动车道之间，避免公交车辆与非机动车之
间的交通冲突；同时，为行人提供更多的过街驻足空间，并减小其穿越机动车道的过
街距离（图 3-13 中②标记处）。

设计指南 2

对于非机动车左转量较大、非机动车等待区设置条件有限的情况，可考虑采用非
机动车一次左转方式进行转换，通过设置路口内左转导流线，分离直行和左转非机动
车交通流，合理分配交通信号相位，实现非机动车路口内一次左转过街行为（图 3-14、
图 3-15）。

（1）路口设置"回"字形与"井"字形非机动车过街通道，采用 10cm 宽、1m×1m
白色虚线，通道宽度不小于 2.5m。

（2）进口道的非机动车等待区采用蓝色铺装（长度不小于 8m、宽度不小于 2.5m）。

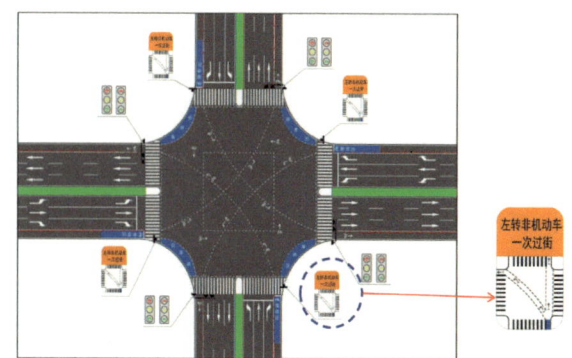

图 3-14　无渠化岛十字形交叉口非机动车
过街设施设置示意图

图 3-15　设置非机动车等待区的
交叉口实例

（3）宜在四个右转弯处设置非机动车等待区（人行道边缘圆曲线半径尽量取大值，以扩大等待区宽度，等待区宽度不宜大于过街通道的 1/2），右转弯处的等待区与大型车右转危险区不重叠，采用蓝色铺装。

（4）进口道和右转弯处等待区设置"等待区"文字标记（其中进口道等待区同步设置非机动车标记），出口道及过街通道设置非机动车标记与方向箭头。

设计指南 3

针对规模及交通量较大的渠化交叉口，应均衡考虑机动车及非机动车交通转换需求，维持机动车快速通行设计元素，满足机动车转换功能，同时保障非机动车安全有效过街（图 3-16）。

（1）路口设置非机动车禁驶区，禁驶区外设置非机动车标记与直行箭头。

（2）在四个渠化岛内设置非机动车等待区，采用蓝色铺装，并与右转弯处非机动车道连通。

（3）渠化岛内的非机动车通道与行人驻足空间无高差，采用沥青铺装，并做好上下岛的无障碍衔接。

（4）其他设施设计：

①设置"左转非机动车二次过街"指示牌、注意非机动车指示牌；

②进、出口道的渠化岛错位约 3m，预留非机动车过街通道；

③进口道非机动车宽度为 2.5m 及以上时，宜设置机动车与非机动车隔离护栏。

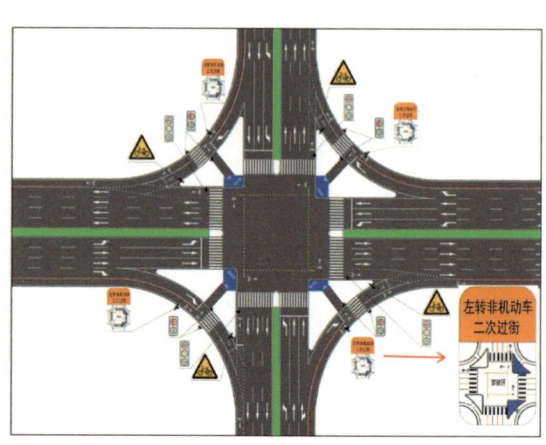

图 3-16　非机动车利用渠化安全岛等候
过街设置示意图

2．交叉口小转弯半径应用

传统交叉口以保障机动车出行的空间和速度为首要考虑，因此在过去几十年的城市规划和交通设计领域，不但马路宽、街区大，与之相配合的交叉口也主张采用较大的转角半径，甚至在大半径交叉口基础上额外渠化拓宽，以增加交叉口的通过能力，提高机动车直行和转弯的速度，以致诞生了很多规模超大的巨型交叉口。这样的交叉口设计完全是从机动车角度出发，在传统大街区模式下，有利于机动车快速通过交叉口或快速右转弯，避免交叉口堵死（表 3-4）。

国内交叉口转角路缘石转弯最小半径					表 3-4
右转弯计算行车速度（km/h）		30	25	20	15
路缘石转弯半径（m）	无非机动车道	25	20	15	10
	有非机动车道	20	15	10	5

注：引自国家标准《城市道路交叉口规划规范》GB 50647—2011。

然而，这样的设计对过街行人和自行车非常不友好。首先，右转机动车速度过快，给行人和自行车带来很大的安全隐患；其次，行人自行车过街距离太长；最后，为了满足相交道路机动车的通过能力，行人过街的绿灯时间不够用（图 3-17）。

图 3-17　大转弯半径过街示意图

如果未来城市道路格局从传统的大路网改变为密路网小街区，这样的交叉口设计也需要与时俱进，为优先满足行人和自行车的过街安全和便捷性，需要减小交叉口的转弯半径（图 3-18）。小转弯半径交叉口具备以下优点：

（1）降低转弯车速带来的安全风险。小转弯半径＝更安全的转弯车速＋更短的过街时间。小转弯半径能够有效地约束转弯车速，当转弯半径控制在 10m 内时，转弯车

图 3-18　小转弯半径交叉口示意图

速一般不会超过 20km/h，这就可以大大降低与行人发生冲突的风险。

（2）车辆通行更有序，行人过街更便捷。小转弯半径 = 更有序的交通组织 + 更完整的街道功能。小转弯半径可以规范车行轨迹，把多余的空间让给行人和自行车等其他道路使用者，实现更完整的街道功能。

（3）交叉口空间更有活力，土地利用更节约。小转弯半径 = 更大的慢行空间 + 更紧凑的土地利用。缩小转弯半径后，街角空间增大 40% 以上，小转弯半径更适合"窄马路、密路网"。

但是，过小的转弯半径可能会产生以下不好的后果：

（1）半径过小，导致停车线比较靠前，随之人车交织、空间不足，加上礼让斑马线的要求，右转机动车拥堵问题凸显。

（2）为克服车辆轮差，只能用过宽的转弯车道来弥补过小的转弯半径带来的问题，否则会出现越线行驶，而这种过宽的车道本身就是一种安全隐患。

（3）过小半径使得右转与直行车流的合流交织角度过大，影响相交道路直行通行能力的同时，存在明显的合流冲突安全隐患。

（4）以正常速度行驶在过小转弯半径的车道中，车辆容易发生侧滑等风险，降低行车的舒适性。

因此，转弯半径取值应在合理范围，不能因为过分强调慢行而忽视安全或造成交通拥堵，以下是小转弯半径的设置条件：

（1）平面交叉口转角处路缘石宜为圆曲线或复曲线，其转弯半径应满足机动车和非机动车的行驶要求。

（2）在满足设计车辆和应急救援车辆转弯半径的条件下，城市道路转弯半径要尽可能小。

（3）适合应用于交通性功能不强的次路、支路交叉口。

（4）快速路及其辅路、主干路、交通型道路，以及交通性功能为主或大型车辆流量大的交叉路口不适用。

半径取值可从以下角度考虑。

在设计过程中，路缘石半径和有效半径是两个重要的概念，它们对于驾驶者行驶的路径和速度有直接影响（图 3-19）。

路缘石半径，也被称为设计半径，通常取决于交叉口的几何设计，包括停车位、自行车道、行车道、中央分隔带和交通控制设备的位置。较小的转弯半径会使驾驶者减速，以在转弯时维持车辆稳定性，这对于行人和骑自行车者的安全性非常重要。

有效半径，也被称为操作半径或行驶半径，是车辆在转弯时的实际行驶路径。它通常比设计半径大，因为驾驶者

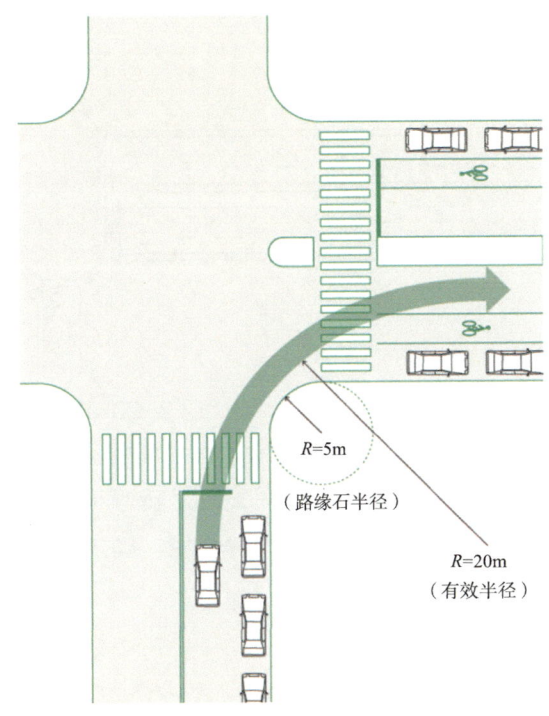

图 3-19　路缘石半径和有效半径示意图

倾向于在转弯时尽可能保持行驶速度，所以通常会更远离交叉口路缘石。因此，在设计交叉口时，需要充分考虑路缘石半径和有效半径的影响，以确保交通的安全和流畅。

国外各地街道设计指南对于转弯半径普遍建议取值为 3～6m，国内各城市道路全要素设计或街道设计手册，针对次干路以下交叉口转弯半径普遍建议取值为 5～15m。同时，住房和城乡建设部《城市步行和自行车交通系统规划设计导则》（建城〔2013〕192号）中规定"无自行车道的交叉口转角路缘石转弯半径不宜大于 10m，有自行车道的路缘石转弯半径可采用 5m"。

综上，支路之间的路口、有非机动车道的交叉口，转弯半径推荐值为 ≤5m；无非机动车道，转弯半径推荐值为 ≤10m；交通量较大的支路与主次干路之间的交叉口，有非机动车道转弯半径推荐值为 5～8m，无非机动车道转弯半径推荐值为 10～15m。

3. 交叉口进口道拓宽车道设置

为了使平面交叉口进出口道的通行能力尽可能同路段通行能力相匹配，需要增加进出口车道数，交叉口比路段处多出一、两条车道，即拓宽车道。车辆在进入拓宽车道的过程中，要经过驾驶人感知反应、减速缓行、横向移动等环节，拓宽车道长度对道路交通效率及交通安全具有重要影响。如果拓宽车道设计长度不足，易导致排队车辆溢出，也不利于车辆安全减速换道（图 3-20）。

交叉口进口道拓宽车道包括两个组成部分：渐变段车道和展宽段车道。渐变段车道

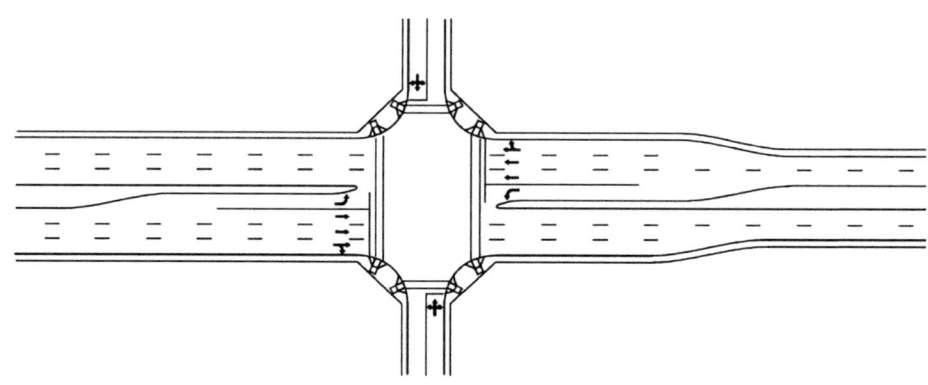

图 3-20　交叉口拓宽车道示意图

为车辆减速所需要的区间，也是转弯车辆由直行车道向转弯车道过渡的路段；展宽段车道是供转弯车辆排队等候时使用。确定拓宽车道长度的关键，在于确定渐变段车道和展宽段车道的长度。

1）相关规定

国外相关规定

发达国家对城市道路平面交叉口拓宽车道设计长度进行了较为深入的研究，并制定形成了相关规范导则，如美国的《平面交叉口设计手册》、加拿大的《道路交通几何设计导则》、澳大利亚的《交通工程实践指南》、德国的《交通信号控制指南》、日本的《平面交叉路口的规划与设计》等，均从交通安全和交通效率等角度对拓宽车道的长度进行了规定。

美国《平面交叉口设计手册》规定：对于信号控制交叉口，辅助车道长度应与1.5～2倍每周期平均所需储存的车辆数相匹配。加拿大《道路交通几何设计导则》规定：对于信号控制交叉口，当设计车速小于等于60km/h时，短车道长度应与1.5倍每周期平均所需储存的车辆数相匹配；当设计车速大于60km/h时，短车道应与2倍每周期平均所需储存的车辆数相匹配。澳大利亚《交通工程实践指南》规定：信号控制交叉口，右转辅助车道长度取每周期到达车辆数累计概率达95%时的排队车辆长度，最小长度为30m。德国《交通信号控制指南》规定：信号控制交叉口转弯车辆排队空间需满足一个周期到达车辆数的1.2倍。日本《平面交叉路口的规划与设计》规定：信号控制交叉口右转车辆所需排队空间按下式计算：

$$l_s = \lambda \times N \times S$$

式中，l_s 为转弯车辆排队所需长度（m）；λ 为排队车道长度系数（1.5～2），N 为每一个信号周期的平均转弯车辆数，S 为平均车头间距（m）。

国内相关规定

（1）国家标准《城市道路交叉口规划规范》GB 50647—2011中规定，新建平面交叉口进口道展宽段和渐变段长度应符合表3-5中的规定。该表中的值为理论经验值，进口道设置公交站时，还应加上公交站停靠站所需的长度。

平面交叉口进口道展宽段及渐变段长度（m）　　　　表 3-5

交叉口	展宽段长度			渐变段长度		
	主干路	次干路	支路	主干路	次干路	支路
主－主	80～120	—	—	30～50	—	—
主－次	70～100	50～70	—	20～40	40～40	—
主－支	50～70	—	30～40	20～30	—	15～30
次－次	—	50～70	—	—	20～30	—
次－支	—	40～60	30～40	—	20～30	15～30

（2）国家标准《道路交通标志和标线 第 3 部分：道路交通标线》GB 5768.3—2009 对交叉口展宽段有相关规定，为尽量消除或减小左转弯车辆对其他方向车辆行驶的影响，左转弯车辆排队所需长度 L 应按下列计算式确定，且最小值应大于 30m。

信号控制交叉口：

$$L = 1.5 \times N \times s$$

式中，L 为渐变段车道长度（m）；N 为一个信号周期的平均转弯车辆数；s 为平均车头间距（m）。

无信号控制交叉口：

$$L = 2 \times M \times s$$

式中，L 为渐变段车道长度（m）；M 为 1min 平均转弯车辆数；s 为平均车头间距（m）。

对于平均车头间距 s，小型车可取 6m，大型车可取 12m，如无法得出大型车比例，则可取为 7m 统一计算。

针对交叉口渐变段长度，国家标准《道路交通标志和标线 第 3 部分：道路交通标线》GB 5768.3—2009 亦有相关规定，交叉口渐变段长度按照下式计算。

$$L = VW / 6$$

式中，L 为渐变段车道长度（m）；V 为道路设计速度（km/h）；W 为变化宽度（m）。

（3）行业标准《城市道路交叉口设计规程》CJJ 152—2010 中规定，渐变段长度按车辆以 70% 路段设计速度的车速行驶 3s 横移一条车道来计算确定，且不应小于：支路 20m，次干路 25m，主干路 30～35m。

展宽段长度可由下式确定：

$$L_s = 9N$$

式中，L_s 为相邻候驶车辆排队长度（m），当需设两条转弯车道时，该长度可取一条车道长度的 60%；N 为高峰 15min 内每个信号周期的左转或右转车的排队车辆数。

无交通量资料时，展宽段车道最小长度不应小于：支路 30~40m，次干路 50~70m，主干路 70~90m，与支路相交取下限值，与主干路相交取上限值。

2）设计建议

考虑我国关于展宽段的规定分散在不同标准中，且并不完全一致，各规范采用的经验值和计算方式也不一致，同时未考虑精确的要素取值，如变化宽度、车头间距、车辆类型等内容，因此，参考《城市道路交通组织管理实用手册》中关于交叉口拓宽段的建议值，综合考虑以上规定，基于信号控制交叉口通行能力模型，并结合交叉口实际渠化条件、绿信比等内容给出了相关的取值，如表 3-6 所示。

交叉口进口道展宽段长度建议值　　　　　　　表 3-6

道路等级	渠化情况	车道数			展宽段长度（m）
		标准段	进口道	主流向	
支路	未渠化	1	1	1	—
	优	1	2	1	35~50
	优	1	2	2	30~45
	优	1	1	1	30~45
	优	1	2	2	30~45
	优	1	3	3	25~40
次干路	良	2	3	1	75~110
	良	2	3	2	75~110
	良	2	3	3	55~75
	优	2	4	2	60~90
	优	2	4	3	60~85
	优	2	4	2	60~85
	优	2	5	3	55~80
	优	2	5	4	55~80
主干路	良	3	4	2	100~135
	良	3	4	3	90~115
	优	3	5	2	85~110
	优	3	5	3	75~105
	优	3	5	4	75~95

续表

道路等级	渠化情况	车道数			展宽段长度（m）
		标准段	进口道	主流向	
主干路	优	3	6	3	65 ~ 90
	优			4	65 ~ 80
	优			5	60 ~ 75
	良	4	5	2	110 ~ 140
	良			3	100 ~ 135
	良			4	95 ~ 120
	优		6	3	90 ~ 115
	优			4	85 ~ 105
	优			5	80 ~ 105
	优		7	3	80 ~ 110
	优			4	75 ~ 105
	优			5	75 ~ 95
	优			6	70 ~ 90

交叉口拓宽车道渐变段长度建议根据实际渐变宽度，参照国家标准《道路交通标志和标线 第 3 部分：道路交通标志》GB 5768.3—2009 中的相关规定进行计算取值。对于设计速度与实际运行速度偏离较大的道路，可采用实际运行速度代替设计速度确定渐变段长度。

4. 交叉口二次过街岛设置

行人二次过街岛，对于强化各类道路上行人的通行安全性发挥了重要的作用。二次过街岛的基本作用在于缩减行人在交叉口的暴露时间，进而降低行人与机动车碰撞的潜在风险，从根本上增强过街过程的安全性。

一般而言，对于特定交通状况使得人行过街变得困难的地点，包括车流量大、过街距离长、行人绿信比短、交通弱势群体比例较大等情况，建议设置安全岛。通过在道路中央设置安全岛，让行人可以分阶段面对来向交通，为不能一次过街的交通弱势群体提供了安全保障（图 3-21）。

1）相关规定

依据行业标准《城市道路交叉口设计规程》CJJ 152—2010 第 4.5.4 条规定，当人行横道长度大于 16m 时，应在人行横道中央设置行人二次过街安全岛，其宽度不应小于 2m，困难情况下不得小于 1.5m。

图 3-21   凤凰大道-进港大道交叉口二次过街岛设置效果图

依据行业标准《城市道路工程设计规范》CJJ 37—2012（2016 年版）第 9.2.4 条规定，当人行横道长度大于 16m 时，应在分隔带或道路中心线附近的人行横道处设置行人二次过街安全岛，安全岛宽度不应小于 2.0m，困难情况下不应小于 1.5m。

依据国家标准《城市道路交通标志和标线设置规范》GB 51038—2015 第 12.9.5 条规定，当人行横道线长度大于 16m 时，应在分隔带或对向车道分界线处设置安全岛；安全岛长度不应小于人行横道线宽度，安全岛宽度不应小于 2m，困难情况下不应小于 1.5m；安全岛宜增设弹性交通柱及安全防护等设施。

依据国家标准《城市道路交通设施设计规范》GB 50688—2011（2019 年版）第 10.3.2 条规定，当路段或路口进出口机动车道大于或等于 6 条或人行横道长度大于 30m 时应设安全岛，安全岛的宽度不宜小于 2m，困难情况不应小于 1.5m。

依据国家标准《城市道路交通工程项目规范》GB 55011—2021 第 4.0.9 条规定，双向 6 车道及以上的城市主干路道路交叉口，没有设置过街人行天桥或地下通道的，应在人行横道设置安全岛。

综上所述，涉及过街距离大于 16m、车行道大于等于双向 6 车道的路口，依据国内相关规范应考虑设置二次过街岛。

2）设计指南

（1）设置条件：过街通道所处道路为双向 6 车道及以上，应设行人二次过街岛。在条件允许情况下，过街距离超过 16m 的交叉口应设二次过街岛。

（2）安全岛设置宽度和长度应根据行人及非机动车流量确定，考虑非机动车、无障碍人群、婴儿车等停放宽度，二次过街岛宽度不应小于 2m，困难情况不应小于 1.5m。如果宽度受限，则可考虑设置 Z 形过街通道，或通过信号控制优先释放行人过街。

新建交叉口行人过街岛的面积依据下式确定，设计服务水平宜采用 C 级或 D 级，服务水平参考表 3-7 选取。

$$S = \frac{P \times s \times C}{3600}$$

式中，S 为安全岛面积（m²）；P 为预测或实际高峰每小时行人交通量（人次 /h）；s 为行人占地面积（m²/ 人）；C 为行人绿灯信号周期长（s）。

安全岛服务水平　　　　　　　　　表 3-7

服务水平	行人占地面积 （m²/ 人）	说明
A	>1.21	可以站立或自由穿过排队区，而不会干扰队内其他人
B	>0.93 ~ 1.21	可以站立或不干扰队内其他人做有限制的活动
C	>0.65 ~ 0.93	可以站立和进行穿过排队区的有限制的活动，但要干扰队内其他人，该密度仍在使人舒服的范围内
D	>0.28 ~ 0.65	站立时不同他人接触是可能的，在队内行动要受到很大限制，只能随着人群一起向前走，在这一密度下，长时间等待使人很不舒服
E	>0.19 ~ 0.28	站立时不可避免同他人接触，在队内活动受到完全限制，在这种密度下排队只能持续很短的时间，否则会感到非常的不舒服
F	≤0.19	站立时不可避免同他人接触，在队内活动受到完全限制，在这种密度下行人感到十分不舒服，拥挤人群存在潜在的恐慌

（3）即使设置了二次过街岛，道路交叉口也应优先保障行人一次过街、最短时间过街，最大限度地减少行人在路中的停留时间，缩短行人等候时间，控制岛内行人的驻留密度（图 3-22）。

（4）二次过街岛岛头及其交通设施与相交道路进口道车道边缘线及其延长线的退后距离不应小于 1.5m，迎车端岛头长度不小于 1m。

（5）当二次过街岛设于无中央分隔带的交叉口时，可通过缩减转角交通岛、利用转角曲线范围内的扩展空间、缩减进出口车道宽度等措施设置行人二次过街岛，内侧导向车道的宽度建议不小于

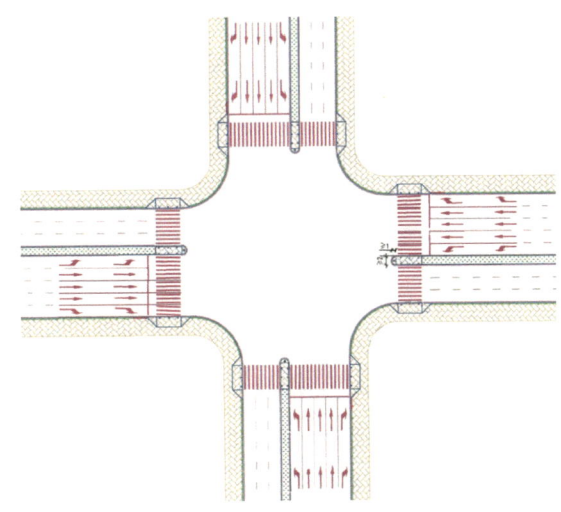

图 3-22　二次过街岛设置示意图

3.25m。岛头前应设置接近障碍物标线，其对应渐变段长度及标线规格应符合《城市道路交通标志和标线设置规范》GB 51038—2015 第 14.2.3 条、第 14.3.3 条、第 14.3.4 条的有关规定。交叉口直行车道进口道和出口车道应保持对齐。当进出口道存在错位、渐变率大于设计速度规定的交叉口渐变率等情况时，宜设置直行导向线。

（6）二次过街岛不建议采用地面标线形式，迎车端岛头距地面高度宜为 45cm，岛头及基础一体化设计，宜采用整石、钢筋混凝土浇筑等。岛头迎车面上端宜增设不小于 10cm 高Ⅳ类（超强级）以上的反光膜。

（7）当二次过街岛两端均设岛头时，两端岛头均应设置反光装置。

（8）反光标板设置于二次过街岛岛头迎车面位置，材质可采用铝合金板或复合铝塑板，迎车面及侧面应设置不低于Ⅳ类的反光膜。反光标板底板应选用黄色，标志颜色、含义及图形应符合《城市道路交通标志和标线设置规范》GB 51038—2015 的有关规定。

（9）二次过街岛、渠化岛行人汇聚点边缘应设置分隔柱，分隔柱与车行道边缘的距离应满足道路限界要求。

（10）二次过街岛内的分隔柱设置净距宜为 1.3 ~ 1.5m，条件允许情况下宜取较宽值，方便行人、自行车等通行。当自行车与人行过街横道分开施画时，自行车过街通道处分隔柱间距宜取宽值，人行过街横道处分隔柱间距宜取较低值，设于边缘处的分隔柱与岛头的净距不宜超过 1.2m（图 3-23）。

图 3-23　二次过街岛设置效果图

5. 交叉口视距

交叉口的一个关键设计元素是提供足够的视距。为了促进交叉口周围的安全通行，必须为接近交叉口的机动车驾驶员、自行车骑行人和行人提供一个畅通的交叉口区域的视野。交叉口的视距必须足够让所有道路使用者预判并避免与交叉的机动车、行人、非机动车等发生潜在的冲突。视距三角形是由交叉口内最不利的冲突点起，向后各退一个停车视距，将这两个视点和冲突点相连构成的三角形。

1）相关规定

国内相关规定

依据《城市道路交叉口设计规程》CJJ 152—2010 第 4.3.3 条规定，平面交叉口视距三角形范围内（图 3-24），不得有任何高出路面 1.2m 的妨碍驾驶员视线的障碍物。交叉口视距三角形要求的安全停车视距应符合表 3-8 的规定。

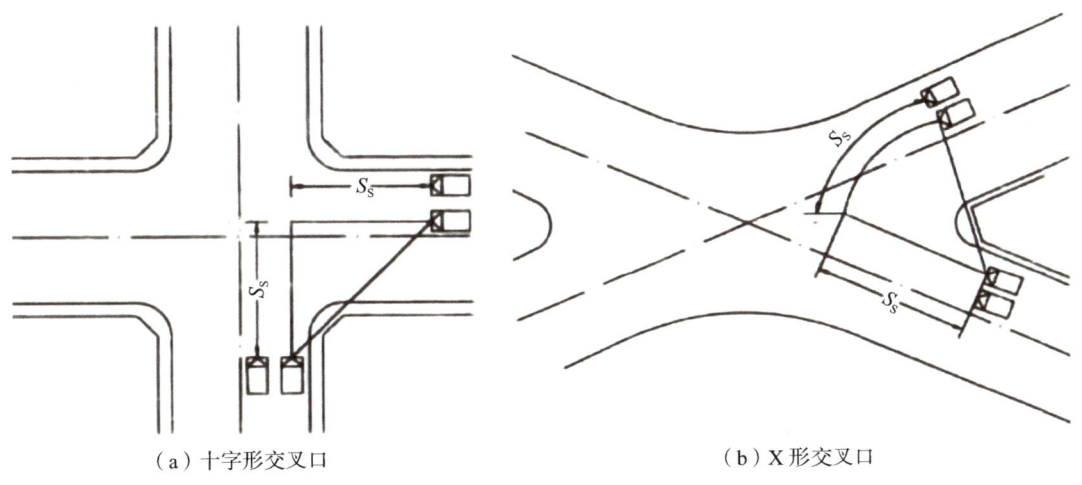

（a）十字形交叉口　　　　　　　　　　　　（b）X 形交叉口

图 3-24　视距三角形

交叉口视距三角形要求的安全停车视距（CJJ 152—2010）　　表 3-8

交叉口直行车设计速度（km/h）	60	50	45	40	35	30	25	20	15	10
安全停车视距 S_s（m）	75	60	50	40	35	30	25	20	15	10

依据《城市道路交叉口规划规范》GB 50647—2011 第 3.5.2 条，平面交叉口转角部位平面规划应符合下列规定：

控制性详细规划阶段，应检验总体、分区规划阶段所定交叉口转角部位红线切角长度是否符合安全停车视距三角形限界的要求；三角形限界应由安全停车视距和转角部位曲线或曲线的切线构成（图 3-25）。

平面交叉口红线规划必须满足安全停车视距三角形限界的要求，安全停车视距不得小于表 3-9 的规定。视距三角形限界内，不得规划布设任何高出道路平面标高 1.0m 且影响驾驶员视线的物体。

在多车道的道路上，检验安全视距三角形限界时，视距线必须设在最易发生冲突的车道上。交叉口安全视距三角形限界应符合图 3-26 的规定。

交叉口视距三角形要求的安全停车视距（GB 50647—2011）　　　　表 3-9

路线设计车速（km/h）	60	50	45	40	35	30	25	20
安全停车视距 S_s（m）	75	60	50	40	35	30	25	20

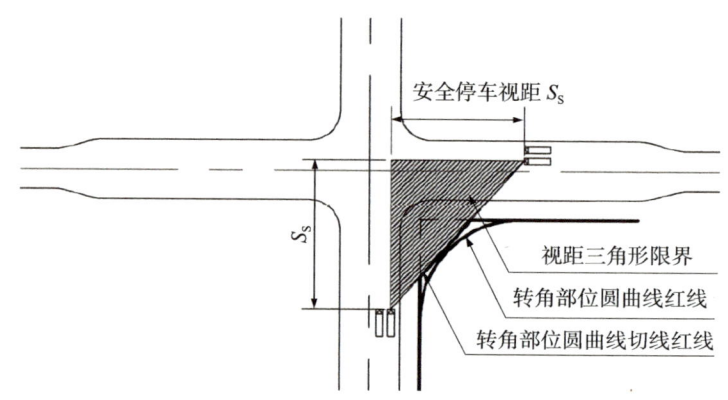

图 3-25　平面交叉口视距三角形

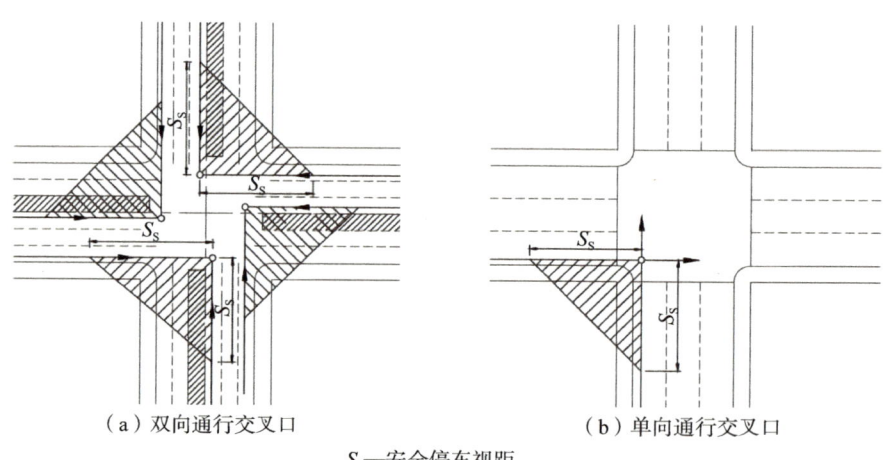

（a）双向通行交叉口　　　　　　　　（b）单向通行交叉口

S_s—安全停车视距

图 3-26　交叉口安全视距三角形限界

　　依据《公路路线设计规范》JTG D20—2017 第 10.3.2 条规定，两相交公路间，由各自停车视距组成的三角区内不得存在任何有碍通视的物体。

　　条件受限制不能保证由停车视距所构成的通视三角区时，应保证主要公路的安全交叉停车视距和次要公路至主要公路边车道中心线 5～7m 所组成的通视三角区（图 3-27），安全交叉停车视距应符合表 3-10 的规定。

国外相关规定

　　美国将城市道路平面交叉口的视距控制与交通规则，和交叉口的交通管制方式紧密

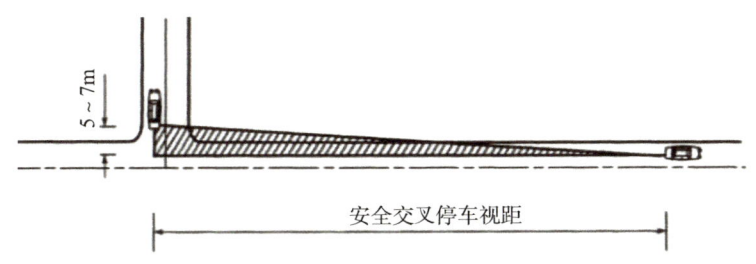

图 3-27　安全交叉停车视距通视三角区

安全交叉停车视距　　　　　　　　　　　　　　　　表 3-10

设计速度（km/h）	100	80	60	40	30	20
停车视距（m）	160	110	75	40	30	20
安全交叉停车视距（m）	250	175	115	70	55	35

结合，分为无交通管制交叉口、次要道路停车管制交叉口、次要道路让行管制交叉口、信号控制交叉口、所有方向停车管制交叉口、允许主要道路车辆左转交叉口 6 种情况。不同情况要采用不同的视距要求，分述如下。

（1）无交通管制交叉口

无交通管制交叉口按照"抵达视距"（Approach Sight Distance）控制。英、美等国认为，驾驶人在接近无交通管制交叉口时，通常会提前减速，因而不需要采用按道路设计速度计算的安全停车视距来控制交叉口的三角形限界，而是采用现场观测值。经统计分析后，美国给出了具有 85% 以上安全保证率的规范控制值，见表 3-11 和图 3-28。

安全交叉停车视距（美国）　　　　　　　　　　　　表 3-11

道路设计速度（km/h）	停车视距设计值（m）	直角边长度控制值（m）
100	185	105
80	130	75
70	105	65
60	85	55
50	65	45
40	50	35
30	35	25
20	20	20

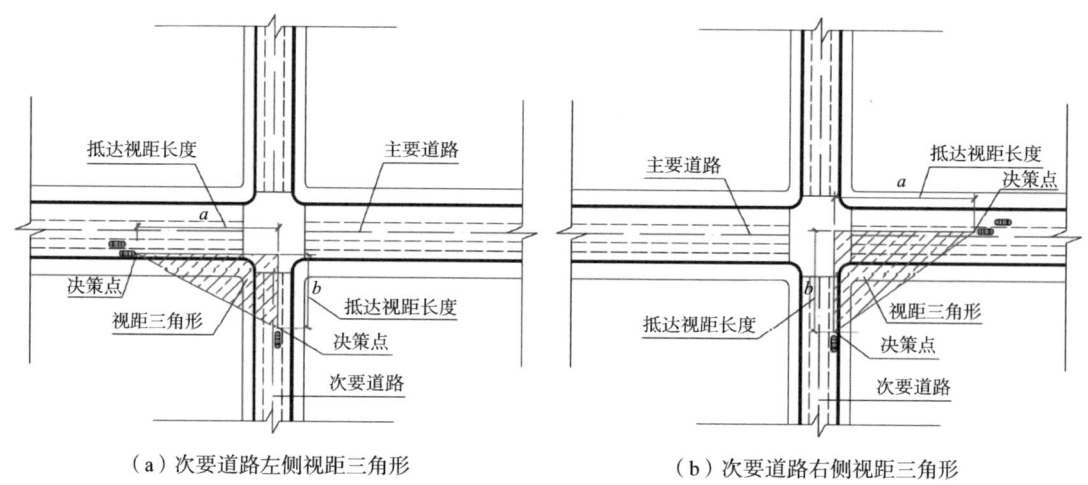

（a）次要道路左侧视距三角形　　　　　　　（b）次要道路右侧视距三角形

图 3-28　无交通管制交叉口视距三角形

（2）次要道路停车管制交叉口

对于次要道路停车管制交叉口，英、美等国的交通规则要求，次要道路的车辆抵达交叉口时，必须在停车线前先停车，查看主要道路没有车辆或车辆距离较远后，才能通过交叉口。这种视距称为"出发视距"（Departure Sight Distance），分为次要道路车辆左转、右转和横跨主要道路三种情景，见图 3-29。

（3）次要道路让行管制交叉口

在次要道路让行管制交叉口，次要道路上的车辆接近交叉口时必须减速，但不必停车，其速度约减到设计车速的 60%，而后根据主要道路上的车辆情况，决定通过或停车。次要道路让行管制交叉口的视距介于无交通管制和实行停车管制的交叉口之间。由于让行管制交叉口的视距三角形不易准确掌握，一般情况下城市区域不宜采用这种管制方式进行设计。

（4）信号控制交叉口

在信号控制交叉口，一个进口道的车辆在停车线前停下时，必须被其他进口道的车辆看到。除左转的车辆必须要有足够的视距和时间完成左转外，信号控制交叉口一般不需要有抵达视距或出发视距的限制。因此，采用交通信号灯管制方式，可以对交通量较大且视距受限的交叉口进行有效控制，见图 3-30。对于采用信号灯闪控的交叉口，在非高峰期或晚上应按次要道路停车管制交叉口的视距三角形限界进行控制。此外，对右转不加限制的信号控制交叉口，则要按次要道路停车管制交叉口的右转情景控制次要道路左侧视距三角形限界 [图 3-29（b）]。

（5）所有方向停车管制交叉口

对所有方向进行停车管制的交叉口，一个进口道的车辆在停车线前停下时，必须被其他进口道的车辆看到，而不需要控制其他的视距条件。对视距条件受限的交叉口来

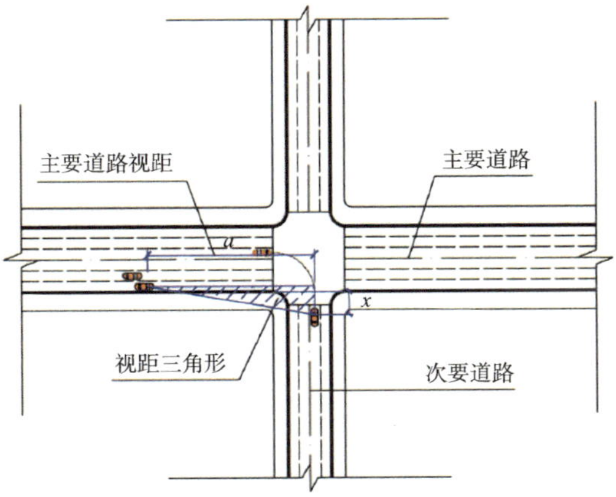

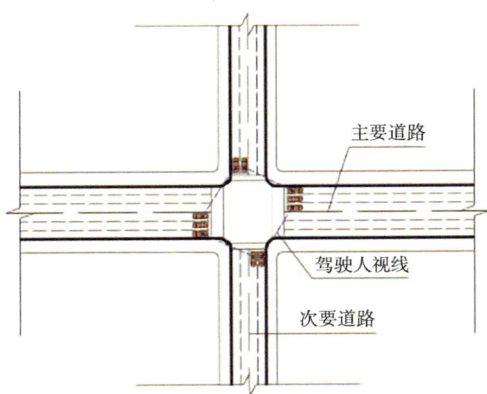

（a）次要道路车辆左转 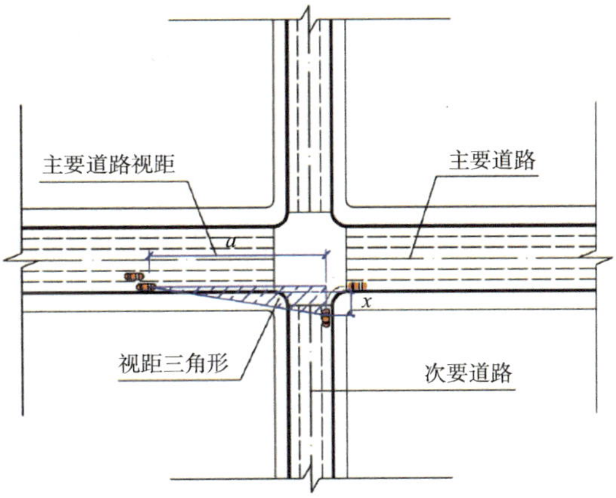　　　　　　　　　　　（b）次要道路车辆右转

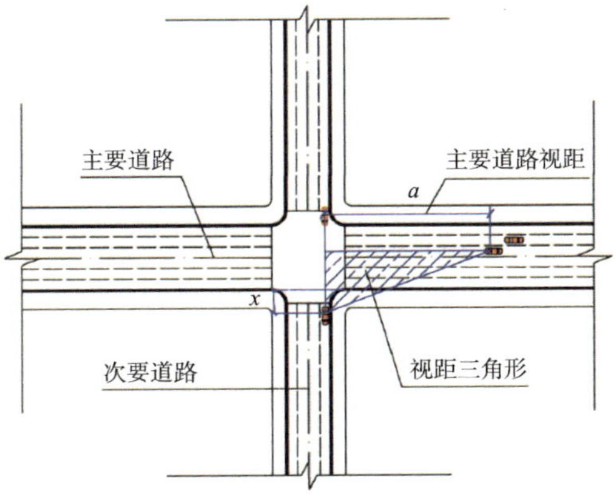

（c）次要道路车辆横跨主要道路

图 3-29　次要道路停车管制交叉口视距三角形

图 3-30　信号控制交叉口驾驶人视线图

说，对所有方向进行停车管制是最好的选择。

（6）允许主要道路车辆左转交叉口

对所有交叉口来说，无论采用何种交通管制，都需要考虑主要道路车辆左转到次要道路的情景。必须提供足够的视距满足车辆穿越对向机动车道和交叉口。车辆左转时，驾驶人需要看清前面的左转车辆，并保持一定的安全距离，此外还需要注意对向车道的来车，使对向车辆有足够的距离停车，见图 3-31。美国 AASHTO（美国国家公路与运输协会）推荐的对向车辆停车视距的设计值见表 3-12。通常这种情况也不对交叉口用地产生影响。

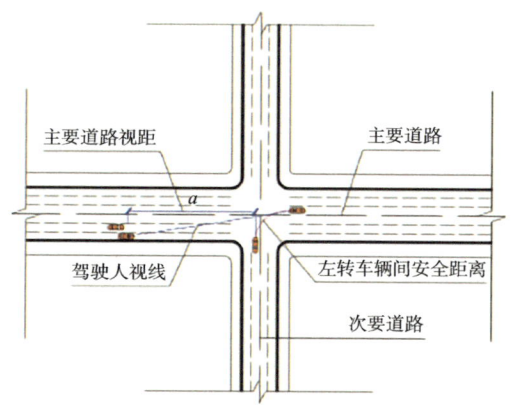

图 3-31　主要道路车辆左转时对向车辆视距图

主要道路车辆左转时对向车辆停车视距设计值　　　　　表 3-12

道路设计速度（km/h）	视距设计值（m）
100	155
80	125
70	110
60	95
50	80
40	65
30	50
20	35

2）设计建议

新建交叉口在规划阶段根据相关国内停车视距要求，予以红线限界退缩、建筑退让，并在设计阶段要求所有设施不应阻碍视距三角形内驾驶视线。

当条件受限，则需要借鉴国外相关经验，从速度管理、交通控制等方面着手予以解决。如采用"限制速度""停车让行""信号控制""合理渠化""预先警告"等策略，在各种限制条件和应对策略之间寻求整体效益最大化的平衡。

6. 畸形交叉口

畸形交叉口是指大于四路交叉的多路交叉口或非正规十字形、T 形交叉口等，多因受地形、建筑等因素影响而产生。其特点是交通冲突点较多、交通组织不清晰、慢行通行不畅、信号灯安装困难，是交通组织管理的一大难点，也容易成为路网中的交通拥堵点和事故易发点。

畸形交叉口常见的管控方法有：

（1）分离部分转向冲突。通过分析交叉口转向冲突点，根据主要交通流向调查，采用渠化岛、标线岛、分隔栏等设施设置相应冲突隔离区域。

（2）禁止部分流向通行。对转向角度过小、车流干扰较大、进口流量较小的流向实施禁行，同时确保有可绕行路线满足通行需求。

（3）简化交叉口几何形状。对部分次要进口采用"右进右出"交通组织方式，减少进口道数量，简化交叉口的几何形状。

（4）设置地面文字标识和路口导向线。在驾驶人行驶路径不明确、寻找出口方向困难时，可施画出口道路名称的地面文字标识，配合路口导向线、渠化岛，理顺车辆行驶轨迹，明确出口方向。

（5）合理增设信号灯。针对无信号控制交叉口，根据流量等条件合理增设信号灯，并简化信号相位。相位相序的设置应重点考虑车辆的交织和清空问题，将周期时长控制在合理范围内。

（6）打造安全、连续的慢行过街通道。设置连续完整的人行横道，合理设置行人过街安全岛，并优化信号配时，保证行人过街时长；组织非机动车二次过街，完全分离机非（即机动车与非机动车）冲突；完善机非隔离和人非（即行人与非机动车）隔离设施。

设计指南

（1）规范行车轨迹

通过设置实体渠化岛或交叉口交通标线，将交叉口内部未被利用的空白空间进行路权规范化、清晰化，使行车轨迹更加明确（图 3-32）。

图 3-32　Y 形交叉口改造实例

（2）多路交叉口错位化

针对斜交夹角较小的四路交叉口，根据交叉口车流量及用地条件分析，可将次等级道路改为两个T形交叉口，根据条件设置右进右出交通组织，或将两个交叉口统筹协调控制（图3-33）。

针对四路以上不规则、畸形交叉口，主要改造思路为最大化简化交叉口几何构造，减少交叉口内部冲突，将交叉口简化为正交几何图形，并重新设计为尽可能接近90°，同时将剩余空间转换为步行广场（图3-34）。

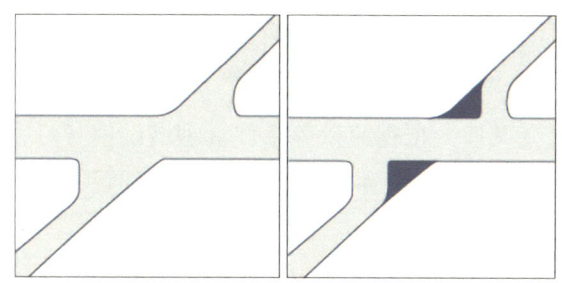
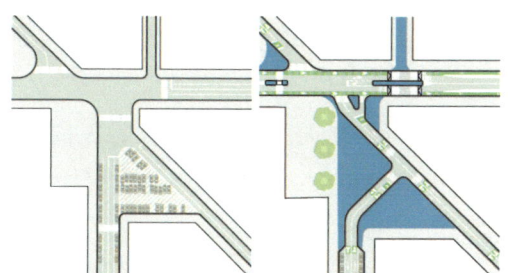

图3-33　X形交叉口错位改造思路　　　　　图3-34　多路交叉口错位改造思路

（3）正交化改造

通过设置渠化岛或改变相交轨迹，调整锐角车行轨迹，减小人行过街距离，限制右转速度（图3-35、图3-36）。

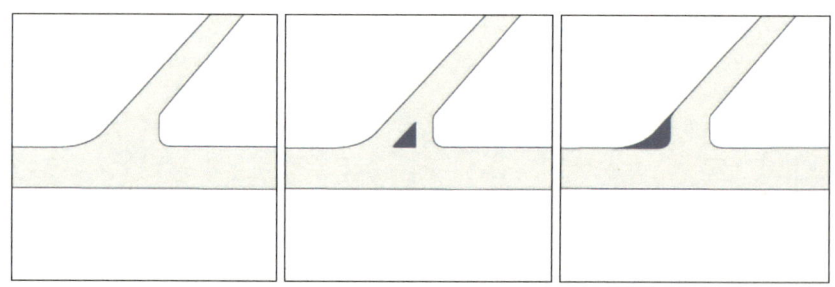

图3-35　正交化改造思路一

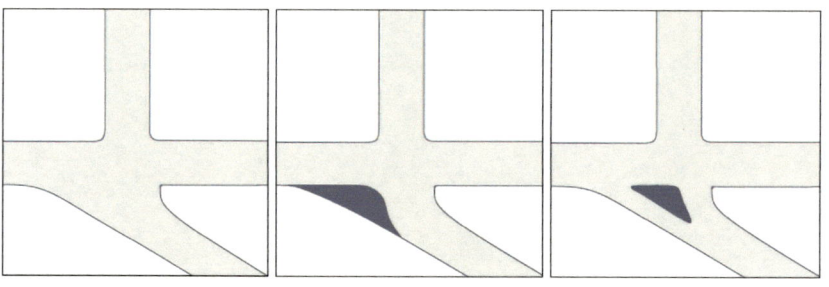

图3-36　正交化改造思路二

7. 抬高式交叉口

两条单向一车道生活型支路，在交叉口位置设置较大的转弯半径，可能致使驾驶员更倾向于高速转弯，与行人的过街行为产生交通冲突。

同时，两条路两侧均存在未经规范的停车位，车辆停靠在交叉口附近，导致视距进一步减小，行人过街安全性无法得到保障。由于人行道中存在障碍物、缺少过街标记、没有提供无障碍坡道，交叉口的行人通过性大幅减弱（图 3-37）。

设计指南

（1）通过整体抬升交叉口高度，形成一个被动式减速的天然屏障，并设置提前减速措施及礼让行人标记，构建一个更安全、更低速的车行、人行交通转换点（图 3-38①标记处）。

（2）缩短人行过街距离。取消转弯位置前后路侧停车，延伸设置路缘石，缩短行人过街距离，从而达到保护行人效果，同时避免车辆随意停放影响其他交通通行。利用这些扩展的空间，增设街道绿化设施和城市家具（图 3-38②标记处）。

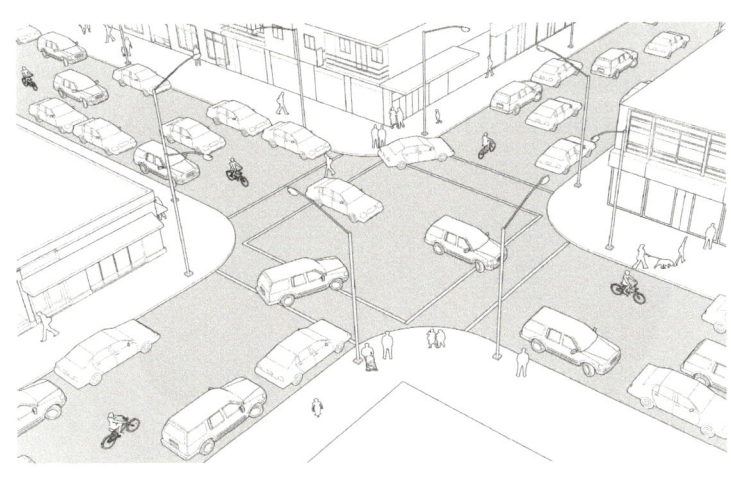

图 3-37　抬高式交叉口改造前示意图

图 3-38　抬高式交叉口改造后示意图

（3）若人行道上的非法停车成为常见问题，可考虑设置车止石等设施，以防止车辆侵占行人空间（图3-38③标记处）。

（4）在不需要车辆转弯位置，进一步减小路缘半径至0.5m，从而拓展行人空间（图3-38④标记处）。

对于非机动车流量较大的地方，可根据条件考虑设置机动车与非机动车共享、混行车道，或取消一条停车道，以便设置双向非机动车道。

8. 不同等级道路交叉口

较高等级道路与较低等级道路相交，可采用"门户"设计方式（如路缘扩展、升高的过街道、小角半径）来界定交通环境转变。利用这些设计元素，让驶入狭窄街道的驾驶员明确知晓他们即将进入低速区域。

图3-39所示为一条双向次干道与一条生活型居民双向街道交叉的示意图。

靠后的行人过街通道会增加行人的步行距离，使行人可能更倾向于在非标记位置过街。尽管每条街道在路网中起到不同的作用，但在交叉口处，这些街道的等级关系并不明确。在居民街道交叉口，停放的车辆阻挡了驾驶员与行人的视线，行人不得不走到车道上才能看到是否有车辆驶来，并被驾驶员注意到。虽然较高等级道路的设计本意是鼓励并合法化自行车和行人的优先通行，但在实际执行过程中却不尽如人意，车辆在这些地点常常不遵守让行规则，且很少有设计元素有效提示礼让行人。

图3-39 不同等级道路交叉口
改造前示意图

设计指南

设计方案明确了两条道路之间的等级关系，兼顾了所有交通参与者以及每条道路在整个交通网络中的作用（图3-40）。

（1）在次等级道路入口处，抬高行人过街通道，以防止驾驶员在驶入街道时超速，优先保障行人的安全并提高道路的分辨性（图3-40①标记处）。

（2）在交叉口位置根据条件考虑设置非机动车道或混合共享车道，以优先考虑自行车骑行者的安全，同时建议次等级道路最高行车速度设为 30km/h（图 3-40 ②标记处）。

（3）在较宽的道路上增设机动车、非机动车缓冲区，以为非机动车提供更安全的行驶环境（图 3-40 ③标记处）。

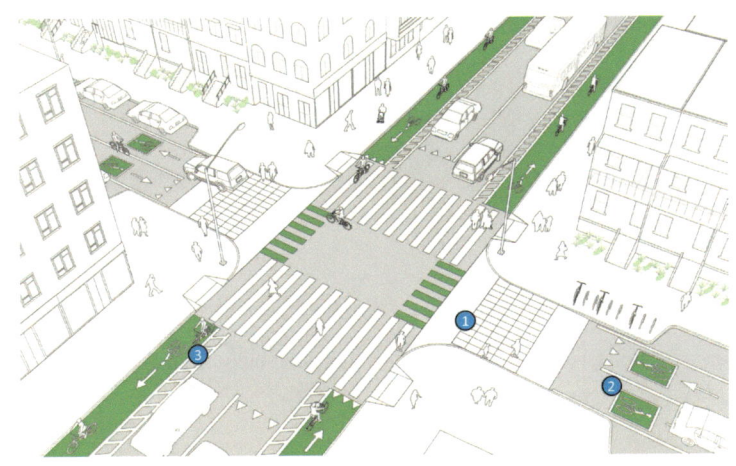

图 3-40 不同等级道路交叉口改造后示意图

3.2.1.2 动态交通组织

动态交通组织是指根据实时的交通情况，通过智能交通系统和交通管理手段，有效组织交通流量，改善交通拥堵状况，提高交通效率的一种交通管理方式。动态交通组织的分析可以从以下几个方面进行。

1. 可变导向车道

交叉口在不同时段的车流通行需求会有所不同，在不同时段车流差异非常明显时，可以通过设置可变车道改变车道功能来适应车流变化。可变车道全称可变导向车道，可变导向车道是根据不同时间段去往不同方向的交通量变化情况，为交通需求量大的方向提供更多车道的控制技术。可变导向车道路面利用锯齿状标线标示，路面上方配置有电子显示屏或可变分车道导向指示牌。导向可变车道设置于紧邻左转车道的位置，方便车道功能的变换（图 3-41）。

结合《道路交通控制方式 第 5 部分：可变导向车道通行控制规则》GA/T 527.5—2016 的相关规定，可变导向车道需具备以下实施条件。

1）道路条件

实施道路位置有 3 条及以上导向车道，且具备选择 1 条车道作为可变导向车道的条件；导向车道及渐变段长度满足排队需求，并具备变换车道的空间；同方向导向车道数不大于相应的出口车道数。

图 3-41   可变导向车道实景

2）交通流条件

满足下列交通流条件之一的，可设置可变导向车道：某一导向方向时段性流量显著变化，且直行和转向交通流呈现一定的互补性；某一导向方向车辆排队过长，严重影响驾驶人变换车道；通过信号配时优化，不能有效适应交通流的变化。

3）信号控制条件

设置专用直行或转向独立信号相位；可变导向车道指示标志支持手动或定时切换、自适应切换模式；在可变导向车道自适应模式下，通过交通流检测器、交通信号控制机实现可变导向车道指示标志自动切换。

4）交通标志标线设置要求

在进口道渐变段与导向车道衔接处，应设置车道行驶方向标志和可变导向车道指示标志，可变导向车道指示标志应与车道行驶方向标志颜色、规格协调一致；在进口道渐变段起点以外、指路标志以内车道，宜设置提醒前方为可变导向车道的标志或路面文字标记；可变导向车道标线应符合现行国家标准《道路交通标志和标线 第3部分：道路交通标线》GB 5768.3 的要求；可变导向车道停车线前方不应设置待转区（图3-42）。

2. 逆向可变导向车道

逆向可变导向车道，是指在平面交叉口，根据交通流需求，左转车流借用对向方向的出口道，通过主信号与预信号协调控制，每周期变换导向方向的交叉口车道（图3-43）。在城市道路信号控

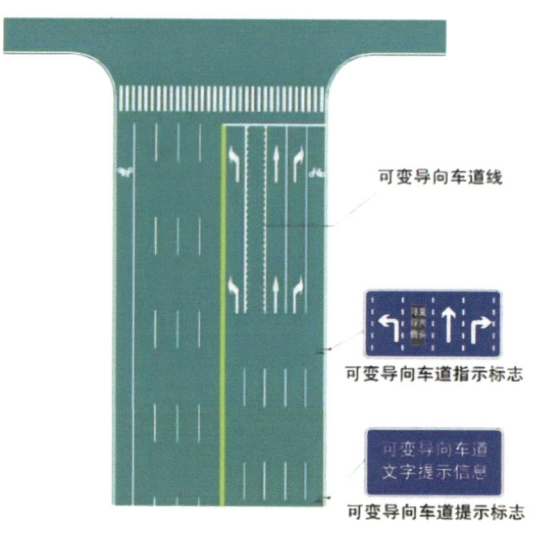

可变导向车道线

可变导向车道指示标志

可变导向车道提示标志

图 3-42   可变导向车道标志标线示意

制交叉口，一般设置在对向出口道的最内侧车道，通过标志、标线、预信号控制等管理手段，使其兼具出口行车道和进口左转导向车道的双重功能，在信号周期内随相位绿灯转换而变换车道功能。

根据《城市道路交叉口逆向可变导向车道设置及信号控制规则》T/CITSA 06—2020 的相关规定，逆向可变导向车道需具备以下实施条件。

图 3-43　逆向可变车道示意图

（1）道路条件

设置逆向可变导向车道的出口车方向车道数至少为 2 条；导向车道及渐变段的总长度满足车辆排队需求，并具备车辆变换车道的转弯半径；同方向导向车道数不大于相应的出口车道数。

（2）交通流条件

当某一导向方向左转车辆最大排队超过导向车道的 2 倍时，将会严重影响驾驶人变换车道和路段通行；当某一导向方向左转流量较大，不能在 30min 内有效改善车辆排队过长状况时；当某一导向方向公交车辆或其他特殊车辆需要在路口获得左转优先权，但未设置左转专用道时，宜采用特殊车辆专用的逆向可变导向车道。

（3）信号控制条件

①设计主、预信号灯，用于指示车辆通行逆向可变车道。

②设置逆向可变导向车道的左转方向主信号灯信号相位不应与其他方向信号相位有冲突。

③车辆驶入逆向可变导向车道及等待的过程中，应避免与正在放行相位的车流产生冲突；若路口信号相位为单口放行，则相序应按照逆时针方向执行；若路口信号相位为左直分离放行，则各左转相位应在对应直行相位之前放行。

④逆向可变导向车道方向左转信号灯的最小绿灯时间应满足清空可变导向车道内所储存车辆的要求。

⑤逆向可变导向车道预信号灯的绿灯启亮时间应提前于其车道方向左转信号灯的绿灯启亮时间，提前启亮时间应满足左转车辆占满逆向可变导向车道。

⑥逆向可变导向车道预信号灯的绿灯结束时间应提前于其车道方向左转信号灯的绿灯结束时间，提前结束时间应满足清空可变车道内所储存车辆的要求。

（4）标志和标线设置要求

在进口道渐变段与导向车道衔接处，应设置逆向可变导向车道指示标志；在进口道渐变段起点以外、指路标志以内车道，宜设置提醒前方为逆向可变导向车道的标志或路面文字标记；逆向可变导向车道停车线前方不应设置待转区（图3-44）。

3. 潮汐车流控制

潮汐车道是指在特定时间段内，根据交通流量的变化，划设的可以用于特定方向行驶的城市道路车道。这种设计主要用于缓解交通拥堵，提高道路通行效率。

潮汐车道通常是在交通繁忙时段，例如早上和下午的上下班高峰期间，将一条原本用于反向行驶的车道改为单向行驶，以增加同一方向的车辆通行能力。这意味着在高峰时段，潮汐车道只允许符合特定要求的车辆朝特定方向行驶，而不允许其他车辆使用该车道（图3-45）。

潮汐车道通常设有特定的标志和标线，以便驾驶员明确识别（图3-46）。在高峰时段，交通管理人员可以通过控制信号灯或其他方式，确保只有符合特定要求的车辆才能进入或离开潮汐车道。

潮汐车道的设置有助于减缓交通堵塞和减少通勤时间，同时也促进了公共交通工具的使用，如常规公交、穿梭巴士等，这类车辆通常可以在潮汐车道上运行，从而享受更高的通行速度。

潮汐车道的设立需要综合考虑交通流量、道路条件和交通管理等多个因素，以确保安全和有效的运行。

4. 移位左转设计

移位左转（DLT，Displaced Left-Turn）是解决左转车流的交通组织手段之一，作为一种不同于传统交叉口设计的新型设计

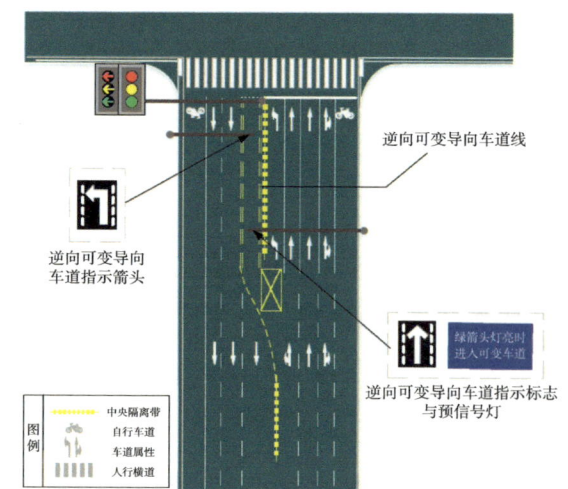

图3-44　逆向可变导向车道交通设施设置示意图

图3-45　潮汐车道设置示意图

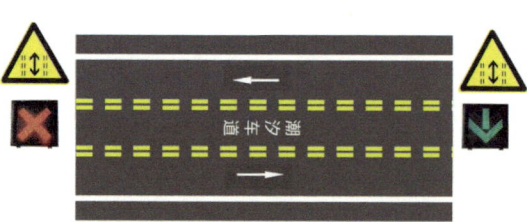

图3-46　潮汐车道交通标志及标线设置示意图

方法，能缓解交叉口左转和直行的冲突问题。通过将左转车道渠化转移设置，重组道路断面，将左转进口车道转移至出口道的左侧，使对向左转与直行车辆同时放行，减少了相位数，缩短了周期时长，提高了左转及直行车辆的绿信比，从而改善了交叉口的通行效率。

以左转交通量较大的交叉口为例，移位左转交通组织设计如图 3-47 所示。

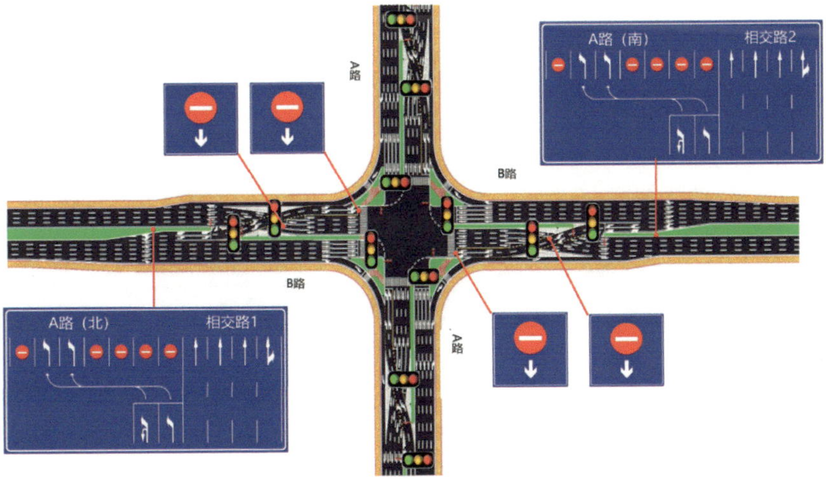

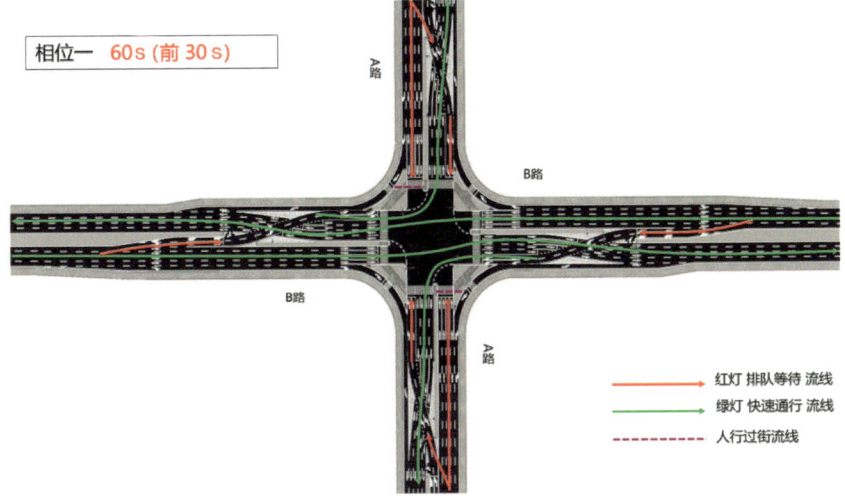

图 3-47　移位左转交叉口设计交通布设示意图

在移位左转交通组织中，交通信号灯起着重要的作用，设置独立的左转信号灯，指示左转车辆利用对向来车红灯时间驶入对向出口道待行区等待。对向直行通行时，进入待行区车辆可提前通行，从而从时间与空间的维度，提高交叉口的通行效率。结合案例，移位左转交叉口交通信号相位设计如下。

相位一（前 30s，图 3-48）：东西向路口信号灯亮绿灯，东西向移位左转待转区内

图 3-48　移位左转交叉口信号相位一（前 30s）

车辆与直行同时放行；东西向左转进入待转区，辅助信号灯亮红灯，左转车辆在停止线前等待。东西向路口行人可二次过街到中间二次过街岛等待过街。

相位一（后30s，图3-49）：东西向路口信号灯直行亮绿灯，直行继续通行30s。东西向移位左转亮红灯，南北向左转待转区辅助信号灯亮绿灯，左转车辆进入移位左转车道等待。东西向路口行人直接过街。

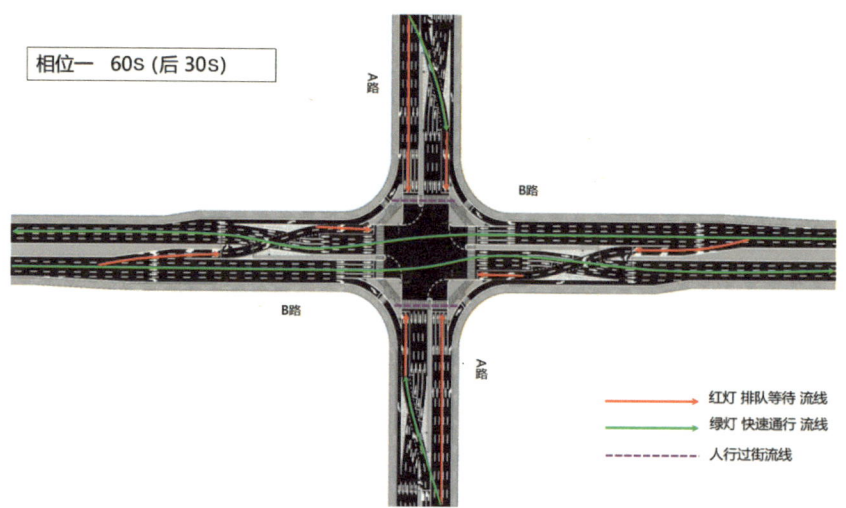

图3-49 移位左转交叉口信号相位一（后30s）

相位二（前30s，图3-50）：南北向路口信号灯直行亮绿灯，南北直行通行。南北向移位左转亮红灯，东西向左转待转区辅助信号灯亮绿灯，左转车辆进入移位左转车道等待。南北向路口行人直接过街。

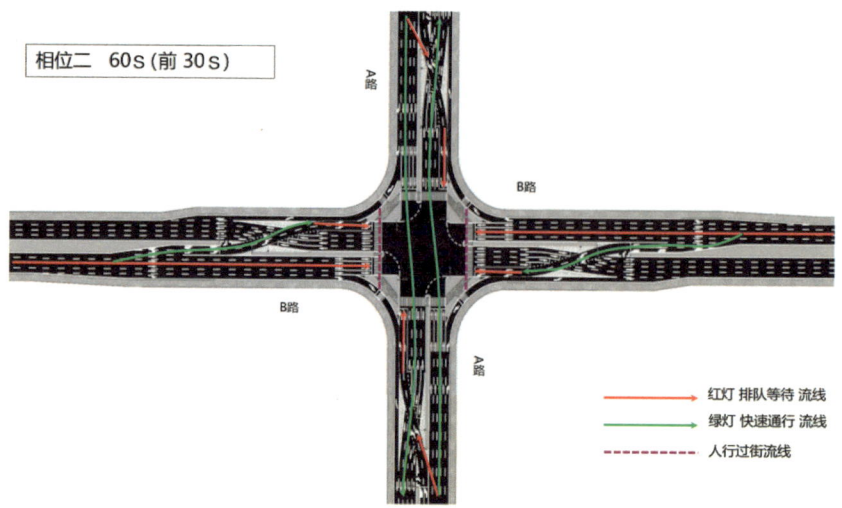

图3-50 移位左转交叉口信号相位二（前30s）

相位二（后 30s，图 3-51）：南北向路口信号灯亮绿灯，南北向移位左转待转区内车辆与直行同时放行；南北向左转进入待转区，辅助信号灯亮红灯，左转车辆在停止线前等待。南北向路口行人可行至中间二次过街岛等待过街。

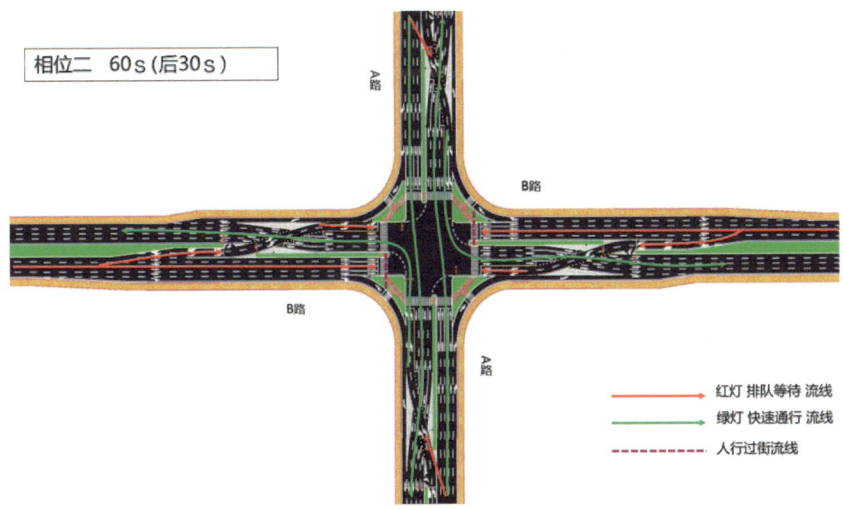

图 3-51   移位左转交叉口信号相位二（后 30s）

通过上述交通相位设计，对移位左转与普通交叉口进行时间与空间的对比，结果见表 3-13 ~ 表 3-16。

相位对比   表 3-13

组织方式	传统四相位	移位左转
相位数	4	2
全相位时长（s）	180	120
1h 内相位数	20	30

一个相位内转向交通所占时长对比（单位：s）   表 3-14

组织方式		传统四相位	移位左转
直行	东西向直行	60	60
	南北向直行	60	60
左转	西往北左转	30	30
	东往南左转	30	30
	北往东左转	30	30
	南往西左转	30	30
人行	东西向	90	60
	南北向	90	60

1h 内转向交通所占时长对比（单位：min）　　　表 3-15

组织方式		传统四相位	移位左转
直行	东西向直行	20	30
	南北向直行	20	30
左转	西往北左转	10	15
	东往南左转	10	15
	北往东左转	10	15
	南往西左转	10	15
人行	东西向	30	30
	南北向	30	30

单个出口道控制时间对比　　　表 3-16

组织方式	传统四相位	移位左转（后移）
相位周期内	90s	30s
1h 内	30min	15min

根据交叉口通行交通情况可知，1h 内左转交通所占时长中，左转时长在移位左转交通组织中是传统四相位时长的 1.5 倍，通行效率增加 1 倍左右。通过交叉口左转位移的调整，缩短了交叉口左转排队时间，增加了通过时间，进一步提升交叉口通行效率，节约燃油能耗。

通过实施移位左转交通组织，可以有效提高左转车辆的通行效率和安全性。从空间上减少左转车辆与直行车辆之间的冲突，降低交通事故的发生概率，同时也可以提高交通流量的通行能力，减少交通拥堵。因此，在适当的道路条件下，采用移位左转交通组织是一种有效的交通管理手段。

3.2.2　交通设施

交通设施主要包括标志、标线（雨夜标线、双组分标线、智慧斑马线）、信号灯控（雷视一体机、绿波带、非机动车灯）、电子警察、视频监控、LED 情报板等（图 3-52）。

图 3-52　交通设施布设分布一览图

1. 普通交通设施设计

1）多杆合一

为满足对路灯、路牌、监控头、信号灯等不同设施的需求，城市道路上各种杆线林立，使得道路景观杂乱无章，也造成建设成本的浪费。南沙地区部分道路交叉口也呈现杆线林立、景观杂乱的现象。

为提升未来科技城市管理精细化水平，解决道路两侧各部门杆体重复建设等问题，在道路设施带按集约、美观的原则，对交通标识牌、交通信号灯、路灯、电子警察、视频监控等设施进行整合设计，集中布局，减少视觉上的混乱，并达到视觉通透的效果。

整合设计思路：设计过程中交通专业、照明专业、安监专业协同设计，在满足功能需求和使用安全的前提下，各类道路设施集约化、一体化布置；杆件模块化，方便拆卸及拼装；分层设计，满足功能拓展需求（图 3-53、图 3-54）。

在"多杆合一"的基础上，进一步模块化、集约化、智能化，设置融合智能照明、环境监测、无线网络、车路协同及信息发布等的综合智慧灯杆（图 3-55、图 3-56）。

在符合国家、行业和地方现行规范和标准的前提下，将路灯杆件作为各类杆件整合的主要载体，与道路环境、城市风格整体协调，并预留未来城市发展

图 3-53　多杆合一整合实例

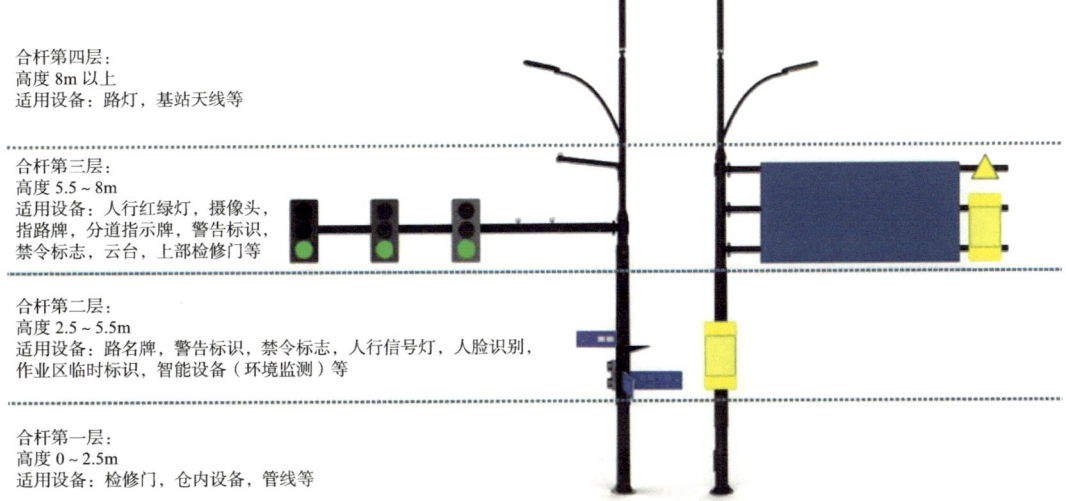

合杆第四层：
高度 8m 以上
适用设备：路灯，基站天线等

合杆第三层：
高度 5.5~8m
适用设备：人行红绿灯，摄像头，指路牌，分道指示牌，警告标识，禁令标志，云台，上部检修门等

合杆第二层：
高度 2.5~5.5m
适用设备：路名牌，警告标识，禁令标志，人行信号灯，人脸识别，作业区临时标识，智能设备（环境监测）等

合杆第一层：
高度 0~2.5m
适用设备：检修门，仓内设备，管线等

图 3-54　多杆合一整合总体设计图

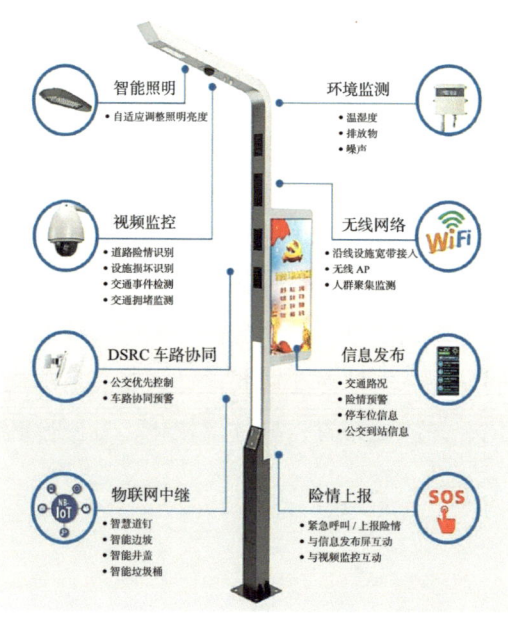

图 3-55　智慧灯杆单元模块设计思路

图 3-56　智慧灯杆建成实例

的智慧功能需求。

2）多箱集中及多箱合一

（1）多箱集中。按照"多箱集中"的要求进行整合，确保设置安全合理、功能齐全安全、箱体美观协调、便于维护管理。多专业沟通，将交通信号灯箱、电子警察及视频监控落地箱、变电箱等集中设置，避免交叉口箱体凌乱。可在箱体上进行美化处理，与周边环境融合，提升城市景观性与人文性（图 3-57、图 3-58）。

（2）多箱合一。按照"多箱合一，分仓使用"的要求进行整合，确保设置安全合

图 3-57　多箱集中案例一

图 3-58　多箱集中案例二

理、功能齐全安全、箱体美观协调、便于维护管理。按照有源综合机箱、通信光缆交接综合机箱的分类，将不同机箱合建，分仓使用，提高综合管理效率，增强城市道路景观（图 3-59、图 3-60）。

图 3-59　多箱合一实际案例

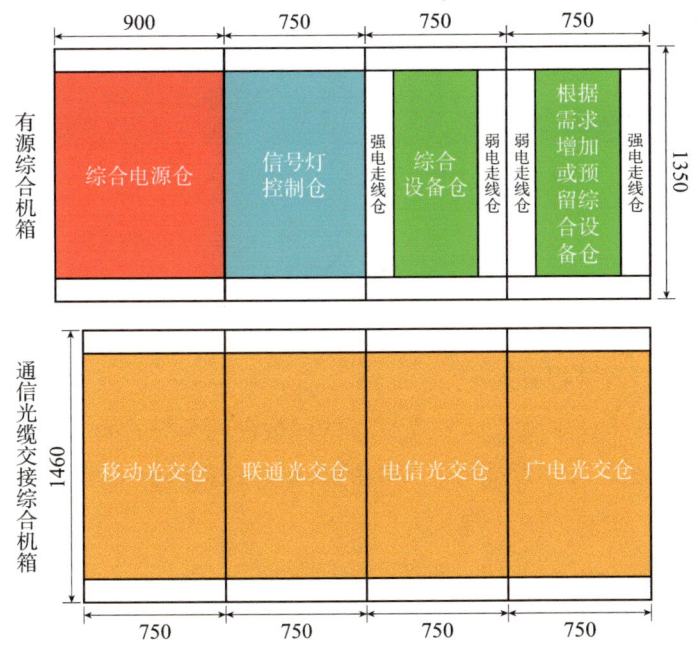

图 3-60　多箱合一综合箱设计示意图

2. 智能交通设施设计

1）智慧斑马线

智慧斑马线是一种基于智能交通系统的道路安全设施，旨在提高行人的安全性和交通效率。智慧斑马线通过使用传感器、摄像头和通信技术，能够实时监测行人和车辆的状况，并根据交通流量和需求进行相应的调整，以确保行人安全地过马路。

　　传统的人行横道警示标志警示效果弱，仅设置地面反光涂料标线及反光标志牌，在无主动照明的情况下，无法给司机及行人提供较为显眼的警示效果。智慧斑马线旨在以动态立体方式警示司机及行人，缓解视觉盲区带来的危害。国内先进的智慧斑马线采用日夜双模式发光标志和日间可见式双向预警地埋道钉，警示效果强，指示清晰。感应系统感应到行人经过时，激活警示系统和照明系统，提示司机礼让行人（图3-61）。

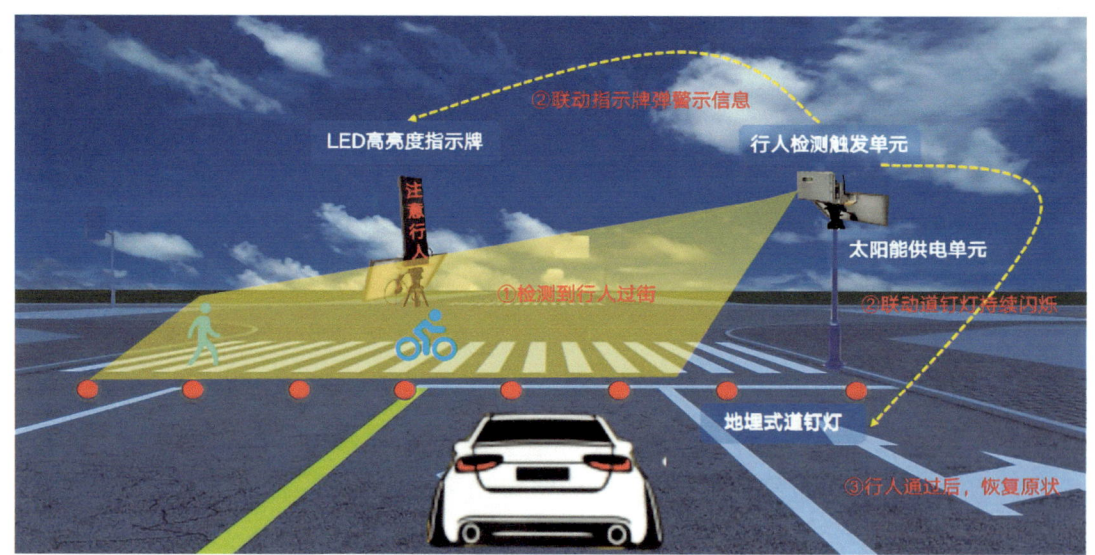

图 3-61　智慧斑马线应用示意

　　智慧斑马线的工作模式如下。

　　白天，系统在未检测到行人时处于休眠状态。当人行道系统被触发之后，发光标志周围的高亮灯珠和道钉同步快闪，语音警报开启。

　　晚上，系统在未检测到行人时处于休眠状态，发光标志的面板夜间长亮；行人补光系统夜间长亮。当人行道系统被触发之后，发光标志周围的高亮灯珠和道钉同步快闪，语音警报开启。

　　智慧斑马线的应用设计方式见图3-62，其后台系统示意图见图3-63。

　　传统斑马线无数据采集及报警系统，往往需要借助周边视频监控进行反向巡查，对危险预判及事故处理存在很大的盲区和滞后性。智慧斑马线可成系统地解决行人过街及车行避让的事实数据收集，当发生交通紧急情况或设备出现问题时，工作人员可以通过手机短信、电子邮件或网页立即接收到警报通知。系统实时抓取、过滤、分析和汇总生成节点人行过街数据报告，历史数据支持表格形式导出，可为城市建设提供准确的数据支持（图3-64、图3-65）。

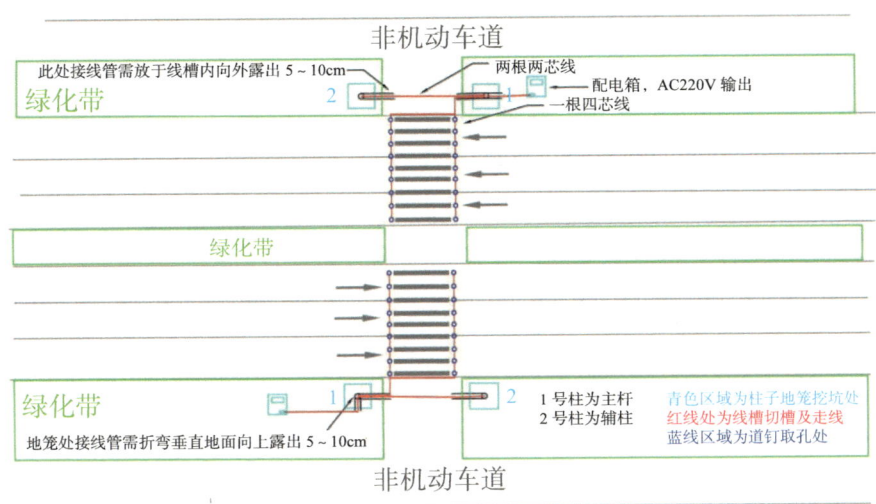

图 3-62 智慧斑马线应用设计示意图

图 3-63 智慧斑马线后台系统示意图

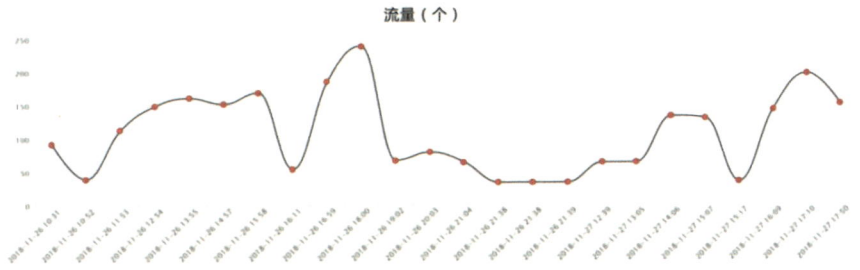

图 3-64 智慧斑马线人行数据统计示意图

图 3-65　智慧斑马线应用实景

　　智慧斑马线的应用可以体现在以下几个方面。

　　（1）实时监测和控制：智慧斑马线可以通过传感器和摄像头实时监测行人和车辆的情况，根据实时交通流量来调整斑马线上的交通信号灯的时间和亮灭状态，以确保行人在安全的时间内过马路。

　　（2）提供行人警示和指引信息：智慧斑马线可以通过屏幕或地面显示器向行人提供行人指引和交通警示信息，行人可以得知还有多久可以安全过马路，或者提醒行人注意驾驶车辆的情况。目前，广州城区推行"礼让行人"交通安全措施，智慧斑马线可结合"礼让行人"设置，更好地提供行人安全解决方案。

　　（3）与车辆联动：智慧斑马线可以与周边的车辆进行联动，通过车辆的信息来调整交通信号灯的定时和亮灭状态，为行人提供更加安全和高效的斑马线过马路体验。随着无人驾驶车路协同的进一步推进，智慧斑马线协同无人驾驶，紧密连接人、车、交通设施的关系，提高城市驾驶及步行的安全性与体验感。

　　（4）数据收集和分析：智慧斑马线可以收集行人和车辆的相关数据，如通行时间、流量、违章情况等，这些数据可以用于交通管理和决策，提供更好的城市交通规划和道路安全措施。

　　通过智慧斑马线灯具以及智能人体感应控制系统、地感砖等，构成智能感应，对夜间过街起到安全保护作用。

　　智慧斑马线的应用可以通过现代科技手段实现行人和车辆之间的智能交互，提高交通安全和效率，为城市交通管理和城市化进程带来新的可能性和解决方案。

　　2）彩色斑马线

　　斑马线是生命线、安全线，既要科学、合理地设置体现人性化设计，也要保障行人安全，减少交通事故。新颖的斑马线可以美化市政道路、为道路增添高颜值，是扮靓广州、美化城市环境的举措之一。它们给单调的交通语言提供了更加多元化的选择。

　　由于传统的交通安全设备警示效果弱，且缺乏预警功能，司机存在视觉盲区，缺乏应急处理时间；司机、行人交通习惯差，导致行人交通通行风险高，交通事故率居高不下。彩色斑马线、智能斑马线的出现，能更有效地帮助管理司机端、行人端的交通行为，保障通行安全。

从颜色看，有橙色斑马线，有蓝、白、黄三种颜色的 3D 斑马线，也有集合了红、蓝、黄、绿、白等五彩斑斓的斑马线。从形态看，有多道斑马线挨在一块组成的"斑马带"，也有呈交叉状的 X 形斑马线。从城市上空俯瞰，多元化的斑马线呈现多彩缤纷的城市景观，为居民的美好出行创造更好的体验。

早在 2016 年，南沙区就已经在多处设置彩色斑马线，例如，海滨路与双山大道丁字路口有 7 处彩色斑马线；海滨路与丰泽东路十字路口有 12 处彩色斑马线（图 3-66、图 3-67）。

漂亮的颜色既有强烈的视觉冲击力，还有不可小觑的警示作用，不仅能提示车主经过斑马线时自觉减速慢行，对"低头族"行人也能起到提醒作用（图 3-68 ~ 图 3-73）。

图 3-66　海滨路上的彩色斑马线一
图片来源：微信公众号"广州南沙发布"

图 3-67　海滨路上的彩色斑马线二

图 3-68　南沙区彩色斑马线实例

图 3-69　南沙区双山大道与金隆路
交叉路口的糖果色斑马线

图 3-70　南沙区海滨路上的彩虹斑马线

图片来源：南方都市报

图 3-71　南沙区天后宫门前，凹形蓝白相间的天蓝色斑马线

图 3-72　豪贤路与德政北路交叉口的对角斑马线

图 3-73　广州国际生物岛星汉大道上黄白相间的艺术斑马线

3）雨夜标线

雨夜交通标线是指道路上的标线，在夜晚降雨等天气条件下能够起到引导车辆行驶、提高交通安全的作用（图 3-74）。关于雨夜交通标线的介绍与应用如下。

（1）雨夜交通标线的种类：雨夜交通标线主要包括白色实线、黄色虚线以及其他特殊标线。白色实线一般用于车道之间的分隔；黄色虚线一般用于车道边缘线等；特殊标线如斑马线、停车线等，也需要在雨夜进行加强标示。

图 3-74　清晰、明快的道路交通标线

（2）雨夜交通标线的反光效果：为了确保在雨夜能够清晰地看到标线，这些标线通常会添加反光材质，如玻璃珠、反光漆等，以加强反光效果。这样，在灯光的照射下，

标线能够更加醒目，方便驾驶员辨认。

（3）雨夜交通标线的应用场景：在夜晚降雨的时候，雨夜交通标线的作用变得尤为重要。它可以帮助驾驶员更准确地辨认车道的位置，避免偏离车道或者违规超车。此外，标线也可以引导交通流向，防止混乱和事故发生。

（4）雨夜交通标线的维护与关注：为了保证雨夜交通标线的良好效果，需要进行定期的维护与保养。这包括定期检查标线是否完整，是否有剥落、破损等情况；同时，需要及时清理标线上的污垢或者雪、冰等覆盖物。

（5）雨夜交通标线与驾驶技巧：驾驶员在夜晚降雨时，应根据交通标线进行正确的驾驶。在行驶过程中，要时刻注意观察标线的位置和状态，以及与其他车辆的相对位置，保持适当的车距和速度，避免发生事故。

雨夜交通标线在夜晚降雨等恶劣天气条件下起到非常重要的作用，它能够提高车辆行驶的安全性和准确性。驾驶员应该在行驶过程中充分利用这些标线进行驾驶，以确保自己和他人的安全。

4）雷视一体机

雷视一体机是一种集成了雷达和摄像机技术的智能安防设备。它可以通过雷达感知技术实时检测和跟踪周围环境中的移动目标，并通过摄像机将实时画面传输到监控端，实现对目标的录像、拍照等功能（图 3-75）。

雷视一体机的应用非常广泛。首先，它可以应用于安防领域。通过雷达感知技术，雷视一体机可以提前发现潜在的安全威胁，如入侵者、盗窃行为等，从

图 3-75　雷视一体机使用实例

而及时采取应对措施，保护人员和财产安全。同时，搭配摄像机，它可以提供清晰的视频图像，用于犯罪现场的取证和调查。

其次，雷视一体机可以应用于交通管理领域。通过雷达感知技术，它可以实时监测道路上的车辆和行人的运动情况，并通过摄像机记录交通违规行为，如闯红灯、超速行驶等，为交通管理部门提供数据支持。

雷视一体机凭借其雷达和摄像机的双重技术优势，可以提供更全面、精准的监控交管服务，并能应用于各个领域，为人们的生活出行带来更多的便利和安全。

5）智慧人行过街系统

南沙区于 2020 年 11 月启用智慧人行过街系统，这一系统可以对行人闯红灯行为进行自动检测，被称作电子"交通安全专员"，集视频分析、运动跟踪、人脸识别、大

数据、云分析技术等于一身。此系统不
仅具备传统交通信号灯的通行提示功能，
还可以抓拍行人闯红灯全过程，并实时
呈现在电子屏上。

目前，南沙区已在双山大道和环市
大道中的交叉十字路口以及进港大道和
金隆路的交叉十字路口安装了这套行人
闯红灯自动检测系统。

系统结合红绿灯状态综合判断行人
闯红灯违法行为，输出一组违法过程图
片的完整证据链。红灯状态下，行人越
过等待区时系统进入预警状态，对闯红

图 3-76　南沙区双山大道和环市大道交叉口智慧
人行过街系统
图片来源：信息时报（记者：崔小远）

灯行人提出警示。如果行人不听劝阻执意闯灯，系统将会进行识别抓拍，行人闯红灯的
全过程都会以图片的形式展示在电子屏上。未来完成调试后，相关违法行为还将会被投
屏到 LED 显示大屏，警示更多行人遵守交通规则（图 3-76）。

系统的播音功能不仅可以发出警示，还可以播放交通安全知识，在进行警示和抓拍
的同时，宣传更多交通安全知识（图 3-77、图 3-78）。

行人和非机动车（需下车推行）通过斑马线时应做到"一慢二看三通过""红灯停、
绿灯行"；智慧人行过街系统可促进城市居民养成自觉遵守交通规则的良好习惯。

图 3-77　新型交通信号灯一
图片来源：南沙区融媒体中心

图 3-78　新型交通信号灯二
图片来源：南沙区融媒体中心

3.2.3　实例分析

1. 进港大道 – 凤凰大道交叉口

现状问题：

（1）东、西、南进口道左转与直行车道共用车道，无法单独拆分左转和直行相位，交叉口信控效率低。

（2）东、西进口道通行能力不足，排队蓄车空间与交通需求不匹配。

（3）东、西、南进口道掉头口距离停止线较近，影响其余左转车辆通行。

提升方案（图 3-79、图 3-80）：

（1）改造东、西进口道中央绿化带，拓宽改造东、西进口道，增加排队车道数，同

图 3-79　进港大道 – 凤凰大道交叉口实景

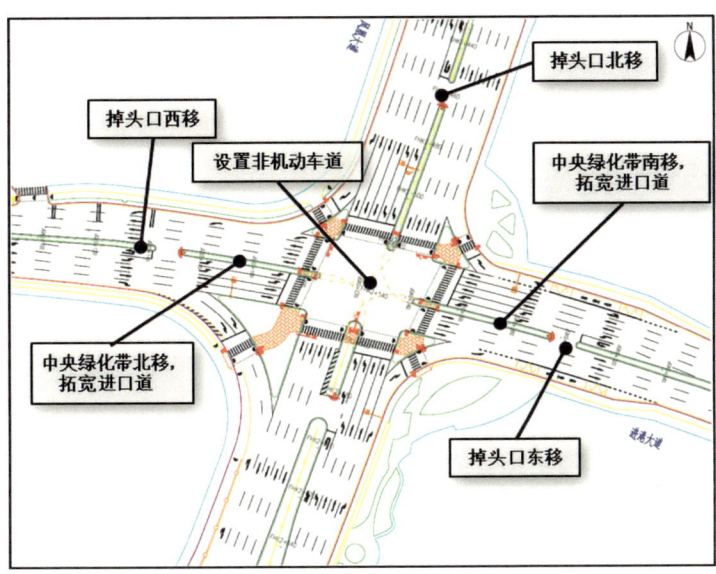

图 3-80　进港大道 – 凤凰大道交叉口提升示意图

时拆分东、西、南进口道左转及直行车道。

（2）调整东、西、北进口道掉头位置，距停止线距离 40 ~ 50m，避免掉头车辆与左转车辆互相影响。

（3）重新组织非机动车过街，设置交叉口非机动车道，优化交叉口信号控制相位。

2. 黄阁大道－黄阁西路交叉口

现状问题（图 3-81）：

现状黄阁西路与黄阁大道（沙仔大桥－亭角立交右幅辅道）交叉口，为右进右出平交口，从黄阁大道辅道右转进入黄阁西路较为顺畅，但从黄阁西路右转进入黄阁大道辅道，转弯半径过小（约 2 ~ 3m），车辆右转不顺畅，严重影响到黄阁大道辅道直行车辆以及黄阁西路车辆的正常通行。

提升方案（图 3-82）：

调整交叉口形式，新建部分为黄阁西路右转车道（北往西方向）；改造部分为黄阁大道辅道右转车道（东往北方向）及黄阁大道辅道。

图 3-81　黄阁大道－黄阁西路交叉口实景

图 3-82　黄阁大道－黄阁西路交叉口提升示意图

3. 横沥中路 - 灵新大道交叉口

现状问题（图 3-83）：

（1）现状为五岔畸形斜交交叉口，交通组织混乱。

（2）交叉口东南侧为大型公立医院，交通吸引力较大，交叉口近期通行能力无法满足交通需求。

提升方案（图 3-84）：

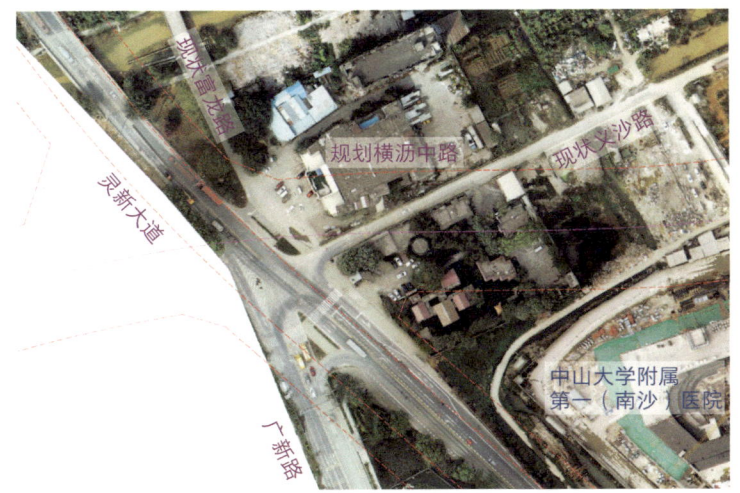

图 3-83　横沥中路 - 灵新大道交叉口实景

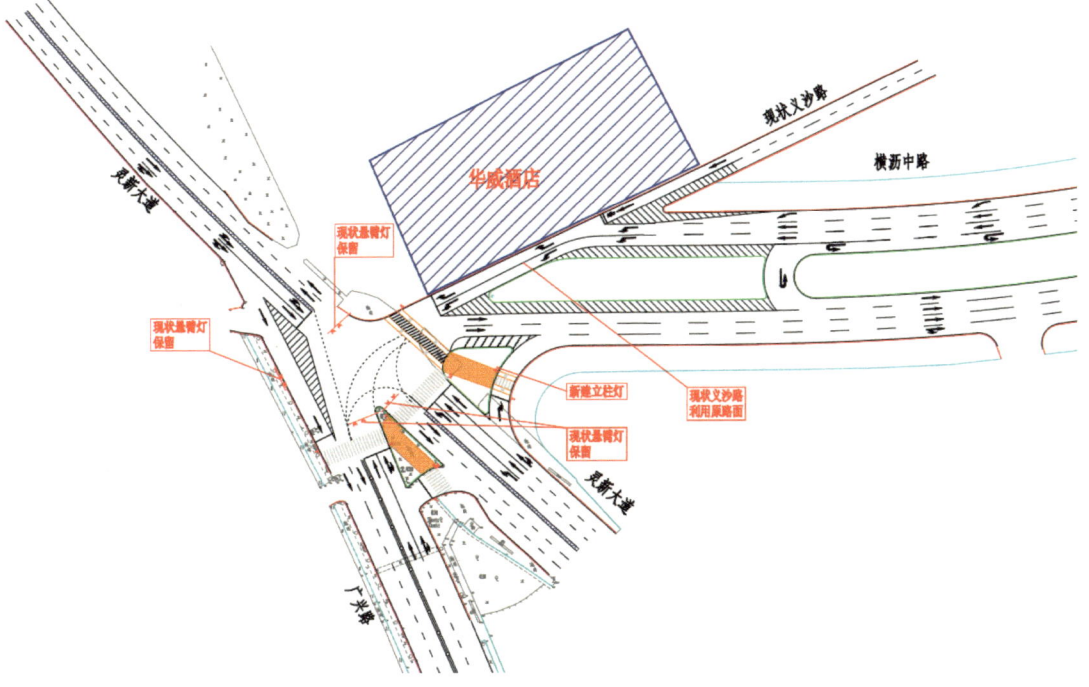

图 3-84　横沥中路 - 灵新大道交叉口提升示意图

（1）结合横沥中路新建，改造现状交叉口。

（2）将义沙路调整为单向交通组织，并与横沥中路合并进入交叉口，减少交叉口车流数。

（3）设置交叉口转向导流线及标线导流岛，规范车行轨迹。

（4）优化交通信号控制方案，增加北往东信号相位，并与相应交通量匹配。

4. 启航路－广船2号门交叉口

现状问题：

（1）现状路口无信号灯控，存在机动车与机动车冲突点3个，行人与机动车冲突点9个。

（2）高峰期机动车流量大，交通秩序混乱，易引发交通拥堵，且存在一定的交通安全隐患。

提升方案（图3-85、图3-86）：

（1）增设交叉口机动车及人行信号灯控制。

（2）于南、北进口道分别增设分车道指示牌。

（3）设置东进口道和东出口道"右转危险警示区"。

5. 进港大道－环市大道交叉口

现状问题：

（1）东、西进口道排队车道数无法满足通行交通需求。

（2）东、西进口道掉头车辆排队时影响左转车辆通行。

（3）北进口道掉头口距离停止线较近，干扰左转车辆通行。

（4）交叉口信号控制相位采用单一轮放，无法精准匹配各转向交通流。

提升方案（图3-87、图3-88）：

图3-85　启航路－广船2号门
交叉口实景

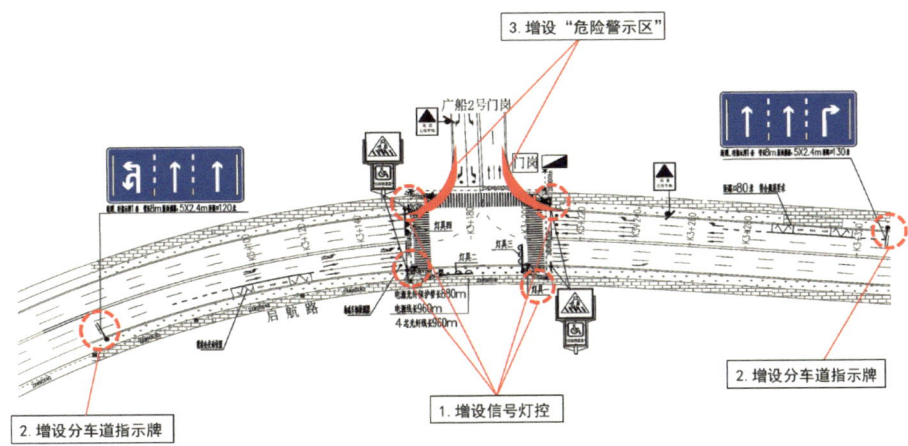

图 3-86　启航路－广船 2 号门交叉口提升示意图

图 3-87　进港大道－环市大道交叉口实景

（1）拓宽改造东、西进口道渠化岛，压缩进口道车道宽度，增加排队车道。

（2）拓宽东进口道掉头车道上游中央绿化带，设置专用掉头车道。

（3）设置交叉口非机动车道和东、西进口左转直行待转区，优化交叉口信号控制相位。

（4）将北进口道掉头口北移至距离停止线 50～60m 处。

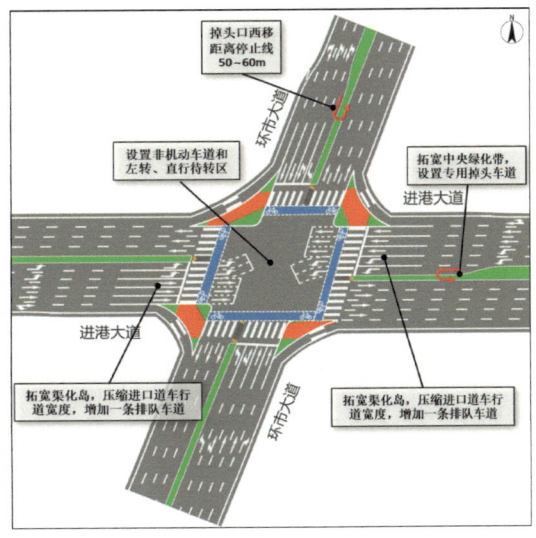

图 3-88　进港大道－环市大道交叉口提升示意图

3.3 养护及运维解决措施

3.3.1 设施养护层面

1. 交通标线养护

养护交通标线的方法如下。

（1）定期清洗标线：交通标线容易受到污垢和杂物的影响，影响标线的可见度和反光性能。定期清洗标线可以保持其清晰度和亮度。清洗时，可以使用适当的清洗剂和刷具。

（2）补漆标线：随着时间的流逝，交通标线的涂层会磨损和褪色。因此，及时对褪色和磨损的标线进行补漆维修是必要的。使用专门的交通标线漆进行补漆，颜色与原先的标线相一致。

（3）修复破损标线：交通标线遭受车辆碾压、气候变化等因素的影响，可能会产生破损和裂纹。修复破损的标线非常重要，可以使用热熔胶或标线补丁进行修补。

（4）指示标志维护：交通标线通常与指示标志一起使用，维护指示标志的清晰度和可读性也是重要的。定期清洗指示标志，确保文字和图形清晰可见。

（5）定期巡查和维护：定期巡查道路的交通标线和指示标志，发现问题及时维修。这样可以提前发现破损、污垢或其他需要维护的问题，并采取相应的措施修复。

（6）加强保护：在道路施工或其他活动期间，可以采取必要的措施保护交通标线，例如设置临时标志和障碍物。这样，可以减少交通标线被破坏或污损的可能性。

总之，养护交通标线需要定期清洗、补漆和修复破损，并加强对指示标志的维护。定期巡查对保护交通标线也是必要的。这些措施可以确保交通标线的清晰度、可见度和安全性。

2. 交通标志养护

养护交通标志的方法如下。

（1）定期检查：定期检查交通标志的状态，包括标志是否受损、涂层是否剥落、字迹是否清晰，是否存在绿化遮挡等问题，及时发现问题并采取修复措施（图3-89）。

（2）清洁保养：定期清洗交通标志，保持其表面清洁。可以使用清水擦拭或者专用清洁剂进行清洗，注意不要使用

图3-89 绿化修剪避免遮挡标志牌施工现场

腐蚀性较强的化学药品。

（3）维护涂层：对于涂有反光涂层的交通标志，需要定期检查其反光性能，并及时修复和更换受损的涂层，以保证标志的可见性。

（4）修复和更换：对于受损或老化严重的交通标志，及时进行修复或更换。修复可以包括重新涂漆、更换标志板等，更换则是指完全更换整个交通标志。

（5）防止损坏：采取措施防止交通标志受到恶意破坏或人为损害，例如加装防护设施、加强巡逻和监控等。

（6）新标志合规：随着交通规则的更新和调整，需要及时更换标志，以符合最新的相关规范和要求。

以上是一些养护交通标志的方法，可以根据实际情况结合当地的养护要求和标准来进行操作。

3. 其他交通设施的养护

交通设施的养护是确保交通安全和保护设施寿命的重要工作。以下是一些交通设施的养护要点。

（1）定期巡检和维护：定期检查交通设施的状况，如道路标线、路灯、交通信号灯等，并进行必要的维护和修复。及时修复破损或失效的设施，确保其正常使用。

（2）清洁和维护道路表面：定期清扫道路表面的垃圾、积水和杂草，保持道路的清洁和平整。修补路面上的裂缝和坑洞，防止其扩大。

（3）清理和保养交通信号设施：定期清理交通信号灯和标志，确保其清晰可见。检查并调整信号灯的工作正常，修复或更换损坏的信号设备。

（4）维修和更新交通设施：定期检查和维修交通设施中的机械零部件，如道路栏杆、消能桶等。根据需要，及时更新老化或严重损坏的设施。

（5）管理交通设施的周边环境：保持交通设施周围环境的整洁和有序，确保设施的正常使用和易于寻找。

（6）预防性维护：定期进行预防性维护，例如定期涂刷道路标记和修剪树枝，防止其遮挡交通信号。

（7）积极参与公众和驾驶员的交通安全教育：教育驾驶员遵守交通规则，增加公众对交通设施的重要性的认识，促进公众和驾驶员之间的交流和合作。

3.3.2　运维执法层面

在交叉口运维管理层面，可以采取以下措施和方法。

（1）交叉口监控：通过安装监控摄像头等设备实时监视交叉口的交通情况，以便及时发现并处理交通违法行为。同时，监控数据也可用于事故处理和统计分析。

（2）交叉口信号控制：合理设置交通信号灯，优化信号配时，以提高交叉口通行效率和减少交通拥堵。根据交通流量差异和时段特点，进行信号优化调整，同时考虑行人过街需求。

（3）交叉口标志标线：及时维护和更新交叉口的交通标志、标线等设施，确保其清晰可见。通过合理的标线设置和划分，引导车辆和行人按规定通行，减少交通事故风险。

（4）交叉口疏导：通过交警执法和交通观测员的监督指挥，及时发现交通违法行为并进行处罚，保障交叉口交通秩序。对于交通堵塞等突发情况，及时疏导和引导交通，并维持现场秩序。

（5）定期巡查维护：组织交通管理部门定期对交叉口进行维护巡查，包括设备设施的检查和维修、道路状况的评估和维护等。对于发现的交通隐患和问题，及时解决，确保交叉口的正常运行和安全。

（6）数据分析和优化：通过交通流量数据的收集和分析，评估交叉口的通行效率和安全性，并结合实际情况进行优化改进。可以利用交通模拟仿真技术，预测和评估不同调控策略的效果，从而指导交叉口的运行维护和执法工作。

交叉口在执法方面主要涉及以下两个层面。

1. 闯红灯执法

闯红灯是交通违法行为，严重危害道路交通安全，因此需要进行执法制止和处罚。以下是一般的闯红灯执法程序。

（1）执法依据：执法人员会根据相应的交通法规，如《中华人民共和国道路交通安全法》等，对闯红灯行为进行处罚。这些法规规定了闯红灯的定义、违法行为的标准、处罚的依据等。

（2）观察证据：执法人员通过现场观察、监控录像等方式，收集证据来证明车辆或行人的闯红灯行为。这些证据可以包括闯红灯的照片、视频、执法人员的笔录等，以确保对违法行为进行有效查证。

（3）停车制止：执法人员在发现闯红灯行为时，会尽快制止违法行为。针对机动车，执法人员可能会出示执法证件，要求车辆停车，并向驾驶员说明其违法行为，防止继续妨碍交通。对于行人，执法人员可能会进行指挥或劝导，使其遵守交通信号。

（4）调查取证：当执法人员对违法行为进行制止后，会进行调查取证。这可能包括记录违法行为的时间、地点，检查车辆的相关证件和行驶记录，获取证人证言等，以便形成完整的案件材料。

（5）处罚决定：在确认违法行为成立后，执法人员会根据当地的执法规定和标准，依法进行处罚。处罚形式可以是罚款、记分、暂扣驾驶证等，具体处罚力度会根据闯红灯行为的严重程度和执法部门的规定而有所不同。

执法过程中应保证公正、公平和合法。如果民众对执法行为有异议，可以依法提起申诉或进行上诉。此外，为了遏制闯红灯行为，还需加强交通安全教育和宣传，提高公众对交通法规的遵守意识。

2. 礼让行人执法

礼让行人是交通规则的基本原则之一，为了保障行人的安全和交通秩序，执法部门进行礼让行人的执法工作。以下是一般的礼让行人执法程序。

（1）执法依据：执法人员会根据相应的交通法规，如《中华人民共和国道路交通安全法》等，对不礼让行人的行为进行处罚。这些法规规定了礼让行人的要求、违法行为的标准、处罚的依据等。

（2）观察证据：执法人员通过现场观察、监控录像等方式，收集证据来证明车辆未礼让行人的行为。这些证据可以包括礼让行人的照片、视频、执法人员的笔录等，以确保对违法行为进行有效查证。

（3）停车制止：执法人员在发现未礼让行人的行为时，会尽快制止违法行为。针对机动车，执法人员可能会出示执法证件，要求车辆停车，并向驾驶员说明其违法行为，防止继续危害行人安全。在必要时，执法人员还可以进行指挥或劝导。

（4）调查取证：当执法人员对违法行为进行制止后，会进行调查取证。这可能包括记录违法行为的时间、地点，检查车辆的相关证件和行驶记录，获取证人证言等，以便形成完整的案件材料。

（5）处罚决定：在确认违法行为成立后，执法人员会根据当地的执法规定和标准，依法进行处罚。处罚形式可以是罚款、记分等，具体处罚力度会根据未礼让行人行为的严重程度和执法部门的规定而有所不同。

执法过程中，应保证公正、公平和合法。如果民众对执法行为有异议，可以依法提起申诉或进行上诉。此外，为了提高交通安全意识和文明驾驶水平，还需加强交通安全教育和宣传，促使司机养成礼让行人的良好习惯。

3.4　解决方案评估

交叉口优化设计的效果评估是评价交叉口改善措施对交通流效率、交通安全和交通环境等方面的影响。通过交通流参数测量、车辆冲突矩阵分析、驾驶人行为观察、微观仿真模型等进行综合评估，并结合公众意见调查、实地观察等方式，进一步获取相关信息，评估改善方案对用户满意度和交通环境的影响。

评估过程中要考虑多个因素，如交通流量变化、道路形态、周边环境等，同时综合考虑交通效率、安全性和环境效益等方面的指标，以得出全面的评估结果。评估方法的选择应根据具体情况和研究目的进行综合权衡，并与相关专业人士进行讨论和验证。

交叉口的评估方法和指标可以从多个方面进行考虑和评估。以下是一些常见的方法和指标。

（1）交通流量：评估交叉口的主要指标之一是交通流量，即单位时间内通过交叉口的车辆数量。可以采用流量计或交通调查来测量交通流量。

（2）车辆延误：衡量交叉口运行效果的指标之一是车辆延误，指车辆在交叉口附近的停顿时间。可采用延误时间来衡量延误程度。

（3）行车速度：评估交叉口效果的指标之一是行车速度，即车辆通过交叉口的平均速度。常用的方法是通过车辆轨迹分析计算行车速度。

（4）安全性：交叉口的安全性是评估交叉口的重要指标之一。可以通过事故数据、事故发生频率和严重程度等来评估交叉口的安全性。

（5）通行效率：交叉口的通行效率是指交叉口能够有效地处理车辆流量而不会引起拥堵的能力。常用指标包括车辆通过的时间、等待时间和交通阻塞长度等。

（6）行人和自行车流量：对于有行人和自行车交通的交叉口来说，应该考虑评估其行人和自行车流量，以确保交叉口能够满足行人和自行车的需求。

（7）环境影响：评估交叉口时，还需要考虑其环境影响，如噪声、尾气排放和社区影响等。可以通过环境调查和模拟分析等方法进行评估（图3-90）。

图 3-90　交叉口 VISSIM 交通仿真模拟图

第 4 章

未来发展趋势

4.1 智能交通系统应用

智能交通系统是利用先进的信息与通信技术来提供更高效、安全、便捷的交通服务和管理的系统。综合运用物联网、大数据、人工智能等技术，通过实时数据采集、分析和处理，以及智能化的决策和控制，实现对交通流动、路况、车辆和行人行为等信息的感知、预测和优化管理。

智能交通系统的主要目标是改善交通效率、减少拥堵、提升交通安全和保护环境。智能交通系统在交叉口设计中有多种应用。

1. 智能交通信号灯控制系统

智能交通系统可以利用交通流量数据和实时交通信息，根据实际情况智能调整交通信号灯的时序和配时，以提高交通效率和减少交通拥堵。

智能交通信号灯控制系统是一种应用于城市交通管理的技术系统，通过使用传感器、计算机视觉、通信等技术手段，实现对交通信号灯的智能化控制和调度（图 4-1）。

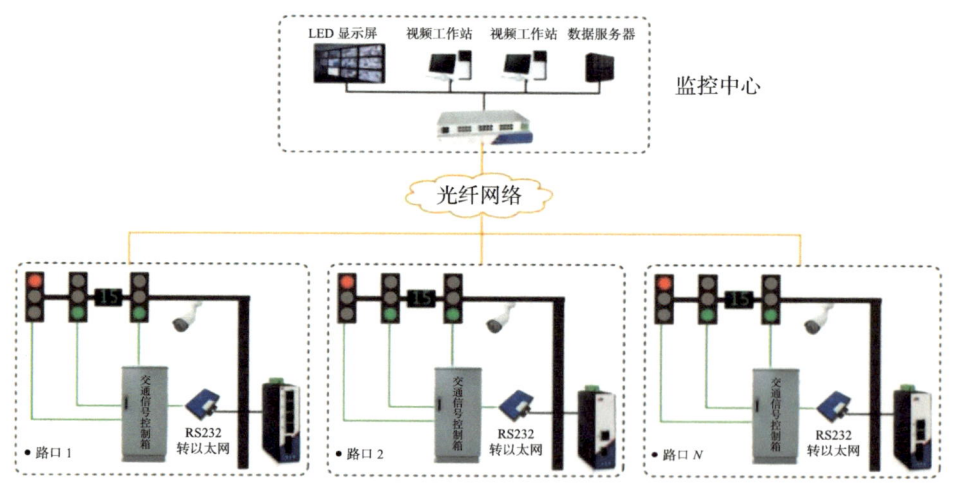

图 4-1　智能交通信号灯控制系统图

该系统的主要目的是优化交通流量，提高道路通行效率，减少交通拥堵和事故发生率。它可以根据实时交通情况进行信号灯配时和调度，使不同方向的车辆得到合理的优先权，从而提高道路的通行能力和安全性。

交叉口在设置信号灯前端设备前，可提前安装各类传感器，如车辆检测器、车辆识别摄像头、气象传感器等，实时获取交通流量、车辆速度、车辆类型等数据。通过对传感器获取的数据进行处理和分析，得出交通流量、拥堵情况、路口车辆密度、平均车速等信息，为信号灯控制提供依据。基于数据处理与分析结果，设计智能的信号灯控制算法，包括信号相位配时、车辆优先级调度等，旨在最大程度地提高交通效率和减少拥堵。

通过实时监测交通流量和道路状态，根据实际情况灵活地调整红绿灯时序，智能调整形成自适应绿波带，以提高交通网络的效率和流畅性。相比传统的绿波带系统，自适应绿波带更加智能化和灵活（图4-2）。

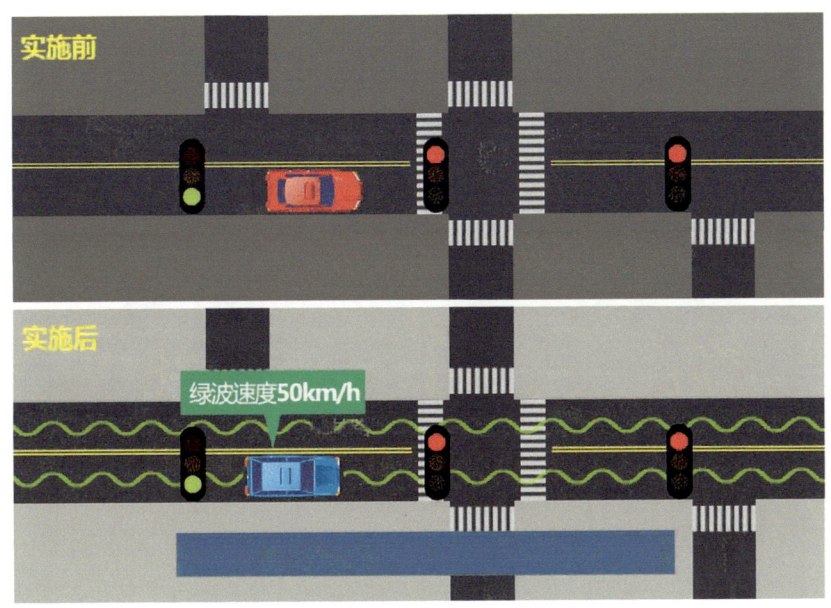

图4-2　自适应绿波带路段交通运行模型

自适应绿波带通过同步调节一系列相邻交叉口的红绿灯信号，使车辆在一定速度下连续通过多个交叉口，减少车辆等待的时间和减少交通堵塞。自适应绿波带应用于南沙道路建设管理中，能够减少交通拥堵、提高道路运输效率，促进南沙城市交通的发展（图4-3）。

智能交通信号灯控制系统的应用场景丰富，优势包括提高交通效率、减少交通拥堵、改善通行环境、降低交通事故风险等。它可以通过智能化的信号灯控制策略，根据实时交通情况做出调整，为行车者提供更加安全、快捷和便利的出行体验。同时，智能交通信号灯控制系统也为城市交通管理部门提供了重要的决策支持和数据分析工具，有助于优化交通规划和资源配置（图4-4）。

2. 智能交通监控和管理系统

智能交通监控系统可以通过摄像头和传感器等设备对交叉口进行实时监控，检测交

图4-3　自适应绿波带路口智能绿波速度引导发布系统

图4-4　广州智能交通管理指挥中心控制台

通流量等情况，识别车辆违法行为，便于交通管理部门进行交通调度和交通安全监管。南沙片区智能交通监控系统主要包括电子警察和路口视频监控（图4-5）。

电子警察是利用先进的科技手段来实现交通管理和违法监测的技术设备，通过高清摄像头对道路上的车辆进行实时监控，并利用车牌识别系统来获取车辆的信息，如车牌号码、车型等。通过

图4-5　交叉口电子警察前端设施

接驳红绿灯控制系统，对交通违法进行监测，如超速行驶、闯红灯、违章变线、未礼让行人、不按规定车道行驶等行为（图4-6）。当智能电子警察检测到有违法行为发生时，系统会自动记录相关证据，如抓拍照片、视频录像等，并生成相应的处罚决定，从而最大限度地减少人工监测的成本和错误率，并提高交通违法查处的效率。

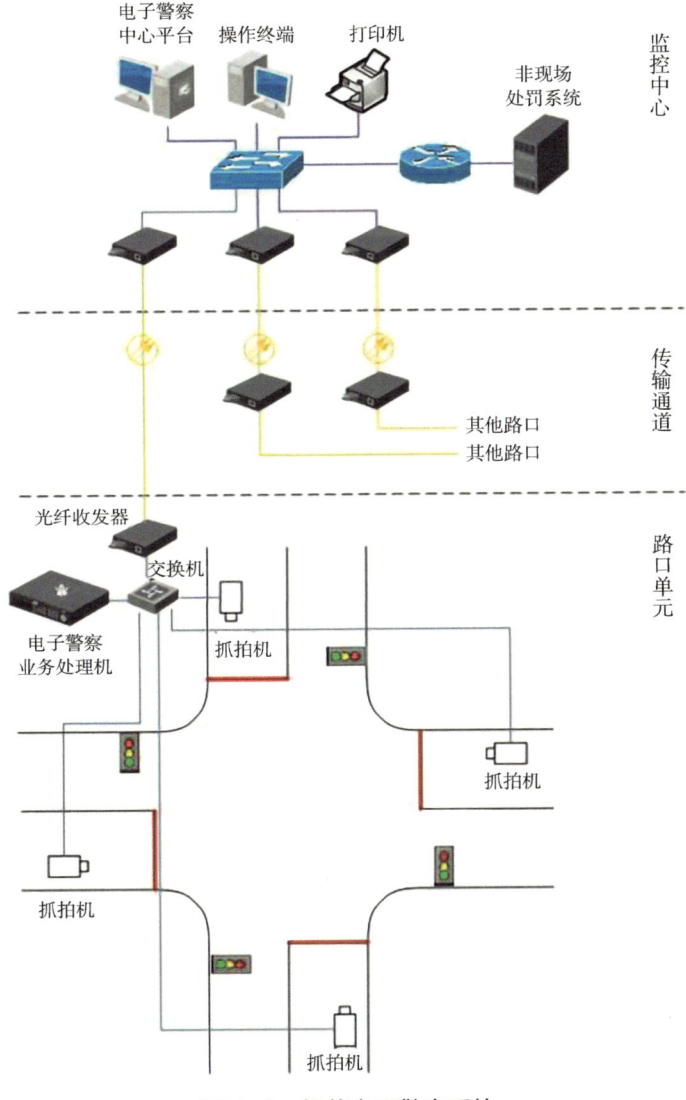

图 4-6 智能电子警察系统

交叉口设置交通监控一体化快球摄像头，对交叉口交通通行情况进行实时监测及数据追溯；采用先进的图像处理技术和高清晰度图像传感器，能够实现全方位、高清晰度的监控和录像功能（图 4-7）。

快球摄像头采用全景设计，可以实现 360° 全方位的监控覆盖，无死角地监测交通场景。通过快球摄像头，监控人员可以实时获取交叉口、路段等区域的交通情况。

快球摄像头配备高清晰度图像传感器，能够提供清晰、细致的图像质量。监控人员能够清晰地辨认车辆和行人的细节，从而更准确地分析交通状况。

快球摄像头支持远距离监控功能，可以在较大的视野范围内进行监控。这意味着它

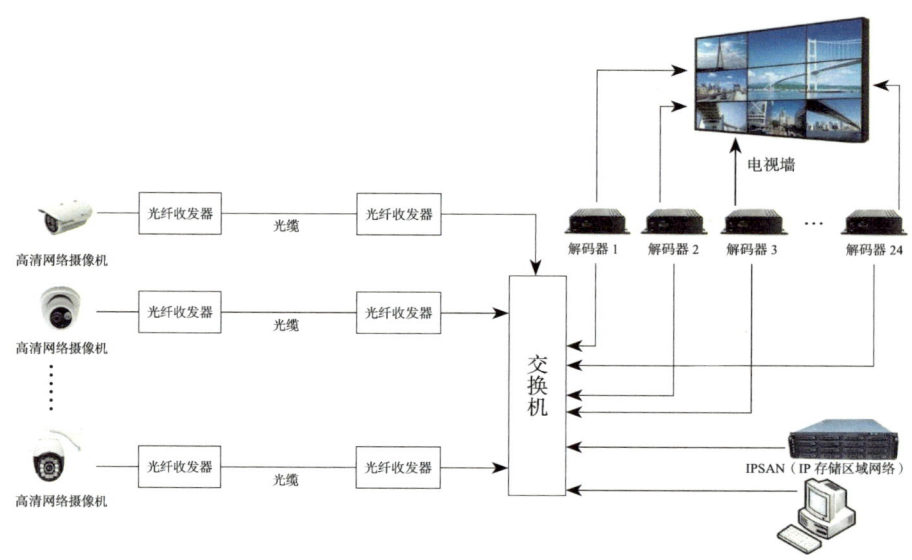

图 4-7　交叉口智能高清一体化快球视频监控系统

可以同时监测多个交通行为并捕捉到较远处的细节，以支持更全面的交通监控和管理。

快球摄像头具备高速运动跟踪功能，能够对快速移动的车辆进行准确追踪。这对于监测交通流量、记录事故等情况非常重要，能够提供更精确的数据支持。

快球摄像头可以通过网络进行远程控制和调整，监控人员可以根据实际需要对摄像头的视野进行调整和操作，方便对交通监控范围进行调整，适应不同交通场景的需求（图 4-8）。

图 4-8　交叉口智能高清视频监控前端设施

总之，智能交通监控一体化快球摄像头具备全景监控、高清晰度图像、远距离监控、高速运动跟踪和远程控制等功能，能够提供有效的交通监控和管理支持，帮助提升城市交通的安全性和效率。

3. 路口优化设计

智能交通系统可以通过交通模拟和算法优化，对交叉口的车道规划、绿化带设置、引导标志等方面进行设计，以最大程度地提高交通运行效率和安全性。

4．车辆导航和路径规划

智能交通系统可以根据车辆当前位置和目的地，结合交通拥堵情况和实时路况信息，为车辆提供最优的导航和路径规划方案，避免拥堵和浪费。

（1）实时交通信息获取与分析：利用传感器、卫星导航系统和无线通信技术，实时获取道路交通状况信息，并通过数据分析和处理，为导航系统提供准确的交通流量、拥堵情况、事故信息等，帮助驾驶员选择最佳路径。

（2）高精度地图与定位技术：通过使用高精度的地图数据以及先进的定位技术，如北斗卫星导航系统、全球导航卫星系统（GNSS）、惯性导航系统（INS）和计算机视觉等，实现对车辆位置的准确定位，提供更精确的导航与路径规划服务（图 4-9）。

图 4-9　北斗卫星导航车辆行驶引导界面

（3）个性化路径规划与智能推荐：根据驾驶员的喜好、行驶习惯、时间限制等个性化因素，结合大数据和机器学习算法，实现智能化的路径规划与推荐。例如，根据驾驶员的偏好，为其提供风景优美、交通流畅的线路选择。

（4）多模态出行规划：结合公共交通、共享单车、步行等多种交通方式，实现多模态出行规划。通过计算不同交通方式的时间、距离和成本等因素，为驾驶员提供更加便捷和灵活的出行方案。

（5）预测性路径规划：基于历史数据和实时信息，利用机器学习和统计模型分析道路状况的变化趋势，对未来交通拥堵情况进行预测，并据此进行路径规划。这种技术可以帮助驾驶员提前避开拥堵路段，提高通行效率。

（6）自主驾驶与协同导航：结合车载传感器、数据融合算法和智能交通系统等技术，实现自动驾驶车辆的导航和路径规划。同时，通过车辆之间的协同通信和信息共享，实现车队导航与路径规划，提高整个车队的效率和安全性。

5. 智能交通管控

智能交通系统可以通过智能设备和通信技术，实现交通信号灯、路口闸口等设备的远程监控和控制，便于交通管理部门进行交通管控和调度（图4-10）。

综上所述，智能交通系统在交叉口设计中的应用广泛，可以通过数据分析、算法优化和智能设备等手段，提高交通效率、减少拥堵、提升交通安全性。

图4-10　智能交通管控后台管控中心

4.2　智慧全息交叉口

智慧全息交叉口是利用激光雷达、毫米波雷达、视频摄像机等多种感知手段，在保证原有正常非现场执法功能基础上，融合行业最新的传感器技术、高精度地图技术、AI算法、大算力芯片、边缘计算技术，构建"智慧+感知"能力，生成车辆时空、过

图 4-11　全息路口示意图

车身份、违法抓拍、分米级车辆轨迹、信号灯状态等多种精准、高效、实时的元数据，为路口精细化管理奠定了完备的数据基础，减轻了中心侧计算、存储、空间以及网络的传输压力，为路口交通安全和通畅提供保障（图 4-11）。

智慧全息路口作为城市交通精细化管理创新产品和服务，其创新亮点在于：

（1）交叉口"上帝视角"

采集各进出口方向的车辆基本信息、车道指标、转向指标、车辆轨迹等实时数据，结合高精度地图，将车辆信息匹配到车道上，由车辆数据拟合出车道信息，得出路口死锁、拥堵、失衡、溢出等评价指标，并实时监测预警路口冲突点，呈现出实时的可视化路口全景。

（2）交叉口信控优化

在中心侧与信控系统对接，实时显示路口信号控制方案和当前相位，通过分析路口流量、饱和度、停车次数、排队、空间占有率等关键指标，对路口、干线信控方案进行效果评价，给出优化建议；在路侧与信号机打通，提供进口道流向指标与车道指标给信号机，支撑信控方案自适应优化，实现路口与干线的信控优化评价。

（3）交叉口安全评价

根据高精路网数据、车辆高精度轨迹数据，建立静态渠化诊断模型和安全事件检测模型，识别交叉口渠化隐患、秩序乱点、事故黑点，分析安全隐患点位热力分布及时空规律特征，并留存疑似事故车辆轨迹与视频证据，辅助事件定责与快处快赔，同时为交叉口安全隐患治理提供科学依据，有效实现交通安全的预警防控（图 4-12）。

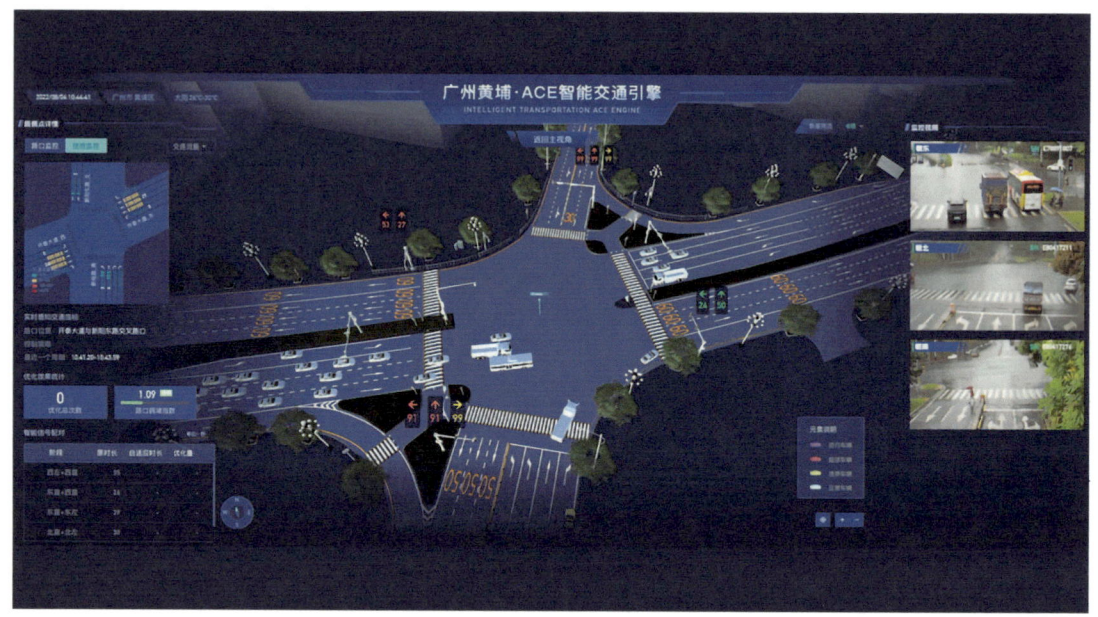

图 4-12　智慧路口实例图

图片来源：广州黄埔—百度 Apollo 合作项目

4.3 数字孪生赋能智慧交通

《数字中国建设整体布局规划》中提出，要推动数字技术和实体经济深度融合，在交通领域加快数字技术创新应用。对其中"数字技术创新应用"的理解，一方面是指推动人工智能、大数据、云计算、数字孪生、物联网等新技术与交通行业深度融合，用新技术为传统交通基础设施赋能；另一方面，是指不断推陈出新，以技术拓展更多应用场景，为加快我国建设交通强国提供有力支撑。

综合运用数字孪生、地理信息、人工智能、大数据、视频融合、位置智能等新一代技术，建设视频孪生智慧交通综合管理平台。系统综合视频监控、物联感知、毫米波雷达等多源监测数据，结合视频识别与大数据分析，实现在交通实景三维场景对人、车等交通参与对象和各类交通事件进行孪生表达，为管理人员提供实时、实景、准确、全面的交通态势感知，实时实景在一张图中显示，精准赋能科学决策与应急指挥，全面提升交通管理的数智化水平。

基于视频孪生平台，实现城市实景三维可视化掌控，支持对城市实景态势、交通车流态势、设备物资分布、设备运行状态、异常告警事件等核心业务指标的精准化掌控管理，赋能城市交通科学治理，从而使城市交通更加高效、安全、稳定（图4-13、图4-14）。

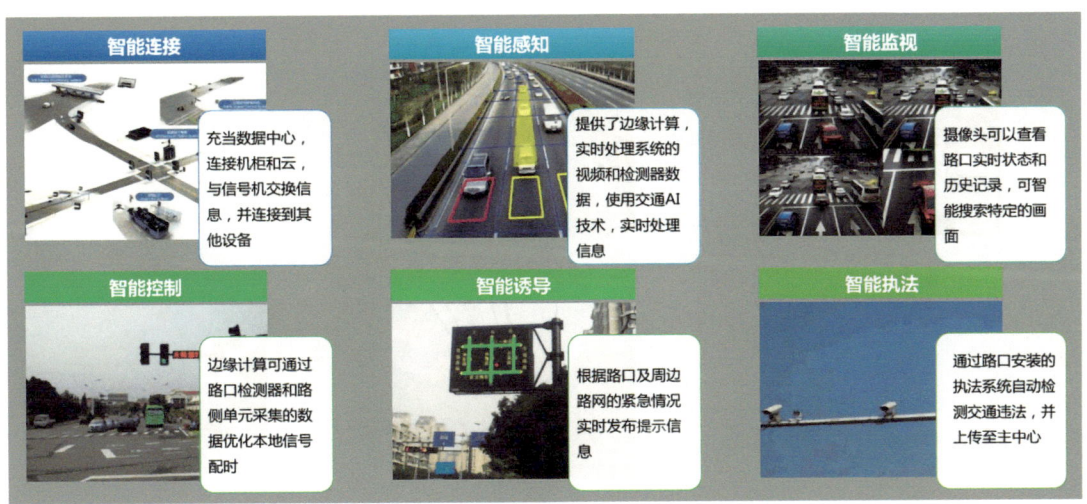

图 4-13　数字孪生赋能智慧交通应用场景

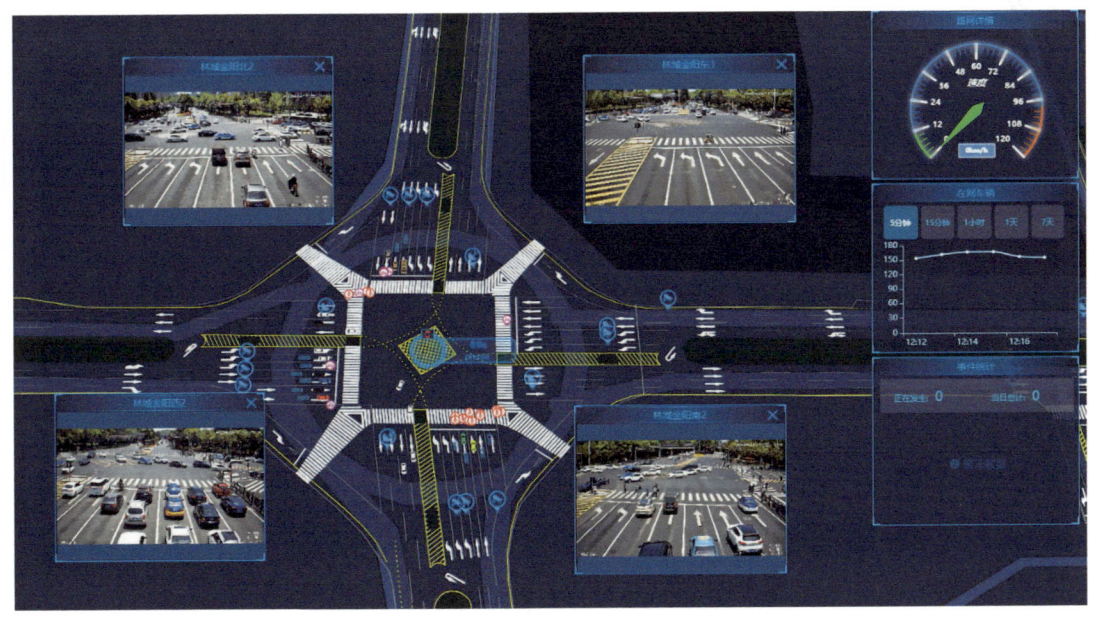

图 4-14　数字孪生交叉口交通态势智能管理

　　系统以全局视野、精准映射、模拟仿真、虚实交互、智能干预等典型特性，加速推动城市交通控制领域应用创新发展，并将在城市运营及治理领域形成若干具备全域视角的超级应用，如交通执法和管控、城市规划的空间分析和效果仿真、城市建设项目的交互设计与模拟施工、城市常态运行监测下的城市特征画像等，并可通过城市应急方案的仿真演练使应急预案更贴近实战，洞察城市发展规律，支撑政府精准施策。

《南沙基础设施建设高质量发展》

主　　编：陈荣毅

副 主 编：宋光昕　文志成

参　　编：霍文斌　谌琳琳　秦利辉　徐　明　黄　佳
　　　　　曹建新　黄　过

《慢行空间高品质建设理念与策略》分册

主　　编：陈荣毅　宋光昕　霍文斌　文志成　金学锋
　　　　　秦利辉

参　　编：王　健　邓　卓　黄　过　陈　程　顾庆福
　　　　　尹少飞　王浩瀚　李元浩　周捡平

目 录

第1章

引言

1.1 编制背景

　　南沙区正进入新的发展时期，在推动绿色低碳发展上面临着新的建设要求。慢行交通作为健康且可持续发展的交通方式，是构成南沙居民生活质量的重要方面（图1-1）。城市慢行交通建设及品质提升工作，将一直是国家及南沙区的重点关注领域。

图1-1　南沙区蕉门公园

1.1.1　国家政策引领

　　（1）2013年，国务院发布《国务院关于加强城市基础设施建设的意见》（国发〔2013〕36号），提出行人优先的理念，改善环境，保障安全，倡导绿色出行，加强步行和自行车设施建设。

　　（2）2015年，中央城市工作会议召开，提出完善城市治理体系，提高城市治理能力，着力解决城市病等突出问题，不断提升城市环境质量和人民生活质量。

　　（3）2017年，住房和城乡建设部发布《城市设计管理办法》（住房和城乡建设部令第35号），明确指出重要街道、街区开展城市设计，提升街道特色和活力。

　　（4）2018年，住房和城乡建设部办公厅发布《步行和自行车交通系统规划设计标准（征求意见稿）》，对人行空间宽度、隔离设施、自行车停放、绿化、铺装、街道家具、过街设施等空间要素做出详细规定。

（5）2022 年，国务院发布《广州南沙深化面向世界的粤港澳全面合作总体方案》（国发〔2022〕13 号），强调加强城市规划建设领域合作，用"绣花"功夫做好城市精细化治理。

（6）2023 年，住房和城乡建设部发布《关于扎实有序推进城市更新工作的通知》（建科〔2023〕30 号），强调完善城市设计管理制度，规范和引导城市更新项目实施，提升城市安全韧性和精细化治理水平。

1.1.2　地方全面推进

（1）2016 年，广东省城市工作会议中指出，城市工作的核心是人，城市发展的目的是为人服务。强调以人为核心，通过规划设计等方式，提高城市地上地下基础设施和公共服务水平，努力建设和谐宜居、富有活力、具有岭南特色的现代化城市。

（2）2017 年，《广州市城市道路全要素设计手册》（广州市住房和城乡建设委员会、广州市城市规划勘测设计研究院组织编写，胡峰、许海榆、赖永娴等主编）一书出版，启动全要素品质化提升示范路建设，促成全市慢行系统品质化提升。

（3）2021 年，广州市提出落实"碳达峰、碳中和"的重大战略决策，以绿色交通体系规划建设为抓手，推动交通领域的碳减排、碳达峰。建设步行和自行车友好城市，打造有吸引力的步行交通网络，推动生活性道路的步行和自行车空间达到 50% 以上。

（4）2022 年，广州市启动"广州慢行空间融合提升及特色示范研究"，旨在打造儿童友好慢行示范区、无碍慢行示范区等 8 类特色慢行片区，推动全市慢行空间优化。

（5）《广州南沙新区城市总体规划（2012—2025）》提出南沙区应立足广州国际性城市门户定位，对标国际先进，高水平规划建设，打造特色景观道路和高品质慢行交通系统，提升城市环境水平。

结合新理念，全面对接国际标准，实现南沙交通基础设施规划建设的高水平、高起点和高标准。本书旨在科学指导全区编制慢行建设方案，实现慢行交通规划、设计、建设的标准化、规范化、特色化（图 1-2）。

1.1.3　历史脉络

20 世纪 80 年代，由于经济发展水平不高，城市空间布局紧凑、尺度较小，居民平均出行距离短，非机动化出行占据了绝对主导地位（图 1-3）。

20 世纪 90 年代，随着广州城市人口和空间规模快速膨胀，机动化出行需求也快速

图 1-2　蕉门公园湖面大桥

图 1-3　自行车为主的 20 世纪 80 年代

图 1-4　机非混行的 20 世纪 90 年代

增长，广州市大力发展机动车交通，使得自行车的使用失去了优势，数量在逐年下降（图 1-4）。

进入 21 世纪，广州小客车保有量超过 300 万辆，机动车出行比例不断提高，对城市交通带来的负面影响日益严重，慢行交通占比逐渐萎缩（图 1-5）。

2016 年，为建立城市慢行交通系统，建立多模式、灵活的现代交通运营模式，提高社会效能，广州市打造 8 条全要素品质化提升示范路，其中南沙区将海滨路打造为自贸区"三段五景一基地"景观特色路（图 1-6）。

目前，南沙区内慢行出行比例较低，这主要是由于道路空间分配偏向机动车交通、许多路段存在人行道有效步行空间不足、部分路口存在过街风险等问题。南沙区须坚持慢行友好的交通发展理念，通过加大慢行交通的建设水平，推动道路空间资源分配向慢行交通倾斜，优化慢行出行环境，进一步提升步行、骑行在交通出行结构中的比例。

图 1-5　机动车为主的 21 世纪初

图 1-6　"三段五景一基地"滨海路

1.2　南沙风采

1.2.1　城区特征

1. 地理位置

南沙区位于粤港澳大湾区地理几何中心，是连接珠江口岸城市群和港澳地区的重要枢纽性节点，也是广佛经济圈和珠三角西翼城市群通向海洋的重要通道（图 1-7）。以南沙为中心半径 60km 以内涵盖广州、香港、澳门、佛山、深圳、珠海、澳门、东莞、中山等 14 个大中城市，半径 100km 内覆盖整个珠三角城市经济区。

图 1-7　南沙区中心城区风光

2. 气候特征

南沙区属低纬度地区，位于北回归线以南，为亚热带季风气候（图1-8）。常年气候温和，雨量充沛，日照丰富，年平均气温21.9℃，平均年降雨量1600~2000mm，降雨主要集中在4~9月。常年盛行两个主要风向，冬季盛行偏北风，夏季盛行偏南风；偏北风的频率较偏南风的频率大，风速相近。

图1-8　南沙区森林风光

3. 生态资源

南沙区水网密布，河道纵横，自然生态湿地众多，南沙碧道沿线分布有众多自然湿地，其中包括南沙湿地、水鸟世界生态园、东涌湿地、大虎岛湿地、庙贝沙湿地、沥心沙湿地、洪奇沥水道湿地、蕉门水道湿地等（图1-9）。

图1-9　南沙区湿地风光

南沙湿地地处万顷沙南端、珠江出海口咸淡水交汇处，是广州现存的宝贵河口湿地，与香港米浦湿地、珠海淇澳—担杆岛等地构成中国沿海最重要的候鸟迁徙通道，是世界三大候鸟迁徙必经地之一，被喻为"候鸟的天堂"。

4. 地域文化

南沙深厚的历史文化积淀均源于"水"，而"河涌"作为南沙水城的特色，又承载了岭南的农耕文化、海洋文化、宗教文化以及商业文化等要素（图1-10）。

南沙"成于水、发于水、更盛于水"，岭南文化、海祭文化、水乡文化、粤港澳交流文化、海洋文化等多种文化均以水为发源，在南沙交织迸发出"兼容并蓄，多元交融"的水文化底蕴。

图1-10　南沙区天后宫

1.2.2　规划发展

1. 城市定位

《广州市城市总体规划（2017—2035）》正式确立"一主一副"的空间结构，南沙成为唯一的城市副中心，提出南沙新区着力发展成为"高水平对外开放门户枢纽，绿色智慧宜居城市副中心，粤港澳大湾区综合服务功能核心区和共享发展区"。

南沙区依托现有的"五水汇湾、三江六岸、山水相连、南海之门"的自然禀赋，对标国际国内先进城市，以"国际化、高端化、品质化、精细化"为目标，建设国际化滨海生态城市；按照"绿色生态、低碳节能、智慧城市、岭南特色"建设理念，高标准规划、高品质建设城市基础设施和公共服务设施，打造"岭南智慧水城，南海魅力湾区"。

《广州市南沙区、广州南沙开发区（自贸区南沙片区）国民经济和社会发展第十四个五年规划和2035年远景规划》提出高标准推进城市规划建设管理，应强化规划引导型交通发展理念，科学规划街区道路、自行车道、人行道和绿道；深化交通拥堵治理，加强交通微循环建设管理，提升通勤效率；开展南沙"慢"交通规划建设，围绕通达安全的社区道路、连通舒适的步行网络、便捷智慧的公共交通等。

2. 功能片区

南沙新区的发展目标是构建成北连广州中心城区，南面海洋，依托山城田江海的空间形态，科学合理提升城市空间布局，塑造各具特色、多点支撑、协同发展的"一城四区"组团式城市格局。

一城：即核心明珠湾中心城区，以航运服务、科技研发、商务金融、商贸会展、行政会议等高端服务为主要职能，打造大湾区中央商务区核心区、城市副中心服务中心。

庆盛片区：依托庆盛枢纽，建设科技创新应用型高地，重点培育人工智能、新能源汽车研发与制造等战略性新兴产业。

北部片区：加强与顺德地区同城化建设，打造南沙西部综合服务中心、大湾区重要的生产服务和先进制造业基地。

南部片区：重点提高国际化服务水平和航运服务功能，重点布局科技创新、综合服务，打造广深"双城"联动重要承载区和粤港澳创新合作示范区，预留未来产业发展空间，加强生态廊道及南沙湿地的保护，建设国际旅游度假中心。

海港片区：重点发展港航物流、船舶海工装备等海洋经济，建设广州国际航运枢纽核心承载区。

3. 发展目标

广州南沙新区以深化粤港澳合作为主线，以高端、智慧、宜居为方向，以改革、创新、开放为动力，把广州南沙新区建设成为空间布局合理、生态环境优美、基础设施完善、公共服务优质、具有国际影响力的滨海新城区，引领区域健康生活品质的提升，打造区域品质生活服务中心。

南沙区正处于城市空间结构转型和轨道加速成网的阶段，市民出行方式正在由机动车交通向绿色交通转变，街道将成为市民的慢行空间、活动空间、交往空间和休闲空间。《广州市南沙区综合交通运输体系发展"十四五"规划》（穗南开管办函〔2022〕7号）提出，打造舒适安全的无障碍慢行交通，包括完善非机动车交通设施、改善步行交通环境和补充完善慢行交通指引系统等。

1）围绕中心组团大容量公交车站、地铁站以及商业中心等规划建设非机动车交通网络，提高衔接便利性与舒适性，改善非机动车通道连续性与安全性；改善公共交通站点非机动车停车设施条件，保障可靠性与安全性，提升非机动车出行吸引力。

2）通过推动生活性道路的步道改造，净化人行道，提高步行出行体验；改善行人过街安全，重点是南沙湾、明珠湾区等重点地区，在新建及改造道路上设置立体过街设施，新增人行横道灯等安全防护设施，构筑成网的步行系统，打造良好的步行环境。

3）分阶段实施慢行交通指引系统优化提升工程，逐步规范慢行指引设施，改善慢行交通出行体验。

1.3　理念与目标

1.3.1　理念转变

在城市高质量发展的要求之下，道路空间在以人为本、交通安宁、美观性、舒适性等方面都体现出"复合型"的新特征，"道路"也逐渐转向"街道空间"。

1. 从"道路红线管控"向"街道空间管控"转变

道路的管控应包含沿线建筑立面和开敞空间等完整的街道空间，打破红线、绿线以及建筑退线对慢行系统的分隔，进行统筹设计，提高街道完整性和协调性。

2. 从"关注机动车"向"关注慢行交通"转变

对现有街道的路权重新划分，明确非机动车和步行通行的优先地位，根据步行、骑行、公共交通以及机动车的优先级排序，为交通方式的出行提供公平的道路系统（图 1-11）。

3. 从"道路工程设计"向"空间环境设计"转变

突破工程设计思维，突出街道的人文特征，彰显街道的气质风格，引入功能和景观设计等部门，对市政设施、景观环境和沿街建筑等进行有机整合，塑造街道特色。

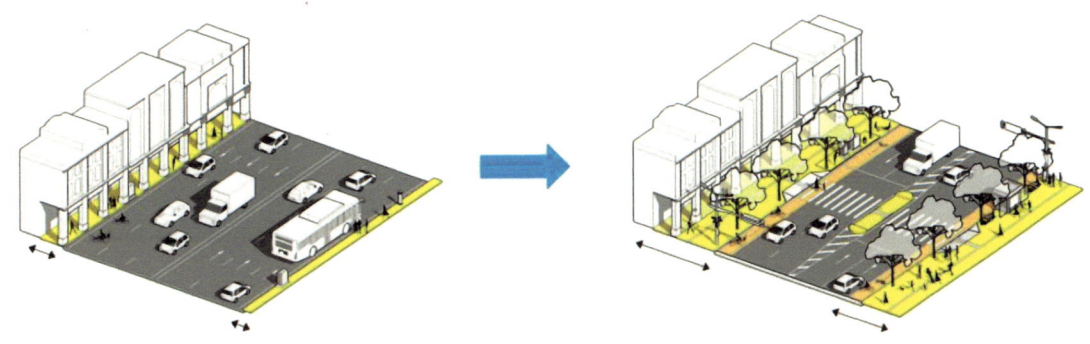

图 1-11　路权优先级的转变

4. 从"专注交通效率"向"促进街道发展"转变

以往将交通效率作为评价道路的核心指标。街道不仅具有交通功能，还与体验城市、促进消费、增加交往空间、提升环境品质、激发街区活力等功能有着紧密联系。因此，需关注街道的公共场所功能，推动街道与街区的融合发展（图1-12）。

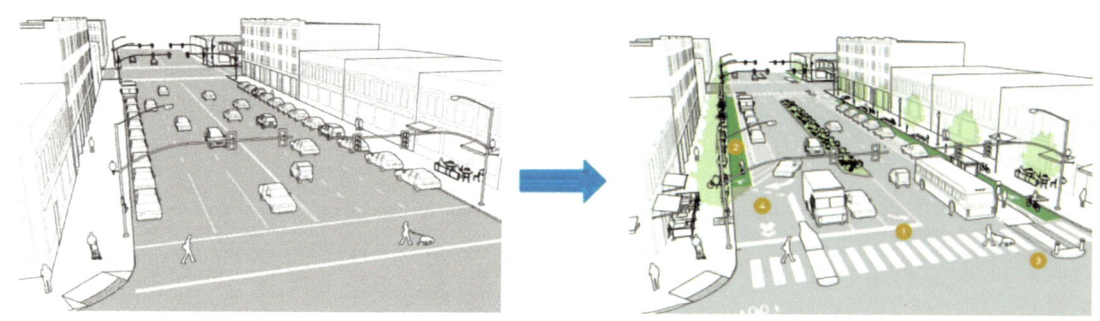

图1-12   街道功能的转变

1.3.2   建设目标

以将南沙区打造成国际级慢行城市街道为总目标，针对"安全、连续、便捷、舒适"的慢行空间发展目标（图1-13），在总体风貌、街道设计、公共服务设施设计、公共空间设计等方面进行深入探讨。通过本书的编制，加强慢行空间设计与建设，明确慢行空间设计要求，统筹协调各类相关要素，推动慢行空间的"人性化"转型，营造富有粤港澳大湾区魅力的高品质宜居空间载体。

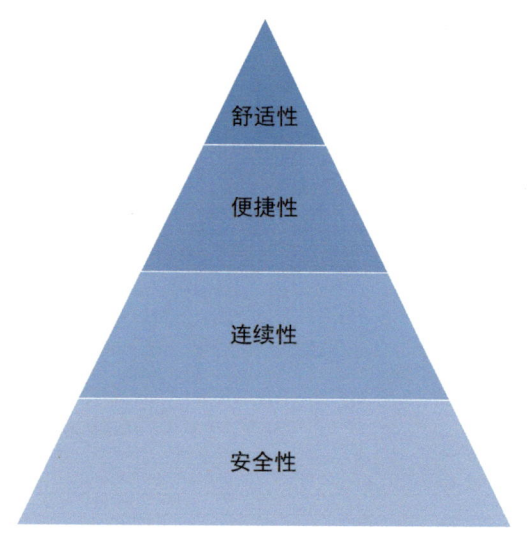

图1-13   慢行出行需求等级

（1）安全性：慢行交通以畅通安全为首要目标，保障各种交通参与者有序、安全使用街道空间。如引导机非分离，解决交织和冲突等问题，在过街设施、照明等的设计和维护中提供可靠的街道环境，提供足够的心理安全空间等。

（2）连续性：慢行道应连续、通畅，在与交叉口、铁路、河流、高快速路等人工或自然屏障相交时，应通过工程及管理措施保障其连续性，避免出现断点。如设置过街设施、慢行专用道等。

（3）便捷性：慢行交通者可以在已有的条件下顺利到达目的地，且路线便捷，绕行距离较小，换乘便捷。如自行车停放尽可能靠近目的地设置，并且重视无障碍设计，方便老人、儿童及残障人士出行。

（4）舒适性：保障步行和自行车通行空间的环境品质，考虑铺装、林荫绿化、照明排水、街道家具及无障碍等设施的整体美观和材料选用的耐久性，尽量提供遮阳遮雨设施，做到与城市景观相结合，满足各类活动需求。

1.4　趋势与典范

1.4.1　营造趋势

从 20 世纪 60 年代开始，西方国家反思机动车数量增长对街道空间的影响，并产生多种理论、政策与交通规划方案。在较为成熟的"共享道路""完整街道"等理论指导下，部分国家开始以导则形式引导街道设计。2004 年英国伦敦发布的《街景设计指南》是第一本成熟、完善且有影响力的导则。欧美城市的导则经过十多年的发展实践，基本趋近成熟完善，全球正式公布的导则达 110 本以上。

国内城市的街道设计导则于 2016 年后陆续编制，数十座不同规模的城市已出台专门针对慢行交通系统的专项规划或街道设计导则，在交通系统管理层面上对于慢行交通系统的使用进行进一步的规范，以明确路权及保障道路交通安全。北京、上海、成都等城市的街道更新项目，也将人行道、自行车道及相关基础设施的改善作为主要的工作目标（图 1-14）。

1.4.2　建设典范

1. 纽约

纽约街道所占城市面积比例超过 25%。为建设"更伟大、更绿色"的纽约，针对

图1-14　国内外慢行设计导则

街道空间的不同控制要素，纽约以工具箱的形式详细说明其主要类型、配置条件、设计要点以及可持续机会等，并且评定该措施在城市的综合应用指数。手册、标准、指南构成"三位一体"的格局，从政策管理、技术标准到设计要点、规划实施，构建了一套比较系统、全面的设计方案（图1-15）。

2. 波士顿

波士顿在大量现状调研的基础上，通过街道的归类、整合及评价，依据街道的功能属性对街道类型重新划分，并对归类的不同类型街道提出不同的设计要求，覆盖不同街道类型的全部控制要素。街道的实施管理应与街道的设计巧妙结合，将项目的实施管理作为设计的一个层面，进行一体化设计，坚持多个部门、多方使用者积极参与，互相协助，"自上而下"与"自下而上"兼容的改革方式，新型设计理念的运用与创新化的设计手段等，对我国城市街道设计的改革有着重要的借鉴意义与启示（图1-16）。

3. 伦敦

伦敦是世界上最大的城市之一，城市建设历史悠久，有着丰富的传统风貌、建筑风格以及特色街道等。伦敦通过工具手册的方式，更加科学、规范地指导、管理伦敦的街道建设，解决伦敦的交通和环境问题，打造"世界上最好的街道"，为广大市民提供一个更舒适、易识别、有文化氛围的街道空间，优化人的出行方式，改变居民生活体验，

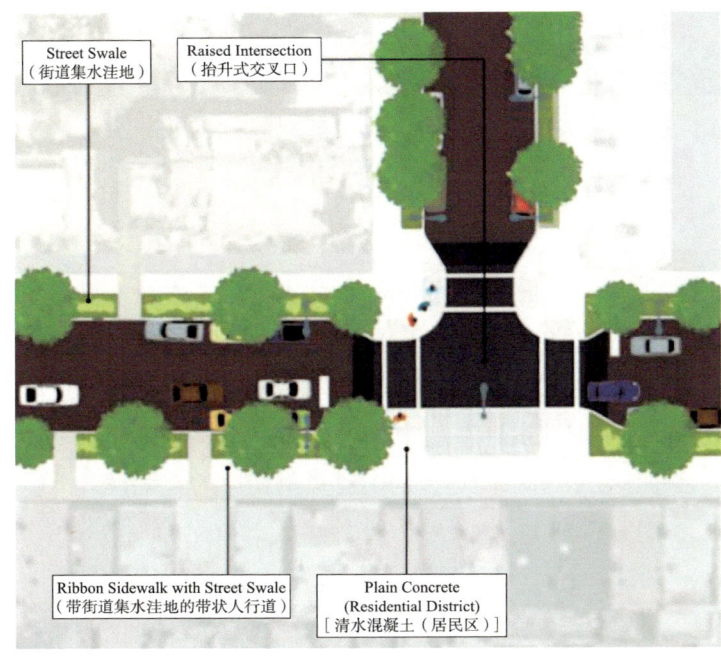

图1-15 纽约街道设计导则的交叉口设计

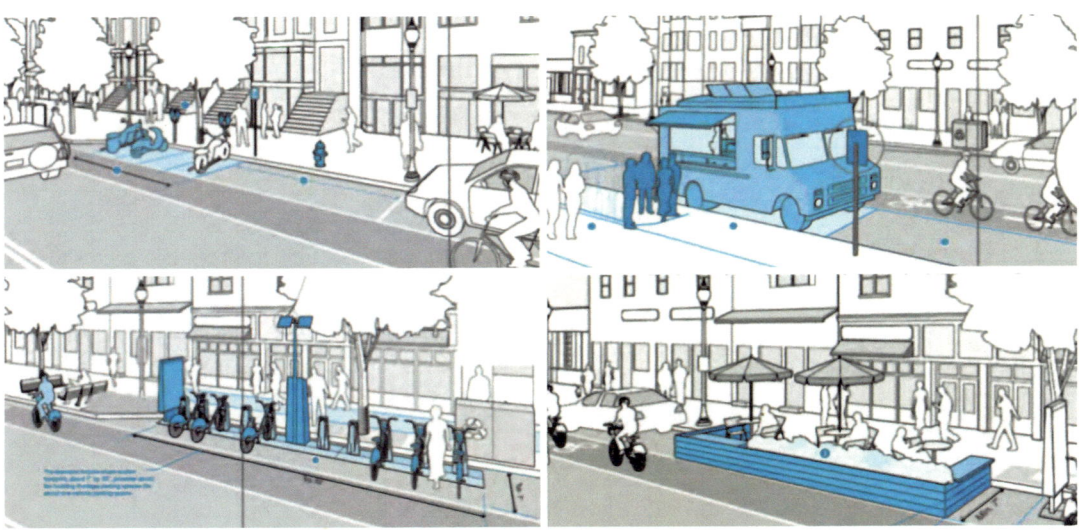

图1-16 波士顿街道设计导则的临街侧方案

促进伦敦城市建设的可持续发展，向全世界重新展示伦敦的繁华风貌（图1-17）。

图1-17　伦敦市交叉口改造设计

4. 阿布扎比

阿布扎比是阿拉伯联合酋长国的首都，是一个典型的"车为本"模式发展的汽车城市，城市建设和规划布局都是建立在为机动车考虑的基础上的。为给居民营造一个安全、便捷、舒适的步行环境，促进城市街道建设低碳、可持续发展，《阿布扎比街道设计导则》于2010年发布，引入"环境协调性设计"理念，结合周边用地性质和所需功能对街道进行分类，将街道分成多个区块，对不同类型的街道提出相应的规划设计策略及后续管理措施，方便设计标准化（图1-18）。

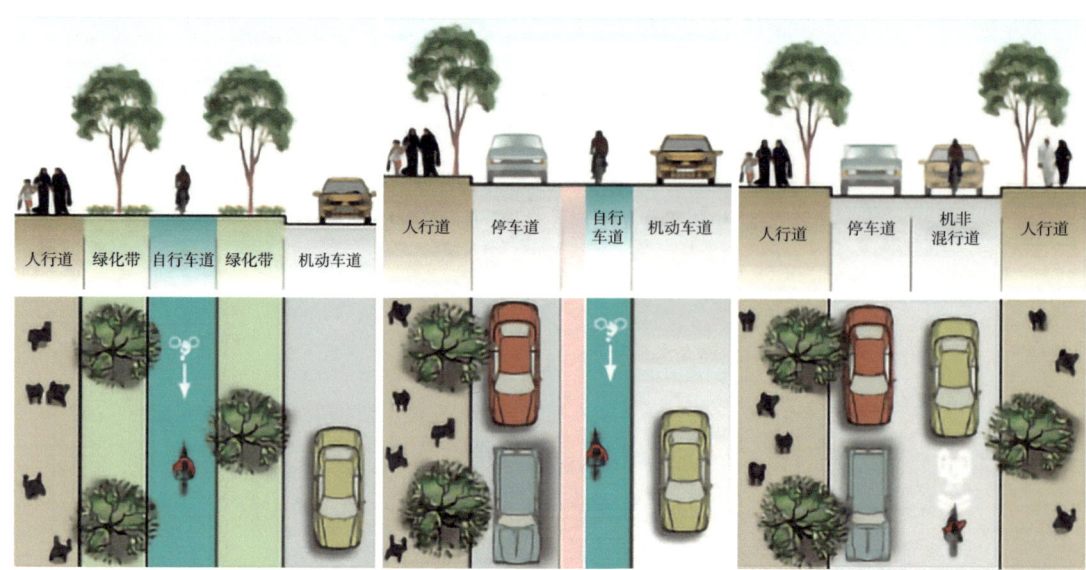

图1-18　阿布扎比街道断面设计

5. 上海

为紧跟时代的步伐，上海市力图推动城市发展方式的转型，通过设计的方法规范指导街道的建设，完善城市慢行交通系统，提升街道空间的环境品质。2016 年《上海市街道设计导则》的推出，推动了上海街道的"人性化"转型，突出街道的"慢行优先"，也是全国首部城市级街道设计导则，拉开了街道设计发展的序幕。该导则以"安全、绿色、活力、智慧"为目标导向，通过积极创新的探索工作，协调各类相关要素，促进多方管理机构和利益主体的通力合作，对规划、设计、建设与管理进行统筹指导，推动街道的"人性化"转型，关注街道空间与人的活动之间的关系（图 1–19）。

图 1–19　上海市中心区大型交叉口节点

6. 北京

北京的街道设计正从"以车为本"到"以人为本"的转变。通过出台《城市道路空间规划设计规范》《北京步行与自行车交通规范》和《西城区街道设计导则》等文件，以打造"安全、有序、生态、人文、舒适"的首都为目标，保障公共空间安全、健康，维护治安稳定；规范各种设施建设管理，各类活动安排文明有序；构建生态效益强、多样性丰富、观赏价值高的城市生态网络；打造传统、现代街道能够协调共存、有序发展的城市风貌；提升空间环境服务品质，营造宜人、宽松、亲切的氛围（图 1–20）。

图 1–20　西城区街道交叉口设计示意图

7. 南京

南京于 2017 年发布《街道设计导则》，摒弃传统的道路分级方法，结合街道的周围环境属性特征进行分类，开始关注街道交通以外的社会、经济等功能。通过空间整合，系统协调，让城市街巷更接百姓生活"地气"。总体的发展方向是留住传统生活气

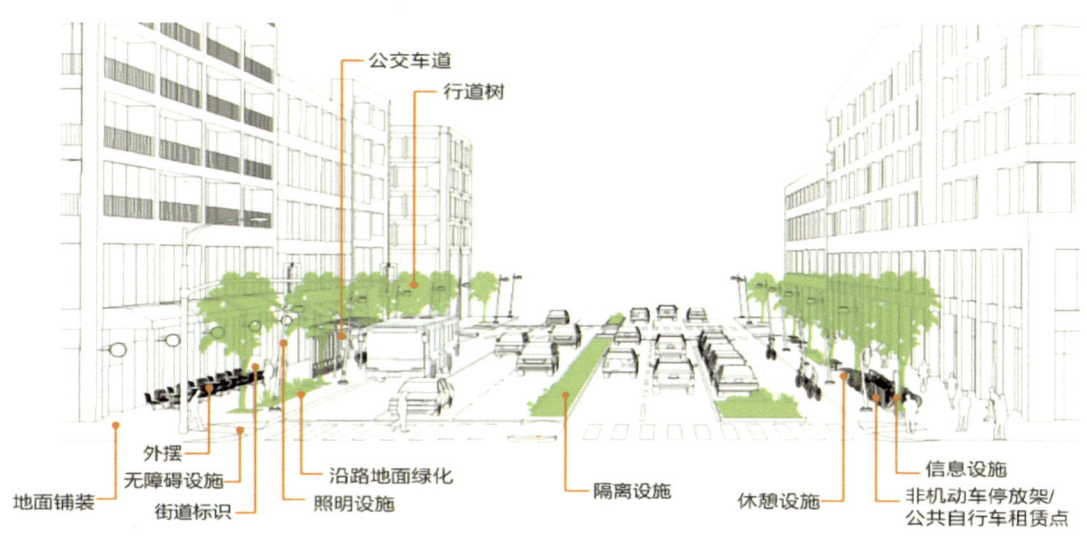

图1-21   南京市街道功能分类图

息和城市记忆，保护好城市的历史文脉特征，打造绿色、低碳、环境优美的城市街道（图1-21）。

8. 深圳

作为改革开放的前沿，深圳很早就认识到现代化、国际化大都市需要充满吸引力的步行交通系统。2005年，《深圳市整体交通规划》（深规告〔2005〕3号）就将步行与自行车交通的发展提升到一个重要的定位，明确提出深圳需要重构慢行网络。后编制《特区自行车及人行交通改善规划》《罗湖区完整街道设计导则》等，对街道空间的控制要素进行了详细的指导，以增加街道设计导则的科学性和可行性，为营造友好慢行体验提供城市系统的支撑与融合（图1-22）。

图1-22   深圳市慢行连续性示意图

1.5　建造依据

国家、行业和地方管理部门在城市规划、道路工程、建筑设计和城市绿化等方面进行了规范约束，本书在现有标准的基础上，引入国内外先进经验进行补充。以下为本书相关的规范标准及指引性文件。

1.5.1　国家标准、行业标准及地方标准

《城市道路交通工程项目规范》GB 55011—2021

《城市道路工程设计规范》CJJ 37—2012（2016 年版）

《城市道路空间规划设计规范》DB11/ 1116—2014

《城市步行和自行车交通系统规划标准》GB/T 51439—2021

《步行和自行车交通环境规划设计标准》DB11/ 1761—2020

《无障碍设计规范》GB 50763—2012

《城市道路交通标志和标线设置规范》GB 51038—2015

《城市道路交叉口设计规程》CJJ 152—2010

《城市道路照明设计标准》CJJ 45—2015

《城市景观照明技术规范》DB11/T 388—2015（1～8 部分）

《城市夜景照明设计规范》JGJ/T 163—2008

《城市绿地设计规范》GB 50420—2007（2016 年版）

《垂直绿化工程技术规程》CJJ/T 236—2015

《城市容貌标准》GB 50449—2008

《市容环境卫生术语标准》CJJ/T 65—2004

《城市道路城市家具设置与管理规范》DB11/T 500—2024

《城市工程管线综合规划规范》GB 50289—2016

1.5.2　广州市相关规划及指引

《广州市城市道路全要素设计手册》

《广州市城市家具建设指引》

《广州市城市道路标准横断面设计指引（试行）》

《广州市道路交叉口非机动车过街设施设置指引（试行）》

《广州市行道树技术工作手册》

《广州市桥梁绿化结构设计指引》

《广州市老旧小区微改造设计导则》

《广州市城市道路永久性材料运用指引》

第 2 章

南沙现状慢行问题

2.1 步行系统问题

1. 步行空间

部分道路未设置人行步道或局部中断，有些支路的步行有效宽度不足 1m。当行人流量较大时，需要借道车行道，造成人车混行。道路使用过程中显得拥挤、混乱，路权分配不均衡，极易发生交通事故（图 2-1 ~ 图 2-6）。

图 2-1　无人行道（珠江东路）

图 2-2　人车混行（水桥街）

图 2-3　人行道被阻断（大涌路）

图 2-4　人行道未连通（金象西路）

图 2-5　步行宽度不足（环市大道南）

图 2-6　步行宽度不足（振威路）

人行道较宽时，易被机动车用停车或市政设施无序占用，导致步行空间被完全占据（图 2-7 ~ 图 2-10）。

图 2-7　大涌东路

图 2-8　广意路

图 2-9　海景路

图 2-10　柳园路

对现状人行道进行占道施工时，未进行有效的交通疏解，导致慢行系统中断，行人被迫从绿化带进入机动车道，增加了安全风险（图 2-11）。部分道路建设时未做好地块出入口或规划路的开口预留，导致人行道被中断，且被机动车停车占用（图 2-12）。

图 2-11　施工占用人行道（海港大道）

图 2-12　无用出入口中断人行道（望凫路）

短距离内连续出入口中断人行道，导致慢行系统的连续性较差。此类出入口的机动车辆出入较少，随机性较强，安全性较低，降低了行人行驶的安全感（图2-13、图2-14）。

图2-13　连续的居民房出入口（南湾路）　　　图2-14　连续式出入口无缘石坡道（金隆路）

2. 无障碍设施

当前慢行空间中，无障碍设施缺失、中断、设置不合理的现象较为常见。盲道被侵占的问题较为普遍，主要表现为市政设施和机动车停车侵占等（图2-15～图2-20）。

盲道的管理维护方面也存在严重缺陷，盲道砖破损严重，极易对盲人的人身安全造成严重威胁，不利于保障盲人的出行安全（图2-21、图2-22）。

图2-15　市政设施占用盲道（凤凰大道）　　　图2-16　机动车占用盲道（工业五路）

图 2-17　公交站及石凳紧贴盲道（环市大道东）

图 2-18　阻车桩紧贴盲道（环市大道东）

图 2-19　施工围挡占用盲道（凫洲大道）

图 2-20　非机动车停车区占用盲道（大涌东路）

图 2-21　盲道不完整（工业五路）

图 2-22　盲道破损严重（金岭南路）

　　缘石坡道作为人行道中最基础的无障碍设施，是实现道路交通无障碍的基础。现状人行道存在无缘石坡道、正面宽度不足、坡度过大和端部存在高差等问题（图 2-23 ~ 图 2-26）。

图 2-23　无缘石坡道（大涌东路）

图 2-24　正面坡道宽度不足（飞沙路）

图 2-25　端部存在高差（金隆路）

图 2-26　侧面坡度过大（金岭北路）

　　缘石坡道处未设置阻车桩，易造成机动车驶入人行道停放，影响行人安全。同一路段的阻车桩的样式未统一，也影响街道景观（图 2-27 ~ 图 2-30）。

图 2-27　无阻车桩（大角一路）

图 2-28　无阻车桩（环市大道中）

图 2-29　阻车桩不统一（环市大道东）

图 2-30　阻车桩不统一（进港大道）

2.2　骑行系统问题

1. 骑行空间

由于用地规划、道路功能等因素限制，道路空间有限、建设时间早，部分路段无非机动车道，部分路段采用非划线型非机动车道，非机动车路权保障性较差（图 2-31～图 2-34）。

非机动车道经常发生断路、不顺畅等情况，易发生交通事故，存在一定安全隐患。由于南沙区停车位紧张问题日趋严重，在非机动车道上的违规停放的现象也较为常见（图 2-35～图 2-38）。

图 2-31　连岛路

图 2-32　环市大道南

图 2-33　虎门联络道

图 2-34　金岭南路

图 2-35　非机动车道中断（双山大道）

图 2-36　市政设施占用（飞沙路）

图 2-37　机动车停车占用（环市大道）

图 2-38　非机动车道停车（三姓路）

2. 骑行安全性

南沙区主要干路均为电动车、自行车等非机动车与行人共用一个板块（简称"人非共板"），通过铺装材料进行区分，人行道和非机动车道之间缺乏物理隔离设施，不可避免地导致行人与非机动车之间的冲突增加（图 2-39、图 2-40）。

图 2-39　丰泽东路

图 2-40　焦西路

部分非机动车道位于人行道内侧，与机动车之间仅通过路面高差分隔。此类路段骑行易掉落至车行道，路侧设置路灯、标志牌等杆件也压缩骑行空间，增加骑行风险（图 2-41、图 2-42）。

图 2-41　凫洲大道

图 2-42　进港大道西

2.3　配套设施问题

1. 过街设施

人行过街处需设置人行横道线，规范行人横穿道路的路径，同时警示机动车驾驶者注意行人及非机动车过街。非机动车较多的路段应设置专用道，避免行人、非机动车混行（图 2-43、图 2-44）。

图 2-43　未设置人行横道线（红岭二路）

图 2-44　人非混行（进港大道）

人行过街处常设置路灯、信号灯、监控探头等杆件，将压缩有效的过街宽度。过街范围内应保证路面的平整性，避免设置台阶，以免影响过街效率和舒适性（图 2-45、图 2-46）。

图 2-45　步行过街宽度不足（珠电路）　　　图 2-46　人行横道中间设置矮隔离栏（金沙路）

　　部分路口无过街设施，或人行横道与行人的正常步行方向不一致。交叉口的过街距离较大时，需设置中间安全岛，增加步行的安全性（图 2-47～图 2-50）。

图 2-47　大型环岛无过街设施（环市大道南）　　图 2-48　远距离过街未设置安全岛（大涌东路）

图 2-49　未设置安全岛（海滨路改造前）　　　图 2-50　利用中央绿化带设置安全岛
　　　　　　　　　　　　　　　　　　　　　　　　　　　（海滨路改造后）

2. 交通设施

交通标志系统应表达清晰，设置合理，避免出现相互遮挡，或被树木遮挡的情况（图2-51、图2-52）。

　　图2-51　标志牌相互遮挡（三姓路）　　　　图2-52　标志牌被树遮挡（江灵北路）

因使用时间较长，交通标线被灰尘污染或磨损严重，未及时清理修复，失去引导和警示作用（图2-53、图2-54）。

　　图2-53　标线磨损（工业四路）　　　　　图2-54　人行横道模糊（滨海路）

3. 服务设施

慢行空间的服务设施包括公交站、非机动车停放点、座椅、树池、遮蔽设施、照明设施等，主要布置在设施带、绿化带、建筑退缩空间。

大量自行车停车需求没有得到满足或停车设施标志不明，造成乱停乱放现象严重。共享单车因其"随时随地、随借随还"的运营规则，也带来了乱占道、乱停放的现象（图2-55～图2-58）。

图 2-55　环市大道

图 2-56　江灵北路

图 2-57　大涌东路

图 2-58　进港大道

公交车站位置不当，压缩慢行系统宽度，迫使行人、非机动车交织混行，且不满足最小宽度要求。公交站台处与人行道未连通，形成孤岛，不利于行人使用（图 2-59、图 2-60）。

图 2-59　压缩人行道宽度（海力花园公交站）

图 2-60　未连通人行道（南沙湾御公交站）

南沙区街道家具布置较为稀少，部分休憩座椅设置在人行流量较少，人行道宽度较窄的地方，利用率极低。部分休憩设施未利用树荫等遮蔽设施，白天利用率低（图2-61、图2-62）。

图2-61 座椅位置设施不合理（环市大道南）　　　图2-62 座椅无遮阴凉设施（翠桐街）

护栏样式简单，中央护栏为白色易被污染，影响城市景观。垃圾箱布置较少，样式简单，投放位置较高，不便于行人使用（图2-63、图2-64）。

图2-63 被污染的白色护栏（金岭南路）　　　图2-64 简单样式的垃圾箱（金岭北路）

人行天桥的梯道或通道段未设置顶棚，行人上下桥需要承受日晒雨淋，安全性和舒适性较低。桥底空间做成台阶，未有效利用，迫使非机动车在路边停放，占用人行道（图2-65、图2-66）。

路灯位置与高大茂盛的乔木过近，影响对车行道的照度和照明范围，降低夜间行车的安全性（图2-67、图2-68）。

各种市政线杆设置位置不合理，影响行人通行和盲道设置（图2-69、图2-70）。

图 2-65　梯道未设置顶棚（双山大道）

图 2-66　梯道下空间未利用（双山大道）

图 2-67　乔木遮挡路灯（涌岭路）

图 2-68　乔木遮挡路灯（祈丰路）

图 2-69　路灯杆位于人行道中间（金隆路）

图 2-70　路灯杆影响盲道（凫洲大道）

人行道驻足处未设置有效避雨遮阳的配套设施，或者设施覆盖面积有限，利用率有限（图 2-71、图 2-72）。

图 2-71　遮蔽设施未启动（进港大道）　　　图 2-72　遮蔽设施范围较小（进港大道）

2.4　慢行环境问题

1. 路面铺装

南沙区大多数步行空间采用混凝土透水砖、花岗石等铺装材料，存在路面破损后维护不及时、慢行体验差等问题。同时存在施工粗糙、端部处理不美观、交叉口铺装差异较大等情况（图 2-73 ~ 图 2-78）。

不良的设计和施工情况，造成侧绿化带形成凹凸曲线、渠化岛出现多处折角，不方便行人通行，影响慢行的舒适性。路缘石拼接处形成直角或尖锐角，存在安全风险（图 2-79 ~ 图 2-82）。

图 2-73　地面隆起，透水砖磨损严重（金岭南路）　　　图 2-74　人行道砖破损严重（塑料路）

图 2-75　人行道砖拼接错位（广兴路）

图 2-76　路缘石错位与人行道错缝
（祈丰路）

图 2-77　交叉口铺装差异较大
（港前大道北）

图 2-78　人行道和盲道铺装差异较大（广生路）

图 2-79　绿化带边缘凹凸不平（蕉西路）

图 2-80　渠化岛内路缘石折角（进港大道）

图 2-81　路缘石拼接成直角（庙南路）　　　　图 2-82　路缘石拼接成锐角（金沙路）

　　井盖未作装饰处理，与人行道的铺装材料和颜色差异较大，影响街道景观，部分路段因井盖施工导致人行道路面破坏或盲道中断等问题（图 2-83、图 2-84）。

图 2-83　井盖未做装饰（崇福一街）　　　　图 2-84　井盖中断盲道（金岭南路）

2. 街道景观

　　目前，南沙区部分路段未设置行道树或行道树树种选择不当，无法起到遮蔽作用（图 2-85～图 2-86）；树穴内杂草未清理，影响城市景观（图 2-87）；树穴高于人行道标高，影响行人通行与过街（图 2-88）；养护管理不及时，导致乔木生长姿态较差（图 2-89）；地被枯萎未更换（图 2-90）。

　　电塔、电箱和信号箱等设施直接设置在人行道上，无围栏、涂漆等美化装饰，影响行车视距和街道美观，干扰行人通行（图 2-91、图 2-92）。部分箱体设置在交叉口车行道边缘处，影响行车视距，易引起交通事故（图 2-93、图 2-94）。

图 2-85 无行道绿化（大角一路）

图 2-86 树种选择不当（大角一路）

图 2-87 树穴内长满杂草（进港大道）

图 2-88 树穴与人行道存在高差（上隆岭路）

图 2-89 乔木姿态不美观
（金沙路）

图 2-90 地被枯萎（金隆路）

图 2-91　电塔设置于人行道（金岭南路）

图 2-92　箱变未设置围栏（丰泽西路）

图 2-93　交叉口的灯箱（进港大道）

图 2-94　交叉口的各类箱体（进港大道）

高架桥无绿植装饰，桥下空间绿化不足或变成"停车场"，影响城市美观（图 2-95、图 2-96）。

图 2-95　裸露的高架桥（黄阁南路）

图 2-96　桥底绿化成为停车区（凫洲大桥底）

南沙区的气候条件有利于树木的生长，乔木生长过于高大茂盛会遮蔽交通设施，根系过于发达将破坏人行道，树枝未及时修剪影响行人的通行净空（图 2-97 ~ 图 2-100）。

图 2-97　树枝遮挡信号灯（丰泽西路）

图 2-98　乔木根系破坏人行道（广进路）

图 2-99　树枝影响行人通行（金岭南路）

图 2-100　叶片影响人行通行（进港大道）

3. 退缩空间

道路红线内的慢行空间与道路红线至周边建筑的空间没有统一设计，导致同为街道空间，但在街道风貌、竖向衔接、材质铺装、设施匹配方面均不协调。主要问题为地块与人行道之间存在多级高差，商业型街道的不同商铺前的台阶高度、颜色、铺装都不同，与人行道也差异较大；较长路段的台阶未设置无障碍坡道等（图2-101～图2-104）。

图2-101　人行道外的多级台阶（广隆路）　　图2-102　广场与人行道存在台阶（金象西路）

图2-103　较长的台阶未设置坡道（双山大道）　　图2-104　商铺门前的各异台阶（进港大道）

　　建筑退缩空间应设置街道家具、景观绿化等，而南沙区建筑退缩空间更多以停车位为主，在一定程度上影响南沙的街道形象（图 2-105、图 2-106）。

图 2-105　路侧停满机动车（金岭南路）

图 2-106　人行道和退缩空间有围栏且停满车辆（广丰路）

第 3 章

慢行空间分类

3.1　慢行空间类型

慢行空间指用于步行和骑行的空间，步行空间包括人行道、设施带、建筑退缩空间，骑行空间主要指非机动车道。根据临街业态类型、两侧用地构成、街道范围内的活动类型，本书将南沙区慢行空间分为生活型、商业型、景观型、交通型（表3-1、图3-1~图3-4）。

慢行空间类别表　　　　　　　　　　　　　表3-1

类型	特征说明	建设方向
生活型	沿线以服务本地居民的生活服务型商业、零售、餐饮等公共服务设施为主，主要为进出性的人流	加强整体空间设计，充分保证慢行空间的安全、连续与舒适性；强化街道生活服务功能，沿街布局便捷的服务设施，为居民创造生活娱乐、休闲交流的公共空间
商业型	沿线以商业、零售、餐饮等开放式界面为主，具备购物、交通、休闲等功能，兼有通过和进出性交通的人流	适当增加服务设施，加强街道两侧活动联系，营造商业氛围，促进消费者产生积极的消费意愿；注重艺术品质和细节设计，强化慢行空间的识别性和美学品质
景观型	沿线以公园绿地、滨水绿地等开放空间为主，包括林荫大道和景观街道等，以慢速通过性和进出性的人流为主	空间允许的情况下，可以沿街设置临时停车位与路内停车带，提高可达性；通过路径设计强化街道与景观，提升舒适性和可达性
交通型	沿线以居住区、学校、工业与仓储等非开放界面为主，服务行人快速、舒适通行，是交通性功能较强的街道	设置独立的非机动车道，采用全分隔断面，宽度满足基本的通行需求，明确使用者的路权，减少市政设施对通行的干扰

图3-1　生活型慢行空间——翠桐街

图3-2　商业型慢行空间——进港大道

图 3-3　景观型慢行空间——海滨路

图 3-4　交通型慢行空间——凤凰大道

3.2　慢行空间断面

机动车、行人和非机动车的通行空间应该从标高、铺装和分隔设施等方面进行区分，优化的慢行空间的断面设计可以创造更高效的慢行空间模式，本书归纳整理不同类型慢行空间的标准断面，见表 3-2 及图 3-5 ~ 图 3-10。

慢行空间断面分类表　　　　　　　　　　　　　　表 3-2

类型		说明	推荐指数
人非共板	人非混行	步行和骑行的路权混乱，相互干扰严重	—
	铺装分隔	采用划线或铺装材料及颜色等区分步行和骑行的路权	☆
	物理分隔	采用低侧石、矮护栏、设施带等设施分隔步行和骑行的空间	☆☆
机非共板	机非混行	骑行与机动车的路权混乱，影响交通效率	—
	铺装分隔	采用划线或铺装材料及颜色等区分骑行和机动车的路权	☆
	物理分隔	采用护栏、侧分带等设施分隔骑行和机动车的空间，安全性好	☆☆☆

注：机动车和非机动车共用一个板块，简称机非共板。

图 3-5　人非混行

图 3-6　划线分隔（人非共板）

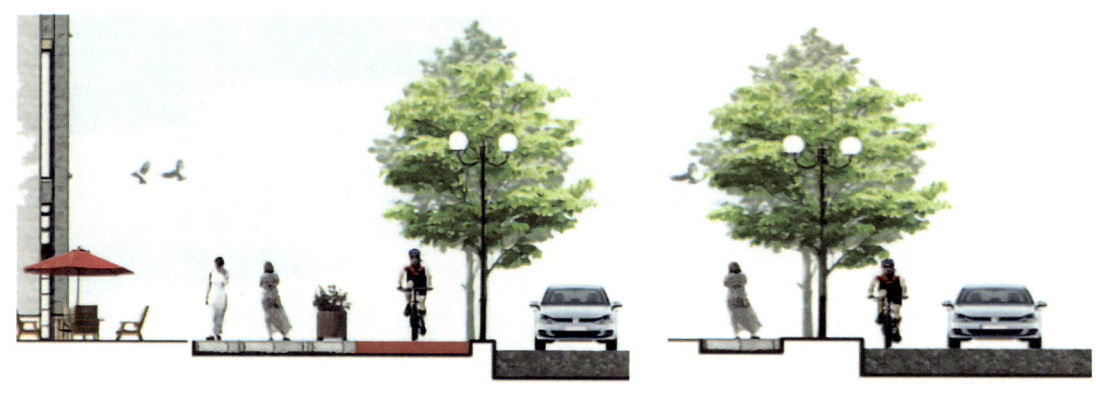

图 3-7　物理分隔（人非共板）　　　　　　　　图 3-8　机非混行

图 3-9　铺装分隔（机非共板）

图 3-10　物理分隔（机非共板）

第 4 章

基础功能要素

4.1 步行空间

4.1.1 有效宽度

慢行空间首先要保证充足有效的步行宽度，但许多道路和市政的附属设施被安置在人行道上，扣除树池、灯杆、垃圾桶、交通标志等占有的空间后，有效步行宽度所剩不足。应综合考虑慢行空间类型、开发强度、功能混合程度、界面业态、公交设施等因素，合理确定步行有效宽度（表4-1）。

步行空间有效宽度推荐值   表4-1

类型	最小值（m）
改建道路、施工临时区	1.5
非积极界面的交通型慢行	2
人流量较少的生活、景观型等慢行空间	3
商业型慢行空间和人流密集公交车站周边	4
交通枢纽、大型文化与体育设施出入口周边	6

（1）对于步行空间宽度不足的街道，宜通过适当缩减绿化带、机动车道等部分的宽度，或借用开放式退缩空间等方式，以确保足够的步行空间。

（2）在树池上铺设与人行道共面的透水材料，设施带的1/2可计入有效步行宽度（图4-1）。

（3）商业型慢行空间人行道宽度不宜过宽，建议控制在3~5m，以促进行人与商业界面的积极互动，避免过于拥挤或空旷。

（4）公交车站、轨交出入口和商业设施将进一步增加人流，步行空间需相应加宽（图4-2）。

4.1.2 行人、非机动车分隔

非机动车，特别是电动自行车与步行速度差异较大，步行与骑行空间之间应设置分隔设施，避免非机动车与行人相互干扰，主要包括路面铺装分隔、绿化带分隔、路缘石分隔等方式（表4-2、图4-3~图4-6）。

图 4-1　树池箅子与人行道齐平，增加步行宽度

图 4-2　宽阔的人行道

行人、非机动车分隔设施类型表　　　　表 4-2

分隔设施	内容
路面铺装	采用不同颜色和材料的铺装材料区分步行和骑行路权，安全性较低
绿化带	人行道宽度较窄时，可设置较窄的灌木带或树池带，安全性较高
路缘石	设置路缘石将行人、非机动车分离在不同平面，高差不小于 5cm

图 4-3　路面铺装分隔

图 4-4　中间缓冲带分隔

图 4-5　绿化带分隔

图 4-6　路缘石高差分隔

（1）新建道路应避免人非共板的横断面设置，当条件受限时可设置一定高差的路缘石，避免非机动车与行人相互干扰。

（2）应在公交车站、地块行人出入口等行人穿越自行车道处，设置自行车优先礼让行人慢行区域。

（3）可通过设置中间带、阻车桩、盆栽、座椅等方式，分隔人行和非机动车道。

4.1.3　步行连续性

步行通行区应保持空间的连续畅通，以确保行人，特别是残障人群步行的安全性与舒适性。城市中的各类空间设施与周边地块影响，都可能破坏步行连续性（图 4-7、图 4-8）。

图 4-7　市政设施占用人行道步行空间　　　图 4-8　地块出入口切割人行道

（1）步行通行区内严禁布置各类设施、街道家具和绿化小品等，不应被沿街建筑侵占，允许通过铺装、画线、标识等方式明确步行通行区的范围。

（2）人行天桥的楼梯、过街地道和轨道交通站点的出入口，鼓励结合沿街建筑或退缩空间集约化设置，避免占用步行通行区。

（3）出入口处抬高路面至人行道高度，确保慢行道的连续（图 4-9）。

（4）抬高路面铺装材料，铺装方式、地面标线不同于车行道和慢行道，以提醒自行车骑行者与汽车驾驶员（图 4-10）。

图 4-9 出入口人行道抬高

图 4-10 人行道连续铺装

4.2 骑行空间

4.2.1 有效宽度

为满足骑行空间需要，城市街道原则上均应布置非机动车道，其宽度的由路缘带宽度、动态宽度和安全距离组成。

（1）单条非机动车道动态宽度为 1m，路缘带宽度为 0.25m，安全距离为 0.25m。

（2）可根据街道类型和非机动车的流量确定骑行空间宽度，有效宽度宜以车道数为基本单位增加（表 4-3）。

骑行空间有效宽度推荐值 表 4-3

类型	最小值（m）
改建道路、人流较少生活型慢行空间	1.5
各类型街道	2.5
独立的非机动车道	3.5

（3）较窄的非机动车道不宜设栏杆，避免影响空间的灵活使用。

（4）在宽度大于 3m 的自行车道入口处，应设置阻车桩，以阻止机动车驶入自行车道。阻车桩宜选用反光材料，确保安全、醒目（图 4-11）。

（5）在道路两侧均有停车带的情况下，需明确区分停车带和非机动车道（图 4-12）。

图 4-11　非机动道端头设置阻车桩

图 4-12　路内停车场内侧的彩色非机动车道

4.2.2　机动车、非机动车分隔

当机动车和非机动车道共面时，为保障骑行的安全性，应采取相应的分隔措施（图 4-13 ~ 图 4-15）。

（1）设计速度不小于 40km/h 的道路，机动车道与自行车道之间需设置物理隔离。

（2）当非机动车道与机动车道共面，且无物理隔离时，宜保证 1m 的安全净距，降低路边停车开门带来的潜在的交通风险。

（3）进入非机动车道前应设置提示标识，路面上需有自行车道标线，交叉口及路段上喷涂颜色，画设自行车标线（图 4-16）。

（4）采用彩色铺装明确非机动车道，无物理隔离设施时可设置反光道钉（图 4-17）。

（5）机非护栏高度采用 0.6 ~ 0.8m，底座宽度为 0.3 ~ 0.4m，在端部和中间段来车方向加装反光警示装置，中间段加装的反光警示装置间距应小于或等于 6m。

（6）机非分隔护栏设计可选用融入木棉花或广州塔元素的板面构件（图 4-18）。

图 4-13　空间分隔

图 4-14　护栏分隔

图 4-15　示警桩分隔

图 4-16　自行车道标志标线

图 4-17　彩色非机动车道

图 4-18　木棉花样式机非分隔护栏

4.2.3　骑行连续性

骑行通行区应保持空间的连续畅通，明确骑行路权，避免非机动车进入车行道和人行道造成安全隐患，提高慢行空间的安全性。

（1）骑行过街带应遵循骑车人过街期望的最短路线布置，应尽量采用平面过街方式。

（2）骑行过街宜与行人过街横道相结合，将行人与非机动车过街横道通过标线分离。

（3）骑行过街横道的宽度应根据过街自行车数量、自行车过街横道通行能力、自行车信号时间等确定，宽度应不小于 2m。

（4）非机动车过街通道在人行横道单侧设置时，通道宽度不小于 3m；在人行横道两侧设置时，各不小于 2.5m。

（5）人非共板的非机动车道在开口衔接处存在高差或多级台阶的，应设置缓坡（图 4-19）。

（6）为保证骑行的平顺性，非机动车道断面宽度变化时，宜设一定长度的过渡区（图 4-20）。

（7）进口道的非机动车道宽度为 2.5m 及以上时，非机动车等待区划分为左转、直行两部分，左转等待区采用蓝色铺装；进口道的非机动车道宽度小于 2.5m 时，全部采

图 4-19　非机动车道的路口缓坡

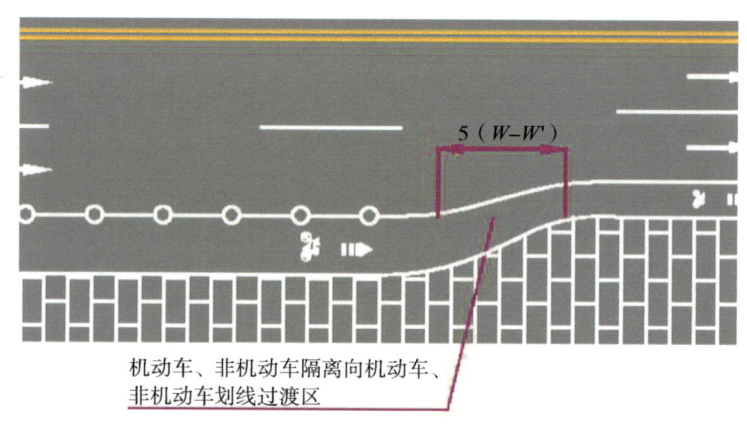

机动车、非机动车隔离向机动车、
非机动车划线过渡区

图 4-20　非机动车道的宽度变化段

注：图中 W——一般路段非机动车道宽度，W'——变化后的非机动车道宽度。

用蓝色铺装，且长度不宜小于 8m。

（8）非机动车等待区设置"等待区"文字和方向箭头，出口道及过街通道设置非机动车道路面标记和方向箭头，人行横道线起点处设置"看左"与箭头（图 4-21）。

（9）无渠化岛交叉口设置左转非机动车二次等待区，二次等待区与大型车右转危险区不重叠，采用蓝色铺装、施画左转箭头（图 4-22）。

（10）非机动车流量较大时，机动车右转弯处宜设置柔性警示桩，间距可取 0.5m。

（11）有渠化岛的交叉口利用专用导向车道过街，须设置非蓝色铺装的机动车等待区，等待区与右转机动车道交织处，施画禁停黄方格和减速让行标线（图 4-23）。

（12）渠化岛内设置的非机动车等待区，与右转弯处非机动车道连通，采用蓝色

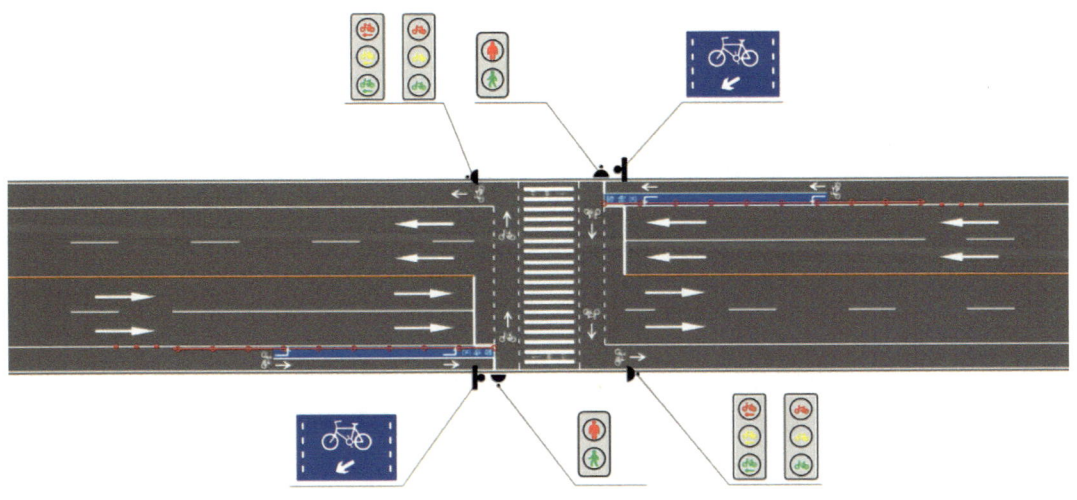

图 4-21　路段非机动车过街设计

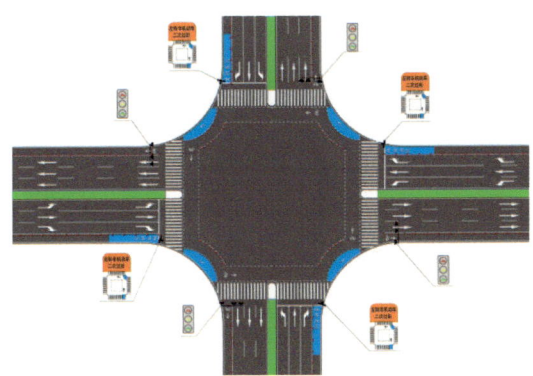

图 4-22　无渠化岛交叉口的非机动车过街设计

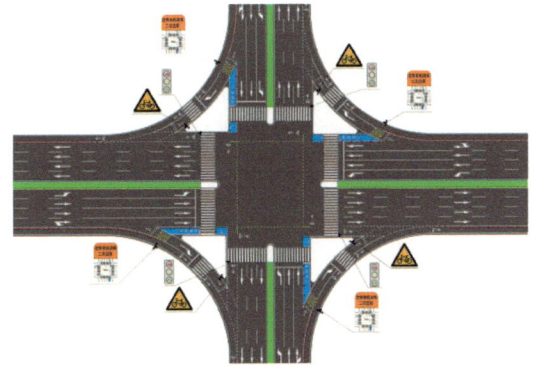

图 4-23　专用导向车道过街

沥青铺装，并做好上下岛的无障碍衔接（图 4-24）。

（13）公交车停靠车位与非机动车道中间设置安全缓冲区，其宽度渐变段可设置机非分隔护栏，直线段可设置柔性交通警示柱（图 4-25）。

（14）骑行过街带可采用比较醒目的铺装或喷绘，并设置醒目的自行车引导标识（图 4-26）。

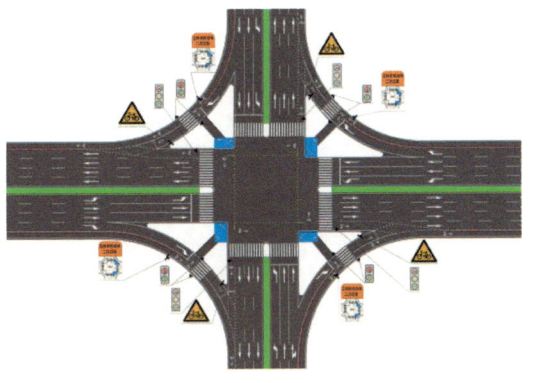

图 4-24　渠化岛内过街

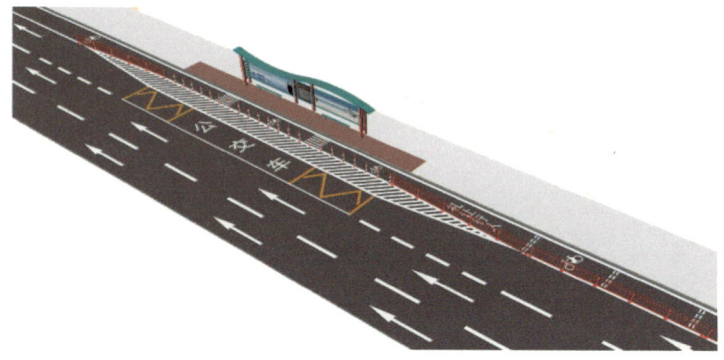

图 4-25　公交车下落客缓冲区

图 4-26　交叉口骑行过街带彩色铺装

（15）立体过街设施应设置坡道，推行坡道可设直径 5 ~ 10cm 的半圆形凹槽（图 4-27、图 4-28）。

图 4-27　立体过街设施的推行坡道

图 4-28　方便推行的半圆形凹槽

4.3 过街空间

4.3.1 过街距离

过街设施间距应合理确定，以平衡行人过街和道路交通运行，既要减少行人到达过街设施的平均步行距离，也要避免对道路交通的过多影响。

（1）过街设施设置间距应根据行人过街需求设置，生活型和商业型慢行空间的过街设施间距宜为 120～150m，一般情况下过街设施的间距不宜大于 200m，交通型慢行道不宜大于 400m，且以平面过街为主（图 4–29）。

（2）公交车站、轨道站点出入口、学校、医院和大型商业设施等人流密集的地区，商业型和生活型慢行道的过街间距不宜大于 30m，其他类型不宜大于 100m。

（3）设置间距和位置选择可根据道路沿线过街需求相应调整，在居住区、商业区等可适当加大设置密度。

（4）人行过街横道应遵循行人过街路线最短的原则布置，可采取减小道路转弯半径，缩短过街距离等措施（图 4–30、图 4–31）。

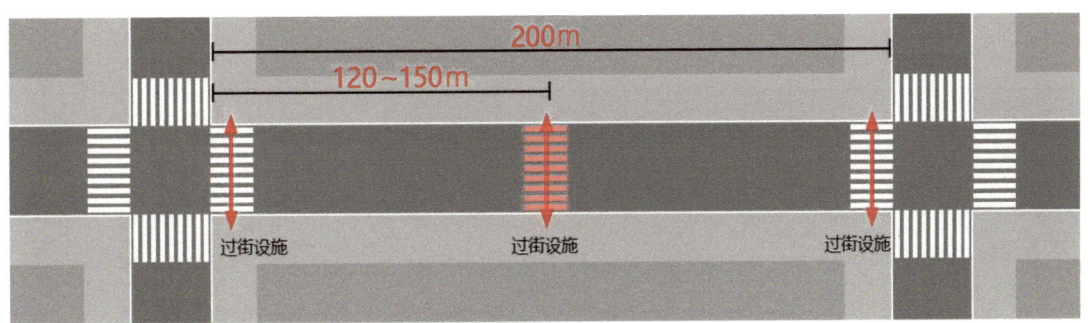

图 4-29 过街间距示意图

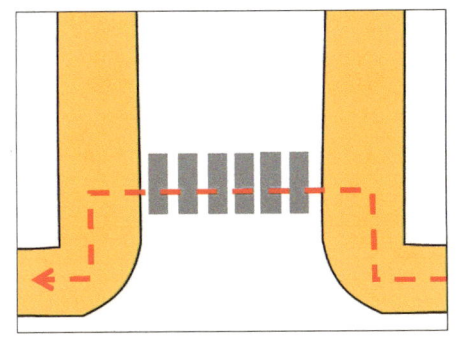

图 4-30 绕行过街

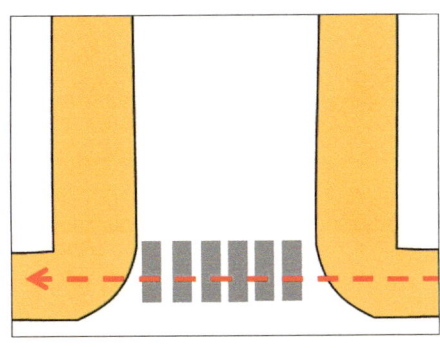

图 4-31 直线过街

4.3.2　人行横道

　　人行横道指的是在车行道上用斑马线等标线或其他方法标示的规定行人横穿车道的步行范围，是需机动车减速让行人过街的地方。

　　（1）商业型和人流密集的生活型空间的人行横道不宜小于5m，其他类型的人行横道宽度不宜小于3m。

　　（2）人行横道应与车行道垂直，应平行于路段缘石的延长线，并应后退1~2m。在右转车辆容易与行人发生冲突的交叉口，后退距离宜适当加大到3~4m。

　　（3）人行横道宽度不宜小于路段上的步行空间宽度。

　　（4）设置交叉口及路中人行横道时必须保持较高可见度，人行横道上下游各10m禁止停车。

　　（5）结合公交站亭设置的人行横道，原则上应设置在公交站亭下游（图4-32）。

　　（6）人行横道标线应清晰可见，对磨损严重路段进行及时修补。

　　（7）人行横道与步行空间保持在一条直线上，保障步行空间的连贯畅通，避免绕行。

　　（8）行人过街流量较大的交叉口可采用对角过街形式，以提高行人的过街效率（图4-33）。

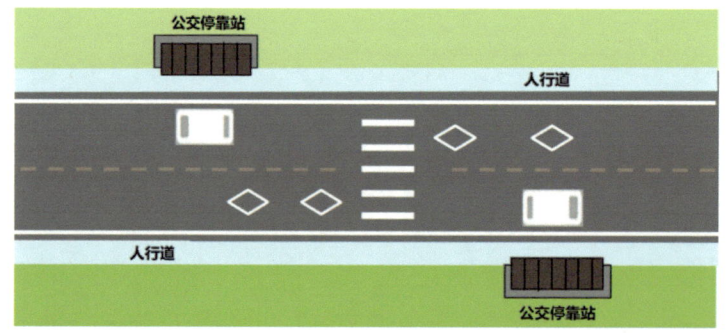

图4-32　人行横道与公交站亭的位置关系示意

图4-33　对角式人行横道

（9）人行横道长度大于 16m 且存在安全岛的人行横道，或桥墩及其他构筑物遮挡驾驶人视线等情况下，人行横道线可错位设置（图 4-34）。

（10）行人过街交通量特别大的商业型、生活型等道路交叉口，可并列设置两道分幅式人行横道线，使斑马线虚实段相互交错，并辅以方向箭头，指示行人靠左右分道过街（图 4-35）。

（11）车流量较小的出入口，宜结合全宽式路缘石坡道，抬高人行横道（图 4-36）。

（12）行人过街需求较高的交叉口可取消路缘石高差，设置为全铺装交叉口，或通过彩色铺装和缘石区分步行区域和混行区域，并设置阻车桩避免机动车进入步行区域（图 4-37）。

（13）人行横道宜具有艺术感和设计感，可结合南沙当地文化元素，体现地域特色（图 4-38、图 4-39）。

图 4-34　错位式人行道

图 4-35　分幅式人行道

图 4-36　整体抬高式过街通道

图 4-37　彩色铺装交叉口

图 4-38　艺术人行横道

图 4-39　彩色人行横道（沙嘴东路）

4.3.3　安全岛

路中安全岛为行人提供二次过街驻足区，可缩短过街距离，提高行人过街安全（图 4-40）。

（1）可结合分隔带设置安全岛，或通过局部压缩机动车道、设施带和人行道宽度增加路中安全岛。

（2）人行过街横道长度超过 16m 时，应在人行道设置路中安全岛。人行过街横道长度超过 9m 的商业型和生活型慢行空间，宜设置过街安全岛，保障行人过街的便捷与安全。

（3）安全岛的宽度不小于 1.5m，岛内铺装与机动车道应保持平整、无高差。

（4）安全岛岛端宽度宜为 1m，边缘设置有反光作用的线形诱导标；行人经过的部分应设置阻车桩，其净距宜为 1.3～1.5m（图 4-41）。

图 4-40　过街安全岛

图 4-41　安全岛边缘的线形诱导标

（5）斜开式安全岛开口需右偏 15°～45°，迫使行人朝向来车方向，使其注意车辆（图 4-42）；栏杆诱导式安全岛开口应左进右出，宜结合错位人行横道迫使行人注意（图 4-43）。

图 4-42　斜开式安全岛　　　　　　　　图 4-43　栏杆诱导式安全岛

4.3.4　人行天桥

　　人行天桥一般建造在车流量大、行人稠密的地段，是人们日常接触最多的一种桥梁形式。不仅应考虑其交通功能，还需通过精细化、人性化的设计，尽可能地参与城市环境的构成，使人行天桥的建设满足安全、适用、经济、美观的要求。

图 4-44　人行天桥设置雨棚

　　（1）地面梯口不应占人行步道的空间，特殊困难处，人行步道应保留 2m 宽。

　　（2）天桥桥面或梯面必须有平整、粗糙、耐磨的防滑措施，天桥可加设雨棚，并与城市风貌和周边景观相协调（图 4-44）。

　　（3）应设置自行车推行坡道及为残障人群使用的坡道。

　　（4）距坡道与梯道 0.25～0.50m 处应设提示盲道，长度应与坡道、梯道宽度相对应，并与人行道中行进盲道相连接，以形成完善的无障碍步行系统。

　　（5）人行天桥不宜与车行高架桥同标高，若同标高，应设置安全护栏和降噪屏风（图 4-45）。

（6）中心城区的景观型慢行道，宜采用高质素的造型和美观性设计。

（7）天桥应与居住区、商业建筑、公交站、轨道交通车站等人车密集地点相连接，进行一体化设计，形成空中人行连廊。

（8）人行天桥设施周边 500m 范围内有交通枢纽、大型医院、主要商业区、大型居住区，且周边相邻地面过街通道

图 4-45　人行桥与高架桥之间应设置隔离设施

距离 100m 以上的应加装电梯。其他区域，立体过街周边过街设施间距 500m 以上，且老年人出行需求较多时，应加装电梯。

4.3.5　人行地道

人行地道设置在交通比较拥堵复杂的交通体系中，可起到美化城市的景观作用。

（1）人行地道的最小净高为 2.5m，其净宽不宜小于 3.75m。

（2）地面和梯道（坡道）应采用平整、粗糙、耐磨的防滑设计。

（3）地面梯口不应占人行通行带的空间。有特殊困难处，人行宽度应保留 2m，应与附近大型公共建筑出入口结合，并在出入口留有人流集散用地（图 4-46）。

图 4-46　地下通道的出入口占用步行空间

（4）距坡道与梯道 0.25～0.50m 处应设提示盲道，长度应与坡道、梯道宽度相对应，并与人行道中行进盲道相连接，以形成完善的无障碍步行系统。

（5）为方便自行车、儿童车、轮椅等的推行，坡道坡度不应陡于 1 : 7。

（6）人行地道的上口可设置护墙，一般高于路面 0.2m 以上，护墙上须设置护栏，护墙装饰材料的选择与周围环境也要协调一致。

（7）人行地道应处理出入口内部光线与外界自然光的过渡关系，避免给人们带来瞬间的"失明"或"眩光"等问题。

（8）人行地道应通过明快的色彩缓解行人在隧道空间内的压抑感，并起到统一地下空间的作用。

（9）人行天桥斜路或楼梯下的空间，若因净空高度低而不适宜行人通过，应采用标识标线清楚界定，并设置环境美化设施。

（10）鼓励人行地道和地下商业、轨道站等进行一体化设计。

（11）人行地道在路口的布局应从路口总体交通和建筑艺术等角度统一考虑，以求实现最大的综合利益。

4.4 交通设施

4.4.1 设施带

为保障人行道通畅无障碍，营造更干净、更整洁、更平安、更有序的步行空间，可将人行道范围内的各类设施以集中或整合的形式设置于公共服务设施带内。

（1）设施带的宽度应根据需要设置的设施尺寸确定，最小宽度不应小于0.5m，有行道树的不应小于1.5m，并且应满足不同设施净宽要求（表4-4）。

设施带宽度推荐值   表 4-4

设施带内容	净宽（m）	适用条件
护栏、信号灯、指示牌、消防设施	0.5	人行道宽度<3m
路灯、垃圾箱、小型设备箱、治安设备、护栏挂花	0.5～1.0	人行道宽度<3m
行道树、公共座椅、智能服务设施、邮筒、景观灯	1.0～1.5	人行道宽度 3～6m
花坛、报刊亭、设备箱、检修井	1.5～2.0	人行道宽度 3～6m
非机动车停放处、公共自行车站点、公交车站站台	2.0～3.0	人行道宽度>6m
人行天桥楼梯、地下通道出入口、轨道站点出入口	3.0～6.0	人行道宽度>6m

（2）交通标志杆、信号灯杆、路名牌、路灯杆、公交站牌等小型公共设施宜紧凑、集约，统一设置于综合设施带内。

（3）以立地条件、杆件结构特性为依据，对各类交通设施杆件、市政实施杆件以及信息服务牌等进行分类整合（表4-5）。

（4）公共设施采用"多杆合一"的方法对设施带内各类管线进行整合，提升街道的空间秩序感（图4-47、图4-48）。

各类设施整合要求 表4-5

类别	管理部门	位置灵活性	合杆要求
路灯	路灯管理所	相对固定	可合杆
信号灯	交警支队	相对固定	可合杆
监控探头	公安局	相对灵活	需单独设置
交通标志	交警支队	部分相对灵活	可合杆
路名牌	住房和城乡建设局	相对灵活	可合杆
行人导向标	文化和旅游局	相对灵活	可合杆
媒体发布牌	—	相对灵活	可合杆

图4-47　路灯、监控和交通
合杆（凤凰大道）

图4-48　信号灯和交通标志合杆（进港大道北）

（5）建议保留路灯杆、交通杆，以及信息牌为独立杆件，其他标识牌与其进行"两杆一牌"整合。

（6）合杆后标牌或承载设施下缘应高出地面2.5m，单个撑杆上标牌或承载设施数量不宜超过4个。

（7）当多箱设施位于商业、生活和景观型的慢行空间，宜将交通箱、路灯箱、通信箱和广电箱整合在一个固定的箱体中，推进"多箱合一"。减少设施对街道空间景观的影响，提升街道品质。

（8）箱柜宜避开路口20m以上，间距不宜小于500m，位置优先选择室内、公共绿地，其次是人行道路侧和设施带内（图4-49、图4-50）。

（9）街道沿线为非积极界面时，可将设施带设置在人行道外侧或与沿线绿地统筹设

图 4-49　箱柜位于非机动车道　　　　　图 4-50　箱柜集中放置在设施带（屯电路）

置。并进行多层次绿化种植，丰富街道景观。

（10）箱体可采用彩绘涂装或在箱体外增加装饰围挡，减弱箱体与环境的冲突感，增加艺术性和品质感（图 4-51、图 4-52）。

图 4-51　设备箱彩色涂装　　　　　　　图 4-52　箱体外增加装饰围挡（蕉西路）

（11）各类杆件设施的板面、设备应避免被树木、桥墩、柱等物体遮挡，影响视线（图 4-53、图 4-54）。

（12）鼓励在生活和商业型慢行空间沿线人流集中的路段加宽设施带，提供休息设施和停留空间（图 4-55、图 4-56）。

4.4.2　公交车站

公交站台及其周边空间是地区内的重要人流吸引点，应结合周边环境和功能进行人性化设计，让乘客感受到安全感与舒适感。

图4-53　树木挡住交通标志（一）

图4-54　树木挡住交通标志（二）

图4-55　设施带内设置休憩空间

图4-56　人行道外侧设置公共座椅
（柳园路）

（1）当路内空间不足时，建议局部拓宽道路红线设置公交车站，不宜挤占慢行空间；当红线受限时，可通过压缩机动车道宽度、与设施带一体化设计等方法设置公交车站。

（2）当道路交通强度较大、人行道宽度不小于5m时，可设置港湾式公交车站，方便乘客上下车，同时不影响其他车辆的通过（图4-57）。

（3）当站点停靠公交线路较少，道路红线宽度受限时，可设置直线式公交车站，公交车不离开车道即可搭载乘客，缩短公交车的停留时间（图4-58）。

（4）当车流较少、人行道宽度不大于2m，可设置外凸式公交车站（图4-59）。

（5）公交站台除必要的信息提示牌外，应设置站亭（遮雨棚）、座椅和垃圾箱，方

图 4-57　港湾式公交站

图 4-58　直线式公交站

便候车人群休息；公交站台附近宜设置非机动车停放点，实现公交与慢行的无缝接驳（图 4-60、图 4-61）。

（6）道路红线存在退缩条件，人行道最小宽度小于 2.5m 时，可利用退缩空间（如绿地、建筑前区等）设置公交站亭（图 4-62、图 4-63）。

（7）非机动车从公交站亭后侧绕行，避免进出站公交车辆对非机动车的干扰与威胁（图 4-64）。

图 4-59　外凸式公交车站

（8）非机动车从公交站亭后侧绕行，可通过设置人行横道，改变地面铺装、或抬高非机动车道路面、增设标志标线等方式，保障乘客上下车的安全（图 4-65）。

（9）协调公交站亭及相关设施的位置关系，不宜遮挡站牌、交通标志和后方空间，确保交通流线、视线的通畅（图 4-66）。

图 4-60   南沙区常见公交站亭

图 4-61   公交站亭附近设置非机动车停放点
（环市大道西）

图 4-62   公交站亭后行人、非机动车混行
（进港大道）

图 4-63   公交站亭设置在防护绿地（凫洲大道）

图 4-64   非机动车道绕公交站后骑行

图 4-65　站亭后非机动车铺装

图 4-66　通透的公交站亭（滨海路）

（10）在设施带宽度较为局促的条件下将公交站亭设置为背向式，可以增加慢行空间，优化步行空间的通过环境（图 4-67、图 4-68）。

图 4-67　公交站亭位置压缩步行空间

图 4-68　背向式公交站亭

（11）可应采用先进的信息技术，在公交站台上设置电子站牌，提供具有时效性的出行信息和出行服务（图 4-69、图 4-70）。

图 4-69　智能公交站亭

4.4.3 非机动车停放区

合理利用道路空间设置非机动车停放区，规范停放秩序，避免影响行人的正常通行和城市容貌，应综合交通需求和用地空间等多方因素综合确定。

（1）非机动车停放区服务半径不宜大于50m，间距一般为600～800m。生活型和商业型慢行空间内，应结合周边交通场站、商业、居住区情况减小间距（图4-71、图4-72）。

图 4-70　电子站牌

（2）非机动车停放区主要结合设施带、公交站、商业区的退缩空间设置，也可充分利用人流稀少的支路、街巷空地和高架桥下等闲置空间设置（图4-73、图4-74）。

（3）非机动车停放区一般采用直排式，宽度为2m（图4-75）；宽度受限时可采用斜排式，宽度为1.5m（图4-76）；停放区外的步行有效宽度不应小于2m。

图 4-71　商业楼附近非机动车停放（蕉西路）

图 4-72　轨交站点附近非机动车停放（地铁站）

图 4-73　防护绿地内的停放区（滨海路）

图 4-74　退缩空间内的停放区（灵山岛纵三路）

图 4-75　直排式非机动车停放区（进港大道）　　图 4-76　斜排式非机动车停放区（丰泽西路）

（4）单个平面式停放区的长度不宜大于 20m；相邻多组连续组合为停放区时，相邻组之间的距离应不小于 4m。

（5）以下区域不宜设置非机动车停放点：

①公交站台和人行横道两侧 5m 以内；

②地下通道出入口地面平台前的踏步前缘 10m 以内；

③交叉口转角缘石曲线端点外 15m 内；

④盲道两侧 0.25m 范围内。

（6）非机动车停放区域长度应综合考虑停放需求与空间条件，并增加固定支架，避免无序停放的混乱局面降低使用效率（图 4-77、图 4-78）。

（7）轨道交通站点周边可考虑单独设置非机动车停放区用地，与绿化设施结合设置（图 4-79）。

（8）非机动车停放区域应通过蓝色透水砖或地面涂装予以明确（图 4-80）。

图 4-77　卡轮式支架（柳园路）　　　　　　图 4-78　卡位式支架

图 4-79　轨道交通站点的非机动车停放区

图 4-80　蓝色铺装的非机动车停放区（大角一路）

4.5 无障碍设施

4.5.1 盲道

　　盲道铺装可帮助行人辨识街道的危险地带，用于指引街道方向，可保障视觉障碍者出行活动的安全、可靠。

　　（1）盲道的铺设应连续，应避开树穴、电线杆等障碍物，其他设施不得占用盲道（图 4-81、图 4-82）。

　　（2）行进盲道应与人行道的走向一致，行进盲道的宽度宜为 250～500mm。

　　（3）盲道型材表面应防滑，纹路突出路面 4mm。

　　（4）行进盲道宜在距围墙、花台、绿化带 250～500mm 处设置；如无树池，行进

图 4-81　盲道被树池中断

图 4-82　完整连续的盲道（环市大道南）

盲道与路缘石上沿在同一水平面时，距路缘石不应小于 500mm。行进盲道比路缘石上沿低时，距路缘石不应小于 250mm。

（5）盲道宜选用与人行道铺装材料一体化或风格相协调的材料；不建议使用不锈钢盲道钉、条等易脱落、不防滑的材料（图 4-83）。

（6）盲道遇到检查井盖等设施时，应尽量采用嵌入式设计，保证盲道在穿越这些设施时特殊材质的连续性（图 4-84）。

（7）盲道的面积不宜过大，减少有行走障碍、推行婴儿车与携带大件行李者的不便。

图 4-83　铺装材料一体化（凤凰大道）　　　　　图 4-84　井盖内外盲道连续（滨海路）

4.5.2　缘石坡道

缘石坡道使人行道和机动车路面能平顺过渡，确保所有人都能够安全、方便地出行，并提升出行体验，是城市精细化、人性化设计中的重要一环。

（1）人行道在交叉路口、街坊路口、单位出入口、广场出入口和人行横道等行人通行位置，通行线路存在立缘石高差的地方，均应设缘石坡道，以方便人们的使用（图 4-85）。

图 4-85　非机动车道处无缘石坡道

（2）缘石坡道的坡口与车行道之间应没有高差。

（3）商业型、生活型慢行空间宜选用全宽式单面坡缘石坡道；人行道宽度不大于 4m 的交通型和景观型慢行道，宜选用三面坡缘石坡道。

（4）全宽式单面坡缘石坡道的坡度不应大于 1∶20，其他形式的缘石坡道的坡度均不应大于 1∶12（图 4-86、图 4-87）。

图 4-86　全宽式无高差缘石坡道（灵山岛纵三路）

图 4-87　单面坡缘石坡道

（5）三面坡缘石坡道的正面坡道宽度不应小于
1.20m，其他形式的缘石坡道的坡口宽度均不应小于
1.50m（图 4-88）。

4.5.3　过街音响

图 4-88　三面坡缘石坡道

每个灯控路口配备过街音响提示设备，此设备可
在红灯及绿灯时间发出不同的声音，以提醒行人是否
可以穿越人行横道（图 4-89、图 4-90）。

（1）经研究，过街音响发出的声音频率以 300~1000Hz 为最佳，有效降低视觉残
障者过街的危险性。

（2）通过物联感知、遥控等智能化手段优化使用方法优化设计和使用，避免音响提
示装置扰民。

图 4-89　智能红外过街语音音响

图 4-90　简易的过街提示音响

4.5.4　无障碍通道

　　无障碍通道专用坡道是方便残疾人出行的专用通道，体现了对残疾人士的人文关怀，是社会文明进步的重要标志。

　　（1）供轮椅通行的坡道应设计成直线形，不应设计成弧线形或螺旋形。

　　（2）无障碍专用坡道的宽度一般不应小于 1.5m。空间有限的情况下也不应小于 1.2m，其坡道坡度不应大于 1∶12。

　　（3）鼓励商业建筑首层和室外街道在标高上的平顺连接，提升沿街商业店面的可达性，设置无障碍坡道，方便轮椅使用者的出行（图 4-91）。

图 4-91　无障碍专用坡道

第5章

环境品质要素

5.1 建筑环境

5.1.1 退缩空间

退缩空间指首层建筑物后退用地至道路红线的区域，这里是指沿街建筑底层与街道相连接的部分，主要以人的步行活动和驻留活动为主。

（1）沿街建筑底层为商业、办公、公共服务等公共功能时，鼓励采用开放式退缩空间，与人行道进行一体化设计，统筹步行通行区、设施带与建筑前区空间。

（2）开放式退缩空间应与人行道采用相同标高和相同或相似铺装，限制设置台阶、停车、不可进入的消极绿化等设施（图5-1、图5-2）。

（3）退缩空间的铺装设计首先要考虑与城市道路的协调性，使城市建筑、景观环境、道路设施得以符合人的使用需求、心理需求（图5-3）。

（4）沿街建筑底部9m以下范围是行人能够近距离观察和接触的建筑立面区域，应进行重点设计，提升建筑立面的设计质量。

图5-1　开放式退缩空间 　　　　　　　图5-2　消极的退缩空间

图5-3　退缩空间内建筑立面、树池、路灯、铺装和人行道相协调一致（江灵北路）

5.1.2　渗透界面

人行道临街区的渗透界面指的是人的视线可透过的界面，具有深入、达到一定深度的特征，主要表现为开放的或透明的门面、橱窗或开放式围墙。

（1）沿街围墙宜应保持通透、美观，社区、单位的围挡和隔离设施采用具有视线穿透功能的围栏替代实体围墙，形成社区与街道的互相可视和"安全注视"。

（2）城市绿地不宜设置围墙，可因地制宜地选择沟渠、绿篱、花篱或栏杆等代替围墙。必须设置围墙的城市绿地宜采用透空花墙或围栏，其高度宜为 0.8 ~ 2.2m（图 5-4）。

（3）实体墙应进行艺术化装饰，增强街墙的多样性、复杂性，以及与行人的互动（图 5-5）。

（4）建议住宅小区尽量减少围墙设置，如必须设置，围墙的高度不低于 1.8m，栅栏的竖杆间距不应大于 15cm。

（5）商业型慢行空间首层街墙透明界面占界面总面积比例应达到 60% 以上，鼓励设置展示橱窗；生活型街道首层街墙透明界面占界面总面积比例应达到 30% 以上（图 5-6）。

（6）应避免设置大面积连续、单调的零通透实墙界面，其长度不宜超过 50m。

图 5-4　花篱式围墙界面

图 5-5　装饰性围墙界面

图 5-6　通透式街道界面

5.2　景观环境

5.2.1　街道绿化

街道绿化是一个城市特色名片。需要优化城市行道树的种植配置及养护，进一步提高城市绿化水平，营造具有南沙区亚热带特色的道路绿化景观。

（1）乔木应以中小型常绿乔木为主，辅以大乔木、开花落叶乔木。植物选择以乡土树种为主，彰显地域文化，突出地方特色，兼顾植物多样性。根据南沙区气候特点，重点推荐树种共 22 种（表5-1）。

推荐树种　　　　　　　　　　　　　　　　　　　　　表5-1

类型	树种名
观花树种	火焰木、大叶紫薇、宫粉紫荆、澳洲黄花树、刺桐、鱼木、腊肠树、复羽叶栾树
观形树种	银海枣、银叶树、血桐、海南红豆、小叶榄仁、秋枫、霸王棕
新优树种	铁力木、红运玉兰、青梅、柚木、格木、铁架木、东京油楠

（2）绿化带宽度建议控制在 2～3m 以内，集约化使用土地。

（3）慢行空间内的乔木冠下净空高应大于 2.5m，乔木树干中心至机动车道路缘石外侧距离不宜小于 0.75m。

（4）行道树种植株距，应以其树种壮年期冠幅为准，种植株距应为 4～8m。

（5）建议行道树与其他设施的最小距离满足表5-2的要求。

行道树与其他设施的最小距离　　　　　　　　　　　　表5-2

设施名称	至乔木中心的距离（m）
低于 2m 的围墙	1.0
挡土墙	1.0
路灯	2.0
电力、电信杆件	1.5
给水管、雨污水管、消火栓	1.5

（6）鼓励有条件的街道连续种植高大乔木，采用组团式林荫树种植方式为慢行遮阴；但不宜采用根系过于强壮、会对人行道面层造成破坏的植物（图5-7）。

图 5-7　地面铺装与植物不适应

（7）种植穴土壤厚度，草本地被植物应在 15cm 以下，灌木应在 30cm 以上。浅根性乔木应在 60cm 以上，深根性乔木应在 90cm 以上。

（8）为保证行车和行人的视距三角以及视线的通透，苗木不得遮挡交通信号灯和交通标示牌。

（9）商业型与生活型慢行空间宜提高绿地的硬地比，采取树列、树阵、耐践踏的疏林草地等绿化形式，协调景观与活动需求，形成活力区域。

（10）路外侧绿带宽度大于 8m 的，在人流量大的地方可设计成开放式绿地，绿化面积应占 70% 以上，植被郁闭度宜大于 0.5（图 5-8）。

（11）在人流量较少的路外侧绿化可设计成乔、灌、草相结合的多层次景观。

图 5-8　道路外侧的开放式绿地

5.2.2　立体绿化

立体绿化包括一定垂直高度的立面，或以建筑物边缘为载体，设置植物种植容器的立体绿化，一般应用在高架外边缘、人行天桥、墩柱挡土墙和围蔽等。

（1）以木本植物和多年生草本植物为主，选择抗性强、低养护的植物品种，可选择的植物品种有爬山虎、五叶地锦、凌霄、常春藤等。

（2）应选择色彩鲜艳、容易搭配形成大色块景观的植物，同时植物应有季相特色，且适合南沙地区的气候。

（3）桥梁绿化植物冠幅大小宜采用 30cm×30cm、40cm×40cm、60cm×60cm 三种规格，花盆宜采用侧面排水，以便检修。

（4）车行桥外侧绿化结构宜与外侧防撞护栏、栏杆等统筹考虑，桥梁结构应做好相应的防排水措施。

（5）桥梁绿化结构外形应与桥梁景观统筹设计，做到连续布设（图 5-9）。

（6）墙面绿化贴植宜选用高度在 150cm 以上，枝条柔韧、耐修剪的植物（图 5-10）。

（7）棚架绿化宜选用 2 年生以上生长健壮、根系丰满、独藤长 200cm 以上、丛生状的攀缘植物（图 5-11）。

（8）商业型和景观型慢行道的绿化以观花植物为主，生活型和交通型街道以易养护的绿色植被为主。

图 5-9　桥梁绿化

图 5-10　墙面绿化

图 5-11　棚架绿化

5.2.3 树池

树池提供树木生长所需的最基本空间，承担着保护植物的基础功能，可以单独作为造景出现，也可以与座椅、铺装等相互结合成特色景观。常见树池形式主要包括独立式、连续式和抬升式三种（表 5-3、图 5-12 ~ 图 5-14）。

（1）同路段内树池外边框、内盖板、覆盖物的材料、颜色、厚度应一致，样式美观。

（2）连续式树池设计时应充分考虑行人过街的需求，留出通道为行人提供便利。

（3）树池应边角齐全，压条与树穴的比例应适当合理，与周围环境协调。

（4）需设置照明的行道树，建议结合树池箅子一体化设计，应采用节能环保绿色照明，灯具、光源、安装要统一。

（5）树池箅子可采用模数组合，由两块或四块板拼接而成，表面图案可根据实际工程定制，细节可融入文化元素（图 5-15）。

树池类型划分   表 5-3

类型	基本要求	优点	不足	适用情况
独立式	一般为矩形，与人行道表面齐平	占地小，可加盖板，方便行人通行	不利于植物根系成长，雨水收集量不足	人行道宽度不足，人流量较大
连续式	一般为长条形，与人行道表面齐平，应考虑行人的过街需求	可以用"乔、灌、草"多层次来美化街道，可结合海绵城市设施消纳雨水	占人行道面积较大	适用于景观型慢行道，可用于人非分隔带，最小宽度 1.2m
抬升式	样式多变，可结合场地设计，高出人行道表面 40 ~ 50cm	可结合座椅设置，提供休憩功能	植物根系生长空间受限，局部占用人行道宽度较大	适用于人行道较宽的区域，可作为结合分隔带设计

图 5-12　独立式树池

图 5-13　连续式树池

图 5-14　抬升式树池　　　　　　　　图 5-15　树池箅子示意图

5.2.4　艺术小品

以街道为空间载体，通过设置艺术小品来提高特定空间的可识别性和人们的日常体验，鼓励街道设计中增加公共艺术品及艺术装置，提升街道环境品质，增强空间环境吸引力，鼓励行人驻留（图 5-16）。

（1）艺术小品的设计应遵循景观设计的基本准则，其位置选择应符合景观的一般位置原则，且不能影响步行空间的通行或妨碍行人活动。艺术小品的具体设置可参照以下位置进行：

①需要可识别性的特定区域，如城市新区、商业街或街道交叉口；

②人流聚集的公共区域，如交通枢纽或公园广场；

③视线通透且高度可见的交通走廊，如环形交叉口、高架桥城市入口；

④独特的城市结构空间，如人行天桥和地下通道。

图 5-16　南沙区街道景观小品示意图

（2）艺术小品不应构成健康或安全风险，同时不能限制视线、影响步行的通行空间或妨碍行人活动。

（3）艺术小品应规范设置，其造型、风格、色彩应与周边环境相协调，应定期保洁，保持完好、清洁和美观。

（4）艺术小品的任何设置，都不能对使用步行通道的人产生碰撞隐患。

（5）装饰性的艺术小品安装前，发起人须证明其设置能对当地环境品质及独特性能产生积极影响。建议设置政府艺术协调机构或专员，可以参与判断设置艺术小品的可行性；建议鼓励、支持本土设计人才参与艺术小品创作。

（6）艺术小品的维护和管理应成为设计过程的一部分，以保证艺术小品的可实施性及可推广性。

5.3 服务设施

5.3.1 照明设施

为慢行空间提供充足的照明，能够提高夜间的可视性、舒适度和安全感。提供多层次沿街照明，有利于塑造活跃的街道氛围，增进商业等沿街活动。

（1）路灯的数量、形式和照度应满足人行道照明要求。任何照明设施不得侵入道路建筑限界内。

（2）对于人行道较宽的街道，应设置人行道专用柱灯，建议柱形灯具高度为 4.0～4.5m，建议间距为 12～16m（图 5-17）。

（3）行人的道路照明鼓励与高杆路灯进行整体结合设计，统一设置。

（4）人行道两侧带有栏杆路段，建议设置栏杆照明（图 5-18）。

（5）对于人行道较窄的街道，可结合沿街建筑物或围墙设置壁灯。

（6）避免人行路径中照度差过大，使行人眼睛不适。建议一般人行干道或商业区均匀度在 0.25～0.33 之间，住宅区建议为 0.167。

（7）在行道树遮光严重的道路，可选择横向悬索布置方式。

（8）特殊的交通位置需提高街道易读性，夜晚照明须保证清晰可见，包括交叉口、坡道、公交站点、关键景观节点和活动区。

（9）生活型街道的照明设计应满足市民夜间街道活动的需求，并在沿街开敞空间设置集中光源，满足夜间广场活动的需求，需要注意不能对沿街居民造成光污染（图 5-19）。

（10）商业型慢行道的照明设施结合两侧建筑功能及沿街立面进行一体化设计，营造多彩活力的商业氛围（图 5-20）。

（11）在树木严重影响道路照明的路段可修剪遮挡光线的树枝，修改灯具的安装方式，采用横向悬索布置或延长悬挑长度，减小灯具的间距，或降低安装高度。

（12）灯杆上广告牌位置适当增高，避免造成安全隐患，同时保证远距离可见。

（13）人流密集的商业和生活型慢行空间建议设置智慧路灯杆，包含电源插座，Wi-Fi 和其他智能便民设施。

（14）景观型慢行道可针对性地设计光源，营造街道夜晚的灯光效果。滨水街道加强滨水岸线和标识节点的景观亮化。

（15）使用先进成熟的技术，在适当的条件下选择高效、节能的照明设施，并最大限度地减少光污染。

图 5-17　立柱型路灯

图 5-18　护栏式路灯

图 5-19　人行广场照明

图 5-20　商业街区照明

（16）可参考《广州市城市家具建设指引》，选择景观型和交通型路灯样式（图5-21、图5-22）。

5.3.2　公共座椅

公共座椅是城市的居住区、商业区、公共活动区等公共场所为人们提供休息的公共设施，合理的休憩设施能方便人们出行休息，有效提高行人的舒适度。

（1）非交通型慢行人行道宽度不小于5m，应设置公共座椅及休憩节点，形成交流场所，鼓励行人驻留。

图 5-21　景观型路灯样式　　图 5-22　交通型路灯样式

（2）应符合人体工程学原理，长度宜小于1.2m，宽度小于0.5m，坐面高度低于0.4m，坐面宽度小于0.45m。

（3）应结合使用者行为规律和人流量设置，一般公共座椅最大间距以50m为宜。

（4）沿广场道路布局的座椅不能影响交通，保证至少2.5m的人行通行宽度。

（5）木材的比热容较大，使用感比较舒适，座椅的坐面和靠背面的材质推荐选用木材，避免使用不锈钢材料，体感冬冷夏烫。

（6）公共座椅转角处应作磨边倒角处理或圆弧式设计，座椅靠背的高度和弧度设计都应符合人体工程学，为使用者提供最舒适的使用感（图5-23）。

（7）座椅应当结合树荫设计，在天气炎热时给人荫蔽的空间（图5-24）。

图 5-23　公共座椅示意

图 5-24　树荫下的座椅（柳园路）

（8）公共座椅与其他设施应符合整体景观要求，将座椅设置与户外场所进行景观互融性设计，结合其他城市家具扩展座椅的设置形态与功能（图 5-25、图 5-26）。

图 5-25　曲线形座椅图

图 5-26　艺术座椅

5.3.3　垃圾箱

垃圾箱的设置应满足行人生活垃圾的分类收集要求，行人生活垃圾分类收集方式应与分类处理方式相适应。

（1）垃圾箱主要布置在商业型和生活型慢行道、各类交通客运设施、公共设施、广场等位置。

（2）垃圾箱的投放口大小应方便行人投放废弃物，箱体高度为 0.8 ~ 1.1m。

（3）垃圾箱的同侧设置间隔宜根据人流量、街道功能，结合实际需求来确定；生活型、商业型和景观型慢行道等人流密度大的地区的人行道，建议设置距离为 30 ~ 50m，交通型慢行道建议设置距离为 100m。

（4）垃圾箱应设置在公共设施带内，距路边缘至少 0.5m，且不应造成通行障碍。当人行道受限时，也可设置壁挂式垃圾箱。

（5）垃圾箱的设置应与其他城市家具和设施相协调，公交汽车站、公共座椅附近应至少设置 1 个垃圾箱。

（6）垃圾箱应保持整洁，不得污染环境，应定期维护和更新，设施完好率不应低于95%，并应运转正常。

（7）垃圾箱应标明垃圾分类，可结合烟灰缸、花钵设置。

（8）考虑雨水导流设计，避免积水造成使用障碍。

（9）建议采用金属原色、木材原色和铸铁黑灰色系等饱和度较低的颜色，禁用白色（图 5-27）。

木棉花图案

垃圾分类标识

钢制废物箱

灰色钢制

图 5-27　垃圾箱标志及箱体示意图

5.3.4　遮阳（雨）设施

遮阳避雨设施是提高慢行环境舒适度的重要设施，包括乔木绿化、独立的上盖、建筑挑檐、骑楼、建筑外墙檐棚等多种形式（图 5-28 ~ 图 5-31）。

（1）商业型和生活型慢行道鼓励设置遮蔽设施，轨道站点出入口、大型交叉口、公交站点等主要人流节点之间的步行路径均应设置遮阳避雨设施。

（2）地面设计标高应与人行道路面标高持平，净宽不得小于 3m，净空高度不得小于 2.5m。

（3）在市区交叉路口建议设置遮阳（雨）棚，夏天可以遮阳、避暑，冬天可以遮雨、避风，提升城市的人性化管理程度（图 5-32）。

（4）遮阳（雨）设施的设置应结合不同道路特点与周围建筑景观，以不妨碍交通、提高舒适程度和服务水平为前提，并保持整洁、美观。

图 5-28　乔木绿化

图 5-29　建筑外墙檐棚

图 5-30　建筑连廊

图 5-31　人行道连廊

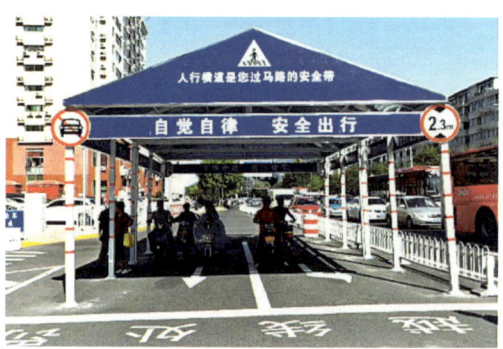
图 5-32　交叉口遮阳亭

（5）遮阳（雨）设施应统一材质、样式、颜色，且应与周边环境相协调，构造简洁、经济实用、耐久美观，便于维修和清洁。

（6）活动遮阳（雨）棚装置应具有防火性能，控制灵活，操作方便，便于维护。

5.3.5　导向标识

完善的导向系统，可为步行和骑行提供连续、有效、充足的信息服务，提高步行、骑行和公交出行的便利性（图 5-33、图 5-34）。

（1）宜结合道路交叉口、轨道交通出入口、博物馆等大型设施周围与设施带设置公共地图和人行指引公共标识。

（2）以轨道交通站、中运量公交车站为中心 800m 范围内的街道，人行道上应设置车站的指引标识，提供周边地点、站点分布和线路走向等信息。

（3）导向标识的立柱应距离路缘石 0.5m，距离路口 1～15m。

（4）疏散方向 15m 范围内的人行道不得设置信息牌。

（5）通过对信息设施的风格样式进行协同，可以进一步强化南沙特色历史风貌特征，突显现代化形象（图 5-35）。

（6）信息设施样式应与街道整体风貌相协调，设施布置应方便人流集散。对于人流量大或通行区域较窄的街道，应选择体积偏小的信息设施。

（7）步行街区、风貌保护区或特色风貌街区慢行空间指路标识鼓励采取特色化设计。

（8）交叉口、骑行道出入口等应设置指示标识，为步行和骑行者提供连续、有效和安全的慢行环境；非机动车专用路出入口处应设置指示标识，指引非机动车进入和离开。

（9）可参考《广州市城市家具建设指引》和南沙区常见样式，选择导向标识和信息牌。

图 5-33　导向标识

图 5-34　信息牌

图 5-35　南沙区导向标识
（港前大道）

第6章

品质施工要素

6.1 人行道铺装

　　人行道铺装的选择要充分考虑实用性、美观性、生态性和耐久性，其材料主要包括花岗石、混凝土、PC（仿花岗石石材）砖和透水砖（表6-1、图6-1~图6-4）。

人行道铺装材料分类   表6-1

类别	基本要求	优点	不足	适用情况
花岗石	以素雅的灰色为主；常用火烧面、荔枝面、龙眼面和机切面等	具有良好的质感，耐腐蚀，使用寿命长，不易变形	成本较高；不透水、不吸水，易造成路面积水；热岛效应大	商业型和景观型慢行空间及公共场所
混凝土	以原始色、灰色系为主；有抹平、拉毛、斩假石等饰面，可根据场地需求使用其他饰面	成本低，现场浇筑可满足不规则形状的要求，摩擦系数大，便于后期城市家具安装	抗拉强度低，易开裂，边缘易碎	商业型、生活型和交通型等多数慢行空间
PC砖	以灰白色、浅黄棕系等素雅的颜色为主	品质感强，景观效果好，性价比高，节能、环保、降耗、减排、节约成本	耐久性差，较易损坏，维护周期较短，易凹陷碎裂	人流密集，对环境品质要求较高的中心区
透水砖	以素雅的灰色为主	多孔结构，透水性好，雨后不积水，防滑系数高	耐久性差，易损坏，空隙易堵塞	与海绵城市结合设计

图6-1　花岗石铺装

图6-2　混凝土铺装

图 6-3　PC 砖铺装　　　　　　　　　　　　图 6-4　透水砖铺装

（1）人行道需满足现行行业标准《城镇道路工程施工与质量验收规范》CJJ 1 中对平整度、横坡、井框与面层高差、相邻块高差、纵缝直顺、横缝直顺、拼接缝宽度等的要求。

（2）考虑南沙区降雨多的气候特点，宜采用透水砖、透水混凝土或透水沥青等生态环保的可渗透材料铺装人行道，并满足相应的使用强度要求，避免由于路面破损或不平整引起人行道路面积水。

（3）人行道铺装图案不宜过于复杂或花哨，色彩以浅灰或中灰色为宜，并避免会造成视觉伤害的反光材料。

（4）铺装材料及铺砌形式的选择应从实际出发，在保证其景观效果的前提下，根据其铺装位置及周边环境进行设计（图 6-5、图 6-6）。

图 6-5　铺装差异较大（广外配套路）　　　图 6-6　行道与退缩空间统一铺装（珠电路）

（5）优先采用大块型的铺砖与纵向纹理排布，整体呈现平行于街道方向的铺设，与人前进的方向一致。

（6）一般情况下砌块横缝与路缘石成90°，除大型公共或商业型、景观型道路的节点等特殊区域，应采用同尺寸的路砖（图6-7）。

图6-7　常见人行道铺装平面示意图

（7）如无特殊铺砌样式或透水要求，尽可能采用紧密的拼接，保证不出现可见的砂浆拼接缝，打造出整体性的高品质路面。

（8）在路面的铺设过程中，应最大限度地减少板材的二次切割，同时避免剩余的板材长度小于10cm。

（9）需通过精细化的预切割施工来保证人行道路缘及尽头处接口的整齐、干净，并避免出现砂浆缝。

（10）路口人行带采用人字形铺装时，砌块顶点须排列于扇形区域中心线上。

（11）路口采用过渡型铺装时，过渡区起点应为建筑物边线或机动车道停止线，长度不应小于1m。

（12）当转弯半径较大时，无论是采用人字形铺装还是采用过渡型铺装，都会产生较多须二次切割的砌块，建议在路口人行带弧线段采用弧形过渡铺装（图6-8）。

（13）当两条人行道以特殊形状相交时，一般情况下，道路等级更高的人行道应采取更高的优先级，即铺装应沿高等级道路的边线连续，保证高等级道路铺装的整体性、导向性（图6-9）。

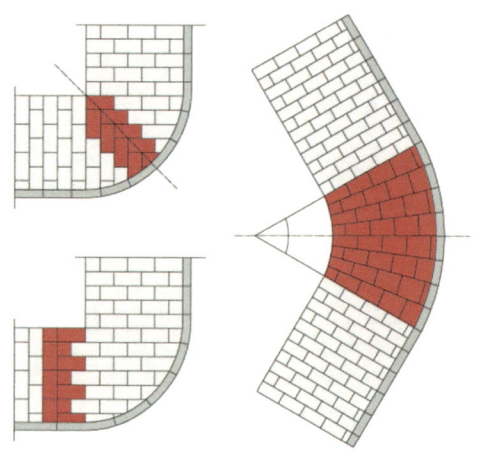

图6-8　转弯处人行道铺装示意图

图6-9　主次人行道相交的铺装示意图

（14）路面铺装通过采用特色的图案、特色的颜色涂装、特色艺术砖的镶嵌来达到突出步行道、增加视觉效果、提升环境艺术的目的（图 6-10、图 6-11）。

图 6-10　路面铺装艺术化处理

图 6-11　路面采用色彩鲜明的图案设计

6.2　非机动车道铺装

（1）非机动车道铺装及铺砌形式的选择应从实际出发，要充分考虑实用性、美观性、生态性和耐久性，根据其位置及周边环境的不同进行设计，所用铺装材料主要包括沥青和混凝土两类（表 6-2、图 6-12、图 6-13）。

非机动车道铺装材料　　　　　　　　　　　　表 6-2

类别	基本要求	优点	不足
沥青	以灰黑色系为主，也可根据情况使用彩色沥青；机非共板的非机动车道厚度需满足车行道的荷载要求	施工快，表面均匀，持续耐用，易修补再造，可创造铺装图案	彩色沥青容易褪色，修补后痕迹明显，造价较高
混凝土	以灰色系为主，可分为现场浇筑和预制混凝土砖块铺砌两种	成本低，易于切割，使用寿命长	延展性差，易开裂，边缘易破损

图 6-12　沥青铺装

图 6-13　混凝土铺装

（2）非机动车道宜采用选用深蓝色、深绿色等冷色调的防滑涂料路面，提醒机动车避让，避免机动车占用非机动车道停车（图6-14）。

（3）路面标线宜采用高对比度的彩色防滑标线专用涂料，以利于辨识。

（4）非机动车道表面铺装应平整，非机动车道与机动车道的过渡须平顺，避免产生大于6mm的高差变化。

（5）坑洞、车辙和其他路面病害需要通过局部修补或整体翻新尽快修复。

（6）非机动车道停止区在交叉路口处以艺术化或文字的形式表达，能起到警示和美化的作用。

图6-14　非机车道彩色铺装示意图

6.3　路缘石

路缘石主要分为平缘石和立缘石。平缘石指顶面与路面平齐的路缘石，可标定路面范围、整齐路容、保护路面边，适用于出入口、人行道两端及人行横道两端，便于残障人士通行（图6-15）；立缘石指顶面高于路面的路缘石，可在人行道和非机动车道或机动车道之间形成高差，阻止车辆进入人行道，与槽沟相结合有利于排水（图6-16）。

图6-15　平缘石

图6-16　立缘石

（1）路缘石材料主要包括花岗石、混凝土、PC 砖（表 6-3、图 6-17 ~ 图 6-19）。

路缘石材料表

表 6-3

类别	优点	不足	适用情况
花岗石	品质感较好，耐用，磨损掉色较浅，不易风化，与其他人行道材料结合良好	成本高，现场安装复杂，耗时较长，难以修补	人流密集的生活型、商业型和景观型慢行空间
混凝土	成本低，易于施工，成品灵活，可现场浇筑成各种形状、尺寸	外观实用，但景观性较低，容易破裂需定期养护	交通型慢行空间等不强调景观效果、曲线段较多的道路
PC 砖	品质感强，环保降耗，性价比高，可与石材搭配	耐久性差，较易损坏，维护周期较短	人流密集，对环境品质要求较高的中心区

图 6-17　花岗石路缘石

图 6-18　混凝土路缘石

图 6-19　PC 砖路缘石

（2）路缘石的设计及材料应与街道类型相符合，同一道路应协调统一（图 6-20）。

（3）立路缘的高度不应该超过 15cm，长度不低于 60cm；路缘石的长度应与人行道铺装长度成倍数关系，方便对缝美观，建议长度为 90 ~ 120cm（图 6-21）。

（4）立缘石倒角弧度半径推荐 2 ~ 5mm，不宜过大，否则易滑倒，造成安全隐患。

（5）立缘石拼接应顺接平滑，尽量避免出现凹凸点等衔接不当的情况（图 6-22、图 6-23）。

（6）路缘石与路面共用基层结构，垫层应设置在半刚性基层的同一界面上。

（7）宽度不大于 20cm 的立缘石安装时，应设置靠背。

（8）对不同转弯半径的交叉口的弧形段路缘石应分别进行设计，按照转弯半径定制弧形转角缘石（图 6-24）进行预制拼接，保证路缘石圆顺、美观（图 6-25）。

图 6-20　路缘石与雨水口结合（海港大道）

图 6-21　路缘石与人行道砖解封对齐

图 6-22　立缘石平顺衔接

图 6-23　立缘石转角处精细化

图 6-24　弧形转角缘石

图 6-25　弧形路缘石铺装效果（江灵北路）

6.4　阻车桩

　　阻车桩是城市街道中用于限制车辆通行的小型设施，被用于阻止机动车侵占行人或非机动车的空间；防止车辆驶离车道，造成对人行道路面、街道设施和建筑物的破坏；同时减少行人受伤的风险。

（1）阻车桩材料建议以花岗石、铸铁、不锈钢材料为主，并考虑采取警示性措施（表 6-4、图 6-26 ~ 图 6-28）。

阻车桩分类表　　　　　　　　　　　　　　表 6-4

类型	颜色	造型	应用场景
花岗石	以石材本身灰色、淡黄色为主	圆柱形、锥形、球形等	造价相对较低，适用于生活型、交通型等大多数情况
铸铁	以黑色、深灰色为主	圆柱形、锥形	能够设计独特造型，适用于商业型、景观型慢行道
不锈钢	以不锈钢本身的银色为主	圆柱形	适用于生活型、商业型等景观要求较高的街道

图 6-26　花岗石阻车桩　　　　　图 6-27　铸铁阻车桩　　　　　图 6-28　不锈钢阻车桩

（2）阻车桩地面固定的方法应精细，以尽量减少对周围人行道的损坏，防止发生车辆碰撞，并方便更换。

（3）阻车桩距离道路缘石内边缘应大于 0.25m，距离盲道边缘应大于 0.25m。

（4）阻车桩间不应用链或绳相连，造成对行人穿行的阻挡。

（5）在品质化的要求下，阻车桩应与周边环境相协调，并成为环境中的景观小品（图 6-29）。

（6）阻车桩应样式简洁，可采用圆柱形柱体，并在柱头下的柱身部分加入黄色反光警示条（图 6-30）。

图 6-29　阻车桩的材质与铺地的材质协调　　　　　图 6-30　带黄色反光警示条的阻车桩

6.5 杆件

慢行空间内的杆件包括路灯、信号灯、交通标志和护栏等，应根据道路等级、人流密度和交通管理要求来设置，且不应阻挡通行视线。

（1）应保证人行道上的各类杆件基础不高于人行道表面，铺装与杆件平顺相接，减少行人绊倒的风险。

（2）杆件安装应注意对人行道铺装完整性的保留，并应做到杆件与人行道铺装间的缝隙不大于1cm，不能以水泥砂浆替代杆件位置原有人行道铺装（图6-31）。

（3）若使用螺栓固定，应保证螺栓不破坏现有铺装（图6-32）。

（4）栏杆设计（如布局、高度等）要兼顾所有道路使用者的情况，防止可能引起的意外伤害和妨碍，更要避免在视觉上造成城市景观的"白色污染"。

（5）建议护栏设置为竖向杆件，圆形柱头，防止行人攀爬。

（6）护栏立柱底座基础应稳固，隐蔽下埋，构件一体加工，连接位置固定方式牢固。

（7）对于污渍锈蚀、破损歪斜的护栏，应及时维护更新。

（8）护栏样式建议采用黑色带有广州印记的样式（图6-33）。

图6-31　杆件破坏人行道完整性

图6-32　杆件与人行道平接且不破坏铺装

图6-33　带广州印记的黑色铸铁护栏（海港大道）

6.6 台阶

（1）台阶设计应保证行人通行的安全与舒适。公共建筑室内外台阶踏步宽度不宜小于 0.30m，踏步高度不宜大于 0.15m，且不宜小于 0.10m，踏步应防滑；自行车推行坡道每段长不宜超过 6m，坡度不宜大于 1：5。

（2）0.15～0.3m 的微小高差可采用坡道代替。当必须出现台阶时，应利用材料颜色（如防滑且渗透性强的材料、高亮颜色等）突出台阶区的边缘，以保证安全使用（图 6-34、图 6-35）。

（3）人流密集的场所如果台阶高度超过 0.7m 并侧面临空时，应有防护措施。

（4）台阶的整体颜色和材质与人行道的铺装相互协调，减少空间割裂，形成整体感，避免尖锐、直角的台阶（图 6-36、图 6-37）。

图 6-34　微小高差可用缓坡（蕉门地铁站）

图 6-35　避免使用台阶，宜用全宽式缓坡（万环西路）

图 6-36　台阶前设置白色铺装

图 6-37　避免尖锐、直角台阶（江灵北路）

6.7 井盖

城市道路上的井盖应与路面齐平，不影响行人和车辆的通行体验，确保各检查井井盖不被其他设施阻挡。

（1）井盖内的铺装按人行道平面铺装，不得出现对接错位，保持人行道平面铺装的完整性和一体化，井盖上铺装颜色与周边人行道铺装材质一致。

（2）当井盖不与人行道平行时，保持井的位置不变。只改变井盖摆放方向，将井盖方向调整为与人行道平行。

（3）可根据周边铺装尺寸选用相应模数的装配式井盖（图6-38），如900mm×900mm。

（4）井盖在盲道时，必须确保填充式井盖和周边铺装面上盲道凸起的方向一致。

（5）景观型慢行空间的检查井盖可统一设计，增加铺装趣味（图6-39）。

图6-38　装配式井盖铺装

图6-39　井盖外观美化设计案例

第7章

实施策略

7.1 规划引领

1. 完善各项系统专项规划，鼓励慢行交通出行

打造国际级慢行城市街道，需首先完善南沙区步行系统规划、非机动车系统规划、轨道交通线网规划、公共交通系统规划等专项规划内容，明确行人和非机动车的路权，注重慢行环境的舒适、便利和安全，建立相对独立的通行空间；其次，应该完善慢行设施的规划和建设，进行合理的选址和布局规划。

2. 坚持道路用地集约化原则，明确道路的功能导向

在规划中坚持道路集约用地标准，根据道路分级分类和沿线建设条件，合理确定红线宽度与交叉口半径，将道路的使用由交通导向引导为多功能、集约化的城市公共空间导向，以生活性为主的道路，尤其须注重相应设施的配套，增加街道生活的活力。

3. 加强街道空间管控，探索街道、建筑一体化模式

在城市规划阶段，应加强对地区混合用地、街道断面、街道设施、街墙高度、底层用途等街道相关要素的管控，并使街道与两侧建设用地的规划设计同步；在建设实施阶段，增加街道空间一体化设计内容，并探索将道路项目规划管理和沿线建筑项目规划管理统筹考虑，提升道路与沿街建筑的设计品质。

7.2 部门协同

1. 统筹多部门协同管理，参与全过程的建设维护过程

市政设施要素种类繁多，街道空间和设施管理涉及规划、交通、城管、园林绿化等众多部门，管理主体多。应建立统一纵向、全过程指导的市政设施的管养模式工作框架，避免管养碎片化，管养经费、技术力量良莠不齐等问题。

2. 提倡建立信息共享平台，创新街道综合治理体系

良好的规划设计、实施与维护牵涉各相关部门的职责范畴，应破除各部门条块分割、各自为政的传统观念，推动街道治理理念统一和权责明晰，促进多部门沟通协作，完善街道规划、建设、管理全流程管控机制。为了避免信息沟通不畅，提倡建立信息共享平台，将街道领域各方面的资料和数据进行部门间同步传送，为各部门及时、有效的协作提供便利条件。

7.3　运营维护

1. "建设"和"管理"并重，加强城市街道的步行友好性

建立日常巡视制度及其管理机制，及时发现和解决人行道破损等问题，重点解决车辆违法占用人行道、小摊贩经营占道、各种设施占道等占用人行道问题，保证人行道的有效宽度及连续性。

2. 建立定期维护保养的巡查检修机制，保证使用者安全舒适的街道体验

交通设施和街道设施，因为使用时间的增长、交通事故的破坏发生损坏时，相关部门应在最短的时间内进行最合理的维护，以尽可能地减少街道损坏造成的不利影响。如人行横道应保持清晰的斑马线；人行天桥和地下过街通道的地面应及时维修，保持平整；人行天桥的栏杆应经常检查和维修，确保栏杆不缺失并具有足够的强度；地下过街通道内及出入口的灯应正常工作。

7.4　公众参与

1. 引导市民、社区和文化部门介入街道空间环境的规划设计

慢行空间的规划建设工作强调开放性。联合沿街业主、周边社区居民和社会公众团体，组织基层街区常态化的管理机构，调动社会公众的积极性，对街道设施及空间品质进行维护监督。通过多方的参与，充分发挥设计师主观能动性的同时，充分采纳社区及沿街业主的意见，形成具有较强针对性和互动性的设计组织方式。

2. 做好街道设计、建设的宣传和发动工作，倡导绿色、文明出行

加强宣传，引导各级政府和宣传部门充分利用展览馆、新媒体等，展示街道设计、建设成效，提供公众参与的场所与渠道。规范街道公共场所中的行为礼仪，维护街道设施，营造良好的街道环境。加强街道设计、建设带来的经济、社会、景观效益的宣传，提高公众认知度，形成全社会广泛支持和参与街道设计与建设的氛围。

3. 弱化行政干预，实施各利益团体间的协商机制

努力弱化在城市街道的设计、建设、管理中的行政干预，形成人性化的操作机制。通过搭建政府、开发商、沿线业主之间的沟通平台，平衡各方利益，鼓励各方共同参与街道的设计与改造，协调各方诉求，解决街道建设、使用和管理中出现的具体问题，达成各方利益的共同指向。

7.5 机制保障

1. 清晰界定市政道路与建设地块之间的建设权责机制

形成人行道与建筑退缩空间的一体化设计、建设、管理机制，明确牵头单位、沿线业主的相应职责、权利及义务。项目实施前开展沿线业主意见征询程序，制定合理的设计、建设、维护费用的分担规则，界定设施管理维护的各方责任。

2. 通过多方筹措资金，实施街道建设的资金保障

加强公共财政投入，鼓励社会资本参与街道及附属设施的建设和运营，鼓励沿街业主参与对公共环境品质的投资。通过设置专项经费，保证高品质街道空间环境的建设与维护，吸引国内外高水平设计单位、设计师参与街道的规划设计。

3. 逐步完善街道设计标准，分步实现街道空间的更新

逐步落实人性化、舒适性、功能化的城市道路设计理念和"窄马路、密路网"的布局理念，根据不同具体情况，制定相应的实施标准。通过对现行的道路、消防、居住区设计等相关技术标准规范进行修订和完善，在城市新区，努力创造宜人的街道步行环境，完善街道设施及沿街绿化。

7.6 弹性改造

1. 建立街道导则实施的弹性目标管控体系

通过建立以人为核心的街道品质评价体系，形成面向活力、景观、文化等诸多要素的评价指标，针对不同的街道现状及区域条件，对街道建设进行评估和目标预期，制定具有现实操作性设计和建设方针。

2. 鼓励问题为导向的阶段性街道改造

本书的实施需要针对相应街道存在的现实问题，避免大规模的拆建，减少对交通通行的影响，增加慢行空间、设置休憩节点等。阶段性的街道改造经评估后，可持久性地为改造方案提供参考。

3. 鼓励城市密集区域街道分时段使用的动态管理

对于步行交通量较大的城市密集地段支路，可在周末和节假日对街道进行无车化管制，进行社区街道活动或组织自行车骑行，宣传慢行出行理念，强化街道作为公共开放空间的公共认知。

南沙基础设施建设高质量发展

主　编：陈荣毅
副主编：宋光昕　文志成

5

医院大型医用设备的建设与管理

分册主编：陈荣毅　宋光昕　方虎生
黄　佳　黄　过

中国建筑工业出版社

图书在版编目（CIP）数据

南沙基础设施建设高质量发展. 5，医院大型医用设备的建设与管理 / 陈荣毅主编；宋光昕，文志成副主编；陈荣毅等分册主编. —北京：中国建筑工业出版社，2024.6

ISBN 978-7-112-29822-8

Ⅰ. ①南… Ⅱ. ①陈… ②宋… ③文… Ⅲ. ①医院—医疗器械—基础设施建设—研究—南沙区 Ⅳ. ①F299.24

中国国家版本馆CIP数据核字（2024）第087625号

《南沙基础设施建设高质量发展》

主　　编：陈荣毅

副 主 编：宋光昕　文志成

参　　编：霍文斌　谌琳琳　秦利辉　徐　明　黄　佳
　　　　　曹建新　黄　过

《医院大型医用设备的建设与管理》分册

主　　编：陈荣毅　宋光昕　方虎生　黄　佳　黄　过

参　　编：张翼鹏　刘叶桂　刘伟新　徐　明　廖　斌

目 录

第 1 章

医院大型医用
设备概述

因医疗救治对象和病种的特殊性，癌症诊断分期、随访检查以及放射治疗等医疗活动对大型医疗设备依赖程度高，无论是综合医院肿瘤科，还是肿瘤专科医院，对设备的性能和技术指标要求都非常高。医院大型医用设备规划配置应符合上级卫生主管部门制定的大型医用设备配置规划要求，结合自身功能定位、学科发展、临床服务需求，以及具有的技术条件、成本效益等因素开展本单位大型医用设备配置规划工作。本章围绕大型医疗设备配置原则、卫生技术评估方法、配置许可以及医技平台设备配置规划方法等方面开展论述，通过回答"应不应该配""如何合理配置"等问题，更好地完成大型医疗设备科学配置与有效使用，实现医院可持续性发展，促进全民健康和卫生事业的发展。

1.1　当前医院大型医用设备建设情况

在我国，国家相关部委为促进大型医用设备的合理配置与有效使用，先后出台了一系列政策文件，逐步建立和完善我国大型医疗设备配置与使用管理制度。1995 年 7 月卫生部发布《大型医用设备配置与应用管理暂行办法》（1995 年卫生部令第 43 号），该办法明确了大型医用设备概念，规定了卫生行政部门与医疗卫生机构所要履行的职责，在全国实行大型医用设备的配置、应用和上岗人员的三证管理，初步实现大型医用设备的规范管理。2004 年 12 月，卫生部、国家发展和改革委员会与财政部共同发布《大型医用设备配置与使用管理办法》（卫规财发〔2004〕474 号），该办法将大型医用设备管理品目分为甲、乙两类，由国家与省级卫生行政部门分别管理，实行配置规划和配置证制度。2018 年 5 月，国家卫生健康委员会和国家药品监督管理局共同发布《大型医用设备配置与使用管理办法（试行）》（国卫规划发〔2018〕12 号），该办法明确了国家按照目录对大型医用设备实行分级分类配置规划和配置许可证管理，实现从管理目录确定、配置规划制订、许可实施、使用、监管的全过程管理。

但是，目前我国大型医用设备配置管理仍存在一些问题。（1）整体配置水平较低。近年来，我国大型医用设备的配置数量快速增长，但是整体配置水平仍低于欧美及日本等发达国家，尤其是螺旋断层放射治疗系统（TOMO）、达芬奇手术机器人等高端医疗设备。（2）不同地区的设备配置均衡度不足。虽然现行的配置管理办法有助于提供地区间的配置公平性，但是大型医用设备在不同地区之间以及区域内部的分布仍存在差异，大多集中于中心大城市和经济发达地区。不仅如此，在不同医疗机构中，仍存在设备利用不足与过度利用并存的现象，设备使用率仍有待改善。部分医院片面追求规模发展而盲目引入高端大型医用设备，导致了闲置和浪费。

综上所述，推动建立大型医用设备配置应用管理体系，对于医疗机构高质量发展具有巨大的促进作用。其中，建立完善国家宏观配置和医疗机构管理应用有机衔接的管理体系是重点，利用卫生技术评估提高设备科学化配置水平是发展方向，切实地研究和证实影响大型医用设备配置数量的社会经济、地理、卫生等方面的因素，以回答"如何提高不同区域大型医用设备的配置和使用效率""如何配置适宜的大型医用设备以满足区域卫生健康要求"等问题为出发点，建立科学的规划模型，提高管理水平，逐渐完善大型医用设备的宏观决策，形成针对不同区域的阶梯配置规划。

1.2 大型医疗设备建设原则与技术评估

大型医疗设备是医院开展正常医疗工作的基础保障，是医疗服务项目必不可少的重要组成部分，在医院建设中发挥着重要作用。其配置与应用管理的科学性、先进性、合理性，关系到医院的医疗质量及核心竞争力，直接影响到医疗服务质量和医患关系。为适应经济社会发展新要求以及卫生健康事业改革发展需要，不断完善大型医疗设备的配置与技术准入评估手段，提高大型医疗设备的利用效率，对提高医院管理水平，切实降低患者疾病经济负担，推进和谐社会建设具有重要的作用。自从我国卫生部颁发《大型医疗设备配置与使用管理办法》（卫规财发〔2004〕474 号）以来，全国各地建立了相应的医疗设备配额管理制度，对医院的大型医疗设备配置规划起到了积极的指导作用。但随着高新技术医疗设备的层出不穷，高新技术医疗设备给临床疾病诊断带来便利的同时，增加了医院的运营成本，并导致医疗服务价格不断攀升，难免伴随过度医疗、因盲目追求技术先进性而引进大量医疗设备导致资产闲置、利用率低等情况。

为了进一步完善大型医疗设备的科学配置与技术评估手段，本章根据《卫生健康委国家药监局关于印发大型医用设备配置与使用管理办法（试行）的通知》（国卫规划发〔2018〕12 号）、《国家卫生健康委员会关于发布 2018—2020 年大型医用设备配置规划的通知》（国卫财务发〔2018〕41 号）等有关文件精神，总结医院大型医疗设备配置的基本原则和技术评估要点，为大型医疗设备科学配置提供指导思路。

1.3　我国大型医疗设备配置许可管理

为坚持"放管服"，充分考虑医改推进、医学技术进步、疾病诊治需求，以及设备技术风险、资金投入、运行成本和使用费用等因素，按照问题导向、最小必需、动态调整和权责一致的原则，紧紧围绕保障医疗质量安全、促进资源共享、控制医疗费用的目的，以临床应用风险高、购置费用和检查治疗服务价格高的设备为重点，2018 年，国家卫生健康委员会正式发布《大型医用设备配置许可管理目录（2018 年）》（国卫规划发〔2018〕5 号），对大型医用设备的配置进行分类管理。

1.3.1　甲类（国家卫生健康委员会负责配置管理）

为资金投入巨大，使用费用很高，技术要求特别严格的大型医疗器械，配置数量较少，一般按省级或跨区域配置，包括：

（1）重离子放射治疗系统。

（2）质子放射治疗系统。

（3）正电子发射型磁共振成像系统（英文简称 PET–MR）。

（4）高端放射治疗设备。指集合了多模态影像、人工智能、复杂动态调强、高精度大剂量率等精确放疗技术的放射治疗设备，目前包括 X 射线立体定向放射治疗系统（英文简称 Cyberknife）、螺旋断层放射治疗系统（HD 和 HDA 两个型号）、Edge 和 Versa HD 等型号的直线加速器。

（5）首次配置的单台（套）价格不小于 3000 万元人民币（或 400 万美元）的大型医疗器械。

申请甲类大型设备配置证的流程见图 1–1。

1. 基本条件

（1）国家医学中心、区域医疗中心，或集医疗、科研和教学为一体的三级综合性或专科医疗机构。

（2）能够开展重大疾病防治、复杂疑难病例诊治和临床研究。

（3）牵头开展区域性以上多中心临床试验和新技术评估工作。

（4）制订重大疾病和放射治疗相关技术应用标准、临床指南。

（5）承担放射治疗专业高水平人才培养、国家级重大科研项目和放射治疗技术装备研发任务。

2. 技术条件

（1）具有卫生健康行政部门或中医药主管部门核准登记的外科、肿瘤内科、放射治

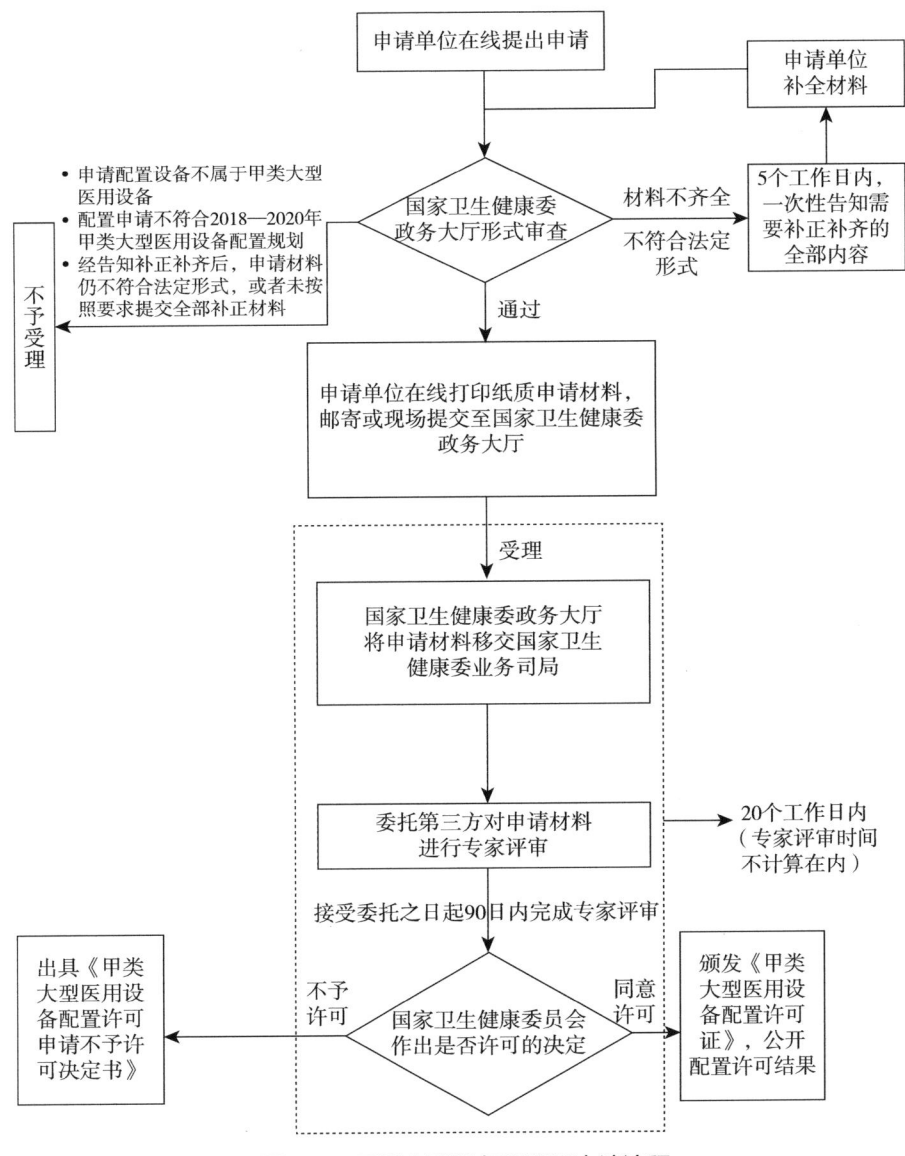

图 1-1　甲类大型设备配置证申请流程

疗科、病理科及医学影像科等相关诊疗科目，具备肿瘤综合诊治能力。

（2）具有 8 年以上的调强放射治疗（IMRT）经验。

（3）近 3 年年均 IMRT 治疗例数不少于 1500 例。

（4）有 10 年以上的影像诊断（含核医学）工作经验。

（5）有 5 年以上的立体定向放射治疗（SRS/SBRT）经验。

（6）近 3 年年均 SRS/SBRT 治疗例数不少于 350 例。

（7）具有多模态影像引导放射治疗计划设计与执行的能力，常规开展 IMRT 剂量验证工作，且年均执行例数不少于 1500 例。

3．配套设施及质量保证措施

配套设施：

（1）配备 CT 模拟定位机或 MR 模拟定位机。

（2）配备 CT、MR、PET-CT 等影像诊断设备。

（3）配备可开展 IMRT、IGRT（图像引导放射治疗）和 SRS/SBRT 的直线加速器不少于 3 台。

（4）配备质子治疗相应的物理质控设备。

（5）具有相应的放疗计划和影像信息管理系统。

（6）符合各级卫生健康和环保部门要求，具有电磁与辐射防护设施场地。

（7）具备 3 年内完成采购和安装的条件。

质量保证措施：

（1）具有质子放射治疗技术质量控制和质量保障体系。

（2）具有相应的辐射防护管理制度。

（3）具有相关安全事件的应急机制及处理能力。

（4）具有健全的质子放射治疗技术应用后监督及随访制度。

（5）具有健全的设备使用前培训及临床实践机制。

（6）具有设备使用后降低不良反应率、提高放疗控制率以及延长患者生存期的评价机制。

1.3.2 乙类（省级卫生计生委负责配置管理）

因资金投入大，运行成本和使用费用高，技术要求严格的大型医疗器械，一般以省级及以下区域为规划配置单位。包括：

① X 射线正电子发射断层扫描仪（简称 PET-CT，含 PET）；

②内窥镜手术器械控制系统（手术机器人）；

③ 64 排及以上 X 射线计算机断层扫描仪（64 排及以上 CT）；

④ 1.5T 及以上磁共振成像系统（1.5T 及以上 MR）；

⑤直线加速器（含 X 射线刀，不包括列入甲类管理目录的放射治疗设备）；

⑥伽马射线立体定向放射治疗系统（包括用于头部、体部和全身）；

⑦首次配置的单台（套）价格在 1000 万～3000 万元人民币的大型医疗器械；

1．基本条件

（1）国家区域医疗中心创建主体单位、省级医学中心、省区域医疗中心或者集医疗、科研、教学为一体的三级甲等医疗机构，以及达到三级甲等医疗机构同等水平的医疗机构。

（2）能够开展疑难重症诊断、治疗及评估，核医学科应为省重点学科，能够在全省或区域肿瘤、心血管、神经系统等疑难病症诊疗方面发挥较强指导作用。

（3）原则上已装备 PET-CT 且年平均检查量低于 1200 例的区域，不得申请新增配置。

2．技术条件

（1）设置核医学科、肿瘤科、影像科、心脏科、神经科和放疗科等相关科室，以上专科至少有 1 个省级重点专科或省重点培育学科；

（2）核医学科（组）成立时间 3 年以上；

（3）鼓励和支持配置配装 16 排 CT 的 PET-CT；

（4）申请配置 128 排及以上 CT 的 PET-CT 的机构，其核医学科应为全国领先学科，能对全国或全省在肿瘤、心血管、神经系统等疑难病症诊疗方面发挥较强指导作用，具有较强高层次人才培养、承担国家级重大项目和课题研究、开发新技术应用和临床转化能力等。

3．配套设施及质量措施

（1）相关科室有完善的医疗设备质控体系；

（2）具备符合卫生健康和环保部门要求和临床需求的场地和基础设施，完善的辐射防护设施，合格的放射性药品供应条件、渠道和完善的信息化管理体系；

（3）具有完善的质量控制和质量保障体系，具有放射性药物的风险管控机制，质量保障管理制度健全；

（4）管理制度健全，具有全面的医疗质量管理方案，科室执行记录完整。

第 2 章

医院大型医用设备建设常见问题

2.1 概述

建设合乎标准的机房是保证医疗设备正常运行的必要条件，对于大型医疗设备而言，显得尤其重要。因为大型医疗设备机房的设计施工要求均相对较高，经费投入相对较多，一旦建成，尤其是设备安装完成后出现问题，再对机房进行大的改动是很困难的。如磁共振机房的电磁屏蔽层、直线加速器及核医学设备的射线防护层等，一旦发生泄漏导致返工，轻则影响设备的使用效果，重则造成人员伤亡，后果严重，往往损失巨大，甚至是难以弥补的。因此，做好大型医疗设备机房的建造工作具有特别重要的意义。

直线加速器、MRI 及 CT 等多种性能先进的大型医用设备，设计及施工流程繁杂。不同品牌的同种设备安装条件要求差异较大，设备更新换代快、采购时间和供应时间不确定等多重因素的影响，造成大型医疗设备机房规划、设计和施工的进度并不匹配，设计和施工往往需要同时考虑市场上不同成熟厂商的安装条件，进行土建、机电用电量等预留，稍有不慎就会造成现场返工甚至影响项目验收和交付使用。

大型医疗设备的运营维护包括设施管理和资产管理，医院在运营维护阶段常常欠缺系统性的计划及实施经验，无法统筹安排资源和发挥设备固定资产的最大价值。很多医院项目往往在建成投产后才开始进行运营维护管理的实施策划，而彼时大型医疗设备已经采购运行，可调节的空间并不大，降低了大型医疗设备的可运营性、可维护性和可持续性。

2.2 大型医用设备建设规划

当前，部分医院由于建设周期紧、预算压力大、建设规模受投资限制等原因，常常没有做深入、完善的功能需求分析论证，仅仅做一些局限性较大的征求意见或可行性研究等。同时，再考虑到部分医院对新建医院的需求和定位不清晰、医院的决策者对医院建设的流程不了解等因素，设计单位根据不完善或不合理的前期论证结果进行深化设计，到了工程建设实施阶段，院方才发现在功能布局与使用需求上存在诸多问题，只能在投资限额内进行反复变更修改，轻则调整局部房间布局，重则整个科室推翻重来。浪费资源的同时，项目也成了各方均不满意的工程。上级主管部门不满意医院边建设边调整方案，增加了投资；医院领导不满意工程建设延期交工；设计单位不满意工程没有达到原有设计意图，且存在大量的返工劳动；施工单位不满意现场大量的拆改，造成工程施工成本增加；使用科室不满意接手诸多功能需求被压减的医疗用房。

大型医疗设备机房的建造必须根据医院的实际情况，充分考虑人流、物流、医疗功能布局和医院的长远发展需要，以满足设备使用要求、方便患者诊疗为主要目的，广泛听取设备制造商、使用科室和有关主管部门的意见，在充分调研和论证的基础上，制定出切实可行的规划方案。但在实际操作中存在诸多问题，例如在可行性研究、初步设计甚至施工图设计全过程设计周期内，大型设备品牌都无法确定，设备制造商的意见无法及时传递给院方、设计方；使用科室的人员往往因为对设计方案的理解能力有限，造成使用功能定位不明确、平面功能不清晰；常常在二级流程设计中推翻前期已确认的一级流程成果，在三级流程设计中推翻一、二级流程成果。同时，各个医院科室缺乏项目整体统筹的观念，存在"科室面积越大越好""功能越齐全越好""对标某某医院科室的标准"等观念。在设计对接过程中，几乎每个科室都认为自己的科室面积做小了、标准做低了。如完全按照科室要求对标设计，项目往往面临超规划面积、超投资限额的风险，考验各参建部门的统筹协调能力。

同时，大型医疗设备，如 CT、MRI、PET-CT、直线加速器机房、后装机房等需按照相关法律法规进行职业病危害放射防护预评价及环境影响评价。评价工作专业性较强，一般需委托专门的评价单位进行评价。理想状态下，设计与评价应相辅相成，顺势而为，但项目常常因环评单位招标滞后等因素，造成评价工作与设计施工脱节，项目出图后需根据专家评价意见修改放射防护、屏蔽图纸，甚至会造成返工，给设计及施工带来诸多困难。

以广州医科大学附属肿瘤医院（南沙院区）项目为例（图 2-1、图 2-2），项目在前期设计过程中，根据《广东省未成年人保护条例》第四章"社会保护"第三十二条规定，"在学校周围直线延伸二百米范围内禁止设立易燃易爆、剧毒、放射性、腐蚀性等危险物品的生产、经营、储存、使用场所或者设施。"大型医疗放射设备机房只能退缩在西南侧角落里，对医院的一、二级流程布局限制较大。在与医院对接过程中，院方要求在 200m 退线范围内设置防辐射手术室，而根据评价要求，学校需出具知情同意书方可实施，增加了沟通成本及时间成本。

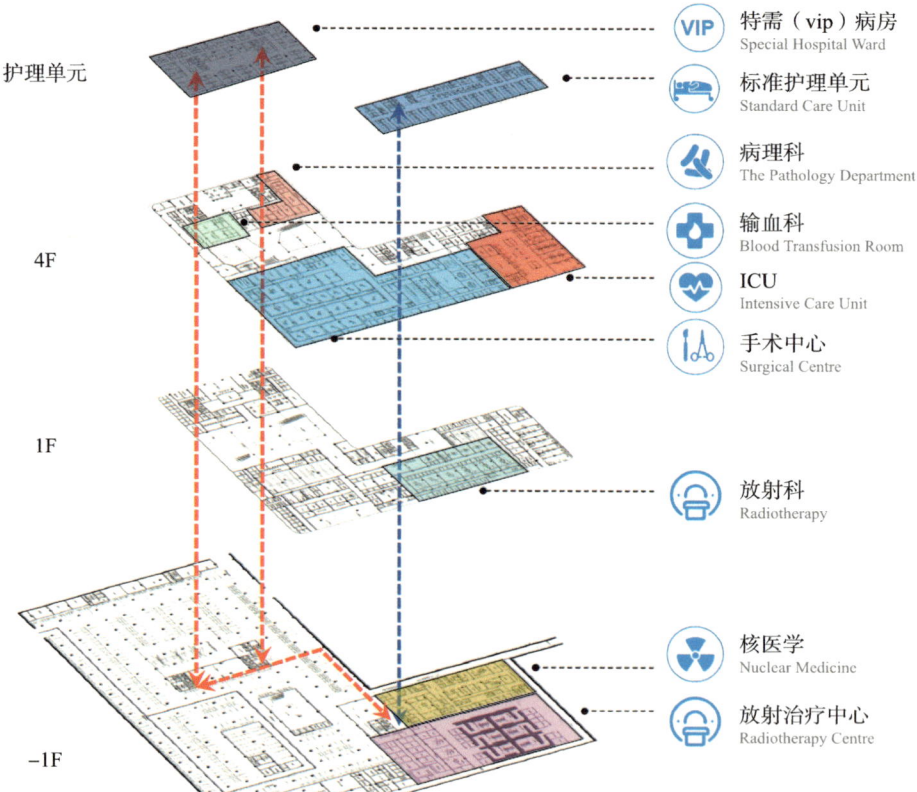

护理单元

特需（vip）病房
Special Hospital Ward

标准护理单元
Standard Care Unit

病理科
The Pathology Department

输血科
Blood Transfusion Room

4F

ICU
Intensive Care Unit

手术中心
Surgical Centre

1F

放射科
Radiotherapy

核医学
Nuclear Medicine

放射治疗中心
Radiotherapy Centre

−1F

图 2-1　广州医科大学附属肿瘤医院（南沙院区）大型医疗设备科室示意

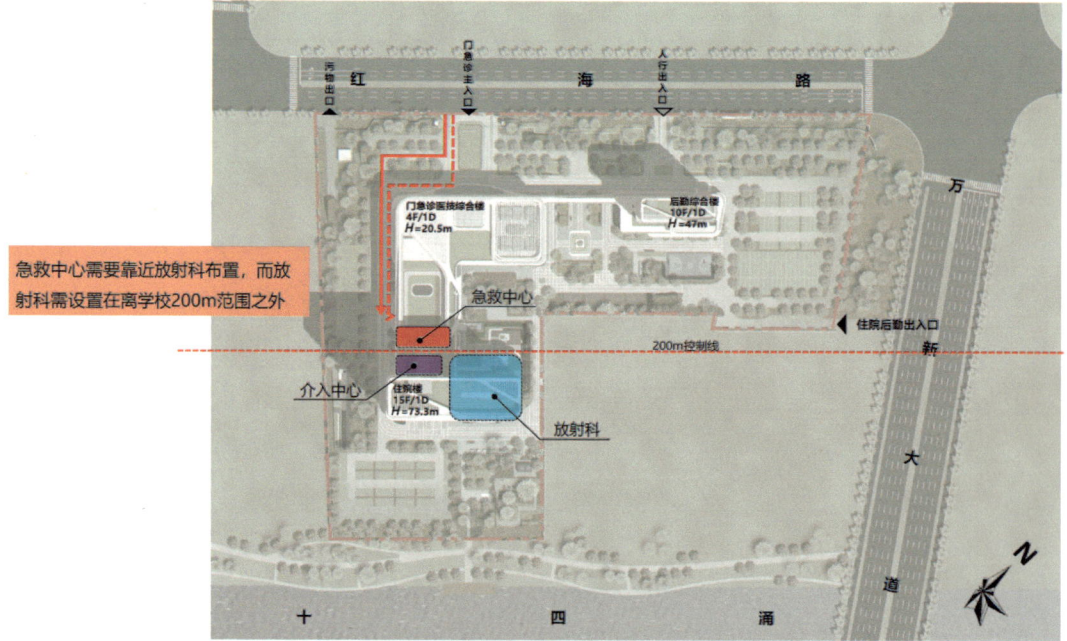

急救中心需要靠近放射科布置，而放射科需设置在离学校200m范围之外

图 2-2　广州医科大学附属肿瘤医院（南沙院区）放射防护机房退线示意

2.3　医院大型医用设备建设设计与施工

　　现阶段，医院大型医疗设备采购与安装常常与项目主体土建、机电安装脱离，由院方二次采购安装，设备供应厂家及配套安装单位共同负责设备的安装、调试及维护等工作。在设备厂家介入项目前，设计单位仅能依靠过往的设计经验或根据部分厂家提供的设备参数进行相应的基础设计，在满足设备机房基本尺寸条件的同时，预留相应的结构荷载（包含设备运输通道）；机电设计也只是把水和电源引到机房中，结构荷载和水电的用量只能根据项目经验或厂家提供的参数进行预留。但大型医疗设备更新升级速度较快，各厂家的设备均有自身的特点及升级需求，设计单位掌握的资料很难与设备更新同步。另一方面，在设计阶段指定的设备品牌不确定，设计被迫采用较大空间、较重荷载、较大水电用量的预留方式进行设计预留，变相增加了项目造价。在设备厂家介入之前，仅能确定空间几何尺寸，很难确定其他的条件。此外，大项医疗设备机房内部专用的管线铺设往往是由设备供应商来敷设安装。但是，由于设备安装与调试会与建筑施工存在很多交叉作业，一旦厂家介入滞后，很可能造成预留条件不匹配和工序倒置，加大施工难度，难以保证施工质量，增加设备后续维护工作的难度。

　　以广州医科大学附属肿瘤医院（南沙院区）项目为例（图 2-3），放疗中心设置在负一层地下室，项目配备四间直线加速器机房、一间后装机房、一间 MR-Linac 机房。项目直至施工阶段都无法明确设备品牌，设计单位只能咨询市场主流的几个品牌，按照

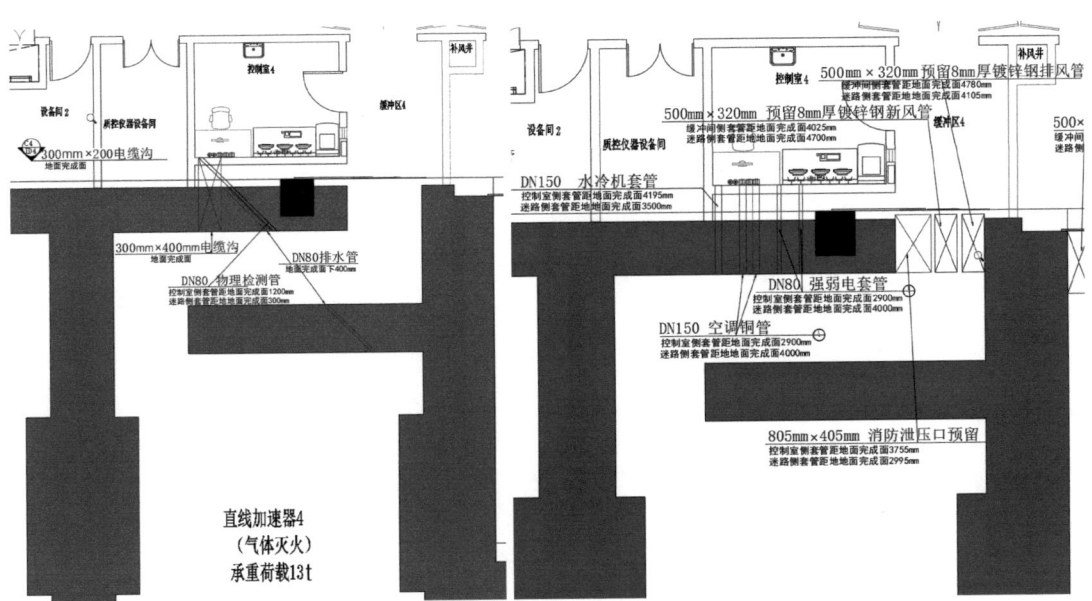

图 2-3　广州医科大学附属肿瘤医院（南沙院区）直线加速器机电预留示意

不同品牌的参数要求预留土建洞口，洞口数量增加，给放射防护施工增加了难度及不确定性。待设备厂家确定后，多余的洞口还需要进行放射防护施工，增加额外的费用。

与此同时，由于设备品牌无法确定，大型设备区域的底板、侧壁、顶板等土建施工需提前找各品牌厂家分阶段验收，设备厂家需根据自家设备参数校核现场土建条件，施工工期因此可能耽误数个月之久。南沙地区地质情况不佳，大型设备区域地下室因施工进度缓慢，导致基坑支护长时间承受安全风险。最终，设计单位不得已在大型设备区域增加锚索等措施进行基坑加固，增加额外的造价（图 2-4、图 2-5）。

另外，不同设备厂家对于辅助机房等功能设置的要求也不尽相同。以直线加速器机房为例，部分厂家辅助机房（放置调制柜等设备）可设置在直线加速器机房内，通过装饰隔断分隔出功能房间，而部分厂家要求在直线加速器机房外单独设置辅助机房。因此，在设计中还需要考虑不同厂家的需求，在机房内及机房外均预留足够的辅助机房位置。不同厂家的机电安装要求也有差异。同样的机房土建高度，不同厂家排布管线后的吊顶净高也有差异，这对净高要求较高的医院 BIM 排布也是一个考验。但即便综合各个厂家的需求，在设计时做到了较好的预留条件，也极有可能因为厂家介入太晚而造成现场拆改。

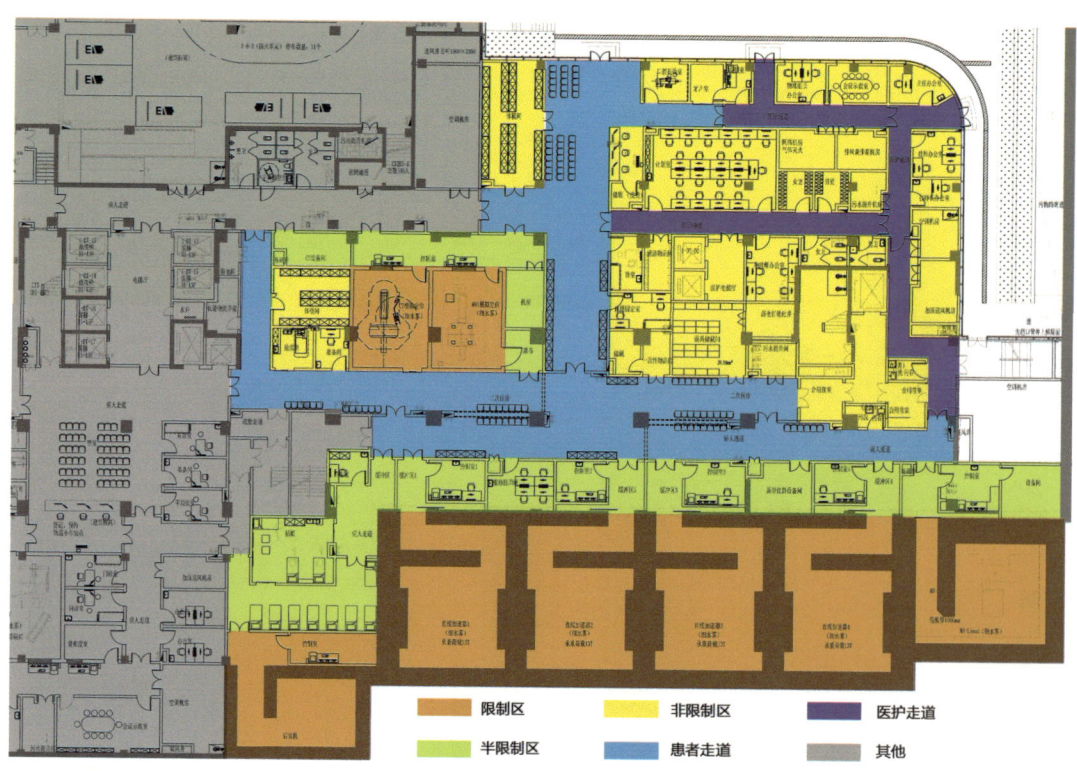

图 2-4　广州医科大学附属肿瘤医院（南沙院区）放疗中心平面示意图

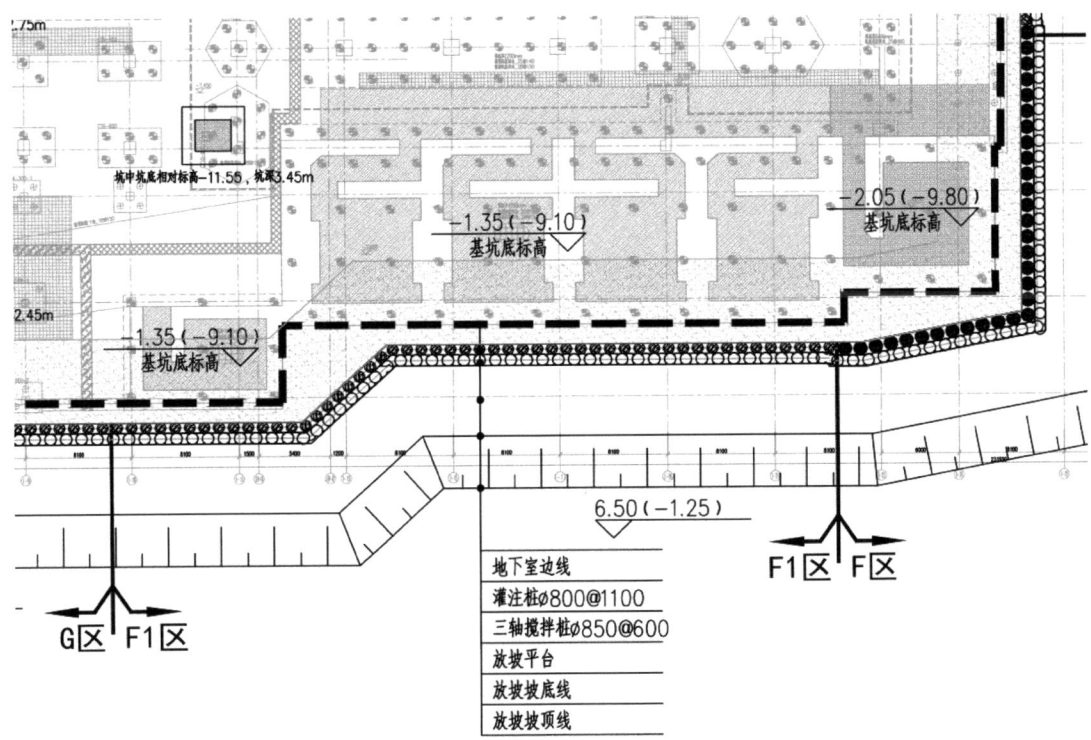

图 2-5　广州医科大学附属肿瘤医院（南沙院区）大型设备区基坑示意

再比如 MRI 核磁共振仪除了自身的扫描间机房，还要有专门的辅助房间，并且要提前进行恒温恒湿机及空调冷媒管的敷设，同时要考虑失超管在室外的排放路由等问题。在厂家品牌无法在设计及施工阶段确定的情况下，如等到安装调试机器之前才发现问题，不仅耽误医院投入运行的时间，而且还要进行原本不必要的拆改。

大型医疗设备建设过程中，业主、使用科室、基建部门、设计单位、施工单位等如何进行紧密协作，如何考虑各种因素的影响，怎样建设出满足各类需求的机房，并为医生提供良好的工作环境，为患者提供舒适的就医环境，满足医院高速发展的需求，需要广大医院基建工作者进行深入的研究和探索。

2.4 医院大型医用设备运营维护

大型医疗设备运营维护管理实施计划的编制依据如下：（1）国家、行业和项目所在地有关运营维护方面的相关现行技术标准；（2）全过程运营维护管理大纲；（3）与运营维护有关的成果文件及批复文件；（4）对运营维护工作的分解要求；（5）对运营维护的管理、技术、效益、费用等目标的控制要求；（6）类似医疗建筑项目的相关运营维护的经验。

大型医疗设备运营维护管理实施计划包含运营方式、运营组织、资源配置、设施设备管理、财务管理、风险管理、资产保值管理等方面的规划。

大型医疗设备设施管理方案包括：（1）制定工程保修期管理制度；（2）签订工程保修期保修合同，确定质量保修范围、期限、责任与费用的计算方法；（3）施工单位、设备厂家在工程保修期内应承担的质量保修责任；（4）承担工程保修阶段的服务工作时，运营维护相关单位定期回访要求；（5）对工程质量缺陷、设备故障原因的调查，确认责任归属及各方费用支付比例；（6）责任主体单位对大型医疗设备管理定期回访，在设备交付前、交付时、交付后完成设备调试并进行相应记录；（7）预见远期未进场的设备安装的可行性、远期新建医疗用房的可行性，以及医疗用房对医疗设备的更新换代、提升改造的可能性。

此外，大型医疗设备的运营维护还包括制定固定资产管理方案，实施资产运行绩效评价和加强过程管控，通过大型医疗设备固定资产管理，实现大型医疗设备的正常稳定使用、寿命延长以及增值保值。

由此可见，大型医疗设备的运营维护是一个繁杂的系统工程，各参建方应在源头上重视起来，关注运营维护管理范围的覆盖性、全面性，提升大型医疗设备建设各个阶段的前瞻性及项目运营维护的设施增值性、保值性。

第 3 章

重点平台科室
大型医用设备
建设

3.1　概述

影像科、放射治疗科、核医学科作为大型医用设备运用最集中、最典型的三个科室，很大程度上体现了一所医院的技术力量以及医学技术的发展方向。由于大型医用设备要求的特殊性，决定了该类科室的建设对规划、建筑布局及施工方案的设计具有较高的要求，考虑不周所引起的返工将造成大量的时间、金钱及资源浪费。对该科室的大型医疗设备进行系统性学习，有助于相关从业人员理解现有大型医疗设备的设计要求及规模论证方法，在项目实施过程中，做到有针对性地指导、管理设计和施工。

3.2　影像科大型医用设备建设

3.2.1　影像科大型医用设备简介

影像科是一个集检查、诊断、治疗为一体的医疗技术科室，是现代化医院中一个重要的医技检查科室。医院各科室中，很多临床疾病的明确诊断和辅助诊断都要借助影像科医疗设备。在目前的医学检测手段中，医学影像数据占据了 90% 的医疗信息，是疾病筛查和诊治最主要的信息来源，也是辅助临床疾病诊疗的重要手段。当前，影像科的大型医疗设备主要包括计算机断层扫描（CT）、核磁共振（MRI）、数字 X 线摄影（XR）等。不同的成像原理也造成了医疗设备在临床上的应用亦不尽相同。

CT 是临床应用中最常见的医学影像设备之一，在医学诊断方面有重要的作用。CT 由扫描床、X 射线发生器、探测系统放大器及模数转换器、计算机及数据装置、控制部分、显示系统和胶片摄影装置等组成。CT 扫描具有扫描时间短、图像清晰、价格相对便宜的特点，有普通扫描、增强扫描、造影扫描等检查方式，可用于多种疾病的检查，在全球范围的医院实现了广泛配置。

XR 主要利用射线穿过人体后，人体组织对 X 射线的衰减程度不同（或密度不同），投射在荧光屏或胶片上可形成不同亮度的光线，设备将光源信号转变为电源信号，在诊断仪器的外界屏幕上形成相应的诊断图像。医生通过判别图像的具体情况完成对疾病的诊断。

MRI 又称核磁共振。在做磁共振检查时，只需把病人诊断舱放在大磁铁产生的磁场内，并转换磁场梯度，人体组织细胞和体液中的氢、钠、磷等原子就沿外加磁场方向回旋，并以共振频率向周围传递或辐射出所吸收的能量。MRI 的图像取决于原子核的密度及磁性，只要把磁场梯度面向所需的平面，便能产生该平面的投影或投影像片，无论任何层面均可从容摄收。MRI 能更灵敏地分辨出正常和非正常组织，提供脏器功能和生理状态信息，并可得到全身血流图，观察心脏病变情况，它的用途比 X 线机和 CT 机更为广泛。

3.2.2 影像科工艺流程

影像科的工艺流程见图 3-1。

影像科主要的行为对象包括患者及医务工作人员。需要进行影像诊断的患者在开单交费、预约登记后进入二次候诊区域，部分工作则需要患者在检查前做增强注射、打药等准备，其后进入二次分区候诊，待药效情况达到检查标准时方可进入放射诊断设备机房（准备用房可以集中设置，也可与设备用房分散设置，如胃肠检查室配置钡餐间，MRI 检查室配置更衣换鞋、淋浴间、卫生间及射线检测设备的缓冲间）。检查结束后，患者可通过自助打印、人工服务等方式领取检查报告。

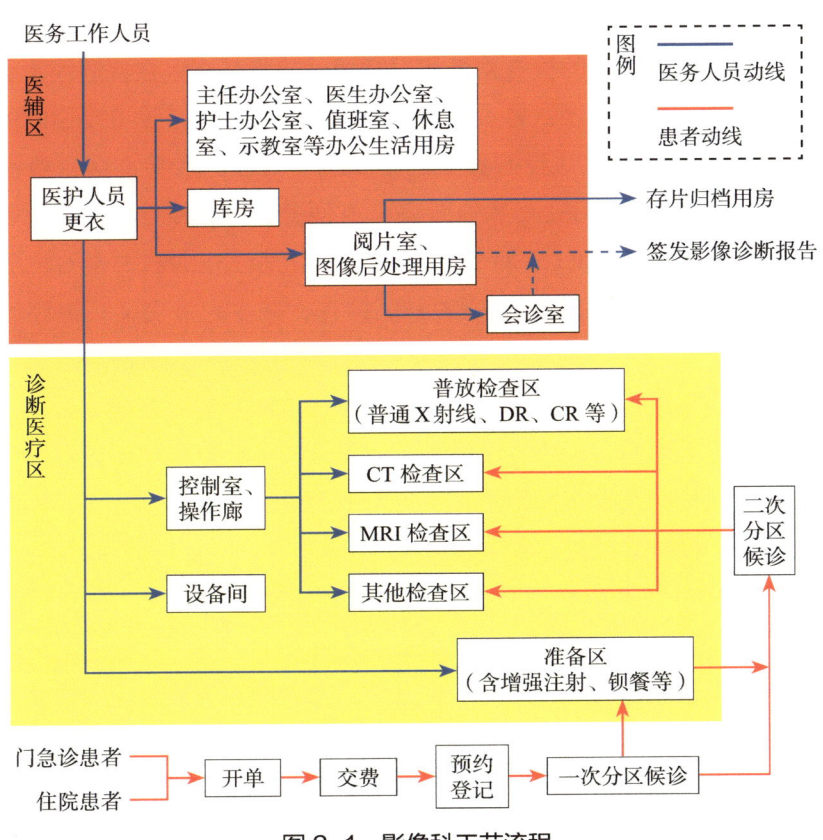

图 3-1 影像科工艺流程

根据医学影像科医、技、辅职责分明的分工原则，其内医务工作人员可分为诊断医师、工程技师、专科护士。工程技师通常负责放射诊断设备的操作（含设备参数设定、扫描、图像处理等）；诊断医师的工作任务包括调阅影像图片、图像后处理、签发诊断报告，以及复杂情况下的全科会诊等；专科护士通常属于医学影像科内的辅助、行政人员，其工作任务包括患者登记导诊、行政录入、影像资料保管及归档等。

负责医疗影像拍摄、处理工作的技术人员在医辅区更衣后，可进入控制室、操作廊或设备区域。检查结束后，由各专业医师观片、会诊，发送诊断报告并由各专科护士登记存片。

医务工作人员的行动宜通过专用的医用交通进行组织。工程技师在医辅区域完成更衣盥洗工作后，进入控制室（或控制廊）、扫描检查区域完成设备操作和影像拍摄，并通过电子传输系统将影像扫描图像发送给诊断医师，诊断医师进入阅片室或办公用房进行观片及图片后处理，发送诊断报告给临床医师进行审核判断，并由专科护士登记存片。

3.2.3　影像科设计原则

因为门诊、住院以及急诊的很多检查项目都需要在影像科进行，将其布置在医技楼的相对中心位置，可以使患者的检查路径相对最短。故将其布置在首层较为合适，一方面可以降低结构荷载的处理难度；另一方面，能够方便大型医疗设备安装时的运输。

急诊服务区毗邻急诊部，应设有独立的护士站、等候区和检查区，检查区设置有MRI、CT、DR（数字化X射线）等检查设备，方便急诊患者检查。对于门诊住院服务区，有条件时建议设置MRI和CT两个检查区，并分别设独立的护士站、更衣室和等候区等功能用房，以实现MRI和CT患者分区检查，减少人员交叉，提高患者的检查效率。

根据其使用性质和放射防护等特殊条件，影像科空间布置原则如下：

（1）因门诊检查人次最多，为方便病患，应靠近门诊交费区集中设置预约窗口和报告发放窗口，也可以集中设置自助预约和报告发放的终端设备。读片室、图像后处理室及医护区相对独立，便于管控。

（2）放射科内同种设备应集中布置，为方便技师操作和管控，其控制室可以集中布置。

（3）考虑病患通道和医护人员的通道应分开，患者检查等候区应考虑病患及家属休息空间。增强注射区（又名准备间）应靠近公共等候区，准备间应设置休息空间及抢救设施。

（4）MRI设备机房应尽量远离高低压配电房、电梯、汽车库等区域，同时考虑大型医疗设备之间的相互干扰，须满足专用医疗设备最小距离的技术条件。

（5）CT、MRI 机房尽量靠近外墙区域布置，便于预留运输洞口、空调室外机布置等工艺条件。

3.2.4 影像科"三区两廊"布局模式

目前比较常见的影像科布局模式是采用"三区两廊"式，即整个影像科分为候诊区、检查区和辅助工作区，通过内外两条走廊建立联系，外廊为患者通道，内廊为医护工作人员通道，医护、患者独立通道分开，使得患者与医护人员相对独立。这样的设计可以为患者营造一个有序的候诊环境，同时也可以为医护人员创造安静的工作场所。影像科典型布局模式见图 3-2。

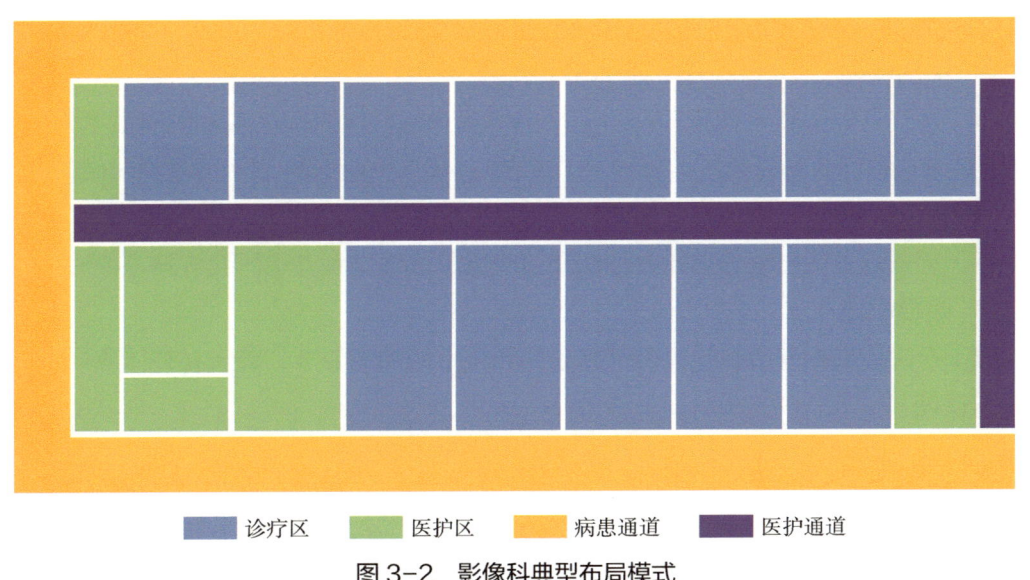

图 3-2　影像科典型布局模式

3.2.5 室内装修及设备专业设计要点

1. 室内装饰设计

装饰材料需考虑防火、防撞、易清洁、耐腐蚀等方面的性能，地面应使用软质铺装，如 PVC、石塑地板等，且地面找坡需找斜坡，墙体使用环保无机涂料、医疗板等，阳角区域需倒圆角做防撞措施，过道墙面设置防撞带，导医台及窗口等区域需考虑无障碍人士使用方便，设计无障碍专位。为缓解患者在治疗过程中的紧张情绪，在装饰上公共空间墙面、顶面可考虑模拟风景及缓解紧张的图案、灯光设计等。

2. 给水排水设计

（1）医院生活给水水质，应符合现行国家标准《生活饮用水卫生标准》GB 5749 的要求。

（2）给水系统涉水产品应符合现行国家标准《生活饮用水输配水设备及防护材料的安全性评价标准》GB/T 17219 的规定。

（3）诊室、检查室、治疗室的用水点应采用非手动开关，并应采取防止污水外溅的措施。

（4）公共卫生间的洗手盆应采用感应自动龙头，小便斗应采用感应式自动冲洗阀，蹲式大便器应采用脚踏式自闭冲洗阀或感应式冲洗阀。

（5）无障碍卫生间的设计应符合现行国家标准《无障碍设计规范》GB 50763 的要求。

（6）设备检查室应符合现行国家标准《综合医院建筑设计规范》GB 51039 的给水排水要求。设备机房不应设置给水排水点位，且水管不应穿过设备机房。

3. 电气设计

（1）医疗场所工作电源中断时，备用电源应在现行国家标准《建筑物电气装置 第7–710 部分：特殊装置或场所的要求 医疗场所》GB/T 16895.24 规定的切换时间内投入。

（2）消防设备供配电要求应按国家现行有关标准执行。

（3）用电设备受电端的电压允许偏差值应满足诊疗设备对电压允许偏差值的要求。

4. 暖通设计

（1）医院应根据其所在地区的气候条件和科室的功能要求，确定在整体或局部实施供暖与通风。

（2）影像科属于拥有多种大型设备的科室，宜采用多联机空调形式，实行科室独立控制。

（3）凡产生气味、水汽、粉尘和余热余湿较大的用房，应设机械通风。

（4）采用集中空调系统医疗用房的送风量不宜低于 6 次 /h。

（5）集中空调系统回风口和风机盘管机组的回风口必须设微生物一次通过率不大于 10%、颗粒物一次计重通过率不大于 5% 的过滤设备，其初阻力不宜大于 20Pa。

（6）当室外可吸入颗粒物 PM10 的平均值未超过现行国家标准《环境空气质量标准》GB 3095 中二类区适用的二级浓度限值时，新风采集口应至少设置粗效和中效两级过滤器；当室外 PM10 超过年平均二级浓度限值时，应再增加高中效过滤器。

（7）过渡季节应采取措施，保证内区房间人员的舒适性。

（8）一般来讲，放射科的选址宜为首层，因此需要考虑除湿防潮的要求。

（9）根据国家标准《综合医院建筑设计规范》GB 51039—2014 要求，MRI 机房宜采用精密空调。

5. 防护屏蔽设计

须严格按照环评单位要求及国家标准《放射诊断放射防护要求》GBZ 130—2020
执行。

3.2.6　主要功能用房

1. 影像科设备类型

影像科主要的设备类型见表 3-1。

影像科主要设备类型 表 3-1

科室	设备名称
影像科	MRI
	CT
	数字化 X 射线检查（DR）
	数字胃肠
	骨密度
	乳腺钼靶

2. 机房参考尺寸及面积

影像科检查设备厂家不同、型号不同，相应的尺寸要求、承重不同。在未确定设备
厂家及型号时，一般按照最大或常用设备尺寸进行预留，部分尺寸参考如下：

（1）MRI 机房建议净尺寸为（长 × 宽 × 高）5.5m×8m×2.7m，检查室开门建议
为 1.3m 外开单扇平开门，检查室开门建议只开一处，以利于磁屏蔽的设置。

（2）CT 机房最小单边长度净宽不宜小于 4.5m，机房面积不宜小于 30m^2。根据设
备选型，双源 CT 需配置相应设备间。

（3）DR、数字胃肠机房最小单边长度净宽不宜小于 4.5m，机房面积不宜小于
30m^2。

（4）骨密度机房最小面积不宜小于 20m^2。

（5）乳腺钼靶机房最小面积不宜小于 10m^2。

1）注射室 / 抢救室

在放射检查中，为了更好地确认患者的病灶，增加 X 射线拍片时的对比度，会采
用注射对比剂，也就是增强剂的方法，特别是肿瘤类和血管类检查。这里的注射只是打
留置针，因增强剂的特性，进入人体之后扫描效果在 3min 以内最佳，所以注射增强剂

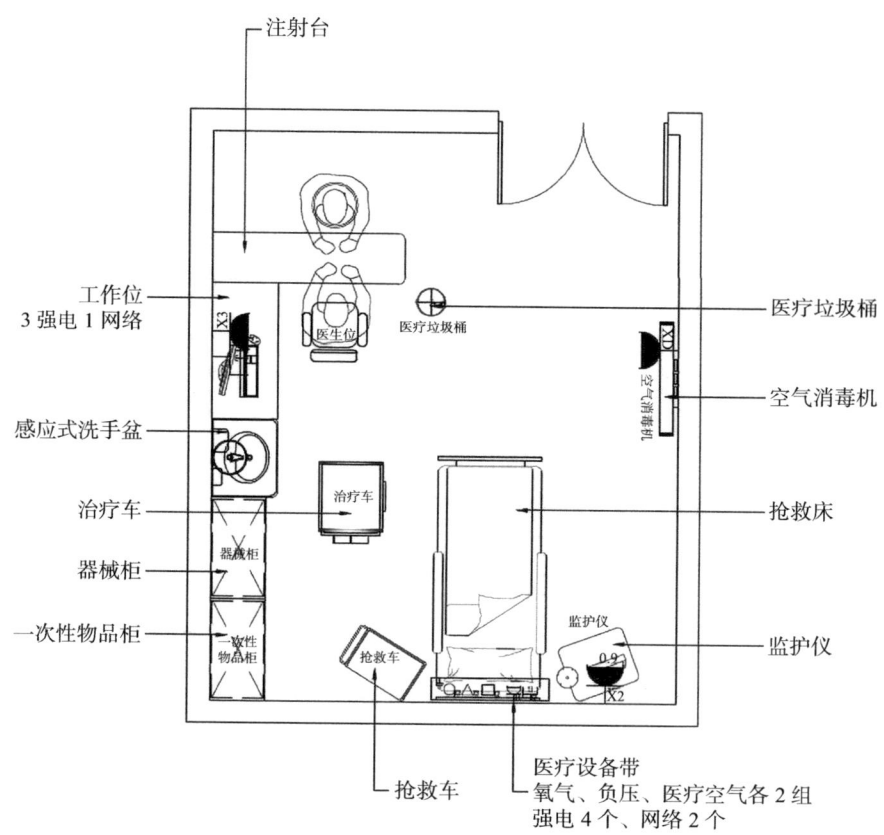

图 3-3   注射室 / 抢救室平面布置示意图案例

都是在扫描间进行。由于小部分人会对碘过敏或者有肾功能不全，而且注射过程中有人会晕针，因此通常会把注射室兼做抢救室（图 3-3）。

按功能来区分，把前端设计为注射区，后端作为抢救区；按医疗行为来区分，左边为医护人员操作的区域，右边为患者抢救区域，包括考虑病人推床等需求。

2）阅片室

阅片师主要负责审阅最终经过后处理和数字化成像之后传过来的图像，并给出诊断报告。分为以下 5 步工作：①了解患者信息；②病变定位；③判断病变性质；④鉴别诊断；⑤最终决策。

阅片室布局形式可按普通办公室来布置，在相对空的地方需设置一个集中阅片的区域，有时遇到棘手的片子，需要集中讨论。需要注意的是阅片师人数，一个阅片师一天的阅片量是 60 ~ 80 张，再根据每种设备一天的检查量除以这个阅片量，就可以得出需要多少个阅片师（图 3-4）。

3）CT 检查室

CT 检查室是医院设立的专门进行 CT 检查的医技科室。CT 即电子计算机断层扫描，

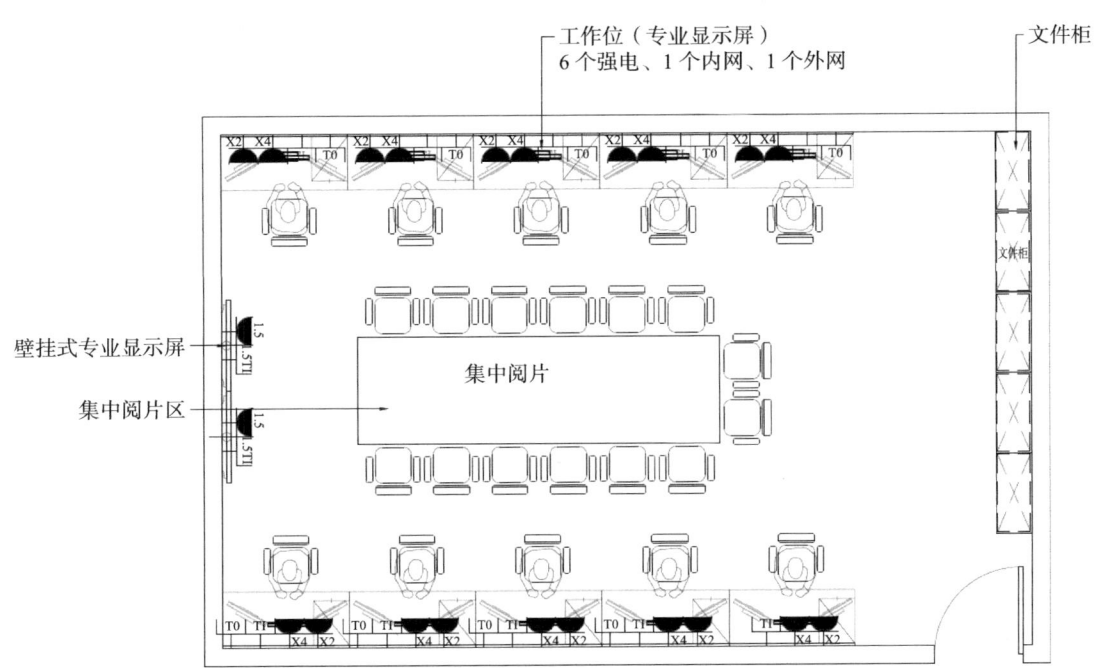

图 3-4 阅片室平面布置示意图案例

是利用精确准直的 X 射线束、γ 射线、超声波等，与灵敏度极高的探测器一同围绕人体的某一部位作连续的断面扫描，具有扫描时间快、图像清晰等特点，可用于多种疾病的检查。目前现存的 CT 类型有 16 排、32 排、64 排、128 排、256 排、双源 CT 等。

CT 检查室可分为 CT 扫描间、控制室、设备间。CT 扫描间是病人进行扫描检查，确定是否病变以及病变位置的房间，病人的右手边为医护操作区，左手边为患者区，整个房间属于患者区域；控制室是技师操作控制设备以及进行观察处理图像的房间，属于医护区域；设备间是 CT 设备连带的一些辅助大型设备存放的房间，应遵循就近原则布置，属于工作区域（图 3-5）。

4）DR 检查室

数字化 X 射线检查主要用于身体各个系统器官的疾病诊断，用途最广泛的是胸部 X 射线检查和骨骼系统 X 射线检查。数字化检查是将 X 射线成像由模拟信号转为数字信号，再进行传输和存储，保证了图像质量的稳定性，而且数字化图像可以在检查后进行后处理，以调整检查过程中出现的图像质量不佳等问题。此外，经过后处理的图像，对于细小病变的显示，相比于传统的 X 射线检查更为清晰。

DR 检查室可分为 DR 扫描间、控制室。DR 扫描间是病人进行扫描检查确定是否病变以及病变位置的房间，病人的右手边为医护操作区，整个房间属于患者区域；控制室是技师操作控制设备以及进行观察处理图像的房间，属于医护区域（图 3-6）。

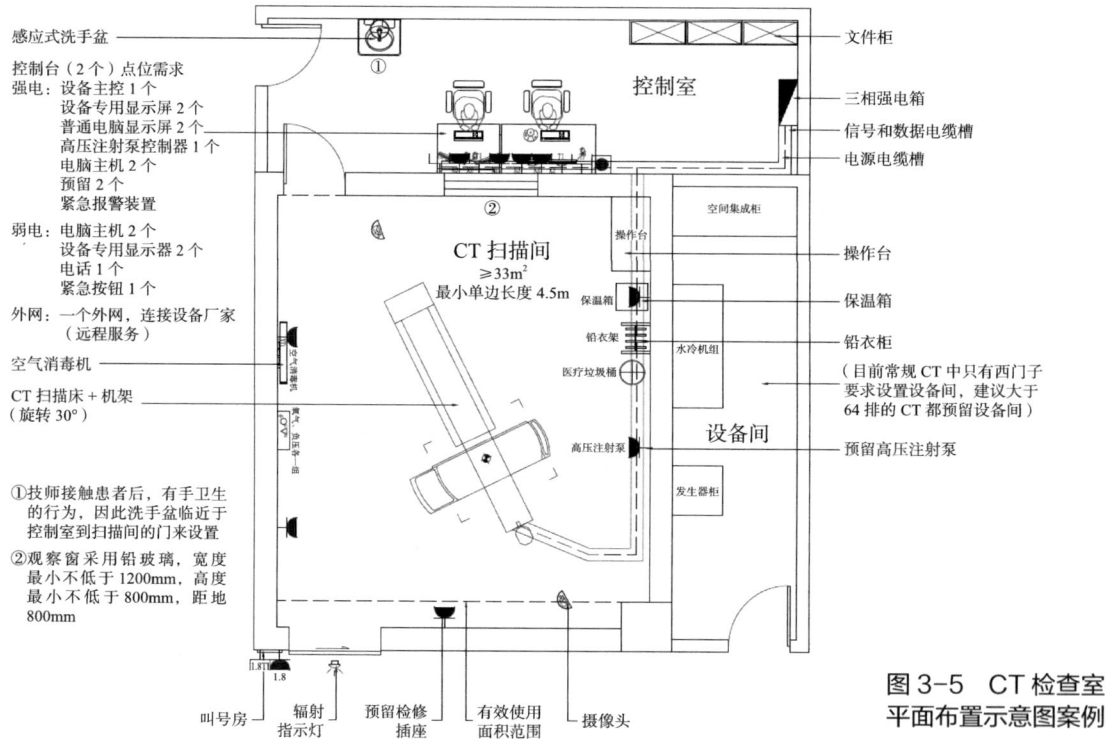

感应式洗手盆

控制台（2个）点位需求
强电：设备主控 1 个
　　　设备专用显示屏 2 个
　　　普通电脑显示屏 2 个
　　　高压注射泵控制器 1 个
　　　电脑主机 2 个
　　　预留 2 个
　　　紧急报警装置

弱电：电脑主机 2 个
　　　设备专用显示器 2 个
　　　电话 1 个
　　　紧急按钮 1 个

外网：一个外网，连接设备厂家
　　　（远程服务）

空气消毒机

CT 扫描床 + 机架
（旋转 30°）

① 技师接触患者后，有手卫生
　 的行为，因此洗手盆临近于
　 控制室到扫描间的门来设置
② 观察窗采用铅玻璃，宽度
　 最小不低于 1200mm，高度
　 最小不低于 800mm，距地
　 800mm

控制室

文件柜
三相强电箱
信号和数据电缆槽
电源电缆槽

空间集成柜

操作台

CT 扫描间
≥33m²
最小单边长度 4.5m

保温箱
铅衣架
医疗垃圾桶
水冷机组

保温箱
铅衣柜
（目前常规 CT 中只有西门子
要求设置设备间，建议大于
64 排的 CT 都预留设备间）

高压注射泵
发生器柜
设备间

预留高压注射泵

叫号房　辐射指示灯　预留检修插座　有效使用面积范围　摄像头

**图 3-5　CT 检查室
平面布置示意图案例**

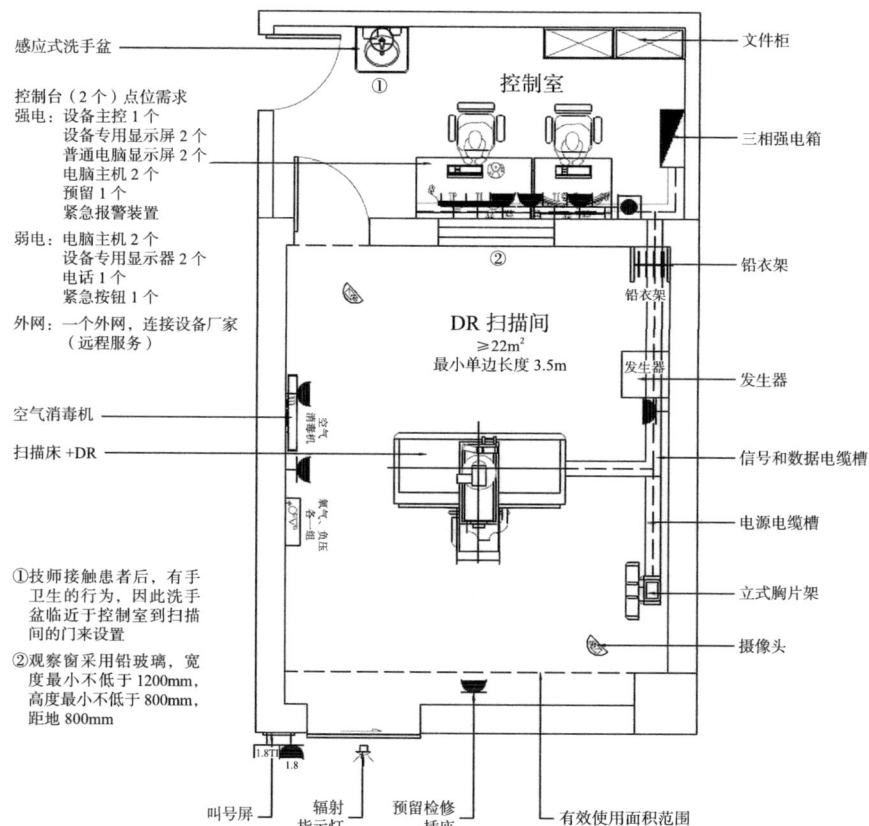

感应式洗手盆

控制台（2个）点位需求
强电：设备主控 1 个
　　　设备专用显示屏 2 个
　　　普通电脑显示屏 2 个
　　　电脑主机 2 个
　　　预留 1 个
　　　紧急报警装置

弱电：电脑主机 2 个
　　　设备专用显示器 2 个
　　　电话 1 个
　　　紧急按钮 1 个

外网：一个外网，连接设备厂家
　　　（远程服务）

空气消毒机

扫描床 +DR

① 技师接触患者后，有手
　 卫生的行为，因此洗手
　 盆临近于控制室到扫描
　 间的门来设置
② 观察窗采用铅玻璃，宽
　 度最小不低于 1200mm，
　 高度最小不低于 800mm，
　 距地 800mm

控制室

文件柜
三相强电箱

铅衣架
铅衣架

DR 扫描间
≥22m²
最小单边长度 3.5m

发生器
发生器

信号和数据电缆槽

电源电缆槽

立式胸片架

摄像头

叫号屏　辐射指示灯　预留检修插座　有效使用面积范围

**图 3-6　DR 检查室
平面布置示意图案例**

5）钼靶检查室

钼靶检查室的主要任务是进行女性乳腺的 X 射线检查。这种检查方法所使用的软 X 射线具有较低的电压，因此穿透能力相对较弱。这使得它对于较薄的组织结构具有较好的识别能力，通常用于对女性的乳房进行全面的筛查，以检测乳腺结节等异常。虽然钼靶检查对乳腺产生的 X 射线损伤极为轻微，但并不建议过于频繁地进行这种检查。因为除了必要的健康筛查外，过度进行 X 射线检查并不利于身体健康，且频繁检查并无实质性的预防或治疗价值。一般来说，如果检查结果未显示明显的问题，且 BI-RADS 分级在三以下，那么每年进行一次检查即可。

钼靶检查室可分为扫描间、控制室、更衣间。扫描间是病人进行扫描检查，确定是否病变以及病变位置的房间，病人的右手边为医护操作区，整个房间属于患者区域；控制室是技师操作控制设备以及进行观察处理图像的房间，属于医护区域；更衣间为患者进行更衣的房间，因钼靶检查需要患者把上身衣物脱完，因此独立的患者更衣间更加尊重病人隐私，整个房间属于患者区域（图 3-7）。

6）骨密度检查室

骨密度全称是骨骼矿物质密度，是衡量骨骼强度的一个重要指标，一般是以每单位体积的矿物质的质量数为主要单位，是临床上诊断骨质疏松，以及评价骨质疏松治疗效

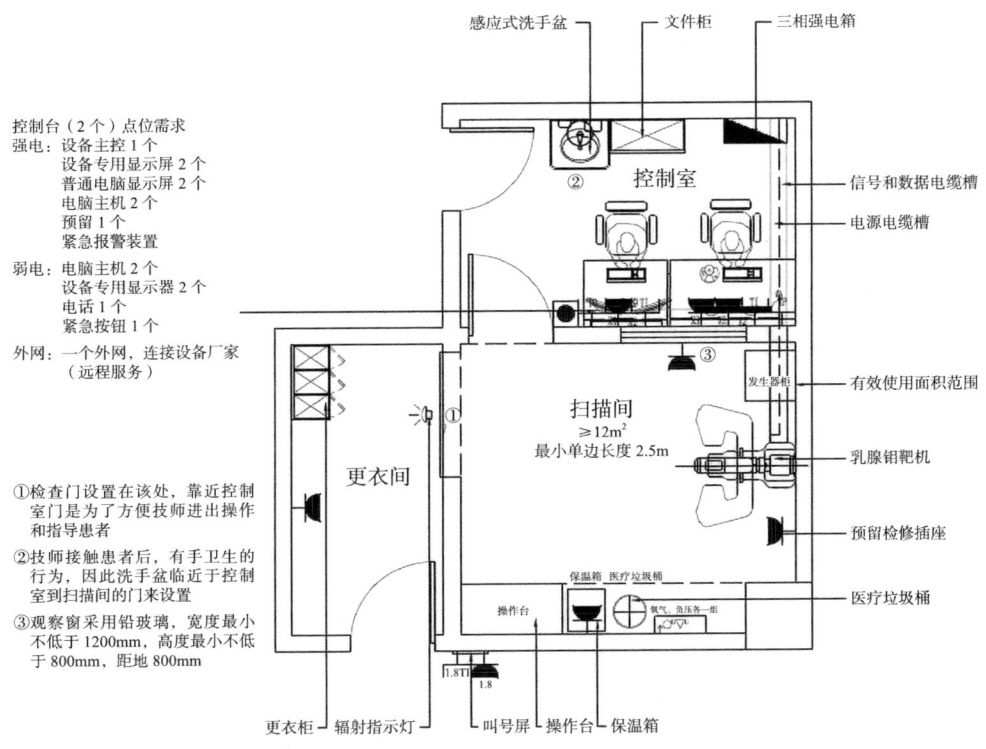

图 3-7　钼靶检查室平面布置示意图案例

果的一项重要检查方法。临床上常用的骨密度的检查方法主要包括超声骨密度仪，以及双光能 X 射线的骨密度检查方法等。

骨密度检查室可分为扫描间、控制室。扫描间是病人进行扫描检查，确定是否病变以及病变位置的房间，整个房间属于患者区域；控制室是技师操作控制设备以及进行观察处理图像的房间，属于医护区域（图 3-8）。

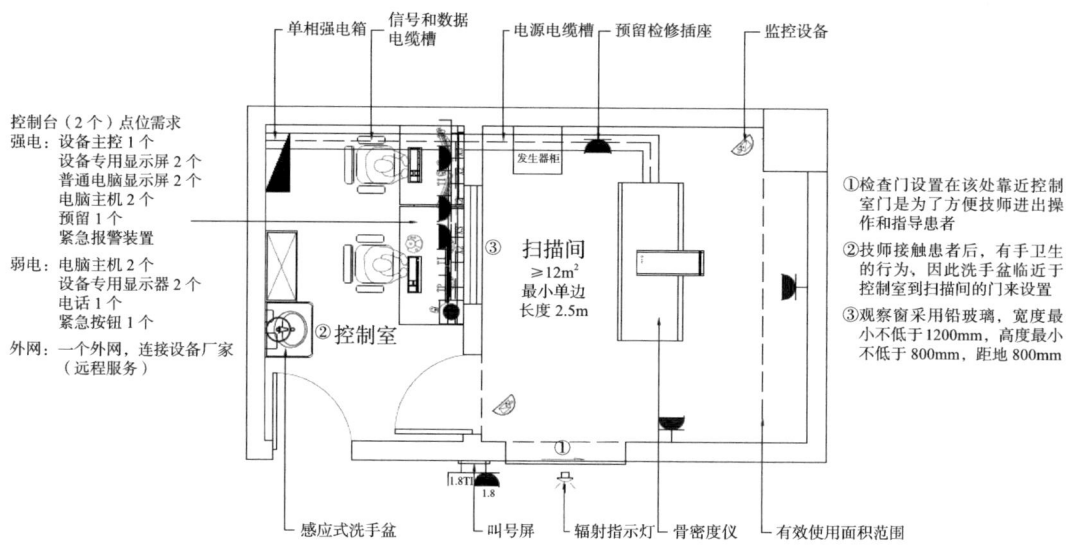

图 3-8　骨密度检查室平面布置示意图案例

3.3　放射治疗科大型设备建设

3.3.1　放射治疗科大型医用设备简介

放射治疗科是利用放射线（如放射性同位素产生的 α、β、γ 射线）和各类 X 射线治疗机或直线加速器产生的 X 射线、电子线、质子束及其他粒子束等治疗恶性肿瘤的临床科室。放射治疗是目前临床上治疗癌症的核心治疗手段之一，覆盖的肿瘤适应症十分广泛，几乎可以覆盖所有的癌症治疗。

放射治疗科是肿瘤医院的重要组成部分，所有肿瘤专科医院应当配备放射治疗平台。放射治疗平台采用多种放疗设备和放疗技术进行相应肿瘤疾病的治疗，其空间组织与医疗流程、医疗技术和医疗设备密切相关。该科室的治疗机房对放射线的防护要求较高，机房六面的防护墙体比较厚，其承重要求也非常高，故放射治疗机房区域一般布置在门诊部区域靠医技部分地下室的合理位置。

放射治疗科的大型设备主要包括直线加速器、TOMO 放射治疗机、CT、MR、一体化 CT 直线加速器、磁共振加速器、重离子加速器等。

3.3.2 放射治疗科工艺流程

放射治疗科的工艺流程见图 3-9。

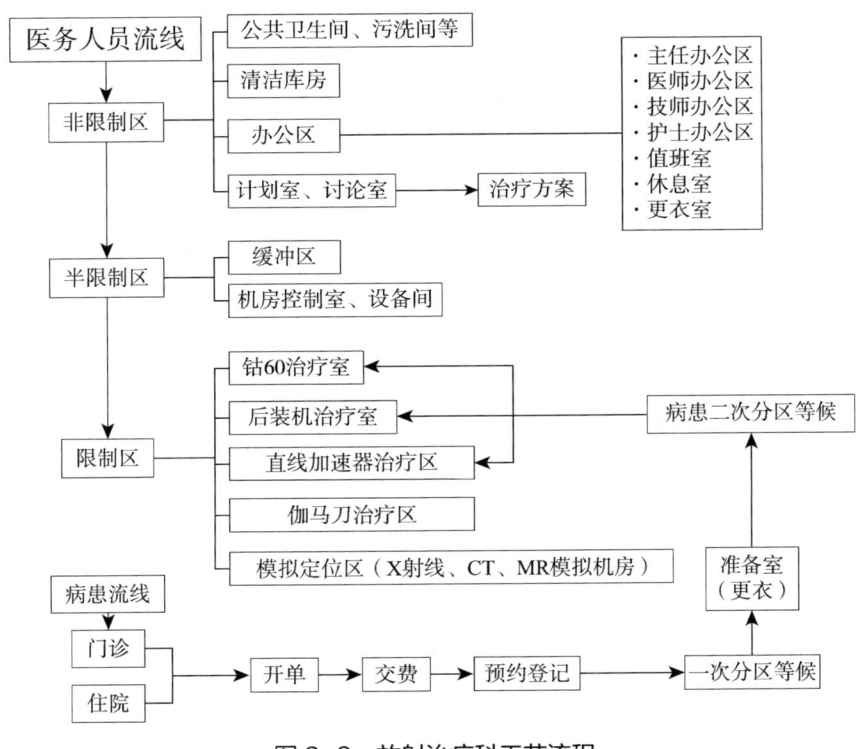

图 3-9 放射治疗科工艺流程

1. 患者流线

患者流线如下：登记→公共区域等候→诊室→准备→二次等候→治疗→患者离开。

首诊中，医生对病人进行临床评估，了解患者的病史、体检、一般状况及并发症等，评估患者是否具有接收放疗的适应症，制定放疗方案。

1）放射治疗的一般流程：医生根据患者病情选择放射治疗的方法（包括根治性放疗、姑息性放疗、术前放疗、术中放疗和术后放疗）。

2）放疗医生、放疗物理师和放疗技师共同为患者制定治疗计划，借助 X 射线模拟定位机、CT 模拟定位机等设备和摆位辅助器（二维、三维曲面坐垫）、体位固定器（低温水解塑料固定面模等）等装置明确患者的治疗体位、放射治疗的照射靶区，使用放疗计划系统（TPS）确定照射野的各项参数，形成通过评估的治疗计划。

3）执行治疗计划，在经过治疗执行测试和射野验证后，患者以治疗体位接受放射治疗，并形成治疗执行记录。

4）治疗后的随访。

2. 医护流线

放射治疗科医务人员包括放射肿瘤医生、医学物理师/剂量师、模拟定位技师、放疗技师、护士和维修工程人员等。

医护人员从工作人员入口进入办公区，通过医护通道进入各个办公区，同时通过医护通道进入各个非限制区、半限制区及限制区。

3. 洁净物品流线

放射治疗科的清洁物品包括医疗器械、敷料包等无菌物品，宜通过专用物资通道送达科室内部，不可与污染物品的运输路线交叉。

3.3.3 放射治疗科设计原则

放射治疗的前提是对患者病情有准确的诊断，这意味着放射治疗科在空间布局上需要与影像科、核医学、病理科、内镜中心等多个部门联系紧密。

1. 放射治疗科与影像中心的关系

放射治疗和影像诊断都是放射学的分支，医院在具备了成熟的放射诊断技术之后才能拓展到放射治疗业务。因此，放射治疗科和影像科通常都在建筑空间的垂直方向或水平方向直接相连，在院中的选址都位于医技部门的底层空间。但影像科在建设层面的总体技术要求相对放射治疗科低一些，所以它的普通放射区（CR、DR、数字肠胃机等）可以在建筑底层空间不足的情况下，设置于建筑的二层。

2. 放射治疗科与核医学科的关系

核医学科主要利用核技术开展疾病的诊断与治疗，是肿瘤疾病诊疗的重要科室之一。放射性同位素的使用需要严格控制，保证辐射安全。核医学科的PET、PET-CT等诊断设备和生产同位素的回旋加速器均属于大型医用设备，因此核医学科在医院中的空间组织与放射治疗科具有较大相似性，两个科室通常在同层相邻布置或者跨层布置于建筑底部空间。

3. 放射治疗科与其他医技科室的关系

病理科、超声诊断科和内镜中心等科室同样高度参与肿瘤疾病的诊疗，与放射治疗科在医疗环节上联系紧密，但它们对放射治疗科在医院中的空间组织的影响不及放射科和核医学科。

3.3.4　放射治疗科"三区两廊"布局模式

"三区两廊"式是放射治疗科经典的布局模式之一。"三区"分别为非限制区、半限制区和限制区,"两廊"为患者走道与医护走道,二者相互分开,分别有独立的出入口与交通组织,患者与医护流线独立(图3-10)。当放射治疗科规模较大时,该布局模式具有方便科室管理和减少活动干扰的优势,功能区域也能实现组团化,节约用地并提高医疗效率。

| 限制区 | 非限制区 | 医护走道 |
| 半限制区 | 患者走道 | 其他 |

图 3-10　广州医科大学附属肿瘤医院(南沙院区)放疗中心分区示意图

3.3.5　主要功能用房

放射治疗科的主要功能用房需根据不同的设备要求进行设计,将设备未来的更新升级预留一并考虑。放射治疗机房的防护要求很高,采用封闭式屏蔽结构,机房四周、顶和地面的防护墙体都较厚,具体应根据放射防护预评价报告确定。为缓解患者在治疗过程中的紧张情绪,机房的迷路及墙面、顶面的装饰可选择模拟自然风景、轻松愉悦的图案,并采用柔和的暖色灯光设计等。

1. 直线加速器机房

加速器机房一般设置在人群较少、周边没有生活用房的位置。控制室尽量不要设置在主束线屏蔽方向，其他配套房间应与机房距离相近（图 3-11）。

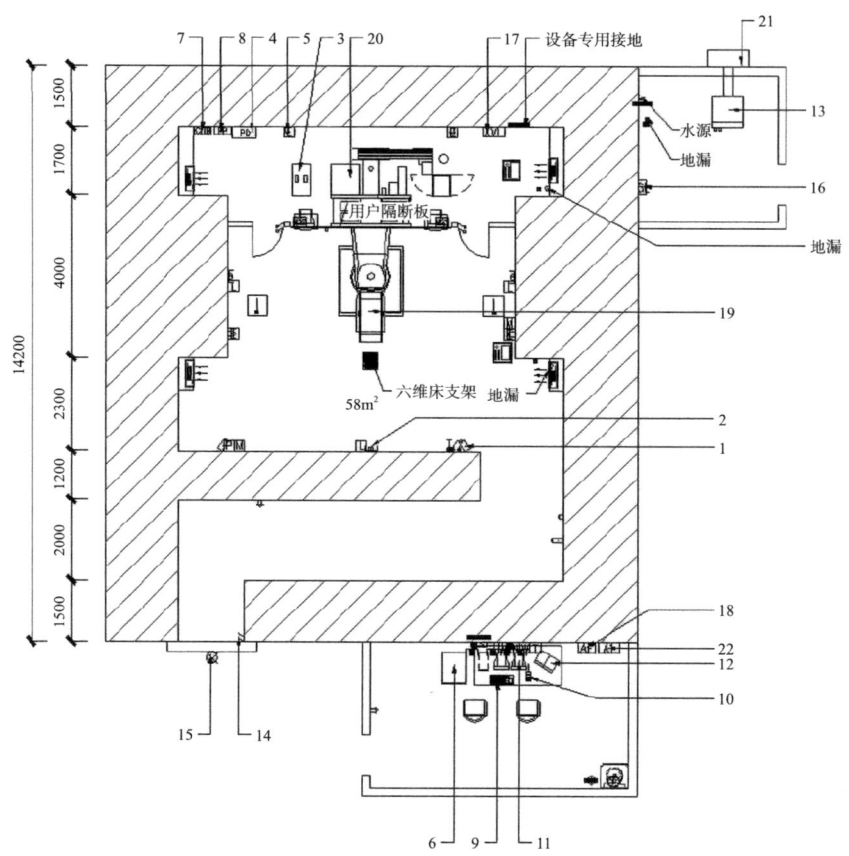

1—CCTV 摄像头；2—激光定位灯；3—电源稳压器；4—PD 配电箱；5—紧急开关（手动复位式，常闭型，共 6 个）；6—控制箱；7—CITB 箱；8—端子箱；9—键盘；10—功能键盘；11—终端显示器；12—CCTV 监视器；13—水冷机；14—门联锁（共 3 套）；15—照射示警灯；16—水冷机房的配电箱；17—XVI 配电箱；18—AF 配电箱；19—精确治疗床；20—主机架；21—室外机；22—总配电箱。

图 3-11 直线加速机房平面布局示例

1）布局与尺寸

根据国家标准《放射治疗机房的辐射屏蔽规范 第 2 部分：电子直线加速器放射治疗机房》GBZ/T 201.2—2011，机房面积应不小于 $45m^2$，推荐为 $50m^2$ 以上；控制室面积应不小于 $13m^2$，辅助机房应不小 $10m^2$。

2）电气条件

使用电源：380V ± 38V，50Hz ± 1Hz；输入功率：30kVA。单独供电。线电压 380V，电压波动不超过 10%，电流 45A，采用三相五线制供电。医院应为加速器提供独立接地系统，要求为直接与大地良好连接，且与电网中线相隔离的固定保护接地系统。机房内设有主照明灯、背景灯、应急灯、检修用照明灯、走廊灯五种照明灯。

3）环境条件

治疗室内应配置空调机、除湿机。为保证加速器的正常运行，治疗室、控制室、辅助机房的温度应为 20 ~ 25℃，相对湿度应为 30% ~ 75%。患者感觉舒适，设备也不至于过热或过于潮湿。除湿机附近设地漏或排水管道，地漏必须处于最低位，以保证积水及时排出。机房预留空调安装位，根据机房面积选择适合的空调，并预埋好相应管路。加速器治疗室内需要设计通风系统，以利于有害气体的排出。

4）地面要求

设备搬运路线的地面面材和基础均要有足够的承载能力，根据设备的重量设计（图 3-12）。

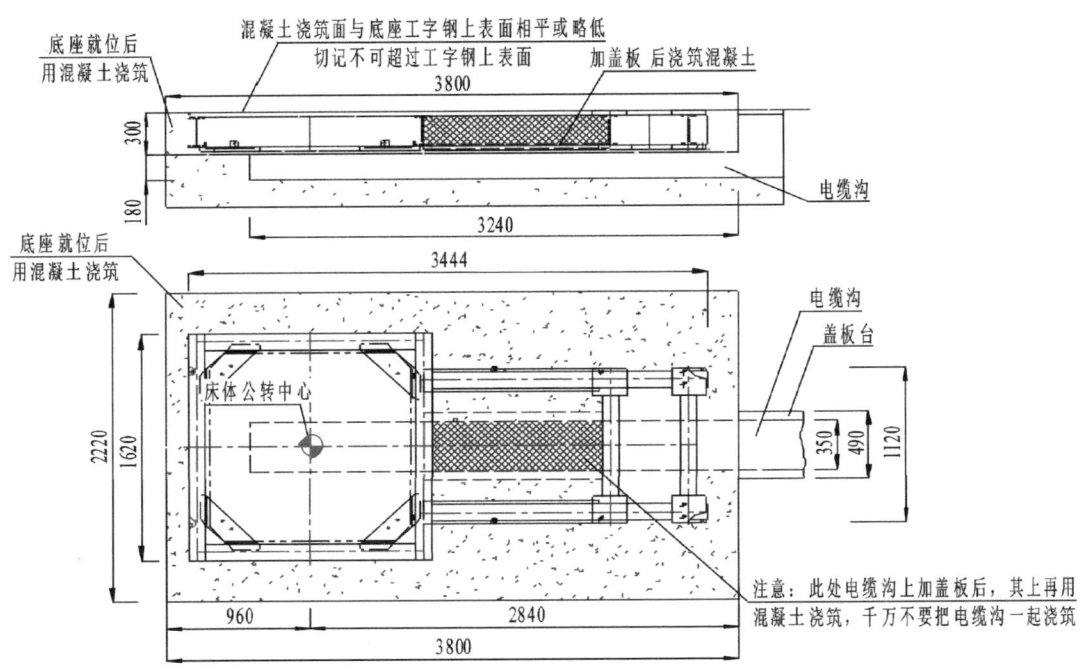

图 3-12　主机底座和地坑图

（1）治疗室内安装加速器的基础，混凝土厚度不小于 200mm，抗压强度不低于 20N/mm²，基础对角线水平度必须在 ±5mm 之内。

（2）等中心是加速器的主要基准点，在各有关图纸中应清楚标出等中心位置。

（3）治疗室浇筑混凝土地面时埋入厂家提供的加速器底座。在地坑中底座的就位及最后的定位工作，应在厂家安装工程师的监督下完成。底座就位并找平后，将凹陷处按要求用混凝土浇灌满。

（4）对于标准混凝土（2.35g/cm³），混凝土的养护期至少7d。28d后强度达到141kg/cm²。

（5）在等中心周围半径1800mm的范围内，地板应与治疗床底座的顶部找平，误差应在±3mm以内。

（6）在辅助机房、控制室和治疗室内预制电缆沟，用于敷设连接辅助机房和控制室间、辅助机房和治疗室间、控制室和治疗室间的电缆及水管等（图3-13）。

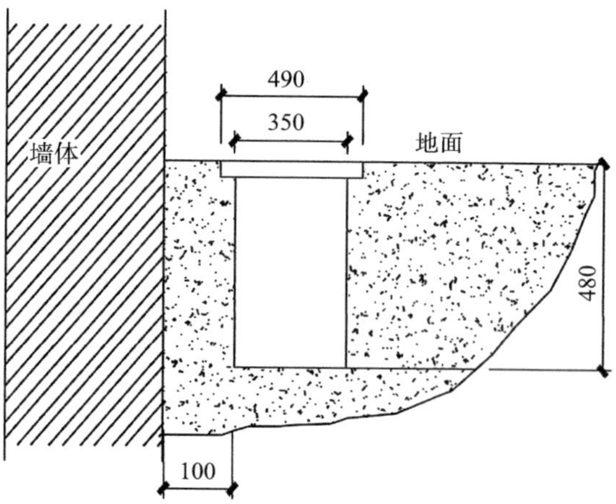

图3-13　电缆沟示意图

（7）治疗室与控制室之间应埋有5根不小于ϕ100mm的穿电缆管道（与两侧电缆沟相通）。建议管路斜放（或深埋），减少散射线量。

（8）电缆敷设管如需要弯曲，弯曲半径宜为管直径的6倍。每根电缆所通过管道的总弯曲角度应小于270°。

5）辐射防护

加速器机房辐射能量相对较高，墙体采用现浇混凝土一次性浇筑完成。不同机器型号产生的辐射强度不同，须根据辐射防护手册等相关信息计算好加速器机房墙体的厚度。一般情况下，10MV直线加速器主屏蔽墙厚度须大于2500mm，次屏蔽墙厚度须大于1300mm；15MV直线加速器主屏蔽墙厚度须大于2800mm，次屏蔽墙厚度须大于1400mm，详细参数须确认设备型号后计算确定。大于10MV的机型需要考虑中子射线的防护，墙体现浇混凝土可满足防中子要求，防护门需要考虑增加石蜡或含硼聚乙烯防护中子射线。

浇筑混凝土时应保证搅拌均匀、密实，不能有空腔或缝隙，保证密度大于2.35g/cm³。施工时应勤于检查，防止预留管道处的遗漏。不允许各种管道在主屏蔽墙处直穿过防护墙。防护墙上的通风管道、电缆管道、插座及开关安装处等防护性能减弱，应采取补偿措施，如加铅板、钢板或局部用重混凝土。治疗室不允许开窗，不允许出现严重削弱防护能力的部位。

防护门应比门洞略大，使门与墙有足够的搭接，搭接长度单边应大于100mm，或机房门和墙壁重叠的宽度应大于其间缝隙的10倍，以减弱射线的漏出。防护门的防护能力宜为24~30mm铅当量（包括防护门中其他防护材料折合的铅当量），并在防护门中添加石蜡-硼酸等中子防护材料，具体防护能力应由防护门厂家测算。宜加装手动开关门装置和红外线防夹装置。

防护门应装有与加速器联锁的门行程开关，确保关门后才能出束，出束时如有人闯入则自动停束。可在装门时安装，用两条电线连接常开触点，通过预埋管道通到治疗室主机下面的电缆沟中，预留电线，由装机人员接到加速器主机机座（图 3-14、图 3-15）。

6）运输与安装要求

（1）迷路与防护门的宽度、高度应能方便地运送加速器，大于 1.8m（宽）×2.5m（高），包括加速器从包装箱取出到运入治疗室的通道（图 3-16）。搬运时，有经验的搬运工会先使用运输样片检查确认现场有无足够的搬运空间，要确保样片能顺利通过迷宫，不碰墙。

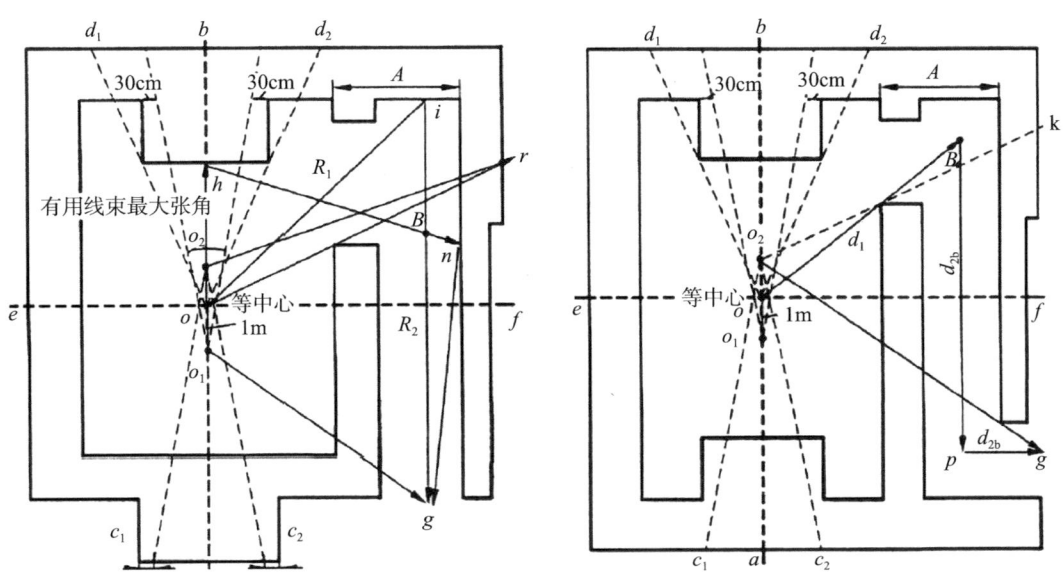

图 3-14　加速器机房的防护关注点及主要照射路径示意图

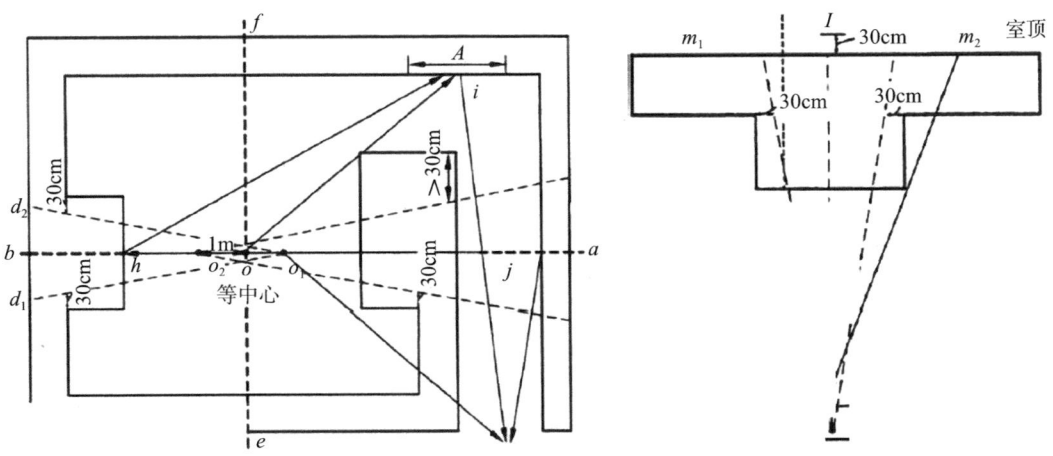

图 3-15　加速器机房迷路散射路径与顶部局部剖面示意图

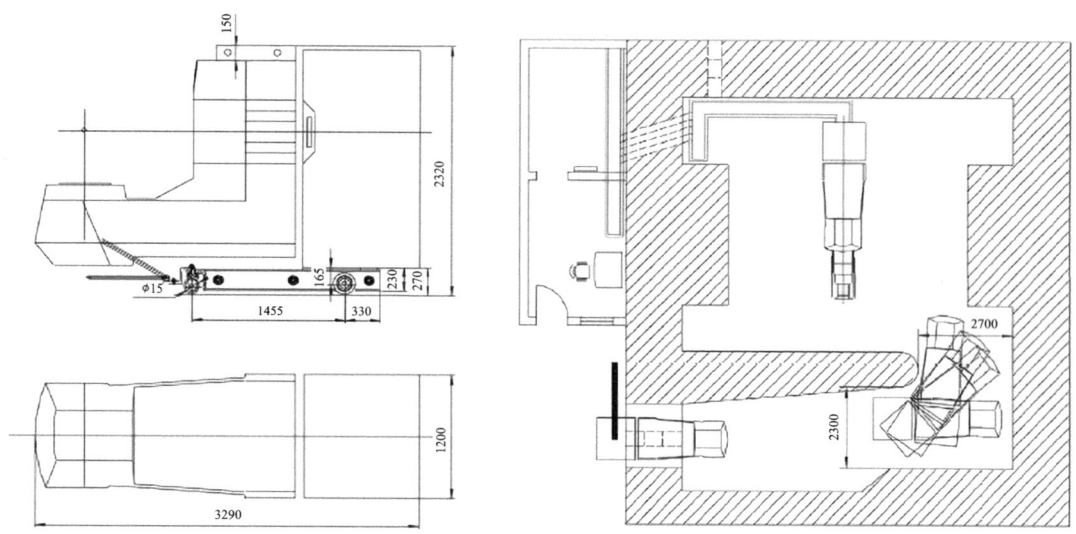

图 3-16 设备运输示意图

（2）为方便加速器进入（主机装在专用小车上人力推入），在迷路拐弯处、迷路内口对面的墙上等适当的位置预埋吃重 10t 的拉环。

（3）治疗室屋顶对应加速器机架中心轴处装工字梁，其槽部露出部分应不妨碍行车移动轨迹。可装单轨手动行车与 5t 手拉葫芦，以便设备的安装与维修。

2. 后装治疗室

后装治疗机使用放射核素产生的射束治疗肿瘤，是近距离放射治疗的设备（图 3-17）。

1）布局与尺寸

后装治疗机一般设置在直线加速器机房相邻或相近的位置。根据国家标准《放射治疗机房的辐射屏蔽规范 第 4 部分：锎 –252 中子后装放射治疗机房》GBZ/T 201.4—2015 要求，机房面积应不小于 35m^2，常规尺寸为 7m × 5m（不包括迷路）。后装机房的辅助用房包括控制室、处置室、更衣间、医生办公室、阅片室、计划室等供检查配套使用。辅助用房的面积一般为：控制室 15 ~ 20m^2，处置室 20 ~ 25m^2，更衣间 2 ~ 3m^2，医生办公室 20 ~ 25m^2。

2）电气条件

使用电源：220V ± 10%，50Hz ± 1Hz；输入功率：500W。

3）环境条件

后装机室内温度范围应为 20 ~ 25℃，相对湿度应为 30% ~ 70%，并满足正常的通风换气次数要求。

4）辐射防护

后装机房墙体为钢筋混凝土一次性浇筑的墙体，一般情况下，四周及迷路墙体厚度控制在 600mm 以上基本就可以满足防护要求。

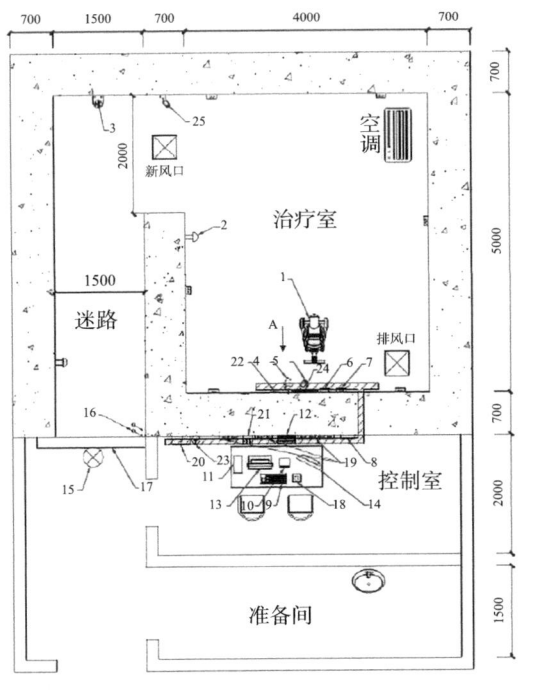

1—后装治疗主机；2—紧急停止开关（高度距离地面约 1600mm）；3—REM 放射线指示器（高度距地面约 2000mm）；4—放射性检测器（高度距地面约 1700mm）；5—CCTV 摄像头（高度距地面约 2000mm）；6—治疗室系统连接盒（高度距地面约 300mm）；7—后装机电源插座（10A 国标电源插座）；8—控制系统连接盒（高度距地面约 600mm）；9—键盘；10—TCP 控制面板；11—UPS 不间断电源；12—REM 放射性控制器（高度距地面约 1200mm）；13—TCC 计算机工作站；14—CCTV 监视器；15—警示灯；16—门连锁；17—铅防护门；18—内部对讲系统；19—普通电源插座 8 个（高度在桌面上方，供电由配线箱提供）；20—配电箱；21—RJ45 网络接口 2 个（高度在桌面上方）；22—内部对讲系统（治疗室内，距离地面 1700mm）；23—接地端子从配电箱引至操作台；24—放射源定位用标尺（距离地面 900mm）；25—球形摄像头（距离地面 2400mm）。

图 3-17　后装治疗室平面图示例

3. 伽马刀治疗室

伽马刀即伽马射线立体定向放射治疗系统，将钴 -60 产生的伽马射线束聚焦于同一点，在计算机系统控制下，将高剂量分次高精度地集中于靶区，形成切割样放射性损毁边界。

1）布局与尺寸

伽马刀治疗室包括定位室、准备室、计划室、控制室、治疗室等，其治疗室内平面尺寸一般为 6.5m（长）×4.8m（宽），净高不小于 3.0m，机房门洞尺寸为 1.8m（宽）×2.0m（高），如图 3-18 所示；定位室、规划室、控制室尺寸一般为 4.2m（长）×3.6m（宽）。

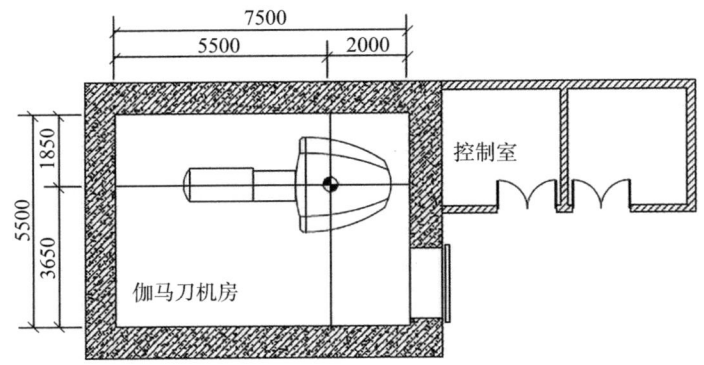

图 3-18　伽马刀典型治疗室平面图

2）电气条件

伽马刀电源采用单相三项制，220V、50Hz，使用功率5kW，各房间设220V/16A电源插座4个；控制室内沿操作台距墙边100mm设电缆沟；工作接地电阻≤1Ω。控制室与治疗规划室之间设网络线连接，各设置3~5个网络接口，并预留语音通信系统、背景音乐系统、视频监控系统等相关设施。

3）机房环境条件

伽马刀机房内夏季温度为26~27℃，相对湿度为45%~50%，冬季温度为23%~24%，相对湿度为40%~50%；机房内每小时换气4次，总风压≥60Pa。

4）辐射防护

伽马刀机房辐射区四周墙体及顶棚防护厚度、防护门铅板厚度需根据放射防护预评价报告确定。

5）设备运输要求

设备运输通道宽度大于2.0m，高度大于2.2m。

4. 射波刀治疗室

1）布局与尺寸

射波刀治疗机房包括治疗室、控制室、设备室、治疗规划室，其治疗室内平面尺寸为7.32m×6.4m，净高≥3.0m，机房门洞净尺寸为1.5m×2.4m（宽×高）。控制室将为至少2人和3~4个工作站提供足够的工作台空间，平面空间不小于9.3m²。设备室平面尺寸为3.15m×6.0m，平面空间不小于15m²，短边尺寸不小于3.15m。治疗规划室应满足2个或2个以上的工作站和一台彩色激光打印机的工作空间（图3-19）。

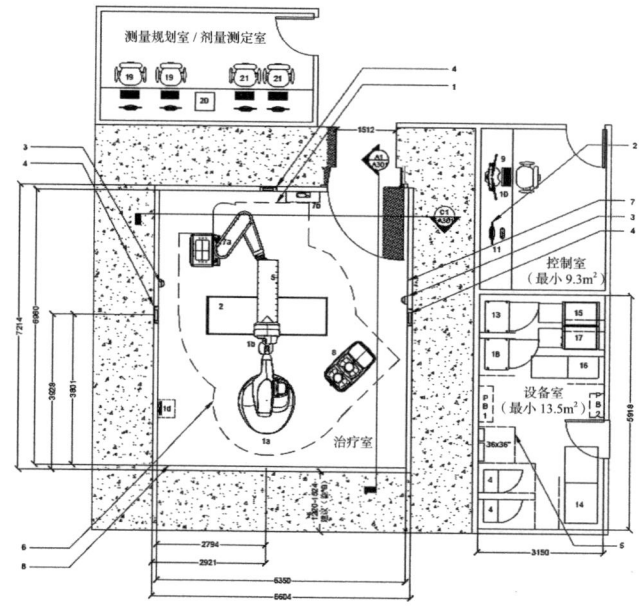

图3-19　射波刀治疗机房平面布局

2）电源要求

建议向主电源断开设备提供、480V（交流）、三相、100A、55kVA 的电源。但射波刀系统配电单元（PDU）将接受 200～480V（交流）的输入电源。对于 240V（交流）及以下值的任何输入电压，需要的电流为 150A。主电源断开设备可以布置在设备室的外墙上，只要它保持在 PDU 的电缆限制范围内即可。

3）环境要求

治疗室应该每周 7d、每天 24h 保持 10～23.9℃的温度，而非冷凝（RH）相对湿度保持在 30%～75% 范围内。

控制室没有特殊的环境要求。

设备室必须每周 7d、每天 24h 保持低于 21.1℃的温度，而非冷凝（RH）相对湿度保持在 3%～70% 范围内。

治疗规划室没有特殊的环境要求。

5. 模拟定位机房

放疗科常用的模拟定位设备主要包括 X 射线模拟定位机、CT 模拟定位机，这些模拟定位机房的工艺条件与医学影像平台对应机房的工艺条件基本相同，可参照设计。

1）X 射线模拟定位机房

机房面积为 20～28m²，根据国家标准《放射诊断放射防护要求》GBZ 130—2020 的要求，机房有效面积不得小于 20m²，机房内最小单边长度为 3.5m，控制室推荐为 15m²。检查室、更衣室可根据医院要求酌情考虑。

模拟定位机因工作性质，机房内布局应该考虑到与直线加速器机房的辅助关系。通常应设置在毗邻直线加速机房的位置，使患者能够通过最短路径进入定位机房。涉及隐私部位的治疗，应注意隐蔽性空间的设计。

机房内布局可参照 DR 机房设置，医生入户门与患者门在机房位置距离最近为宜，单控进深 2.5m 以上为宜（不考虑通道的情况下 1.8～2m 为宜）。双控进深 3.5m 以上为宜，有需求时可在机房一侧设置更衣室。

屏蔽防护铅当量厚度要求达到 3mm 铅以上，其中包含墙体防护折合部分。门、窗、插座、管线需要做铅防护。

2）CT 模拟定位机房

CT 模拟定位机建议运用直线形平面布局设计，可参照 CT 机房推荐布局设计，同时需要选取有利于隐私保护的位置。

根据国家标准《放射诊断放射防护要求》GBZ 130—2020 的要求，机房有效面积不得小于 30m²，机房内最小单边长度为 4.5m。屏蔽防护铅当量厚度要求 3mm 铅以上。

6. 质子、重离子加速器

质子、重离子放疗技术是目前国际肿瘤治疗的高端技术，具有精度高、疗程短、疗效好等特点。它集成了高能物理、加速器制造、自动控制、计算机等新技术，应用于肿瘤的影像成像，放疗计划设计、实施和质量控制，使肿瘤放疗的精确性达到当今最高水平。

加速器系统为实验研究提供质子和重离子束流。它以同步加速器为主加速器，直线加速器作为注入器。注入器预加速离子，通过剥离注入，在主加速器中进行束流累积，加速到预定能量后共振引出，经束运线传输至各个实验终端。

1）质子加速器

质子治疗系统主要由加速器系统、束流传输系统、治疗终端系统和治疗计划系统构成。加速器系统包括用作主加速器的同步加速器、回旋加速器以及用作注入器的直线加速器三种类型。同步加速器的直径通常为 5~8m，需要质子直线加速器作为注入器；回旋加速器的直径通常为 4~4.6m，质量在 200t 左右。近年来，紧凑型超导回旋加速器的研发使加速器减重不少，可缩减至 20t 左右。束流传输系统用于调节由加速器引出的质子束流，使之满足治疗需求，并将束流输送到治疗室。治疗终端系统包含旋转机架、治疗头和治疗床，旋转机架按磁铁类型可分为常温磁铁型和超导磁铁型，两者中超导磁铁旋转机架重量更轻、体积更小，但也重达 50t 以上，长度和半径分别约为 7m 和 4.3m。

治疗计划系统是一种帮助制订质子治疗计划的专用计算机系统。质子治疗用房包括质子加速器室、束流传输通道和治疗室，治疗室可分为旋转机架治疗室和固定束治疗室。加速器的数量决定了治疗室的数量，通常 1 台加速器最多可配备 5 间治疗室。

质子治疗的流程与常规放射治疗相似，即患者在经过模拟定位和明确放疗计划之后接受治疗。以上海瑞金医院质子治疗中心为例，质子治疗系统位于主体建筑地下一层南侧，共配备了 5 间治疗室，其中 3 间为旋转机架治疗室，1 间为固定束治疗室，1 间为固定束实验室。旋转机架治疗室由于设置机架，面积比固定束治疗室大。固定束实验室内部分为眼线区和实验区，总面积也比固定束治疗室大。各治疗室内部均设置迷路，外部配备控制室和模具库房。治疗区顺应加速器和束流传输系统的空间走向，组织了设备安装与维修的流线，就近形成设备维护区，方便检修。

2）重离子加速器

重离子治疗的离子束原子量比质子束的更大，对恶性肿瘤细胞杀伤力更强，是比质子治疗更被看好的治疗手段，但它对技术、设备和经济等条件的要求也更高。重离子治疗系统的构成与质子治疗系统相似，两者在设备选型上的差异主要体现在加速器系统上。现有或在建的重离子主加速器均使用同步加速器，以直线加速器或回旋加速器作为注入器。

以上海市质子重离子医院为例，它采用了质子重离子治疗系统集成化建设的策略，使加速器系统兼顾了质子治疗和重离子治疗的使用需求。该治疗系统位于主体建筑地下一层东南侧，在空间层面主要由离子源房间、直线加速器室、同步加速器室、高能束流传输系统和治疗室构成。离子在离子源房间中被分离出来，在直线加速器室中获得巨大的初始速度和能量，继而进入直径达 21m 的同步加速器，质子和重离子的速度在同步加速器里被增加至光速的 70%，然后经过束流传输系统，最终引入到各个治疗室内参与放射治疗。该院的同步加速器共配备了 4 间治疗室。每间治疗室内部设置迷路，外部配备控制室，在治疗区域内紧邻治疗室还布置有卫生间、应急设备间、固定面模车间、面模存放处等房间。治疗区的空间组织是立体的，充分利用了治疗室与加速器室、束流传输系统的空间高度差异，通过设置夹层高效地融入了检修空间、配套设备和各类管线等设施（图 3-20）。

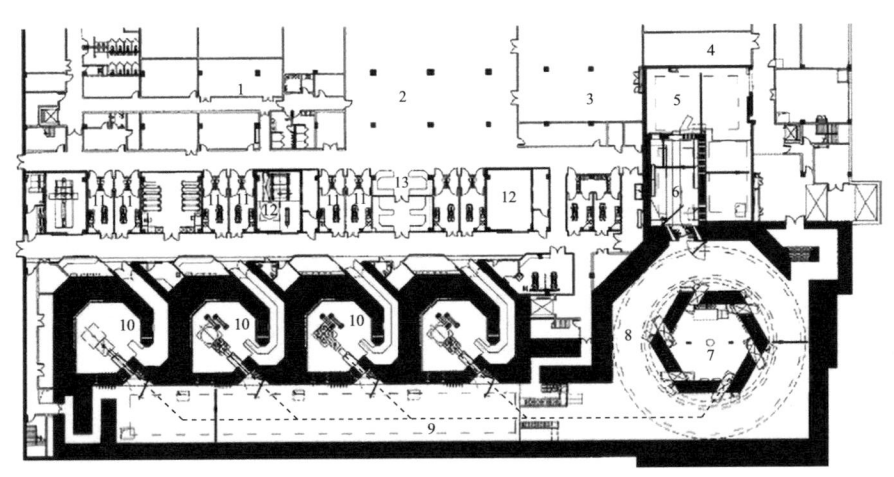

1—医生工作区；2—等候休息区；3—机房；4—射频冷却设备间；5—离子源房间；
6—直线加速器；7—安装竖井；8—同步加速器；9—高能束流传输系统下端；10—治疗房；
11—患者固定室；12—CT 检查室；13—护士站。

图 3-20　质子和重离子放疗系统平面示意图

3.4 核医学科大型设备建设

3.4.1 核医学大型医用设备简介

核医学是一门将核领域技术应用在医学专业的学科，是利用放射性核素来对病情科学研究及诊治的医学学科。作为医技科室的核心成员之一，设置该专业科室对于辅助各临床科室对疾病进行定性、诊断和治疗等起到十分重要的作用。科室利用 PET-CT、SPECT、PET-MRI、甲功测定仪等一批先进的设备，对相关疾病进行诊断、治疗和研究。它是一门全面的综合性学科，囊括了医学、药学、计算机、电子工程学、生物学、核物理学、放射化学等学科，归纳为一个多层次、多专业的综合结构体（图 3-21）。

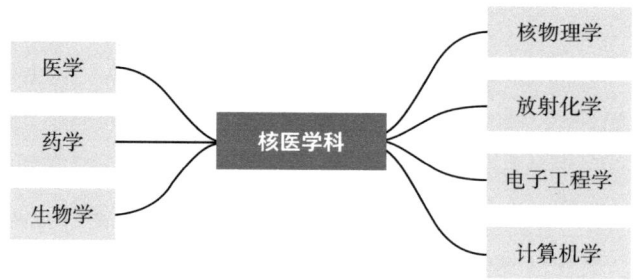

图 3-21   多学科融合的核医学科

核医学仪器设备根据用途不同，分为显像仪器、放射性药物合成与分装仪器、放射性计数测量仪器，以及脏器功能测量仪器等。核医学平台的大型医用设备主要是指其中的核医学显像仪器（包括 SPECT、SPECT–CT、PET、PET–CT、PET–MR 等）和医用回旋加速器。

3.4.2 核医学科工艺流程

核医学科的工艺流程见图 3-22。

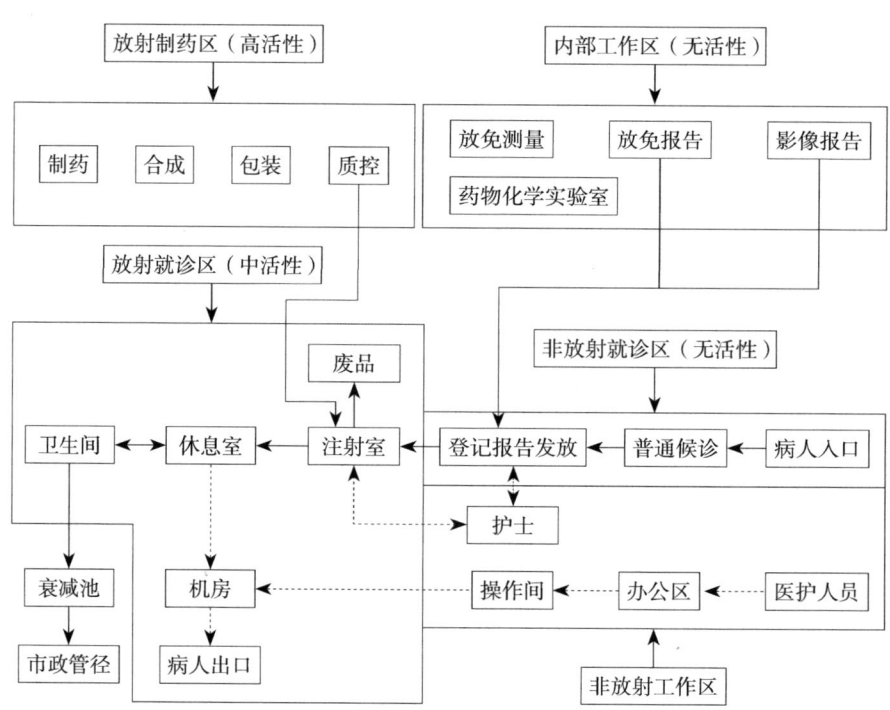

图 3-22   核医学科工艺流程

核医学科的工作流程主要概括为：科室主治医师开具检查单，门诊患者或医院患者提前预约检查时间，检查前医生会查看患者病例并诊断病情，介绍相应的检查流程。而后护士带领患者，注射核素药物，到休息室休息等待通知，经过规定的时间后使用设备进行扫描，检查完后患者需在留观室停留等待一定时间，待医生对患者的图像质量进行诊断达到要求后，通知患者于规定的出口离开。

根据核医学科大型医用设备的特点，除患者与医护工作人员的诊疗流线外，重点关注污物流线及核素流线。

1. 污物流线

核医学科产生的污物分为放射性固体、液体，载有放射性物质的气体三种形式。根据我国对于放射性废物处理的规定，禁止未经处理丢弃，须作为医疗废物经过专门处理后丢弃。注射室内使用完的固体废弃物与废水会排到衰变池内。当衰变值达可排放数值后丢弃，再排入到污水管道。

2. 核素流线

放射性核素药物来源有两种：其一是医院自己使用回旋加速器制作；二是通过外部购买。因此，核医学科应设置用于核素药物运送的专用通道，防止与其他普通流线交叉，运送至储源室暂存，使用时在分装室进行分装后，运送到注射室给患者注入。

3.4.3　核医学科设计原则

1. 位置选址与布局原则

《放射诊疗管理规定》（中华人民共和国卫生部令第 46 号发布，中华人民共和国国家卫生和计划生育委员会令第 8 号修订）对医院开放性放射治疗场所做出了有关管理规定。病患在治疗过程中注射放射性药物后，自身与其排泄物会带有辐射性危害。因此，对于核医学科在医院中的布局选址应重点考虑其工作流程，保证病患流线不回头或与其他流线有交叉。对于有放射性的药物，包括产生的放射性的废物污物都需要注意处理，统一进行集中放置与管理。而对于注射了放射性药物的患者，其本身也会带有放射性，因此病患流线设计应做到合理。若设置不合理，会导致环境影响评价和职业病防治评价无法通过，在使用运作过程中产生的辐射会对患者及其家属与医护人员造成一定程度的危害。基于以上原因，核医学科的选址应遵循相对独立且集中的原则。

核医学科的位置选址应在建筑物的独立一层或设在端部，尽可能在整个院区的下风口位置，避免与其他科室有交叉，同时防止产生的气体中含有放射性危害对院区内产生影响。在流线上患者不走回头路，设置独立的出入口。同时，尽可能将放射性药物、产生的放射性的废物污物以及注射了放射性药物的患者设置在一个集中的区域，以便进行管理。

在国家标准《综合医院建筑设计规范》GB 51039—2014 中，已明确在功能定义上将核医学科分为控制区、监督区、非限制区三大类（表3-2），并按顺序进行布置，结合"一套设备系统对应一个治疗室"（即"一配一"）的原则布局。

核医学科工作场所的区域划分　　　　　表3-2

控制区	计量、服药、注射、试剂配制、卫生通过、储源、分装、标记和洗涤、回旋加速器机房、热室、质控室和废弃物暂存室等
监督区	SPECT-CT、PET-CT、PET-MRI等设备机房、敷贴治疗室、甲功测定室、肾图检查室、放射免疫分析室、运动负荷室、注射后休息室、患者专用卫生间、留观室以及控制区外的走廊
非限制区	登记处、注射前等候区、诊室、控制室、医护办公室、阅片室、监控室、更衣室、医用和公共卫生间等

控制区是指辐射等级高、应采用全面的防护设施的区域。监督区是指有一定的辐射性，危害程度不高，对于重点局部需要采用防护设施的区域。非限制区是指没有辐射危害，不需要防护的区域。

核医学科大型医用设备在建筑设计上需考虑以下几个方面的因素。

（1）辐射因素：控制区如分装室、储源室、注射室、洗涤和标记用房等、注射后患者休息室和核医学科设备（PET-CT、SPECT-CT和PET-MRI）扫描机房，都要进行地面、墙面、房间顶六个面全方位放射防护。

（2）磁场因素：PET-MRI机房会产生一定的磁场影响，要与回旋加速器机房、PET-CT机房保留一定的安全距离，避免三机房间互相产生磁场干扰，导致设备仪器精准率受影响或损坏。

（3）结构因素：医学的医用设备重量较大，因此新建医院结构应预留足够的承载能力。核医学科在改造或更换新设备时，要相应地增加建筑结构承重能力，尤其是设备机房在二层及以上的楼层时，应及时进行对相应加固进行评估。

2. 对相邻空间医疗布局的影响

核医学科需整体成区布置，按照布局区分出病人区及医护区、分放射区及非放射区、放射药品及普通医用物品流线等这几项流程、区域的相互关系。核医学科与以下科室有一定关系，设计上应相邻布置。

放射治疗科：核医学科与放射治疗平台都具有辐射危害，需要防护，工作也具有一定的交叉，部分设回旋加速器机房的核医学科，由于需要运输放射性药物，最好紧挨PET-CT，因此，两科室应紧挨或上下层设置。

肿瘤科：核医学科实际上是一个医技科室，借助核医学科的显像技术，协助主治医师对其他科室的病人制定治疗方案等工作。主要服务患者的疾病大部分为癌症等，患者大多来自肿瘤科。所以核医学科与肿瘤科联系较为密切。

影像科：由于核医学科的医技功能与影像科有交叉，因此部分医疗机构会将核医学科归类至影像科，与其他显像类仪器设备机房集中统一设置。不过，由于核医学科的特殊性，即使设置在了影像科内部，也是位于中心一处集中放置。

同时，医院在整体平面设计时，核医学科的选址还应尽可能远离儿科、妇产科、人员密集的公共诊疗区与候诊区。孕妇对辐射较为敏感，一旦辐射量过大或泄漏，将对孕妇和婴儿产生极为严重的后果。同一层内，妇产科不能和核医学科相邻布置，也不应上下层布置。儿童身体较为弱小，且处于生长期，对辐射也较为敏感。儿科与妇产科应按相同原则远离核医学科。

3.4.4　核医学科"三区两廊"布局模式

核医学科的布局同样遵循"三区两廊"的布局结构，三区依照《综合医院建筑设计规范》GB 51039—2014 规范中的功能，分为控制区、监督区和非限制区（办公生活区）三大类，两廊为医护廊与患者廊（图 3-23）。控制区应设计量、服药、注射、试剂配制、卫生通过、储源、分装、标记和洗涤等用房；监督区应设扫描、功能测定和运动负荷试验等用房，以及专用等候区和卫生间；非限制区应设候诊、诊室、医生办公和卫生间等用房。

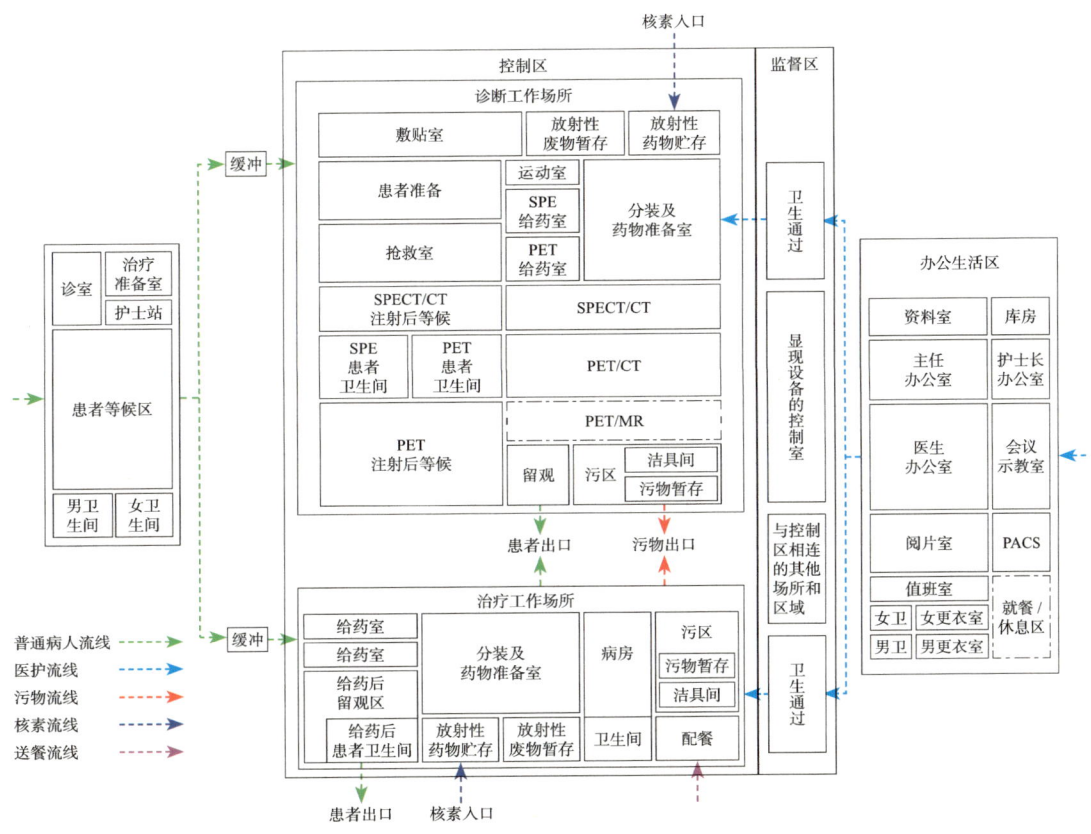

图 3-23　核医学科布局模式

核医学科通过医护廊、患者廊两条主要流线区分工作场所和治疗场所，将治疗区域和诊断区域分开。应设相对独立的工作人员、患者、放射性药物和放射性废物路径，通过合适的分区、分时交通模式来控制辐射源（放射性药物、放射性废物、给药后患者或受检者）的活动，做到给药后与给药前的患者流线不交叉、给药后患者与工作人员不交叉、人员与放射性药物通道不交叉。放射性药物和放射性废物运送通道应尽可能短捷。应采取合适的措施，避免无关人员进入控制区和给药后患者随意流动。

3.4.5 核医学科主要功能用房

1. 核素分装室

核素分装是在治疗或检查前，准备患者药品时必备不可少的操作。医护人员在防辐射通风柜的屏蔽保护下，将储藏在铅罐中的核素药物，按患者需用剂量分装在分装器械中。在分装过程中散发到分装室内空气中的放射性污染微粒，可随空气气流排放到室外空中释放。

核素分装室根据使用功能可分为信息记录核对区、分装区、分发区等区域（图3-24）。信息记录核对区设工作站及附属无菌柜等，具有核对、录入、修改、保存、查询、打印等功能，以核对核素用量大小以及分装之前的准备工作。分装区设3个分装柜，分别用于PET-CT、SPECT-CT和敷贴、运动负荷等其他核素的分装。

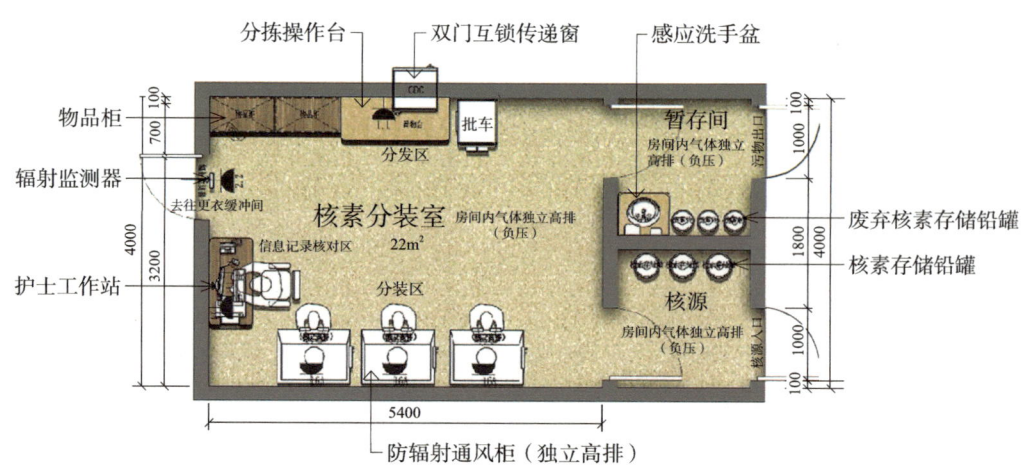

图3-24　核素分装室平面布置示意图案例

2. 碘-131分装室

碘-131分装室主要用于对患者治疗药物进行分装。分药操作宜采用自动分装方式，给药操作宜采用隔室或遥控给药方式。

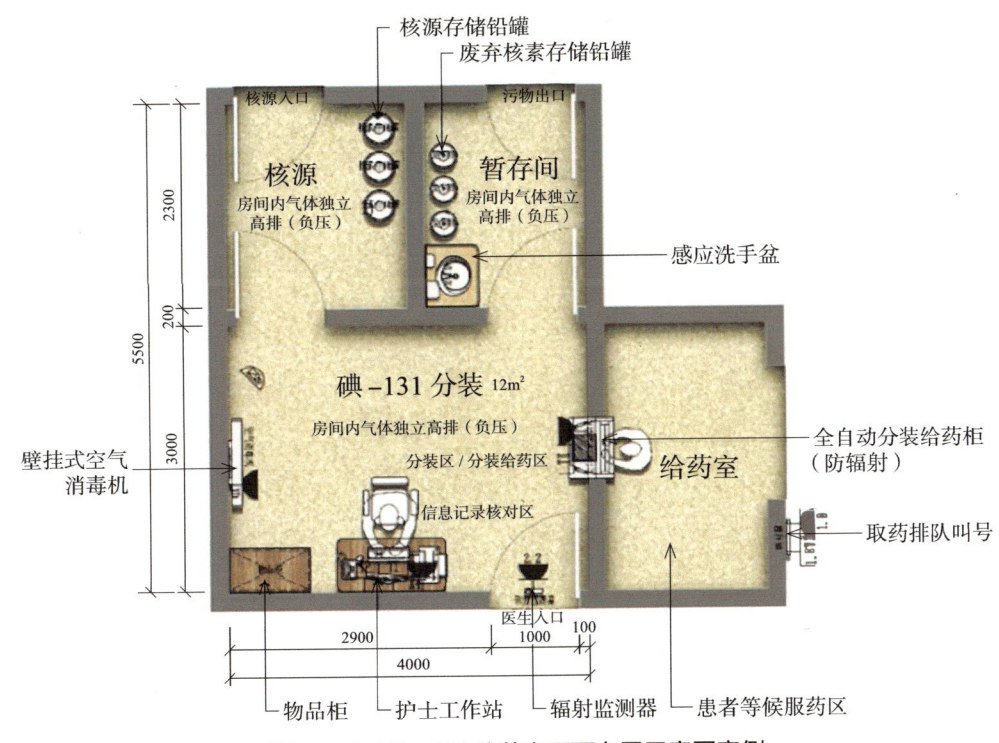

图 3-25　碘 -131 分装室平面布置示意图案例

碘 -131 分装室主要分为 3 个区，即信息记录核对区、分装区 / 分装给药区以及患者等候服药区（图 3-25）。信息记录核对区设工作站及其附属无菌柜等。分装区 / 分装给药区采用全自动分装一体给药装置，既可以远程控制，也可以近程操作，能够把大剂量活度的碘 -131 自动分装到口服杯内，并自动进行冲洗稀释，符合每个患者需要的口服剂量。

3. 核素病房

核素病房是核素治疗的场所。依靠大剂量的放射线作用于病灶而达到治疗目的，所施用的放射性药物剂量大且需一定的周期，因此患者在治疗期间必须在病房进行隔离。目前比较普遍的是采用碘 -131 进行甲状腺疾病的治疗。

核素病房为专用病房，宜设单间。如有条件限制，每间病房不宜超过两床，病床之间间距应大于 1.5m，设置铅屏风防护。病房内应设独立卫生间（图 3-26）。

病房内应设置对讲、监控、辐射监测、门禁等设备设施。为保证防护屏蔽，尽量不设或少设采光窗，采光窗应密封并进行必要的防护。床头设置医疗设备带，配置呼叫系统、医疗插座左右各 2 个、网络接口 2 个；考虑患者手机充电，可在床头柜上方单独设置一个距地 0.9m 高处的插座，避免与医疗插座混用。在床尾一端墙面设置电视以及 1.5m 高插座 2 个、网络接口 1 个。为方便远程查房，病房内可设置监控，并设隔离帘保证患者隐私。为满足房间空气洁净度的要求，配置壁挂式空气消毒机 1 台，距地高

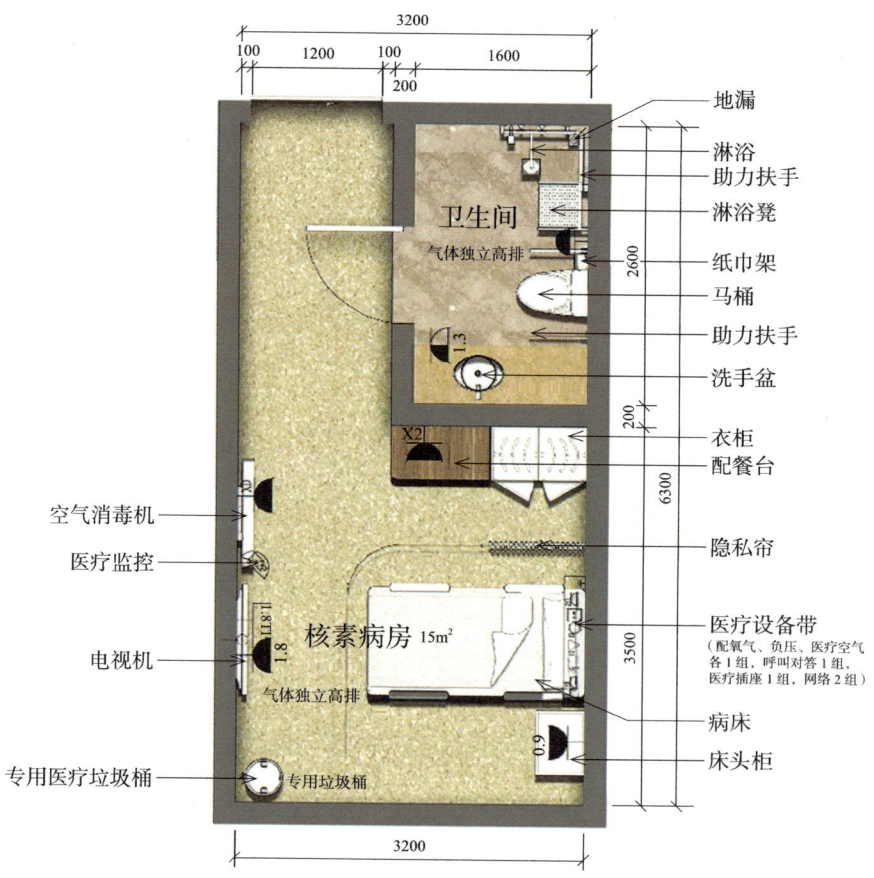

图 3-26　核素病房平面布置示意图案例

度 2.1m。卫生间设施同普通病房卫生间，核素病房及其卫生间应设置独立高排风系统，卫生间内排水系统单独设置并排放到衰变池。

4. PET-CT 检查室

PET-CT 是将 PET 和 CT 两种影像技术复合在一起的新型影像设备。将微量的正电子核素示踪剂（主要采用氟 -18）注射到人体内，通过 PET 技术显示人体的主要器官的生理代谢功能，通过 CT 技术对核素的分布情况进行精确定位。

PET-CT 工作场所划分为控制区和监督区。控制区一般包括使用非密封源核素的房间、扫描室、注射后候诊室、放射性废物储藏室、抢救室、运动室、清洁用品储存场所等。监督区一般包括控制室、员工休息室、更衣室、医务人员卫生间、卫生通过间等。

流程布局设计中需要考虑患者、医生以及设备的动线，同时要将患者通道、医护人员通道、物料通道进行区分，且患者通道应单向设计，设置单独的出入口，避免交叉污染。

PET-CT 检查室（图 3-27）参考国家标准《放射诊断放射防护要求》GBZ 130—2020

中 CT 机房的要求，机房长度建议为 8.5m，宽度建议为 6m，有效面积建议为 51m²，最小面积要求为 30m²，机房内最小单边长度为 4.5m。控制室面积建议为 18m²。

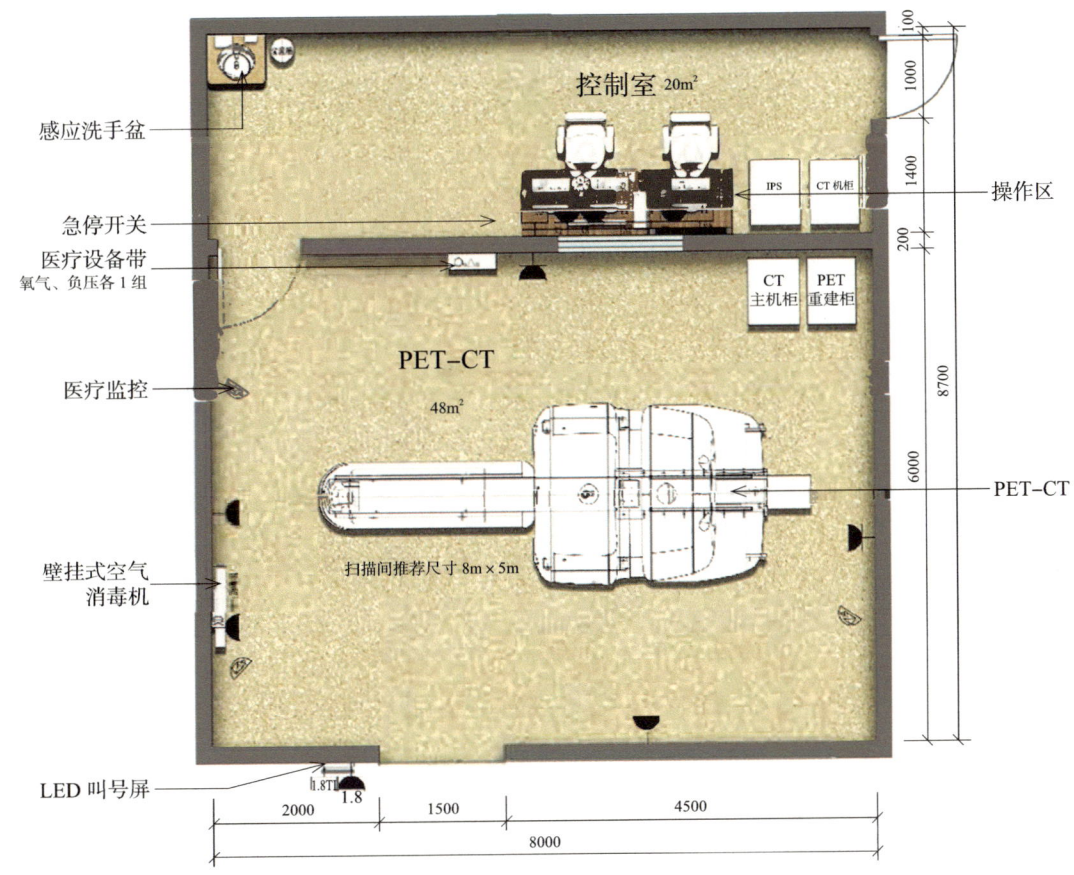

图 3-27　PET-CT 检查室平面布置示意图案例

5. SPECT-CT 检查室

SPECT-CT 图像融合影像，将 SPECT 的功能影像与多层诊断 CT 的丰富解剖细节进行了充分的结合，为临床医生提供更加全面、准确的早期诊断疾病的依据。SPECT-CT 设备应用的放射性核素主要有锝 –99m、铟 –111 和碘 –123。

SPECT-CT 工作场所划分为控制区和监督区。控制区一般包括使用非密封源核素的房间、扫描室、注射后候诊室、放射性废物储藏室、抢救室、运动室、清洁用品储存场所等。监督区一般包括控制室、员工休息室、更衣室、医务人员卫生间、卫生通过间等。

SPECT-CT 检查室参考《放射诊断放射防护要求》GBZ 130—2020 中 CT 机房的要求，机房长度推荐 5m，宽度推荐 6m，有效面积推荐 48m²，最小面积要求 30m²，机房内最小单边长度 4.5m，控制室推荐面积 15m²（图 3-28）。

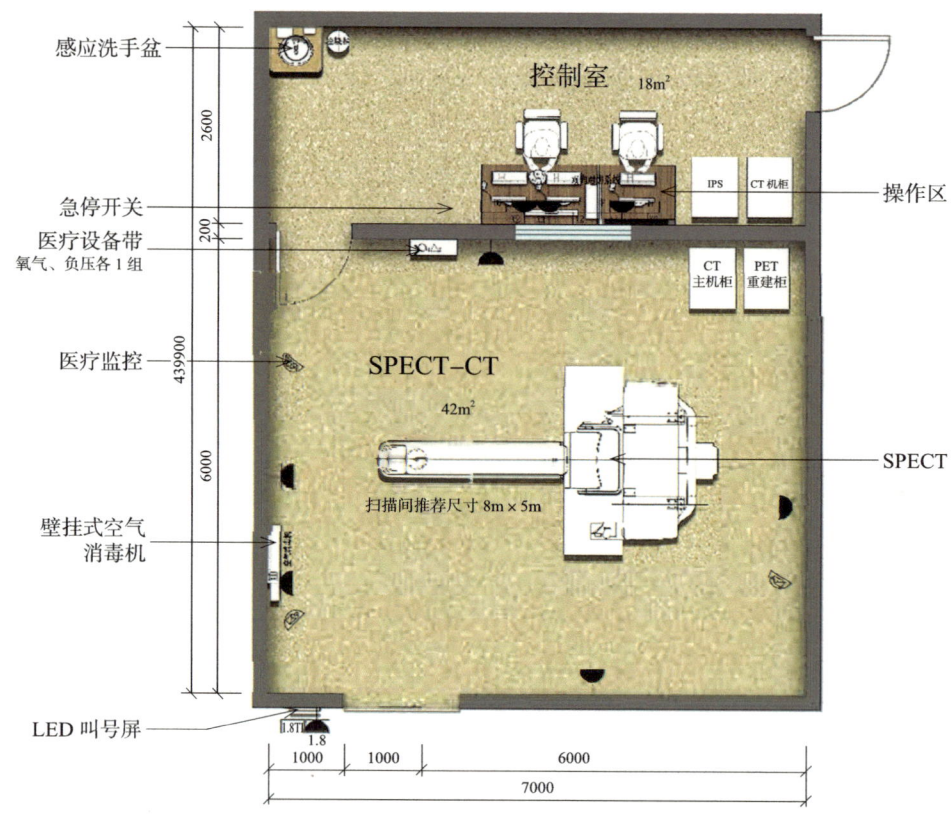

图 3-28　SPECT-CT 检查室平面布置示意图案例

新建 SPECT-CT 检查区域时，如空间充足，多选用混凝土，如空间有限，多选用铅板，以达到屏蔽的防护效果。

6. PET-MRI 检查室

PET-MRI 是 PET 和 MRI 结合的一体化大型功能代谢与分子影像诊断设备，采用氟 -18 放射性核素开展诊断工作，需提前做好失超排放口以及磁屏蔽防护和射线屏蔽设计。PET-MRI 检查室主要分为患者扫描检查区以及医生控制区，按照 PET-MRI 设备厂家要求预留安装条件（图 3-29）。

7. 吸碘试验室

用于进行吸碘率试验。碘 -131 能被甲状腺组织摄取并参与甲状腺激素的合成，将碘 -131 吸入患者体内，利用体外探测仪器测定甲状腺部位放射性计数的变化，可以判断甲状腺的功能。吸碘试验室主要包括等候区、检测区与记录区（图 3-30）。

8. 敷贴室

放射性核素敷贴主要用于皮肤病和眼科疾病治疗。实施敷贴治疗时，不能将敷贴源带出治疗室外，将敷贴器紧密贴在病变部位，屏蔽周围正常的皮肤。

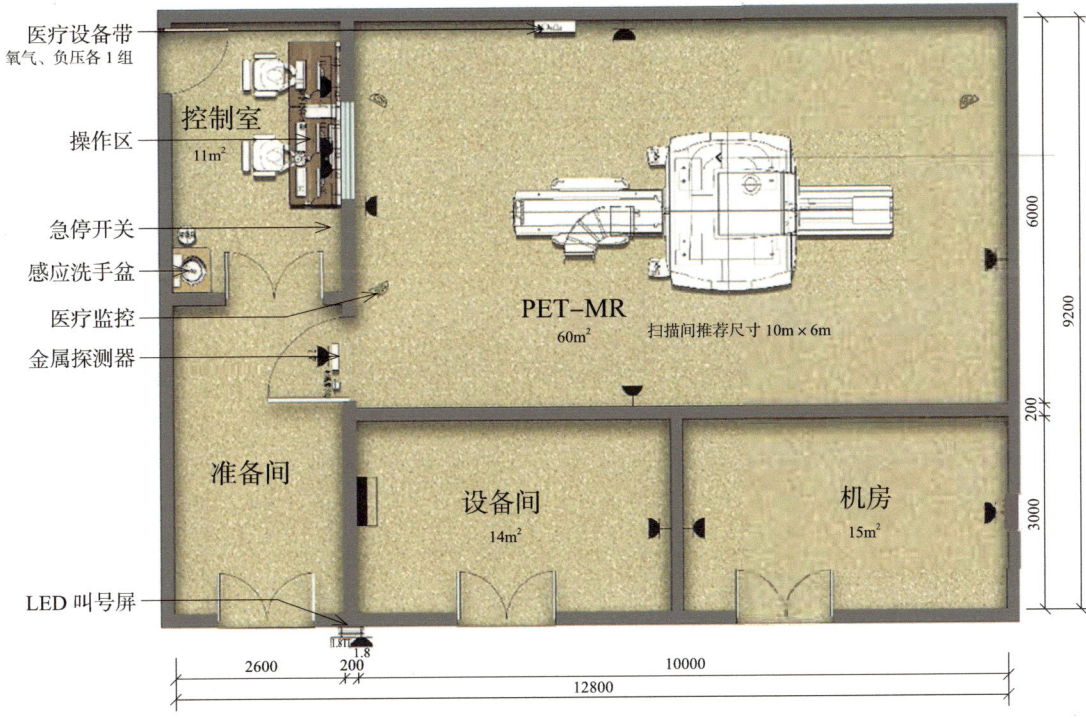

图 3-29　PET-MRI 检查室平面布置示意图案例

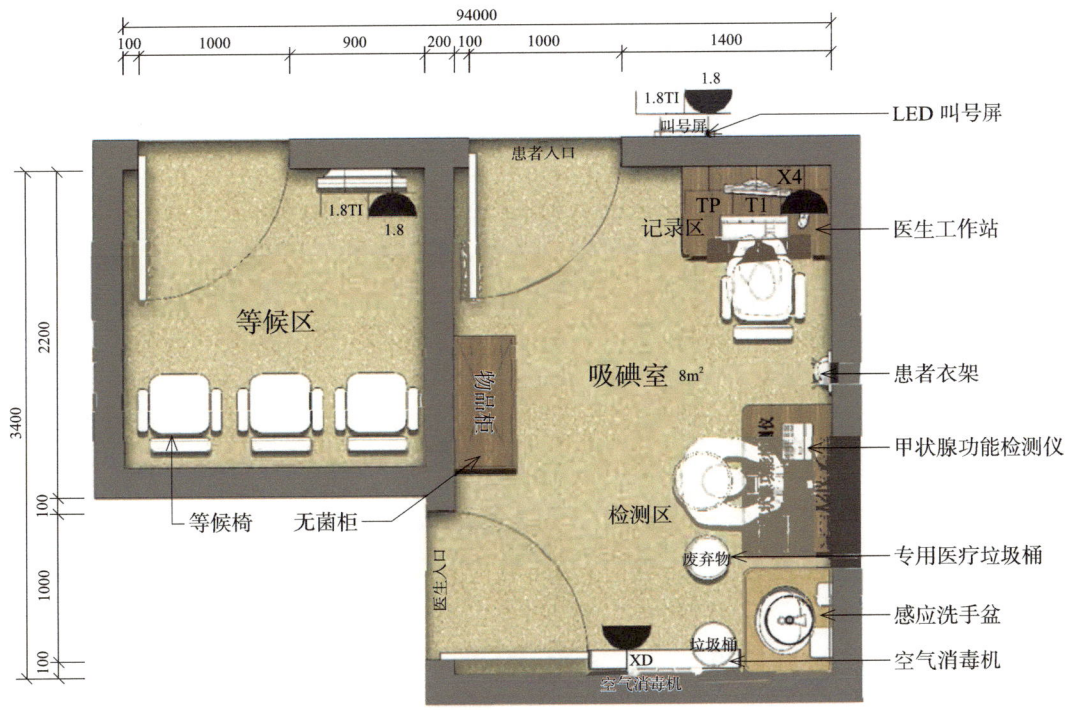

图 3-30　吸碘试验室平面布置示意图案例

敷贴治疗室内部一般分为 3 个区域，即准备区、工作区、治疗区。 工作区主要有电脑、打印机、办公桌椅，主要用于患者治疗前的信息录入、核对等操作；准备区主要进行治疗前的准备工作，设无菌耗材柜、感应洗手盆，以及操作台；治疗区摆放治疗床、治疗仪等，设置 1 个插座备用。为保证治疗室内空气洁净度，应在室内配置空气消毒机（图 3-31）。

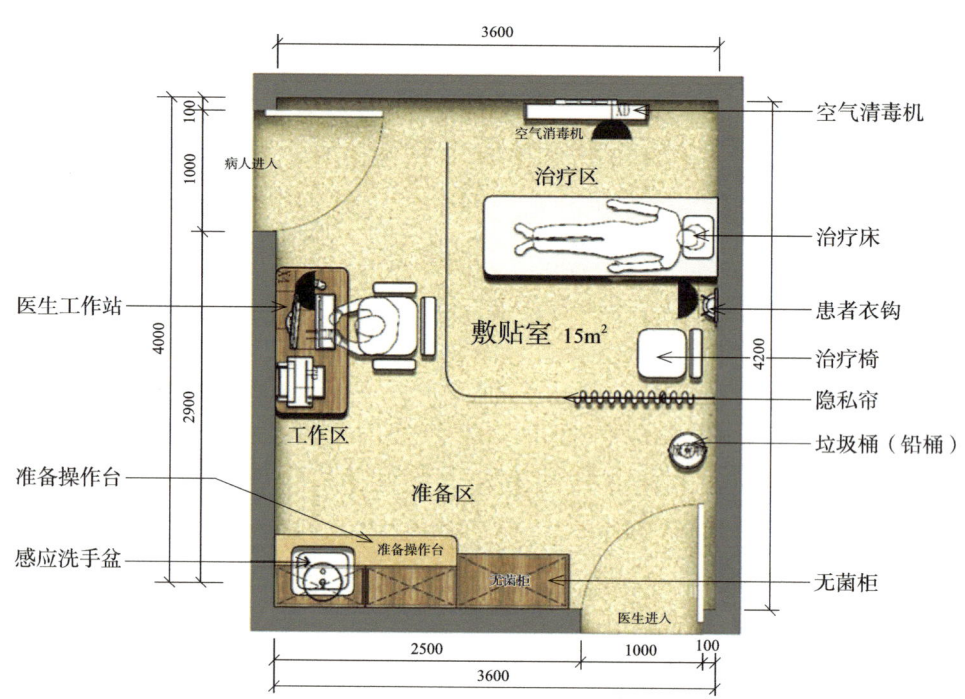

图 3-31　敷贴室平面布置示意图案例

第 4 章

大型医用设备
物理空间环境
控制要点

4.1 概述

大型医用设备具有受周边环境影响大、占用空间尺寸大等特点。在设计规划时，需针对不同设备的运行特点、管控要求、承载荷载要求，确定合理的运输安装方案。为确保大型医用设备运行的稳定性及合理性，本章从建造及运营维护的角度，对医院各大型设备机房的物理空间环境控制要点进行研究分析，以期对大型医用设备的建设管控提供参考。

4.2 设备机房物理空间环境要求

4.2.1 PET-CT

PET-CT 设备的正常运行与维护对物理空间及环境有着严格的要求，且不同房间的要求各有不同，从前期设计、运输、安装，到使用、维护等过程，都需严格保持其房间的物理环境，其对物理空间与环境的要求可以大致有以下内容：

（1）防尘要求：扫描间、设备间、操作间内保持卫生并常备吸尘器，可在适当位置安装空气过滤器，避免灰尘颗粒进入机器，带来短路危险。

（2）噪声要求：在整体系统正常运行时可能会产生最高达到 80dB 的噪声，因此建议在设备间采取降噪措施。

（3）电气要求：PET-CT 设备的整体系统需要严格满足其供电、接地、配电要求，并注意在扫描间及操作间内设紧急断电开关与曝光警示灯。

（4）电磁干扰要求：变压器、大功率电机等附近不建议安装 PET-CT 系统，避免其产生的强电流磁场影响系统的功能性能；系统附近也应避免使用移动电话、无线麦克风等无线电设备，原因同上。

（5）空调要求：为保持设备的良好运行，建议在检查室与设备间设置冷暖空调，且日夜循环运行，为设备长期稳定运转提供良好的温湿度环境；同时，需要兼顾空调系统的散热需求、成本造价以及后期系统升级等相关问题。

（6）振动要求：振动可能会影响设备的性能，所以 PET-CT 设备选择的场地要尽量远离停车场、公路、地铁、火车、水泵、大型电机等容易产生振动的振动源；其中，为了确保系统性能不受影响，系统安装场地离地铁线路的距离应该在 35m 以上。

4.2.2　PET–MR

PET–MR 设备的正常运行与维护对物理空间与环境的要求可以大致分为以下内容。

（1）防尘要求：PET–MR 的扫描间、设备间、操作间内应保持卫生，在系统部件进场前清扫机房卫生，安装后不得使用吸尘器清扫，可使用不含铁磁性物质的清洁用具进行清洁。

（2）噪声要求：PET–MR 设备运行时会产生一定的噪声，扫描间内要求使用吸声材料，并根据不同房间的使用性质，综合控制每个房间产生的噪声分贝数。

（3）电气要求：PET–MR 设备的整体系统需要严格满足其对电源（及辅助电源）、接地的要求，尤其需要注意其电源的电压、频率、额定容量的参数指标及主回路的设计要点；此外，还要求电源采用三相五线制，全年保持电压稳定，相序准确。

（4）工作温湿度要求：主要考虑指标为散热量（需依据品牌参数确定）、温度、相对湿度、气压范围，根据扫描间、设备间、操作间的具体空间需求对温湿度进行控制，如扫描间与设备间的温度需控制在 18～22℃，相对湿度需控制在 40%～60%（不得结露）等。

（5）照明要求：依据不同用房对照明的需求，采用合规合要求的照明灯具，并控制房间的采光水平达标，且兼顾安装与后期检修更换的便利性。

（6）空调要求：设备间建议选用恒温恒湿，且制冷量在 35kW 以上的精密空调，空调需全年日夜循环运行，以确保设备运行的环境温湿度；为确保空调的运行，需在设备间预留安装、检修空间及电源，上水下水；具体参数及空间需求可与空调供应商及设计、施工单位共同协商。

（7）安装运输要求：设备到货进场前，应完成所有土建、装修、配电、屏蔽工程、水冷机、空调等机房准备工作，并确保安装路径的尺寸与承重符合运输要求；在设备安装前应进行应用培训。

（8）电磁干扰要求：磁共振系统对周围环境密切相关，重点考虑避免磁场对周围设备的干扰影响，和避免周围潜在的磁场对磁共振系统的影响。

（9）振动要求：磁共振选址应考虑外界振动对其的影响，尽量远离水泵、空调室外机、干洗机、汽车等振动干扰源。

4.2.3　CT

CT 设备的正常运行与维护对物理空间与环境的要求可以大致分为以下内容。

（1）防尘要求：应在合适位置安装空气过滤器（如机房通风口处应设置过滤器），同时可在机房内设一台吸尘器，以供日常维护之便。

（2）电气要求：依据设备参数提供稳定可靠的电源、变压器以及相应接地措施。

（3）网络要求：依据要求在需要位置设置相应网络端口连接内外网，内网支持TCP/IP 传输协议，采用 100M～1000M Bit 自适应能力；外网需要固定 IP 地址，推荐宽带 20M，至少 10M。

（4）空调要求：为了设备运行环境的稳定，检查室应安装独立空调，日夜循环运行。空调形式不限，若安装吸顶空调，出风口需避开设备主机正上方；此外，运输存放时系统配件时，也必须满足相关温湿度要求。

（5）安装运输要求：运输路径上的门或走廊净高不低于 2.1m，病人进入检查室的防护门的净宽建议 1.3m；且需要对安装搬运路径进行加固，以达到荷载需求。

4.2.4 MR

MR 设备的正常运行与维护对物理空间与环境的要求可以大致分为以下内容。

（1）工作温湿度要求：主要考虑指标为散热量（需依据品牌参数确定）、温度、相对湿度、气压范围，根据扫描间、设备间、操作间的具体空间需求对温湿度进行控制，如扫描间与设备间的温度需控制在 18～22℃，相对湿度需控制在 40%～60%（不得结露）等。

（2）防尘要求：扫描间、设备间、操作间内应保持卫生，应在系统部件进场前将机房清扫干净；系统安装好后，不得使用吸尘器清洁扫描间的地板；扫描间内不得使用含铁磁性物质的扫把和垃圾铲。

（3）噪声要求：磁共振设备运行会产生一定的噪声。扫描间内要求使用吸声材料，为了减少系统运行时产生的噪声对患者、工作人员的影响，应根据不同房间对噪声进行控制；扫描间噪声应控制在不大于 99dB 的水平，操作间与设备间控制在不大于 85dB 水平。

（4）电气要求：MR 设备的整体系统需要严格满足其对电源（及辅助电源）、接地的要求，尤其需要注意电缆的选品与线径的控制；此外，还需注意配置安全、可靠的主配电箱。

（5）空调要求：应在设备间安装恒温恒湿的精密空调，制冷量通常为 35kW 以上，为保证设备正常运行，需 24h 开启。设备间应预留空调安装维修空间、电源、上水下水；室外准备空调室外机平台。

（6）水冷要求：水冷机组应满足一用一备，双机制冷量≥100kW；并在设计时，注重留意预留水冷机安装维修空间、电源、上水下水。

（7）安装搬运要求：运输路径上的空间尺寸需满足要求，且需要对安装搬运路径进行加固，以达到荷载需求。

（8）顶棚要求：屏蔽内顶棚距最终完成地面高度需确保在 2400～2900mm，在此范围外可能导致失超管的安装或使用出现问题。

（9）失超管要求：失超管的材料为非铁磁性金属（如非铁磁性不锈钢管等）；失超管从扫描间到排放出口的整个管道走向都有严格要求，整个管道的长度、管道直径、弯头转弯角度、转弯半径、数量，必须满足设备的压降计算要求；为了避免失超时排出的低温氦气造成冻伤和窒息，在失超管出口处设有受限区；应注意，失超管的排气口必须避开人群聚集区域，不允许排放到封闭室内空间内，不允许和其他管道系统对接，排气口至地面或人行道的距离应满足相关要求。

（10）周围磁场环境要求：考虑避免磁场对周围设备的干扰影响，以及避开周围环境对磁场的干扰影响；MR 区域在一定范围内设控制区，在控制区出入口处贴安全警示标志，并严禁铁磁类物体进入扫描间；且身体内携含有铁磁材料的植入物的有关人员也不得进入磁力场强区域与次区域。

4.2.5　直线加速器

直线加速器设备的正常运行与维护对物理空间与环境的要求可以大致分为以下内容：

（1）工作温湿度要求：根据控制室、治疗室、辅助机房的具体空间需求，对温湿度进行控制。一般来说，上述房间的温度应当控制在 20～25℃，相对湿度控制在 30%～75%。

（2）电气要求：配备合要求的电源与导线，导线材料只得使用铜线，电源需要采用三相五线制供电，电源电压稳定；并注意电机、空调、升降机及一般电气设备不得连接在加速器单独的供电电源上；并采用安全、可靠的接地系统，使抗阻尽可能地降低，以减少对其他设备的干扰。

（3）照明要求：机房内应配备主照明灯、背景灯、应急灯、检修用照明灯与走廊灯，其位置应满足相应要求。

（4）其他配套设备要求：应在设备、治疗室内和迷路的适当位置配备可以中断出束与运动的急停开关，多个急停开关间应相互串联；应配备激光定位灯具。

（5）电气消防要求：建议设置热感、光电感应或温感火警监测器，严禁使用离子型感应器；配备适合电气的灭火器，避免采用水喷式灭火装置。

（6）安全联锁要求：为确保工作人员的安全，应设有一套安全联锁电路。

（7）空调要求：加速器机房的治疗室内需要设计通风系统，以利于有害气体的排出。

（8）通风要求：应当布置抽风口与进风口；抽风口布置在治疗室内远离迷路处，并尽靠近地面，排风管采用迷宫式结构；治疗室墙外侧排风口装风机，风机排风量应保证正常时治疗室内应每小时换气不少于 4 次；洞口应加装防鼠金属网；进风口可在迷路内靠近门处、屋顶上或门上方的墙上，布置得尽量高，并采用迷宫式结构。

（9）供暖除湿要求：应配置空调、除湿机，使温度保持在 20～25℃，相对湿度保持在 30%～35%；并建议除湿机附近设有地漏或排水管道，辅助机房内要设有专用自来水水龙头和地漏，地漏必须位于最低位，以保证积水全部及时排出。

（10）安装与运输要求：安装与运输的重点部位为迷路、防护门、地面及吊车与吊车梁；具体要求如下：（1）迷路、防护门及地面的净尺寸应当方便运输系统仪器；为方便运入加速器，在迷路拐弯处、迷路内口对面的墙上等适当的位置预埋吃重 10t 的拉环；防护门上应装有与加速器联锁的门联锁，确保门关好后才能出束；（2）吊车与吊车梁：治疗室屋顶对应加速器机架中心轴处装工字梁（25b 工字钢）一根，工字钢安装后，槽部露出部分应不妨碍行车移动轨迹，并建议永久保留，以便后期的设备维修。

4.2.6　一体化 CT 直线加速器

一体化 CT 直线加速器设备的正常运行与维护对物理空间与环境的要求可以大致分为以下内容：

（1）电气要求：电源需设置一路独立电源接到主机设备。

（2）环境要求：治疗室、设备间和控制室都需要空调和通风系统；主机设备需提供冷却水。

（3）安装运输要求：建设时需预留设备运输通道、设备穿墙电缆孔、进回风管洞及预埋件基坑。

4.2.7　磁共振加速器

磁共振加速器设备的正常运行与维护对物理空间与环境的要求可以大致分为以下内容：

（1）电气要求：应设置三路独立电源接到设备间。

（2）通风系统设计要求：治疗室、设备间、维修间和控制室都需要空调和通风系统。

（3）冷却水要求：设备间和维修间都需要提供冷却水。

（4）安全运输要求：建筑需预留设备运输通道、设备穿墙电缆孔、进回风管洞、紧急排风口及失超管；不同尺寸部件的搬运通道最小尺寸均需要满足要求。

（5）其他要求与重点工作：磁共振加速器需要考虑磁体磁场对周边公共环境的影响，因此在选址时就应当进行磁场与振动测试，还应当考虑与各类磁体的距离。

4.2.8　质子、重离子加速器

质子、重离子加速器设备的正常运行与维护对物理空间与环境的要求可以大致分为以下内容：

（1）空调通风设计与冷却水要求：在系统运行时，应减少供冷系统的能耗，并充分利用自然能源及装置进行排热；工艺冷却水系统采用双循环冷却方式，即采用一次冷却循环水作为传热介质与冷却对象直接接触，带走用水设备的热功耗，并通过板式换热器将热量传递给二次冷却循环水，再经冷却塔将热量散发于外界大气中或用冷水机组带走热量。

（2）通风要求：建议所有辐射控制区域、气体室、控制室和办公室通风良好，空气清新。

（3）安装运输要求：因加速器部件重量很大，设计方案需要考虑超重设备的转运吊装问题。部分设备重量超过 20t，需充分考虑设备装运条件，设置独立的设备转运口，通过天车、转运轨道等将设备运输至装置区域；要确保运输路线中的走廊和电梯尺寸足够大，系统的各个组件能够顺利搬运到安装场地；确保系统搬运途经走廊洁净，且土建与装修工程已结束。

第 5 章

大型医用设备安全防护设计要点

5.1 概述

医院影像科、放射治疗科及核医学科等科室的大型医用设备对于医院的病因诊断和治疗等环节必不可少。这些设备在应用时多数都具有放射性，需要做好辐射防护，防止对外部环境的干扰；同时，也要防止来自外部环境对其自身的干扰；此外，因大型医用设备投资较大还需兼顾消防等安全设计。因此，在各类大型医用设备机房的整体筹建工作当中，应妥善处理好相关的放射防护、电磁屏蔽及消防等安全设计。本章就各类大型医用设备机房的辐射防护设计、电磁屏蔽设计、消防设计等安全设计展开详细的阐述，为医院各科室大型医用设备机房的整体筹建工作提供参考借鉴，期望更好地促进大型医用设备的建设发展。

5.2 大型医疗设备的安全设计简介

5.2.1 大型医用设备的安全设计规划原则

大型医疗设备的安全设计规划主要依照以下原则进行考虑：安全可靠性原则、先进性原则、实操性原则、投资经济性原则、维护性原则、规范性原则。

在进行大型医用设备的安全设计规划时，首要考虑其结构与材料的安全性与工艺的先进性，确保设计后的工程质量，规避重复投资产生的浪费。从前期设计制造到后期检查维护的流程中都应当介入，确保程序的合理，在选型选材时考虑具体实操需求，对经济成本与后期维护等各方面因素进行综合考量，与各方协调出最佳的设计方案。

5.2.2 大型医用设备的安全设计总体技术方案概述

为了更好地服务临床检查，大型医用设备的科室规划需要结合医院整体人员的流动，既要具有明显突出的总图位置，又要有安全、隐蔽的环境。

放射防护区应对功能与流线进行区分。分区上分为等候区、检查区和办公区三个区域。流线上注意区分患者就医动线、医务人员工作动线、设备运输三条动线。在医院空间整体上进行合理布局，局部上合理设计此三区与三线。

将患者动线与医务人员工作动线分开，各自的动线相对独立，既可缓解患者就诊压力，又能保证医务人员工作效率；而将办公区单独设置，可避免患者对医务办公的影响，为医务服务人员营造温馨舒适的工作环境。

这种布局方式既可以将人流、物流以及环境优化做到最佳，又保证了每个区域的良好运转，可使医院的诊疗效率得到最大限度的发挥。

5.3　大型医用设备辐射防护设计

5.3.1　辐射防护简介

高辐射水平对人体有害。要从生产到实施全过程采用辐射防护安全标准，来弱化辐射危害，且辐射防护必须满足国家安全标准。

辐射效应分为确定性效应和随机性效应。随机性效应受照射后经一个潜伏期才会显示出来，由于具有随机性特点，这些流行病学检测结果称为随机性效应。当塑造细胞发生变异而未死亡时，就会发生随机性效应。

1. 辐射类型

1）职业照射

职业照射是指在相关职业工作中的人员受到的相应照射。

2）医用照射

医用照射是指接受诊断、接受治疗的受照个体所受到的照射，受照个体包含进行医学诊断或治疗的对象、知情的志愿者，而不是职业人员或者微生物。

3）公众照射

公众照射是指职业照射、医用照射，以及正常的天然照射之外的照射，是公众受到来自放射源的照射。

2. 医用电离辐射范围

1）X 射线诊断项目

在 X 射线诊断中的医用电离辐射项目包括 CR、DR、影像诊断、牙科 X 射线影像诊断、乳腺、影像诊断、普通 X 射线机、CT 影像诊断、骨密度测定、其他 X 射线影像诊断等。

2）放射治疗项目

放射治疗学中涉及的医用电离辐射项目包括医用直线加速器治疗，钴 –60 治疗机，后装机治疗，伽马刀，深部断层 X 射线治疗，质子、重离子治疗等。

3）核医学科诊断及治疗项目

核医学中涉及的医用电离辐射项目包括：PET（PET-CT、PET-MR）影像诊断、SPECT影像诊断、伽马相机影像诊断、放射籽粒植入、放射性药物治疗以及其他核医学诊疗。

4）介入放射项目

介入放射学中涉及的医用电离辐射项目包括：DSA介入放射诊疗和其他介入放射治疗影像设备。

5.3.2　辐射防护限制标准

医院放射防护项目涉及医护人员及患者的生命健康，须严肃对待，既要重视建筑标准，又要关注行业规范。规划、设计、施工应遵守国家、地方和行业上有关设计、制造、包装、运输、施工及验收的相关标准和现行规范。

根据国家标准《放射诊断放射防护要求》GBZ 130—2020，机房的辐射屏蔽防护，应满足下列要求。

1. 具有透视功能的X射线设备在透视条件下检测时，周围剂量当量率应不大于2.5μSv/h；测量时，X射线设备连续出束时间应大于仪器响应时间。

2. CT机、乳腺摄影、乳腺CBCT、口内牙片摄影、牙科全景摄影、牙科全景头颅摄影、口腔CBCT和全身骨密度仪机房外的周围剂量当量率应不大于2.5μSv/h。

3. 具有短时、高剂量率曝光的摄影程序（如DR、CR、屏片摄影）机房外的周围剂量当量率应不大于25μSv/h，当超过时应进行机房外人员的年有效剂量评估，评估结果应不大于0.25mSv。

其他应遵守的相关标准规范、法律法规如下。

《电离辐射防护与辐射源安全基本标准》GB 18871—2002；

《核医学放射防护要求》GBZ 120—2020；

《放射治疗放射防护要求》GBZ 121—2020；

《放射诊疗管理规定》（中华人民共和国卫生部令第49号发布，中华人民共和国国家卫生和计划生育委员会令第8号修订）；

《建设项目职业病危害分类管理办法》（中华人民共和国卫生部令第49号）；

《电磁屏蔽室工程施工及质量验收规范》GB/T 51103—2015；

《医学影像诊断中心基本标准和管理规范（试行）》（国卫医发〔2016〕36号）；

《电子辐射工程技术规范》GB 50752—2012；

《建筑电气工程电磁兼容技术规范》GB 51204—2016；

《放射性废物管理规定》GB 14500—2002；

国际标准《国际电离辐射防护与辐射源安全的基本安全标准》IAEA–BSS–115。

5.3.3　辐射防护基本原则

肿瘤医院放射防护工程场地空间规划应遵循安全可靠性、先进性、可行性、经济性和易维护性的原则。

1. 安全可靠性原则

肿瘤医院放射防护工程规划设计首先考虑的是结构、材料的安全性。

从医疗流程入手，结合各科室、设备及系统的工艺条件、技术指标、参数等，对相关的防护工程从构想阶段就进行介入与评估，协调出最佳方案。

2. 先进性原则

肿瘤医院放射防护工程规划设计应充分考虑工艺的先进性，确保设计后的防护工程整体性能优良，处于行业领先地位，避免重复投资。

3. 可行性原则

肿瘤医院放射防护工程的设计、制造、运输、安装、质检、调试、检查、维护等工作应合理、可行。关键材料和设备可采用成熟产品；国外材料、设备或产品，应便于维修和更换零部件。

4. 经济性原则

肿瘤医院放射防护工程规划设计时，应当综合考虑材料的防护性能、造价、施工难度、对院区影响等因素。

（1）充分了解各种防护材料的优缺点及适用条件，合理利用，选择性价比高的材料、设备，节省材料成本。

（2）充分考虑系统的整体建设成本和后期运营成本。

（3）采用全寿命周期设计理念，防护结构按照冗余设计，减少全寿命周期内的维护维修次数。

5. 易维护性原则

遵循维护方便、降低维护成本的原则。

5.3.4　大型医疗设备辐射防护设计

1. CT 机房

1）CT 机房的防护

CT 机房通常与影像科的其他机房相邻，有时也会被放置在放射治疗科周围。主要的用房包括检查室、控制室、设备室和候诊区。为了缩短医生和患者之间的沟通距离，应将医护门与病人门紧密相连，避免电缆沟穿过门，同时在控制室和检查室之间设置门。此外，机房内的布局应合理规划，线束的照射方向应避开门、窗和管线口等防护薄弱位置。

在 CT 机房建设期间，应当考虑机房内的布局细节（如观察窗位置、防护门位置、通风口位置、开关插座位置等），需与设计、施工、专项单位进行协调。此外，需特别注意的是，在进入 X 射线机房的防护门的上方，必须安装辐射警示灯，并在门上贴上辐射警示标志。警示灯的控制应与控制室门的开闭同步进行，警示灯的电源和 X 射线设备应受相同的电源控制，并受到 X 射线设备的控制。

2）扫描室的辐射防护厚度

CT 机房各类型剂量目标值的要求详见表 5-1。

CT 机房各类型剂量目标值 　　　　　　　　　　　　　表 5-1

位置	剂量类别	目标值
机房外的人员	可能受到照射的周有效剂量	$<5\mu Sv$
	年有效剂量	$<0.25mSv$
离机房外表面 0.3m 处	空气比释能率	$<2.5\mu Sv/h$

CT 机房四周墙体、顶棚，周围的门窗等部位应采取防辐射措施，机房四周墙壁，以及有人居留房间的顶棚应采用不低于 3mm 厚铅当量的防护措施；当 CT 机在机房内位置合理，即 CT 机有用线束的照射方向避开防护门、窗和控制台时，应采用 20mm 厚的普通铅玻璃；当 CT 机在机房内位置不合理，即 CT 机有用线束的照射方向朝向玻璃观察窗时，则应当在上述防护措施上附加一块 15mm 厚的铅玻璃复合窗，且铅玻璃与墙体接合部处需布置 5mm 铅。CT 机房在前期规划时就应当规划好机器的安装布局，控制整体投资成本。

此外，不同墙厚的 CT 机房的辐射防护材料要求也不同，具体防护要求根据机房的修建情况，对不同部位分别进行确定，具体信息见表 5-2。

不同墙厚的 CT 机房的辐射防护材料要求 　　　　　　　表 5-2

位置	辐射防护材料	备注
新建机房	370mm 厚的实心砖墙、高强度等级水泥砂浆	保证砂浆饱满，不留空隙
240mm 普通砖墙的旧房改建	240mm 砖墙 + 涂抹 2.0mm 当量的复合墙体材料	整体防护厚度≥3mm 铅当量
医护和患者进入机房的门	形式：推拉门或折页门	防护厚度≥3mm 铅当量
控制室与机房间的观察窗	20mm 的普通铅玻璃	相当于 4mm 铅当量

2. MR

磁共振防护设计主要是防止外部环境的射频进入机房内，对磁共振系统内部产生干扰。具体要求如表 5-3 所示，并要求屏蔽公司提供检测报告。

磁共振机房的效能衰减、绝缘等防护具体要求　　　　表 5-3

屏蔽效能衰减	屏蔽绝缘	屏蔽接地电阻
≥95dB	≤10kΩ	≤1Ω

所有管线必须通过各种滤波器才能进入到扫描间。

扫描间内均采用非磁性材料。不可将铁磁性材料用于屏蔽及扫描间内装修工程施工，常用允许材料有木材、铝合金、非铁磁性不锈钢、铜等。

3. 直线加速器

加速器机房辐射能量相对较高，通常设置在院区人员较少、附近无居住建筑的区域。控制室尽量避开主束线辐射方向。

1）射线防护

直线加速器机房的辐射能量高，在前期需做好方案规划。以 10MV 与 15MV 机器型号的设备为例，其对应的屏蔽墙体厚度以及其他防护应满足表 5-4 的要求。

不同型号直线加速器的具体防护要求　　　　表 5-4

机器型号	混凝土位置	混凝土厚度（mm）	备注
10MV	主屏蔽墙	>2500	需考虑中子射线的防护。 防中子要求： 现浇混凝土墙体已满足； 防护门需增加石蜡或含硼聚乙烯
10MV	次屏蔽墙	>1300	需考虑中子射线的防护。 防中子要求： 现浇混凝土墙体已满足； 防护门需增加石蜡或含硼聚乙烯
15MV	主屏蔽墙	>2800	需考虑中子射线的防护。 防中子要求： 现浇混凝土墙体已满足； 防护门需增加石蜡或含硼聚乙烯
15MV	次屏蔽墙	>1400	需考虑中子射线的防护。 防中子要求： 现浇混凝土墙体已满足； 防护门需增加石蜡或含硼聚乙烯

2）防辐射防护要求

加速器治疗常用价格实惠、可操作性强的混凝土作为机房的辐射防护材料。因混凝土厚度较厚，容易占用较多的使用空间，为避免防护墙体占用太多使用面积，可在主防护墙内嵌入含铁矿石、重晶石或钢板来提高防护强度。具体细节要求如下：

（1）应保证浇灌混凝土时搅拌密实均匀，不能有空腔和缝隙，并保证密度大于 2.35g/cm³。施工时应勤于检查，防止预留管道的遗漏。

（2）主屏蔽墙处不允许各种管道直穿过防护墙。防护墙因通风管道、电缆管道、插座及开关安装处等防护性能减弱的地方应采取加铅板、钢板或局部用重混凝土等补偿措施加强防护。

（3）不允许在治疗室开窗，不允许有任何严重减弱防护能力的操作。

（4）防护门应比门洞单边大 100mm 及以上，保证门与墙有足够的搭接或机房门和墙壁重叠的宽度应大于其间缝隙的 10 倍，以减弱射线的漏出。

防护门的防护能力建议由厂家进行测算，并尽量达到 24mm 以上的铅当量，且在防护门中添加石蜡 – 硼酸等合适的中子防护材料对中子进行防护。

4. 一体化 CT 直线加速器

一体化 CT 直线加速器标准机房布局由治疗室（含治疗区和迷路）、内设备间、外设备间和控制室四部分构成。

土建时需预留设备运输通道、设备穿墙电缆孔、进回风管洞及预埋件基坑。

5. 磁共振加速器的防护设计

磁共振加速器标准机房建筑需预留设备运输通道、设备穿墙电缆孔、进回风管洞、紧急排风口及失超管。

磁共振加速器机房主射线防护墙的设计，应采用合适的重晶石混凝土密度比，实现防护要求，且机房四面墙体及顶棚须为重晶石混凝土剪力墙结构墙体。

通过计算，磁共振加速器机房所需要的混凝土墙厚度应在 1800mm 以上。射线防护应用材料有铅板、混凝土墙、钡水泥。

6. 伽马刀

伽马刀治疗室应注意其施工工艺，禁止使用套管。根据伽马刀应用的病灶部位不同，其混凝土墙体及位置也有不同（表 5-5），头部伽马刀治疗室墙体混凝土厚度建议为 800mm，体部伽马刀治疗室墙体混凝土厚度建议为 1000~1500mm，顶部混凝土厚度建议为 800~1500mm，底部混凝土厚度应不低于 500mm（无地下室），结合当地评价文件，做好墙体及防护门防护措施及防护门联锁系统。

不同类型伽马刀治疗室各部分混凝土防护厚度　　　　　　　表 5-5

伽马刀治疗室类别	混凝土位置	混凝土厚度（mm）
头部伽马刀治疗室	墙体	800
体部伽马刀治疗室	墙体	1000~1500
	顶部	800~1500
	底部	500（无地下室）

（1）伽马刀机房需要设置实体屏蔽措施，并结合迷路加强防护。

（2）系统联锁：伽马刀控制台的系统反馈有障碍时，系统联锁会自动弹出，同时放射源退入到原来储源的位置。

（3）门－机联锁：防护门采用电动式和手动式相结合，防护门与伽马刀的启动设置门－机联锁，防护门关闭后，放射源才能启动。

（4）门－灯联锁：机房外和操作间监视器上均安装具有红、白、绿三种颜色的放射警示灯，分别指示系统状态，当红色警示灯亮起时，指示机房内伽马刀处于工作状态，此时机房外不能打开防护门，以实现门－灯联锁。

（5）在伽马刀机房内、迷路、操作间、治疗床等关键位置设置了紧急停机开关，并标有明显的标志。

7. PET–CT

PET–CT 标准机房由扫描间、操作间和设备间三部分组成。

1）射线防护要求

检查室的防护设计及施工由医院负责，应通过当地辐射防护、测量委员会的合格检验。

辐射防护需要考虑的放射源主要有三种：一是 CT 扫描时 X 射线的辐射；二是进行系统校正时使用的放射源的辐射；三是患者注射放射性核素标记的示踪剂之后，正负电子湮灭反应过程中带来的 γ 射线辐射。

系统扫描和校正过程中会使用到放射源物质，如氟 –18、锗 –68 等。

2）医用射线防护工程设计

医用射线防护工程设计的首要前提是对工作辐射与剂量率进行估算。根据规范公式整理成 EXCEL 表格形式，将对应防护要求输入表格当中，得到 PET–CT 调试机房各场所的屏蔽方案，部分方案见表 5–6。

PET–CT 机房防护方案　　　　　　　　　　　　　　表 5–6

名称	方位	周围环境	屏蔽设计
PET–CT 1 号机房	东	废物暂存间、储源室、分装室	120mm 重晶石砖
	南	工作区走廊	240mm 重晶石砖
	南	防护门	14mm 铅板
	西	PET–CT2 号机房	120mm 重晶石砖
	北	观察窗	14mm 铅当量
	北	控制走廊	240mm 重晶石砖
	北	防护门	14mm 铅板
	上	无	9mm 铅板
	下	地基	—

根据估算所得结果，选用合适的防护材料，并在需要部位采用增强防护措施。

3）建筑装饰装修工艺设计：

房间主体采用框架结构，各房间墙体采用重晶石砖墙砌筑。根据防护要求，不同房间的构造与墙体厚度不同，其中需要注意的重点部位如下。

（1）墙体隔断：PEC–CT 机房扫描室、分装室、废物暂存室、储源室、更衣室、缓冲室墙面均间距为 600mm 的镀锌方管骨架；并采用符合要求的板材，在适当部位采用重晶石砖、硫酸钡砂浆砌筑，增加防护效能；

（2）吊顶：PEC–CT 机房扫描室、分装室、废物暂存室、储源室、更衣室、缓冲室、设备通道顶面采用轻钢龙骨、600mm × 600mm × 1mm 铝扣板吊顶，吊顶高度 1.1m；

（3）地坪：所有房间地面均采用环氧地坪。

8. PET-MR

为优化临床功能，PET–MR 的标准机房布局除了扫描间、控制室、设备间三部分之外，根据客户需求，可规划接诊室，更衣室，注射室，缓冲区，休息室等配套的功能房间。

机房应通过当地辐射防护、测量委员会的检验合格。

辐射防护需要考虑的放射源主要有两种：一种是进行系统校正时使用的放射源的辐射，另外一种是患者注射放射性核素标记的示踪剂之后，正负电子湮灭反应过程中带来的伽马射线辐射。

系统扫描和校正过程中会使用到放射源物质，有氟 –18、碳 –11、氮 –13、氧 –15 以及锗 –68 等。

9. 回旋加速器

功能区域划分为：加速器室、操作室、辅助设备间、气瓶间、热室、质控室、实验室、空调 / 弱电机房。

按放射源单向流动原则做流程设计，避免逆向流动。非屏蔽机房必须设置迷路，以三道迷路为佳。

10. 质子、重离子加速器

质子、重离子加速器是目前国际肿瘤治疗常用的高端设备。230MeV 的质子在与靶材料相互作用后会形成一种辐射场，这个辐射场是含光子、中子的次级混合场。有大量的实践和研究数据表明，这个次级中子场和屏蔽外剂量率限值是决定质子加速器辐射防护效果的重要因素，其他次级辐射如伽马射线、电子以及质子的穿透能力均小于中子，因此通常在进行质子辐射计算时主要考虑中子的作用。

1）质子设备运行时产生的主要污染源

上面所阐述的束流损失形成的中子场中的中子会引起加速器部件的活化，特别是束流损失较大处的部件，从而使检修人员受到较强的辐射照射，并产生一定量的放射性固体废物。

中子还会引起加速器房间和束流传输隧道中空气的活化，以及设备冷却水的活化，这些气态和液态放射性物质的排放会对环境造成一定的影响。此外，穿过设备底层的中子会活化土壤和地下水，对环境会造成一定的影响。

γ 射线会引起加速器房间及束流传输隧道空气中分子、原子的电离，产生自由基，自由基的结合进一步产生有害物质，这些物质的排放会对环境同样带来一定的影响。

此外，维持加速器运行的其他设备会产生电磁辐射和噪声，这对环境同样有一定影响。

2）基本剂量限值

现行有关国家标准中，对相关人员基本剂量的规定见表 5-7。

质子、重离子加速器的基本剂量限值　　　　　　　　表 5-7

规范名称		有效剂量	数值
《电离辐射防护与辐射源安全基本标准》GB 18871—2002	工作人员的职业照射水平	连续 5 年的年平均有效剂量	≤20mSv
		任何一年中的有效剂量	≤50mSv
	公众	年有效剂量限值	1mSv
《粒子加速器辐射防护规定》GB 5172—1985	公众	年有效剂量限值	0.1mSv/a
《放射治疗机房的辐射屏蔽规范 第 5 部分：质子加速器放射治疗机房》GBZ/T 201.5—2015	屏蔽外人员居留因子 <1/2	屏蔽外的辐射剂量限值	10μSv/h
	屏蔽外人员居留因子 ≥1/2		2.5μSv/h

根据以上标准及质子加速器的具体情况，采用的剂量管理约束值如下：

（1）由于装置位于半地下室，回旋加速器及高能束运线紧贴土壤的侧墙外辐射需考虑其对土壤、地下水的活化影响。根据相关研究及同类装置运行经验，对于其屏蔽外的剂量率限值设定为 5mSv/h。

（2）各类治疗室治疗时对两侧治疗室以及人员日常不常到达的区域，中子剂量率限值为 10μSv/h。

（3）其余工作区域，屏蔽外剂量率限值为 2.5μSv/h。

（4）公众区域，屏蔽外剂量率限值为 0.25μSv/h。

3）防护墙防辐射技术

通过以上分析，得出为了确保配套设备运行期间，机房内的光束不活化机房墙体材料中对人体有害的微量元素，在主体土建设计选用混凝土型号时应严格控制混凝土中微量元素的配比并且尽量选择稳定性和均匀性能长久的材料，具体微量元素限量见表 5-8。

机房中土建材料中微量元素限量表 表 5-8

机房中土建材料	微量元素类别	含量
混凝土、矿粉、粉煤灰	钴（Co）、铱（Ag）、铱（Ir）	<0.005%
	铕（Eu）、钐（Sm）、钆（Gd）、镝（Dy）、铥（Tm）	<0.001%

5.4 大型医用设备电磁屏蔽设计

5.4.1 电磁屏蔽概述

医院内有各种医用设备，各科室的设备自身应具备一定的抵抗能力，抵抗来自其他设备的电磁干扰，同时也要限制自身工作时产生的射线或磁场不影响其他设备。国际和国内均发布了各种规范和标准，对各种设备电磁屏蔽提出了具体要求。

1. 电磁干扰的影响及传播通道

电磁干扰会降低医用装置设备系统的性能。干扰的传播通道有两个，空间辐射和电缆传导。国内外各大组织对医用设备的辐射和传导都制定了强制性标准。医院的干扰源主要有高压电缆、大功率开关电源、变电站、医用通信设备、通信基站发射塔、电梯、停车场及马路移动车辆、高压高功率治疗诊断设备。为了消除环境对医用设备的影响或医用设备对环境的影响，采用屏蔽技术隔离空间辐射，滤波技术阻断传导辐射，接地技术降低电磁干扰。

2. 电磁屏蔽功能及分类

1）电磁屏蔽功能

目前，对于控制电磁干扰最直接而有效的办法是电磁屏蔽，它对电磁辐射有良好的抑制作用。所谓屏蔽就是用良导体将干扰源或敏感设备包围起来，以隔离外界对被包围部分的干扰。屏蔽是保护设备不受其他外界环境干扰的重要措施，屏蔽设施的材料选择有很多种，可能具备导电、导磁的性能，具体的屏蔽效果主要是用屏蔽系数或隔离度来判断屏蔽效能。

2）电磁屏蔽分类

现代电磁兼容性技术对屏蔽有多种分类。

按原理不同可分为静、磁、电磁屏蔽。

按频率不同可分为以下几类：①低频屏蔽；②中频屏蔽；③高频屏蔽；④多层金属板屏蔽。

按结构材料不同可分为以下几类：①金属网屏蔽；②单层金属板屏蔽；③多层金属板屏蔽。

按用途不同可分为：①机壳屏蔽；②中放或高放屏蔽；③电磁兼容测试屏蔽；④防辐射屏蔽；⑤电磁泄漏屏蔽等。

3）其他电磁屏蔽技术要求

（1）接地方式选择

根据使用功能，不同医用建筑设施中有防雷、用电安全、电磁兼容等接地种类。具体工作中，可按工作频率采用单点、多点、混合、浮地等接地方式。每种接地方式有其适用的范围，故需请专业设计人员根据场地具体情况、工作频率和接地线缆长度等因素综合分析，采取最佳的接地方式，达到使用要求。

（2）屏蔽附件选择

不同使用功能的屏蔽设施包括屏蔽门、屏蔽窗、滤波器、蜂窝波导、气体波导管、光纤波导、隔离变压器、液体波导等。

5.4.2　电磁屏蔽防护设计

1. MR 机房电磁屏蔽设计

磁共振设备主要通过接收人体受射频脉冲激励产生的磁共振信号来运作，由于此信号非常微弱，故设备对机房外部环境要求非常高，主要有以下几点：

1）干扰限制条件

在磁共振机房选址时，应注意设备与机房外环境的相互作用，考虑以下影响因素：①外界对磁共振设备的干扰；②磁共振设备之间的干扰；③磁共振设备产生的磁共振磁场对其他设备的干扰；④ 0.5mT 磁力线对特殊人群的影响；⑤其他振源对磁共振设备的干扰。

外界对磁共振设备的干扰分为静态干扰和动态干扰。

静态干扰是指钢梁、钢筋等静止的金属构件对机房内部 MR 系统的干扰。最小间距和最大质量要求应满足其中一个。

动态干扰是指外部环境中移动的铁磁物体，如移动的汽车、运行中的地铁等对机房内部磁共振的影响，动态干扰的屏蔽只需满足最小间距的要求，最小间距的具体数值受限于外部物体的运动方向和内部设备的磁场方向。确实难以满足最小间距时，须与设备厂家沟通并进行评估。

2）磁共振对建筑的要求

磁共振设备的安装对建筑物的主要要求如下：①如磁共振设备下方为楼板，必须确认结构荷载是否已预留设备的重量；②需限制钢筋混凝土中的钢筋用量；③接入检查室的各种电线、管线应使用非铁磁材料，上下水管道应使用非金属材料；④禁止有其他水管、电缆等管线通过；⑤禁止在墙体上开其他洞口，以免对设备安全和屏蔽室的屏蔽效果造成影响。

3）射频屏蔽要求

屏蔽程度会因设备的厂家和型号不同而不同，有关专业部门会在系统安装之前对其屏蔽范围和衰减值进行测量确认，主要考察指标为屏蔽范围与衰减值。所有进入扫描室的管线都必须通过各种滤波器才能进入。

4）机房场地屏蔽技术要求

既必须保证 MR 机房运行没有外部环境的干扰（这些干扰会影响磁场的均匀性和系统的正常运行），也要保证 MR 磁场不影响外部人员的安全和其他敏感设备的功能。MRI 系统需要考虑设备运输通道及承重，失超管出口及通道，四周及上下设备环境。

为了满足 MRI 系统机房场地特殊屏蔽要求，可采用复合屏蔽模式。

2. PET-MR 机房电磁屏蔽防护设计

PET-MR 检查室的具体屏蔽要求见表 5-9，屏蔽公司会提供具体的检测报告以辅助判断。

PET-MR 机房的屏蔽效能衰减值和绝缘值　　　　表 5-9

屏蔽效能衰减	屏蔽绝缘	屏蔽接地电阻
≥95dB	≤10kΩ	≤1Ω

检查室的管线屏蔽设计要求可参考 MR 机房的要求。

检查室内均采用非磁性材料。不得使用铁磁性材料用于屏蔽及检查室内装修工程施工，常用允许材料有木材、铝合金、非铁磁性不锈钢、铜等。

检查室的施工和装修作为专项工程，建议由专业设备厂家完成。

3. 磁共振加速器电磁屏蔽防护设计

屏蔽室整体结构平面设计图见图 5-1。

磁共振加速器电磁屏蔽防护设计要点为以下内容。

1）地面材料：在建造屏蔽层前，须在屏蔽室混凝土地板安装防潮垫与绝缘板；并检查材料的防水性与阻燃性，确保地板铺设均匀，绝缘板具有良好的抗疲劳性能及足够的刚度和稳定性。

2）墙屏蔽板和顶屏蔽板：墙体和吊顶结构的所有接头需要密封，提供良好的屏蔽性能，并需要满足隔声效果；所有墙屏蔽板与墙之间始终留有 50mm 的间隙，以避免多次接地。

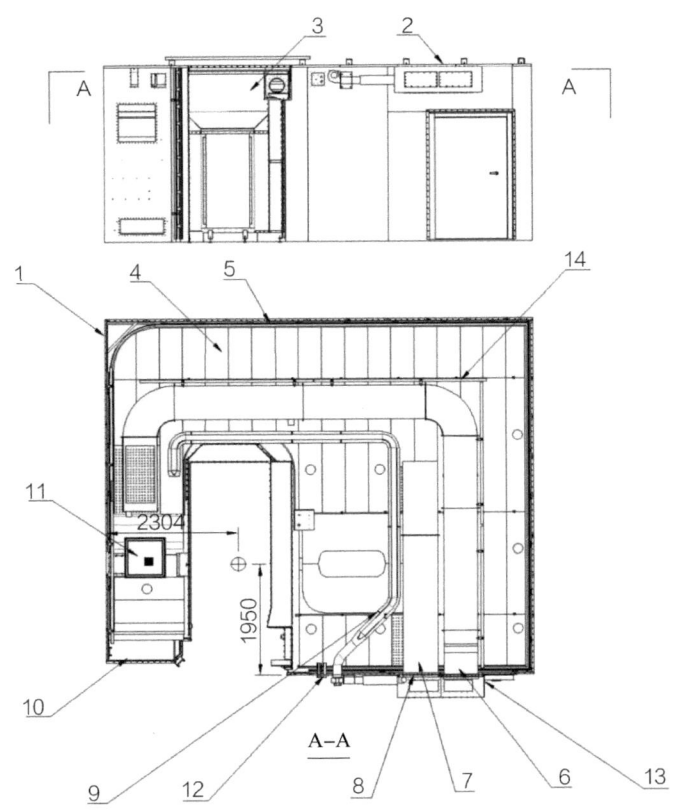

1—墙体屏蔽；2—顶棚屏蔽体；3—U 形屏蔽体；4—假顶棚组件；5—墙面板组件；6—送风管；7—排风管；8—通风波导；9—排热器管；10—滤波器接口；11—泄压波导；12—波导管；13—静压箱；14—电缆线架。

图 5-1　核磁直线加速器总体平面设计图

3）磁体 U 形射频屏蔽：

（1）磁体 U 形射频屏蔽体

磁体 U 形射频屏蔽体结构示意图见图 5-2，现场实景图见图 5-3。

磁体周围的射频屏蔽是通过由螺栓连接在一起的铝板实现的。须注意的是，与屏蔽层的其余部分（即吊顶、墙壁和地板）之间的接口，并且必须牢固地固定，使用铜箔，铜箔可以起到隔振作用，同时提供屏蔽。

U 形射频屏蔽体应在其底部周围的 5 个位置用 L 形支架（如图 5-2 中 1 所示）和可调节的脚支撑（如图 5-2 中 2 所示），该支撑放置在屏蔽室的混凝土地板上。U 形屏蔽体安装在加速器上，机器工作会产生振动，所以 U 形屏蔽体整体与地面、墙壁、顶墙连接都采用铜箔软连接（图 5-2 黄色部位为铜箔），此方法可以阻止振动传导到其他部件。

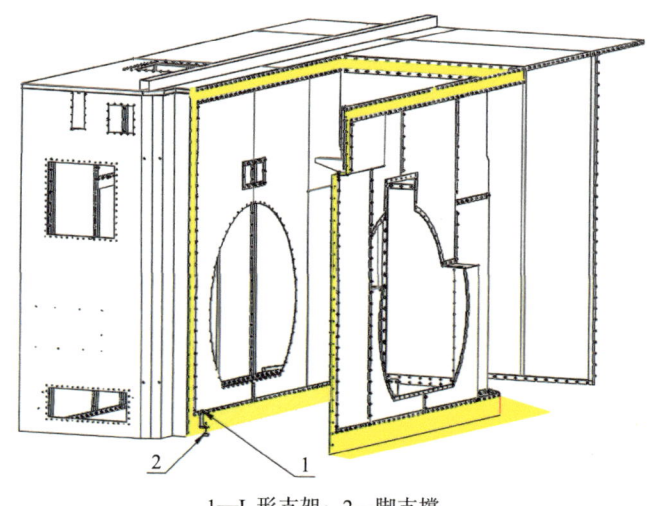

1—L 形支架；2—脚支撑。

图 5-2 U 形屏蔽体结构示意图　　　　图 5-3 U 形屏蔽体现场实景图

（2）屏蔽门及迷路布置

屏蔽门外开，且门洞尺寸需符合相应需求。

因磁共振加速器的体积和重量较大，一般大于 CT 和 MRI，因此，迷路的设计对于电磁屏蔽尤为重要。合理的迷路设计能在有限的空间条件下，通过增加有害射线的折射次数来降低外部环境中相关磁场、静态金属和动态铁磁场对磁共振加速器机房内的磁场干扰。同时，也需要同步统一规划外部的辅助设备，集中设置设备层，有效地将辅助设备对治疗设备的影响进行分离。

加速器的使用会产生对人体有害的氮氧化物和臭氧，所以应设置在距离地面较近的位置。

（3）屏蔽体技术

①屏蔽板设计采用 5052 铝板，易加工、耐腐蚀；使用木方时需要进行防火处理；屏蔽体使用材料需要符合欧盟《关于限制在电子电气设备中使用某些有害成分的指令》（RoHS）、欧盟《注册、评估、授权和限制化学品法规》（REACH）、欧盟《废弃电子电气设备指令》（WEEE）等相关法规，并应符合环保要求。

②屏蔽体为自承重结构，由于受到场地尺寸的约束，屏蔽体的整体大小会有相对的改动，故屏蔽体顶部的横梁支撑应足以支撑屏蔽顶板的重量，同时需要额外具有满足抗震规定的能力，此时需要通过 FEA 仿真分析计算得出横梁的尺寸大小，满足承重、抗震能力（图 5-4）。

③机器工作时会产生振动，使屏蔽体整体发生联动反应。所以 U 形屏蔽体应利用柔性屏蔽材料进行软连接，隔绝机器的振动。

④屏蔽体整体应处于绝缘状态，不与混凝土结构接触。根据要求，墙板与墙应具有

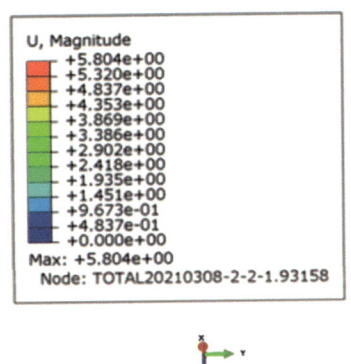

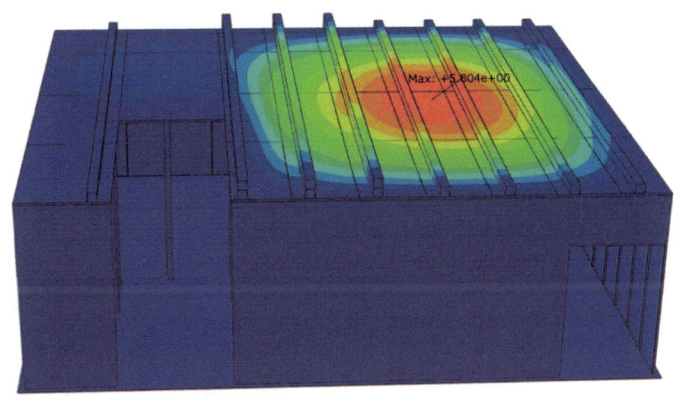

图 5-4　屏蔽体仿真分析云图

一定的间隙，屏蔽墙板底部应使用绝缘锚杆固定在混凝土地面上，锚杆尺寸也应根据混凝土框架的地震作用进行计算调整。

⑤为避免屏蔽体内产生正压，屏蔽顶板需设置一个空气安全阀用于泄压；同时为了防尘，应在上方加装百叶风口隔绝灰尘。

⑥整体的屏蔽体应满足 30dB 以上的隔声效果，材料符合 RoHS、REACH 和 WEEE 等法规，隔声材料防火等级根据现行德国标准 DIN EN 13501-01 额定为 B-s2、d0。

⑦铝表面有氧化层，板件接触处需要采取措施处理。

⑧回填层应绝缘，并具有良好的抗疲劳性能及足够的刚度和稳定性。

⑨屏蔽体连接使用的螺栓应满足强度 8.8 级，非磁性。

（4）屏蔽门技术

①门锁应具有紧急开门装置，且开门工具应为无磁；

②门框与铝屏蔽板电阻应在 0～10mΩ 范围内，并根据要求选择门框材料与连接方式。

（5）装饰墙板

①每一块墙面板都应接地，采取的措施为在挂钩与龙骨接触的地方对漆面打磨，确保每块墙板接地。

②墙面盖板的阻燃性应符合现行美国标准 ASTM E84 的 A 级要求，而墙面盖板后面使用的绝缘材料应至少符合现行德国标准 DIN EN 13501-01 的 B-s2、d0 标准。

③屏蔽体供货商应对墙盖板的颜色、光泽和表面状况等外观的主要方面进行检查，以验证其美学要求。应在最终涂装线上进行外观检查（距部件 1.0m 处以任何角度观察）。

（6）其他技术

①当维护屏蔽支撑架时，除屏蔽门指应具有大于 10000h 或 75000 次打开／关闭循环的平均故障间隔时间（MTBF）外，预计其他所有部件的 MTBF 均应大于 100000h。

②应进行屏蔽门开合疲劳测试，灯具选用应满足寿命要求，无其他活动部件或易老化部件。

4. 磁共振加速器氦气排放安全设计

因磁共振加速器失超管是一条氦气排放管，将磁体内蒸发的气体排到外部环境，磁体失超时会排出大量的氦气，排放出来的氦气温度极低，基本低于零下 20℃，所以应在机房规划时规划好失超管的排放位置，严禁将氦气排放到封闭空间内，严禁将失超管排气口与暖通、空调、消防通风管道系统对接。

失超管排气口必须避开人群聚集区域。排气口至地面或人行道的距离应不小于 5m。失超管出口两侧及下侧 3m 范围内、上侧 6m 的范围内不得设窗户、门、通道或通风口。失超管排气口距离墙面或其他建筑物的净距离必须大于等于 1m。失超管排气口附近 3m 内的墙面、玻璃、混凝土等建筑物需做防冻保护。失超管的材料、形状、长度、直径、出口等都有严格要求。不当的氦气排放（失超）管可能导致伤害事故或设备损坏，所以应对氦气排放区域进行围闭管理，限制人员进入，避免人员接触造成人员伤害。

超导磁共振磁体内靠液氦维持线圈的超导状态。正常情况下会有极少量挥发。紧急状态时有失超产生，磁体内灌装的液氦会以 1∶700 的体积比例由液态转为气态。因此，必须有一根足够粗的，由非铁磁性金属做成的失超管把磁体上部的出气孔直接通向室外大气。

5.5　大型医用设备消防安全设计

5.5.1　X 射线机室大型医用设备消防设计

影像科是医院利用 X 射线等进行诊断和治疗疾病的部门，防火重点为 X 射线机室和胶片室。

1. X 射线机室防火要求

为保证 X 射线机室仪器的安全，通常在建设设计上不做自动灭火系统，对于贵重 X 射线机则采用气体灭火。

2. 胶片室防火要求

胶片室的防火要求如下：

①独立设置，室内环境阴凉、通风，理想的室温为 0~10℃，最高不 30℃。夏季必须采取降温措施。

②陈旧的硝酸纤维胶片容易发生霉变，分解自燃，应经常检查，其中不必要的，尽量清除处理；必须保存的，应擦拭干净，存放在铁箱中，同醋酸纤维胶片分开存放。

③存放胶片的纸袋，应放在铁橱或特制的木架上，分层竖放，不宜过紧，不得重叠平放。

④胶片必须放在纸袋里储存，防止胶片相互摩擦，产生静电。

⑤胶片室严禁吸烟，下班时应切断电源。

⑥胶片室是专门储存胶片的地方，不得存放其他易燃物品；除照明用电以外，室内不得安装、使用其他电气设备。

5.5.2　质子、重离子设备消防设计

1994 年，日本建造了一座专用重离子治疗研究所。至今，日本、德国等国家已用重离子技术治疗了数千例肿瘤患者。在我国，重离子治疗发展也较为迅速，上海市质子重离子医院、武威重离子中心和兰州重离子医院已经建设完成并投入使用，杭州、武汉、莆田、吉林、佛山等地的重离子项目也处于快速建设中，其余地区也有不少医院将重离子项目提上了建设议程。

从目前的工程建设实践情况看，与常规医用建筑相比，由于重离子装置在设备、工艺等方面的特殊性，且存在辐射防护的问题，其核心区域特别是装置区和治疗室的消防设计要求与国家标准《建筑设计防火规范》GB 50016—2014（2018 年版）有一定冲突，又缺少足够的工程案例作支撑，往往需要对该部分进行特殊消防设计、评估和评审，方能顺利推动后续工程设计和施工建设。

通常情况下，重离子项目装置区应与治疗区同层布置，如地面一层或地下一、二层。在条件允许的情况下，装置区和治疗区有独立的出入口，且治疗区须有顺畅的通道到达装置区，以应对突发事件。在用地面积允许的条件下，对应的医护用房尽量与治疗区同层，并使医护有单独出入口，且与患者从不同方向进入治疗区。工艺设备区以满足重离子工艺要求为原则，可布置于装置区周边，或者布置于加速器大厅和治疗室上方的地面建筑里，以达到节约用地的目的。

1. 重离子加速器消防设计的难点

从消防设计的角度来看，重离子项目的难点大多与重离子装备的工艺要求、设备要求和辐射环境有关，设计的难点也存在于辐射防护区部分，如装置区、治疗区的治疗室、与装置区相通的设备吊装空间等。医护办公、影像检查及后勤区等与辐射防护无关的部分按现有国家、地方与消防相关的规范、标准及规定进行设计即可。

重离子装置区和治疗室消防设计难点如下：

1）装置位于地下，消防要求高

出于有效利用地下空间和利用地下土壤环境进行辐射防护的目的，现阶段大多数重离子治疗装置均设于地下，如兰州重离子医院、妈祖重离子医院和浙江省肿瘤医院重离

子医学中心等，其中兰州重离子医院与妈祖重离子医院的加速器装置、治疗室设置于地下一层，浙江省肿瘤医院重离子医学中心的装置和治疗室主要布置于地下二层。将用于患者治疗的空间置于地下，一方面有利于辐射屏蔽，降低工程造价，另一方面却给设计带来了难以自然通风采光和消防疏散难度增大等问题。

2）防火分区面积过大

重离子装置区占地面积和空间体积都比较大，由于工艺要求和设备转运吊装等需求，加速器大厅、治疗室与高能爬升区均为不可分割的空间，几大空间之间也须相互联系甚至从地下二层贯通至地面二层，而无法用防火材料进行分割封堵，带来的问题是防火分区面积限值与相关规范要求的面积相冲突（图5-5）。

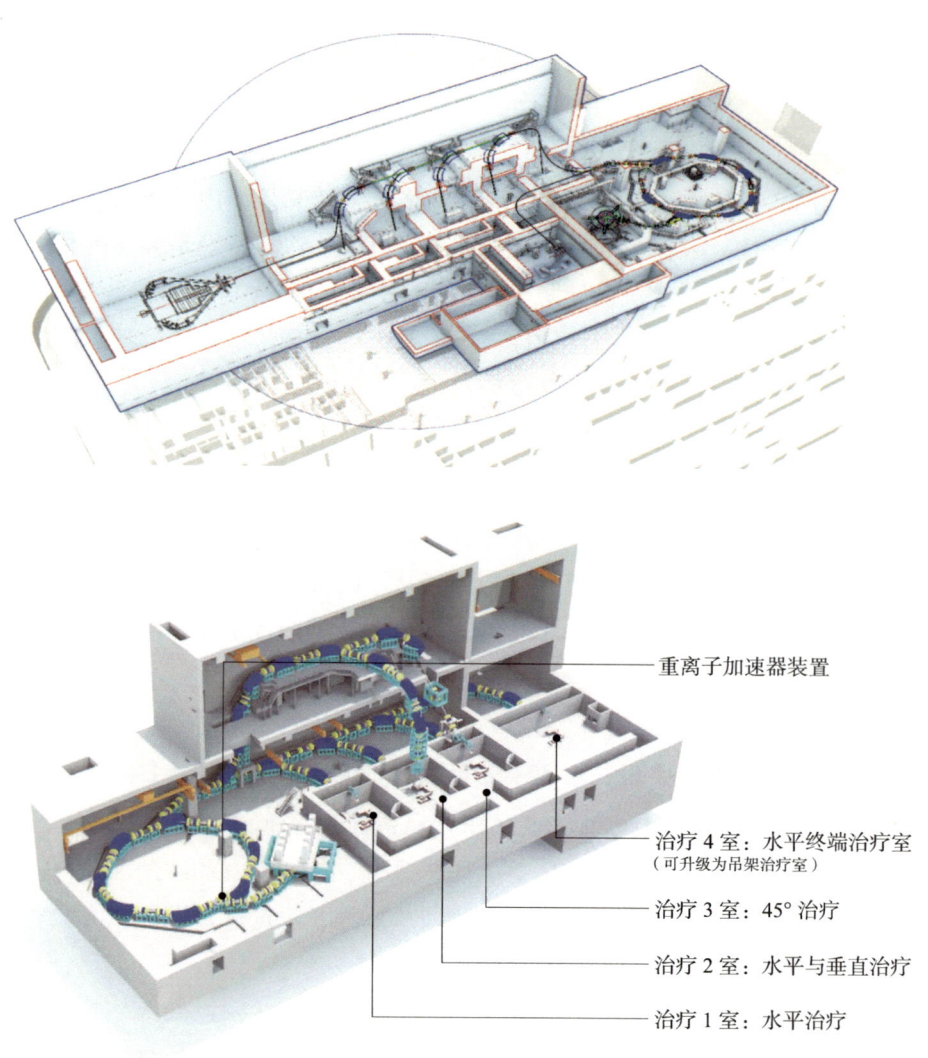

图 5-5　两种重离子装置核心区轴测图

以采用国产知识产权的重离子项目为例，拥有 4 个治疗室的兰州重离子医院装置区及治疗室防火分区面积为 2453m²，拥有 4 个治疗室和 1 个吊架预留空间的妈祖重离子医院装置区及治疗室防火分区面积为 3855m²，而拥有 3 个治疗室和 1 个吊架预留空间的浙江省肿瘤医院重离子医学中心装置区防火分区面积为 4320m²，均远超规范要求。

3）装置区疏散距离过大，安全出口位置与数量受限

重离子装置区在运行时存在射线辐射，为了满足辐射防护的要求，在平面布置上需要根据辐射防护的需求计算、设置迷宫出入口，出入口的数量及设置位置均受到计算结果的严格限制；再加上装置区本身面积和空间体积巨大，且空间构成复杂，导致该区域消防疏散距离和安全出口数量亦无法满足相关规范的要求。兰州重离子医院装置区设 1 个迷宫出入口，最远疏散距离为 114m，妈祖重离子医院装置区设 2 个迷宫出入口，最远疏散距离为 104m，而建设用地受限的浙江省肿瘤医院重离子医学中心装置区只设 1 个迷宫出入口，最远疏散距离为 86m。

4）装置区无法使用以水为介质的灭火系统和气体灭火系统

重离子加速器设备为超大用电的高精度昂贵设备，考虑到水进入该类装置将产生不可逆的破坏，且整个装置区运行时为射线辐射环境，通过消防系统进入辐射环境的水会受到活化进而产生污染，因此项目装置区及与其相连的吊装转运空间等区域无法设置自动喷淋、消火栓等以水为介质的灭火系统。同时，由于重离子装置区容积巨大的辐射环境，也难以采用气体灭火系统。

5）治疗室需综合考虑工艺要求、火灾风险和患者特点

与重离子装置区类似，治疗室也存在加速器装置和放射性环境，不适宜采用自动喷淋灭火系统和气体灭火系统。与装置区不同，治疗室在实际使用中有各类治疗设备和材料，如 CT、治疗床、电脑及显示器、固定具、治疗资料等，并有患者和医护等人员存在，因此事实上有一定的火灾风险，需要慎重结合实际情况考虑保护人员安全和设备安全。其次，治疗室根据辐射防护计算的要求，通常只设一个迷宫出口，安全出口的数量也无法满足规范要求。

2. 重离子项目装置区和治疗室火灾危险性分析

1）装置区火灾危险性分析

（1）存在潜在火源和可燃物的可能性极低

由于重离子装置的特殊性及较高的安全需求，该设备采用了一系列过载保护和速断保护措施，使得设备内部存在潜在火源生成的可能性极低。同时，重离子加速器设备主要由不锈钢、硅钢片、固态环氧树脂、无氧铜、陶瓷等不燃、难燃或阻燃材料组成，装置区内存在可燃物极少。

（2）人员活动受到极大限制

治疗进行时，装置区内部存在强烈辐射，设计上主要通过安全联锁系统，保证人员

无法进入装置区内部，即此时装置区内部为无人区，不存在由于人员不规范进入带来的潜在可燃物。设备检修时，设备区内部仅有少数安装维修人员，由于装置特殊性，装置区对人员进出有严格的监控，安装维修人员作业前均须受到专业培训和安全教育，也降低了潜在可燃物引入的风险。

综上，通过潜在火源、潜在可燃物和人员活动的分析，可以认定重离子装置区发生火灾风险的可能性极低。

2）治疗室火灾危险性分析

（1）存在潜在火源和可燃物的可能性有限

治疗室内部仅配置供医护人员操作的电脑设备及与重离子治疗相关的医用设备，只存在显示屏幕、电脑等由于电气器件老化或者人为操作失误引起火灾，潜在火源可能性有限。

重离子治疗室内治疗床等设备采用不燃、阻燃或难燃材料组成，内部装修材料均采用难以燃烧的材料，并采用具有阻燃功能的电线电缆。虽然治疗室内部可能存在纸质治疗资料、电脑及显示器元件等少量可燃物，但通过后期的严格管理，如及时清理治疗纸质文件和塑料物件、禁止在治疗室存放与治疗无关的物品等，可以使得治疗室内部可燃物控制在极有限范围内。

（2）人员活动受到较大限制

治疗准备时，单个治疗室内仅有患者和医护人员 2～3 人，治疗室开展治疗活动时，治疗室仅有患者 1 人，而设备检修时，仅有少量的维修人员进行作业。同样，治疗室配置安全联锁系统，相关的人员亦受到过专业培训和安全教育，患者在治疗过程中也受到了医护人员的全程监控，降低了人为因素带来的潜在火灾风险。

综上，通过潜在火源、潜在可燃物和人员活动的分析，可以认为重离子治疗室发生火灾风险的可能性较低，但也应通过一定的消防措施进一步降低风险，保证人员和设备安全。

3. 重离子项目特殊消防设计要点

综合国内现有已经建设或已通过特殊消防评审的重离子项目的相关设计，根据最新的该类型项目的消防要求，该类型项目的特殊消防设计要点总结如下：

1）装置区特殊消防设计要点

考虑到重离子装置区发生火灾的可能性极低，且正常运行期间可以认定为无人区域，在消防设计上可将重离子装置区和与其连通的治疗室作为一个防火分区，但须采用防火墙和甲级防火门与其他区域进行分隔。

重离子装置区为限制区域，正常情况下内部没有人员，只设置迷宫出入口作为检修使用，出入口数量及位置根据辐射防护计算的结果确定，建议有条件的情况下设置两个出入口，出入口设置人身安全防护联锁电动门（防火等级为甲级）。若检修期间发生火灾，人员通过迷宫出入口逃往相邻的防火分区，相邻的防火分区应在迷宫出入口附近设置能直通室外的安全出口。

重离子装置区由于辐射环境及其空间特点，不设自动灭火系统，但应按 A 类火灾，并根据危险级的严重程度决定是否加强灭火器的配置，可考虑手提式磷钾氨盐干粉灭火器，同时也建议额外配置推车式灭火器。

考虑到绝大部分时间无人活动，且可燃物极少，重离子装置区可不设排烟系统。若极端情况下发生火灾，将利用空调通风系统进行灾后冷烟清除。

重离子装置区内人员可到达的区域应设计好消防应急照明及疏散指示标志，迷宫出入口设置安全出口指示标志，迷宫出入口以外的公共走道设消防应急广播扬声器；加速器大厅设手动报警按钮及声光报警器；加速器大厅、高能爬升区和设备吊装大厅应视空间高度设置火灾探测器，可根据高度选择不同的火灾探测器。

2）治疗室特殊消防设计要点

重离子治疗室根据医用要求和工艺要求进行布置，内部空间与其他部分装修采用不燃材料，空间与其他区域交界区利用辐射防护墙作防火墙和甲级防火门进行分隔。每个治疗室根据辐射防护计算只设一个通往相邻防火分区的迷宫出入口作为安全出口，并设置安全出口指示标识，安全出口的门采用人身安全防护联锁电动门（防火等级为甲级），该门在火灾状态下可自行解锁并可在治疗室外手动打开。

治疗室内设置高压细水雾系统，该系统可按同一时间一处火情的原则设计，并设置防止误操作的详细措施。

此外，治疗室还应该设置疏散照明系统、烟温感组合火灾探测器和高压细水雾事后通风系统。治疗室迷宫出入口外的公共走道设置消防应急广播扬声器，与装置区连接。用于临床实验的重离子实验室可参照重离子治疗室进行消防设计。

3）工艺设备区消防设计要点

重离子工艺设备区可按现有国家、地方与消防相关的规范、标准及规定进行消防设计，但应当注意工艺配电房、装置，各功能的电源间，UPS，数据中心，档案中心等重要但又不适宜用水质灭火系统的场所，可考虑使用气体灭火系统。

表 5-10 以浙江省肿瘤医院等项目为例说明重离子项目的消防设计要点。

值得注意的是，目前重离子装置呈现了设备小型化、布局紧凑化等发展趋势，重离子项目特殊消防也需要随着以上变化作出对应的设计。

4. 综合建议

1）关于重离子特殊消防评审的注意事项

鉴于重离子项目装置区与治疗室的特殊性，其消防设计与现行消防设计规范多款条文相互冲突，在设计阶段通过组织特殊消防评审，进而为初步设计评审、施工图审查和后续项目消防验收等提供依据，成为目前重离子项目设计上的通常做法。

重离子项目消防设计要点对比

表 5-10

对比内容		浙江省肿瘤医院重离子医学中心	妈祖重离子医院	兰州重离子医院
建设地点		浙江省杭州市	福建省莆田市	甘肃省兰州市
项目设计年份		2021 年	2020 年	2013 年
装置区、治疗室所在楼层		地下 2 层	地下 1 层	地下 1 层
防火分区	装置区与治疗室连通面积	4320m²	3855m²	2453m²
	装置区疏散口数量	1 个	2 个	1 个
疏散距离	装置区最远点至最近安全出口距离	86m	104m	114m
	治疗室最远点至安全出口距离	33.0m	46.4m	20.1m
装置区部分	装修方式	精装修	简装修	
	灭火设施	不设喷淋及气体灭火，设置手提式磷酸铵盐干粉灭火器，按 A 类火灾、严重危险级配置，额外配置推车式灭火器；设置手提式磷酸铵盐干粉灭火器	不设喷淋及气体灭火，配置推车式灭火器	
	火灾探测器	加速器大厅等超过 12m 的高大空间可设置管路采样吸气感型感烟探测器，电缆夹层设置缆式线型感温探测器，其余场所设置感烟探测器	治疗室同位置设置管路采样式吸气感烟探测器，其余场所设置感烟探测器	
	疏散照明	区域内人员可达位置设置感烟探测器	设置疏散照明系统	
	安全出口指示标识	迷宫出口指示标识	发生火灾时，利用夹层设置疏散指示标识	
	排烟系统	装置区不设排烟系统，同时设置手提式磷酸钾氨盐干粉灭火器，按 A 类火灾、严重危险级配置	—	
治疗室部分	装修	精装修	精装修，A 级材料	
	灭火设施	设置高压细水雾系统，同时设置手提式磷酸钾氨盐干粉灭火器		
	灭火器额外配置	额外配置推车式灭火器		
	安全出口指示标识	迷宫出口设置安全指示标识		
	疏散照明		设置疏散照明系统	
	排烟系统	治疗室设置事后通风系统	治疗室设置机械排烟系统和补风系统	
	火灾探测器	设置烟温组合探测器	点型感烟探测器	

进行消防评估和组织特殊消防评审需要一定的时间周期，评审的结论将对项目的建筑、结构和机电等各专业产生影响，进而影响到项目的概算编制。为保证项目顺利推进，重离子项目建设方宜在项目立项阶段考虑特殊消防设计各项工作的时间需求，并在方案确定之后、初步设计之前，及早准备好医院火灾疏散逃生应急预案的编制工作，同时组织建筑设计方准备项目消防设计说明及图纸，组织重离子装备厂家提供相关工艺说明。而后，委托具有相应资质和经验的消防咨询服务机构开展重离子特殊消防设计评估报告的编制，为后续特殊消防评审做好准备。特殊消防评审通常在建设单位提出申请后由省市一级的住建部门组织开展，并邀请当地权威消防专家参与。建议建设方及早与住建部门联系沟通，尽量缩短申请评审的程序周期，避免对项目的进展产生影响。

2）关于项目建设中的注意事项

重离子项目建设过程中应特别注意消防产品的可靠性。与重离子项目中装置区防水、高精度预留预埋等重点专项一样，建议建设方特别注意保证消防产品的质量。如重离子项目工艺设备区大量使用的气体灭火系统，应特别注意高压气体储罐的可靠性，防止因产品质量问题发生爆炸，伤及工艺电源设备等，对治疗产生不良影响。

同时注重做好施工界面的界定，特别是重离子装置区有大量的管线桥架，需要经预留洞口敷设，通向治疗区和工艺设备区。应注意上述区域由土建施工方交给重离子装置厂家，并完成装置设备和管线桥架安装完成后，相关预留洞口防火封堵的责任方的问题。

3）关于项目投入使用后的注意事项

尽管重离子项目治疗室存在的潜在火源和可燃物有限，使用人员也受到较大限制，但是也不能完全排除使用中出现火灾的可能性。建议院方在日常使用过程中制定严格的管理制度。重离子装置区、治疗室等区域应严格控制可燃物，严禁堆放与治疗无关的物品，每日及时清理治疗工作纸质文件等可燃物。同时加强装置区值班值守的配备，保证24小时有人值守，消防设施和器材需定期维护和保养，保证其能有效、可靠运行。院方应针对重离子装置区制定详细和完善的应急疏散预案，定期组织员工熟悉并演练，以便出现紧急情况时能尽快扑灭火势，防止火灾发展，并尽快转移病人至安全区域。

5.6　本章小结

5.6.1　辐射防护

辐射防护在建筑设计上一般采用下列措施：

（1）采用完善的迷宫设计，保证外部人员看不到被可能产生辐射的射线束照射到的墙体或地面。

（2）通过减少迷宫横截面面积，达到减弱散射线的目的，但这可能影响机器运进机房，所以需综合考虑。

（3）治疗室机房四周墙体及顶棚、地板的防护材料及厚度需满足必要的防护要求，门窗结合采用厚铅板及厚铅玻璃，确保机房外防护安全。

5.6.2　电磁屏蔽

MR系统及PET-MR系统等含MR系统的机房会要求要进行电磁屏蔽，在建筑设计时通常由以下措施来满足电磁屏蔽要求：

（1）在规划布局上尽量将设备机房设置在人员稀少、周边外部干扰较少的安静区域。

（2）将需要进行电磁屏蔽的机房成区成组布置，集中设置设备层，将外部的辅助设备机集中在设备层中，将辅助设备对治疗设备的影响进行分离。

（3）在进行机房内部布置时设计好磁场的方向，尽量避开外部可能存在的干扰磁场源方向。

（4）机房设计结合迷路设计，在有限的空间条件下，通过增加有害射线的折射次数来降低外部环境中相关磁场、静态金属和动态铁磁场对磁共振加速器机房内的磁场干扰。

（5）与辐射防护相类似，治疗室机房四周墙体及顶棚、地板的防护材料选择及厚度需满足必要的电磁屏蔽要求，门窗结合材料选择及厚度也应确保机房是一个完整的屏蔽体，将可能影响机房内部设备运作的外部磁场全部屏蔽在机房外。

5.6.3　消防安全设计

质子、重离子加速器因其装置区与治疗室医用工艺的特殊性，通常设置在建筑的地下室，且防火分区面积通常超过建筑设计上规定的一个防火分区的面积，故其消防安全设计与现行消防设计规范多款条文相互冲突。在设计阶段需提前组织特殊消防评审，进而为项目后续工作推进提供依据，成为目前重离子项目消防安全设计上的通常做法。因组织特殊消防评审需走一定流程，故在前期设计时应尽快与院方、住建等相关部门沟通好，预留足够时间，以免影响项目的建设进度。

通常，影像科、放射治疗科、核医学科等科室的大型医用设备机房在前期土建设计时不做自动灭火系统，只是对于部分珍贵仪器设备机房内才采取气体灭火，以保证其消防安全性，消防安全性的保证除了设计上的措施外，规范操作和运营管理上也是至关重要的。设计与运营管理相辅相成，共同为医用设备的消防安全提供保障。

第 6 章

医院大型医用设备数字化建设实践

6.1 概述

近年来，医疗建设的数字化技术应用越来越广泛，建筑行业将数字化技术作为创新医疗建筑设计、促进医疗建筑设计发展的关键要素加以强化，特别在数字化、信息化时代的社会条件下，数字化技术的价值得到了广泛的认可。

在信息时代的背景下，医疗建筑设计已经不再是设计师个人的单独主观劳动，而是通过数字化技术的广泛应用成为一项全方位、高综合、立体性的医疗建筑设计工作。数字化技术的运用可以更为全面、客观地呈现医疗建筑设计的内容，提升医疗建筑设计的效率和质量。利用计算机和专业程序的优势，可以在短时间实现多套医疗建筑设计方案的综合评价。以数字化技术为基础，医疗建筑设计还可以将周边环境作为参考量进行高层次设计，有效提升医疗建筑设计的科学性、客观性、全面性。

数字化建造使施工工艺的精确度控制有了飞跃式的提升，由此开创了一系列全新的施工方法，最大程度地实现了丰富又复杂的建筑形态和室内效果。BIM 技术可以有效地保证大型医疗设备的精确安装。通过 BIM 技术，可以对医院项目的建设施工过程进行模拟，从而确保安装的准确性和可靠性。此外，结合 BIM+IoT 技术，还可以实时监控医院内区域运营状况，从而帮助医疗机构第一时间发现设备的故障，并判明其故障原因，以及更有效地维护和保养设备。数字化建构与数字化建造的结合对大型医疗设备的建筑设计有着非凡的意义，极大地提高了生产效率，也减少了施工误差，缩短了工程全周期的时间，提升了施工效果。

通过将设计规则参数化，对应模块的数字化表达，使医护人员及非设计人员了解设计方案的合理性，以更好地表达自身诉求，成为"建筑专业领域"和"非建筑专业领域"之间沟通的桥梁。

同时，在数字建造的基础上，探索数字化教育教学模式，尝试将数字建造以及智慧医疗内容作为复合型教案素材，分别带入工程及医学的教学课堂。通过数字化技术，让莘莘学子更好地学习并理解来自专业教科书本的知识内容，同时感受数字化变革的魅力。

6.2 大型医疗建筑的数字化设计

BIM 建筑信息模型技术可以帮助建筑和工程行业更好地设计、建造和管理大型医用设备。利用 3D 模型和先进的软件，可以将建筑物的构造和内部建造过程及设备、材料运输过程精确地模拟出来，并且可以在早期阶段就进行仿真，以帮助项目组确定项目的正确方向和可行性。

6.2.1　医疗建设数字化技术应用情况

　　数字化技术可以在短时间实现多套医疗建筑设计方案（图 6-1、图 6-2），这有助于设计人员对各科室医护人员不同工作方式、不同思维模式的综合评价，进而在现有施工技术和市场的实际条件下选择具有最佳优势的方案。有了数字化技术作为基础，医疗建筑设计还可以将周边环境作为参考量进行高层次设计，使建筑内部布局环境、人员分流等得到进一步优化，有效提升医疗建筑设计的科学性、客观性、全面性（图 6-3）。

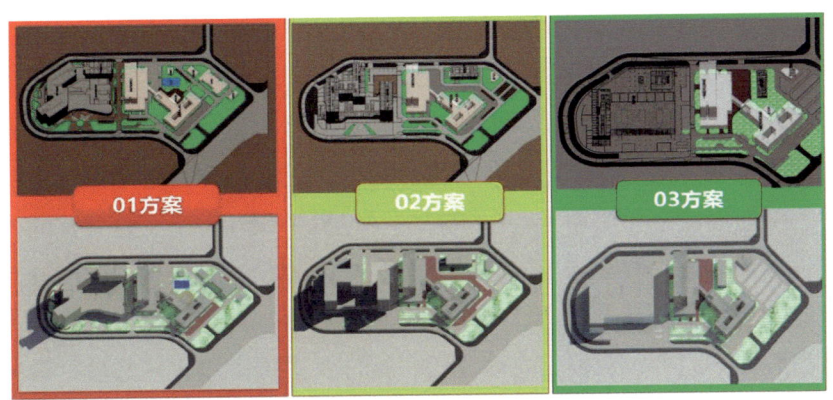

图 6-1　医疗建筑多套布局方案快速对比

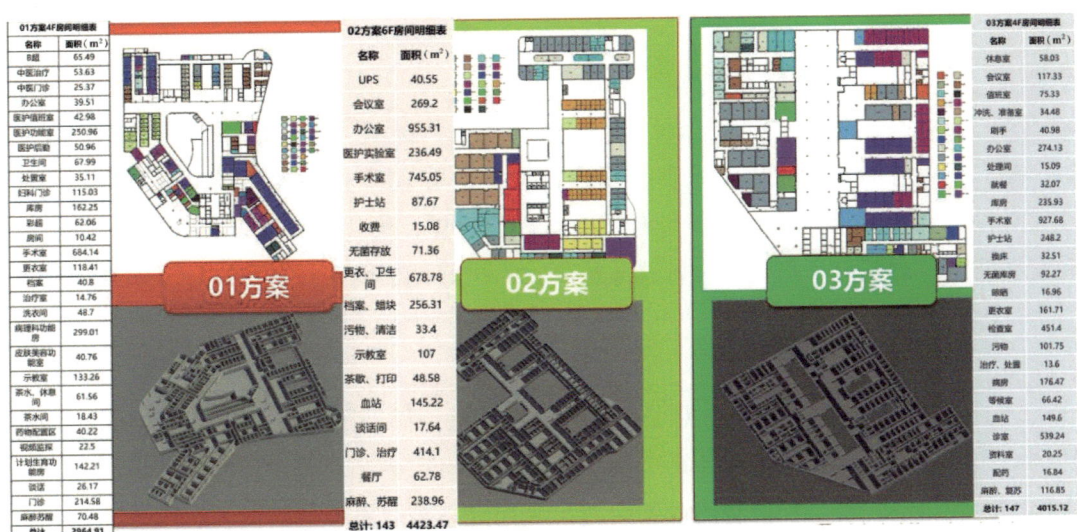

图 6-2　医疗建筑多套平面设计方案快速对比

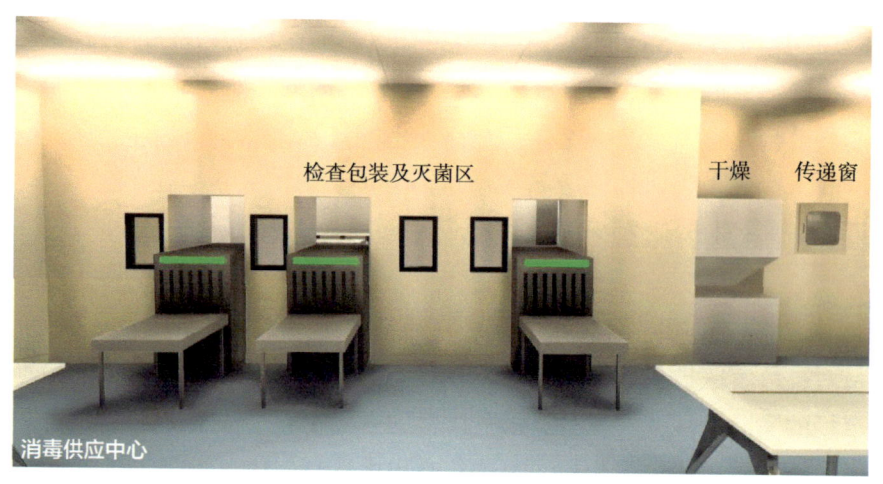

图6-3   医疗设计数字化模拟应用

数字化技术可实现同一建筑信息模型基础上参建各方和建筑全生命周期各阶段的信息传递和信息共享，能够应用于医院项目策划、勘察设计、医疗工艺设计、施工管理、运营维护等建筑全生命期各阶段，为项目建设和运营全过程的方案优化和科学决策提供依据；还能促进各方协同工作和精细化管理，提升医院建设和运营绩效。

在当前医院建设数字化应用上，由于在建设过程中设计和施工是分开的，数字化应用设计属于一个独立的阶段，施工属于另一个独立的阶段，导致施工阶段的数字化模型和设计阶段的数字化模型互不相通，应用范围相对局限。加之专业技术团队力量、软硬件设施不足和数据不完善、数据信息缺乏统一标准、数据难以实现共享，最终使模型构建内容不完整，技术应用使用困难，达不到医院方所希望的应用BIM实现可视化策划、设计、施工和运营的理想效果。

6.2.2   医疗建设数字化设计

在方案设计阶段，可以深入理解设计思想，运用BIM技术辅助设计单位高效快速地完成设计方案评审，提出对项目有益的合理化意见，为优化整体设计方案提供依据。在设计前期，对医疗项目设计进行总体控制，为更好地辅助医技科室设计工作开展打下坚实基础。

BIM设计有以下功能：

（1）BIM数字化技术还可以对医疗单元的场地条件展示，包括建筑物内部和外部的结构和设备。这种技术可以帮助医院和其他医疗机构更好地规划和设计其场地，以最大程度地优化空间使用和设备的放置位置，从而提高医疗服务的质量和效率（图6-4）。

（2）使用 BIM 技术，医疗机构可以更容易地模拟和预测不同场景下的场地条件，如人流量、设备运转情况、医生和患者的流动等。这可以帮助医疗机构做出更明智的决策，以实现最佳的医疗服务效果（图 6-5）。

（3）BIM 技术可以用在医疗机构建设和扩建过程中，为项目管理人员提供更准确而全面的信息，帮助他们更好地掌握项目的进度和成本。这可以使项目更高效，更具竞争力。

（4）BIM 数字化设计可以帮助大型医用设备的设计师进行更准确的计算和估算，以确保项目的质量和效率。设计师可以根据不同的因素和设计要求进行详细的计算和分析平衡，从而确保项目的准确性和可行性。此外，它还可以帮助设计师更好地模拟和控制系统的行为，减少后期建设阻力，以便确保项目可以更快地完成（图 6-6）。

（5）BIM 数字化设计可以帮助大型医用设备的管理者更好地管理项目。利用先进的 BIM 软件，可以实时监控项目的进度、成本和质量，从而有效地减少项目的风险。运用数字化技术，可以帮助管理者更好地控制资源，确保项目在按时完成的同时，保持预算的一致性。

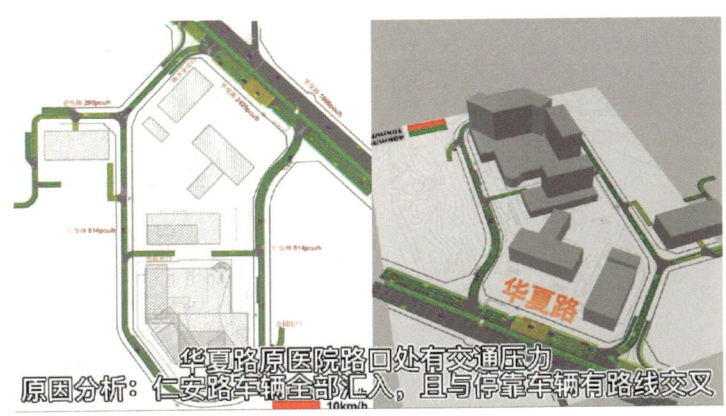

图 6-4　场地外围交通规划 - 动态模拟分析

图 6-5　院内行车行人轨迹模拟

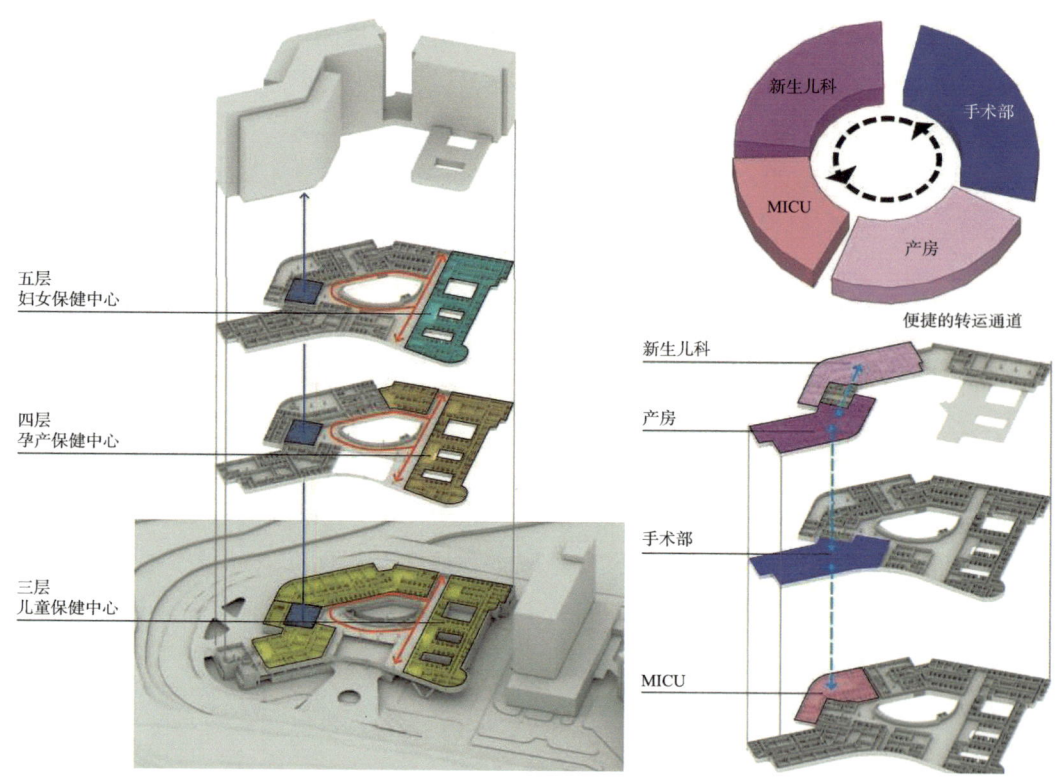

图 6-6　医疗建筑数字化设计

6.3 数字化应用组织

6.3.1 核心工作组织

在 BIM 应用过程中，由建设方主持成立项目数字化应用核心工作组织，可根据项目情况分为领导小组和工作小组，负责协调医院项目建设设计施工过程中各参与方的数字化应用情况（图 6-7）。

6.3.2 各方工作职责

1. 建设方

组织建立 BIM 领导小组，统筹安排项目全过程 BIM 应用工作，组织 BIM 咨询单位、设计单位、施工单位、施工监理、财务监理及各参与单位共同推进 BIM 应用，提出 BIM 应用需求、进行成果确认及关键问题决策。

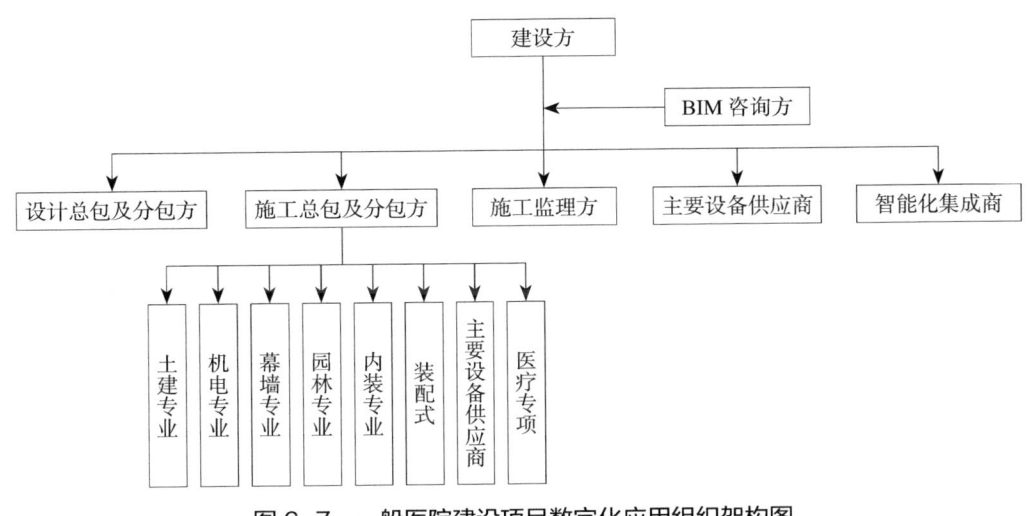

图 6-7 一般医院建设项目数字化应用组织架构图

2. BIM 咨询方

作为 BIM 应用的具体实施总负责单位，按照建设单位要求，策划和编制项目 BIM 应用方案、应用制度和应用标准，具体组织和协调 BIM 应用各方，编制各主要参建单位的 BIM 应用招标文件和合同条款，选择 BIM 协同平台并落实应用，检查各方 BIM 成果，提供基于 BIM 的项目管理服务，开展科研和创新研究，组织 BIM 培训，提供满足运维需求的 BIM 模型服务以及合同约定的其他服务。

3. 设计总包及分包方

主要负责设计阶段对应设计范围的 BIM 应用以及施工阶段的配合服务。设计单位应成立项目 BIM 小组，参加 BIM 例会并配合建设单位各项 BIM 工作。根据合同约定，可能需要负责 BIM 的建模和修改，或者提供 BIM 应用支撑服务，如图纸电子版提供、对 BIM 移交的模型进行双向确认、开展设计方案比选和方案优化等。

4. 施工总包及分包方

主要负责施工阶段施工方对应施工范围的 BIM 应用。施工总承包单位应成立项目 BIM 小组，参加 BIM 例会并配合建设单位各项 BIM 应用工作。根据合同约定，可能需要负责基于 BIM 的施工应用以及协调各专项分包单位的 BIM 应用，例如施工组织和施工方案模拟、4D 应用、质量和安全控制、模型更新和深化、深化设计应用及竣工模型构建等。

5. 施工监理方

主要负责施工阶段围绕监理工作的 BIM 应用，例如参加 BIM 例会及配合建设单位或 BIM 咨询单位的各项 BIM 工作，在现场管理质量和安全管理、变更管理和工程量及签证管理等方面，协助推进 BIM 应用。

6.3.3　数字化应用实施流程

依据不同类型的医院建筑，各参建方分别依据自身工作职责，开展项目数字化应用工作，整体应用流程一般如图 6-8 所示。

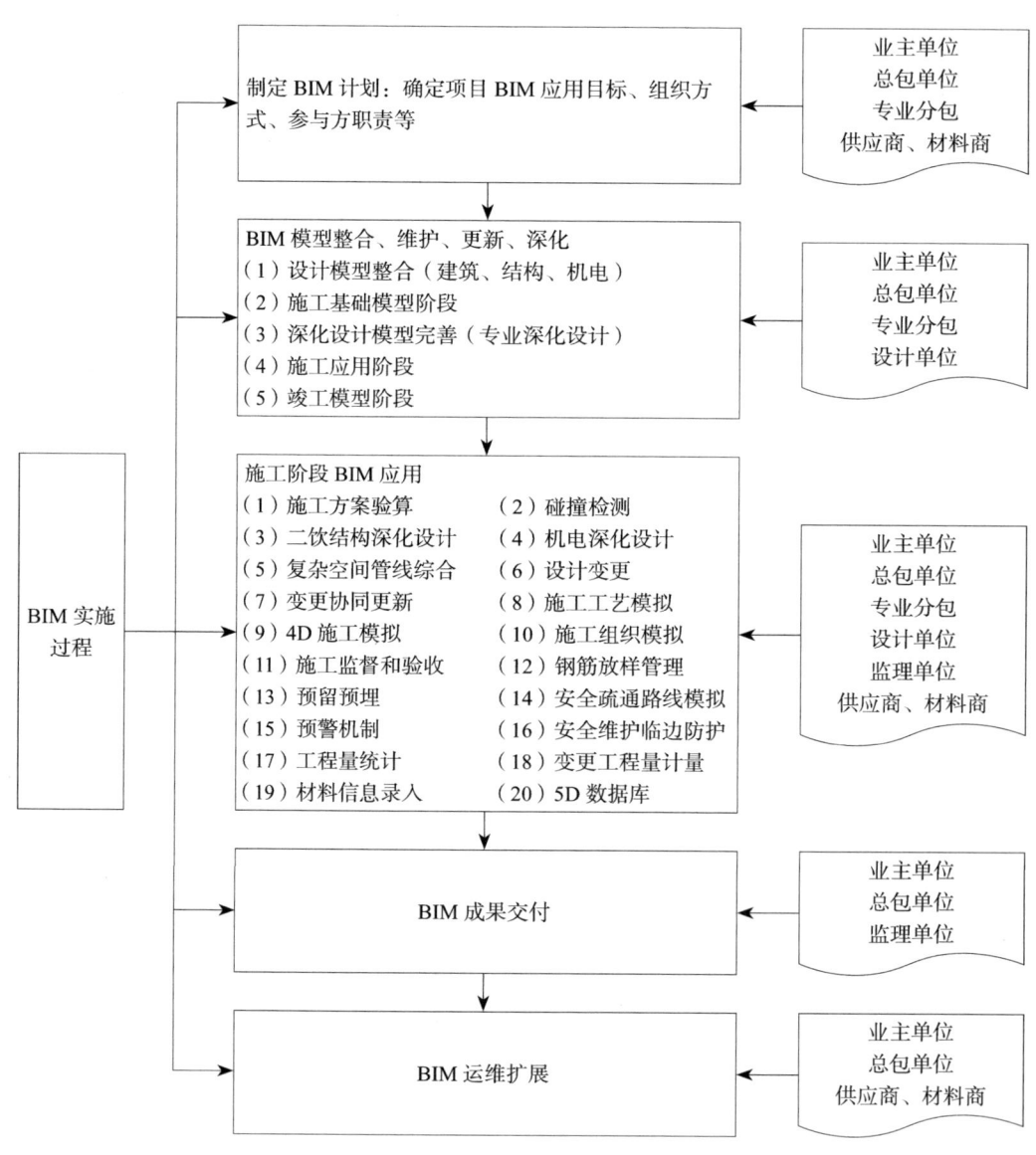

图 6-8　数字化应用实施流程图

6.4　BIM 应用价值点及方案

6.4.1　应用点实施基础（软硬件支持）

硬件资源是支撑项目 BIM 数字化应用实施的 IT 架构基础，包括计算资源、网络资源、存储资源等。在项目 BIM 数字化应用实施初期进行资源投入，对后期实施影响较大。

1. 计算资源

计算资源指项目 BIM 数字化应用实施过程中 BIM 设计与应用的客户端计算机，是 BIM 数字化应用实施的计算资源主体，主要包括：

工作站：主要服务图形、图像、视频工作的计算机的总称，在项目 BIM 数字化应用实施中，主要服务 BIM 数字化模型建模、效果渲染、数据模拟等图形计算处理工作。要求其具有较强的图形运算处理能力。

移动工作站：是兼具工作站与笔记本电脑的特征，具备较强数据图形运算处理能力。在项目 BIM 数字化应用实施过程中，主要用来解决会议汇报，多方协同等对图形工作站可移动要求。

渲染服务器：是主要用来进行云端三维模型渲染，必须具备很强的三维图形渲染能力，是 BIM 服务实施的硬件基础。

2. 软件资源

软件资源，项目 BIM 数字化应用实施中依托相关软件，实现 BIM 建模与 BIM 应用。结合工程特点及 BIM 数字化应用实施现状，一般采用 Revit 等软件来实现设计阶段 BIM 数字化应用工作（表 6-1）。

BIM 数字化应用工作常用软件　　　　　　表 6-1

软件功能	软件名称
主要建模软件	Autodesk Revit
图纸浏览软件	Autodesk CAD
浏览检测软件	Autodesk Navisworks
漫游软件	Fuzor
文字软件	Microsoft Office Word
表格软件	Microsoft Office Excel
幻灯片软件	Microsoft Office PowerPoint

6.4.2　建设设计施工的数字化应用点

医院建设项目设计阶段 BIM 应用点见表 6-2。

医院建设项目设计阶段 BIM 应用点清单　　　　　表 6-2

阶段	BIM 应用点	交付成果
方案设计阶段	建筑方案设计模型	BIM 模型
	总平面场地模型	BIM 模型
	建筑方案及场地 BIM 分析	分析报告
	人流及车流分析、模拟	视频、分析报告
	绿建配合模拟及分析	视频、分析报告
	一级医疗工艺仿真及优化	视频、优化报告
初步设计阶段	建筑、结构及机电模型	BIM 模型
	建筑结构平面、立面、剖面检查	问题报告
	重点区域净高分析	净高分析报告
	管线综合优化原则	管综优化报告
	人流及车流分析、模拟	视频、分析报告
	二级医疗工艺仿真及优化	视频、优化报告
施工图设计阶段	全专业 BIM 模型创建	BIM 模型
	碰撞检测及三维管线综合	碰撞报告、优化报告
	净高分析	净高分析报告
	BIM 优化成果出图	管综平面图、预留预埋图（CAD）
	虚拟仿真漫游	视频

　　利用数字化技术，将设计图纸进行三维形象化，并将设计要点信息关联，体现在对应模型，形成对应的设计模块。

　　医院建设项目施工阶段 BIM 应用点见表 6-3。

医院建设项目施工阶段 BIM 应用点清单　　　　　表 6-3

阶段	BIM 应用点	交付成果
施工阶段	施工专业深化模型搭建	BIM 模型
	施工场布模型搭建	BIM 模型
	施工场地规划分析	分析报告

续表

阶段	BIM 应用点	交付成果
施工阶段	施工方案模拟及比选	视频、分析报告
	BIM 工程量计算	视频、分析报告
	构件预制加工	BIM 模型、图纸
	4D 施工模拟及控制	模拟报告
	物料管理	系统表单
	造价管理	系统表单
	质量管理	系统表单
	安全管理	系统表单
	竣工模型搭建	BIM 模型

结合医院建设项目自身情况及特点，可选择或增加相应的应用点开展工作。

6.5　设计阶段 BIM 应用方案

6.5.1　建筑、结构和机电专业模型构建

1. 目的和意义

模型构建的主要目的是利用 BIM 软件，建立建筑、结构和机电专业模型，为后续多专业协调并优化机房及管井设置，优化主管路敷设路线，为施工图设计奠定基础。

2. 数据准备

（1）方案设计阶段的建筑结构模型或二维设计图。

（2）建筑、结构和机电专业初步设计样板文件：样板文件的定制由企业根据自身建模和作图习惯创建，包括统一的建模规则（命名规则、剪切规则、工作集规则、对象颜色设置规则等）和制图规则（文字样式、字体大小、标注样式、线型等）。

3. 操作流程

（1）收集数据，并确保数据的准确性。

（2）分别采用建筑、结构和机电的专业样板文件，根据方案设计模型或二维设计图建立相应的建筑、结构专业初步设计模型。为保证后期建筑、结构和机电模型的准确整合，在模型构建前须保证建筑、结构和机电模型具有统一基准点、模型轴网和标高等。

（3）校验建筑、结构和机电专业模型准确性、完整性，专业间设计信息一致性以及模型深度是否满足要求等，创建平面、立面、剖面视图，并在相关视图上添加关联标注及图面细节，使模型深度满足相关要求。

（4）按照统一的命名规则命名文件，分别保存模型文件。

建筑、结构和机电模型构建流程如图 6-9 所示。

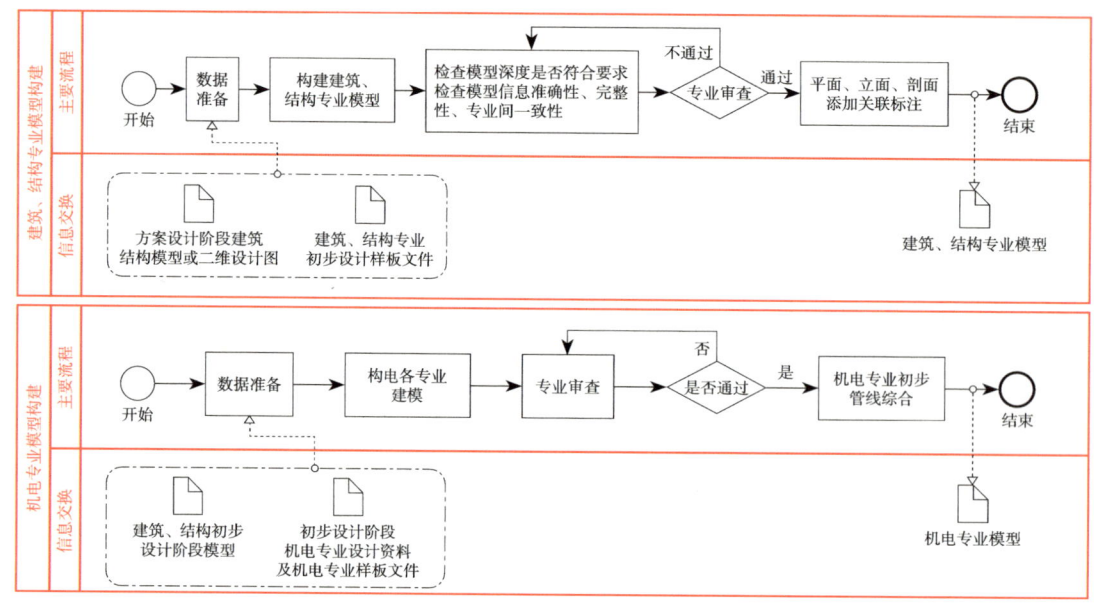

图 6-9 建筑、结构和机电模型构建流程图

6.5.2 建筑结构平面、立面、剖面检查

1. 目的和意义

建筑结构平面、立面、剖面检查的主要目的是通过剖切建筑专业和结构专业模型，检查建筑专业和结构专业的构件在平面、立面、剖面的位置是否一致，以消除设计中出现的建筑设计与结构设计不统一的错误。

2. 数据准备

建筑专业、结构专业初步设计阶段模型。

3. 操作流程

（1）收集数据，并确保数据的准确性、完整性和有效性。

（2）整合建筑专业和结构专业模型。

（3）剖切整合后的建筑结构模型，产生平面、立面、剖面视图，并检查建筑、结构两个专业间设计内容是否统一、是否有缺漏，检查空间合理性，检查是否有构件冲突等内容。修正各自专业模型的错误，直到模型准确。

（4）按照统一的命名规则命名文件，保存整合后的模型文件。

4. 成果

（1）检查修改后的建筑、结构专业模型。

（2）碰撞检测报告。报告应包含建筑、结构整合模型的三维透视图、轴测图、剖切图等，以及通过模型剖切的平面、立面、剖面等二维图，并对检查修改前后的建筑、结构模型作对比说明。

6.5.3　碰撞检测及三维管线综合

1. 目的和意义

碰撞检测及三维管线综合的主要目的是基于各专业模型，应用 BIM 三维可视化技术，检查施工图设计阶段的碰撞，完成建筑项目设计图纸范围内各种管线布设与建筑、结构平面布置和竖向高程相协调的三维协同设计工作，尽可能减少碰撞，避免空间冲突，避免设计错误传递到施工阶段。同时，应使空间布局合理，如重力管线延程的合理排布，以减少水头损失。

2. 数据准备

各专业模型。

3. 操作流程

（1）收集数据，并确保数据的准确性。

（2）整合建筑、结构、给水排水、暖通、电气等专业模型，形成整合的建筑信息模型。

（3）设定碰撞检测及管线综合的基本原则，使用 BIM 三维碰撞检测软件和可视化技术，检查发现建筑信息模型中的冲突和碰撞，并进行三维管线综合。编写碰撞检测报告及管线综合报告，提交给建设单位确认后调整模型。其中，一般性调整或节点的设计工作，由设计单位修改解决；重大变更或变更量较大时，宜由建设单位协调后确定解决调整方案。对于二维施工图难以直观表达的造型、构件、系统等，建议提供三维模型截图辅助表达。

（4）逐一调整模型，确保各专业之间的碰撞问题得到解决。

注：对于平面视图上管线综合的复杂部位或区域，宜添加相关联的竖向标注，以体现管线的竖向标高。

碰撞检测及三维管线综合 BIM 应用操作流程见图 6-10。

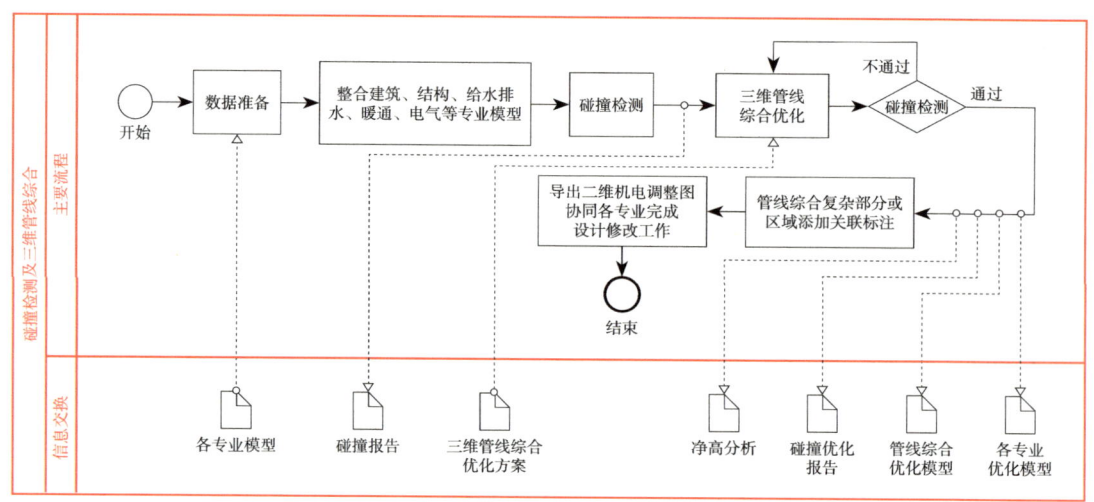

图6-10　碰撞检测及三维管线综合BIM应用操作流程

6.5.4　净空优化

1. 目的和意义

竖向净空优化的主要目的是基于各专业模型，优化机电管线排布方案，对建筑物最终的竖向设计空间进行检测分析，并给出最优的净空高度。

2. 数据准备

碰撞检测和三维管线综合调整后的各专业模型。

3. 操作流程

（1）收集数据，并确保数据的准确性。

（2）确定需要净空优化的关键部位，如公共区域、走道、车道上空等。

（3）利用BIM三维可视化技术，调整各专业的管线排布模型，最大化提升净空高度。

（4）审查调整后的各专业模型，确保模型准确。

（5）将调整后的建筑信息模型以及优化报告、净高分析等成果文件的形式，提交给建设单位确认。其中，对二维施工图难以直观表达的造型、构件、系统等提供三维透视和轴测图等三维施工图形式辅助表达，为后续深化设计、施工交底提供依据。

4. 成果

（1）调整后的各专业模型。

（2）优化报告。报告应记录建筑竖向净空优化的基本原则，对管线排布优化前后进行对比说明。应包含优化后的机电管线排布平面图和剖面图，其中宜反映精确竖向标高标注。

（3）净高优化分析。净高优化分析以平面图或表格形式，标注不同区域此阶段管线优化后所能达到的净高。

6.5.5　辅助施工设计（二维制图）

建筑项目设计图纸是表达设计意图和设计结果的重要途径，并作为生产制作、施工安装的重要依据。相对于传统二维设计的分散性，三维设计强调的是数据的统一性、协同性和完整性，整个设计过程是基于同一个模型进行的。这里的二维制图表达应用突出的是基于 BIM 的二维制图表达，同时要符合国家现有的二维设计制图标准或 BIM 出图的相关导则、标准。

基于 BIM 的二维制图表达是以三维设计模型为基础，通过剖切的方式形成平面、立面、剖面、节点等二维断面图，可采用结合相关制图标准，补充相关二维标识的方式出图，或在满足审批审查、施工和竣工归档要求，直接使用二维断面图方式出图。对于复杂局部空间，宜借助三维透视图和轴测图进行表达。

基于 BIM 的二维制图表达主要目的是保证单专业内平面图、立面图、剖面图、系统图、详图等表达的一致性和及时性，消除专业间设计冲突与信息不对称的情况，为后续设计交底、深化设计、施工等提供依据。

二维制图表达 BIM 应用操作流程见图 6-11。

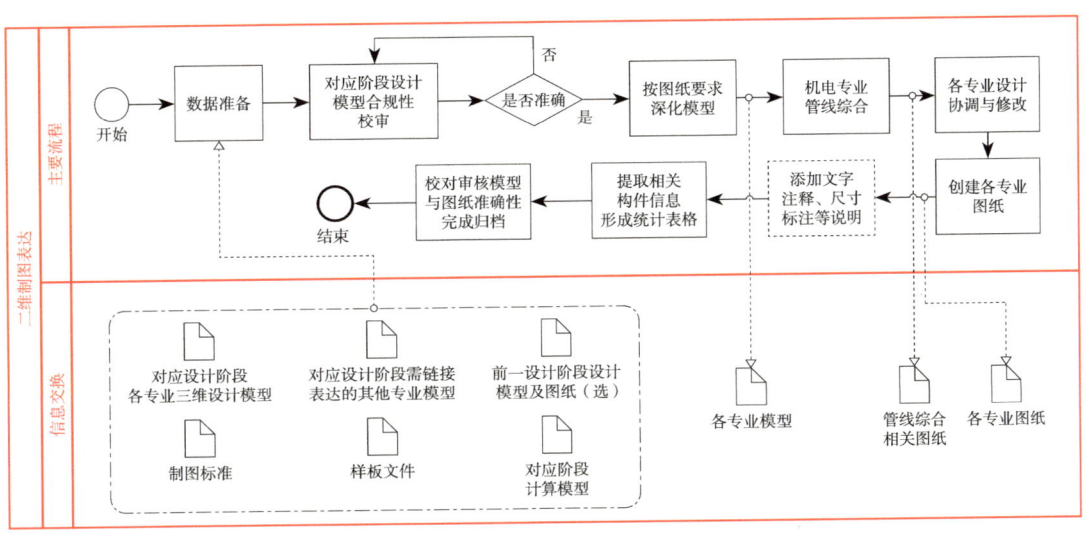

图 6-11　二维制图表达 BIM 应用操作流程图

6.5.6　虚拟仿真漫游

虚拟仿真漫游是应用 BIM 软件模拟医院建筑的三维空间关系和场景，通过仿真漫游、动画和虚拟现实（VR）等方法和手段提供身临其境的视觉、空间感受，有助于相关人员在规划及方案设计阶段预览和比选。在施工图设计阶段，也须进行模拟仿真漫游，确定最终设计成果符合医院使用者需求。虚拟仿真漫游还可用于招标和施工管理辅助。

1. 应用目的

通过虚拟仿真漫游，发现不易察觉的设计缺陷或问题，减少由于事先规划不周全造成的损失，有利于设计与管理人员对设计方案进行辅助设计与方案评审，辅助工程项目的规划、设计、投标、报批与管理。

2. 应用流程

虚拟仿真漫游具体操作流程如下：

（1）收集数据，并确保数据的准确性。

（2）将建筑信息模型导入具有虚拟动画制作功能的 BIM 软件，根据建筑项目实际场景的情况，赋予模型相应的材质。

（3）设定视点和漫游路径，该漫游路径应当能反映建筑整体布局、主要空间布置及重要场所设置，以呈现设计表达意图。

（4）将软件中的漫游文件输出为通用格式的视频文件，并保存原始制作文件，以备后期调整与修改。

3. 注意要点

动画视频应当能清晰表达建筑物的设计效果，并反映主要空间布置、复杂区域的空间构造等。漫游文件中应包含全专业模型、动画视点和漫游路径等。

6.5.7 建筑设备选型分析

配合设计方对医院建筑内部的电梯、空调、医用气体系统等设备进行初步选型分析，确认其基本需求参数，并对其在建筑结构模型中的适配性进行模拟分析，主要完成运输及安装碰撞检测，配合设计方对建筑设备的型号、性能、维护等方面进行 BIM 表达和分析，从而完成建筑设备选型分析工作。

1. 应用目的

在初步设计阶段，建筑师、各专业设备工程师和医院管理人员紧密配合，选配合理的电梯、空调、医用气体系统等设备系统，并应用 BIM 技术对设备安装与使用情况进行模拟分析，选择合适的设备型号，避免设备参数的选择出现偏差，从而避免设备选型不当引起的设备不足或浪费，保证在满足使用设备功能的前提下，节省设备投资。

2. 应用流程

基于 BIM 模型对建筑设备选型的应用，遵循下述流程：

（1）收集数据，并确保数据的准确性。

（2）根据相关设计资料，在模型中对各类主要设备进行排布。

（3）根据项目设备参数表以及医院使用部门的需求，赋予模型设备相关参数。

（4）结合专业设计师意见，进行分析，适配性判断，重新选择设备参数。

（5）基于最终调整确定的设备参数，从设备清单中寻找对应合适的设备。

3. 注意要点

（1）电梯选型配置时应认真了解建筑物的自身情况和使用环境，包括建筑物的用途、规模、高度和客货流量等因素。

（2）空调的选型标准主要基于空调的工作范围，还须从节能环保的角度，综合考虑空调的型号与类型。除此之外，医院场所相比其他公共场所更特殊，人员密集、病患出入多，对空气病菌传染的控制显得尤为重要，所以医院内手术室、常规病房、供应室、配置中心和血液病房等房间的空调系统参数都应满足现行行业标准《医疗机构消毒技术规范》WS/T 376 中的相应要求。

（3）医用气体系统的选型应充分考虑设备型号、几何尺寸、安装位置、管线敷设的可操作性和管线布设的美观性。

6.5.8　设计方案比选优化

工作内容：针对提出的几个方案进行建模，并以此为基础进行比选，选择最美观、实用的建筑方案。

工作标准：建立简易的建筑模型，要体现场地和建筑的整体轮廓。

工作范围：建筑红线内的建筑。

工作流程：方案比选的流程见图 6-12。

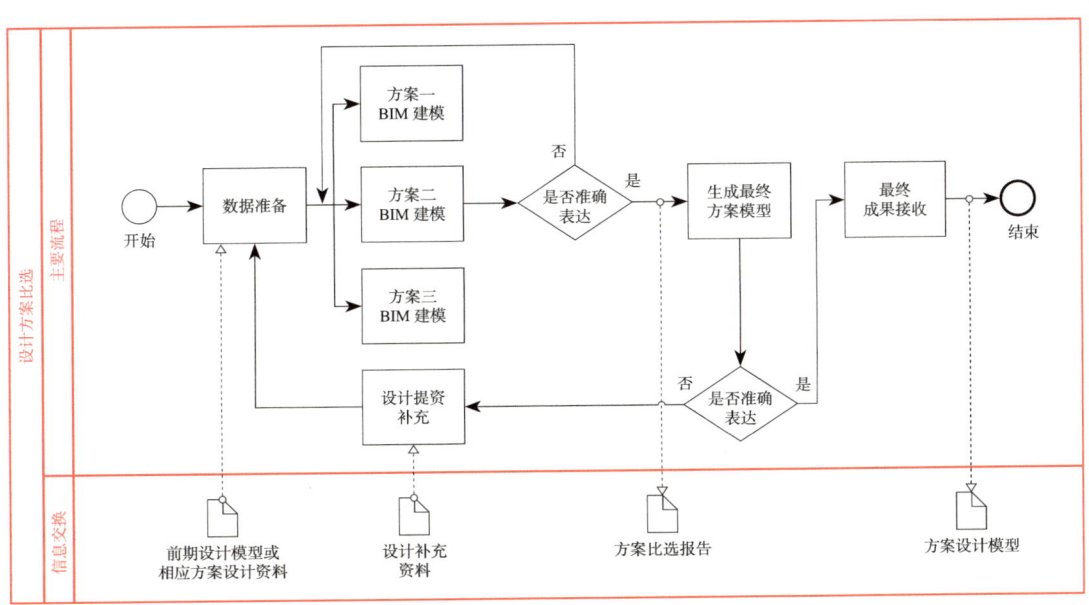

图 6-12　设计方案比选流程图

方案比选案例见图 6-13。

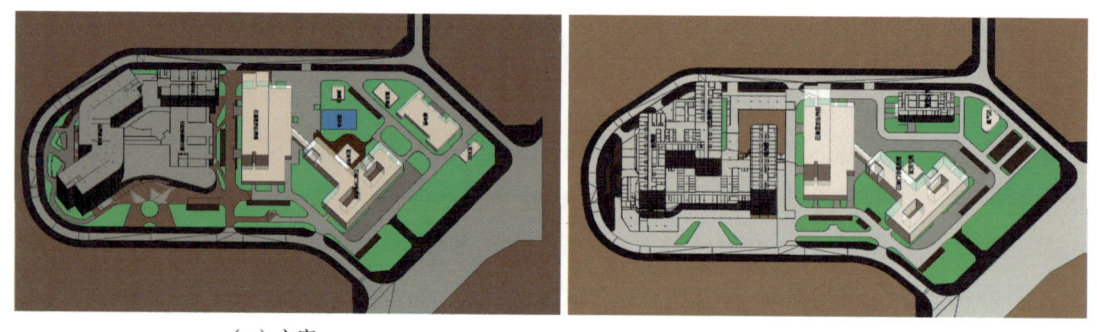

（a）方案一　　　　　　　　　　　　　　　　（b）方案二

图 6-13　方案比选案例

6.5.9　医院各功能用房指标分析

工作内容：对各功能用房进行建模，并将每个房间用房间功能区分开来，也可以用功能房间的指标进行比选。

工作标准：模型完整，功能分区划分正确（案例如图 6-14、图 6-15 所示）。

工作范围：建筑方案内的一个或者几个楼层。

图 6-14　医院功能用房分区案例一

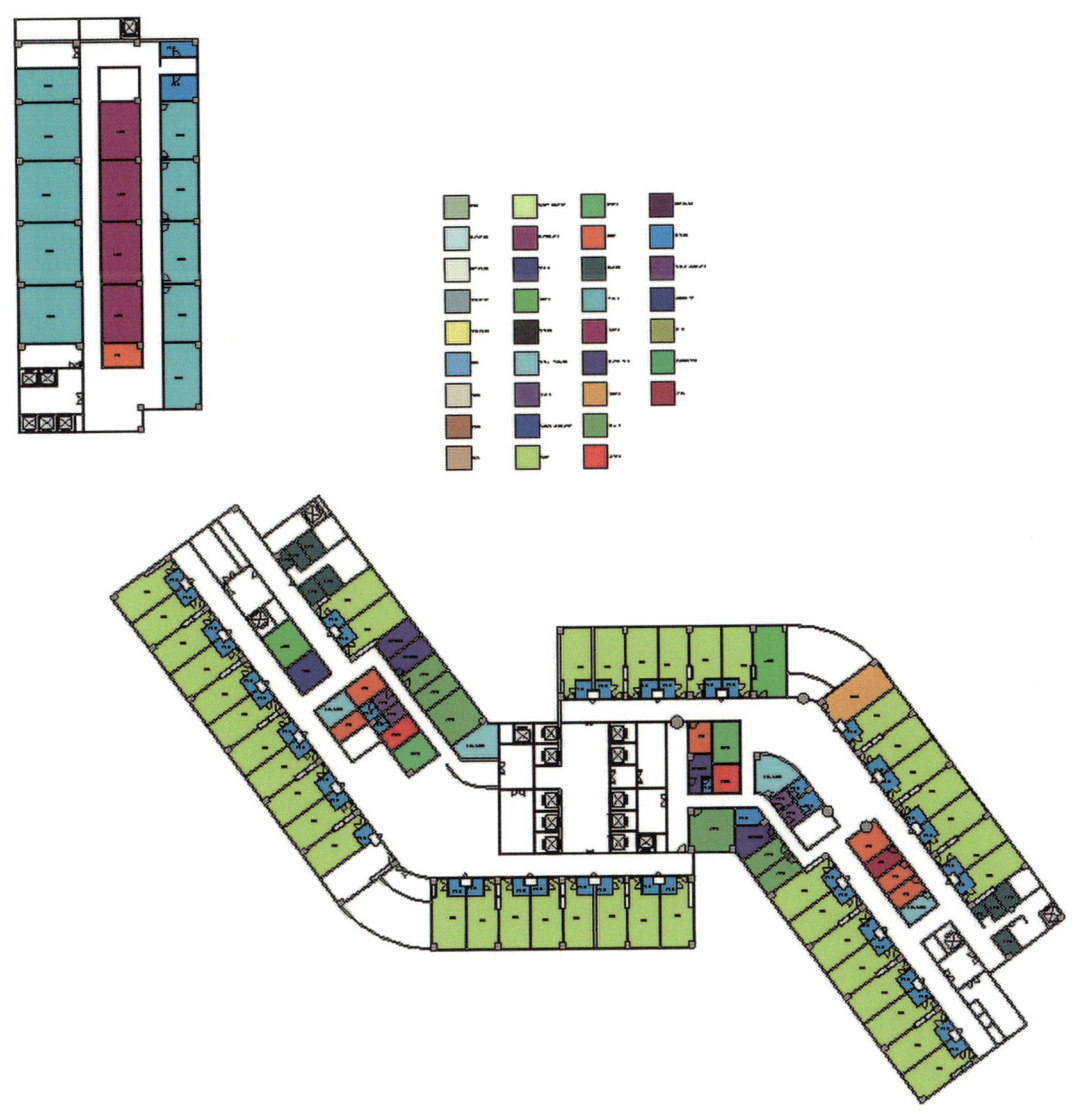

图 6-15　医院功能用房分区案例二

6.5.10　医疗工艺流程仿真及优化

医疗工艺流程仿真及优化，是基于 BIM 模型及专业性能分析软件，进行仿真模拟、反复修正、多方案选优，确定医院建筑的各个房间内部的设施设备、医疗家具、水电点位和内装条件（地面、墙面、顶棚、通风及温度条件等）等。

1. 应用目的

通过医疗工艺流程仿真及优化，确定整个项目每个房间内部的布局，为具体进行临床诊疗工作的医生、护士、技师等打造完善的工作用房条件。

2. 应用流程

（1）以医院各房间的医疗功能需求为基础，规划房间内的设施设备、医疗家具、水电点位和内装条件。

（2）初步确定各房间内部的布局。

（3）基于 BIM 模型及专业性能分析软件，进行诊疗一线工作人员的诊疗动作和活动路线仿真模拟。

（4）将模拟成果与房间使用者（医生、护士、技师等一线工作人员）沟通，听取意见并调整。

（5）反复模拟和调整，直至符合房间使用者医疗行为的需求。

3. 注意要点

医疗工艺流程仿真及优化，依据具体医院建筑的功能需求和建设条件，可以贯穿初步设计和施工图设计阶段，甚至可以延续到施工准备阶段的深化设计过程。

6.6 施工阶段 BIM 应用方案

6.6.1 基于 BIM 的方案交底

1. 专项施工方案

通过 BIM 技术指导编制专项施工方案，可以直观地对复杂工序进行分析，将复杂部位简单化、透明化，提前模拟方案编制后的现场施工状态，对现场可能存在的危险源、安全隐患、消防隐患等提前排查，对专项方案的施工工序进行合理排布，有利于方案的专项性、合理性。

对重点、难点部位的施工工艺，可利用该区域 BIM 模型予以详细深化模拟展示，为现场施工带来良好的示范、引导作用。

2. 技术交底

充分利用基于 BIM 技术的施工方案、技术交底平台，发挥企业优势。将基于 BIM 技术的方案、交底用于现场指导施工。

基于 BIM，普及应用 BIM 平法钢筋图集，并组织对全体项目人员培训学习，效果显著。通过 BIM 技术，降低图集的学习难度，便于理解、记忆，提高全体人员的专业水平。

6.6.2　图纸会审

1．实施要求

（1）在组织图纸会审前，各专业分包相关人员应熟悉图纸，在创建模型的过程中，发现图纸中隐藏的错漏碰缺等问题，并将问题进行汇总。在完成模型创建之后，通过软件的碰撞检查功能，进行专业内以及各专业间的碰撞检查，进一步检查设计图纸中的问题。

（2）图纸会审前，将发现的问题在三维模型中标记。在会审时，将三维模型作为各方会审的沟通媒介，对问题进行逐个评审并提出修改意见，提高沟通效率。

（3）在进行会审交底过程中，通过三维模型，就会审的相关结果进行交底，向各参与方展示图纸中典型问题的修改。

2．成果表达

BIM 模型、图纸会审问题汇总表等。

6.6.3　现浇混凝土结构深化设计

1．实施要求

（1）现浇混凝土结构深化设计中的二次结构设计、预留孔洞设计、节点设计、预埋件设计等宜应用 BIM。

（2）在现浇混凝土结构深化设计 BIM 应用中，可基于施工图设计模型或施工图创建深化设计模型，输出深化设计图、工程量清单等。

（3）现浇混凝土结构深化设计模型除应包括施工图设计模型元素外，还应包括二次结构、预埋件和预留孔洞、节点等类型的模型元素。

（4）现浇混凝土结构深化设计 BIM 应用交付成果宜包括深化设计模型、深化设计图、碰撞检查分析报告、工程量清单等。其中，碰撞检查分析报告应包括碰撞点的位置、类型、修改建议等内容。

（5）现浇混凝土结构深化设计 BIM 软件宜具有下列专业功能：

①二次结构设计；

②孔洞预留；

③节点设计；

④预埋件设计；

⑤模型的碰撞检查；

⑥砌块自动排布；

⑦深化设计图生成。

2. 成果表达

深化设计模型、深化设计图、碰撞检查分析报告、工程量清单等。

6.6.4 混凝土预制构件加工

1. 实施要求

（1）在混凝土预制构件生产 BIM 应用中，可基于深化设计模型和生产确认函、变更确认函、设计文件等创建混凝土预制构件生产模型，通过提取生产料单和编制排产计划形成资源配置计划和加工图，并在构件生产和质量验收阶段形成构件生产的进度、成本和质量追溯等信息。

（2）混凝土预制构件生产模型可从深化设计模型中提取，并增加模具、生产工艺、养护及成品堆放等信息。

（3）宜根据设计图和混凝土预制构件生产模型，对钢筋进行翻样，并生成钢筋下料文件及清单，相关信息宜附加或关联到模型中。

（4）宜建立混凝土预制构件编码体系和生产管理编码体系。构件编码体系应与构件生产模型数据一致，应包括构件类型码、识别码、材料属性编码、几何信息编码等。生产管理编码体系应包括合同编码、工位编码、设备机站编码、人员编码等。

（5）混凝土预制构件生产模型宜在深化设计模型基础上，附加或关联生产信息、构件属性、构件加工图、工序工艺、质检、运输控制、生产责任主体等信息，

（6）混凝土预制构件生产 BIM 软件宜具有下列专业功能：

①创建、存储、读取混凝土预制构件库；

②记录、管理、展示加工生产和质检信息；

③输出仓储、运输及工程安装所需信息。

2. 成果表达

混凝土预制构件生产模型、加工图，以及构件生产相关文件。

6.6.5 预制装配式混凝土结构深化设计

在预制装配式混凝土结构深化设计 BIM 应用中，可基于施工图设计模型或施工图，以及预制方案、施工工艺方案等创建深化设计模型，输出平立面布置图、构件深化设计图、节点深化设计图、工程量清单等。

1. 实施要求

（1）预制装配式混凝土结构深化设计中的预制构件平面布置、拆分、设计，以及节点设计等环节宜应用 BIM。

（2）在预制装配式混凝土结构深化设计 BIM 应用中，可基于施工图设计模型或施工图，以及预制方案、施工工艺方案等创建深化设计模型，输出平立面布置图、构件深化设计图、节点深化设计图、工程量清单等。

（3）预制构件拆分时，宜依据施工吊装工况、吊装设备、运输设备和道路条件、预制厂家生产条件以及标准模数等因素确定其位置和尺寸等信息。

（4）宜应用深化设计模型进行安装节点、专业管线与预留预埋、施工工艺等的碰撞检查以及安装可行性验证。

（5）预制装配式混凝土结构深化设计模型除施工图设计模型元素外，还应包括预埋件和预留孔洞、节点和临时安装措施等类型的模型元素。

（6）预制装配式混凝土结构深化设计 BIM 应用交付成果宜包括深化设计模型、碰撞检查分析报告、设计说明、平立面布置图，以及节点、预制构件深化设计图和计算书、工程量清单等。

（7）预制装配式混凝土结构深化设计 BIM 软件宜具有下列专业功能：

①预制构件拆分；

②预制构件设计计算；

③节点设计计算；

④预留洞、预埋件设计；

⑤模型的碰撞检查；

⑥深化设计图生成。

2. 成果表达

深化设计模型、碰撞检查分析报告、设计说明、平立面布置图，以及节点、预制构件深化设计图和计算书、工程量清单等。

6.6.6　分包 BIM 模型整合

1. 实施要求

（1）由总承包向分包提供模型样板文件，并规定建模的细度及要求。分包须在规定时间内向总包提供模型文件。

（2）根据现场进度情况，总承包提出合模要求。收到分包模型后，对各分包模型进行检查合格后，总承包进行整合模型，针对各碰撞点进行会审，并提出修改意见。

（3）所有模型修改完成并合模后，由总承包负责模型的更新及维护。

2. 成果表达

碰撞检查报告，模型修改意见，BIM 模型等。

6.6.7　平面管理

平面管理应分阶段建立（基础施工阶段、主体施工阶段、外立面及装修施工阶段、医疗专项阶段），内容包括办公及生活区临建、临水、临电、库房、材料堆放区、材料临时加工场地、施工机械布置、运输道路、绿化区、停车位。通过模拟，可以更加直观准确地掌握现场施工平面布置情况。同时，可以提高施工场地的利用率，达到节地目的。

BIM 三维可视化功能再加上时间维度，对施工现场组织进行模拟，明确材料垂直、水平运输路线、安全疏散通道，消防通道，指导现场施工管理。

6.6.8　工程量统计

1. 实施要求

（1）项目主要设备、材料需求计划宜采用深化后的 BIM 模型进行提取统计，并结合实际进度合理安排进场时间，辅助项目物料管理。

（2）用于工程量统计的 BIM 的模型，精度应达到与现场实际一致，保证提取数据的准确性。

（3）提取的工程量应与清单的编码相关联，形成清单工程量统计。

2. 成果表达

BIM 模型、工程量统计明细表等。

6.6.9　机电管综合布置深化设计

BIM 模型可以协助完成机电安装部分的深化设计，包括综合布管图、综合布线图的深化。使用 BIM 模型技术改变传统的 CAD 叠图方式进行机电专业深化设计，应用软件功能解决水、暖、电、通风与空调系统等各专业间管线、设备的碰撞，优化设计方案，为设备及管线预留合理的安装及操作空间，减少占用使用空间。

6.6.10　施工组织模拟

实施要求

（1）在施工组织模拟 BIM 应用中，可基于上游模型和施工图、施工组织设计文档等创建施工组织模型，并将工序安排、资源配置和平面布置等信息与模型关联，输出施工进度、资源配置等计划，指导模型、视频、说明文档等成果的制作。

（2）施工组织模拟前应制订工程初步实施计划，形成施工顺序和时间安排。

（3）上游模型根据项目所处阶段可为设计模型或深化设计模型。

（4）宜根据模拟需要将施工项目的工序安排、资源组织和平面布置等信息附加或关联到模型中，并按施工组织流程进行模拟。

（5）工序安排模拟通过结合项目施工工作内容、工艺选择及配套资源等，明确工序间的搭接、穿插等关系，优化项目工序组织安排。

（6）资源配置模拟通过结合施工进度计划、合同信息以及各施工工艺对资源的需求等，优化资源配置计划。

（7）平面布置模拟宜结合施工进度安排，优化各施工阶段的塔吊布置、现场车间加工布置以及施工道路布置等，满足施工需求的同时，避免塔式起重机碰撞，减少二次搬运，保证施工道路畅通。

（8）在进行施工模拟的过程中，应及时记录出现的工序安排、资源配置、平面布置等方面不合理的问题，形成施工组织模拟问题分析报告等指导文件。

（9）施工组织模拟后宜根据模拟成果对工序安排、资源配置、平面布置等进行协调、优化，并将相关信息更新到模型中。

（10）施工组织模型除应包括设计模型或深化设计模型元素外，还应包括场地布置、周边环境等类型的模型元素。

6.6.11　进度控制

1. 实施要求

（1）在进度控制 BIM 应用中，应基于进度管理模型和实际进度信息完成进度对比分析，并应基于偏差分析结果更新进度管理模型。

（2）进行进度对比分析时，应基于附加或关联到进度管理模型的实际进度信息、项目进度计划和与之关联的资源及成本信息，对比项目实际进度与计划进度，输出项目的进度时差。

（3）进行进度预警时，应制定预警规则，明确预警提前量和预警节点，并根据进度时差，对应预警规则生成项目进度预警信息。

（4）项目后续进度计划应根据项目进度对比分析结果和预警信息进行调整，进度管理模型应作相应更新。

（5）在进度控制 BIM 应用中，进度管理模型应在进度计划编制时进度管理模型的基础上，增加实际进度和进度控制等信息。

（6）进度控制 BIM 软件宜具有下列专业功能：

进度计划调整；将实际进度信息附加或关联到模型中；不同视图下的进度对比分析；进度预警；进度计划变更审批。

2. 成果表达

进度管理模型、进度预警报告、进度计划变更文档等。

6.6.12 质量管理

1. 实施要求

（1）在质量管理 BIM 应用中，宜基于深化设计模型或预制加工模型创建质量管理模型，基于质量验收标准和施工资料标准确定质量验收计划，并进行质量验收、质量问题处理、质量问题分析等工作。

（2）创建质量管理模型时，宜对导入的深化设计模型或预制加工模型进行检查和调整。

（3）确定质量验收计划时，宜利用模型针对整个工程项目确定质量验收计划，并将验收检查点附加或关联到相关模型元素上。

（4）质量验收时，宜将质量验收信息附加或关联到相关模型元素上。

（5）质量问题处理时，宜将质量问题处理信息附加或关联到相关模型元素上。

（6）质量问题分析时，宜利用模型按部位、时间、施工人员等对质量信息和问题进行汇总和展示。

（7）质量管理模型元素宜在深化设计模型元素或预制加工模型元素的基础上，附加或关联质量管理信息。

（8）质量管理 BIM 软件宜具有下列专业功能：

①根据质量验收计划，生成质量验收检查点；

②支持以施工质量验收国家和地方标准作为依据；

③在相关模型元素上附加或关联质量验收信息、质量问题及其处置信息；

④支持基于模型的查询、浏览与显示质量验收、质量问题及其处置信息；

⑤输出质量管理需要的信息。

2. 成果表达

质量管理模型、质量验收报告等。

6.6.13 安全管理

1. 实施要求

（1）在安全管理 BIM 应用中，宜基于深化设计或预制加工等模型创建安全管理模型，基于安全管理标准确定安全技术措施计划，采取安全技术措施，处理安全隐患和事故，分析安全问题。

（2）确定安全技术措施计划时，宜使用安全管理模型辅助相关人员识别风险源。

（3）实施安全技术措施计划时，宜使用安全管理模型向有关人员进行安全技术交底，并将安全交底记录附加或关联到相关模型元素中。

（4）处理安全隐患和事故时，宜使用安全管理模型制定相应的整改措施，并将安全隐患整改信息附加或关联到相关模型元素中；当安全事故发生时，宜将事故调查报告及处理决定附加或关联到相关模型元素中。

（5）分析安全问题时，宜利用安全管理模型，按部位、时间等对安全信息和问题进行汇总和展示。

（6）安全管理模型元素宜在深化设计模型元素或预制加工模型元素基础上，附加或关联安全生产 / 防护设施、安全检查、风险源、事故信息。

（7）安全管理 BIM 软件宜具有下列专业功能：

①根据安全技术措施计划，识别安全风险源；

②支持相应地方的施工安全资料规定；

③基于模型进行施工安全交底；

④附加或关联安全隐患、事故信息及安全检查信息；

⑤支持基于模型的查询、浏览和显示风险源、安全隐患及事故信息；

⑥输出安全管理需要的信息。

2. 成果表达

安全管理模型及相关报告。

6.7 数字可视化技术辅助医疗专项设计

通过 BIM 数字化的建筑模型，建立建筑空间结构，把医疗专项设计的信息模型化，实现建筑空间的可视化和模拟。

建立医疗专项设计模型，构建设备设施、医疗机构管理等专业管理系统，实现建筑物的高效管理（图 6-16）。构建设备设施、医疗机构管理系统等专业信息模型，实现设备设施、医疗机构管理等信息的可视化和模拟，为临床活动提供支持。实现建筑物静态和动态性能的可视化和模拟，按照医疗专科需求建立室内空间模型，模拟控制室内气流、噪声、温度、湿度等因素。

一、二级流程联动设计，二级流程（医院科室流程及空间设计）人流、物流、动线与一级流程（医院总体规划分区设计）结合，避免本末倒置。结合各科室具体的规范要求，合理布局医技科室与其他科室的位置，功能区域呈集中分布、垂直分布，达到高

图 6-16   科室内通行效果模拟

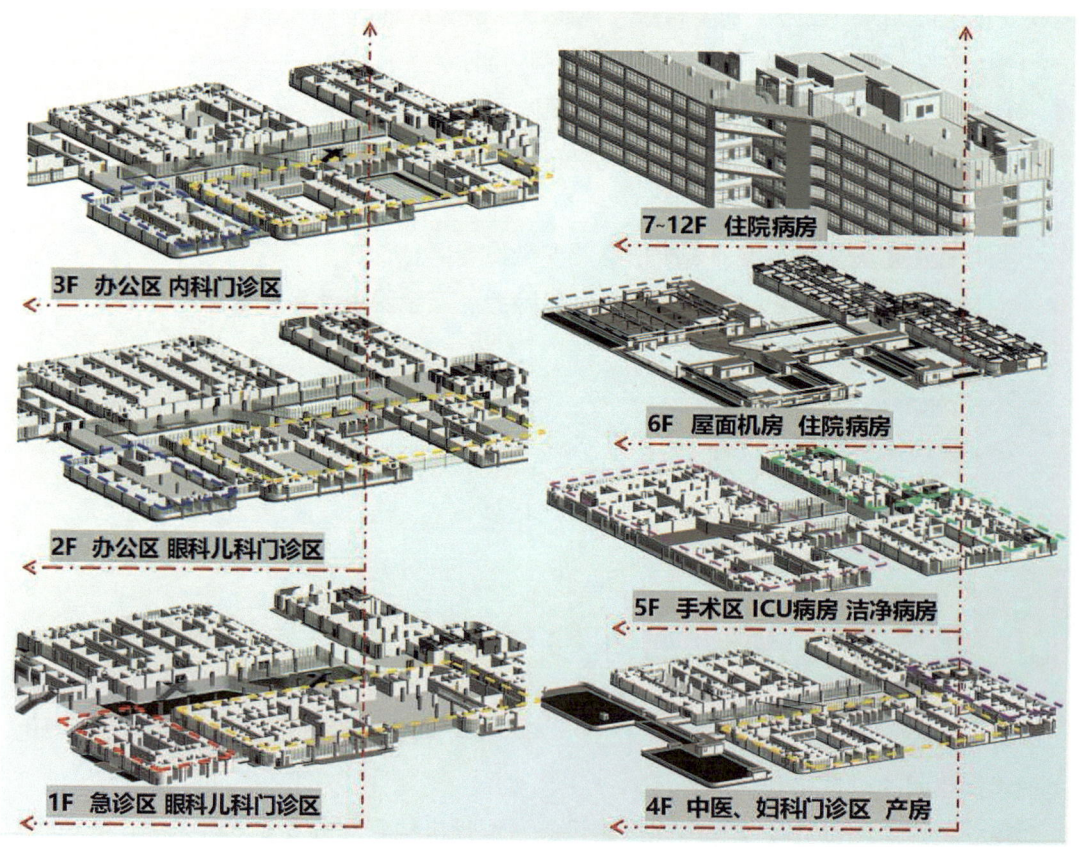

图 6-17   二级医疗流程设计数字化概览

效、便捷的就医体验（图 6-17）。

通过构建医疗建筑智能运行监测系统，及时发现和解决建筑物运行中的问题，实现对医疗机构的远程监督和管理，以及维护医疗质量的安全性。实现建筑物的智能化管理，结合网络技术和物联网技术，实现建筑物的远程监控和管理，提高建筑物的可靠性和安全性。

医疗流程设计环节，要求医疗工艺设计师清楚每一个医疗环节的操作方式及人员习惯，并且要站在患者的行为安全、隐私和方便性等多个角度去考虑问题，是医疗工艺设计中最难以把握、最费时间的设计阶段（图 6-18）。

三维数字化技术可以很好地将这些情况进行模拟，将专业的二维图纸以及相关的技术说明形象化地进行表达，并用于与非工程专业的各科室医护人员以及院方代表的交互，开展相关功能布局和流程设计不同方案的对比分析，提高医护人员的参与度，使设计方案更符合未来学科发展和运营的需求，减少后续的反复变更修改（图 6-19）。

在传统医疗设计资料与三维数字化应用进行融合的基础上，对医疗设计模式进行创新。在工程设计领域与医技领域创建交融的场景，打破技术领域间的壁垒，一定程度上将医疗大型设备对操作空间的需求、对相邻医疗空间布局的影响以及设备维护管理的思

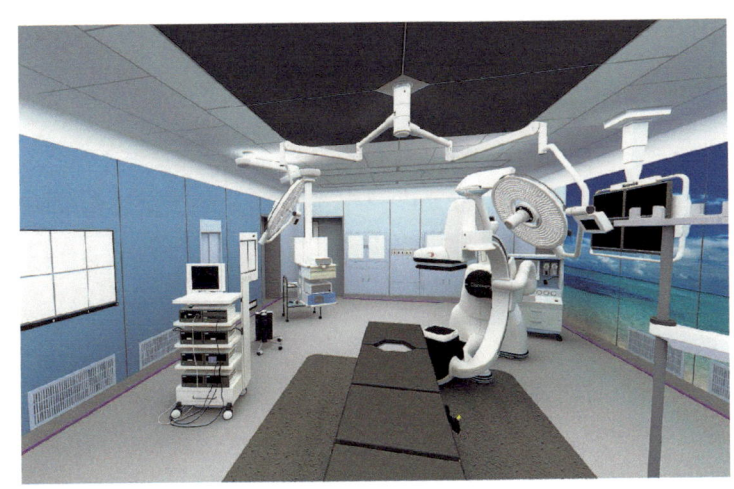

图 6-18　复合手术室模拟效果
——线上系统静态展示

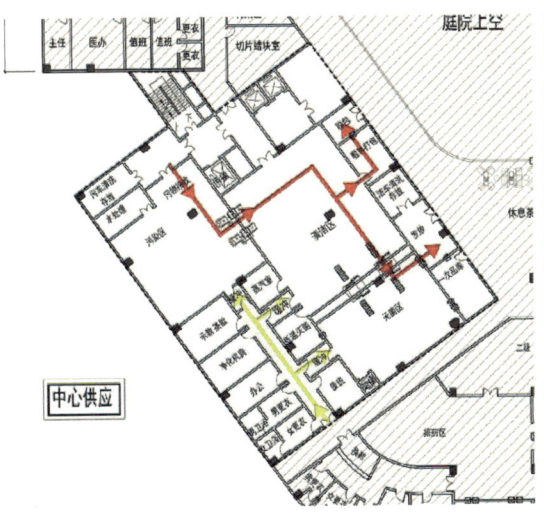

图 6-19　平面布局医疗业务流动态模拟

路等多种场景产生的问题在设计过程中暴露。在设计过程中，将这些问题进行优化处理，让最终呈现的建设成果与设计及运营意图更加相匹配（图 6-20）。

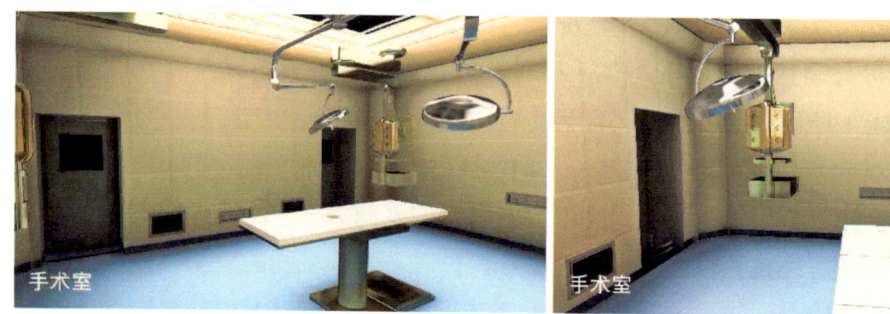

图 6-20　医疗流程方案动态模拟论证

6.8　大型医用设备模块化设计及教学探究

工程设计及医疗教学场景中，大型医用设备仍主要以技术文本以及专项设计图纸的形式存在。大部分人在生活中都不能亲临医疗现场目睹实物，一定程度上限制了工程设计及医疗教学的工作成效。对于此问题，目前仍未有很好的教学普及方案。

在数字化改革政策的大背景下，为满足工作及教学需求，并填补此方面专项技术的空白，建立医院功能区标准 BIM 数据库，实现后续医疗项目工业化设计（图 6-21），同时，尝试依据传统的技术文本以及专项设计图纸等资料，建立主流医用设备模块的数字化模型，并逐步形成专业的医用设备数字化图录。

医用设备数字化图录是指根据真实医疗设备的样式、大小和工作原理制作的仿真模型数据库。这些模型通常是通过 BIM 技术建立的，可以为医学院学生提供更真实、更具体的视觉体验，主要用于大型医用设备的安装、检修、维护及调试等模拟演示操作。

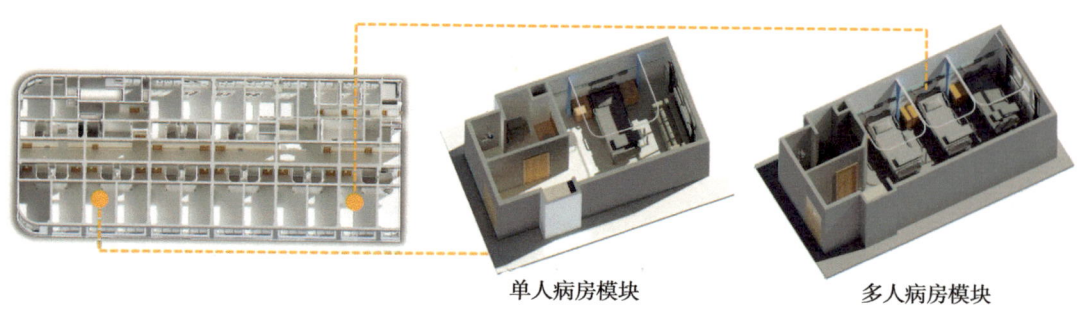

单人病房模块　　　　　多人病房模块

图 6-21　病房模块化设计

该图录以电子数据的形式描述了大型医用设备的结构、功能及相关技术要求等，具有可视化、模块化等特点（图6-22）。图录可以直观地显示大型医用设备的各个组成部分，并对其功能、操作注意事项及相关技术规范进行对应的解释。

医用设备模块化教学需要切实贴近各种实际应用场景，通过模拟讲解和模拟操作，初步培养实战能力，帮助学生快速适应医疗设备实际的工作模式，并具备初步的工作能力。

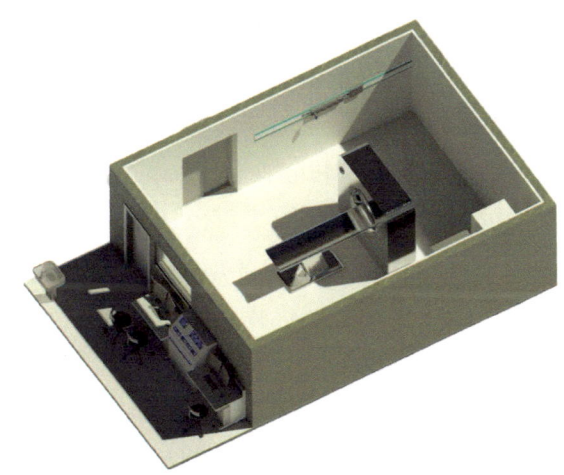

图 6-22　CT 室模块化设计

通过观察医用设备模型，医疗技术学员可以更好地理解医疗设备的结构、功能，学习如何正确操作设备，进一步了解设备在医疗工作中的作用。同时，医用设备模型还可以帮助医疗技术学员模拟各种场景下的操作，帮助医疗技术人员更好地了解操作过程中的可能出现的风险因素，有助于避免医疗设备的操作失误，提高学员的实践能力，为培养优秀医疗工作者打下坚实的基础（图6-23）。

通过数字化仿真模型，辅助工程设计行业从业人员更好地理解此类特殊且专业的设备的设计及使用需求；辅助医疗教学的教员更好地理解、传授此类设备的临床医学应用、医技操作、设备原理构造等信息；医疗专业人员更好地理解设备原理后，也可对现有的设备提出医学方面的设备优化意见（图6-24）。

同时，在医用设备模型形成数字化图录后，还能促进医疗项目的工业化设计发展。

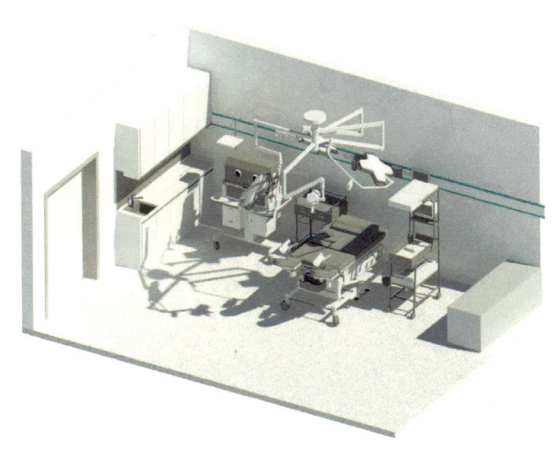

图 6-23　产科分娩室模块化设计

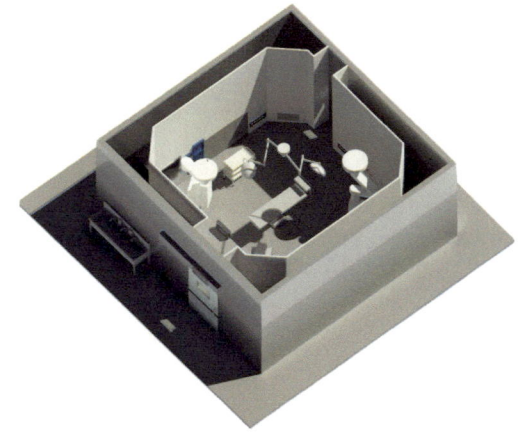

图 6-24　标准手术室模块化设计

标准化的医用设备模型可以提高设备的操作性和可靠性，为医疗设备新品的开发提供了更加稳定和可靠的技术平台。

医用设备数字化图录可以让工业设计师更好地了解项目的各项物理特性，作为功能优化及外形优化的重要技术抓手，降低医疗设备新品的试错成本、研发成本和研发时间，加速新产品的上市周期，促进医疗设备制造业的发展，提高产品的市场竞争力并降低生产成本（图 6-25）。

图 6-25　医护值班室模块化设计

6.9　医院建设实施保障措施

6.9.1　人员保障措施——专职专业团队人员保障

成立 BIM 实施工作小组，专人专职，保证各项目 BIM 实施工作落实到人。项目 BIM 实施中，为保证 BIM 工作的顺利开展，可灵活增加 BIM 实施人员，以保证项目 BIM 实施工作的顺利开展为出发点。

6.9.2　质量保障措施——各团队工作质量的考核

建模团队各阶段的 BIM 模型、升版模型需由各专业负责人进行初审，通过后由专家团队进行二审。

项目负责人根据建模团队、专家团队工作质量，对建模团队、专家团队单位根据工作节点定期进行考核。

项目出具模型报告后，交由项目经理进行检查审核完成后，由公司技术负责人最终审核。

项目经理定期召开项目协调会，汇总项目月、季、年报告，整体工作报告（包括质量、进度、计划），专题报告，并提交至项目负责人。

6.9.3　进度保障措施——进度计划及时纠偏

按照合同要求制定合理的进度计划，并在计划中制定时间控制节点。在 BIM 实施过程中，合理地调派人手，以满足进度节点要求；如果遇到计划工作量与实际工作量严重不符的情况，应及时与各方沟通，及时纠偏。

6.9.4　项目沟通保障措施——各团队的工作内容及沟通措施

1. 报告措施

项目成员应首先在小组内部讨论解决问题，如不能解决，应按照项目组织结构图所列逐级及时向负责人、项目经理乃至项目负责人汇报，所有重要问题都应有书面材料。

2. 沟通措施

每周提交项目状态报告。项目成员应于每周书面列示完成任务、存在问题及下周计划，提交给项目经理。项目经理以项目进度报告的形式每周向项目成员通报项目实施的进展情况、已经开展的工作和需要进一步解决的问题，达到项目实施信息、资源的共享，使整个项目组织成员及时了解项目的整体状况，及时协调解决问题。并根据项目主计划及项目整体进展，讨论下周工作计划。

3. 例会措施

定期举行 BIM 项目例会，由项目成员参加，例会协调解决项目过程中出现的各种问题，保证项目的顺利进展。同时，例会、项目会议及专题讨论会议等应编写会议纪要，对会议做出的各项决定或讨论的结果进行文档记录、整理，并分发给与会者和有关的项目人员。采用备忘录、电子邮件等其他方式，随时进行项目信息沟通并存档。

4. 问题跟踪措施

项目成员在遇到问题时，应及时以适当方式（如短信、电子邮件、书面等）项目经理汇报，并留有跟踪记录，形成解决结果记录，以便实施完毕有据可查。问题的跟踪由项目经理落实到相关的具体项目成员，由具体的项目组成员协调资源及时解决问题，从而保证项目的顺利进展。

5. 文档管理措施

建立专门的项目文档，包括分析报告、计划、阶段成果确认、问题处理记录、会议记录、项目变动、培训记录、来往信函等所有与项目有关的文档，以形成项目 BIM 工作档案资料。

6.9.5　其他保障措施——针对超远距离项目的运作方式

对项目各阶段形成的成果，由项目经理组织专家进行审核、修改后，出具咨询报告书。报告书经公司技术负责人审核后，由项目经理组织会议落实并发送至业主，作为咨询服务工作完成成果。

业主在需求或工作要求方面若有新增或更新内容，应由驻现场人员进行汇总后，以报告形式及时发送至项目经理进行分解及梳理后，发送至各对口负责人。

参考文献

1. 相关法规、通知

［1］中共中央，国务院. 中共中央 国务院印发《"健康中国 2030"规划纲要》[EB/OL].（2016–10–25）[2020–01–05]. https://www.gov.cn/xinwen/2016–10/25/content_5124174.htm.

［2］国家卫生健康委员会，国家药品监督管理局. 卫生健康委药监局关于印发大型医用设备配置与使用管理办法（试行）的通知：国卫规划发〔2018〕12 号 [EB/OL].（2018–05–22）[2018–06–13]. https://www.gov.cn/gongbao/content/2018/content_5338246.htm.

［3］卫生部. 关于下发《医疗机构基本标准（试行）》的通知：卫医发〔1994〕30 号 [EB/OL].（1994–09–02）[2019–07–06]. http://www.nhc.gov.cn/yzygj/s3576/201706/4d84820f321144c290ddaacba53cb590.shtml.

［4］国务院办公厅. 国务院办公厅关于印发全国医疗卫生服务体系规划纲要（2015—2020 年）的通知：国办发〔2015〕14 号 [EB/OL].（2015–03–06）[2020–01–15]. https://www.gov.cn/zhengce/content/2015–03/30/content_9560.htm.

［5］国家卫生健康委员会. 国家卫生健康委关于印发医疗机构设置规划指导原则（2021—2025 年）的通知：国卫医发〔2022〕3 号 [EB/OL].（2022–01–12）[2022–11–10]. https://www.gov.cn/zhengce/zhengceku/2022–02/01/content_5671603.htm.

［6］国家卫生健康委员会规划发展与信息司. 2020 年我国卫生健康事业发展统计公报 [DB/OL].（2021–07–03）[2022–01–17]. http://www.nhc.gov.cn/guihuaxxs/s10743/202107/af8a9c98453c4d9593e07895ae0493c8.shtml.

2. 学术著作

［1］李建广，凡开伦. 医疗流程与空间组织 [M]. 北京：中国建筑工业出版社，2019：30–40.

［2］余海燕. 精准规划　医疗设施 [M]. 北京：研究出版社，2021：43–45.

［3］沈崇德，朱希. 医院建筑医疗工艺设计 [M]. 北京：研究出版社，2018：95–100.

［4］罗运湖. 现代医院建筑设计 [M]. 2 版. 北京：中国建筑工业出版社，2010.

［5］中国建筑工业出版社，中国建筑学会. 建筑设计资料集 [M]. 3 版. 北京：中国建筑工业出版社. 2017.

［6］北京睿勤永尚建设顾问有限公司. 医疗功能房间详图详解Ⅰ[M]. 江苏：江苏凤凰科学技术出版社，2018.

［7］傅馨延. 医疗功能房间详图集Ⅱ[M]. 江苏：江苏凤凰科学技术出版社，2020.

［8］杨磊. 医疗功能房间详图集Ⅲ[M]. 江苏：江苏凤凰科学技术出版社，2021.

3. 学术期刊

［1］张远平，夏志伟，唐可等. 建筑设计视角下的大型医疗设备发展趋势[J]. 中国医院建筑与装备，2020，21（05）：86-89.

［2］刘峰. 模块化思想对医院建筑设计的影响[J]. 华中建筑，2013，31（09）：79-82.

［3］王笛，许峰，周传坤等. 大型医用设备配置与使用管理现况及策略研究[J]. 中国医学装备，2021，18（05）：136-139.

［4］肖月，邱英鹏，史黎炜等. 大型医用设备配置应用的绩效评价研究述评[J]. 卫生经济研究，2021，38（05）：6-9.

［5］王振军. 医疗建筑中影响医用设备风险的因素分析[J]. 中国医院建筑与装备，2009，10（09）：59-61.

［6］毛树伟. 目前医院放疗科建设规划概述[J]. 中国医疗设备，2008，（01）：66-68.

4. 学位论文

［1］肖芳. 肿瘤专科医院和大型综合医院放射治疗科空间组织研究[D]. 南京：东南大学，2019.

［2］徐清月. 西安地区现代综合医院核医学科建筑设计研究[D]. 西安：西安建筑科技大学，2021.

5. 技术标准、规范

［1］国家标准化管理委员会. 学科分类与代码：GB/T 13745—2009[S]. 北京：中国标准出版社，2009.

［2］国家卫生健康委员会. 综合医院建设标准：建标110—2021[S]. 北京：中国计划出版社，2021.

［3］住房和城乡建设部. 综合医院建筑设计规范：GB 51039—2014[S]. 北京：中国计划出版社，2014.

［4］住房和城乡建设部. 医疗建筑电气设计规范：JGJ 312—2013[S]. 北京：中国建筑工业出版社，2013.

6. 电子文献

［1］国家统计局. 中国统计年鉴2021[DB/OL]. （2021-09-01）[2022-01-10]. 北京：中国统计出版社，2021. https://www.stats.gov.cn/sj/ndsj/2021/indexch.htm.

［2］国家卫生健康委员会. 2020中国卫生健康统计年鉴[DB/OL]. （2021-12-06）[2022-01-12]. 北京：中国协和医科大学出版社，2021. http://www.nhc.gov.cn/mohwsbwstjxxzx/tjtjnj/202112/dcd39654d66c4e6abf4d7b1389becd01.shtml.

南沙基础设施建设高质量发展

主　编：陈荣毅
副主编：宋光昕　文志成

6

深厚软土区预应力管桩应用

分册主编：陈荣毅　宋光昕　方虎生
　　　　　吴泉霖　江海潮

中国建筑工业出版社

图书在版编目（CIP）数据

南沙基础设施建设高质量发展. 6，深厚软土区预应
力管桩应用 / 陈荣毅主编；宋光昕，文志成副主编；
陈荣毅等分册主编. —北京：中国建筑工业出版社，
2024.6

ISBN 978-7-112-29822-8

Ⅰ. ①南… Ⅱ. ①陈… ②宋… ③文… Ⅲ. ①软土地
基—预应力混凝土管—混凝土管桩—基础设施建设—研究
—南沙区 Ⅳ. ①F299.24

中国国家版本馆CIP数据核字（2024）第087620号

《南沙基础设施建设高质量发展》

主　　编：陈荣毅

副 主 编：宋光昕　文志成

参　　编：霍文斌　谌琳琳　秦利辉　徐　明　黄　佳
　　　　　曹建新　黄　过

《深厚软土区预应力管桩应用》分册

主　　编：陈荣毅　宋光昕　方虎生　吴泉霖　江海潮

参　　编：陈志海　梁超群　黄　过　应勋翔　陈嘉俊
　　　　　林金龙　吴哲元　林小棋　欧阳秋　何　军

目 录

第 1 章

绪论

南沙区位于国家中心城市广州市南部，珠江出海口西岸，是广州通向海洋的唯一通道，地处中国经济引擎之一珠江三角洲的地理几何中心，也是广东对外开放的重要平台、中国 21 世纪海上丝绸之路的重要枢纽。南沙距离香港 38 海里，距澳门 41 海里，周边 100 公里范围分布了珠三角最繁荣的 11 个大都市，聚集了 6000 多万人口，占中国约 1/7 的国内生产总值。由于地理位置特殊，区位优势明显，生态环境良好，产业基础坚实，发展潜力巨大，辐射带动范围广阔，战略地位十分重要，南沙的发展受到国家、省、市的高度关注。

南沙于 2002 年开始大开发，2005 年成为广州的行政区，2012 年和 2015 年先后获国务院批准为国家新区和自贸试验区，形成了"双区"叠加的发展优势，南沙的开发建设上升为国家战略。南沙成为中国新一轮改革开放的重要先行地，成为新时期代表国家参与新一轮经济全球化竞争与合作的重要载体和平台。

2012 年 9 月，国务院正式批复《广州南沙新区发展规划》，明确了南沙新区发展的战略定位。南沙新区的战略定位为：立足广州、依托珠三角、连接港澳、服务内地、面向世界，把南沙新区建设成为粤港澳优质生活圈、新型城市化典范、以生产性服务业为主导的现代产业新高地、具有世界先进水平的综合服务枢纽、社会管理服务创新试验区，打造粤港澳全面合作示范区。随着南沙区开发建设上升到国家战略层面，各项经济建设取得了突飞猛进的发展，各种市政、交通建设及公共与民用建筑项目快速的规划及建设，使得城市面貌日新月异。

南沙区地处珠江出海口，由冲积平原、局部丘陵台地及海岛组成，属于典型的冲积软土平原，其大部分区域的岩土地质和水文地质条件都十分复杂，地层中连续分布深厚的海陆交互相淤泥或淤泥质软土。南沙区软土的结构及工程特性与其他地区软土明显不同，给各类建设项目的基础工程造成很大困难。预应力高强度混凝土管桩造价低，施工速度快，桩身质量可靠，多年来在南沙地区得到了广泛应用。但当地软土厚度大，存在软硬突变，夹杂砂层等不利条件时，预应力管桩施工质量事故屡有发生，对南沙地区高质量发展和高质量建设的目标造成很大的困扰。因此，有必要对南沙地区的地质特点、软土的物理特性及力学性能和预应力高强度混凝土管桩的应用进行进一步思考和总结，提出针对性的设计方法和措施，供相关技术人员参考借鉴。

第 2 章

南沙地区
地质条件概况

2.1 自然地理条件

南沙地区东与东莞市隔江相望，西与中山市、佛山市顺德区接壤，北以沙湾水道为界与广州市番禺区隔水相连，南濒珠江出海口伶仃洋，介于北纬 22°26′~23°06′，东经 113°13′~113°43′，总面积 803km²。南沙区下辖 3 个街道、6 个镇，包括南沙街道、珠江街道、龙穴街道、万顷沙镇、黄阁镇、横沥镇、东涌镇、大岗镇、榄核镇。

南沙地区地处南亚热带，北回归线以南，属亚热带季风区，夏长冬短，湿润多雨，年降水量为 1700~2200mm。年平均气温多为 20~22℃，年温差为 15~17℃，最冷月（1 月）平均温度 11~13.4℃，最热月（7 月）均温 22.7~35.5℃。影响南沙地区的气象灾害主要有台风、暴雨，多集中于 4~9 月，占全年降雨量的 70%~85%。

南沙地区地处珠江三角洲中部的河网地带，东邻狮子洋，南靠大海，西临洪奇沥水道，中部有蕉门水道通过；珠江出海水道的八大口门中，有三个口门，即虎门、蕉门、洪奇门位于南沙地区；区域内水网密布、涌塘众多，虎门与蕉门水道有沙湾水道串通，蕉门与洪奇沥水道有上、下横沥贯通，使西江、北江、东江的来水汇于一体，向南注入南海。

2.2 地貌特征

南沙区地形中间高、四周低。地貌类型有低山、丘陵、台地、平原和滩涂，其中低丘台地占总面积 47%，平原占 53%。区内最高点黄山鲁主峰海拔 295m。

南沙区地质基底由古生界变质岩系构成，最老的下古生界震旦系变质砂岩、板岩、片岩及硅质岩，分布在南沙街道塘坑村至南沙林场鸢鹅山一带；加里东期混合花岗岩分布在南沙街道深湾村；大面积基岩是燕山期细粒、中粒、粗粒黑云母花岗岩，分布在黄山鲁、大山嶂一带；中新生代断陷盆地沉积陆相砾岩、砂砾岩、砂岩及泥质粉砂岩，分布于大虎山和小虎山一带。

第四系地层严格受古地形控制，中更新世以前以风化剥蚀作用为主，基本上形成了目前的地形形态。沉积作用开始于更新世末期的大面积的冲积、三角洲沉积及泛滥式沉积（见于珠江两侧）。隆起区仍以风化剥蚀为主，河流短小，冲积层薄。在边缘地段出现上叠式结构的河谷和河流袭夺现象，河流的溯源侵蚀强烈，使流域面积不断扩大。

第四系地层的成因类型一般有以下几种：

1．陆相堆（沉）积

1）斜坡堆积

斜坡堆积包括重力堆积、崩积和地滑堆积等几种类型。

斜坡堆积物在山地、丘陵、台地地区，尤其是花岗岩风化壳发育的山地丘陵区比较发育，但堆积面积较小，碎屑颗粒大小差异很大。

坡积物往往和残积物伴生，岩性不易区别，常形成残积 – 坡积混合成因类型。根据坡积物的岩性特征初步将其分为坡积红土和坡积碎屑两种。

（1）坡积红土

坡积红土的含砂量随基底岩石类型不同而变化；在花岗岩红壤风化壳地区的坡积红土中，石英砂的含量可高达 50% ~ 60%，黏土含量约占 30%。

（2）坡积碎屑

坡积碎屑常沿坡面分布，并向山前倾斜，倾角 2° ~ 5°，在坡麓常形成坡积裙覆盖在山前平原的冲、海积物或三角洲沉积物上。

2）洪积及冲 – 洪积

为山洪和急流形成的洪积、冲 – 洪积混合成因类型，多在山地、丘陵沟谷出口处形成小型、孤立的洪积扇或冲积锥，堆积物同时具有洪积和冲积的地貌和岩层特征。二级洪积阶地保存较差，分布零星；一级洪积阶地保存较好，分布较多；现代洪积扇和冲积锥形态完整，分布最普遍。

3）冲积

南沙地区的河流，除珠江的几条主干河流源远流长、流域宽广之外，其他都是源近流短，多源于近岸山地、丘陵和阶地上。因而，这些河流的冲积物发育较差，分布面积不广，多沿河谷呈带状分布。河流冲积相可分为以下三种类型：

（1）二级冲积阶地：在区内分布较零星，多受流水切割破坏，保存较差。

（2）一级冲积阶地：冲积物分布较普遍，但较零星，面积一般较小，相对高度 3 ~ 7m，阶地保存较好，微受切割。

（3）河漫滩及冲积平原的冲积物。组成河漫滩及冲积平原的冲积物分布较广，面积较大，是本区分布较广的成因类型之一。

4）湖沼堆积

区内没有较大的湖泊，但有分布零星、类型较多的集水洼地，如三角洲前缘的低湿沼泽、集水谷地、淤浅的平坦河谷、牛轭湖、内陆洼地以及火山口湖等，这些洼地和低湿地带常形成湖沼堆积。它们多是水生植物死亡后在还原条件下形成的有机质泥炭土或腐木堆积。堆积物主要是黑色、灰褐色砂土、砂壤土、砂质淤泥、含油腐殖层、泥炭土及砂砾等。有机质含量很高（可达 19%），但厚度不大，一般仅 2 ~ 5m。

5）残积

残积是基岩风化过程的初始阶段，以物理淋滤为主。它是未经搬运及再沉积的作用而残留在原地的碎屑堆积物，其风化过程是在第四系阶段，同其母岩的风化程度不同。当风化剧烈时，按其强度上划分为土层，而当风化强度略低，其强度则增强。

2. 海相沉积及海陆交互相沉积

海相沉积及海陆交互相沉积主要有海积、冲－海积、风－海积和风积、珊瑚礁堆积四种单一成因类型和混合成因类型。其中海积物以滨海沉积为主，分布最广。

1）海相沉积

根据风化壳或风化层所分隔开的地层及彼此的接触关系，结合海成阶地级数，可将华南地区第四纪时期可分为四个海相沉积期，每一沉积期形成相应的地层。其中广海期的海相沉积在广州地区分布最广、影响面最大。

2）广海沉积期的滨海沉积

广海沉积期是华南沿海地区第四纪滨海沉积最主要的形成时期，沉积了第四纪时期中沿海分布最普遍，岩性岩相不同、地貌各异的滨海沉积物，多呈松散未胶结状态，一般厚 10～20m，最大可达 30～40m，组成一级海积阶地、海积平原、海滩、潟湖、砂咀和砂堤等地貌类型。广海沉积期的滨海沉积主要分布在珠江口以北的滨海地带，组成淤泥质平原和淤泥质浅滩。

3. 海陆交互相的冲－海积沉积

海陆交互相的冲－海积是指三角洲沉积和河口地段的河、海混合沉积。这一类型的沉积物在华南地区的珠江三角洲分布较大。三角洲仍在向海发展，特别是人类的活动正在加快三角洲向海发展的速度。

珠江三角洲沉积由淤泥、粉质黏土、粉质砂土、砂和砂砾组成，以淤泥、粉质砂土和砂质堆积为主。三角洲沉积有较明显的变化规律：在水平方向上，粗粒物质一般分布在三角洲顶部，边缘地带和近河床附近，三角洲中的孤山、残丘附近的物质也比较粗，以砂质堆积为主。细粒物质一般分布在三角洲中部和前缘，以淤泥质黏土为主。在垂直剖面上沉积物具粗细规律的变化，总的趋势是下粗上细，并夹有黏土风化层，反映了三角洲沉积发育的不同阶段。

2.3　岩土层分布规律

南沙区岩土层分布结合传统的广州地质地层划分的研究成果，采用了"九分方案"，"九分方案"的第四系地层根据沉积环境和土层性质的不同划分为五层。而第六层～第九层是把各类的基底岩层简分为全风化岩（带）、强风化岩（带）、中风化岩（带）及微风化岩（带）。

1. 填土及耕土层

多为素填土和杂填土。素填土的组成物主要为人工堆积的砂土、碎石土和黏土。杂填土则在其中混杂瓦片、砖块和混凝土碎块等建筑垃圾。

在城郊未开发区为耕植土层。耕植土层以黏粒为主，含少量粉粒；呈灰~深灰色；可塑状，个别情况呈软塑状；稍湿~潮湿；含植物根系。

2. 淤泥层

常分为淤泥或淤泥质土层、淤泥质粉细砂层、淤泥质中粗砂层（或含蚝壳片）、海陆交互相粉质黏土、粉土和淤泥互层。

1）海陆交互相淤泥、淤泥质土层

主要为淤泥、淤泥质土，由含有机质黏粒组成；灰~深灰色；呈流塑状态，饱和，具有黏性；含贝壳碎片。

2）海陆交互相淤泥质砂层

以粉砂、细砂为主，局部为中砂、粗砂；深灰色；呈松散状，饱和；含淤泥及少量有机质和少量灰白色贝壳碎片。淤泥质中粗砂（或含蚝壳片）。

3）海陆交互相粉质黏土、粉土和淤泥互层

呈灰色和灰黑色等，厚度较小，一般呈透镜体状分布，粉质黏土或粉土夹在淤泥、淤泥质土层或淤泥质砂层中，呈软塑状为主。

3. 砂层

常分为冲-洪积粉细砂层、冲-洪积中粗砂层、含卵石粗砾砂层。

1）冲-洪积粉细砂层

由冲-洪积而形成。以细砂、中砂为主，部分为粗、砾砂，松散~密实，含黏粒，灰白色~浅黄色，饱和。

2）冲-洪积中粗砂层

以粗砂、中砂为主，饱和，稍密状~密实，灰白色~浅灰色，一般分布在海陆交互淤泥质砂层之下。

4. 冲积-洪积-坡积土层

冲积-洪积-坡积而形成，其岩土特征与下伏基岩的岩性有较密切的关系。不同岩性发育的冲积-洪积-坡积土层有较明显的工程差异。主要由冲积、洪积作用而形成的黏性土（包括粉质黏土、黏土）和粉土组成，以黏粒、粉粒为主；颜色较杂，有浅灰~深灰色，黄色，浅红色，砖红色；湿~稍湿；黏性土呈可塑~软塑状，部分硬塑，具有黏性，失水干硬；粉土为中密~密实状。

5. 残积土层

以粉质黏土、粉土组成；含砾粒和砂粒。残积土层分布广泛。

残积层存在受母岩影响产生的成分差异和因风化程度不同而在垂直方向产生的差异，对工程的影响尤为明显。南沙地区的残积层一般可划分砂岩分布区和黄岗岩分布区。

1）砂岩分布区

在砂岩分布区，残积层主要由粉质黏土、粉土组成；粉质黏土以黏粒为主，黏性强；粉土以粉粒为主；棕红色，湿~稍湿，含砾石、中细砂颗粒。残积土层分布广泛。根据粉质黏土的塑性状态和粉土的密实度，分为可塑状态的粉质黏土以及稍密状的粉土；硬塑~坚硬状态的粉质黏土以及中密~密实状的粉土。该层偶夹全风化或强风化岩块且遇水容易软化。

2）花岗岩分布区

在花岗岩分布区，残积土层含石英颗粒较多，主要以砂质黏性土为主，如含较多砾粒则为砾质黏性土。干燥时比较坚硬，标准贯入击数（N）变化较大，但花岗岩残积土遇水容易崩解，甚至出现流砂。一般来说，当 $N<15$ 时，划入可塑状花岗岩残积土；而 $15 \leqslant N<30$ 时，则为硬型或坚硬状花岗岩残积。

6. 岩石全风化带

对于各类风化残积土，其母岩的岩石组织结构已基本破坏，岩石已经风化成土状但尚可辨认。

岩石全风化带在可挖性方面属于土层。砂岩类岩石全风化带为褐红色；花岗岩全风化带为紫红色、土黄色，夹白色斑点。

砂岩类岩石全风化带为褐红色。花岗岩全风化带为紫红色、土黄色，夹白色斑点。全风化带划分的主要依据是实测标贯击数，即 $30 \leqslant N<50$。

7. 岩石强风化带

岩石组织结构已大部分破坏，但尚可清晰辨认，矿物成分已显著变化。风化裂隙发育，岩芯破碎，呈土状、半岩半土状、碎块状、饼状或短柱状。锤击声沉，手可折断，可夹全风化的软岩层及中风化硬岩层。砂质岩层的强风化带呈紫红色，钙质、泥质胶结为主。花岗岩强风化带为红褐色、黄褐色，带白色斑点。强风化带的实测标贯击数 $\geqslant 50$ 击。

8. 岩石中风化带

岩石中风化带一般有砂岩、花岗岩及变质岩。岩石裂隙发育，呈短柱状。RQD 指标值一般为 30%~50%。

9. 岩石微风化带

岩石微风化带一般有砂岩和花岗岩：

砂岩类岩石、花岗岩组织结构基本未变化，矿物较新鲜或新鲜。岩质较坚硬或坚硬且较完整，锤击声响。

砂岩类岩石微风化带为褐红色，钙质、泥质胶结，岩石坚硬且较完整，有少量风化裂隙，岩芯一般呈长柱状，含砾石。

花岗岩微风化带为深灰色或青灰色或肉红色，岩质完整、坚硬，有少量风化裂隙及构造裂隙。

2.4 软土沉积成因

软土泛指抗剪强度低、压缩性大的软弱土层，主要为饱和软黏土，在天然地层剖面上，它往往与泥炭或粉砂交错沉积。软土一般是静水或缓慢水流中以细颗粒为主的近代沉积物。流速减缓与温度变化使微细颗粒的黏土矿物和有机质在悬浮液溶解力与黏滞性降低的条件下，逐渐沉积。流塑状软土指的是天然含水率 w 大于液限 w_L 的软土，按照土的稠度标准属于流塑状态。

1. 淤泥及淤泥质土

淤泥是在静水或非常缓慢的流水环境中沉积，经生物化学作用形成，天然含水率大于液限、天然孔隙比大于 1.0 的黏性土。当天然孔隙比大于 1.5 时为淤泥；天然孔隙比小于 1.5 而大于 1.0 时为淤泥质土。广州地区淤泥分布很广泛，其深度大多在 10m 左右，南沙区淤泥层厚度更大，普遍可达 20m 以上。在工程上常把淤泥（质）土简称为软土，其主要特性是强度低、变形大、透水性差和变形稳定历时长。

2. 冲填土

在整治和疏通江河航道时，用挖泥船通过泥浆泵将泥砂夹大量水分吹到江河两岸而形成的沉积土，称为冲填土。在广州珠江两岸分布着不同性质的冲填土。冲填土的物质成分是比较复杂的，如以黏性土为主，因土中含有大量水分，且难以排出，土体在形成初期常处于流动状态，强度要经过一定固结时间才能逐渐提高，因而这类土属于强度较低和压缩性较高的欠固结土。主要是由砂或其他粗颗粒土组成的冲填土就不属于软弱土。

3. 杂填土

杂填土是人类活动而任意堆填的含建筑垃圾、工业废料和生活垃圾时，其成因很不规律，组成的物质杂乱，分布极不均匀，结构松散。它的主要特性是强度低、压缩性高和均匀性差，一般还具有浸水湿陷性。

南沙地区的软土属新近沉积，颗粒细，含水率高，为超软弱黏性土。含水率一般在 60% 甚至 80% 以上，有的甚至超过 100%；孔隙比高，有的大于 2；塑性指数高，有的达 25 以上；而渗透性极低，低至 $1.0 \times 10^{-7} \sim 1.0 \times 10^{-6}$cm/s；对于这样的超软弱土，承载力相当低。由于近出海口，沉积厚度大，往往超过 20m，甚至达 30 余 m。要使其密实硬化提高强度，类似于在几乎不透水的物质中将水挤排出来，难度非常大。

2.5　南沙地区软土物理力学特性及指标

软土具有三高、一强、三低的显著特点：天然含水率高，可达 200% 以上；孔隙比高，可高达 4.0 以上；压缩性高，压缩系数可高达 0.01kPa^{-1} 以上；结构性强、易受扰动；渗透性低；抗剪强度低，黏聚力可低至接近 0kPa，内摩擦角也可低至接近 0°；变形模量低，可低至不到 0.1MPa；且软土厚度大，变化剧烈。典型的软土物理力学性质指标统计如表 2-1 所示。其中"内摩擦角""黏聚力"两项的统计个数为 60 个，其余为 92 个。

南沙地区淤泥的物理力学性质指标统计表　　　　表 2-1

项目	最大值	最小值	平均值	标准差	变异系数
天然含水率 w（%）	102.2	54.7	74.1	6.8	10.2
饱和度（%）	100	89	95.1	3.9	4.1
孔隙比 e	2.33	1.38	1.73	0.14	8.4
液限 w_L（%）	66.1	31.2	47	6	11.9
塑限 w_p（%）	48.9	18	33.2	5.3	15.9
塑性指数 I_p	23.9	10.9	14.8	2.8	17.9
液性指数 I_L	3.1	1.5	1.9	0.6	27
压缩系数 a_{1-2}（MPa^{-1}）	3.3	1.2	2	0.4	21
压缩模量 E_s（MPa）	2.7	1	1.8	0.34	19.8
固结系数 C_v（10^{-3}cm$^2 \cdot$ s）	5.17	0.4	1.9	0.9	70
内摩擦角 φ（°）	8.6	2.1	4.5	1.42	30.4
黏聚力 c（kPa）	15.1	1.2	5.7	2.9	47.1

2.5.1　物理特性

1. 高含水率和高孔隙性

软土的天然含水率很高，一般为 50% ~ 70%，最大甚至超过 200%。南沙地区流塑状软土的含水率一般在 54.1% ~ 94.6% 之间，部分地区的淤泥含水率甚至高达 130%，平均含水率为 74%；软土的界限含水率也很高，液限一般为 40% ~ 60%，天然含水率随液限的增加成正比增加。南沙地区软土液限在 30% ~ 85% 之间，平均接近 50%，塑限在 15% ~ 72% 之间，平均接近 30%；软土的天然孔隙比大，一般在 1 ~ 2 之间，最大达 3 ~ 4；南沙地区软土的孔隙比一般在 1.38 ~ 2.23 之间，平均为 1.73；软土的饱和度很高，一般大于 95%。

通过对调研统计与室内试验的整理分析，归纳如下规律：土体的孔隙比越大，其天然密度相应地就越小，天然密度增大，天然含水率逐渐降低。软土孔隙比越大，其天然含水率也越大。软土含水率增大，压缩系数也增大。软土孔隙比增大，压缩系数也增大。含水率与天然孔隙比有非常显著的线性关系，与天然密度、压缩模量有较好的幂指数关系，与液限、塑限、塑性指数和压缩系数存在着较好的线性关系，且随着含水率的增加而增大。

总之，软土的如此高含水率、高孔隙性及高饱和度等特征，是决定其压缩性和抗剪强度的重要因素。

2. 渗透性弱

软土的渗透系数一般在 1×10^{-8} ~ 1×10^{-4} cm/s 之间，而大部分滨海相和三角洲相软土地区，由于该土层中夹有数量不等的薄层或极薄层粉、细砂、粉土等，故在水平方向的渗透性较垂直方向要大得多。

由于该类土渗透系数小、含水率大且处于饱和状态，这不但延缓其土体的固结过程；土中有机质含量较多，也使固结速度更慢。而且在加荷初期，常易出现较高的孔隙水压力，对地基强度有显著影响。在工程中往往要在土体中打设各种形式的排水体，加快土体的排水固结。

2.5.2　力学特性

1. 压缩性高

软土均属高压缩性土，其压缩系数一般为 0.7 ~ 1.5MPa^{-1}，最大达 4.5MPa^{-1}。珠江三角洲地区软土的压缩系数在 0.62 ~ 3.47MPa^{-1} 之间，平均为 1.61MPa^{-1}，其压缩模量在 0.71 ~ 3.44MPa 之间，平均为 1.66MPa。

软土压缩系数随含水率、孔隙比、液限等指标的增大而增大。由于土质本身的因素而言，该类土的建筑荷载作用下的变形有如下特征：①变形大而不均匀；②变形稳定历时长。

2. 抗剪强度低

软土的抗剪强度低且与加荷速度及排水固结条件密切相关，不排水三轴快剪所得抗剪强度值很小，且与其侧压力大小无关。排水条件下的抗剪强度随固结程度的增加而增大。

土体的抗剪强度可采用黏聚力和内摩擦角指标来衡量。沿海地区软土的抗剪强度都很低，珠江三角洲地区软土快剪指标为：黏聚力在（1.0 ~ 27.0）kPa 之间，平均为8.36kPa，内摩擦角在 2.0° ~ 29.5° 之间，平均为 16.27°。

3. 较显著的触变性

触变性是复杂的流变特性之一。土的触变性是指在外力的作用下，土的结构强度剧烈降低，甚至发生流动，外力停止后随时间的增长而逐渐恢复结构和强度的现象。触变性是由重塑扰动引起的一种软化过程，接着是具有时间依赖性地还原成原始状态，尤其是当含水率高于最优含水率时，触变影响很明显。很多地区打桩时软土触变性影响严重，如苏联西伯利亚北岸鄂毕湾地区的软黏土触变性研究结果表明，在桩打入后前10d，由于触变性，土的强度变化非常明显。在打桩后的第 8 ~ 10d 桩承载力平均值为打桩一个月后承载力的 85%。软土触变性的强弱可用触变强度比来反映，触变强度比为土样扰动后 t 时刻的强度与扰动后 0 时刻的强度之比。触变强度比反映了土样扰动后任意时刻强度的变化情况，不是绝对强度的增加。以北京翠湖湿地软土为例，湿地软土表层土体刚刚扰动后的峰值抗剪强度接近土体初始的残余强度。随后在静置 10d 内，强度迅速恢复。随着时间的增长，强度进一步恢复。大约到 60d，强度恢复达到最大，随后变化平缓，基本不再增长。此时触变强度比为 5，灵敏度则至少大于 5。同深度的湿地软土触变强度比随着静置时间的增加而增加，借此触变强度比的大小，可以反映同深度任意时刻的强度恢复情况。

第 3 章

南沙地区
深厚软土场地
基础选型

南沙地区由于分布有大量深厚软土，软土层强度低、压缩性高、厚度大，土层过于软弱，地基承载力及变形难以满足设计要求，无法作为浅基础的持力层。若通过常用的地基加固方法，如排水固结、堆载预压、强夯、水泥搅拌桩、旋喷桩等常规的地基加固手段对土体进行处理，处理深度有限，地基承载力提高幅度也不大，墙柱轴力稍大就难以满足地基承载力要求，且存在施工工期长或地基处理费用高等明显缺点。故对于柱底轴力较大的民用建筑，一般均采用桩基础。

桩基础是房屋建筑常用的基础形式，利用远比土体压缩模量高的桩身刚度，有效地将上部结构荷载传递到桩周的深层土体和桩端处强度高、压缩性小的岩土持力层，相比天然地基，具有承载力高、安全储备足、抗震性能好、适应能力强等多方面的突出优点。桩基础种类很多，施工方法丰富多样，有人工挖孔成孔、冲击成孔、旋挖成孔、长螺旋成孔、锤击振动成孔等。根据南沙的工程地质和水文地质条件，结合建筑类型和功能要求、荷载大小、施工条件、工期和造价等影响因素综合考虑，可考虑的桩基础类型主要有旋挖成孔混凝土灌注桩、预应力高强度混凝土管桩、长螺旋成孔混凝土压灌桩，上述三种桩型的主要特点和优缺点如下。

3.1 旋挖成孔混凝土灌注桩

旋挖成孔混凝土灌注桩（简称"旋挖桩"）采用旋挖桩机，利用转斗自重和额外施加的液压力形成竖向钻进压力，通过钻头的旋转破碎岩土并将其装入钻头内，然后再由钻机提升装置将钻头提出孔外卸土，循环往复，直至钻至设计深度，然后放置桩身钢筋笼并浇筑混凝土形成桩体。旋挖成孔混凝土桩桩身直径一般不小于500mm，南沙地区软土厚度大且力学特性较差，采用的灌注桩直径一般均不小于800mm，即大直径混凝土灌注桩。

主要优点为：

（1）单桩承载力高。随着城市建设的迅猛发展，为满足工程建设需要，旋挖钻机钻进能力越来越强，功率越来越大，最大扭矩可超过600kN·m，最大直径可达到1.5m，钻头有捞斗钻、子弹头筒钻、压轮筒钻等，能钻入强度超过100MPa的岩层，转入深度可达140余米。机械工作能力的不断提高为单桩承载力提供了充分的保障，从而显著拓展了旋挖桩的应用范围，各类高层、超高层建筑，各类地层条件均可应用。

（2）直径大，侧向稳定性好。南沙地区软土层深厚，且从地表就开始广泛分布，基坑过程对桩基侧向扰动较大，而大直径旋挖桩因为桩身直径大，桩端能入岩，侧向刚度相比小直径的其他类型桩基大很多，在地下室土方开挖过程中抵抗水平力的能力更强，出现偏桩、斜桩的概率明显更小。

（3）适应能力强，能满足各类基础工程的需要。由于旋挖桩机成孔能力强，桩端能进入质地坚硬的岩层并形成有效的嵌固端，桩端抗滑移能力强，对于预制桩难以应用的岩溶、孤石、深厚砂层、软硬突变等场地均可应用。

主要缺点为：

（1）造价高。相比预制桩，大直径旋挖桩施工机具成本高，损耗大，施工工艺复杂，现场作业多，机械费、人工费、材料费均较高，且旋挖桩是按照勘察报告提供的桩侧摩阻力和桩端阻力特征值进行理论计算，确定桩的长度，理论计算值通常比预制桩通过锤击或静压的方式得到的实际桩长值明显要大，从而进一步提高了旋挖桩相比预制桩在造价方面的增加幅度。因为旋挖桩单桩承载力高，检测工作难度大，费用也高，如果旋挖桩施工过程或者后期检测有问题，还会延误工期，会进一步增加窝工费用。

（2）工期长。旋挖桩需在现场完成成孔、钢筋笼制作和吊装、混凝土浇筑和养护硬化，施工措施也相对较多。这些必需步骤都导致旋挖桩基础的工时较多，后期的检测程序也要耗费更多的时间。如果检测结果不理想，还要采取设计或施工措施进行处理补救，这些都导致旋挖桩的工期偏长。

（3）桩底沉渣不易控制。桩底清渣是旋挖桩施工的关键步骤之一，桩底沉渣过厚是旋挖桩常见的质量问题。清渣有正循环清孔、反循环清孔、机械清孔等方式。将桩孔中的渣土清理干净，要求桩机机手有丰富的操作经验和较强的责任心，耐心、细致地反复操作，浇筑桩体混凝土前还应测量桩底沉渣厚度，确保沉渣厚度满足设计要求。

（4）设备故障率和维修难度较大。旋挖桩基设计及装配工艺相比普通施工机械较为复杂，施工强度高，施工过程容易出现故障，需要及时维修和保养，钻头等配件也需要经常更换。

（5）易颈缩，易塌孔，垂直度差。由于南沙地区淤泥质量差且厚度大，钻进及提钻或者混凝土浇筑过程均易导致孔壁坍塌，导致桩身局部颈缩或夹泥，影响成桩质量和桩身承载力。

（6）充盈系数大。南沙地区软土深厚且强度较低，侧向支承力弱，混凝土浇筑时在自重作用下易将淤泥侧向挤出，导致桩身充盈系数偏大，增大了混凝土用量。

（7）环境污染严重。南沙地区旋挖桩施工一般为湿法作业，需制备泥浆，并设置泥浆池，泥浆池大小不小于最大桩孔体积的 1.5 倍。相比传统的挖孔、冲孔桩，泥浆量已明显减少，但仍存在排淤、排泥的问题。

（8）检测工艺复杂，费用高，易检出质量问题。旋挖桩需要进行单桩静载荷试验和钻芯检验，其中部分钻芯孔还需要对桩底岩样进行检测。对桩身施工质量、桩底沉渣厚度、桩底岩样的强度和深度是一个全面的检测，钻芯法比静载检验暴露的问题更多，经常检出各类质量问题。

3.2 预应力高强度混凝土管桩

预应力高强度混凝土管桩（简称"管桩"或"预应力管桩"）的主要优点为：

（1）造价低。我国是全球预应力管桩产量最大、品种最全、应用范围最广的国家，预应力管桩产能充沛，且不断在机械化、自动化、智能化生产方面持续进步，生产效率很高，市场竞争也很激烈。管桩的单价相比非预制桩低很多，且管桩的施工工艺成熟，检验检测流程也比较简单，进一步降低了间接成本。南沙地区建设项目造价控制严格，预应力管桩在这一点上有明显优势。

（2）施工速度快。预应力管桩沉桩有锤击法和静压法，锤击法机械有传统的柴油打桩锤和新型环保液压锤，静压法机械有顶压式压桩机和抱压式压桩机，其中抱压式压桩机占了绝大多数。无论采用何种施工方法，由于管桩是预制桩，运输到现场就可以立即施工，桩基移动就位的速度也很快，所以施工速度比非预制桩快很多。

（3）桩身质量一致性好。预应力管桩均在工厂生产，材料配比、生产工艺、检测流程均为标准化作业，桩身质量一致性相比现场湿作业桩基有明显优势。

（4）检测工艺简单、方便，费用低，速度快。预应力管桩桩身质量可采用小应变法或高应变法进行检测，单桩承载力一般采用静载法进行检测。某些情况下可采用高应变法进行辅助检测，检测速度快。经验丰富的桩队施工时，检测结果通常均较理想。

主要缺点为：

（1）单桩承载力较低。南沙地区常用的管桩直径为 400～600mm，桩身承载力上限决定了管桩单桩承载力特征值不高，当建筑物高度较高、单位面积荷载较大时，墙柱下布置密集的管桩也不能满足承载力要求，往往只能改选大直径旋挖灌注桩。但对于量大面广，高度不超过 120m 的建筑物，管桩一般均能满足承载力要求。

（2）受限制的地质条件相对较多。由于预应力管桩穿透能力有限，如果场地存在孤石或坚硬的夹层，或持力层为中密～密实砂层且覆盖层为稍密～中密砂层时，预应力管桩承载力不确定性较大，这时采用预应力管桩需采取措施，必要时先引孔后施工。对于岩溶地区或者软硬突变的桩端持力层，锤击或静压施工中桩基的破损率较高，且桩端无法入岩，桩基承载力不稳定，这时选择管桩基础应慎重。而对于桩端持力层为扰动后易软化的风化岩层，因持力层易遇水软化，桩端岩土承载力大大降低，导致桩基施工结束后一段时间单桩竖向受压承载力也有明显降低。这种地质条件采用管桩也应采取有效的应对措施。

（3）挤土效应明显。预应力管桩为挤土桩，成桩过程也是一个挤土的过程，桩周土体受到压迫，从而产生水平位移和隆起，管桩密集时挤土效应更为明显。在硬度不高且能产生压缩变形的非饱和土层施工，挤土效应相对不明显；但在南沙这种深厚软土区，由于桩周土均为淤泥或淤泥质土等饱和软土，土体受挤压时体积不会收缩或收缩量很小，挤压力主要通过土体位移来消散，挤土效应就比较显著，容易造成大的负面影响。

（4）侧向稳定性差。南沙地区淤泥深厚，桩基侧向支撑力弱，而管桩直径通常较小，侧向刚度较差，叠加挤土效应明显、土方开挖时产生高差导致的土压力不平衡、管桩桩端入岩深度小等不利因素，桩身较容易出现偏桩跑位、接头断裂等质量问题，需要采取一定施工措施来避免出现此类问题。

（5）压桩施工需采取一定硬化措施。南沙软土区表层土及地下室底板处土层承载力较低，经常为流塑状的淤泥质土，承载力不足 60kPa，远低于自重 500t 静力压桩机行走机压桩工艺要求的 140kPa，施工前需进行场地的硬化处理。一般采用砖渣或土夹石头进行换填并分层碾压密实，换填厚度淤泥质土的情况，一般为 0.8 ~ 1.0m，土质差时换填厚度可超过 1m。

3.3　长螺旋钻孔压灌桩

长螺旋钻孔压灌桩（简称"长螺旋桩"）采用长螺旋钻机在土层中成孔，转至要求的设计深度后，通过钻杆内管将混凝土泵送至孔底，提钻至桩顶标高后成桩。也可在提钻移开桩基后将钢筋笼放入顶部桩身，形成长螺旋配筋钻孔压灌桩。该桩型由日本 CIP 工法桩演变而来。

主要优点为：

（1）施工速度快，施工过程无振动及噪声，不排出废弃泥浆，对环境影响及基坑支护构件的影响小。

（2）桩机重轻，移动相对方便，在地下室坑底施工时对土体硬化要求低，能有效节约施工措施费用。

（3）造价低，机械及材料费用均较低，有明显的经济效益。

（4）施工速度快，长螺旋桩机底盘为全液压步履式，由液压电机驱动，移动快捷，就位准确，操作方便，成孔速度快。对于 30m 左右孔深的桩，每台桩机每天可施工 20 余根桩。

（5）无挤土效应。长螺旋钻孔压灌桩为非挤土桩，施工过程即将桩体范围土体排出，施工中也不会出现因挤土效应导致的桩体偏斜、上浮等问题。

主要缺点为：

（1）单桩承载力低。长螺旋钻孔压灌桩桩径小，桩身混凝土强度低，桩长也受机械条件限制，成桩长度一般不超过30m。这导致了长螺旋桩的单桩承载力比同直径的预应力管桩低很多。当建筑物上部荷载较大时，长螺旋桩就难以提供足够的承载力，故一般应用于楼层数较少、荷载不大且造价控制严格的低层、多层建筑物。另外，长螺旋桩桩身钢筋笼施工烦琐，打入桩身的长度有限，对于需要考虑抗浮设计的地下室，通常需要另行设置抗浮锚杆。

（2）软土较厚、质量较差时，成桩质量不稳定，易窜孔、跑浆、颈缩，单桩承载力明显降低。故须在软土不太厚且物理力学特性较好的情况下应用，且正式施工前应进行试桩，以确定适用性。

综上所述，预应力高强度混凝土管桩因为造价低、施工速度快，在南沙地区得到了广泛的应用。其中，不少项目采用预应力管桩时需面临各种不利的地质条件，但由于项目造价控制和工期要求严格，而预应力管桩在这两方面优势明显，也还是人为创造条件，在采取了一定的设计和施工措施后进行了应用。

第 4 章

预应力管桩选型及设计

4.1 预应力管桩类型

预制桩的类型包括预应力高强度混凝土管桩（PHC）、预应力超高强度混凝土管桩（UHC）、预应力混凝土厚壁桩（超高强度厚壁桩）、预应力混凝土抗拔管桩［PHC（T）］、用于地基处理的劲性体（PST-CF）、混合配筋预应力混凝土管桩（PRC）、预应力高强度混凝土空心方桩（PHS）、预应力混凝土实心方桩（YFZ）、钢管混凝土管桩（SC）、预应力混凝土板桩（PBZ）、预应力高强度混凝土耐腐蚀管桩等，其分类如图4-1所示。

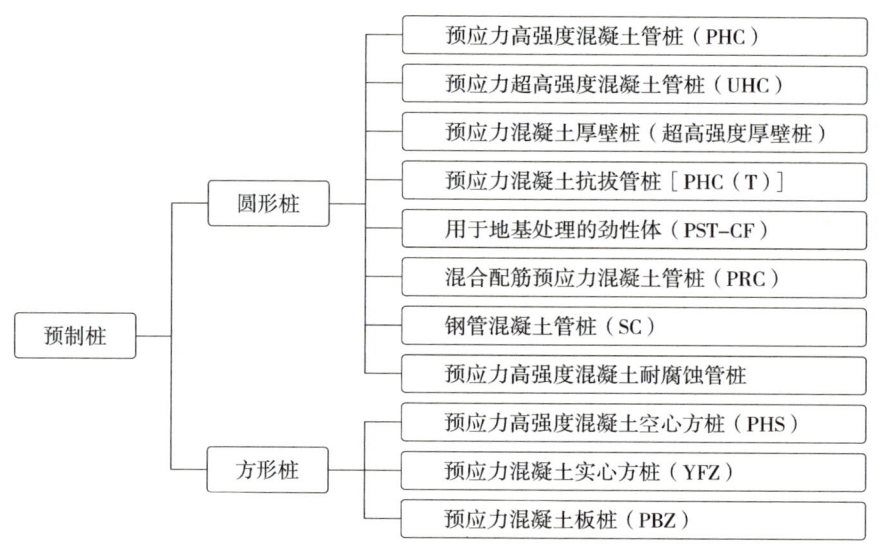

图4-1　预制桩主要类型示意图

4.1.1　预应力高强度混凝土管桩（PHC）

1. 定义

采用离心工艺成型的圆环形截面的预应力混凝土桩，简称管桩。桩身混凝土强度等级为C80及以上的管桩为预应力高强度混凝土管桩（简称PHC管桩，代号PHC）。

2. 分类与规格

（1）预应力高强度混凝土管桩按混凝土有效预应力值可分为A型、AB型、B型和C型，其混凝土有效预压应力值分别为$4.0N/mm^2$、$6.0N/mm^2$、$8.0N/mm^2$、$10.0N/mm^2$。

（2）预应力高强度混凝土管桩按外径可分为300mm、350mm、400mm、450mm、500mm、550mm、600mm、700mm、800mm、1000mm、1200mm、1400mm等规格。

3. 结构形式与基本尺寸

PHC 管桩的结构形式和基本尺寸分别见图 4-2 和表 4-1，桩端加密区长度和非加密区长度应符合现行国家标准《先张法预应力混凝土管桩》GB/T 13476 的规定，管桩两端 2000mm 范围内螺旋筋的螺距为 45mm，其余部分螺旋筋的螺距为 80mm，螺距的允许偏差为 ±5mm。

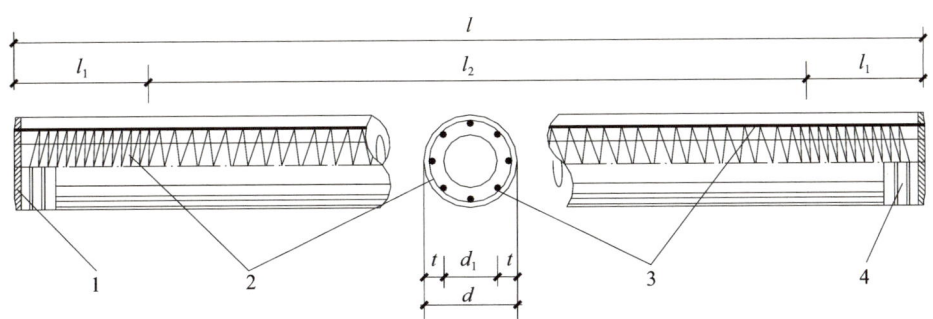

t—壁厚；l—桩长；d—外径；d_1—管桩内径；l_1—桩端加密区长度；l_2—非加密区长度；
1—端板；2—螺旋筋；3—预应力钢棒；4—桩套箍。

图 4-2　PHC 管桩的结构形式

PHC 管桩的基本尺寸　　　　　　　　　　　　　　　　表 4-1

外径 d（mm）	壁厚 t（mm）	内径 d_1（mm）
300	70	160
350	80	190
400	95	210
450	95	260
500	100/125	300/250
550	110	330
600	110/130	380/340
700	110/130	480/440
800	110/130	580/540
1000	130	740
1200	150	900
1400	150	1100

注：根据工程设计需要也可生产其他规格、型号及壁厚的 PHC 管桩。

4. 桩身配筋及力学性能

PHC 管桩的桩身配筋及力学性能可按表 4-2 取值。

PHC管桩桩身配筋及力学性能（C80）

表4-2

外径 D（mm）	壁厚 t（mm）	型号	预应力钢筋配筋	螺旋筋规格	配筋率	预应力钢筋分布圆直径 D_p（mm）	混凝土有效预应力计算值 σ_{ce}（MPa）	桩身受弯承载力设计值 [M]（kN·m）	桩身受剪承载力设计值 [V]（kN）	桩身轴心受拉承载力设计值 [N]（kN）	桩身轴心受压承载力设计值（未考虑压屈影响）[R]（kN）	按标准组合计算的抗裂弯矩 $M_k\le$（kN·m）	按标准组合计算的抗裂弯矩 $N_k\le$（kN）	理论质量（kg/m）
300	70	A	6Φ7.1	Φb4	0.47	230	4.15	26	80	204	1271	25	214	132
		AB	6Φ9.0		0.76		6.37	40	94	326		31	333	
		B	8Φ9.0		1.01		8.19	51	104	435		36	432	
		C	8Φ10.7		1.42		10.87	65	118	612		43	583	
400	95	A	7Φ9.0	Φb4	0.49	308	4.30	64	146	381	2288	60	399	237
		AB	7Φ10.7		0.69		5.87	88	164	536		70	550	
		B	10Φ10.7		0.99		8.03	119	187	765		84	762	
		C	13Φ10.7		1.29		10.01	145	205	995		97	961	
500	100	A	11Φ9.0	Φb5	0.56	406	4.84	132	206	598	3158	118	623	327
		AB	11Φ10.7		0.79		6.59	178	233	842		138	855	
		B	11Φ12.6		1.09		8.75	233	262	1169		164	1151	
		C	13Φ12.6		1.29		10.06	264	278	1381		180	1333	
500	125	A	12Φ9.0	Φb5	0.52	406	4.53	136	243	653	3701	123	683	383
		AB	12Φ10.7		0.73		6.18	186	273	918		144	939	
		B	12Φ12.6		1.02		8.24	245	308	1275		170	1266	
		C	15Φ12.6		1.27		9.93	290	333	1594		193	1542	

续表

外径 D (mm)	壁厚 t (mm)	型号	预应力钢筋配筋	螺旋筋规格	配筋率	预应力钢筋分布圆直径 D_p (mm)	混凝土有效预应压力计算值 σ_{ce} (MPa)	桩身受弯承载力设计值 [M] (kN·m)	桩身受剪承载力设计值 [V] (kN)	桩身轴心受拉承载力设计值 [N] (kN)	桩身轴心受压承载力设计值（未考虑压屈影响）[R] (kN)	按标准组合计算的抗裂弯矩 $M_k \leq$ (kN·m)	按标准组合计算的抗裂弯矩 $N_k \leq$ (kN)	理论质量 (kg/m)
600	110	A	14φ9.0	φb5	0.53	506	4.60	206	270	762	4255	191	796	440
		AB	14φ10.7		0.74		6.26	281	305	1071		224	1094	
		B	14φ12.6		1.03		8.34	369	343	1488		265	1474	
		C	17φ12.6		1.25		9.81	428	368	1806		295	1750	
	130	A	16φ9.0	φb5	0.53	506	4.63	227	312	870	4824	205	909	499
		AB	16φ10.7		0.75		6.31	309	352	1224		240	1249	
		B	16φ12.6		1.04		8.40	407	396	1700		285	1663	
		C	20φ12.6		1.30		10.12	482	429	2125		323	2050	
700	110	A	12φ10.7	φb6	0.53	590	4.60	299	322	918	5124	282	959	530
		AB	24φ9.0		0.75		6.33	410	365	1306		331	1332	
		B	24φ10.7		1.06		8.52	543	413	1836		395	1815	
		C	24φ12.6		1.47		11.16	689	464	2550		475	2418	
	130	A	13φ10.7	φb6	0.50	590	4.38	315	366	995	5850	299	1042	605
		AB	26φ9.0		0.71		6.04	434	413	1414		350	1449	
		B	26φ10.7		1.01		8.14	578	467	1989		417	1977	
		C	26φ12.6		1.40		10.70	738	525	2763		501	2640	

续表

外径 D (mm)	壁厚 t (mm)	型号	预应力钢筋配筋	螺旋筋规格	配筋率	预应力钢筋分布圆直径 D_p (mm)	混凝土有效预应力计算值 σ_{ce} (MPa)	桩身受弯承载力设计值 $[M]$ (kN·m)	桩身受剪承载力设计值 $[V]$ (kN)	桩身轴心受拉承载力设计值 $[N]$ (kN)	桩身轴心受压承载力值（未考虑屈压影响） $[R]$ (kN)	按标准组合计算的抗裂弯矩 $M_k \le$ (kN·m)	按标准组合计算的抗裂弯矩 $N_k \le$ (kN)	理论质量 (kg/m)
800	110	A	15Φ10.7	Φb6	0.57	690	4.89	434	384	1148	5992	402	1194	620
		AB	15Φ12.6		0.79		6.58	582	431	1594		469	1620	
		B	30Φ10.7		1.13		9.01	782	491	2295		568	2252	
		C	30Φ12.6		1.57		11.76	983	551	3188		685	2993	
	130	A	16Φ10.7	Φb6	0.53	690	4.57	454	433	1224	6876	427	1279	711
		AB	16Φ12.6		0.73		6.16	610	485	1700		496	1739	
		B	32Φ10.7		1.05		8.47	827	553	2448		599	2422	
		C	32Φ12.6		1.46		11.10	1051	622	3400		721	3228	
1000	130	A	32Φ9.0	Φb6	0.58	880	4.97	831	574	1741	8929	766	1809	924
		AB	32Φ10.7		0.81		6.75	1123	648	2448		901	2483	
		B	32Φ12.6		1.13		8.97	1465	729	3400		1071	3338	
		C	32Φ14.0	Φb8	1.39		10.65	1705	785	4189		1205	4006	
1200	150	A	30Φ10.7	Φb6	0.55	1060	4.73	1327	783	2295	12434	1262	2393	1286
		AB	30Φ12.7		0.76		6.36	1781	880	3188		1469	3251	
		B	45Φ12.6		1.14		9.04	2481	1017	4781		1817	4689	
		C	45Φ14.0	Φb8	1.40		10.73	2883	1096	5891		2045	5626	

5. 产品特点

（1）适用于工业与民用建筑的低承台桩基础，铁路、公路的桥梁基础，或港口、码头、水利、市政等大型设备的深基础。

（2）采用工厂化生产，可保证在生产过程中实行有效的质量控制，确保桩身混凝土强度等级不低于 C80，混凝土强度高，成桩质量可靠。

（3）具有较好的抗弯性能，运输吊装方便。

（4）由于桩身混凝土强度高，密实耐打，有较强的穿透能力，对持力层起伏较大或分布有较硬薄夹层的地质条件具有较好的适应性。

（5）可采用焊接或机械连接。

（6）文明施工，现场整洁，不污染环境，符合环保要求，施工机械化程度高，检测方便。

（7）施工周期短，效率高，施工现场简单，便于管理，可节约施工成本，单位承载力造价低，综合经济效益好。

6. 适用范围

（1）PHC 管桩适用于抗震设防烈度小于或等于 8 度地区的工业与民用建筑、铁路、公路与桥梁、港口、码头、水利、市政、构筑物及大型设备等工程的桩基础。

（2）PHC 管桩主要适用于承压桩，当用于抗拔桩或用于承受水平荷载桩时，应根据工程实际情况加强桩与桩之间的连接构造和桩与承台的连接构造等等。

（3）PHC 管桩按混凝土结构环境类别二 b 类进行耐久性设计，当基础的环境地质条件对管桩有中度及其以上侵蚀时，应根据使用条件按现行行业标准《预应力混凝土管桩技术标准》JGJ/T 406 和现行国家标准《工业建筑防腐蚀设计标准》GB/T 50046 等有关规范采取有效的防腐蚀措施，也可参照本书第 4.1.10 节选取合适的桩型。

4.1.2　预应力超高强度混凝土管桩（UHC）

1. 定义

预应力超高强度混凝土管桩指混凝土强度等级为 C105 及以上的预应力混凝土管桩，简称超高强管桩或 UHC 管桩。

2. 分类与规格

（1）超高强度管桩按外径分为 400mm、500mm、600mm、700mm、800mm、1000mm、1200mm、1400mm 等规格。

（2）超高强度管桩按桩身混凝土强度等级分为 C105 级和 C125 级。

（3）超高强度管桩按混凝土有效预应力值分为 I 型、II 型、III 型、IV 型，其混凝土有效预压应力代表值分别为 4.0N/mm²、6.0N/mm²、8.0N/mm²、10.0N/mm²。

3. 结构形式与基本尺寸

超高强度管桩的结构形式和基本几何尺寸分别见图 4-3 和表 4-3，桩端加密区长度和非加密区长度应符合现行国家标准《先张法预应力混凝土管桩》GB/T 13476 的规定，管桩两端 2000mm 范围内螺旋筋的螺距为 45mm，其余部分螺旋筋的螺距为 80mm，螺距的允许偏差为 ±5mm。

4. 桩身配筋基本力学性能

UHC 管桩的桩身配筋及力学性能可按表 4-4、表 4-5 取值。

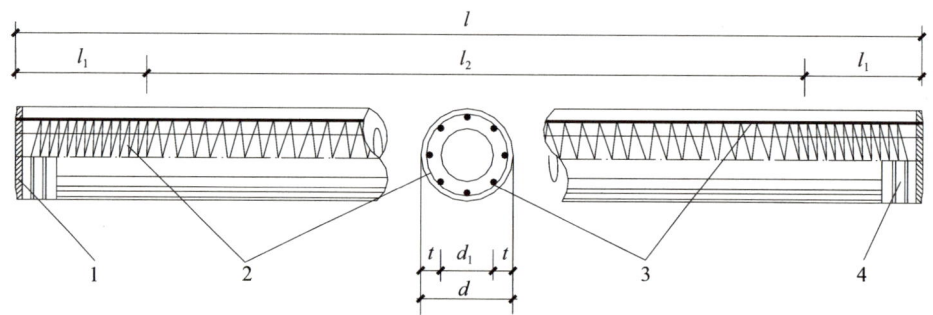

t—壁厚；l—桩长；d—外径；d_1—管桩内径；l_1—桩端加密区长度；l_2—非加密区长度；
1—端板；2—螺旋筋；3—预应力钢棒；4—桩套箍。

图 4-3   超高强度管桩的结构形式

超高强度管桩的基本几何尺寸   表 4-3

外径 d（mm）	壁厚 t（mm）	内径 d_1（mm）
400	95	210
500	100/125	300/250
600	110/130	380/340
700	110/130	480/440
800	110/130	580/540
1000	130	740
1200	150	900
1400	150	1100

注：根据工程设计需要，也可生产其他规格、型号及壁厚的超高强度管桩。

UHC管桩桩身配筋及力学性能（C105）

表 4-4

规格	型号	单节允许长度 L（m）	主筋数量与直径（mm）	螺旋筋直径（mm）	混凝土有效预压应力 σ_{ce}（MPa）	预应力钢棒分布圆周直径 D_p（mm）	桩身受弯承载力设计值 [M]（kN·m）	桩身受剪承载力设计值 [V]（kN）	桩身轴心受拉承载力设计值 [N]（kN）	桩身轴心受压承载力设计值（未考虑压屈影响）[R]（kN）	按标准组合计算的抗裂弯矩 $M_k\leq$（kN·m）	按标准组合计算的抗裂拉力 $N_k\leq$（kN）	理论重量（kg/m）
UHC400（95）	I	12	7Φ9.0	4	4.31	308	65	165	381	2886	68	401	237
	II	13	7Φ10.7	4	5.90	308	89	185	536	2886	78	552	
	III	14	10Φ10.7	4	8.09	308	121	209	765	2886	92	766	
	IV	15	13Φ10.7	4	10.10	308	150	229	995	2886	105	968	
UHC500（100）	I	14	11Φ9.0	5	4.86	406	132	233	598	3985	131	625	327
	II	15	11Φ10.7	5	6.63	406	180	261	842	3985	151	859	
	III	16	11Φ12.6	5	8.83	406	239	293	1169	3985	178	1158	
	IV	17	13Φ12.6	5	10.15	406	273	311	1381	3985	194	1343	
UHC500（125）	I	13	12Φ9.0	5	4.55	406	137	274	653	4670	137	685	383
	II	14	12Φ10.7	5	6.22	406	187	307	918	4670	158	943	
	III	15	12Φ12.6	5	8.30	406	249	345	1275	4670	185	1273	
	IV	16	15Φ12.6	5	10.03	406	299	373	1594	4670	208	1553	
UHC600（110）	I	15	14Φ9.0	5	4.61	506	207	305	762	5370	213	798	440
	II	16	14Φ10.7	5	6.30	506	283	342	1071	5370	246	1099	
	III	18	14Φ12.6	5	8.41	506	377	384	1488	5370	288	1483	
	IV	19	17Φ12.6	5	9.91	506	441	411	1806	5370	319	1763	

续表

规格	型号	单节允许长度 L（m）	主筋数量与直径（mm）	螺旋筋直径（mm）	混凝土有效预压应力 σ_{ce}（MPa）	预应力钢棒分布圆周直径 D_p（mm）	桩身受弯承载力设计值 $[M]$（kN·m）	桩身受剪承载力设计值 $[V]$（kN）	桩身受拉承载力设计值 $[N]$（kN）	桩身轴心受压承载力值（未考虑压屈影响）$[R]$（kN）	按标准组合计算的抗裂弯矩 $M_k\leqslant$（kN·m）	按标准组合计算的抗裂拉力 $N_k\leqslant$（kN）	理论重量（kg/m）
UHC600（130）	I	15	16Φ9.0	5	4.65	506	228	352	870	6087	229	912	499
	II	16	16Φ10.7	5	6.34	506	312	396	1224	6087	265	1255	
	III	17	16Φ12.6	5	8.46	506	415	444	1700	6087	310	1693	
	IV	19	20Φ12.6	5	10.22	506	498	480	2125	6087	349	2065	
UHC700（110）	I	17	12Φ10.7	6	4.62	590	300	364	918	6465	314	962	530
	II	18	24Φ9.0	6	6.37	590	414	410	1306	6465	364	1338	
	III	20	24Φ10.7	6	8.59	590	555	462	1836	6465	429	1826	
	IV	22	24Φ12.6	6	11.28	590	718	518	2550	6465	511	2438	
UHC700（130）	I	16	13Φ10.7	6	4.40	590	316	413	995	7382	334	1045	605
	II	18	26Φ9.0	6	6.07	590	437	465	1414	7382	386	1455	
	III	19	26Φ10.7	6	8.21	590	589	523	1989	7382	454	1988	
	IV	21	26Φ12.6	6	10.81	590	766	587	2763	7382	539	2660	
UHC800（110）	I	19	15Φ10.7	6	4.91	690	436	433	1148	7561	448	1198	620
	II	20	15Φ12.6	6	6.62	690	588	484	1594	7561	515	1628	
	III	22	30Φ10.7	6	9.09	690	801	550	2295	7561	616	2266	
	IV	24	30Φ12.6	6	11.90	690	1031	616	3188	7561	735	3019	

续表

规格	型号	单节允许长度 L（m）	主筋数量与直径（mm）	螺旋筋直径（mm）	混凝土有效预压应力 σ_{ce}（MPa）	预应力钢棒分布圆周直径 D_p（mm）	桩身受弯承载力设计值 [M]（kN·m）	桩身受剪承载力设计值 [V]（kN）	桩身轴心受拉承载力设计值 [N]（kN）	桩身轴心受压承载力设计值（未考虑压屈影响）[R]（kN）	按标准组合计算的抗裂弯矩 $M_k \leqslant$（kN·m）	按标准组合计算的抗裂拉力 $N_k \leqslant$（kN）	理论重量（kg/m）
UHC800（130）	I	18	16Φ10.7	6	4.59	690	455	488	1224	8677	477	1283	711
	II	19	16Φ12.6	6	6.20	690	616	546	1700	8677	547	1746	
	III	21	32Φ10.7	6	8.54	690	844	620	2448	8677	651	2436	
	IV	23	32Φ12.6	6	11.22	690	1095	695	3400	8677	775	3254	
UHC1000（130）	I	21	32Φ9.0	6	4.99	880	834	647	1741	11267	852	1816	924
	II	23	32Φ10.7	6	6.80	880	1135	727	2448	11267	988	2494	
	III	25	32Φ12.6	6	9.04	880	1500	816	3400	11267	1162	3360	
	IV	26	32Φ14.0	8	10.76	880	1768	878	4189	11267	1298	4037	
UHC1200（150）	I	23	30Φ10.7	6	4.75	1060	1332	884	2295	15690	1407	2401	1286
	II	25	30Φ12.6	6	6.40	1060	1798	988	3188	15690	1617	3265	
	III	27	45Φ12.6	6	9.12	1060	2541	1139	4781	15690	1970	4719	
	IV	29	45Φ14.0	8	10.84	1060	2993	1225	5891	15690	2202	5670	
UHC1400（150）	I	25	25Φ12.6	7	4.63	1260	1839	1038	2656	18679	2001	2783	1532
	II	27	50Φ10.7	7	6.45	1260	2566	1175	3825	18679	2333	3916	
	III	30	50Φ12.6	8	8.60	1260	3403	1318	5313	18679	2734	5282	
	IV	31	50Φ14.0	8	10.25	1260	4022	1418	6545	18679	3050	6356	

表4-5

UHC管桩桩身配筋及力学性能（C125）

规格	型号	单节允许长度 L (m)	主筋数量与直径 (mm)	螺旋筋直径 (mm)	混凝土有效预压应力 σ_{ce} (MPa)	预应力钢棒分布圆周直径 D_p (mm)	桩身受弯承载力设计值 [M] (kN·m)	桩身受剪承载力设计值 [V] (kN)	桩身轴心受拉承载力设计值 [N] (kN)	桩身轴心受压承载力设计值（未考虑屈曲影响）[R] (kN)	按标准组合计算的抗裂计算弯矩 $M_k \leq$ (kN·m)	按标准组合计算的抗裂计算拉力 $N_k \leq$ (kN)	理论重量 (kg/m)
UHC400 (95)	I	12	7Φ9.0	4	4.32	308	65	185	381	3294	76	401	237
	II	13	7Φ10.7	4	5.91	308	89	206	536	3294	86	552	
	III	14	10Φ10.7	4	8.11	308	122	232	765	3294	100	767	
	IV	15	13Φ10.7	4	10.13	308	152	254	995	3294	113	969	
UHC500 (100)	I	14	11Φ9.0	5	4.87	406	133	260	598	4548	146	625	327
	II	15	11Φ10.7	5	6.64	406	182	291	842	4548	166	860	
	III	16	11Φ12.6	5	8.85	406	242	325	1169	4548	193	1160	
	IV	17	13Φ12.6	5	10.18	406	277	344	1381	4548	209	1345	
UHC500 (125)	I	13	12Φ9.0	5	4.56	406	137	307	653	5329	153	685	383
	II	14	12Φ10.7	5	6.22	406	188	343	918	5329	174	943	
	III	15	12Φ12.6	5	8.32	406	252	383	1275	5329	201	1274	
	IV	16	15Φ12.6	5	10.05	406	304	413	1594	5329	224	1554	
UHC600 (110)	I	15	14Φ9.0	5	4.62	506	208	342	762	6128	238	799	440
	II	16	14Φ10.7	5	6.31	506	285	382	1071	6128	271	1099	
	III	18	14Φ12.6	5	8.42	506	381	427	1488	6128	313	1484	
	IV	19	17Φ12.6	5	9.93	506	448	456	1806	6128	344	1765	

续表

规格	型号	单节允许长度 L (m)	主筋数量与直径 (mm)	螺旋筋直径 (mm)	混凝土有效预压应力 σ_{ce} (MPa)	预应力钢棒分布圆直径 D_p (mm)	桩身受弯承载力设计值 [M] (kN·m)	桩身受剪承载力设计值 [V] (kN)	桩身轴心受拉承载力设计值 [N] (kN)	桩身轴心受压承载力设计值(未考虑压屈影响) [R] (kN)	按标准组合计算的抗裂弯矩 $M_k \le$ (kN·m)	按标准组合计算的抗裂拉力 $N_k \le$ (kN)	理论重量 (kg/m)
UHC600 (130)	I	15	16Φ9.0	5	4.65	506	229	395	870	6947	255	912	499
	II	16	16Φ10.7	5	6.35	506	314	441	1224	6947	291	1256	
	III	17	16Φ12.6	5	8.48	506	420	493	1700	6947	337	1695	
	IV	19	20Φ12.6	5	10.24	506	505	532	2125	6947	376	2067	
UHC700 (110)	I	17	12Φ10.7	6	4.62	590	301	408	918	7379	350	962	530
	II	18	24Φ9.0	6	6.38	590	417	457	1306	7379	401	1339	
	III	20	24Φ10.7	6	8.60	590	561	513	1836	7379	466	1828	
	IV	22	24Φ12.6	6	11.32	590	732	574	2550	7379	548	2441	
UHC700 (130)	I	16	13Φ10.7	6	4.40	590	317	463	995	8425	373	1046	605
	II	18	26Φ9.0	6	6.08	590	440	519	1414	8425	426	1456	
	III	19	26Φ10.7	6	8.22	590	595	582	1989	8425	494	1990	
	IV	21	26Φ12.6	6	10.84	590	780	650	2763	8425	580	2663	
UHC800 (110)	I	19	15Φ10.7	6	4.92	690	438	484	1148	8629	498	1199	620
	II	20	15Φ12.6	6	6.63	690	592	539	1594	8629	566	1629	
	III	22	30Φ10.7	6	9.11	690	812	610	2295	8629	667	2269	
	IV	24	30Φ12.6	6	11.94	690	1052	682	3188	8629	787	3023	

续表

规格	型号	单节允许长度 L (m)	主筋数量与直径 (mm)	螺旋筋直径 (mm)	混凝土有效预压应力 σ_{ce} (MPa)	预应力钢棒分布圆直径 D_p (mm)	桩身受弯承载力设计值 [M] (kN·m)	桩身受剪承载力设计值 [V] (kN)	桩身轴心受拉承载力设计值 [N] (kN)	桩身轴心受压承载力设计值（未考虑压屈影响）[R] (kN)	按标准组合计算的抗裂弯矩 $M_k \leq$ (kN·m)	按标准组合计算的抗裂拉力 $N_k \leq$ (kN)	理论重量 (kg/m)
UHC800 (130)	I	18	16Φ10.7	6	4.60	690	457	548	1224	9903	532	1284	711
	II	19	16Φ12.6	6	6.21	690	620	609	1700	9903	602	1747	
	III	21	32Φ10.7	6	8.56	690	854	688	2448	9903	707	2438	
	IV	23	32Φ12.6	6	11.26	690	1116	770	3400	9903	832	3258	
UHC1000 (130)	I	21	32Φ9.0	6	5.00	880	838	724	1741	12859	947	1817	924
	II	23	32Φ10.7	6	6.81	880	1145	810	2448	12859	1084	2496	
	III	25	32Φ12.6	6	9.06	880	1520	905	3400	12859	1259	3363	
	IV	26	32Φ14.0	8	10.79	880	1800	972	4189	12859	1396	4042	
UHC1200 (150)	I	23	30Φ10.7	6	4.75	1060	1338	990	2295	17907	1567	2402	1286
	II	25	30Φ12.6	6	6.41	1060	1811	1102	3188	17907	1778	3267	
	III	27	45Φ12.6	6	9.14	1060	2575	1263	4781	17907	2134	4724	
	IV	29	45Φ14.0	8	10.87	1060	3047	1356	5891	17907	2367	5677	
UHC1400 (150)	I	25	25Φ12.6	7	4.63	1260	1846	1164	2656	21318	2231	2785	1532
	II	27	50Φ10.7	7	6.46	1260	2584	1310	3825	21318	2565	3918	
	III	30	50Φ12.6	8	8.62	1260	3444	1463	5313	21318	2969	5287	
	IV	31	50Φ14.0	8	10.27	1260	4088	1571	6545	21318	3287	6363	

5．产品特点

UHC 管桩除兼具一般管桩的特点外，还具有以下特点：

（1）桩身竖向承载力比 PHC 管桩提高 25% 以上。

（2）耐打性能强，穿透能力强。对于薄层的砂土、稍~中密砾石层，能够锤击穿过，不易出现烂桩。

（3）对于承载力由桩身强度来控制的桩基础，与劲性复合管桩法、引孔植桩法、中掘法等施工工艺结合，可大幅度提升桩基础的竖向承载力，从而降低工程综合造价。

6．适用范围

（1）超高强度管桩适用于抗震设防烈度小于或等于 8 度地区的工业与民用建筑、铁路、公路与桥梁、港口、码头、水利、市政、构筑物及大型设备等工程的桩基础。

（2）超高强度管桩主要作为端承桩或以端承为主的端承摩擦桩，当用于承受水平荷载或用于抗拔桩时，应根据工程实际情况调整桩与桩、桩与承台的连接构造。

（3）可用于需穿透部分较厚密实的砂层、黏土层的工程桩基础。

（4）超高强度管桩按混凝土结构环境类别二 b 类进行耐久性设计，当基础的环境地质条件对管桩有中度及其以上侵蚀时，应根据使用条件按现行行业标准《预应力混凝土管桩技术标准》JGJ/T 406 和现行国家标准《工业建筑防腐蚀设计标准》GB/T 50046 等有关规范采取有效的防腐蚀措施。

4.1.3　预应力混凝土厚壁桩（超高强度厚壁桩）

1．定义

在常规桩壁厚基础上增加厚度的预制桩桩型，简称厚壁桩。

2．分类与规格

（1）厚壁桩按照桩外形分为厚壁管桩以及厚壁方桩（图 4-4）。

图 4-4　预应力混凝土厚壁桩

（2）桩身混凝土强度等级为 C80，也可提高至 C105，称为超高强度厚壁桩。

（3）可在同直径（边长）预制桩基础上仅增加壁厚，也可在增加壁厚的同时，修改预应力钢棒 D_p 值，以增加保护层厚度，增强桩身抗腐蚀性。

3. 结构形式与基本尺寸

厚壁管桩的基本几何尺寸见表 4-6。

厚壁桩桩端加密区长度和非加密区长度应符合现行国家标准《先张法预应力混凝土管桩》GB/T 13476 的规定，桩两端 2000mm 范围内螺旋筋的螺距为 45mm，其余部分螺旋筋的螺距为 80mm，螺距的允许偏差为 ±5mm。

厚壁管桩的基本几何尺寸   表 4-6

外径 d（mm）	壁厚 t（mm）
400	100 ~ 110
500	130 ~ 145
600	140 ~ 160
700	140 ~ 160
800	140 ~ 160
1000	140 ~ 160

4. 桩身配筋基本力学性能

厚壁桩桩身配筋及力学性能可按表 4-7、表 4-8 取值。

5. 产品特点

厚壁桩除兼具一般预制桩的特点外，还具有以下特点：

（1）桩身抗压及抗剪性能强，提高桩身承载力。

（2）相较于常规壁厚管桩，厚壁桩更耐打，穿透能力强，针对南沙地区多砂层、深厚砂层类地质，配合锤击可以穿透，使桩端顺利进入全、强风化岩，不易出现烂桩，针对密实度较高的中粗砂层，也可以进入得比常规壁厚管桩更深。

（3）配合劲性复合桩（搅拌植桩）工法、引孔植桩法、中掘法等施工工艺，可大幅度提升桩基础的竖向承载力，从而降低工程综合造价。针对南沙淤泥深厚、多砂层的地质，配合劲性复合桩工法，可以有效避免塌孔的同时，增加单桩承载力。

（4）对于软硬突变地质，可有效降低断桩率。

（5）因桩身穿透能力强，为充分发挥较高的单桩竖向抗压承载力，可将桩身混凝土强度提高至 C105，充分发挥土反力。

部分常用超高强度厚壁桩力学性能指标（C105）

表 4-7

规格	型号	单节允许长度 L（m）	主筋数量与直径（mm）	螺旋筋直径（mm）	混凝土有效预压应力 σ_{ce}（MPa）	预应力钢棒分布圆周直径 D_p（mm）	桩身受弯承载力设计值 $[M]$（kN·m）	桩身受剪承载力设计值 $[V]$（kN）	桩身轴心受拉承载力设计值 $[N]$（kN）	桩身轴心受压承载力设计值（未考虑压屈影响）$[R]$（kN）	按标准组合计算的抗裂弯矩 $M_k\leqslant$（kN·m）	按标准组合计算的抗裂拉力 $N_k\leqslant$（kN）	理论重量（kg/m）
UHC–400–110	I	12	7Φ9.0	4	3.94	308	65	165	381	3178	68	401	261
	II	13	7Φ10.7	4	5.39	308	89	185	536	3178	78	552	
	III	14	10Φ10.7	4	7.41	308	121	209	765	3178	92	766	
	IV	15	13Φ10.7	4	9.28	308	150	229	995	3178	105	968	
UHC–500–145	I	15	12Φ9.0	5	4.16	406	137	274	653	5128	137	685	420
	II	15	12Φ10.7	5	5.7	406	187	307	918	5128	158	943	
	III	15	12Φ12.6	5	7.62	406	249	345	1275	5128	185	1273	
	IV	15	15Φ12.6	5	9.23	406	299	373	1594	5128	208	1553	
UHC–600–160	I	15	16Φ9.0	5	4.07	506	228	352	870	7013	228	912	575
	II	15	16Φ10.7	5	5.57	506	312	396	1224	7013	265	1255	
	III	15	16Φ12.6	5	7.46	506	415	444	1700	7013	310	1693	
	IV	15	20Φ12.6	5	9.03	506	498	480	2125	7013	349	2065	
UHC–700–160	I	15	13Φ10.7	6	3.8	590	316	413	995	8607	334	1045	620
	II	15	26Φ9.0	6	5.27	590	437	465	1414	8607	386	1455	
	III	15	26Φ10.7	6	7.15	590	589	523	1989	8607	454	1988	
	IV	15	26Φ12.6	6	9.44	590	766	587	2763	8607	539	2660	
UHC–800–160	I	15	16Φ10.7	6	3.94	690	455	488	1224	10201	455	1283	836
	II	15	16Φ12.6	6	5.34	690	616	546	1700	10201	547	1746	
	III	15	32Φ10.7	6	7.39	690	844	620	2448	10201	651	2436	
	IV	15	32Φ12.6	6	9.78	690	1095	695	3400	10201	775	3254	

部分常用超高强度厚壁空心方桩力学性能指标（C105）

表 4-8

规格	边长 B (mm)	内径 D (mm)	单节长度 L (m)	预应力钢筋配筋	型号	抗裂弯矩 M_{cr} (kN·m)	竖向抗拉承载力设计值 N_{pu} (kN)	竖向抗压承载力设计值 R_p (kN)	抗剪承载力设计值 Q (kN)
UHS-350 (170)	350	170	≤12	8Φ9.0	A	62	437		104
				8Φ10.7	AB	73	615	3160	113
UHS-400 (220)	400	220	≤14	8Φ9.0	A	81	437		118
				8Φ10.7	AB	95	615	3863	127
UHS-400 (180)	400	180	≤12	8Φ10.7	AB	95	615		142
				8Φ12.6	B	113	854	4260	154
UHS-450 (200)	450	200	≤13	12Φ9.0	A	123	656		174
				12Φ10.7	AB	146	923	5416	187
UHS-450 (260)	450	260	≤15	12Φ9.0	A	123	656		148
				12Φ10.7	AB	148	923	4730	160
				12Φ12.6	B	217	1281		177
UHS-500 (300)	500	300	≤15	12Φ9.0	A	151	656		187
				12Φ10.7	AB	179	923	5687	200
				12Φ12.6	B	216	1281		217
UHS-500 (220)	500	220	≤15	12Φ9.0	A	152	656		227
				12Φ10.7	AB	177	923	6712	240
				12Φ12.6	B	211	1281		257
UHS-550 (310)	550	310	≤15	16Φ9.0	A	208	875		238
				16Φ10.7	AB	248	1230	7188	255
				16Φ12.6	B	301	1709		277
UHS-550 (250)	550	250	≤15	16Φ9.0	A	209	875		271
				16Φ10.7	AB	246	1230	8023	288
				16Φ12.6	B	296	1709		310

4.1.4　预应力混凝土抗拔管桩［PHC（T）］

1. 定义

采用抱箍式连接的先张法预应力混凝土管桩，主要用于抗拔工程，简称抗拔管桩，代号为 PHC（T）。抱箍式连接是指由 3 片弧形机械连接卡组成的圆形抱箍，通过机械连接或焊接加机械连接的组合连接方式实现抗拔管桩的连接（图 4-5、图 4-6）。

图 4-5　桩身连接实物图

图 4-6　机械连接实物图

2. 分类与规格

（1）抗拔管桩按外径分为 400mm、500mm、600mm、800mm、1000mm、1200mm 等规格。

（2）抗拔管桩按混凝土有效预应力值分为 AB 型、B 型、C 型，其混凝土有效预压应力代表值分别为 6.0N/mm²、8.0N/mm²、10.0N/mm²。

（3）抗拔管桩抱箍式连接卡按外径分为 400mm、500mm、600mm、800mm、1000mm、1200mm 等规格。

3. 构造形式与基本尺寸

抗拔管桩的结构形式和基本尺寸应符合图 4-7 和表 4-9 的规定。

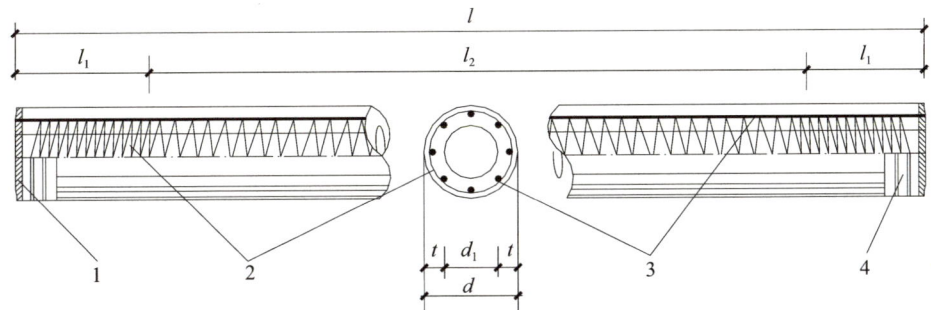

d—抗拔管桩外径；d_1—抗拔管桩内径；t—壁厚；l—桩长；l_1—桩端加密区长度；l_2—非加密区长度；
1—端板；2—螺旋筋；3—预应力钢棒；4—桩套箍。

图 4-7　抗拔管桩的结构形式

抗拔管桩的基本尺寸　　　　　　　　　　　表 4-9

抗拔外径 d/mm	内径 d_1/mm	壁厚 t/mm	桩长 l/m	桩端加密区长度 l_1/mm	桩端非加密区长度 l_2/mm
400	210	95	≤15		
500	300/280/250	100/110/125	≤15		
600	380/340	110/130	≤15	≥2000	$l-2l_1$
800	580/540	110/130	≤30		
1000	740	130	≤30		
1200	900	150	≤30		

注：根据工程设计需要也可生产其他规格、型号及壁厚的抗拔管桩。

4. 桩身配筋及力学性能

抗拔管桩的桩身配筋及力学性能可按表 4-10 取值。

5. 产品特点

（1）除具备 PHC 管桩的各项性能指标外，抗拔管桩在桩身力学性能，环保、经济效益等方面也优于传统的灌注桩。

（2）桩与桩的连接应采用机械连接，降低桩身连接时的人为因素影响，加快工程进度，减少施工人员工作量，提高施工效率。

6. 适用范围

（1）适用于抗震设防烈度小于或等于 8 度地区的工业与民用建筑、铁路、公路与桥梁、港口、码头、水利、市政、构筑物及大型设备等工程的桩基础，主要考虑承受竖向拉荷载。

（2）因地下水位升高、建筑物承受水浮力而使桩顶产生竖向拉力的各领域建筑基础。

（3）桩静载荷试验中所用的锚桩等也可采用抗拔管桩。

（4）高耸结构基础出现拉应力区的桩基础。

（5）其他工程设计抗拉力需要。

4.1.5　用于地基处理的劲性体（PST-CF）

1. 定义

刚性桩复合地基中作为竖向增强体，混凝土强度等级为 C60、C70 的地基处理用管桩，简称劲性体（代号 PST-CF）。混凝土强度等级为 C80 及以上的地基处理用管桩，简称高强度混凝土劲性体（代号 PST-HCF）。

PHC（T）管桩桩身配筋及力学性能（C80）

表 4-10

外径 D (mm)	壁厚 t (mm)	型号	预应力钢筋配筋	螺旋筋规格	配筋率	混凝土有效预压应力计算值 σ_{ce} (MPa)	桩身受弯承载力设计值 [M] (kN·m)	桩身受剪承载力设计值 [V] (kN)	桩身轴心受拉承载力设计值 [N] (kN)	桩身轴心受压承载力设计值（未考虑压屈影响）[R] (kN)	按标准组合计算的抗裂弯矩 $M_k\leq$ (kN·m)	按标准组合计算的抗裂弯矩 $N_k\leq$ (kN)	理论质量 (kg/m)
400	95	AB	7Φ10.7		0.69	5.87	88	164	536		70	550	
		B	10Φ10.7	Φb4	0.99	8.03	119	187	765	2288	84	762	227
		C	13Φ10.7		1.29	10.01	145	205	995		97	961	
500	100	AB	11Φ10.7		0.79	6.59	178	233	842		138	855	
		B	11Φ12.6	Φb5	1.09	8.75	233	262	1169	3158	164	1151	327
		C	12Φ10.7		1.29	10.06	264	278	1381		180	1333	
	125	AB	13Φ12.6		0.73	6.18	186	273	918		144	939	
		B	12Φ12.6	Φb5	1.02	8.24	245	308	1275	3701	170	1266	383
		C	15Φ12.6		1.27	9.93	290	333	1594		193	1542	
600	110	AB	14Φ10.7		0.74	6.26	281	305	1071		224	1094	
		B	14Φ12.6	Φb5	1.03	8.34	369	343	1488	4255	265	1474	440
		C	17Φ12.6		1.25	9.81	428	368	1806		295	1750	
	130	AB	16Φ10.7		0.75	6.31	309	352	1224		240	1249	
		B	16Φ12.6	Φb5	1.04	8.40	407	396	1700	4824	285	1663	499
		C	20Φ12.6		1.30	10.12	482	429	2125		323	2050	
800	110	AB	15Φ12.6		0.79	6.58	582	431	1594		469	1620	
		B	30Φ10.7	Φb6	1.13	9.01	782	491	2295	5992	568	2252	620
		C	30Φ12.6		1.57	11.76	983	551	3188		685	2993	
	130	AB	16Φ12.6		0.73	6.16	610	485	1700		496	1739	
		B	32Φ10.7	Φb6	1.05	8.47	827	553	2448	6876	599	2422	711
		C	32Φ12.6		1.46	11.10	1051	622	3400		721	3228	

2. 分类与规格

（1）劲性体按混凝土强度等级分为劲性体（C60、C70）和高强度混凝土劲性体（C80及以上）。

（2）劲性体的常用规格按外径分为300mm、350mm、400mm、450mm、500mm、550mm、600mm等规格。

3. 结构形式与基本尺寸

劲性体的结构形式和基本尺寸应符合图4-8和表4-11的规定。

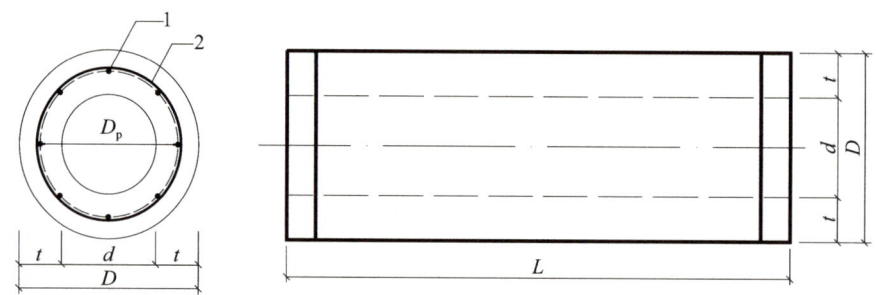

D—直径；d—内径；L—长度；t—壁厚；D_p—预应力钢筋中心所在圆的直径；
1—预应力主筋；2—箍筋。

图4-8　劲性体的结构形式

劲性体的基本几何尺寸　　　表4-11

外径 D/mm	壁厚 t/mm	内径 d/mm	D_p/mm	最大长度 L/m	理论重量 kg/m
300	60	180	250	12	113
350	60	230	290	14	137
400	60	280	340	15	160
450	60	330	390	15	184
500	65	370	440	15	222
550	65	420	480	15	248
600	65	470	530	15	273

注：根据工程需要，也可生产其他规格、壁厚及长度的劲性体。

4. 配筋及力学性能

劲性体的配筋及力学性能可按表4-12取值。

5. 产品特点

与搅拌桩、CFG桩相比，劲性体具有以下特点：

（1）劲性体设有预应力钢筋，有一定的抵抗水平荷载能力。

表 4-12

劲性体配筋及力学性能（C80）

外径 D（mm）	壁厚 t（mm）	配筋数量及直径	最大桩长（m）	混凝土有效预应力值 σ_{ce}（MPa）	开裂弯矩 M_{cr}（kN·m）	极限弯矩 M_u（kN·m）	竖向抗压承载力设计值 R_p（kN）
300	60	5Φ7.1	9	3.88	22	30	
		6Φ7.1	10	4.59	24	35	871
		7Φ7.1	11	5.29	25	40	
		6Φ9.0	12	7.00	30	52	
350	60	5Φ7.1	10	3.25	30	36	
		6Φ7.1	11	3.85	32	43	1052
		7Φ7.1	12	4.45	35	49	
		8Φ7.1	13	5.03	37	55	
400	60	5Φ7.1	10	2.79	40	43	
		6Φ7.1	11	3.32	42	51	
		7Φ7.1	12	3.84	45	58	1234
		6Φ9.0	13	5.13	52	78	
		8Φ9.0	14	6.64	60	99	
		7Φ10.7	15	7.95	67	117	
400	70	6Φ7.1	11	2.95	44	50	
		7Φ7.1	12	3.42	46	58	1397
		6Φ9.0	13	4.58	53	77	
		8Φ9.0	14	5.95	61	99	
		7Φ10.7	15	7.14	67	118	

续表

外径 D (mm)	壁厚 t (mm)	配筋数量及直径	最大桩长 (m)	混凝土有效预应力值 σ_{ce} (MPa)	开裂弯矩 M_{cr} (kN·m)	极限弯矩 M_u (kN·m)	竖向抗压承载力设计值 R_p (kN)
450	60	7Φ7.1	13	3.37	57	68	1415
		8Φ7.1	14	3.82	60	77	
		8Φ9.0	15	5.88	74	116	
	70	7Φ7.1	12	2.99	59	67	1609
		8Φ7.1	13	3.39	62	76	
		8Φ9.0	15	5.24	76	116	
500	65	8Φ7.1	13	3.20	75	87	1710
		9Φ7.1	14	3.58	79	97	
		10Φ7.1	14	3.95	82	107	
		12Φ7.1	15	4.67	89	126	
	70	8Φ7.1	13	3.02	77	86	1820
		9Φ7.1	13	3.37	80	96	
		10Φ7.1	14	3.72	84	106	
		12Φ7.1	15	4.41	90	126	
550	65	9Φ7.1	13	3.23	95	109	1906
		10Φ7.1	14	3.57	99	120	
		11Φ7.1	15	3.90	102	131	
		12Φ7.1	15	4.23	106	141	
		13Φ7.1	15	4.55	110	152	

续表

外径 D (mm)	壁厚 t (mm)	配筋数量及直径	最大桩长 (m)	混凝土有效预应力值 σ_{ce} (MPa)	开裂弯矩 M_{cr} (kN·m)	极限弯矩 M_u (kN·m)	竖向抗压承载力设计值 R_p (kN)
550	75	9Φ7.1	13	2.88	99	107	2154
		10Φ7.1	14	3.18	103	119	
		11Φ7.1	14	3.48	106	130	
		12Φ7.1	15	3.77	110	141	
		13Φ7.1	15	4.06	114	151	
	65	10Φ7.1	15	3.25	116	133	2103
		11Φ7.1	15	3.56	121	145	
		13Φ7.1	15	4.16	129	169	
600	80	10Φ7.1	14	2.74	125	131	2516
		11Φ7.1	15	3.00	129	144	
		12Φ7.1	15	3.26	133	156	

（2）采用工厂全自动化预制，规格齐全，质量可控。

（3）桩身混凝土强度等级高，不低于 C60。

（4）运输吊装方便，可大幅度节省施工周期，施工环保。

（5）综合造价低，经济效益优。

6. 适用范围

适用于建筑地基、道路工程路基及机场道面路基等地基处理工程。

4.1.6　混合配筋预应力混凝土管桩（PRC）

1. 定义

主筋配筋形式为预应力钢棒和普通钢筋组合布置的预应力混凝土管桩，简称混合配筋管桩（代号 PRC）。

2. 分类与规格

（1）混合配筋管桩按外径可分为 400mm、500mm、600mm、700mm、800mm、1000mm、1200mm、1400mm 等规格。

（2）混合配筋管桩按混凝土有效预应力值分为 AB 型、B 型、C 型、D 型，其混凝土有效预压应力代表值分别不低于 $4.0N/mm^2$、$6.0N/mm^2$、$8.0N/mm^2$、$10.0N/mm^2$。

3. 结构形式与基本尺寸

混合配筋管桩的结构形式和基本尺寸应符合图 4-9 和表 4-13 的规定；

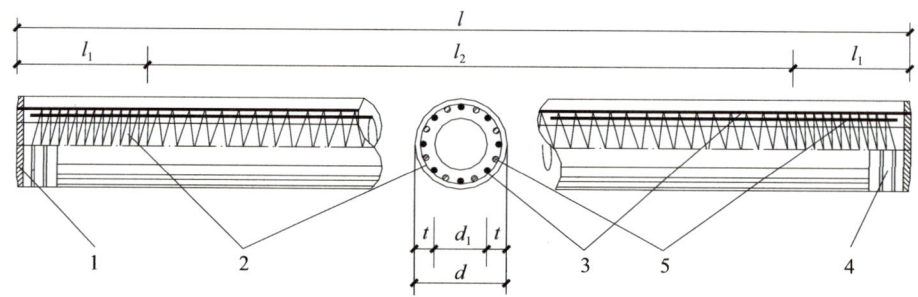

t—壁厚；l—桩长；d—外径；d_1—管桩内径；l_1—桩端加密区长度；l_2—非加密区长度；
1—端板；2—螺旋筋；3—预应力钢棒；4—桩套箍；5—非预应力钢筋。

图 4-9　混合配筋管桩的结构形式

混合配筋管桩的基本几何尺寸　　　　　　　　表 4-13

外径 d（mm）	壁厚 t（mm）	内径 d_1（mm）
400	95	210
500	100/125	300/250

外径 d（mm）	壁厚 t（mm）	内径 d_1（mm）
600	110/130	380/340
700	110/130	480/440
800	110/130	580/540
1000	130	740
1200	150	900
1400	150	1100

注：根据工程设计需要也可生产其他规格、型号及壁厚的混合配筋管桩。

4．混合配筋管桩桩身配筋及力学性能

混合配筋管桩截面形式见图 4–10。

混合配筋管桩桩身配筋及力学性能可按表 4–14、表 4–15 取值。

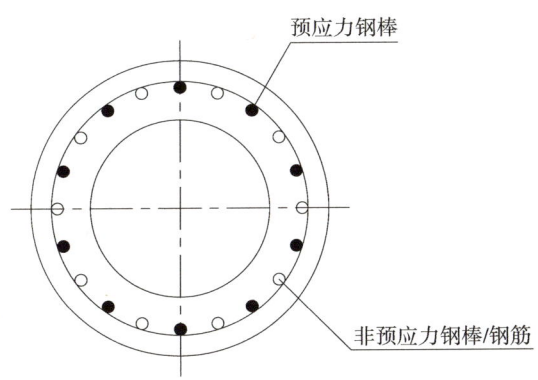

图 4-10　混合配筋管桩截面形式示意图

5．产品特点

（1）混合配筋管桩在具备 PHC 管桩优点的基础上，其抗弯性能明显优于同截面的灌注桩。

（2）相比普通管桩，混合配筋管桩的抗弯性能得到了明显改善。断裂破坏时，混合配筋管桩的跨中挠度明显大于普通管桩，延性得到显著改善，平均延性系数超过了 3.2。

（3）非预应力螺纹钢筋的配置明显减小了桩身裂缝的长度和平均宽度，也能明显提高剪力作用下的桩身刚度，且较大幅度减小了管桩的变形。

（4）非预应力钢筋的配置改变了剪力作用下的桩身应力和裂缝分布规律及断裂性状。混合配筋管桩呈斜剪破坏性状，而普通型 PHC 管桩的断裂处位于跨中附近，呈弯断破坏性状。

混合配筋管桩桩身配筋

表 4-14

管桩编号	外径 D (mm)	壁厚 t (mm)	单节桩长 (m)	混凝土强度等级	主筋所在圆直径 D_p 值 (mm)	型号	主筋数量与直径 (mm)	螺旋筋直径 (mm)	非预应力筋
PRC-I 400B95	400	95	≤15	C80	308	B	10Φ10.7	4	10 Φ 10
PRC-I 400D95						D	10Φ12.6		10 Φ 12
PRC-I 500AB100	500	100	≤15		406	AB	12Φ10.7	5	12 Φ 12
PRC-I 500B100						B	14Φ10.7		14 Φ 12
PRC-I 500C100						C	12Φ12.6		12 Φ 12
PRC-I 500D100						D	14Φ12.6		14 Φ 12
PRC-I 600AB110	600	110	≤15		506	AB	16Φ10.7	5	16 Φ 12
PRC-I 600B110						B	18Φ10.7		18 Φ 12
PRC-I 600C110						C	16Φ12.6		16 Φ 12
PRC-I 600D110						D	18Φ12.6		18 Φ 12
PRC-I 700AB110	700	110	≤15		590	AB	18Φ10.7	6	18 Φ 12
PRC-I 700B110						B	22Φ10.7		22 Φ 12
PRC-I 700C110						C	20Φ12.6		20 Φ 12
PRC-I 700D110						D	22Φ12.6		22 Φ 12
PRC-I 800B110	800	110	≤15		690	B	24Φ10.7	6	24 Φ 12
PRC-I 800D110						D	24Φ12.6		24 Φ 12

混合配筋管桩桩身力学性能

表 4-15

管桩编号	混凝土有效预应力（MPa）	抗裂弯矩标准值（kN·m）	极限弯矩标准值（kN·m）	抗弯承载力设计值（kN·m）	抗剪承载力设计值（kN）	抗裂剪力（kN）	桩身竖向承载力设计值（kN）	理论重量（kg/m）
PRC-I 400B95	9.06	92	194	151	180	216	2700	242
PRC-I 400D95	12.3	113	226	185	194	228		
PRC-I 500AB100	7.79	157	337	268	251	289	3800	336
PRC-I 500B100	8.89	170	378	300	258	295		
PRC-I 500C100	10.62	190	397	332	267	305		
PRC-I 500D100	12.1	208	434	361	276	313		
PRC-I 600AB110	7.71	260	554	436	333	389	5100	457
PRC-I 600B110	8.54	276	606	480	339	395		
PRC-I 600C110	10.53	314	659	529	355	410		
PRC-I 600D110	11.63	337	702	579	363	419		
PRC-I 700AB110	7.27	368	753	597	417	464	6200	543
PRC-I 700B110	8.65	406	881	696	429	477		
PRC-I 700C110	10.87	472	969	780	450	497		
PRC-I 700D110	11.78	499	1020	838	458	506	7200	630
PRC-I 800B110	8.15	547	1145	899	495	552		
PRC-I 800D110	11.11	664	1344	1088	527	584		

（5）工厂化生产，质量可控，经济效益好，综合性价比高。

6. 适用范围

（1）适用于工业与民用建筑、铁路、公路与桥梁、港口、码头、水利、市政、构筑物及大型设备等工程的桩基础，水平承载性能好。

（2）基坑支护工程。

（3）江河护堤、湖泊护坡等水利治理工程的桩基工程。

（4）高速公路、高速铁路护坡和墩下工程的桩基工程。

（5）与 PHC 管桩组合使用，承担较大水平荷载和高抗震设防烈度区的桩基工程。

4.1.7　预应力高强度混凝土空心方桩（PHS）

1. 定义

采用离心和预应力工艺成型、外方内圆截面的预应力高强度混凝土桩，简称空心方桩（代号 PHS）。

2. 分类与规格

（1）预应力混凝土空心方桩按混凝土有效预应力值可分为 A 型、AB 型和 B 型，混凝土有效预压应力值分别为 $3.8 \sim 4.2 \text{N/mm}^2$、$5.7 \sim 6.3 \text{N/mm}^2$、$7.6 \sim 8.4 \text{N/mm}^2$。

（2）预应力混凝土空心方桩按边长，可分为 300mm、350mm、400mm、450mm、500mm、550mm、600mm、700mm 等规格。

3. 结构形式与基本尺寸

空心方桩的结构形式和基本尺寸应符合图 4-11 和表 4-16 的规定。

4. 桩身配筋及力学性能

PHS 空心方桩的桩身配筋及力学性能应符合表 4-17 的规定。

5. 适用范围

（1）PHS 空心方桩适用于抗震设防烈度小于或等于 8 度地区的工业与民用建筑、铁路、公路与桥梁、港口、码头、水利、市政、构筑物及大型设备等工程的桩基础。

（2）PHS 空心方桩主要适用于承压桩，当用于承受水平荷载或用于抗拔桩时，应根据工程实际情况调整桩与桩、桩与承台的连接构造。

（3）PHS 空心方桩按混凝土结构环境类别二 b 类进行耐久性设计，当基础的环境地质条件对管桩有中度及其以上侵蚀时，应根据使用条件按现行行业标准《预应力混凝土管桩技术标准》JGJ/T 406 和现行国家标准《工业建筑防腐蚀设计标准》GB/T 50046 等有关规范采取有效的防腐蚀措施。

（4）适应于不同的地质条件。桩身混凝土强度高，密实耐打，有较强的穿透能力，对持力层起伏变化较大或分布有较硬薄夹层的地质条件有较强的适应性。

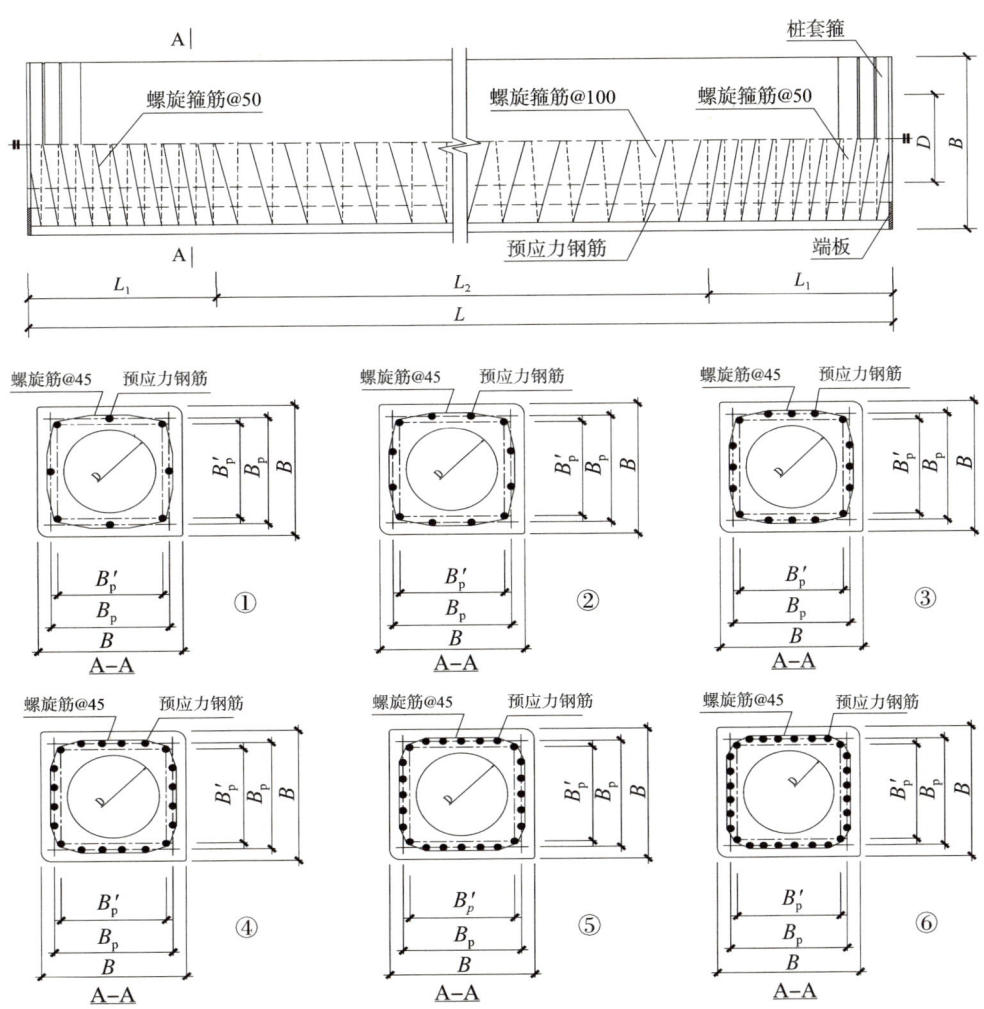

图 4-11　空心方桩结构形式及配筋图

空心方桩基本尺寸　　　　　　　　　　　　　　表 4-16

边长 B（mm）	最小壁厚 t（mm）	内径 D（mm）	长度 L（m）
300	70	160	5~13
350	90	170	5~14
400	90	220	5~16
450	95	260	5~16
500	100	300	5~18
550	100	350	5~20
600	100	400	5~30
700	100	500	5~30

注：根据工程设计需要，也可生产其他规格、型号及壁厚的 PHS 空心方桩。

PHS空心方桩桩身配筋及力学性能

表4-17

编号	宽度B (mm)	内径D (mm)	单节桩长L (m)	混凝土强度等级	型号	预应力钢筋配筋	螺旋筋	有效预压应力 σ_{ce} (MPa)	抗裂弯矩 M_{cr} (kN·m)	抗弯承载力设计值 M (kN·m)	竖向抗压承载力设计值 R_p (kN)	竖向抗拉承载力设计值 N_{pu} (kN)	竖向抗拉承载力标准值 N_{ps} (kN)	抗剪承载力设计值 Q (kN)	预应力筋位置 四角位置 B_p' (mm)	其他位置 B_p (mm)	截面配筋 (见图4-11)	理论重量 (kg/m)
PHS–A300 (160)	300	160	≤12	C80	A	8φ^D7.1		3.52	34	37	1961	322	251	88				
PHS–AB300 (160)					AB	8φ^D9.0	φb4	5.48	43	59	4864	515	395	95	206	230	①	179
PHS–A350 (190)	350	190	≤12		A	8φ^D9.0		4.15	58	69	2600	515	400	119				
PHS–AB350 (190)					AB	8φ^D10.7	φb4	5.70	69	97	2496	724	554	127	256	280	①	241
PHS–A400 (250)	400	250	≤14		A	8φ^D9.0		3.58	77	83	3107	515	405	129				
PHS–AB400 (250)					AB	8φ^D10.7	φb4	4.94	91	117	3000	724	563	137	306	330	①	283
PHS–A450 (250)	450	250	≤15		A	12φ^D9.0		3.88	119	140	4265	772	608	201				
PHS–AB450 (250)					AB	12φ^D10.7	φb5	5.35	141	197	4105	1085	845	213	350	374	②	395
PHS–B450 (250)					B	12φ^D12.6		7.22	171	273	3897	1508	1154	228				

续表

第 4 章 预应力管桩选型及设计　51

编号	宽度 B (mm)	内径 D (mm)	单节桩长 L (m)	混凝土强度等级	型号	预应力钢筋配筋	螺旋筋	有效预压应力 σ_{ce} (MPa)	抗裂弯矩 M_{cr} (kN·m)	抗弯承载力设计值 M (kN·m)	竖向抗压承载力设计值 R_p (kN)	竖向抗拉承载力设计值 N_{pu} (kN)	竖向抗拉承载力标准值 N_{ps} (kN)	抗剪承载力设计值 Q (kN)	预应力筋位置 四角位置 B_p (mm)	预应力筋位置 其他位置 B'_p (mm)	截面配筋 (见图4-11)	理论重量 (kg/m)
PHS-A500(300)	500	300	≤15	C80	A	12φ^D9.0	φb5	3.35	148	159	5053	772	611	222				
PHS-AB500(300)					AB	12φ^D10.7		4.62	175	224	489	1085	850	234	400	424	②	460
PHS-B500(300)					B	12φ^D12.6		6.27	209	311	4679	1508	1164	249				
PHS-A550(350)	550	350	≤15		A	16φ^D9.0		3.85	206	239	5710	1029	812	252				
PHS-AB550(350)					AB	16φ^D10.7	φb5	5.30	246	336	5526	1447	1127	268	450	474	③	532
PHS-B550(350)					B	16φ^D12.6		7.16	298	464	5248	2020	1539	289				
PHS-A550(310)	550	310	≤15		A	16φ^D9.0		3.52	206	239	6370	1029	814	284				
PHS-AB550(310)					AB	16φ^D10.7	φb5	4.85	244	336	6155	1447	1131	300	450	474	③	583
PHS-B550(310)					B	16φ^D12.6		6.57	293	464	5874	2010	1547	321				

续表

编号	宽度B (mm)	内径D (mm)	单节桩长L (m)	混凝土强度等级	型号	预应力钢筋配筋	螺旋筋	有效预压应力 σ_{ce} (MPa)	抗裂弯矩 M_{cr} (kN·m)	抗弯承载力设计值 M (kN·m)	竖向抗压承载力设计值 R_p (kN)	竖向抗拉承载力设计值 N_{pu} (kN)	竖向抗拉承载力标准值 N_{ps} (kN)	抗剪承载力设计值 Q (kN)	预应力筋位置 四角位置 B_p (mm)	其他位置 B_p' (mm)	截面配筋 (见图4-11)	理论重量 (kg/m)
PHS–A600 (400)	600	400	≤15		A	20φ^{D}9.0		4.22	275	332	6460	1286	1011	283				
PHS–AB600 (400)					AB	20φ^{D}10.7	φb5	5.79	329	466	6195	1809	1402	303	500	524	④	606
PHS–B600 (400)					B	20φ^{D}12.6		7.81	401	629	5852	2513	1913	328				
PHS–A600 (360)	600	360	≤15		A	20φ^{D}9.0		3.85	274	332	7185	1286	1014	318				
PHS–AB600 (360)					AB	20φ^{D}10.7	φb5	5.30	327	466	6918	1809	1409	338	500	524	④	665
PHS–B600 (360)					B	20φ^{D}12.6		7.16	396	629	6571	2513	1924	364				
PHS–A650 (410)	650	410	≤15		A	24φ^{D}9.0		4.09	353	437	8033	1544	1215	380				
PHS–AB650 (410)					AB	24φ^{D}10.7	φb6	5.62	423	613	7714	2171	1685	403	550	574	⑤	750
PHS–B650 (410)					B	24φ^{D}12.6		7.58	514	817	7301	3015	2300	434				

续表

编号	宽度 B（mm）	内径 D（mm）	单节桩长 L（m）	混凝土强度等级	型号	预应力钢筋配筋	螺旋筋	有效预压应力 σ_{ce}（MPa）	抗裂弯矩 M_{cr}（kN·m）	抗弯承载力设计值 M（kN·m）	竖向抗压承载力设计值 R_p（kN）	竖向抗拉承载力设计值 N_{pu}（kN）	竖向抗拉承载力标准值 N_{ps}（kN）	抗剪承载力设计值 Q（kN）	预应力筋位置 四角位置 B'_p（mm）	预应力筋位置 其他位置 B_p（mm）	截面配筋（见图4-11）	理论重量（kg/m）
PHS–A700（440）	700	440	≤15		A	$28\Phi^D 9.0$	$\phi b6$	3.54	411	476	9477	1544	1221	427	600	624	⑥	869
PHS–AB700（440）					AB	$28\Phi^D 10.7$		4.89	487	668	9154	2071	1696	451				
PHS–B700（440）					B	$28\Phi^D 12.6$		6.61	587	901	8733	3015	2320	482				

6. 产品特点

（1）混凝土强度高，成桩质量可靠。

（2）桩身承载力高，抗弯性能好，运输吊装方便。

（3）文明施工，现场整洁，不污染环境，符合环保要求。

（4）工期短，效率高，施工方便，单位承载力造价低。

4.1.8　预应力混凝土实心方桩（YFZ）

1. 定义

预应力混凝土实心方桩指采用预应力工艺成型的方形截面、桩身混凝土强度等级为 C60 及以上的预应力混凝土实心桩，简称预应力实心方桩（代号 YFZ）。

2. 分类与规格

（1）预应力实心方桩按边长分为 250mm、300mm、350mm、400mm、450mm、500mm、550mm、600mm、650mm、700mm 等规格。

（2）预应力实心方桩根据有效预应力的大小，分为 A 型和 B 型，其桩身混凝土有效预压应力值分别不小于 $4N/mm^2$、$6N/mm^2$。

3. 结构形式与基本尺寸

预应力实心方桩的结构形式和基本尺寸应符合图 4-12 和表 4-18 的规定。

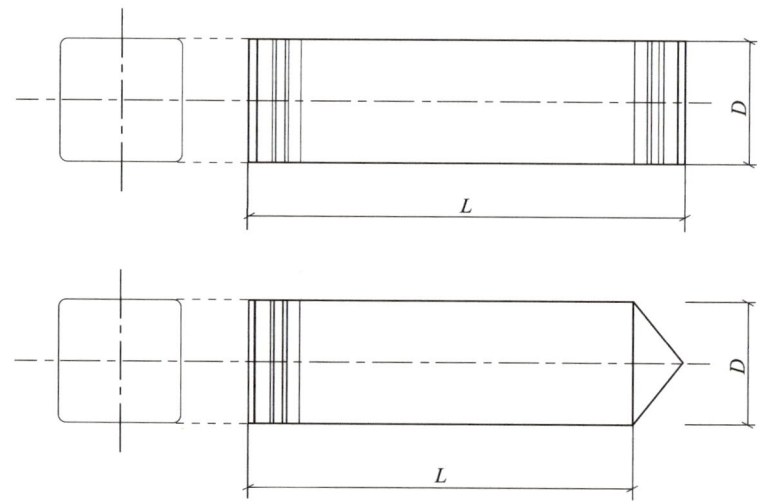

图 4-12　预应力实心方桩结构形式示意图

预应力实心方桩的基本几何尺寸　　　　　　表 4-18

边长 D（mm）	长度 L（m）
250	≤12
300	≤15
350	≤15
400	≤18
450	≤18
500	≤20
550	≤25
600	≤30
650	≤30
700	≤30

注：根据工程设计需要也可生产其他规格、型号的 YFZ 实心方桩。

4．预应力实心方桩身配筋及力学性能

预应力实心方桩身配筋及力学性能应符合表 4-19 的规定。

5．适用范围

（1）适用于抗震设防烈度小于或等于 8 度（0.2g）地区的一般工业与民用建筑低承台桩基础工程。

（2）超高层建筑桩基础。

（3）普通实心方桩广泛使用的区域。

（4）以摩擦桩为主的软土区域。

（5）对桩基有防腐要求的区域。

6．产品特点

与普通实心方桩相比，具有以下优点：

（1）竖向抗压、抗拉承载力提高 30%～40%。

（2）水平承载力提高 20%～30%。

（3）节省钢筋用量，降低工程造价。

4.1.9　钢管混凝土管桩（SC）

1．定义

钢管混凝土管桩指采用牌号为 Q235B 或 Q355B 的钢板（钢带）卷曲焊接制成的钢管内浇混凝土，经离心成型，混凝土抗压强度等级不低于 C80，具有承受较大竖向荷载

表 4-19

先张法预应力混凝土实心方桩的力学性能

规格	型号	配筋	箍筋	桩身抗裂弯矩 kN·m	抗弯承载力设计值 kN·m	桩身结构竖向承载力设计值 kN	桩身结构抗剪承载力设计值 kN	桩身结构抗拉承载力设计值 kN	抗拉标准值（一级裂缝控制）kN
250	—	4Φ10.7	4.0	24.21	30.60	1111	83	324	313
300	B	8Φ9.0	4.0	41.52	56.32	1596	117	461	444
	C	8Φ10.7	4.0	49.66	79.20		125	648	617
350	B	8Φ10.7	5.0	67.00	97.20	2172	158	648	620
	C	8Φ12.6	5.0	79.74	135.00		169	900	850
400	B	12Φ9.0	5.0	90.88	122.88	2841	197	691	671
	C	12Φ10.7	5.0	107.52	172.80		210	972	934
450	B	12Φ10.7	5.0	133.72	199.80	3593	275	972	941
	C	12Φ12.6	5.0	158.65	277.50		291	1350	1293
500	B	16Φ10.7	5.0	188.25	302.40	4433	338	1296	1253
	C	16Φ12.6	5.0	224.88	420.00		360	1800	1721
550	B	16Φ10.7	6.0	225.47	338.40	5371	427	1296	1259
	C	16Φ12.6	6.0	266.65	470.00		449	1800	1733
600	B	20Φ10.7	6.0	297.01	468.00	6390	503	1620	1574
	C	20Φ12.6	6.0	352.93	650.00		531	2250	2164

注：1. 根据工程设计需要也可生产其他规格、型号、强度及桩长的实心方桩，但其力学指标应另行计算。
2. 计算公式依据《混凝土结构设计规范》GB 50010—2010（2015年版）和《建筑地基基础设计规范》GB 50007—2011。
3. 混凝土强度等级取 C60，成桩工艺系数取 0.65。

和水平荷载的新型基桩，简称 SC 桩，代号为 SC。

2. 分类与规格

（1）按产品采用的钢管材质牌号，SC 桩分两种型号：采用 Q235B 的为 I 型，采用 Q355B 的为 II 型。

（2）根据桩截面外径，SC 桩分为：400mm、500mm、600mm、800mm、1000mm、1200mm 等规格。

3. 结构形式与基本尺寸

SC 桩的结构形式与基本尺寸应符合图 4-13 和表 4-20 的规定。

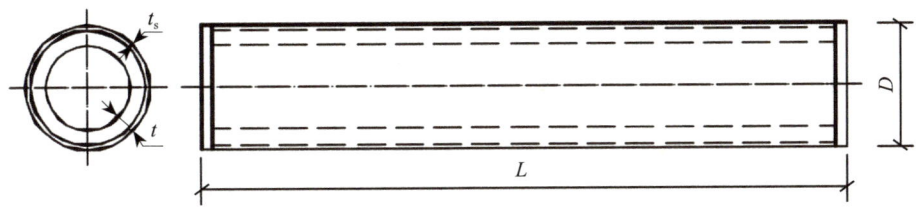

L—长度；D—外径；t—壁厚（含钢管）；t_s—钢管厚度。

图 4-13　SC 桩结构形式示意图

SC 桩基本尺寸　　　　　　　　　　　　　　表 4-20

公称直径 D_0（mm）	外径 D（mm）	桩壁厚度 t（mm）	钢管厚度 t_s（mm）	单节桩长 L（m）
400	396	90	6、7、8、9、10	≤15
500	496	100	6、7、8、9、10、12、14	≤15
600	596	110	6、7、8、9、10、12、14、16	≤15
800	796	110	6、7、8、9、10、12、14、16、18	≤40
1000	996	130	8、9、10、12、14、16、18、20	≤40
1200	1196	150	8、9、10、12、14、16、18、20	≤40

注：1. 预制高强度混凝土薄壁钢管桩的长度应包括桩身和接头，不包括附加配件；桩壁厚度包括钢管厚度及混凝土层。
　　2. 预制高强度混凝土薄壁钢管桩的桩身轴向承载力设计值参见表 4-21。

4. 桩身力学性能

SC 桩桩身力学性能应符合表 4-21 的规定。

5. 适用范围

（1）SC 桩除适用于承受竖向荷载的情况，也适用于承受较大水平荷载的工程。

（2）SC 桩适用于工业与民用建筑、港口、市政、桥梁、铁路、公路、水利、电力等工程的一般桩基础、高桩承台基础、基坑围护及护坡桩。

（3）SC 桩适用于高抗震设防烈度（8 度及 8 度以上）地区的桩基工程。

SC 桩桩身力学性能 表 4-21

公称直径（mm）	混凝土强度等级	钢管厚度（mm）	桩壁厚度（mm）	桩身极限弯矩（kN·m）		桩身轴向承载力设计值（kN）	
				Ⅰ型	Ⅱ型	Ⅰ型	Ⅱ型
400	C80	6	90	291	373	3796	4182
		7		333	426	3954	4403
		8		374	478	4112	4624
		9		413	529	4269	4843
		10		452	579	4425	5062
500		6	100	465	596	5282	5767
		7		532	682	5482	6046
		8		598	766	5681	6325
		9		662	848	5880	6602
		10		725	928	6077	6879
		12		847	1085	6470	7428
		14		966	1237	6859	7972
600		6	110	680	874	6953	7537
		7		780	1000	7194	7874
		8		877	1124	7435	8211
		9		972	1245	7675	8546
		10		1065	1363	7914	8880
		12		1246	1595	8389	9545
		14		1421	1820	8861	10205
		16		1592	2040	9330	10861
800		6	110	1223	1571	9708	10490
		7		1403	1800	10032	10943
		8		1579	2024	10356	11395
		9		1751	2243	10678	11846
		10		1920	2458	11000	12296
		12		2248	2877	11641	13193
		14		2566	3286	12279	14085
		16		2877	3685	12913	14972
		18		3180	4078	13545	15854

续表

公称直径 （mm）	混凝土强度等级	钢管厚度 （mm）	桩壁厚度 （mm）	桩身极限弯矩 （kN·m）		桩身轴向承载力设计值 （kN）	
				Ⅰ型	Ⅱ型	Ⅰ型	Ⅱ型
1000	C80	8	130	2524	3238	14828	16132
		9		2802	3592	15233	16698
		10		3074	3939	15638	17264
		12		3605	4616	16445	18392
		14		4121	5275	17248	19516
		16		4623	5918	18048	20635
		18		5114	6550	18845	21749
		20		5596	7171	19639	22858
1200		8	150	3697	4751	20039	21607
		9		4109	5274	20528	22289
		10		4512	5787	21015	22971
		12		5299	6788	21987	24331
		14		6063	7762	22957	25686
		16		6808	8714	23922	27036
		18		7536	9647	24885	28382
		20		8250	10564	25844	29723

6. 产品特点

（1）桩身力学性能（抗弯、抗拉、抗剪、抗压等）优，整体刚度大，延性好，具有良好的抗震性能。

（2）沉桩速度快、穿透力强、抗锤击能力强。

4.1.10 预应力高强度混凝土耐腐蚀管桩

1. 定义

预应力高强度混凝土耐腐蚀管桩指由水泥、专用掺合料与粗、细骨料及外加剂等按一定的比例配制的混凝土，采用离心工艺成型，经养护后的桩身混凝土具有耐腐蚀性能，且强度等级不低于 C80 的先张法预应力混凝土管桩，简称耐腐蚀管桩。

2. 分类与规格

（1）用于氯盐中等腐蚀环境的耐腐蚀管桩（RCM-PHC），用于氯盐强腐蚀环境的耐腐蚀管桩（RCS-PHC）。

（2）用于硫酸盐中等腐蚀环境的耐腐蚀管桩（RSM-PHC），用于硫酸盐强腐蚀环境的耐腐蚀管桩（RSS-PHC）。

（3）用于寒冷地区冻融破坏环境的耐腐蚀管桩（RFM-PHC），用于严寒地区冻融破坏环境的耐腐蚀管桩（RFS-PHC）。

（4）用于氯盐强腐蚀、硫酸盐强腐蚀、严寒冻融破坏的复合环境的耐腐蚀管桩（RAD-PHC），用于非常严重的氯盐、硫酸盐及严寒冻融破坏的复合环境的耐腐蚀管桩（RAE-PHC）。

（5）耐腐蚀管桩按外径分为 400mm、450mm、500mm、550mm、600mm、700mm、800mm、1000mm、1200mm、1400mm 等规格。

（6）耐腐蚀管桩按混凝土有效预应力值可分为 A 型、AB 型、B 型和 C 型管桩。

3. 结构形式与基本尺寸

耐腐蚀管桩的结构形式和基本尺寸分别见图 4-14 和表 4-22。

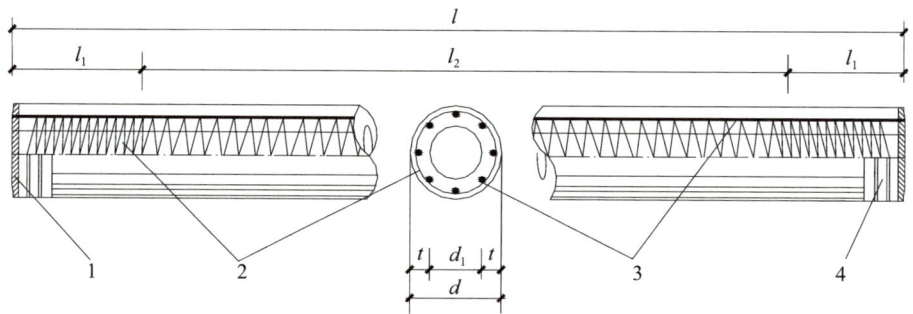

t—壁厚；l—桩长；d—外径；d_1—管桩内径；l_1—桩端加密区长度；l_2—非加密区长度；
1—端板；2—螺旋筋；3—预应力钢棒；4—桩套箍。

图 4-14　耐腐蚀管桩的结构形式

耐腐蚀管桩的基本尺寸　　　　　　　　　　　　　　　　表 4-22

外径 d（mm）	壁厚 t（mm）	内径 d_1（mm）
400	95	210
450	95	260
500	100/125	300/250
550	110	330
600	110/130	380/340
700	110/130	480/440
800	110/130	580/540

续表

外径 d（mm）	壁厚 t（mm）	内径 d_1（mm）
1000	130	740
1200	150	900
1400	150	1100

注：根据工程设计需要也可生产其他规格、型号及壁厚的耐腐蚀管桩。

4．适用范围

适用于中、强腐蚀环境的工业与民用建筑、海港、市政、桥梁、铁路、公路、水利等工程。

5．技术特点

耐腐蚀管桩除各项力学性能指标均应达到管桩现行国家标准《先张法预应力混凝土管桩》GB/T 13476 的要求外，其抗硫酸盐、抗氯离子、抗冻、抗渗等性能应达到相关国家标准中、强腐蚀环境下 100 年的要求。其主要防腐指标见表 4-23。

6．桩身配筋及力学性能

耐腐蚀管桩桩身配筋及相关力学性能参数表应按表 4-24 取值。

耐腐蚀管桩桩身防腐指标　　　　　表 4-23

耐久性项目		《混凝土结构耐久性设计标准》GB/T 50476—2019			防腐蚀指标
		标准值	使用范围	使用年限	
抗冻性能	循环次数	F400	严寒地区及除冰盐等其他氯化物环境	100 年	＞F400
	动弹性模量（%）	≥80			＞80
	质量损失率（%）	≤5.0			＞1.0
抗硫酸盐性能		—	严寒氯盐腐蚀环境	—	＞KS120
抗渗性能		—	—		＞P15
混凝土电通量（C）		≤1000	严寒氯盐腐蚀环境	100 年	＞500
氯离子扩散系数（RCM）（10^{-12}m²/s）		≤4.0	严寒氯盐腐蚀环境	100 年	＞1.0

表 4-24

耐腐蚀管桩桩身配筋及相关力学性能参数

规格[外径(壁厚)](mm)	型号	单节长度(m)	预应力钢筋配筋	螺旋筋直径(mm)	混凝土有效预压应力 σ_{ce} (MPa)	预应力钢棒分布圆周直径 D_p (mm)	桩身受弯承载力设计值 M (kN·m)	桩身受弯承载力极限值 M_u (kN·m)	桩身受剪承载力设计值 V (kN)	桩身轴心受拉承载力设计值 N (kN)	桩身轴心受压承载力设计值(未考虑压屈影响) R (kN)	按标准组合计算的抗裂弯矩 M_k (kN·m)	按标准组合计算的抗裂拉力 N_k (kN·m)	理论参考重量(kg/m)
400(95)	A	5~12	7Φ9.0	4	4.30	308	64	86	146	381	2288	60	399	237
	AB	5~13	7Φ10.7	4	5.87	308	87	117	164	536	2288	70	550	
	B	5~14	10Φ10.7	4	8.03	308	117	159	187	765	2288	84	762	
	C	5~15	13Φ10.7	4	10.01	308	143	194	205	995	2288	97	961	
450(95)	A	5~13	8Φ9.0	4	4.23	358	85	115	166	435	2663	82	457	275
	AB	5~14	8Φ10.7	4	5.77	358	116	157	187	612	2663	95	629	
	B	5~15	12Φ0.7	4	8.24	358	163	220	216	918	2663	117	911	
	C	5~16	15Φ10.7	4	9.94	358	193	261	234	1148	2663	132	1110	
500(100)	A	5~14	11Φ9.0	5	4.84	406	131	176	206	598	3158	118	623	327
	AB	5~15	11Φ10.7	5	6.59	406	176	238	233	842	3158	138	855	
	B	5~16	11Φ2.6	5	8.75	406	230	311	262	1169	3158	164	1151	
	C	5~17	13Φ12.6	5	10.06	406	261	353	278	1381	3158	180	1333	
550(110)	A	5~14	12Φ9.0	5	4.40	456	158	214	241	653	3821	150	684	395
	AB	5~15	12Φ10.7	5	6.01	456	215	291	271	918	3821	175	941	
	B	5~17	12Φ12.6	5	8.01	456	284	383	305	1275	3821	206	1270	
	C	5~18	15Φ12.6	5	9.67	456	337	455	330	1594	3821	233	1548	

续表

规格[外径(壁厚)]	型号	单节长度(m)	预应力钢筋配筋	螺旋筋直径(mm)	混凝土有效预压应力 σ_{ce}(MPa)	预应力钢棒分布圆周直径 D_p(mm)	桩身受弯承载力设计值 M(kN·m)	桩身受弯承载力极限值 M_u(kN·m)	桩身受剪承载力设计值 V(kN)	桩身轴心受拉承载力设计值 N(kN)	桩身轴心受压承载力设计值(未考虑屈曲影响)R(kN)	按标准组合计算的抗裂弯矩 M_k(kN·m)	按标准组合计算的抗裂拉力 N_k(kN·m)	理论参考重量(kg/m)
500 (125)	A	5~13	12Φ^{D}9.0	5	4.53	406	135	183	243	653	3701	123	683	383
	AB	5~14	12Φ10.7	5	6.18	406	184	248	273	918	3701	144	939	
	B	5~15	12Φ12.6	5	8.24	406	242	327	308	1275	3701	170	1266	
	C	5~16	15Φ12.6	5	9.93	406	288	388	333	1594	3701	193	1542	
550 (125)	A	5~14	14Φ9.0	5	4.66	456	178	241	274	762	4194	161	795	434
	AB	5~15	14Φ10.7	5	6.34	456	242	326	309	1071	4194	189	1093	
	B	5~17	14Φ12.6	5	8.44	456	318	429	347	1488	4194	224	1472	
	C	5~18	17Φ12.6	5	9.93	456	369	498	372	1806	4194	249	1747	
600 (110)	A	5~15	14Φ9.0	5	4.60	506	205	277	270	762	4255	191	796	440
	AB	5~16	14Φ10.7	5	6.26	506	278	375	305	1071	4255	224	1094	
	B	5~18	14Φ12.6	5	8.34	506	365	493	343	1488	4255	265	1474	
	C	5~19	17Φ12.6	5	9.81	506	423	571	368	1806	4255	295	1750	
600 (130)	A	5~15	16Φ9.0	5	4.63	506	225	304	312	870	4824	205	909	499
	AB	5~16	16Φ10.7	5	6.31	506	306	413	352	1224	4824	240	1249	
	B	5~17	16Φ12.6	5	8.40	506	402	543	396	1700	4824	285	1683	
	C	5~19	20Φ12.6	5	10.12	506	477	644	429	2125	4824	323	2050	

续表

规格[外径(壁厚)](mm)	型号	单节长度(m)	预应力钢筋配筋	螺旋筋直径(mm)	混凝土有效预压应力 σ_{ce}(MPa)	预应力钢棒分布圆直径 D_p(mm)	桩身受弯承载力设计值 M(kN·m)	桩身受弯承载力极限值 M_u(kN·m)	桩身受剪承载力设计值 V(kN)	桩身轴心受拉承载力设计值 N(kN)	桩身轴心受压承载力设计值(未考虑屈压影响)R(kN)	按标准组合计算的抗裂弯矩 M_k(kN·m)	按标准组合计算的抗裂力 N_k(kN·m)	理论参考重量(kg/m)
700(110)	A	5~17	12Φ10.7	6	4.60	590	296	400	322	918	5124	282	959	530
	AB	5~18	24Φ9.0	6	6.33	590	405	547	365	1306	5124	331	1332	
	B	5~20	24Φ10.7	6	8.52	590	536	724	413	1836	5124	395	1815	
	C	5~22	24Φ12.6	6	11.16	590	682	921	464	2550	5124	475	2418	
700(130)	A	5~16	13Φ10.7	6	4.38	590	313	422	366	995	5850	299	1042	605
	AB	5~18	26Φ9.0	6	6.04	590	429	579	413	1414	5850	350	1449	
	B	5~19	26Φ10.7	6	8.14	590	571	771	467	1989	5850	417	1977	
	C	5~21	26Φ12.6	6	10.70	590	731	987	525	2763	5850	501	2640	
800(110)	A	5~19	15Φ10.7	6	4.89	690	431	581	384	1148	5992	402	1194	620
	AB	5~20	15Φ12.6	6	6.58	690	575	776	431	1594	5992	469	1620	
	B	5~22	30Φ10.7	6	9.01	690	772	1043	491	2295	5992	568	2252	
	C	5~24	30Φ12.6	6	11.76	690	976	1317	551	3188	5992	685	2993	
800(130)	A	5~18	16Φ10.7	6	4.57	690	450	608	433	1224	6876	427	1279	711
	AB	5~19	16Φ12.6	6	6.16	690	604	816	485	1700	6876	496	1739	
	B	5~21	32Φ10.7	6	8.47	690	818	1104	553	2448	6876	599	2422	
	C	5~23	32Φ12.6	6	11.10	690	1042	1407	622	3400	6876	721	3228	

续表

规格[外径(壁厚)]	型号	单节长度(m)	预应力钢筋配筋	螺旋筋直径(mm)	混凝土有效预压应力 σ_{ce}(MPa)	预应力钢棒分布圆周直径 D_p(mm)	桩身受弯承载力设计值 M(kN·m)	桩身受弯承载力极限值 M_u(kN·m)	桩身受剪承载力设计值 V(kN)	桩身轴心受拉承载力设计值 N(kN)	桩身轴心受压承载力计算值(未考虑压屈影响) R(kN)	按标准组合计算的抗裂弯矩 M_k(kN·m)	按标准组合计算的抗裂拉力 N_k(kN·m)	理论参考重量(kg/m)
1000 (130)	A	5~21	32Φ9.0	6	4.97	880	823	1112	574	1741	8929	766	1809	924
	AB	5~23	32Φ10.7	6	6.75	880	1110	1499	648	2448	8929	901	2483	
	B	5~25	32Φ12.6	6	8.97	880	1448	1954	729	3400	8929	1071	3338	
	C	5~26	32Φ14.0	8	10.65	880	1687	2278	785	4189	8929	1205	4006	
1200 (150)	A	5~23	30Φ10.7	6	4.73	1060	1316	1777	783	2295	12434	1262	2393	1286
	AB	5~25	30Φ12.6	6	6.36	1060	1762	2379	880	3188	12434	1469	3251	
	B	5~27	45Φ12.6	6	9.04	1060	2451	3308	1017	4781	12434	1817	4689	
	C	5~29	45Φ14.0	8	10.73	1060	2854	3853	1096	5891	12434	2045	5626	
1300 (150)	A	5~24	24Φ12.6	7	4.79	1160	1600	2160	860	2550	13619	1535	2657	1409
	AB	5~26	48Φ10.7	7	6.66	1160	2207	2979	979	3672	13619	1821	3729	
	B	5~29	48Φ12.6	8	8.84	1160	2880	3888	1101	5100	13619	2165	5017	
	C	5~30	48Φ14.0	8	10.50	1160	3360	4536	1186	6283	13619	2434	6023	
1400 (150)	A	5~25	25Φ12.6	7	4.61	1260	1818	2454	920	2656	14803	1793	2775	1532
	AB	5~27	50Φ10.7	7	6.41	1260	2514	3394	1046	3825	14803	2121	3898	
	B	5~30	50Φ12.6	8	8.53	1260	3292	4444	1177	5313	14803	2516	5251	
	C	5~31	50Φ14.0	8	10.15	1260	3850	5198	1268	6545	14803	2826	6310	

4.2 预应力管桩设计

预应力管桩基础的设计等级应符合现行相关规范的规定。预应力管桩基础适用于抗震设防烈度 8 度及以下地区，抗震设防区的管桩工程设计应符合现行国家标准《建筑抗震设计规范》GB 50011 的有关规定。

管桩工程设计前应具备下列基本资料：①岩土工程勘察报告，包括管桩应用的适宜性评价；②建筑场地总平面布置图、建筑物地下室平面布置图，建筑物上部结构类型与荷载，建筑物对基础沉降及水平位移的要求；③建筑场地地上及地下管线、地下构筑物的分布，受沉桩影响的邻近建（构）筑物的地基基础情况及防振、防噪声要求，施工机械进出场及现场运行条件；④建设场地周边市政道路、管线等环境条件；⑤沉桩设备性能、施工工艺及其对场地条件的适应性；⑥供选用的管桩规格、接头形式及生产条件。

对于一般建筑物和受水平力（包括弯矩和水平剪力）较小的高层建筑，当采用桩型相同的多桩或群桩基础，群桩中单桩桩顶作用力应按下列公式计算：

1）轴心竖向力作用下：

$$N_k = \frac{F_k + G_k}{n}$$

2）偏心竖向力作用下：

$$N_{ik} = \frac{F_k + G_k}{n} \pm \frac{M_{xk} y_i}{\sum y_j^2} \pm \frac{M_{yk} x_i}{\sum x_j^2}$$

3）水平力作用下：

$$H_{ik} = \frac{H_k}{n}$$

式中：　　F_k——按荷载效应标准组合计算的作用于承台顶面的竖向力（kN）；

G_k——桩基承台和承台上土自重标准值（kN）；

N_k——相应于荷载效应标准组合时，轴心竖向力作用下任一单桩的竖向力（kN）；

n——群桩基础中的桩数；

N_{ik}——按荷载效应标准组合计算的偏心竖向力作用下第 i 根桩的竖向力（kN）；

M_{xk}、M_{yk}——按荷载效应标准组合计算的作用于承台底面的外力，绕通过桩群形心的 x、y 主轴的力矩（kN·m）；

x_i、x_j、y_i、y_j——第 i、j 根基桩或复合桩基至 x、y 轴的距离（m）；

H_k——按荷载效应标准组合计算的作用于桩基承台底面的水平力（kN）；

H_{ik}——按荷载效应标准组合计算的作用于第 i 基桩或复合基桩的水平力（kN）。

单桩承载力的计算应符合下列要求：

1）竖向荷载效应标准组合：

（1）轴心竖向力作用下：

$$N_k \leq R_a$$

（2）偏心竖向力作用下，除满足上式外，尚应满足：

$$N_{kmax} \leq 1.1R_a$$

2）竖向荷载和风荷载效应标准组合：

（1）轴心竖向力作用下：

$$N_k \leq 1.2R_a$$

（2）偏心竖向力作用下，除满足上式外，尚应满足：

$$N_{kmax} \leq 1.3R_a$$

（3）水平力作用：

$$H_{ik} \leq R_H$$

3）竖向荷载与设防烈度地震作用效应标准组合：

（1）轴心竖向力作用下：

$$N_{Ek} \leq 1.6R_a$$

（2）偏心竖向力作用下，除满足上式外，尚应满足：

$$N_{Ekmax} \leq 2.0R_a$$

（3）水平力作用下：

$$H_{ik} \leq 1.9R_H$$

式中：R_a——基桩竖向承载力特征值（kN）；

$\quad N_{Ekmax}$——相应于荷载效应标准组合时偏心竖向力作用下单桩最大竖向力（kN）；

$\quad R_H$——单桩基础或群桩中基桩的水平承载力特征值，对于单桩基础，可取单桩的水平承载力特征值 R_{Ha}（kN）。

在进行基础结构构件的截面承载力计算或验算时，可按下列规定确定相应的荷载效应基本组合设计值 S，取其不利者：

$$S \leq r_F S_k$$

$$S \leq R_d$$

式中：r_F——作用基本组合的综合分项系数，不应小于 1.25。承受竖向荷载时不应小于 1.35；

$\quad R_d$——基础结构构件抗力的设计值（kN），按相关标准的规定确定；

S_k —— 荷载效应的标准组合设计值（kN）。

4.2.1　受压承载力计算

桩基设计等级为甲级、乙级的桩基工程，在施工前进行单桩静载荷试验确定受压承载力，在同一条件下的试桩数量不应少于3根。静载试验桩的竖向静载荷试验方法应按现行广东省标准《建筑地基基础检测规范》DBJ/T 15—60执行；桩基设计等级为丙级的桩基工程，可结合工程地质勘察报告提供的设计参数和工程经验综合确定；以单桩竖向抗压静载试验确定单桩竖向承载力时，单桩竖向受压承载力特征值 R_a 应按下计算：

$$R_a = \frac{Q_{uk}}{K}$$

式中：Q_{uk} —— 单桩竖向极限承载力标准值（kN）；

K —— 安全系数，取 $K=2$。

当工程处于应用管桩多年且设计经验较丰富的地区，单桩竖向受压承载力特征值可利用工程桩在正式施工前进行试打桩并配合高应变动测法确定。同一个管桩工地的试打桩数量，不宜少于总桩数的1%，且不得少于5根。根据桩基的特点和地方经验，宜以试打桩完成24h后复打的高应变动测值作为单桩竖向极限承载力。

当根据土的物理指标与承载力参数之间的经验关系确定单桩竖向受压承载力特征值 R_a 时，可按下列公式估算：

$$R_a = \pi \sum \xi_{si} d_{si} q_{sia} l_i + q_{pa} A$$

式中：q_{sia}、q_{pa} —— 桩侧第 i 层土的侧阻力特征值（kPa）、桩端阻力特征值（kPa），可由当地静载荷试验结果统计分析得到，估算时可按表4-25和表4-27选用；

A —— 桩尖水平投影面积（m²）；当为开口型桩尖时，仍按封口型桩尖的水平投影面积计算；

d_{si} —— 分层土中管桩直径（mm）；

l_i —— 桩周第 i 层土（岩）的厚度（m）；

ξ_{si} —— 管桩第 i 层土（岩）的侧阻力修正系数值。

采用钻机预钻成孔，孔内灌入不低于M15的砂浆或不低于C20的细石混凝土后，打入管桩植桩时，单桩竖向承载力特征值宜通过静载试验确定，初步设计时可按下列公式估算：

1）桩端持力层为中、微风化岩层

$$R_a \leq \pi \sum d_{si} q_{sia} l_i + u C_2 f_{rs} h_r + C_1 f_{rp} A$$

管桩侧摩阻力特征值的经验值 q_{sa}（kPa）　　　　表 4-25

土（岩）的名称	土（岩）的状态	桩侧摩阻力特征值
填土	—	10 ~ 14
淤泥	—	6 ~ 9
淤泥质土	—	10 ~ 14
黏性土	$I_L > 1$（流塑） $0.75 < I_L \leq 1$（软塑） $0.50 < I_L \leq 0.75$（可塑） $0.25 < I_L \leq 0.5$（硬可塑） $0 < I_L \leq 0.25$（硬塑） $I_L \leq 0$（坚硬）	10 ~ 18 18 ~ 25 25 ~ 33 33 ~ 41 41 ~ 45 45 ~ 50
粉土	稍密 中密 密实	11 ~ 22 22 ~ 32 32 ~ 43
粉细砂	稍密 中密 密实	11 ~ 21 21 ~ 32 32 ~ 43
中砂	中密 密实	27 ~ 37 37 ~ 47
粗砂	中密 密实	37 ~ 47 47 ~ 58
砾砂	中密、密实	58 ~ 69
圆砾、角砾	中密、密实	80 ~ 100
碎石、卵石	中密、密实	100 ~ 150
全风化软质岩	$30 \leq N' < 50$	50 ~ 60
全风化硬质岩	$30 \leq N' < 50$	70 ~ 80
强风化软质岩	$N' \geq 50$	80 ~ 120
强风化硬质岩	$N' \geq 50$	90 ~ 120
全风化花岗岩	$40 \leq N' < 70$	80 ~ 120
全风化花岗岩	$N' \geq 70$	—

注：1. 对于尚未完成自重固结的土类，不计算其侧摩阻力；

2. N' 为实测标准贯入试验击数；

3. 各土层侧摩阻力特征值可根据土层埋深进行修正，修正系数 ξ_{si} 按表 4-26 选用；

4. 软质岩可取中低值，硬质岩可取中高值。

修正系数表　　　　表 4-26

土层埋深（m）	≤5	10	20	≥30
修正系数 ξ_{si}	0.8	1.0	1.1	1.2

管桩端阻力特征值的经验值 q_{pa}（kPa）   表 4-27

土（岩）名称	土（岩）的状态	桩入土深度			
		$h\leqslant9m$	$9m<h\leqslant16m$	$16m<h\leqslant30m$	$h>30m$
黏性土	$0.25<I_L\leqslant0.50$	700～1100	1000～1500	1400～1800	1600～2200
	$I_L\leqslant0.25$	1200～2000	1900～2600	2600～3000	3000～3500
粉土	中密、密实	700～1200	1000～1500	1400～2000	1800～2500
粉砂	中密、密实	700～1100	1100～1500	1500～2500	1900～3500
细砂	中密、密实	1500～2500	2000～3000	2500～3500	3000～4500
中砂	中密、密实	2500～3500	3000～4000	3500～4500	4000～5500
粗砂	中密、密实	3000～4500	4000～5000	4500～6000	5000～7000
角砾、圆砾	中密、密实	3500～6000		5000～7500	
碎石、卵石	中密、密实	4500～6500		6000～8000	
全风化软质岩	$30\leqslant N'<50$	2000～3000		3000～4500	
全风化硬质岩	$30\leqslant N'<50$	2500～3500		3500～5000	
强风化软质岩	$N'\geqslant50$	3000～4500		3500～5000	
强风化硬质岩	$N'\geqslant50$	3500～5500		4000～7000	
全风化花岗岩	$40\leqslant N'<70$	3500～4500		4000～6000	
强风化花岗岩	$N'\geqslant70$	4500～6000		6000～8000	

注：1. N' 为实测标准贯入试验击数；N' 越大，q_{pa} 取值越大；
    2. 打入桩取表中高值。

2）桩端持力层为其他土（岩）层

$$R_a = \pi\sum d_{si}q_{sia}l_i + q_{pa}A$$

式中：q_{sia}——桩侧阻力特征值（kPa），宜按现场试验或地区经验取值。无试验资料和地区经验时，按行业标准《建筑桩基技术规范》JGJ 94—2008中表 5.3.5-1 选取灌注桩侧摩阻力极限值的区间高值的 0.5 倍；

     q_{pa}——管桩桩端阻力特征值（kPa），宜按现场试验或地区经验取值。无试验资料和地区经验时，按行业标准《建筑桩基技术规范》JGJ 94—2008 中表 5.3.5-2 选取预制桩的极限端阻力标准值的区间高值的 0.5 倍；

     d_{si}——分层土中钻孔灌注桩直径（mm）；

     u——岩内钻孔灌注桩直径（mm）；

f_{rs}、f_{rp}——桩侧和桩端岩层的岩样天然湿度单轴抗压强度（MPa）；

h_r——嵌岩深度（m），不宜小于 0.5m；若嵌入灰岩或其他微风化硬质岩时，不应小于 0.2m；

C_1、C_2——嵌岩桩端阻系数、侧阻系数，根据现行广东省标准《建筑地基基础设计规范》DBJ 15—31 选用。

桩身混凝土强度应满足桩的受压承载力设计要求。对于轴向受压的管桩，当不考虑桩身构造配筋的作用时，应符合下列规定：

$$N \leqslant R_p$$

式中：N——相应于荷载效应基本组合时的单桩竖向力设计值（kN）；

R_p——管桩桩身正截面受压承载力设计值（kN）。

对于轴向受压的桩基，不考虑压屈影响时，管桩的桩身正截面受压承载力设计值应按下列公式确定：

（1）UHC、PHC、PC、PRC 桩：

$$R_p = \psi_c f_c A_c$$

（2）SC 管桩：

$$R_p = \psi_c \left(f_s A_s + 1.3 f_c A_c \right)$$

式中：ψ_c——成桩工艺系数，一般取 0.7 ~ 0.85，采用植桩时可取高值；

f_c——混凝土轴心抗压强度设计值（N/mm²）；

A_c——管桩的混凝土截面面积（mm²）；

A_s——SC 管桩钢管面积（mm²）；

f_s——SC 管桩的钢管抗拉强度设计值（N/mm²）。

对于高承台基桩、桩身穿越可液化土或不排水抗剪强度小于 10kPa 的软弱土层的基桩，应考虑压屈影响，可按上式计算所得桩身正截面受压承载力乘以系数 φ 折减。其稳定系数 φ 可根据桩身压屈计算长度 l_c 和桩的设计直径 d（或矩形桩短边尺寸 b）确定。桩身压屈计算长度可根据桩顶的约束情况、桩身露出地面的自由长度 l_0、桩的入土长度 h、桩侧和桩底的土质条件按表 4-28 确定。桩的稳定系数可按表 4-29 确定。

当管桩桩周土体因自重固结，或受地面大面积堆载、地下水位降低等因素影响而产生的沉降大于管桩的沉降时，应考虑由此引起的桩侧负摩擦力对管桩受压承载力及沉降的影响。当缺乏实测资料及地方经验时，可按下列方法估算负摩阻力：

（1）中性点（桩身某点与土的相对位移为零）距桩顶深度 l_n 由计算确定。也可按表 4-30 及工程地质条件确定，其中 l_0 为桩周土沉降为零处距桩顶的深度。

桩身压屈计算长度 l_c

表4-28

桩顶铰接				桩顶固接			
桩底支于非岩石岩土中		桩底嵌于岩石岩内		桩底支于非岩石岩土中		桩底嵌于岩石岩内	
$h < \dfrac{4.0}{\alpha}$	$h \geqslant \dfrac{4.0}{\alpha}$	$h < \dfrac{4.0}{\alpha}$	$h \geqslant \dfrac{4.0}{\alpha}$	$h < \dfrac{4.0}{\alpha}$	$h \geqslant \dfrac{4.0}{\alpha}$	$h < \dfrac{4.0}{\alpha}$	$h \geqslant \dfrac{4.0}{\alpha}$
$l_c = 1.0 \times (l_0 + h)$	$l_c = 0.7 \times \left(l_0 + \dfrac{4.0}{\alpha}\right)$	$l_c = 0.7 \times (l_0 + h)$	$l_c = 0.7 \times \left(l_0 + \dfrac{4.0}{\alpha}\right)$	$l_c = 0.7 \times (l_0 + h)$	$l_c = 0.5 \times \left(l_0 + \dfrac{4.0}{\alpha}\right)$	$l_c = 0.5 \times (l_0 + h)$	$l_c = 0.5 \times \left(l_0 + \dfrac{4.0}{\alpha}\right)$

注：1. 表中 $\alpha = \sqrt[5]{\dfrac{mb_0}{EI}}$；

2. l_0 为高承台桩基露出地面的长度，对于低承台桩基，$l_0 = 0$；

3. h 为桩的入土长度，当桩侧有厚度为 d_1 的液化土层时，桩露出地面长度 l_0 和桩的入土长度 h 分别调整为 $l'_0 = l_0 + \psi_1 d_1$，$h' = h - \psi_1 d_1$；

4. 当存在 $f_{ak} < 25kPa$ 的软弱土时，按液化土处理。

桩身稳定系数 ϕ　　　　表 4-29

l_c/d	≤7	8.5	10.5	12	14	15.5	17	19	21	22.5	24
l_c/b	≤8	10	12	14	16	18	20	22	24	26	28
ϕ	1.00	0.98	0.95	0.92	0.87	0.81	0.75	0.70	0.65	0.60	0.56
l_c/d	26	28	29.5	31	33	34.5	36.5	38	40	41.5	43
l_c/b	30	32	34	36	38	40	42	44	46	48	50
ϕ	0.52	0.48	0.44	0.40	0.36	0.32	0.29	0.26	0.23	0.21	0.19

注：b 为矩形桩短边尺寸，d 为桩直径。

中性点深度比　　　　表 4-30

持力层性质	黏性土、粉土	中密以上砂	卵石、碎石	基岩
中性点深度比 l_n/l_0	0.4 ~ 0.6	0.7 ~ 0.8	0.8 ~ 0.9	0.9 ~ 1.0

（2）中性点以上土层的负摩阻力可按下列公式估算：

$$q_{si}^n = \sigma'_{vi} k_{0i} \tan\varphi'_i$$

$$\sigma'_{vi} = p + \gamma_i z_i - u_i$$

式中：σ'_{vi} —— 桩周第 i 土层的竖向有效应力；

　　　p —— 地面堆载，包括大面积填土；

　　　γ_i —— 第 i 土层底以上土层按厚度计算的加权平均重度，在地下水位以下时用有效重度；

　　　z_i —— 由地面算起至 i 土层中点的深度；

　　　u_i —— 第 i 土层中超静孔隙水压力，不易测得可近似取零；

　　　φ'_i —— 第 i 土层的有效内摩擦角；

　　　k_{0i} —— 第 i 土层的静止侧压力系数。

负摩阻区的总负摩阻力：

$$Q^n = u_p \sum q_{si}^n l_{ni}$$

式中：u_p —— 桩周长；

　　　l_{ni} —— 负摩阻区第 i 土层的厚度。

上式的负摩阻力系数 $k_0 \tan\varphi'$ 也可按表 4-31 取值。

负摩阻力系数表

表 4-31

土类	$k_0 \tan \varphi'$
饱和软土	0.15 ~ 0.25
含砂、贝壳饱和软土	0.20 ~ 0.30
黏性土、粉土	0.25 ~ 0.40
砂土	0.35 ~ 0.50

注：1. 在同一类土中，挤土桩取较大值，排土桩取较小值。

2. 填土取同类土的较大值。

3. 有经验或相似条件的工程实例作参考时，可取 q_{si}^n 近似等于 q_{sia} 估计负摩阻力。

4. 当满足桩最小中心间距的要求时，群桩的负摩阻力可视为各单桩负摩阻力之和，但算得的负摩阻力不应大于中性点以上的桩间土重。

5. 未考虑端阻作用的摩擦桩或桩端持力层为软、可塑黏性土时，可把中性点以上的桩侧摩阻力视为零，验算单桩的承载力。

6. 桩端持力层为密实的砂层、砂砾层、卵石层、碎石层及基岩时，应将负摩阻力作为附加下拉荷载，验算桩中性点处的桩身截面承载力。

7. 对于负摩阻力较大，桩长变化大，持力层土层较不均匀，建筑物对差异沉降控制要求较严格的结构，宜适当加强承台间地梁的强度、刚度及上部结构的整体刚度。

4.2.2 抗拔承载力计算

承受竖向拔力的桩基，应按下式验算单桩的抗拔承载力：

$$N_{tk} \leqslant R_{ta}$$

式中：N_{tk} —— 按荷载效应标准组合计算的作用于单桩桩顶的竖向拔力（kN）；

R_{ta} —— 单桩竖向抗拔承载力特征值（kN）。

初步设计时，可按下列规定计算群桩基础呈非整体破坏和呈整体破坏时的基桩抗拔力特征值，并取较小值：

1）群桩呈非整体破坏：

$$R_{ta} = \frac{u_p \sum \lambda_i \xi_{si} q_{sia} l_i}{n}$$

2）群桩呈整体破坏：

$$R_{ta} = U_p \sum \lambda_i \xi_{si} q_{sia} l_i / n + W / n$$

式中：R_{ta} —— 管桩抗拔承载力特征值（kN）；

λ_i —— 抗拔摩阻力折减系数，如无试验数据时可按表 4-32 取值；

ξ_{si} —— 管桩第 i 层土（岩）的侧阻力修正系数值；

W —— 桩群与桩间土组成的实体浮重度计算的自重标准值（kN）。

预应力管桩应按下列规定进行受拉应力验算：

管桩抗拔系数 λ_i 　　　　　　　　表 4-32

土的类别	λ_i 值
黏性土、粉土	0.70 ~ 0.80
松散 ~ 密实砂土	0.50 ~ 0.70
残积土，全风化岩、强风化岩	0.60 ~ 0.70

注：桩长 l 与桩径 d 之比小于 20 时，λ 取小值。

1）对于严格要求不出现裂缝的预应力管桩，其裂缝控制等级应为一级，在荷载效应标准组合下混凝土不应产生拉应力，应符合下式要求：

$$\sigma_{ck} - \sigma_{pc} \leqslant 0$$

2）对于一般要求不出现裂缝的预应力管桩，其裂缝控制等级应为二级，在荷载效应标准组合下受拉边缘的应力不应大于混凝土轴心受拉强度标准值，应符合下式要求：

$$\sigma_{ck} - \sigma_{pc} \leqslant f_{tk}$$

式中：σ_{ck} —— 荷载效应标准组合下桩身混凝土正截面法向拉应力（N/mm²）；

σ_{pc} —— 管桩桩身截面混凝土有效预压应力（N/mm²）；

f_{tk} —— 混凝土轴心抗拉强度标准值（N/mm²）。

管桩桩身轴心受拉时，裂缝控制等级为一级；管桩桩身受弯时，管桩裂缝控制等级为一级（中、强腐蚀环境）和二级（弱或无腐蚀环境）。裂缝控制为一级时应符合下列规定：

$$N_t \leqslant \sigma_{pc} A_c$$

式中：N_t —— 相应于荷载效应基本组合时的单桩竖向拔力设计值（kN），可近似按 $1.35 R_{ta}$ 估算。

承受竖向拔力作用的管桩应进行预应力钢棒抗拉强度、端板孔口抗剪强度、接桩连接强度、桩顶填芯混凝土与承台连接处强度等验算，并应按不利处的抗拉强度确定管桩的抗拔承载力。

1）根据预应力钢棒抗拉强度验算单桩抗拔承载力时，应按下式进行验算：

$$N_t \leqslant C f_{py} A_{py}$$

式中：C —— 综合折减系数，取 0.85；

f_{py} —— 预应力钢棒抗拉强度设计值（N/mm²）；

A_{py} —— 全部纵向预应力钢棒的总截面面积（mm）。

2）根据管桩端板锚固孔（图 4-15）抗剪强度验算单桩抗拔承载力时，应按下式进行验算：

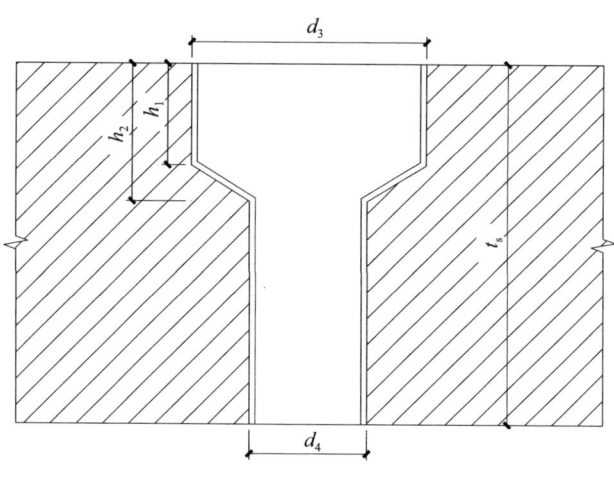

图 4-15　端板锚固孔示意图

$$N_t \leqslant n'\pi\left(d_3 + d_4\right)\left(t_s - \frac{h_1 + h_2}{2}\right)f_v / 2$$

式中：n' —— 预应力钢棒数量；

　　　d_3 —— 端板上预应力钢棒锚固孔台阶上口直径（mm）；

　　　d_4 —— 端板上预应力钢棒锚固孔台阶下口直径（mm）；

　　　h_1 —— 端板上预应力钢棒锚固孔台阶上口至端板顶距离（mm）；

　　　h_2 —— 端板上预应力钢棒锚固孔台阶下口至端板顶距离（mm）；

　　　f_v —— 端板抗剪强度设计值（N/mm²），取 120N/mm²；

　　　t_s —— 端板厚度（mm）。

3）根据管桩接桩连接处强度验算单桩抗拔承载力时，机械连接应按现行国家及地方有关标准的规定进行计算，焊接连接应按下列公式进行验算：

$$N_t = \frac{1}{4}\pi\left(d_5^2 - d_6^2\right)f_t^w$$

式中：d_5 —— 焊缝外径（mm）；

　　　d_6 —— 焊缝内径（mm）；

　　　f_t^w —— 焊缝抗拉强度设计值（N/mm²）。

4）根据管腔内填芯微膨胀混凝土深度及填芯混凝土纵向钢筋验算单桩抗拔承载力时，应按下列公式进行验算：

$$N_t \leqslant k_1 \pi d_1 l_a f_n$$

$$N_t \leqslant A_{sd} f_y$$

式中：k_1 —— 综合折减系数，取 0.8；

　　　d_1 —— 管桩内径（mm）；

　　　l_a —— 填芯混凝土高度（mm）；

　　　f_n —— 填芯混凝土与管桩内壁的粘结强度设计值，宜由现场试验确定。当缺乏试验资料时，可取 $0.30 \sim 0.35\text{N/mm}^2$；

　　　A_{sd} —— 填芯混凝土纵向钢筋总截面面积（mm^2）；

　　　f_y —— 填芯混凝土纵向钢筋的抗拉强度设计值（N/mm^2）。

4.2.3　水平承载力计算

对于不设地下室、设防烈度为 8 度的桩基，应通过现场单桩水平静载试验确定单桩水平承载力特征值。桩基工程的单桩水平承载力特征值与管桩的规格型号、桩周土质条件、桩顶水平位移允许值和桩顶嵌固情况等因素有关，宜通过现场单桩水平荷载试验确定。试验应按现行广东省标准《建筑地基基础检测规范》DBJ/T 15—60 执行。当管桩的水平承载力由桩顶水平位移控制，且缺少单桩水平荷载试验资料时，除 A 型管桩外，采用下列公式估算桩基单桩水平承载力特征值：

$$R_{Ha} \leqslant 0.75 \frac{\alpha^3 EI}{v_x} \chi_{oa}$$

式中：EI —— 管桩桩身抗弯刚度（$\text{kN} \cdot \text{m}^2$），$EI = 0.85 E_c I_0$；其中 E_c 为混凝土弹性模量；除 SC 管桩外，I_0 按下式计算：

$$I_0 = \frac{\pi}{4}(d^4 - d_1^4) + \left(\frac{E_s}{E_c} - 1\right) A_{py} \frac{r_p^2}{2}$$

式中：d —— 管桩外径（m）；

　　　d_1 —— 管桩内径（m）；

　　　r_p —— 纵向预应力钢棒分布圆的半径（m）；

　　　A_{py} —— 全部钢筋的总截面面积（m^2）；

　　　χ_{oa} —— 管桩桩顶允许水平位移（m）；

　　　v_x —— 管桩桩顶水平位移系数，按表 4-33 取值；

　　　α —— 管桩的水平变形系数（m^{-1}），$\alpha = \sqrt[5]{\dfrac{mb_0}{EI}}$；其中，$m$ 为桩侧土的水平抗力系数的比例系数（MN/m^4），可按表 4-34 选用；b_0 为管桩桩身计算宽度（m），$b_0 = 0.9(1.5d + 0.5)$。

管桩桩顶水平位移系数 v_x 　　　　　　表 4-33

桩顶约束情况	桩的换算深度（αh）	v_x
铰接	4.0	2.441
	3.5	2.502
	3.0	2.727
	2.8	2.905
	2.6	3.163
	2.4	3.526
刚接	4.0	0.940
	3.5	0.970
	3.0	1.028
	2.8	1.055
	2.6	1.079
	2.4	1.095

注：当 $\alpha h > 4.0$ 时，取 $\alpha h = 4.0$。

桩侧土水平抗力系数的比例系数 m 值 　　　　　　表 4-34

序号	地基土类别	管桩	
		m（MN/m²）	相应桩顶面处水平位移（mm）
1	淤泥，淤泥质土，饱和湿陷性黄土	2.0 ~ 4.5	10
2	流塑、软塑黏性土，松散粉土，松散粉细砂，松散或稍密填土	4.5 ~ 6.0	10
3	可塑黏性土，稍密粉土，中密填土，稍密粉砂	6.0 ~ 10	10
4	硬塑、坚硬黏性土，中密或密实粉土，中密中粗砂，密实老填土	10 ~ 22	10

注：1. 当桩顶位移大于 10mm 时，m 值宜适当降低；反之，可适当提高；
　　2. 当水平荷载为长期荷载时，应将表列数值乘以 0.4 后采用；
　　3. 当桩侧面为几种土层组成时，应求得主要影响深度 $h_a = 2(d+1)$ 范围内的 m 值作为计算值。

4.2.4　沉降计算

　　桩基的沉降不得超过建筑物的沉降允许值。当有可靠地区经验时，对地质条件不复杂、荷载均匀、对沉降无特殊要求的桩基可不进行沉降验算。对以下桩基应进行沉降验算：

　　1）设计等级为甲级的桩基；

2）体型复杂、荷载不均匀或桩端以下存在软弱土层的设计等级为乙级的桩基；

3）以桩长控制作为收锤指标的桩基。

桩基的沉降量估算方法及建筑物的沉降允许值应符合现行广东省标准《建筑地基基础设计规范》DBJ 15—31 的规定。地区工程经验较丰富时，也可利用单桩静载试验资料数据来估算桩基的最终沉降量。当管桩桩端持力层为 $N \geq 50$ 的强风化岩或 $N \geq 30$ 的中粗砂、砾砂、碎石类土层时，最终沉降量可按单桩静载试验时单桩承载力特征值所对应的试验桩桩顶沉降量的 2.0～3.0 倍进行估算；其余桩端持力层的桩基的最终沉降量，可按单桩静载荷试验时单桩承载力特征值所对应的试验桩桩顶沉降量的 3.0～4.0 倍进行估算。

4.3　预应力管桩施工

1）管桩基础施工前，应完成下列准备工作：

（1）组织有关单位会审设计图纸。

①图纸会审，一般由施工、设计、建设（监理）、质监等有关单位共同进行，由组织单位将会审中发现的问题及解决办法详细记录并整理成会审纪要，作为施工图的补充文件，完工后连同施工图列入工程档案。

②管桩施工前处理完建筑场区内高空和地下的障碍物，有利于打桩的顺利进行；否则，可能会妨碍施工，拖延工期。在建（构）筑物旧址或杂填土地区，打桩前应预先探明位于桩位处的浅埋旧基础、石块及其他障碍物，并将其挖除或采取其他处理措施。

（2）调查场地及毗邻区域内的地下及地上管线、地下建（构）筑物及障碍物、可能受打桩影响的建（构）筑物，并提出相应的安全措施。

（3）平整场地。场地的地面应平整，排水通畅，坡度不大于 1%，承压能力应满足打桩机械稳定的要求。

（4）在不受施工影响的地方设置坐标、高程控制点及轴线定位点。

（5）编制施工组织设计或施工方案。

（6）供电、供水、道路、排水、照明、临时房屋等应满足施工要求。

（7）向打桩操作人员作技术安全交底。

2）管桩基础施工前，应具备下列文件和资料：

（1）建筑场地的工程地质及水文地质资料。

（2）管桩基础的施工图及会审纪要。

（3）施工组织设计或施工方案。

（4）打桩设备（桩机和桩锤等）的技术性能资料。

（5）管桩的出厂合格证及产品说明书。

（6）有关管桩承载力、施工工艺的试验参考资料。

未列入技术管理的文件和资料，如施工许可证等，施工单位应根据各地建设主管部门要求办理。

3）当打桩施工可能影响附近建（构）筑物的正常使用和安全时，应采取减少振动和挤土影响的措施。减少振动和挤土影响的主要措施有：

（1）采用开口型桩尖。

（2）合理安排打桩顺序。

（3）采用预钻孔埋桩。

（4）设置袋装砂井或塑料排水板。

（5）设置非封闭隔离墙。

（6）开挖地面防挤沟。

（7）限制打桩速率等。

必要时，应对建（构）筑物进行加固处理并设点观测；在毗邻边坡打桩时，应随时注意打桩对边坡的影响。

4）目前，南沙地区深基坑围护结构的主要形式有钻孔桩排桩、深层搅拌桩、高压旋喷桩等。深基坑有围护结构时，一般不宜先施工基坑的围护结构然后再打工程桩，否则会出现下列现象：

（1）挤压围护结构，严重时可能将围护结构挤倾斜甚至破坏，降低甚至破坏基坑开挖后的挡土止水效果。

（2）使基坑土体内的孔隙水压力陡增且很难消除，待日后开挖基坑时，先挖部分的土坑成为超孔隙水压力释放的去向，导致基坑四周土体及基桩向基坑中心倾斜。

（3）容易导致桩体上浮的质量事故。

围护结构深基坑中的管桩工程，宜先打工程桩再施工基坑的围护结构；自然放坡基坑中先挖土后打桩的管桩工程，应加强对边坡的监测并采取有效措施保持边坡稳定。

5）管桩工程的基坑开挖应符合下列规定：

（1）严禁边打桩边开挖基坑。

（2）饱和黏性土、粉土地区的基坑开挖，宜在打桩全部完成并相隔15d后进行。

（3）挖土宜分层均匀进行且桩周围土体高差不宜大于1m。

（4）开挖深基坑时应制定合理的施工方案和程序，注意保持基坑围护结构或边坡、土体的稳定。

（5）基坑顶部边缘地带不得堆土及其他重物。

桩尖应根据地质条件和设计要求选用，桩尖的构造及管桩常用桩尖主要有三种：十字形、圆锥形和开口型，应根据地质条件和设计要求进行选用。开口型桩尖穿越砂层能力强，挤土效应较其他桩尖形式低，但价格较高，一般用于桩径较大、桩长较长且布桩较密的场地。圆锥形和十字形桩尖均为封口桩尖，成桩后管桩内孔不进土，可通过低压照明用直观法检查成桩质量。圆锥形桩尖穿越砂层能力较强，但遇地下障碍物或软硬不均的地层时容易倾斜；十字形桩尖破岩能力强且加工容易、价格便宜，过去十年中，广东地区约 90% 以上的管桩工程采用这种桩尖。

对于抗拔桩及高承台桩，其接头焊缝部分应作防锈处理。一般及地质条件较为复杂的二级管桩基础工程，宜在正式开工前按不少于 1% 工程桩数量且不少于 3 根进行试打桩。施工安全，文物和环境保护等应按有关规定执行。

4.3.1 管桩打（沉）桩方法

预应力管桩打（沉）桩方法较多，常用的沉桩方法有锤击沉桩、静力压桩、振动沉桩、预钻孔沉桩等。施工时应根据现场具体的土质与土层情况，沉桩能量要求、周围建筑物及环境状况、噪声控制要求、打桩设备进出条件等，认真选择合适的沉桩方法。本节主要介绍目前预应力管桩常用的锤击法沉桩。

1. 打桩工序

锤击法沉桩的工序依次为：

测量、放样桩→打桩机就位→喂桩→对中、调直→锤击法沉桩→接桩→再锤击→打至持力层（送桩）→收锤。

2. 桩锤的选用

施打预应力管桩，应优先选用柴油锤。锤的合理选择和正确使用对预制桩顺利下沉及保证桩身完好有密切关系。比如，用 D35 柴油锤施打 40m 直径 500mm 的预应力管桩，桩头被击碎的可能性较大，桩身被打断的事故也会发生。因为用小锤打大桩，锤芯跳动太高，桩头锤击应力过大；同时锤击次数过多，一根桩的总锤击数可达到 2000 击，甚至超过 3000 击，易使桩头混凝土疲劳破坏，另外也会缩短柴油锤的使用寿命。所以，应用"重锤轻击"的原则来指导施工，这样做还可以增加打桩频率，便于预应力管桩在较密实的土层顺利地通过。

选择合适的桩锤是一个重要问题。选择柴油锤型号可根据下列方法之一确定：

（1）根据高应变动测法试打桩的结果选用；

（2）根据工程地质条件、单桩竖向承载力设计值、桩的规格、入土深度等因素，遵照"重锤轻击"的原则综合考虑后选用。需要注意的是，打桩锤应与打桩架相匹配，否则会发生桩架倾倒等重大安全事故。经验不足时，应查阅打桩架的使用说明书。

3. 打桩机具及施工原则

（1）柴油打桩机是指采用柴油锤的打桩设备，由桩架、行走机构及柴油锤构成。打桩架有万能打桩架、三点支撑桅杆式打桩架和重机桅杆式打桩架等形式，也有采用落锤式打桩机的桩架改装的，这种改装应保证桩架的稳定性。行走机构分为走管式、轨道式、液压步履式及履带式四种方式。三点支撑履带自行式柴油打桩机行走调头方便，垂直度调整快捷，打桩效率高，应优先选用。柴油锤与打桩架不匹配时，容易发生倾倒架事故。打桩架与锤的匹配要求，一般在打桩机说明书中列出。施打管桩的打桩机宜选用三点支撑履带自行式柴油打桩机，不宜采用自由落锤打桩机。打桩机的桩架必须具有足够的强度、刚度和稳定性，并应与所挂柴油锤相匹配。

（2）柴油锤宜选用筒式柴油锤。柴油锤的型号可按下列方法之一确定：

①根据有高应变动测法配合测试的试打结果选用。

②根据工程地质条件、单桩竖向承载力设计值、桩的规格、入土深度等因素，并遵循重锤低击的原则综合考虑后选用。

（3）桩帽及垫层的设置，应符合下列规定：

在锤击沉桩中，桩帽主要起传递锤击力、固定和保护桩头的作用。所以桩帽结构要牢固，耐打性要好，尤其桩帽顶板要有一定的厚度，能经受长期锤击而不变形。若顶板较薄，经反复锤击成锅底状，施工时容易破坏桩头。预应力管桩的桩帽，现在常做成圆形，其抗锤击性能优于其他形状，而且可以使桩自由转动，防止扭曲破坏。

桩帽的尺寸应与桩头相配合，套桩头用的筒体深度宜取400mm左右，过深易磕坏桩头混凝土，过浅宜造成桩头脱离桩帽而发生桩身倾倒事故。筒体内径或边长不可过大或过小，过大则喂桩套帽时易偏位，易发生偏心打桩；过小则喂桩困难。一般来说，桩帽或送桩帽与桩身之间的间隙应为5~10mm。

桩帽上部与桩锤之间的衬垫称为锤垫，主要也是起保护桩头的作用。锤垫的厚度应该适中，锤垫太薄，锤击时有效作用时间短，锤击应力过大，桩头易被击碎；锤垫过厚，锤击能量损失较大，桩不下沉或反回弹。一般宜取锤垫厚度为150~200mm，锤垫材料可用橡木、桦木等硬木按纵纹受压使用，有时也采用盘圆层叠的旧铁芯钢丝绳。对重型桩锤尚可采用压力箱式的结构桩锤。

桩帽与桩头之间也要设置弹性垫层，称桩垫。可采用麻袋、硬纸板、水泥纸袋、胶合板等材料制作，软硬要适度，厚度要平均，且经锤击压实后保持在120~150mm为宜。在打桩期间应经常检查，及时更换或补充，以便有效地防止桩头被击碎，提高桩身贯入能力。垫层经过多次锤击后，会因压缩减小厚度，使得硬度和刚度增加，从而提高锤击效率。

（4）确定打桩顺序打桩时，由于桩对土体的挤密作用，先打入的桩受水平推挤而造成偏移和变位，或被垂直挤拔造成浮桩；而后打入的桩由于土体隆起或挤压很难达到设计标高或入土深度，造成截桩过大。所以施打群桩时，为了保证质量和进度，防止周围建筑物被破坏，应根据桩基平面布置、桩的尺寸、密集程度、深度等实际情况来正确选择打桩顺序。当基坑不大时，打桩应逐排打设或从中间开始分头向周边或两边进行；对于密集群桩（桩中心距小于等于 4 倍桩边长），应由中间向两个方向或四周对称施打；当一侧毗邻建筑物时，应由毗邻建筑物处向另一方向施打；当桩较稀疏时（桩中心距大于 4 倍桩边长），可采用上述方法或采用由一侧向单一方向施打的方法，这样逐排打设，桩架单方向移动，打桩效率高，但打桩一侧不宜有防侧移、防振动的建筑物、构筑物或地下管线等，以防土体挤压破坏。当基坑较大时，应将基坑分成数段，而后在各段内分别进行，但打桩时应避免自外向内，或由周边向中间进行，以避免中间土体被挤密而使桩难以打入。

实际施工中，由于移动打桩架的工作繁重，因此，除了考虑以上因素外，有时还考虑打桩架移动的方便与否来确定打桩顺序。

当桩的规格、埋深、长度不同时，宜先大后小，先深后浅，先长后短施打。打桩顺序确定后，为了便于桩的布置和运输，还要考虑打桩机是"顶打"还是"退打"。

当打桩地面标高接近桩顶设计标高时，打桩后，许多桩的顶端还会高出地面，这主要是因为桩尖持力层标高不可能完全一致，而预制桩又不可能设计成不同长度。在这种情况下，打桩机只能采用向后退打的方法，这样就不可能事先将桩全部布置在地面上，只能边打边运；当打桩后，桩顶实际标高在地面以下时（摩擦桩一般是这样），打桩机则可以向前"顶打"。这时只要现场允许，所有桩均可事先布置在桩位上，避免场内二次搬运。"顶打"时地面所留桩孔应在移动打桩机前铺平。

（5）当桩运至桩位以后，即可利用桩架上的滑轮组进行提升就位。陆上使用的打桩机，至少设有三个起重用的钢丝绳吊钩，一般 1 号吊钩挂打桩锤，2 号和 3 号吊钩可作吊桩用。用吊索在吊环处捆绑桩身作吊点使用，此时严禁用吊环作吊点起吊。当桩为两点吊时，先同时收紧 2 号和 3 号钢丝绳，将桩身水平提升至桩长一半加 0.3 ~ 0.5m 的高度，然后卷扬机停止卷动近桩尖处的钢丝绳，仅开动近桩头处钢丝绳上的卷扬机，使桩头逐渐提升，直到桩身垂直，便可喂桩将桩头插入打桩锤下面的桩帽内。当桩采用三吊点起吊时，近桩头处吊点用吊索捆绑桩身，用 3 号吊钩起吊，近桩尖处两个吊点用长吊索捆连，并将其放入 2 号钢丝绳的"开口葫芦"内，这样随着桩身的旋转起吊可随时调整"开口葫芦"至长索两端的距离。桩身起吊时，吊钩处应设置溜绳，防止桩身左右晃动。

（6）打桩运桩时，应用导板夹具或桩箍将桩嵌固在桩架的两导柱中，桩位置及垂直度经校正后，在桩顶安上桩帽，然后放下桩锤轻轻压住桩帽，在桩的自重及锤重作用下，桩沉入土中一定深度而达到稳定位置，这时再校正一次桩身的垂直度，即可进行打桩。

打直桩时，要求桩身自始至终保持垂直，并使桩锤、桩帽和桩身中心线保持在同一铅垂线上，这不仅可以保证成桩的垂直度，也可防止预制管桩桩顶受偏心锤击而破碎。这是因为桩身倾斜时，桩帽与桩顶接触面积减少，会使锤击应力集中而打碎桩头混凝土。另外，第一节桩的垂直度关系到整根桩的质量好坏。底桩偏斜，以后接的桩就难以垂直，且纠偏越来越难，因此相关规范中规定，桩插入土层时的垂直度偏差不得超过0.5%。如桩顶不平，应用厚纸板垫平或用环氧树脂砂浆补抹平整。

开始沉桩时，应起锤轻击数锤，确认桩身、桩架及桩锤等垂直度一致，方可用正常落距打桩。当桩顶标高较低，需送桩入土时，应将钢制送桩器放于桩头上，锤击送桩将桩送入土中。在较厚的黏土、粉质土层中，每根桩要连续施工，中间停歇时间不可太久。因为在这类土中打桩，桩周围土体结构受振动迅速破坏，桩的贯入相当容易，但一旦停歇下来，桩周围土体迅速固结，且原来游离出来的孔隙水压力消失，桩身很容易和土体固结成直径较大的土桩，停歇时间越久，固结力越大，要想打动这根桩需要增加许多锤击数，甚至根本打不动，硬打就会将桩头或桩身打碎。

（7）当预制管桩不以桩身长度为控制标准时，应考虑停止锤击的问题。停打过早，桩的承载力可能达不到设计要求；停打过晚，可能将桩打坏。桩停止锤击的控制原则如下：

①桩端（指桩全断面）位于一般土层时，以控制桩端设计标高为主，贯入度作参考；

②桩端达到坚硬、硬塑的黏土，中密以上粉土，砂土，碎石类土，风化岩时，以贯入度控制为主，桩端标高可作参考；

③贯入度已达到而桩端标高未达到时，应继续锤击三阵，按每阵10击的贯入度不大于设计规定的数值加以确定，必要时施工控制贯入度应通过试验与有关单位会商确定。

上述所指贯入度，为最后贯入度，即最后一击进桩的入土深度。实际施工中一般是采用最后10击的平均入土深度作为其最后贯入度。最后贯入度不能定得过小，否则锤击次数太多，对桩身的质量没有好处，而且也会有损柴油锤的使用寿命。当出现贯入度剧变，桩身突然发生倾斜、移位或有严重回弹，桩顶、桩身出现严重裂缝、破碎等情况时，应暂停打桩，并分析原因，采取相应措施后继续施工。

总之，停锤标准应根据场地工程地质情况、单桩承载力设计值、桩的规格和长短、锤的大小和冲击能量等因素，综合考虑贯入度、入土深度、总锤击数、每米沉桩锤击数及最后一米沉桩锤击数、桩端持力层的岩土类别及桩尖进处持力层深度、桩土弹性压缩量等指标后给出。

4.3.2　静力压桩法沉桩

静力压桩是在软土、填土及一般黏性土层中应用，利用压桩机自身和配重提供的静压力将预制桩分节压入地基土层中成桩的沉桩方法，当存在厚度大于2m的中密以上夹砂层时，不宜采用静力压桩。

（1）静压预制方桩的施工，一般情况下都是采用分段压入，逐段接长的方法。其程序为：测量定位→压桩机就位→吊桩→喂桩→桩身对中调直→压桩→接桩→再压桩（送桩）→终止压桩→切割桩头。

（2）压桩机就位经选定的压桩机进场安装调试好以后，行至桩位处，使桩机夹持钳口中心（可挂中心线砣）与地面上的样桩基本对准，调平压桩机。再次校核无误，将长步履（长船）落地受力。

（3）吊桩喂桩静压预应力管桩桩节长度一般不超过 12m，可直接用压桩机上的工作吊机自行吊桩喂桩，也可另外配备专门吊机进行吊桩喂桩。底桩应采用带桩尖的预制桩，当被运到桩位附近后，一般采用一点起吊，采用双千斤顶加小扁担的起吊法使桩身竖直进入夹桩的钳口中。若采用浆锚法接桩，起吊前应检查浆锚孔的深度并将孔内杂物及积水清理干净

（4）桩身对中调直当桩被吊入夹桩钳口后，由指挥员指挥吊机司机将桩徐徐下降至桩尖离地面 10cm 左右为止，然后夹紧桩身，微调压桩机使桩尖对准桩位，并将桩压入土中 0.5～1.0m，暂停下压，从两个正交侧面校正桩身垂直度，待其偏差小于 0.5% 时方可正式压桩。

（5）压桩。压桩是通过主机的压桩油缸伸程之力将桩压入土中，压桩油缸的最大行程视不同压桩机而不同，一般为 1.5～2.0m。因此每一次下压，桩深入土中约为 1.5～2.0m，然后松夹、上升、再夹、再压，如此反复进行，将一节桩压下。当一节桩压到离地面 80～100cm 时，可进行接桩或放入送桩器将桩压至设计标高。静压力由压力表反映，如没有自动记录装置，施工人员应认真记录桩入土深度及相应压力表读数。

（6）接桩。接桩可采用焊接法或机械快速法。

（7）送桩。静压桩的送桩作业可利用现场预制桩段代替送桩器来进行。施压预制桩最后一节桩时，当桩顶面到达地面以上 1.5m 左右时，应再吊一节桩放在被压桩顶面，代替送桩器（但不要将接头连接），一直下压，将被压桩的桩顶压入土层中直至符合终压控制条件为止，然后将最上这节桩拔出来即可。但对于大吨位压桩机（压力大于 4000kN），由于最后的压桩力及夹桩力很大，有可能将桩身混凝土夹碎，所以不宜用预制桩代替送桩器，而应制作专用钢质送桩器。

（8）终止压桩要确定静力压桩的终压控制条件，首先应清楚终压力与极限承载力的关系。

在黏性土中压桩时，桩周土体受剧烈扰动，孔隙水压力急剧上升，土体抗剪强度降低，桩身容易下沉，压桩阻力主要来自桩尖穿透土层时冲剪土体的阻力，它并不一定随桩入土深度增加；而主要随桩尖土体的软硬、松密程度变化。因此，在相同土体中，压桩阻力基本不变。一旦压桩终止并随时间的延续，桩周土体触变时效及固结时效体现出

来，土体中孔隙水压力消失，土体固结，其抗剪力恢复，甚至超过原始强度，这个强度才是桩的极限承载力。一般说来，黏性土中长度较大的静压桩，其最终极限承载力要大于施工结束时的终止压力。

当在砂土中压桩时，砂层渗透系数较大，沉桩产生的孔隙水压力迅速消散，压桩阻力会同时随桩端砂层性质不同以及压桩深度的增大而变化。因此，压桩阻力是桩端阻力和桩侧阻力的共同反映。卸载以后，在一定时间内，砂粒之间在内应力作用下相对滑动，重新排列，使桩端承载力及桩侧摩阻力降低，因此桩的极限承载力要小于压桩结束时的终止压力。特别是桩长小于 10m 的短桩，降低幅度更大。

因此，在确定终压条件时，各地及各工程应根据当地及现场土质条件及桩的类型、大小、单桩竖向承载力、布柱密集程度综合考虑。一般来说，对纯摩擦桩，终压时以设计桩长为控制条件；长度大于 21m 的端承摩擦桩，应以设计桩长为主，终压力值为对照；对设计承载力较高的桩，终压力值应尽量接近压桩机满载值；对长 14～21m 静压桩，应以终压力达满载值为条件；对桩周土质较差而设计承载力较高的桩，宜复压 1～2 次；对长度小于 14m 的桩，宜连续多次复压。

采用静压法施工，与锤击法沉桩比较起来有许多优点。首先，可以节约材料，降低成本。由于混凝土抗冲击能力较差，一般仅为抗压能力的 50%，因此在锤击法沉桩时要将混凝土强度适当调高，还需要增加局部加强钢筋，而静力压桩时可以减少这些材料的消耗，还可省去垫层材料。其次，可以提高施工质量。打桩时，桩身往往容易开裂，桩顶被击碎也是常有之事，压桩则可以避免；同时，压桩引起的桩周土体隆起和水平挤动也比打桩小得多。最后，由于压桩无噪声，无振动，因此可以满足环境某些特殊要求，这些年来其应用越来越广泛。

但也应看到，压桩只适合于在软弱土中沉桩施工，且仅限于压直桩，故有着一定局限性。当地层中有较多孤石、障碍物或较厚砂夹层时，以及在溶洞、溶沟等发育的岩溶地区，应慎用静压法施工。另外，静压法施工对现场的地基承载力要求较高，特别是大吨位压桩机，在新填土、淤泥及积水浸泡过的场地施工时，会发生陷机。

（9）静力压桩法沉桩的施工注意事项如下：

①压桩前应对现场的土层、土质情况了解清楚，同时应做好设备的检查工作，防止压桩过程中出现事故而使压桩中断，引起间歇后压桩阻力过大，发生压不下去的事故。如果压桩过程中原定需要间歇，则应考虑将桩尖间歇在软弱土层中，以便起动阻力不致过大。

②压桩机应根据土质情况配足额定重量。

③施压过程中应保证桩的轴心受压，始终保持桩帽、上下节桩、送桩的轴线重合，如有偏斜，要及时调整。节点矢高不得大于桩长的 1%。

④压同一根桩应连续进行，应尽量缩短间歇时间，因此接桩速度要快。如用硫磺胶

泥接桩，浇筑时间不应超过 2min。

⑤压桩过程中，当桩尖碰到夹砂层时，桩尖阻力增大，导致桩压不下去。这时应以最大压桩力压桩，忽停忽开，使桩有可能缓缓下沉穿过夹砂层。

4.4 预应力管桩接桩及桩靴选择

预应力管桩一般预制长度为 12m、15m，桩基根据土层构造来配置预应力管桩。任一单桩的接头数量不宜超过 4 个，接头应满足与桩身等强度设计要求。但是工程中考虑接桩时可能产生的偏差和倾斜，工程中实际控制接头不超过 3 个。

管桩上下节拼接可采用端板焊接连接或机械连接，接头性能应符合现行相关标准的规定并满足设计的具体要求，用作抗拔的管桩应采用机械连接或经专项设计的焊接；当地下水、地基土为强腐蚀等级时，应采用机械连接，宜同时采用封闭围焊；当地下水、地基土为中等腐蚀环境时，宜采用机械连接，也可采用焊接连接并预留端板厚度和焊缝深度腐蚀裕量。并应符合现行国家标准《工业建筑防腐蚀设计标准》GB/T 50046 的要求。

采用焊接接桩除应符合现行国家标准《钢结构焊接规范》GB 50661 的有关规定外，尚应符合下列规定：

（1）下节桩段的桩头宜高出地面 0.5m；

（2）下节桩的桩头处宜设导向箍；接桩时上下节桩段应保持顺直，错位偏差不宜大于 2mm，接桩就位纠偏时，不得采用大锤横向敲打；

（3）桩对接前，上下端板表面应采用铁刷子清刷干净，坡口处应刷至露出金属光泽；

（4）焊接宜在桩四周对称地进行，待上下桩节固定后拆除导向箍再分层施焊；焊接层数不得少于 2 层，第 1 层焊完后必须把焊渣清理干净，方可进行第 2 层施焊；焊缝应连续、饱满；

（5）焊好后的桩接头应自然冷却后方可继续锤击，自然冷却时间不宜少于 8min；严禁采用水冷却或焊好即施打；

（6）雨天焊接时，应采取可靠的防雨措施；

（7）焊接接头的质量检查宜采用探伤检测，同一工程探伤抽样检验不得少于 3 个接头。

采用机械接头接桩的操作与质量应符合下列规定：

（1）将上下接头板清理干净，用扳手将已涂抹沥青涂料的连接销逐根旋入上节桩

Ⅰ型端头板的螺栓孔内，并用钢模板调整好连接销的方位；

（2）剔除下节桩Ⅱ型端头板连接槽内泡沫塑料保护块，在连接槽内注入沥青涂料，并在端头板面周边抹上宽度 20mm、厚度 3mm 的沥青涂料；当地基土、地下水含中等以上腐蚀介质时，桩端板板面应满涂沥青涂料；

（3）将上节桩吊起，使连接销与Ⅱ型端头板上各连接口对准，随即将连接销插入连接槽内；

（4）加压使上下节桩的桩头板接触，完成接桩。

管桩桩尖应符合下列规定：①根据地质条件和布桩情况选用桩尖，宜选用开口型桩尖。②腐蚀环境下的管桩或当桩端位于遇水易软化的风化岩层时，桩尖宜选用一体化桩尖。亦可根据穿过的土层性质、打桩力的大小以及挤土程度选择平底型、平底十字形或锥形闭口型桩尖。采用钢桩尖时，桩尖焊缝应连续饱满不渗水，且在首节桩沉桩后立即在桩端灌注高度 1.5～2.0m 的微膨胀细石混凝土或中粗砂拌制的水泥砂浆进行封底，混凝土强度等级不宜低于 C25，水泥砂浆强度等级不宜低于 M15。

桩尖采用钢板制作时，钢板应采用 Q235B、Q355B 钢材，其质量应符合现行国家标准《碳素结构钢》GB/T 700 和《低合金高强度结构钢》GB/T 1591 的有关规定，钢板厚度不宜小于 16mm，且应满足沉桩过程对桩尖的刚度和强度要求。桩尖制作和焊接应符合现行国家标准《钢结构焊接规范》GB 50661 的有关规定。

4.5 预应力管桩检测

管桩检测应根据检测目的、检测方法的适应性、桩基的设计要求、地质情况、施工工艺及场地条件等，按表 4-35 合理选择检测方法。

基桩检测项目与检测方法

表 4-35

检测项目	检测方法
检测桩身完整性	低应变法 高应变法 孔内摄像法
检测单桩竖向抗压承载力	单桩竖向抗压静载试验 高应变法
检测单桩竖向抗拔承载力	单桩竖向抗拔静载试验
检测单桩水平承载力与变形参数	单桩水平静载试验

4.5.1　承载力确定的试验方法——静载试验法

1. 基本原理

静载试验是一种现场测试方法，其基本原理是将垂直在桩顶上部作用的荷载均匀传递至建筑物的基桩。通过位移传感仪器测得在不同荷载作用下的桩顶沉降情况，通过分析现场实测数据最终得到单桩在竖向荷载作用下的荷载 – 沉降（Q–s）曲线及沉降 – 时间对数（s–$\lg t$）曲线等其他辅助曲线方程。再通过分析荷载 – 沉降曲线确定相应的单桩竖向承载力，图 4-16 为静载试验现场照片。

图 4-16　静载试验法现场照片

2. 试验步骤

静载试验的试验步骤为：试验前期准备工作→桩头处理→设备安装→逐步加载和卸载→数据记录→试验数据→试验报告分析。

3. 试验方法分类

行业标准《建筑基桩检测技术规范》JGJ 106—2014 规范严格规定，桩的静载试验中液压装置向检测桩施加竖向外荷载时，通过桩顶设置的位移传感器进行沉降测量。根据提供单桩竖向荷载作用力的不同，可将反力装置分为堆载法和锚桩法两种常见形式。

（1）堆载法：堆载法通过在平台堆载混凝土试块、砂袋等其他重物提供静载试验的荷载反力，并进行分级加载试验，第一次堆载取值为单桩承载力极限值的 20%，之后再通过桩顶的千斤顶逐级加载提供竖向反力作用。静载试验堆载法的试验装置如图 4-17 所示。

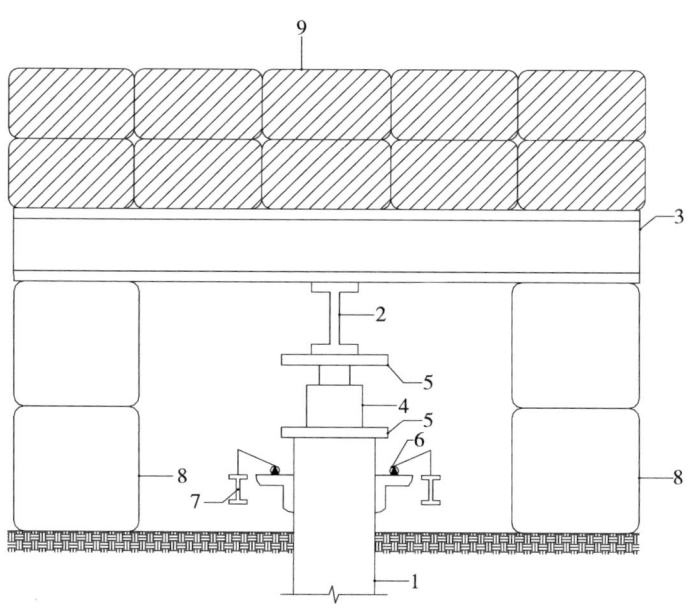

1—试验桩；2—主梁；3—次梁；4—千斤顶；5—钢板；
6—百分表；7—基准梁；8—砌块（支承系统）；9—载荷。

图 4-17 堆载法试验装置示意图

（2）锚桩法：锚桩法通过锚桩和钢架组成的反力架装置提供荷载。在通常情况下，锚桩的数量为 2~8 根，其中试桩和锚桩的桩间间距应大于 $4d$（d 为试桩的桩直径）。静载试验锚桩法的试验装置如图 4-18 所示。

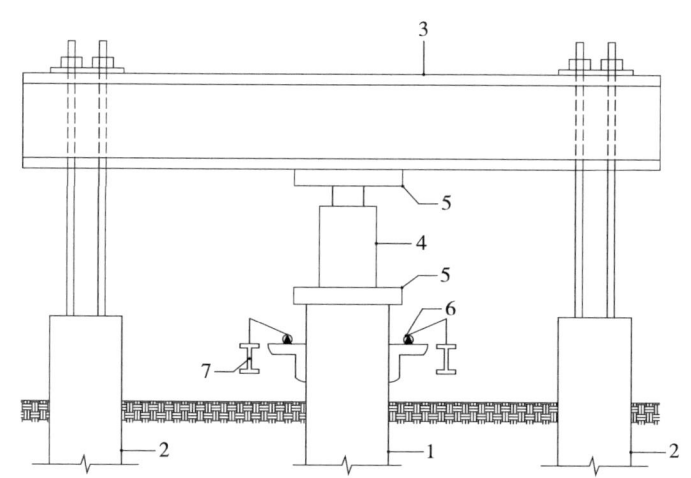

1—试验桩；2—锚桩；3—主梁；4—千斤顶；5—钢板；6—百分表；7—基准梁。

图 4-18 锚桩法试验装置示意图

4．静载试验的优缺点

静载试验检测桩身承载力的优点如下：（1）传统静载试验法最为突出的优点就是现场技术操作简单和得到的结果直观明确。（2）静载实验得到的数据精准度很高。（3）通过静载试验，不仅得到了桩基的单桩竖向承载力，还能得到在各级荷载作用下的桩顶沉降量。（4）质检部门能够通过试桩得到的荷载－沉降曲线确定是否满足设计要求，作出准确的判定。（5）现场静载试验得到荷载－沉降曲线对使用者在专业知识上的要求很低，能够让大多数用户能够轻松掌握。

但是，静载试验的缺点也是十分明显的，主要有：

（1）静载试验周期相对较长，对工程施工进度影响较大。

（2）试验成本高，掌握桩基工程总体情况的能力很差。

（3）对试验环境要求较高。

（4）当检测的桩类型为大直径桩时，静载试验检测成本急剧增长。

（5）检测结果的精度不高。

（6）由于确定极限承载力的方法不同，基于同一根桩基得到的实测 $Q\text{-}s$ 曲线，在不同观测者中可以获得显著不同的承载力结果。

（7）能够提供的检测成果有限，实际只能在宏观上查明桩－土体系在荷载作用下的刚度变化。

4.5.2　承载力确定的试验方法——高应变动测法

1．基本原理

高应变法是采用锤击系统给桩顶施加一竖向瞬态冲击荷载，作用在桩顶的力接近桩的实际应力水平，使桩体产生显著的加速度和惯性力，桩身应变相当于工程桩应变水平，冲击力的作用使桩、土之间产生相对位移，从而使桩侧摩阻力充分发挥，端阻力也相应地被激发。在桩两侧距桩顶一定距离对称安装力和加速度传感器，量测力和桩－土系响应信号，通过基桩动测仪接收锤击响应信号（桩身应力－应变曲线、桩身质点运动速度曲线），其动态响应信号不仅反映桩－土特性，而且和动载作用强度、频谱成分和持续时间密切相关，从而计算分析单桩承载力与桩身结构完整性。高应变试验的原理如图 4-19 所示。

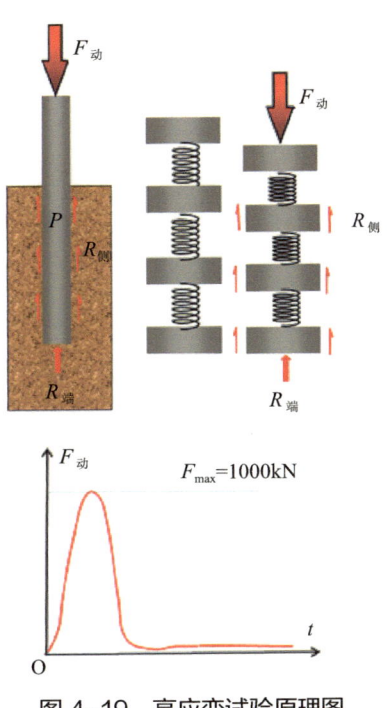

图 4-19　高应变试验原理图

当重锤冲击桩顶时，冲击力不是一个恒值，而是一个变量，而且冲击作用时间极短，大约几毫秒就完成，冲击力作用时间相对整个桩身压缩变形所用时间要小得多。桩身所有质点在空间上的运动规律，以机械波形式来表现为纵波。其运动可以用波动理论来分析。纵波将质点的振动在介质内传播，不同介质的接触面质点振动会发生变化，并将这种变化反向传播，形成反射波。质点振动会受到桩周土阻力影响，分析这种影响的大小，即可得到桩的承载力。高应变试验所需要的器材如图 4-20 所示。

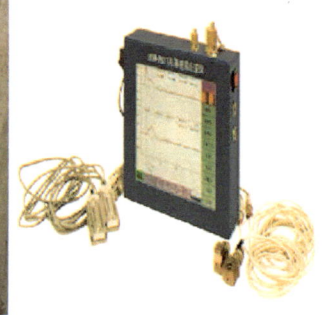

图 4-20 高应变试验试验器材

2. 试验步骤

高应变试验的试验步骤为：试验前期的准备工作→仪器连接与安装→参数设置→重锤锤击→信号采集→对采集的信号进行分析→整理试验报告。

3. 高应变检测试验的优缺点

采用高应变试验法判定桩承载力的优点为：

（1）试验仪器少，场地转移便捷，试验周期短，经济性高。

（2）承载力计算方法便捷，只需要准确在仪器上选取 t_1 时刻下的 CASE 系数后，就可以准确得出承载力值。

（3）由于高应变试验仪器具场地转移很便捷，因此在施工桩基过程中可以实时进行分析，同时可以指导现场施工。

（4）高应变除了可以得到单桩承载力，同时也可以进行桩身完整性判断。

采用高应变试验法确定单桩承载力的局限性为：

（1）高应变试验前期需要通过苛刻的假设条件使桩－土模型理想化，因此与实际工程桩存在较大的差距，会导致计算的结果可靠性降低。

（2）CASE 法中的阻尼系数 J_c 是区域性经验系数，因此人为因素对试验结果影响较大，需要通过静载和高应变试验对比分析来确定。

（3）高应变实验假定桩身阻抗时恒定不变，但实际工程中桩身抗阻存在明显的变化，而选用 CASE 法来分析计算结果时是无法考虑桩身阻抗变化的情况，与实际情况存在冲突，进而使计算结果的准确性显著降低。

4.5.3　桩身完整性试验方法——低应变反射波法

1. 基本原理

低应变反射波法简称低应变法或低应应变试验。在进行低应变反射波法检测时，桩身在总体上可以看作是一维弹性杆件。从理论上讲，任何类型的体波都可以用来进行检测，但其中的纵波最易于实施检测和便于分析，因而成为首选方案。在利用纵波作为检测手段时，激振和测振一般都直接在桩顶上进行，其方向应尽量与桩身的轴线方向一致。低应变反射波法的基本原理和试验器材如图 4-21 所示。

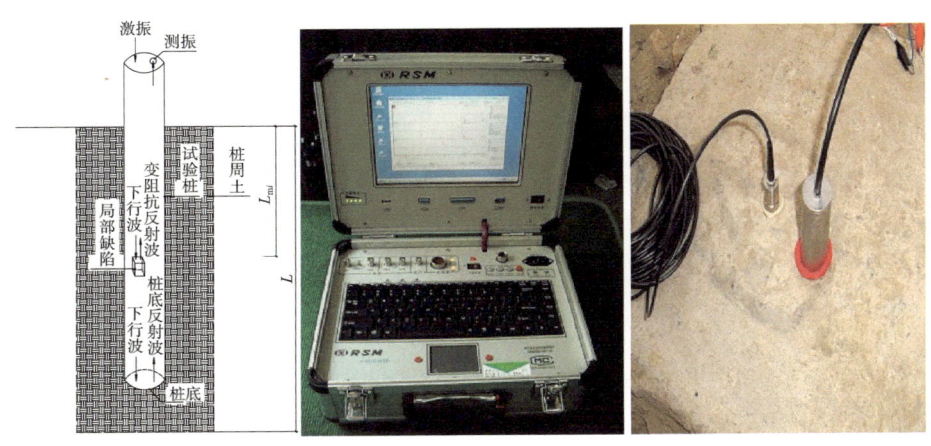

图 4-21　低应变反射波法的基本原理和试验器材

2. 常见桩基缺陷类型

桩基的施工过程中，导致成桩质量和桩身承载力产生缺陷的外部因素有多种，如地质条件的复杂性、施工工艺的选择不当和成桩方式的不合理等。通常情况下，桩身缺陷位置、缺陷类型以及缺陷严重程度是描述桩身缺陷的重要指标。而桩身阻抗变化则是桩身缺陷的综合体现，通常情况下这种缺陷是由一种或多种缺陷同时累加导致的结果。因此，仅通过阻抗的变化无法确定桩身缺陷的性质，需要通过施工现场提供的地层资料、桩型、施工工艺、施工记录表、现场条件等综合判断。同时也可以采用钻芯取样和超声波透射法等其他先进检测方法来辅助判断。桩身的缺陷检测中，常见的缺陷类型包括以下几种：断桩、空心、扩径、离析、开裂、蜂窝、夹泥和缩径等。

根据桩身的缺陷程度，桩身完整性可以分为四类，具体见表 4-36。

由此认为，Ⅰ类桩为优质桩，桩身质量完好，能提供设计所需的承载力要求；

桩身完整性分类　　　　　　　　　　　　表4-36

完整分类	分类原则
Ⅰ类桩	桩身完整
Ⅱ类桩	桩身周围存在轻微缺陷，但该缺陷的存在不会影响基桩承载力的正常发挥
Ⅲ类桩	桩身周围存在明显缺陷，但该缺陷的存在对基桩承载力有显著的影响
Ⅳ类桩	桩身存在严重缺陷

Ⅱ类桩为合格桩，桩身质量存在轻微缺陷，但也能提供设计所需要的承载力要求；Ⅲ类桩需要通过设计计算分析、现场试验并采取适当的处理措施之后可以使用；Ⅳ类桩为不合格桩。

3. 桩基缺陷典型曲线特征

1）完整桩

当桩身类型为完整桩的时候，通过低应变反射波试验检测得到其桩身振动波形曲线是规则且圆滑的，其中入射波和反射波信号有明显的变化，后续无子波反射现象，详见图4-22所示的波形图。

2）扩径桩

当桩身类型为扩径桩的时候，通过低应变试验检测得到其桩身振动波形曲线具有无规律的变化，波形图中存在多次入射波和反射波信号，其中第一次两种波的方向是相反的，第二次两波方向是相同的。由于扩径桩直径不断变化，因此反射波的表现随着扩径形态的不同而各有差异，详见图4-23所示的波形图。

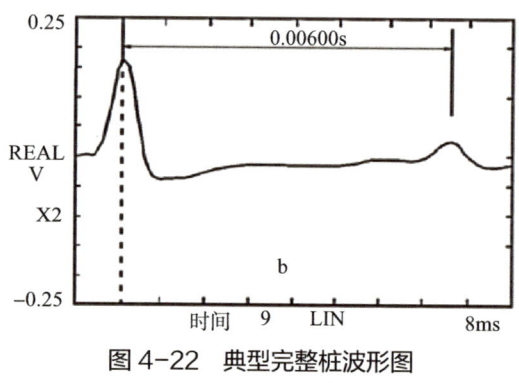

图4-22　典型完整桩波形图

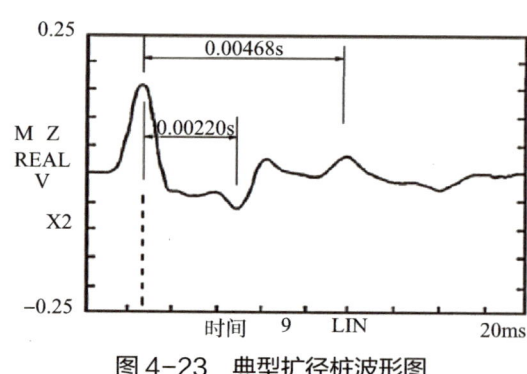

图4-23　典型扩径桩波形图

3）缩径桩

当桩身类型为缩径桩的时候，通过低应变试验检测得到其桩身振动波形曲线是清晰、完整、直观、不规则的。波形图中存在多次入射波和反射波信号，其中第一次两种波的方向是相同的，第二次两波方向是相反的。同时，在桩底存在明显的子波反射，详见图4-24所示的波形图。

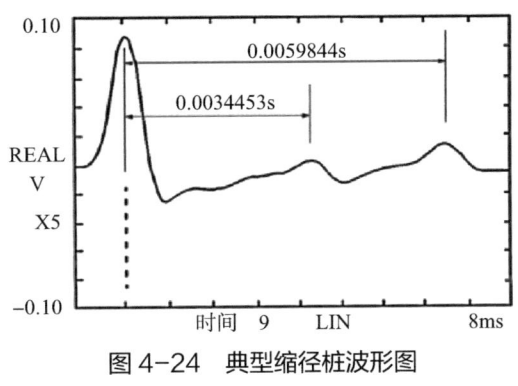

图4-24　典型缩径桩波形图

4）离析桩

当桩身类型为离析桩的时候，通过低应变试验检测得到其桩身振动波形曲线是无序、不规则的。波形图中存在多次入射波和反射波信号，其中第一次两种波的方向是相同的，第二次两波方向是相反的。

由于离析桩混凝土存在密实度差异，因此入射波在缺陷部位的波形图错综复杂，同时在桩底和桩间存在明显同相位子波反射，详见图4-25所示的波形图。

5）断桩

当桩身类型为断桩的时候，通过低应变实验检测得到其桩身振动波形曲线是规则有序的，断桩情况下的波形图如图4-26所示。

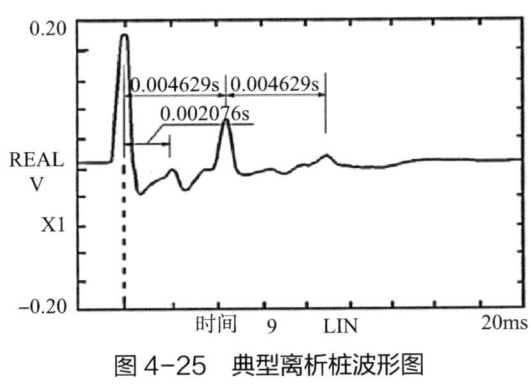

图4-25　典型离析桩波形图

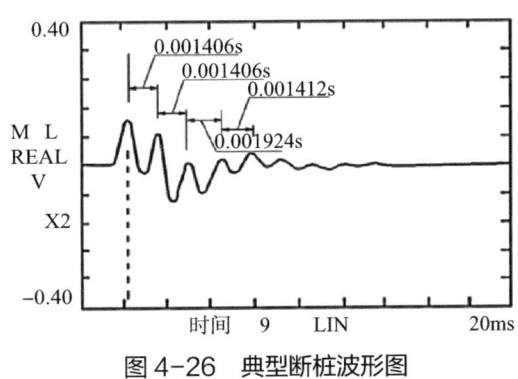

图4-26　典型断桩波形图

4. 低应变反射波法优缺点

低应变反射波法的优点如下：（1）低应变反射波法可以检测桩身的完整性，相对传统的静载试验法不具备此功能。（2）低应变反射波法具有操作简单、周期短、成本低、对工程施工的干扰小、几乎可以在任何场合均可以采用的特点。（3）低应变反射波法检测的抽检率高，覆盖面广，在桩基检测需要时进行普查。（4）低应变反射波法可以在混凝土龄期不高时进行检测试验，并且可以对发现问题的桩采取补救措施，以确保损失最小化。（5）低应变反射波法可检查出严重的桩长不符合设计要求、断桩等情况，并发现显著的桩身缺陷，同时粗略确定其所在深度和严重程度。

低应变反射波法的缺点如下：（1）如果对桩身材料和实际长度毫不知情，就不可能利用此法来测定桩长和平均波速。（2）基本无法对阻抗变化梯度不是很大的渐变型桩身区段做出判断，也难以发现变化程度小于 15%～20% 的阻抗突变，因此实际无法确定桩身每个截面的实际阻抗值，且极易对已有渐变型阻抗变化的桩身问题产生误判。（3）无法从信号本身来区别桩身的截面阻抗与桩侧土层的附着阻抗，在不掌握土层的实际情况时，难免把土层附着阻抗的影响误判为桩身完整性问题。（4）当无法获得桩底反射时，就无法确认桩身下部的完整性情况，能够检测的最大桩长有一定的限制。（5）无法检测桩身弯曲、平行于桩身轴线的裂缝、小尺寸异物和桩底的沉渣情况，无法准确推断混凝土强度。（6）无法准确估计所发现缺陷对试桩承载力的影响，发现的某些缺陷对桩可能毫无实际工程意义。（7）即使采用最复杂、最完善的分析技术，至今仍无法对发现的桩身完整性问题提供比较可靠的定量结果。（8）对检测者的技术素养和相关专业知识的要求较高，在数据的收集和处理方面很大程度上受人为因素的干扰。

4.5.4　桩基检测要求

成桩后桩身完整性和单桩竖向受压承载力检测应符合现行广东省标准《建筑地基基础检测规范》DBJ/T 15—60 的有关规定。

设计等级为甲级、乙级的桩基工程的竖向承载力应在施工前采用单桩静载试验确定，在同一条件下的试桩数量不应少于 3 根。单桩静载试验的开始时间除持力层为遇水易软化的风化岩时不得少于 25d，和持力层为粉土层时不得少于 10d 外，其余情况不得早于 7d，并应符合下列规定：（1）试桩的规格、长度及地质条件应具有代表性；（2）试桩应选在地质勘探孔附近；（3）试桩施工条件应与工程桩一致。

混凝土预制桩的桩身完整性检测应符合下列规定：（1）条件允许时，宜采用孔内摄像法；（2）采用低应变法时，地基基础设计等级为甲级的桩基工程抽检桩数不应少于总桩数的 30%，其余桩基工程中抽检桩数不应少于总桩数的 20%，且每个承台下的抽检桩数不少于 1 根；

当低应变法有效检测深度不满足要求时，尚应采用高应变法进行抽检，抽检桩数不应少于总桩数的 5%，且不得少于 5 根；对已采用孔内摄像法进行桩身完整性检查、检查桩数超过工程桩总数的 20%，且未发现明显质量缺陷的预应力管桩工程，抽检桩数可减少至总桩数的 1%。

单桩竖向受压承载力验收检测应符合下列规定：（1）采用静载试验时，抽检桩数不应少于总桩数的 1%，且不得少于 3 根；当总桩数小于 50 根时，抽检桩数不得少于 2 根。（2）采用高应变法时，抽检桩数不应少于总桩数的 5%，且不得少于 5 根。

当符合下列条件之一时，单桩竖向受压承载力应采用静载试验进行检测：（1）地基基础设计等级为甲级和地质条件较为复杂的乙级桩基工程；（2）场地地质条件为岩溶的桩基工程（岩溶地区的摩擦型桩除外）；（3）非岩溶地区上覆土层为淤泥等软弱土层，其下直接为中风化岩、微风化岩或中风化岩面上只有较薄的强风化岩；（4）施工过程中产生挤土上浮或偏位的桩基工程；（5）采用引孔法辅助施工的桩基工程；（6）对水泥土桩中插入管桩的桩基工程；（7）采用预钻孔后植入管桩的桩基工程。

设计阶段的静载试验桩和施工开始时采用高应变动测法进行打桩过程监测的试打桩，若桩身未破坏且单桩竖向受压承载力大于等于 2 倍单桩竖向受压承载力特征值，试打桩数的 1/2 可计入同方法验收抽检数量。

在施工工程抗拔桩前，应进行试桩抗拔试验。施工完成应进行抗拔力检验，抗拔桩抽检数量不少于总数的 1%，且不少于 3 根。

当设计需要进行成桩的单桩水平承载力或单桩竖向抗拔承载力的检测时，抽检数量应不少于同条件下总桩数的 1%，且不得少于 3 根。

第 5 章

预应力管桩在南沙地区深厚软土场地应用的主要问题

5.1 施工或土方开挖等造成预应力管桩偏桩、斜桩、断桩

南沙地区表层普遍存在深厚软土层，软土具有含水率高、强度低、变形量大、呈流塑状态等特点，不当的管桩施工和基坑开挖易造成已施工完成的工程桩发生偏移和倾斜，主要原因为：

1. 基坑开挖的影响

土方开挖形成的土层高差将产生土压力差，基坑放坡支护处理时，同样易形成土压力差，并且引起基坑周边和基坑内部土体应力释放，使基坑周边土体发生向基坑内部方向的水平位移和沉降的趋势，导致基坑底部土体隆起，造成基坑边缘附近管桩向基坑内部偏斜。

深厚软土场地管桩基础施工时，常需在原地面形成地表硬壳层，再进行管桩施工，然后进行基坑土方开挖。对于存在较厚的饱和、流塑～软塑状淤泥的场地，当桩顶范围淤泥未进行加固处理时，桩体在深厚淤泥中的自由段较长，淤泥层受开挖机械自重和高差等因素影响，对管桩形成较大的侧向土压力作用，导致管桩向开挖面前方发生规律性明显的偏斜。

2. 桩基础施工的影响

场地淤泥深厚且厚度变化较大，且沉桩速度较快时，管桩挤土过程中，淤泥土体中的水体无法快速排走，淤泥中的孔隙水压力快速增大，形成超孔隙水压力，从而破坏土体结构。未被破坏的土体因超孔隙水压力的不断增加及淤泥发生蠕变发生明显形变，导致地面隆起。一般锤击或静压管桩属于挤土桩，挤土效应对管桩有一定的影响。另外，后施工的管桩对先施工完成的管桩也会产生挤压作用，管桩四周受不规则侧向孔隙水压力和土压力作用而偏斜。当桩间距较小且沉桩数量增加时，后期施工管桩造成的挤推力更显著。如果管桩接头偏压较大，可能导致接头偏移、错位甚至折断。

如大范围管桩基础同时开工，多台桩机同时施打，短时间内将大体积的管桩同时打入地下，桩周土体受到强烈扰动，使土体产生巨大的剪切变形，超静孔隙水压力促使土体向上隆起更为明显，可能出现的桩基质量事故将更为严重。

3. 土体暴露时间的影响

基坑开挖及停工期间，基坑土体暴露，使周边土体有充足的时间进行蠕变，基坑周边土体水平位移、沉降及基坑底部土体隆起持续发展，进一步导致管桩偏移量增大。

4. 雨水与流泥的影响

下雨天气，由于基坑底面标高低于周边标高，容易导致雨水在坑内积蓄。而场地淤泥软土透水性差，大量积水无法外排，使土体含水率增大，进而产生流泥，加剧场地土层沉陷及淤泥层蠕动，导致管桩偏斜或断裂。

5. 施工管理的影响

由于项目部管理经验不足，未能及时提出管桩存在的偏斜风险，且对软土场地管桩施工方法的认识不全面，施工过程中未能提出有效的保护措施，导致管桩偏斜。

为降低偏桩、斜桩和断桩风险，针对性的施工措施为：

（1）先开挖基坑，后在基坑底部施打（压）管桩。

（2）采用水泥土搅拌桩处理基坑内地下室底板标高以下局部范围软土，通过水泥搅拌加固体改变原状土的力学及物理性能，提高淤泥土承载力，减少其流动性，从而降低管桩在基坑内土体开挖过程中出现偏桩、斜桩的风险。

（3）土方开挖顺序和方法必须和设计工况一致，并遵循"开槽支撑、先撑后挖、分层开挖、严禁超挖"的原则。

（4）通过控制合理的开挖速度，尽量减慢开挖过程中土体应力释放速度，避免卸载过快产生较大土体位移。但控制合理的开挖速度，并非放慢开挖速度。

（5）合理地分层分段开挖，减小空间效应产生的扰动。开挖时分层的厚度和分段的长度对土体结构空间的稳定有较大的影响。对于分层厚度，软土地区一般不应超过 2m，土质较好的地质一般不应超过 5m。分段长度应结合环境条件、基坑形状、伸缩缝与后浇带位置确定，一般不应大于 25m，并应充分利用土体结构的空间作用。

（6）尽量减少基坑边缘地面荷载，严禁超载。挖出的土方不宜堆在坑边。

（7）出土坡道应尽量避开密集群桩，当施工现场具备放坡空间时，可将出土坡道设置在基坑外部。如果因受施工场地限制将出土坡道设置在基坑内部时，出土坡道坡度应尽可能加大。

5.2　淤泥固结负摩阻力的影响

预应力管桩在打或压入土体的过程中，对桩侧淤泥产生挤压和振动作用，破坏了已稳定的淤泥土体结构，打桩同时会引起桩周土孔隙水压的上升从而进一步破坏土体结构，随后桩侧淤泥重新缓慢沉积和固结，将对桩体产生向下的拉力。另外，当上部结构首层荷载很大时，引起的竖向土压力与侧向土压力也很大，造成土体再沉降，也对管桩产生向下的拉力。尤其在建筑物较高、桩较密集且处于软厚淤泥层中时，管桩施工完成后的淤泥沉降变形对基桩产生的负摩阻力不可忽略。

可采取的处理措施为：

（1）设计过程应充分考虑负摩阻力对单桩承载力计算的影响；

（2）试桩及桩基础检测的试验值应附加 2 倍上部软土的负摩阻力。

5.3 桩端持力层软化影响

南沙部分地区的残积土及风化岩层具有浸水易软化和崩解的特性，导致单桩承载力不稳定且沉降过大的问题；部分淤泥层中夹有蚝壳层，也具有坚硬但遇水软化的特性。施打预应力管桩时，若对淤泥夹蚝壳层认识不足，易将该层误判为强风化花岗岩层，也会导致基桩承载力不足和沉降过大的问题。

主要原因是预应力管桩在穿过淤泥时，会通过管外和管内空心将水带入桩底，从而软化桩端。

建议采取的处理措施为：

（1）选择穿透能力强的桩尖，如铅笔桩，穿透蚝壳层；

（2）选择动能更大的锤击施工工艺，穿透蚝壳层；

（3）完善预应力管桩的封底措施，减少对持力层的软化。

5.4 沿海地区腐蚀环境的影响

南沙地区受退潮或涨潮海水倒灌及周边环境的影响，土壤及水体氯离子含量将可能增大，地表水对混凝土中钢筋的腐蚀性有可能达到中等～强腐蚀性级别。当处于干湿交替作用时，对桩基础影响更大，应引起重视。

建议采取的处理措施为：

（1）通过选择合适的管桩，提高桩身混凝土耐腐蚀性能力，如用于氯盐中等腐蚀环境的耐腐蚀管桩（RCM-PHC）、用于氯盐强腐蚀环境的耐腐蚀管桩（RCS-PHC）、用于硫酸盐中等腐蚀环境的耐腐蚀管桩（RSM-PHC）、用于硫酸盐强腐蚀环境的耐腐蚀管桩（RSS-PHC）等；

（2）选择 AB 型、B 型或 C 型 PHC 管桩；

（3）桩尖禁止敞口，采用闭口桩尖，防止从端口腐蚀桩身；如环境对钢结构具有腐蚀性，为减少焊接，可以采用一体化桩尖；

（4）施工配桩时管桩接头宜避开干湿交替区；

（5）在强腐蚀环境下采用机械接头时，宜同时采用焊接连接。

5.5　桩端持力层为难以穿透的砂层

南沙地区除了有深厚的淤泥层，部分区域还有较厚的中粗砂层或砾砂层（图 5-1）。管桩在砂层比其他土层更难穿透，可能引起单桩承载力不足、稳定性差等问题。

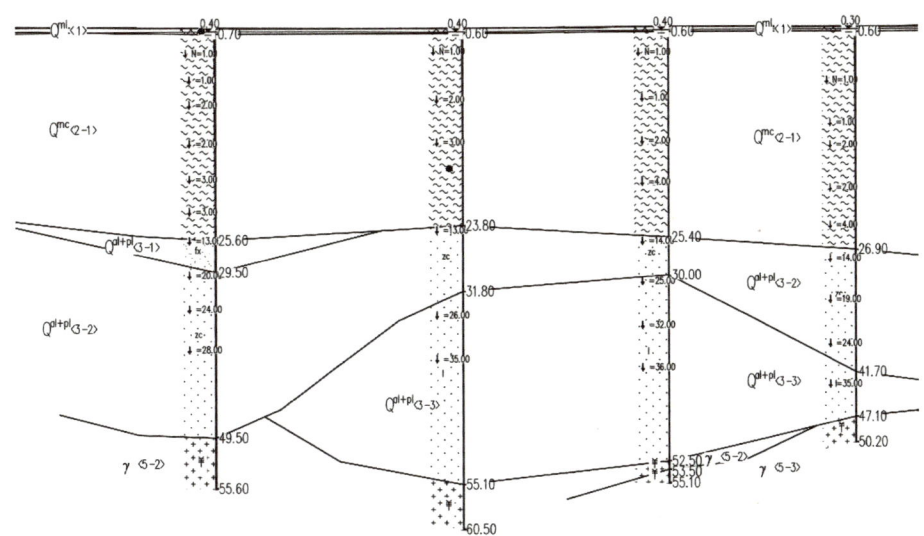

图 5-1　南沙地区典型地质剖面图

建议采取的处理措施：

（1）选择动能更大的锤击施工工艺；

（2）选择穿透能力强的桩尖，如铅笔桩；

（3）选择厚壁桩（基本几何尺寸如表 5-1 所示），相较于常规壁厚管桩，厚壁桩更耐打，穿透能力强，针对南沙区域多砂层、深厚砂层类地质，配合锤击可以穿透，使桩

厚壁管桩的基本几何尺寸（mm）　　　　　　　　表 5-1

外径 d	壁厚 t
400	100 ~ 110
500	130 ~ 145
600	140 ~ 160
700	140 ~ 160
800	140 ~ 160
1000	140 ~ 160

端顺利进入全、强风化岩，不易出现烂桩；针对密实度较高的中粗砂层，也可以进入比常规壁厚管桩更深；

（4）当遇砂层而发生沉桩，阻力突然增大时，可采取忽停忽压的冲击施压法，使桩缓慢下沉直至穿透砂层；

（5）砂层较难穿透时，选择合适的单桩承载力进行基础设计。

5.6 桩端持力层为"软硬突变"中、微风化岩

淤泥层下缺少全强风化岩层或仅有较薄的土层，直接过渡为中、微风化岩层等特殊情况（图5-2），在这样的地质条件下打（压）管桩，桩尖一接触硬岩层，贯入度就立即变小甚至减为零。由于缺乏过渡层缓冲，当收锤标准过高或终压值过大时，容易导致管桩折断，岩面起伏坡率大，给桩基施工带来不利影响，致使桩头附近或者桩接头过早出现疲劳效应，在强度薄弱处出现质量缺陷。

建议采取的处理措施：

（1）管桩施工方法宜采用静压法；

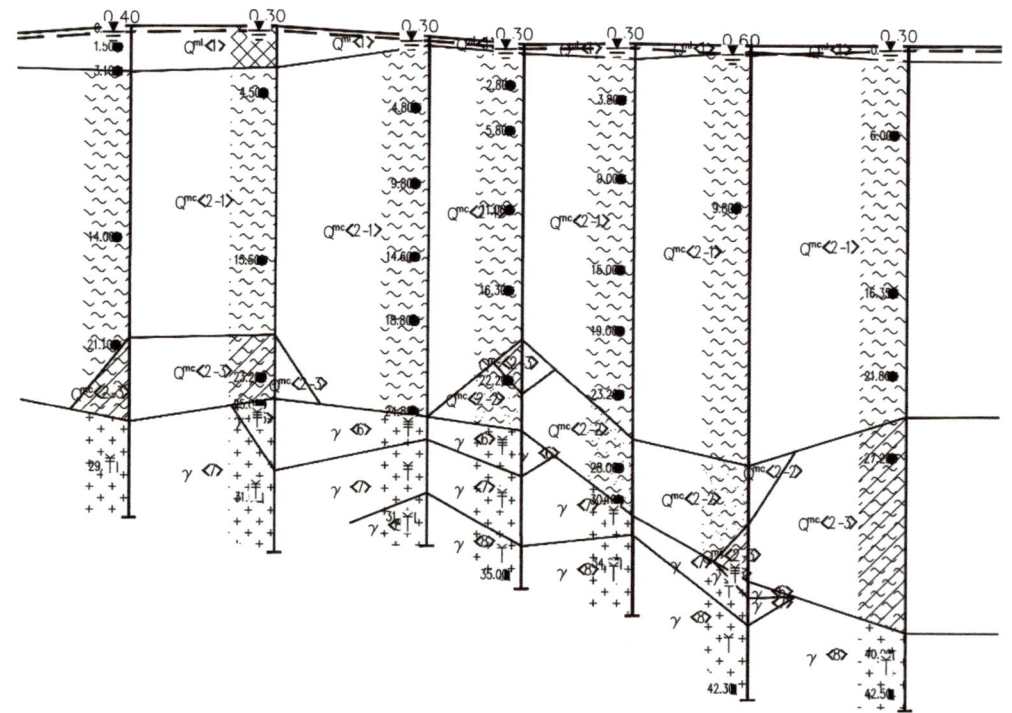

图5-2　桩端持力层为"软硬突变"中、微风化岩地层剖面案例

（2）选择厚壁桩，对于软硬突变地质，可有效降低断桩率，比常规壁厚管桩进入持力层更深；

（3）选择合适的桩尖，如对于地层坚硬且倾斜的桩基持力层，可选用尖底十字形桩尖（持力层面大于 30°）、锯齿式十字形桩尖（持力层平面与水平面夹角大于 45°，防止水平偏移效果更好）及 H 形桩尖（特别倾斜的地层）；

（4）选择合适的单桩承载力进行基础设计；

（5）进行试桩确定管桩可行性，当无法直接采用管桩时，可以采用引孔植桩法、旋挖植桩或灌注桩。

5.7　软土太厚导致桩长细比过大

南沙地区超深厚软弱地层下的全强风化岩的埋深较大，可深达 50～60m，桩长细比超大的情况很常见。超长长细比管桩在施工过程中若不采取垂直度控制措施，容易导致桩身倾斜或管桩屈曲破坏。对于超长桩，如何保证成桩质量是南沙地区管桩施工质量控制的重要课题。

建议采取的处理措施：

（1）采用大直径管桩；

（2）对场地进行预处理，如真空排水预压、水泥土搅拌桩处理；

（3）合理布置管桩施工顺序；

（4）群桩基础布置密集时，设置消挤孔；

（5）宜采用机械接头，严控接头焊接质量；

（6）控制沉桩速度。

第 6 章

工程实例

6.1 灵山岛某项目

6.1.1 工程概况

本项目位于广州市南沙区灵山岛，总用地面积为 13 万 m^2。总建筑面积约为 40 万 m^2，其中地上建筑面积约为 32 万 m^2，地下建筑面积约为 9 万 m^2，建筑高度最高为 99m，项目鸟瞰效果图如图 6-1 所示。

图 6-1　项目鸟瞰效果图

项目规划建设 15 栋 24 座高层住宅及其公建配套和局部商业，还包括 9 班幼儿园、3 班托儿所，以及 18 班小学，食堂、肉菜市场，村委等独立公共建筑。项目分南北两个组团布置。裙楼商铺层高 4.95m，塔楼首层为 4.95m，标准层为 3m，总高度控制在 100m 以下。幼儿园建筑高度为 12.75m，小学建筑高度为 21.75m，村委建筑高度为 17.85m，肉菜市场建筑高度 18.2m。

小学位于北区的东南边，共 5 层，设计建筑面积 8275m^2。

幼儿园位于北区的北侧，共 3 层，设计建筑面积 3129.2m^2。

村委位于北区的西北角，共 4 层，设计建筑面积 2877.6m²。

垃圾收集站位于北区的西北角，共 1 层，建筑面积 150m²。

肉菜市场位于南区东侧，共 4 层，建筑面积 5405m²。

全区塔楼下均设置了一层地下室，地下建筑面积为 82566m²，其中南区地下室 47359m²，北区地下室 35207m²，由连通口连通。

6.1.2　地质条件

拟建场地原为珠江三角洲冲 – 洪积平原地带，位于广州市南沙区横沥镇灵山岛，交通较便利，地面平坦，已完成钻孔孔口高程在 4.17 ~ 5.44m 之间变化。场地完成了 135 个钻孔揭露，上部第四系覆盖土层主要有人工堆积成因的素填土，海相沉积成因的淤泥，冲 – 洪积成因的粉细砂、中粗砂、砾砂、淤泥质土、粉质黏土、圆砾，残积成因的砂质黏性土等；下伏基岩为燕山期的花岗岩（γ）。典型地质剖面如图 6-2 所示。现将钻孔揭露的土岩层按其成因及工程特性由上而下综合描述如下：

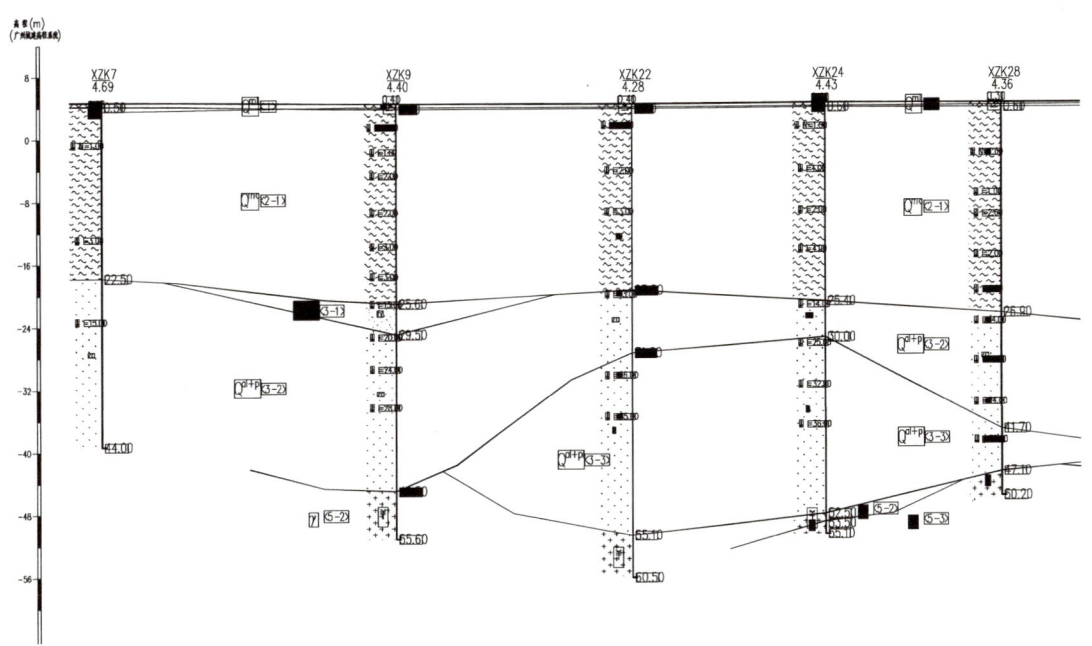

图 6-2　典型地质剖面示意

1. 素填土（Qᵐˡ）（地层编号 <1>）

本层在已完成的 135 个钻孔中均有揭露，全场分布。灰褐色，稍湿 ~ 很湿，局部饱和，松散，主要由黏性土、砂土等组成，局部夹较多耕植土，含植物根茎，部分钻孔揭露 0.1 ~ 0.4m 厚的混凝土面层。

2. 海相沉积层（Q^{al+pl}）

<2-1> 淤泥

本层在已完成的 135 个钻孔中均有揭露，全场分布。灰黑、黑色，饱和，流塑，以粉黏粒为主，含有机质和贝壳，局部含较多粉细砂，夹粉细砂薄层，局部夹淤泥质土。

3. 冲、洪积层（Q^{al+pl}）

<3-1> 粉细砂

本层在 112 个钻孔中有揭露，其中有 15 个钻孔为 2 层分布，场地大部分有分布。灰黄色，饱和，松散～稍密，局部中密，主要由石英砂粒组成，多呈亚圆形，级配不良，含少量黏粒，局部夹薄层粉质黏土。

<3-2> 中粗砂

本层在 120 个钻孔中有揭露，其中 12 个钻孔为 2 层分布，场地大部分有分布。灰黄色，饱和，稍密～中密，局部密实，主要由石英砂粒组成，多呈亚圆形，级配一般，含少量黏粒，局部夹较多砾砂。

<3-3> 砾砂

本层在 89 个钻孔中有揭露，场地大部分有分布。灰黄色，饱和，中密～密实，主要由石英砂粒组成，多呈亚圆形，级配良好，含少量黏粒，局部夹较多圆砾。

<3-4> 淤泥质土

本层在 22 个钻孔中有揭露，主要分布在场地东南角。灰黑、黑色，饱和，流塑，以粉黏粒为主，含有机质，局部含较多粉细砂。

<3-5> 粉质黏土

本层在 49 个钻孔中有揭露，其中 7 个钻孔为 2 层分布，场地部分有分布。灰黄色，湿，可塑，主要由粉黏粒组成，夹较多粉细砂。

<3-6> 圆砾

本层在 11 个钻孔中有揭露，场地零星分布。灰黄色，饱和，中密～密实，主要由石英颗粒组成，多呈亚圆形，级配良好，含少量黏粒，局部夹较多粒径 2～5cm 的卵石。

4. 残积层（Q^{el}）

<4> 砂质黏性土

本层在 50 个钻孔中有揭露，场地部分有分布。褐黄色，稍湿，硬塑，为花岗岩风化残积土，组织结构全部破坏，已风化成土状，含较多中粗砂、砾砂颗粒，遇水易软化、崩解。

5. 基岩（γ）

本场地基岩为燕山期的花岗岩（γ），根据钻探揭露深度分层描述如下：

<5-1> 花岗岩全风化层

本层在 59 个钻孔中有揭露，场地部分有分布。褐黄色，原岩结构基本破坏，但尚可辨认，岩芯已风化成坚硬土状，有残余结构强度，风干易开裂，遇水易软化、崩解。

<5-2> 花岗岩强风化层

本层在 114 个钻孔中均有揭露，场地大部分有分布。褐黄、青灰色，风化强烈，裂隙很发育，原岩结构大部分已破坏，矿物成分已显著变化，岩芯多土状、呈半岩半土状，局部为碎屑、碎块、大块状，遇水易软化、崩解。本层岩石坚硬程度分类为极软岩，岩体完整程度分类为极破碎，岩体基本质量等级分类为 V 类。

<5-3> 花岗岩中风化层

受钻孔深度限制，本层仅在 76 个钻孔中钻及，其中 XZK165 号孔有 2 层分布。青灰、灰褐色，粗粒结构，块状构造，裂隙发育，岩质较坚硬，岩芯较破碎，多呈大块状，少量短柱状，局部夹微风化岩。本层岩石坚硬程度分类为较软岩～较硬岩，岩体完整程度分类为破碎～较破碎，岩体基本质量等级为 Ⅳ～Ⅴ类。

<5-4> 花岗岩微风化层

受钻孔深度限制，本层仅在 54 个钻孔中钻及。青灰色，粗粒结构，块状构造，裂隙少量发育，岩质坚硬，岩芯较完整，多呈长柱状，少量大块、短柱状。本层岩石坚硬程度分类为坚硬岩，岩体完整程度分类为完整～较完整，岩体基本质量等级为 Ⅰ～Ⅱ类。

各土层岩层的桩基计算参数见表 6-1。

6.1.3　基础选型

基础设计前比选了旋挖灌注桩和预应力管桩，技术上均可行。本项目场地淤泥层厚度大，为 10～30m，灌注桩成孔难度大，桩身质量难以保证；强风化岩层厚，部分钻孔钻至 70m 仍未揭示有中风化岩层；中风化持力层深度大，达 60m 以上。灌注桩预估计算平均桩长达 70m，造价高，工期长，而项目投资概算控制严格且工期紧迫，故采用预应力管桩。但有砂层厚、淤泥层厚、淤泥力学性能差等不利条件，易造成偏桩，因此对场地进行堆载联合真空预压预处理；淤泥层厚，容易造成桩周土层产生的沉降超过基桩的沉降，因此计算单桩承载力时按广东省标准《建筑地基基础设计规范》DBJ 13—31—2016 计算桩侧负摩阻力及其引起的下拉荷载；上部淤泥层厚度大，在承受较大竖向荷载的高层塔楼范围采用较大直径的 600mm 直径管桩；在主要承受上浮荷载的纯地下室范围采用经济性更高的 500mm 直径管桩；此外，塔楼范围的管桩数量多且较为密集，存在基桩上浮风险，提出以下解决措施：（1）降低成桩速度；（2）跳打间距加大到 6m；（3）加强基桩的桩顶监测，发现基桩上浮时应进行复打。

单桩技术参数如表 6-2 所示。

各岩土层岩土参数表

表 6-1

土层名称	地基承载力特征值的经验值 f_{ak}（kPa）	压缩模量 E_s（MPa）	变形模量 E_0（MPa）	岩样饱和单轴抗压强度 f_r（MPa）	预应力混凝土管（钻、冲孔）桩侧摩阻力特征值 q_{sa}（q_{sa}'）（kPa）	土层液化折减系数 ψ_l	负摩阻力系数 $k_0\tan\varphi'$	抗拔摩阻力折减系数 λ_i	管桩的端阻力特征值 q_{pa}（kPa）$L>30m$
素填土 <1>	50~60	—	—	—	—	—	0.40	—	—
淤泥 <2-1>	40~50	1.5	—	—	6~8（4~5）	—	0.30	0.25	—
粉细砂 <3-1>	100~120	—	30~40	—	10~12（9~11）	2/3（10<d≤20）	0.40	0.40	—
中粗砂 <3-2>	150~170	—	40~50	—	20~22（18~20）	2/3（10<d≤20）	0.45	0.50	—
砾砂 <3-3>	220~240	—	50~60	—	55~60（45~50）	—	0.50	0.60	—
淤泥质土 <3-4>	50~60	1.8	—	—	7~9（5~6）	—	0.35	0.30	—
粉质黏土 <3-5>	180~200	6.0	—	—	25~30（20~55）	—	—	0.60	—
圆砾 <3-6>	300~400	—	80~100	—	60~65（50~55）	—	—	0.65	5000
砂质黏性土 <4>	250~280	6.5	—	—	35~40（30~35）	—	—	0.65	3000~3500
花岗岩全风化层 <5-1>	350~400	—	70~80	—	70~80（50~60）	—	—	0.70	3500~4000

续表

土层名称	地基承载力特征值的经验值 f_{ak} (kPa)	压缩模量 E_s (MPa)	变形模量 E_0 (MPa)	岩样饱和单轴抗压强度特征值 f_r (MPa)	预应力混凝土管（钻、冲孔）桩侧摩阻力特征值 q_{sa}（q_{sa}'）(kPa)	土层液化折减系数 ψ_i	负摩阻力系数 $k_0\tan\varphi'$	抗拔摩阻力折减系数 λ_i	管桩的端阻力特征值 q_{pa} (kPa) $L>30\text{m}$
花岗岩强风化层 <5-2>	500~550	—	100~120	—	80~100（60~80）	—	—	0.70	4000~4500
花岗岩中风化层 <5-3>	—	—	—	15~18	—	—	—	0.80	—
花岗岩微风化层 <5-4>	—	—	—	30~35	—	—	—	0.85	—
C_r 建议取值	微风化层	0.35			C_2 建议取值	微风化层		0.04	
	中风化层	0.32				中风化层		0.04	

单桩技术参数

表6-2

桩号	管桩类别	桩型	单桩规格及设计要求 桩外径 D (mm)	壁厚 (mm)	单桩竖向承载力特征值 (kN)	单桩竖向抗拔力特征值 (kN)	桩靴类型	桩顶配筋 插筋①	桩顶水平筋②	箍筋③	锤击法 柴油锤型号	桩锤重量 (t)	冲程 (mm)	最后贯入度 (mm/10击)
*ZH1	PHC	AB	500	125	1750	300	B	4Φ25	Φ12	Φ8@200	60号	6.0	2000	30
ZH2	PHC	AB	600	130	2800	—	B	4Φ25	Φ12	Φ8@200	80号	8.0	2000	30

注：带"*"的桩为抗拔桩。

6.1.4 管桩基础设计

1. 基桩承压承载力计算

本工程正负零的绝对标高为 8.500m，柱顶的绝对标高为 1.500m。桩侧淤泥土厚约为 22.5m，$f_{ak}=40\sim50kPa$，属欠固结土，故在地面堆载或施工期间降水均需考虑负摩阻力的影响。以第 <5-1> 层花岗岩全风化层作为桩端持力层，桩端入持力层 1m。

1）桩侧负摩阻力计算

桩详图参照《预应力混凝土管桩技术标准》JGJ/T 406—2017，桩型选用 AB 型，桩靴选用 B 型桩靴。根据广东省标准《建筑地基基础设计规范》DBJ 15—31—2016 公式进行计算。

典型柱状图见图 6-3。

钻 孔 柱 状 图

第 1 页 共 1 页

工程名称	横沥镇灵山安置区工程岩土工程勘察			钻孔编号	XZK102
勘察单位	广东省建筑设计研究院			钻孔类型	（高层）一般性钻孔
孔口高程	5.00	坐标	x=189539.89	开工日期	2014.11.04
孔口直径	130.00		y=61812.30	竣工日期	2014.11.06
				稳定水位深度	0.80
				测量水位日期	2014.11.07

地层编号	成因时代	层底标高(m)	层底深度(m)	层厚(m)	采取率%	柱状图 1:400	岩土层描述	取样位置	标贯击数(击)	修正击数(击)
1	Q^{ml}	4.00	1.00	1.00	81		素填土: 灰褐色, 湿, 下部饱和, 松散, 主要成分为砂土, 顶部0.30m为混凝土面层			
2-1	Q^{mc}	-21.00	26.00	25.00	86		淤泥: 灰黑、黑色, 饱和, 流塑, 以粉黏粒为土, 含有机质和贝壳, 局部含较多粉细砂, 夹粉细砂薄层, 底部夹淤泥质土		=1.0 9.55~9.85 / =2.0 17.75~18.01 / =2.0 25.35~25.65	0.8 9.85 / 1.4 58.05 / 1.4 25.65
3-2	Q^{al+pl}	-33.20	38.20	12.20	78		中粗砂: 灰黄色, 饱和, 稍密~中密, 主要由石英砂粒组成, 多呈亚圆形, 级配一般, 含少量黏粒		=14.0 28.25~28.55 / =23.0 35.55~35.85	9.8 28.55 / 16.1 35.85
3-3		-41.50	46.50	8.30	80		砾砂: 灰黄色, 饱和, 密实, 主要由石英砂粒组成, 多呈亚圆形, 级配良好, 含少量黏粒和较多圆砾			
4	Q^{el}	-42.80	47.80	1.30	79		砂质黏性土: 褐黄色, 稍湿, 硬塑, 为花岗岩风化残积土, 组织结构全部破坏, 已风化成土状, 含较多中粗砂、砾砂颗粒, 遇水极易软化, 崩解		=35.0 48.45~48.74	24.5 58.75
5-1	γ	-48.00	53.00	5.20	81		全风化花岗岩: 褐黄色, 岩石结构基本破坏, 但尚可辨认, 岩芯已风化成坚硬土状, 有残余结构强度, 风干易开裂, 遇水极易软化, 崩解		=71.0 54.05~54.35	49.7 54.35
5-2		-57.50	62.50	9.50	83		强风化花岗岩: 褐黄色, 风化强烈, 裂隙极发育, 原岩结构大部分已破坏, 矿物成分已显著变化, 岩芯呈土状、半岩半土状, 遇水易软化、崩解			
5-3		-62.20	67.20	4.70	85		中风化花岗岩: 青灰色, 粗粒结构, 块状构造, 裂隙发育, 岩质较坚硬, 岩芯较破碎, 多呈短柱状、短柱状			
5-4		-66.00	71.00	3.80	88		微风化花岗岩: 青灰色, 粗粒结构完整, 块状构造, 岩质坚硬, 裂隙少量发育, 岩芯较完整, 多呈短柱状~长柱状, 少量大块状, 局部夹中风化岩, RQD=71%			

编录	陈杰	校对	张毅	制图	陈杰	日期	2014.12

图 6-3　XZK102 钻孔柱状图

桩截面周长 $u=1.57\mathrm{m}$；持力层为基岩，中性点深度比 $l_\mathrm{n}/l_0=1.0$；淤泥层的 $k_{0i}\tan\varphi'_i$ 取 0.3，桩长 45.3m；$l_0=22.5\mathrm{m}$；$l_\mathrm{n}=22.5\mathrm{m}$。其中 l_n，l_0 分别为自桩顶算起的中性点深度和桩周软弱土层下限深度；$k_{0i}\tan\varphi'_i$ 为负摩阻力系数。

根据广东省标准《建筑地基基础设计规范》DBJ 15—31—2016 式（10.2.10–2），

$$\begin{aligned}\sigma'_{vi} &= p+\gamma_i z_i - u_i \\ &= 0+(16.3-10)\times0.5\times22.5=70.88\mathrm{kPa}\end{aligned}$$

根据广东省标准《建筑地基基础设计规范》DBJ 15—31—2016 式（10.2.10–1），

$$\begin{aligned}q_{si}^\mathrm{n} &= \sigma'_{vi}k_{0i}\tan\varphi'_i \\ &= 70.88\times0.3=21.26\mathrm{kPa}>q_\mathrm{sa}=6\mathrm{kPa}\end{aligned}$$

取 $q_{si}^\mathrm{n}=6\mathrm{kPa}$。

根据广东省标准《建筑地基基础设计规范》DBJ 15—31—2016 式（10.2.10–3），

$$\begin{aligned}Q^\mathrm{n} &= u_\mathrm{p}\sum q_{si}^\mathrm{n}l_{ni} \\ &= 0.5\times3.14\times6\times22.5=211.95\mathrm{kN}\end{aligned}$$

式中：σ'_{vi}——桩周第 i 土层的竖向有效应力；

　　　　p——地面堆载，包括大面积填土；

　　　　γ_i——第 i 土层底以上土层按厚度计算的加权平均重度，在地下水位以下时用有效重度；

　　　　z_i——由地面算起至 i 土层中点的深度；

　　　　u_i——第 i 土层中超静孔隙水压力，不易测得可近似取零；

　　　　φ'_i——第 i 土层的有效内摩擦角；

　　　　k_{0i}——第 i 土层的静止侧压力系数；

　　　　u_p——桩周长；

　　　　l_{ni}——负摩阻区第 i 土层的厚度。

2）竖向承载力计算

根据广东省标准《建筑地基基础设计规范》DBJ 15—31—2016 式（10.2.3），

$$\begin{aligned}R_\mathrm{a} &= \pi\sum\xi_{si}d_{si}q_{sia}l_i + q_{pa}A \\ &= 0.5\times3.14\times(22\times12.2+60\times8.3+40\times1.3+80\times1)+0.25\times0.5^2\times3.14\times3500 \\ &= 2097.36\mathrm{kN}，偏安全地，取 R_\mathrm{a}=1750\mathrm{kN}\end{aligned}$$

式中：q_{sia}、q_{pa}——桩侧第 i 层土的侧阻力特征值（kPa）、桩端阻力特征值（kPa）；

　　　　A——桩尖水平投影面积（m²）；当为开口型桩尖时，仍按封口型桩尖的水平投影面积计算；

d_{si}——分层土中管桩直径（mm）；

l_i——桩周第 i 层土（岩）的厚度（m）；

ξ_{si}——管桩第 i 层土（岩）的侧阻力修正系数值。

根据结构模型的计算结果，本工程荷载效应标准组合下，作用于承台底面的竖向力 $F_k = 4200\text{kN}$，作用于承台底面的水平力 $H_k = 100\text{kN}$。根据表 6-1 数据估算的单桩竖向承载力特征值 $R_a = 1750\text{kN}$。三桩承台尺寸为 $2.732\text{m} \times 2.5\text{m} \times 1.5\text{m}$（长 × 宽 × 高），承台埋深 $d = 1.5\text{m}$。

根据广东省标准《建筑地基基础设计规范》DBJ 15—31—2016 式（10.2.1-1），
轴心竖向力作用下

$$Q_k = \frac{F_k + G_k}{n} \leqslant R_a$$

$Q_k = 4200 / 3 = 1400\text{kN} < R_a = 1750\text{kN}$，满足规范要求。

$$Q_k + Q^n \leqslant R_a$$

$Q_k + Q^n = 1400 + 211.95 = 1611.95\text{kN} < R_a = 1750\text{kN}$，满足规范要求。

式中：F_k——按荷载效应标准组合计算的作用于承台顶面的竖向力（kN）；

G_k——桩基承台和承台上土自重标准值（kN）；

Q_k——相应于荷载效应标准组合时，轴心竖向力作用下任一单桩的竖向力（kN）；

n——群桩基础中的桩数。

2. 单桩水平承载力计算

根据表 6-1 各岩土层岩土参数数据预估桩长为 45.3m。标准组合下，承台底面的水平力 $H_k = 100\text{kN}$。

根据广东省标准《建筑地基基础设计规范》DBJ 15—31—2016 式（10.2.25），

$$b_0 = 0.9(1.5d + 0.5)$$
$$= 0.9 \times (1.5 \times 0.5 + 0.5) = 1.125\text{m}$$

$$I_0 = \frac{\pi}{64}(d^4 - d_1^4) + \left(\frac{E_s}{E_c} - 1\right) A_{py} D_p^2$$

$$= \frac{3.14}{64} \times (500^4 - 250^4) + \left(\frac{2.0 \times 10^5}{3.8 \times 10^4} - 1\right) \times 1080 \times 406^2 = 3.6 \times 10^9 \text{mm}^4$$

$$EI = 0.85 E_c I_0$$
$$= 0.85 \times 3.8 \times 10^4 \times 3.6 \times 10^9 = 1.16 \times 10^{14} \text{N} \cdot \text{mm}^2 = 1.16 \times 10^5 \text{kN} \cdot \text{m}^2$$

$$\alpha = \sqrt[5]{\frac{mb_0}{EI}}$$

$$= \sqrt[5]{\frac{3.25 \times 10^3 \times 1.125}{1.16 \times 10^5}} = 0.5 \text{m}^{-1}$$

$\alpha_1 = 0.3 \times 45.3 = 13.59 > 4$，取 $\alpha_1 = 4.0$，查广东省标准《建筑地基基础设计规范》DBJ 15—31—2016 表 10.2.25，得 $v_x = 0.94$。

$$R_{\text{Ha}} \leqslant 0.75 \frac{\alpha^3 EI}{v_x} \chi_{\text{oa}}$$

$$= 0.75 \times 0.5^3 \times 1.16 \times 10^5 \times 10 \times 10^{-3} / 0.94 = 115.7 \text{kN} > 100 / 3 = 33.3 \text{kN}，\text{满足规范}$$

要求。

式中：EI——管桩桩身抗弯刚度（kN·m²），$EI = 0.85 E_c I_0$；其中 E_c 为混凝土弹性模量；除 SC 管桩外，I_0 按下式计算：

$$I_0 = \frac{\pi}{64}(d^4 - d_1^4) + \left(\frac{E_s}{E_c} - 1\right) A_{\text{py}} D_{\text{p}}^2$$

d——管桩外径（m）；

d_1——管桩内径（m）；

D_{p}——纵向预应力钢棒分布圆的直径（m）；

A_{py}——全部钢筋的总截面面积（m²）；

χ_{oa}——管桩桩顶允许水平位移（m）；

v_x——管桩桩顶水平位移系数；

α——管桩的水平变形系数（m⁻¹），$\alpha = \sqrt[5]{\frac{mb_0}{EI}}$；其中，$m$ 为桩侧土的水平抗力系数的比例系数（MN/m⁴）；b_0 为管桩桩身计算宽度（m），$b_0 = 0.9(1.5d + 0.5)$。

3. 单桩抗拔承载力计算

取最大抗浮区格为 8.1m × 8.1m 计算，抗浮水位取室外地面下 0.3m。地下室层高 3.9m，地下室顶板距室外地面 1.8m，覆土 1.5m，柱截面为 600mm × 600mm，首层梁截面为 500mm × 800mm，梁净跨为 7.5m，顶板厚 300mm，底板厚 400mm，土重度取 18kN/m³ 计算。

计算区格面积：

$$A = 8.1 \times 8.1 = 65.61 \text{m}^2$$

建筑物自重标准值（不含活荷载）：

$$W_k = [25 \times (0.3 + 0.4) + 18 \times 1.5 + 3] \times 65.61 + (2 \times 7.5 \times 0.5 \times 0.5 + 0.6 \times 0.6 \times 3.9) \times 25 = 3245.32 \text{kN}$$

水浮力标准值：

$$F_w = [3.9 + 0.4 + (1.8 - 0.3)] \times 10 \times 65.61 = 3805.38 \text{kN}$$

$$W_k / F_w = 3245.33 / 3805.38 = 0.85 < 1.05$$

因此须采取抗浮措施，采用 3 根抗拔桩抗浮。

单桩承受的拔力标准值 $N_{tk} = (1.05 \times 3805.38 - 3245.33) / 3 = 250.1 \text{kN}$

单桩竖向抗拔承载力特征值 R_{ta} 计算如下：

（1）根据管桩端板锚固孔抗剪强度验算单桩抗拔承载力

根据《预应力混凝土管桩技术标准》JGJ/T 406—2017 式（5.2.10-2），

$$[N_t] = n'\pi(d_3 + d_4)\left(t_s - \frac{h_1 + h_2}{2}\right)f_v / 2$$
$$= 12 \times 3.14 \times (12 + 20) \times [24 - (9.5 + 6) / 2] \times 120 / 2 = 1175616 \text{N} = 1175.616 \text{kN}$$

式中：n' —— 预应力钢棒数量；

$\quad\quad d_3$ —— 端板上预应力钢棒锚固孔台阶上口直径（mm）；

$\quad\quad d_4$ —— 端板上预应力钢棒锚固孔台阶下口直径（mm）；

$\quad\quad h_1$ —— 端板上预应力钢棒锚固孔台阶上口至端板顶距离（mm）；

$\quad\quad h_2$ —— 端板上预应力钢棒锚固孔台阶下口至端板顶距离（mm）；

$\quad\quad f_v$ —— 端板抗剪强度设计值（N/mm²），取 120N/mm²；

$\quad\quad t_s$ —— 端板厚度（mm）。

（2）根据管桩接桩连接处强度验算单桩抗拔承载力

根据《预应力混凝土管桩技术标准》JGJ/T 406—2017 式（5.2.10-3），

$$[N_t] = \frac{1}{4}\pi(d_5^2 - d_6^2)f_t^w$$
$$= 0.25 \times 3.14 \times (500^2 - 484^2) \times 215 = 2657.2 \times 10^3 \text{N}$$

式中：d_5 —— 焊缝外径（mm）；

$\quad\quad d_6$ —— 焊缝内径（mm）；

$\quad\quad f_t^w$ —— 焊缝抗拉强度设计值（N/mm²）。

（3）根据管腔内填芯微膨胀混凝土深度验算单桩抗拔承载力

管桩内 2m 灌 C35 细石微膨胀填芯混凝土，根据《预应力混凝土管桩技术标准》JGJ/T 406—2017 式（5.2.10-4），

$$[N_t] = k_1 \pi d_1 L_a f_n$$
$$= 0.8 \times 3.14 \times 0.25 \times 2000 \times 0.35 = 439.6 \text{kN}$$

式中：k_1 —— 综合折减系数，取 0.8；

$\quad\quad d_1$ —— 管桩内径（mm）；

$\quad\quad L_a$ —— 填芯混凝土高度（mm）；

$\quad\quad f_n$ —— 填芯混凝土与管桩内壁的粘结强度设计值，宜由现场试验确定；当缺乏试验资料时，C30 微膨胀混凝土可取 0.35N/mm²。

（4）根据管腔内填芯混凝土纵向钢筋验算单桩抗拔承载力

管桩内 4Φ25 钢筋承受的抗拔力。

根据《预应力混凝土管桩技术标准》JGJ/T 406—2017 式（5.2.10-5），

$$[N_t] = A_{sd} f_y$$
$$= 4 \times 491 \times 360 = 707 \times 10^3 \text{N}$$

式中：A_{sd} —— 填芯混凝土纵向钢筋总截面面积（mm²）；

$\quad\quad f_y$ —— 填芯混凝土纵向钢筋的抗拉强度设计值（N/mm²）。

（5）根据表 6-1 各岩土层岩土参数数据估算单桩竖向抗拔承载力特征值 R_{ta}

根据广东省标准《建筑地基基础设计规范》DBJ 15—31—2016 式（10.2.11-1），

$$R_{ta} = u_p \sum \lambda_i q_{sia} l_i + G_0 \text{（不考虑桩自重）}$$
$$= 0.5 \times 3.14 \times (0.25 \times 6 \times 22.5 + 0.5 \times 22 \times 12.2 + 0.6 \times 60 \times 8.3 +$$
$$0.65 \times 40 \times 1.3 + 0.7 \times 80 \times 1) + 0 = 873.78 \text{kN}$$

式中：R_{ta} —— 单桩竖向抗拔承载力特征值（kN）；

$\quad\quad u_p$ —— 桩周长，$u_p = \pi d$，对于扩底桩（扩底直径为 D），可按广东省标准《建筑地基基础设计规范》DBJ 15—31—2016 表 10.2.11-1 取值；

$\quad\quad \lambda_i$ —— 抗拔摩阻力折减系数，如无试验数据时可按广东省标准《建筑地基基础设计规范》DBJ 15—31—2016 表 10.2.11-2 取值；

$\quad\quad G_0$ —— 桩自重，地下水位以下取有效重度计算（kN）。

综合上述五项计算，取单桩上拔力设计值最小值为 439.6kN，则单桩竖向抗拔承载力特征值 $R_{ta} = 439.6 / 1.35 = 325.63$kN，偏安全地，取 $R_{ta} = 300$kN>250.1kN。

根据广东省标准《建筑地基基础设计规范》DBJ 15—31—2016 第 5.2.1 条有关规定，荷载效应按标准组合，抗浮稳定性计算为：

$$n R_{ta} + W_k \geq 1.05 F_w$$

$$(n R_{ta} + W_k) / F_w = (3 \times 300 + 3245.33) / 3805.38 = 1.09 > 1.05，满足规范要求。$$

4. 管桩桩身承载力计算

1）桩身裂缝的控制计算

本工程基础环境类别为三类，根据《预应力混凝土管桩技术标准》JGJ/T 406—2017及《混凝土结构设计规范》GB 50010—2010（2015年版）桩身裂缝控制等级为一级，须满足 $N_{\text{tk}} \leqslant \sigma_{\text{pc}} A_0$。

根据《预应力混凝土管桩技术标准》JGJ/T 406—2017 表 A.0.4-1

对于 PHC500（125）桩，$[A_0] = 151866\text{mm}^2$，$[\sigma_{\text{pc}}] = 6.18\text{MPa}$。

$$\sigma_{\text{pc}} A_0 = 6.18 \times 151866 = 938.5 \times 10^3 \text{N} > 300\text{kN}$$

式中：σ_{pc}——管桩桩身截面混凝土有效预压应力（N/mm²）；

A_0——管桩桩身横截面换算面积（mm²）。

2）桩身轴心竖向受压承载力计算

根据《预应力混凝土管桩技术标准》JGJ/T 406—2017 表 A.0.5-2

对于 PHC500（125）桩，桩身轴心受压承载力设计值为 $[N] = 3701\text{kN}$。

桩身轴心受压承载力标准值为 $3701 / 1.35 = 2741.5\text{kN} > 1750\text{kN}$，满足规范要求。

3）桩身轴心竖向抗拔承载力计算

根据《预应力混凝土管桩技术标准》JGJ/T 406—2017 表 A.0.5-1

对于 PHC500（125）桩，桩身轴心受拉承载力设计值为 $[N_t] = 918\text{kN}$。

桩身轴心抗拔承载力标准值为 $918 / 1.35 = 680\text{kN} > 300\text{kN}$，满足规范要求。

6.1.5　施工过程出现的问题及原因分析

原设计塔楼桩基础平面布置图如图 6-4 所示。

塔楼偏桩统计情况详见图 6-5。

管桩施工过程严格控制打桩速度，并加大塔楼范围的管桩跳打间距，未出现基桩上浮现象。但在基坑内土方开挖过程中，发现工地现场出现大量不同程度的管桩倾斜情况，实拍现场照片见图 6-6 ~ 图 6-9。土方开挖施工不当是本次偏桩最直接的原因：1）土方开挖分层厚度大；2）底板和电梯井同时开挖，且电梯井部分未采取有效支护措施，发现电梯井处管桩偏移普遍更为严重；3）挖土便道下及附近的桩普遍存在偏位倾斜严重现象。此外，大型挖掘机、渣土车等机械自重与震动作用导致侧压力大幅上涨，挖机操作平台下也较为严重，淤泥质土流动性及机械自重产生的侧向力加重了桩身的偏位和倾斜，施工便道设置不合理和设置偏少，导致挖机行走路线过长，增加桩偏位的风险。

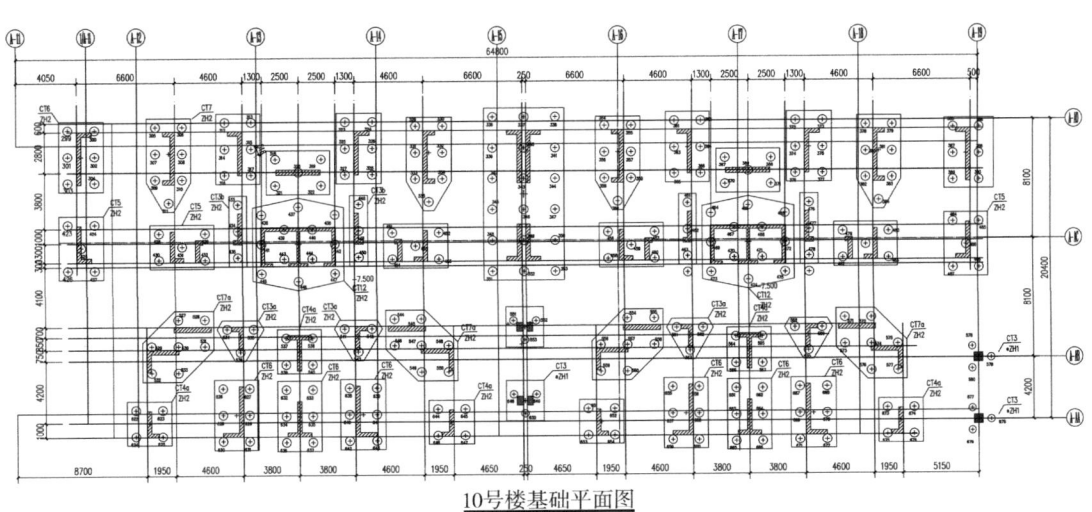

10号楼基础平面图

图 6-4　10 号塔楼桩基础平面布置图

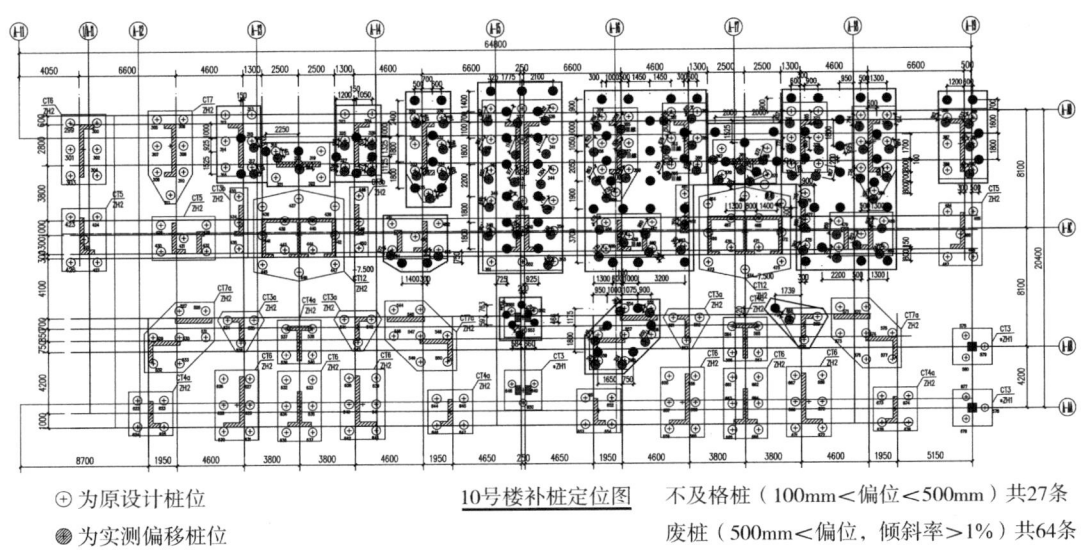

⊕ 为原设计桩位

◉ 为实测偏移桩位

10号楼补桩定位图

不及格桩（100mm＜偏位＜500mm）共27条

废桩（500mm＜偏位，倾斜率＞1%）共64条

图 6-5　10 号塔楼桩基础偏桩统计图

因此，对于在淤泥土上的开挖需要采取相应的措施，如 1）控制开挖速度；2）控制每层开挖的厚度；3）对淤泥层厚度超厚的场地进行地基处理，如水泥土搅拌桩或注水泥浆等方法；4）淤泥层段的接头采用更为可靠的机械连接接头；5）管桩施打由原状地面改为基坑底，消除开挖引起的不利影响。

图 6-6　现场照片一

图 6-7　现场照片二

图 6-8　现场照片三

图 6-9　现场照片四

6.1.6　处理方案

1. 对偏斜程度小的桩，降低承载力

根据《静压预制混凝土桩基础技术规程》DBJ/T 15—94—2013 的有关规定可知，桩身垂直度允许偏差为 1%，桩身与桩顶平面位置偏差为 $d/2$，d 为管桩外径。结合珠三角地区类似工程经验，认为在桩身完好的前提下，单桩承载力偏移量超过规范要求的管桩仍具有相应的有效承载力，需根据偏移量对承载力进行折减，对原承载力乘以的折减系数建议值如表 6-3 所示。

本项目淤泥层厚度约 15～30m，平均淤泥层厚度为 22.5m，考虑地下室高度 5m 左右，剩余 17.5m，当倾斜偏移量小于上部淤泥段的 1%（即小于 175mm）时，承载力偏保守按表 6-3 下一档，即原设计的 80% 考虑；当倾斜偏移量大于 175mm，但不大于 500mm 时，承载力偏保守按原设计的 80% 考虑；当倾斜偏移量大于 500mm 时，按废桩考虑，直接补桩。

500mm 直径径管桩承载力折减系数建议值　　表 6-3

偏移量（mm）	倾斜率（%）	折减系数（%）
0 ~ 200	0 ~ 0.4	100
200 ~ 500	0.4 ~ 1.0	100
500 ~ 600	1.0 ~ 1.2	80
>600	>1.2	直接补桩

注：当桩侧土均为黏性土或砂土时，按全段有效桩长计算倾斜率。

2. Ⅲ类桩处理办法

当倾斜偏移量不大于 500mm，但桩身完整性类别为Ⅲ类时，应进行桩身修复。具体如下：1）应由施工单位或检测单位确定管桩全长范围的缺陷部位，2）在管桩内做钢筋混凝土加压灌芯处理，长度从桩顶至桩身最后一个明显缺陷面以下 3.0m；3）加压灌芯处理应由有资质的加固公司进行施工，桩身加固修复后，应对所有加固桩重新进行低应变检测，对桩身完整性再次进行判定，并确定在加固过程中未对桩基造成二次破坏。

3. 倾斜桩补桩办法

当倾斜偏移量小于上部淤泥段的 1%（即小于 175mm），按折减承载力判断是否补桩；当倾斜偏移量大于 175mm，但不大于 500mm 时，采取 1 对 1 补桩处理；一般管桩偏移后仍位于承台范围内，采取加大承台尺寸厚度及配筋的措施；对新补基桩均须检测桩身完整性，按比例进行桩基承载力检测；当倾斜偏移量大于 500mm，按废桩考虑，直接补桩。

4. 后续解决办法

本项目二期在基坑底进行管桩施工，主要施工流程如下：1）对基坑底部被动区采用水泥土搅拌桩进行处理；2）先开挖基坑，再在底坑施打管桩；3）由于坑底仍位于深厚淤泥层的中部，在坑底回填足够厚度（约为 2m）的砖渣，形成具有一定刚度的硬壳层，避免管桩施工设备在行走过程中对基桩造成不利的水平位移影响。最终项目二期未出现管桩偏位的情况，成桩质量良好。

6.2 珠江街某项目

6.2.1 工程概况

珠江街某项目位于广州市南沙区珠江街四涌旁。用地内部现状分布为荷塘、鱼塘、农地，地势较为平坦。项目包括 23 栋住宅建筑，其中 A1～A4、B1～B9、C1、C5～C6 为 32 层，高 99.9m，C2～C4、C7～C10 为 31 层，高 96.9m；1 栋 3 层的幼儿园，建筑高度 12.5m，属于多层建筑；2 栋 2 层的垃圾站，建筑高度 9.3m，属于多层建筑。地下室 2 层，为地下车库与设备用房。总建筑面积约为 45 万 m^2，其中地上建筑面积为 31 万 m^2，地下室建筑面积为 14 万 m^2，容积率 3.20，建筑密度 28.0%。项目的鸟瞰效果图见图 6-10，项目分成以下四个功能区：

1）地块一为高层区与裙楼结合，主要布置 3 栋 32 层高层住宅和 3 栋 31 层高层住宅以及大部分的公建配套。按照规划要求，结合建筑底层架空设置活动场地，分别对应老年人健身、成年人活动和幼儿活动。

2）地块二为高层区与裙楼结合，主要布置 4 栋 32 层高层住宅和 2 栋 31 层高层住宅以及大部分的商业设施。

图 6-10　项目鸟瞰效果图

3）地块三为高层区与裙楼结合，主要布置 6 栋 32 层高层住宅和公建配套。

4）地块四为高层区与裙楼结合，布置有 1 栋幼儿园，3 栋 32 层高及 2 栋 31 层高住宅，此外有大量的商业设施。

6.2.2 地质条件

本项目场地位于南沙区珠江街四涌旁，属珠江三角洲冲积平原地貌单元，地势低平，周边水系发育，场地现状为荷塘、鱼塘和农田。钻孔孔口标高在 3.69 ~ 6.13m。场地范围内普遍为第四系松散层覆盖，主要为人工填土，海陆交互相成因的淤泥、淤泥质土、砂土、冲—洪积成因的黏土、粉质黏土和砂土，残积成因的砂质黏性土。项目场地下伏基岩为早奥陶世（O1ηγ）侵入岩，岩性为中、细粒斑状（含斑）黑云母二长花岗岩，局部为脉状发育角闪石岩。典型地质剖面图见图 6-11。

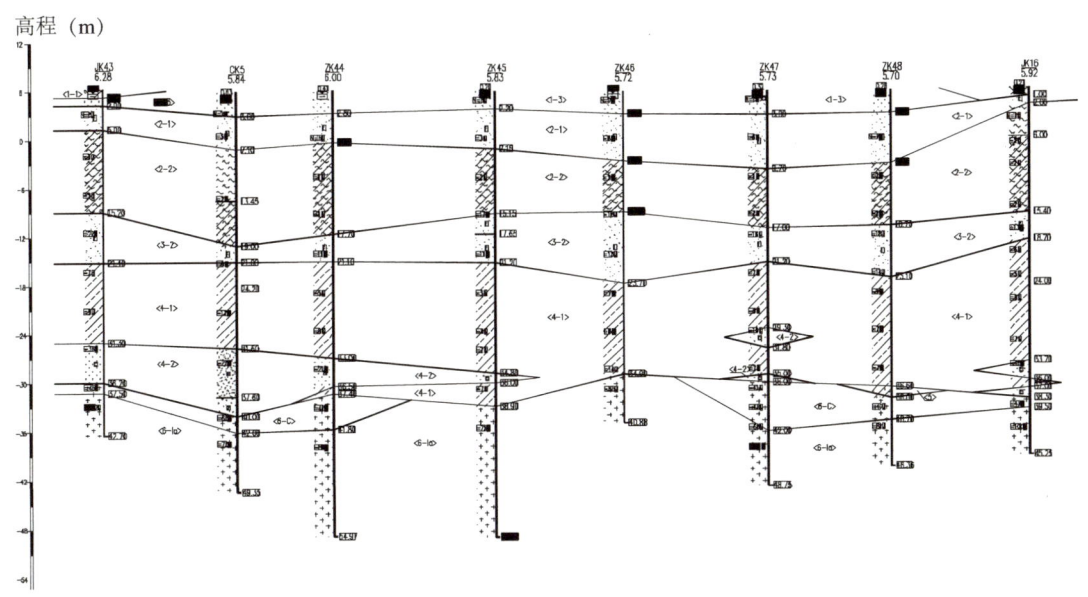

图 6-11 典型地质剖面

1. 人工填土层（Q^ml）

第 <1-1> 层：杂填土：杂色，松散，主要由碎石、砖块等建筑垃圾组成，均匀性差，主要为勘察期间回填而成，属新近填土，结构松散，欠压实；该层直接出露地表。

第 <1-2> 层：素填土：灰黄、褐黄色，松散，主要由黏性土、砂土组成，均匀性差，主要为勘察期间回填而成，部分塘埂素填土堆填时间为 50 ~ 60 年，属新近填土，结构松散，欠压实。

第 <1-3> 层：填砂：浅黄色，稍湿，松散，主要由粉细砂组成，均匀性差，为 50～60 年前围垦造田吹填而成，属新近填土，结构松散，欠压实；该层主要位于地块二。

2. 海陆交互相沉积土层（Q^{3+4mc}）

第 <2-1> 层：（淤泥质）粉砂、细砂：灰、深灰色，饱和，松散，局部稍密，级配不良，含少量淤泥，局部夹薄层淤泥。

第 <2-2> 层：淤泥、淤泥质土：深灰、灰黑色，饱和，流塑状，含少量粉细砂，具腥臭味，局部夹薄层粉细砂。

3. 冲洪积土层（$Q^{3+4al+pl}$）

第 <3-1> 层：黏土、粉质黏土：灰白、灰黄色，可塑，局部软塑，含少量粉细砂。

第 <3-2> 层：粉、细砂：灰白、浅黄色，饱和，稍密，局部中密，级配不良，局部夹薄层粉质黏土。

第 <3A> 层：淤泥质土：深灰、灰黑色，饱和，流塑状，含少量粉细砂，具臭腥味，局部夹薄层粉细砂。

第 <4-1> 层：黏土、粉质黏土：灰、深灰、灰黄色，软塑为主，局部可塑，含少量粉细砂，局部地段含有为淤泥质。

第 <4-2> 层：中、粗砂：灰、深灰色，饱和，中密～密实，局部稍密，级配良好，含少量粉黏粒，局部夹薄层粉质黏土。局部为粉砂、细砂，仅 CK8 号钻孔揭露卵石夹层。其中 CK41 号孔等 18 个钻孔中该层含有大量贝壳。

4. 残积土层（Q^{el}）

第 <5> 层：砂质黏性土：灰黄、青灰色，坚硬，局部硬塑，为花岗岩风化残积土，遇水易软化。

5. 基岩

场地内揭露早奥陶世（$O1\eta\gamma$）侵入岩，整个场地均有分布，其中中微风化岩揭露于第四地块，岩性为中、细粒斑状黑云母二长花岗岩，局部见角闪石岩，灰黄、青灰、灰、灰白色，花岗结构为主，块状构造，按岩石风化程度可分为四个风化带。

<6-C> 层：全风化带，岩芯呈坚硬土状，局部为碎屑状，遇水易软化、崩解；岩体完整程度为极破碎，岩石坚硬程度为极软岩，岩体基本质量等级为 V 级。

<6-I> 层：强风化带，岩芯呈半岩半土状（<6-Ia> 层）或碎块状（<6-Ib> 层），遇水易软化、崩解；裂隙极发育，岩体完整程度为极破碎，岩石坚硬程度为极软岩，岩体基本质量等级为 V 级。

<6-M> 层：中等风化带，岩芯破碎～较破碎，呈块状、短柱状，裂隙较发育；岩体完整程度为破碎～较破碎，岩石坚硬程度为较软岩～较硬岩，岩体基本质量等级为 IV 级。

<6-S> 层：微风化带，岩芯较破碎 ~ 较完整，呈长柱状 ~ 短柱状，裂隙不发育；岩体完整程度为较破碎 ~ 较完整，岩石坚硬程度为较硬岩 ~ 坚硬岩，岩体基本质量等级为 Ⅱ ~ Ⅲ级。

各土层岩层的桩基计算参数见表 6-4。

各岩土层预应力管桩参数 表 6-4

岩土层	稠密度 / 风化程度	桩周摩阻力特征值 q_{sa}（kPa）	桩端土承载力特征值 q_{pa}（kPa） $L>30m$	桩侧 / 桩端岩天然湿度抗压强度 f_{rs}/f_{rp}（MPa）	负摩阻力系数 $k_0\tan\varphi'$
<1-1> 层　杂填土	松散	12	—	—	0.35
<1-2> 层　素填土	松散	10	—	—	0.35
<1-3> 层　填砂	松散	10	—	—	0.40
<2-1> 层　（淤泥质）粉砂、细砂	松散	10	—	—	0.35
<2-2> 层　淤泥、淤泥质土	流塑	6	—	—	0.20
<3-1> 层　黏土、粉质黏土	可塑（软塑）	20 ~ 30	—	—	0.30
<3-2> 层　粉、细砂	稍密为主	12	—	—	0.40
<3A> 层　淤泥质土	流塑	10	—	—	0.25
<4-1> 层　黏土、粉质黏土	软塑 ~ 可塑	20 ~ 30	—	—	0.30
<4-2> 层　中砂、粗砂，局部为粉砂、细砂	中密 ~ 密实	27 ~ 37	—	—	—
<5> 层　砂质黏性土	坚硬（硬塑）	40 ~ 45	3000	—	—
<6-C> 层　花岗岩	全风化	80	4000	—	—
<6-Ia> 层　花岗岩	强风化（半岩半土状）	120	6000	—	—
<6-Ib> 层　花岗岩	强风化（碎块状）	130	7000	—	—
<6-M> 层　花岗岩	中等风化	—	8000	12	—
<6-S> 层　花岗岩	微风化	—	12000	55	—

6.2.3 基础选型

基础设计前比选了旋挖灌注桩和预应力管桩，技术上均可行。本项目场地淤泥层厚度大，约 0 ~ 17.6m，灌注桩成孔难度大，桩身质量难以保证；强风化岩层厚，中风化持力层深度大，大部分钻孔钻至 55m 仍未揭示有中风化岩层，无法估量灌注桩预估桩长，造价高，工期长，而项目投资概算控制严格且工期紧迫，故采用预应力管桩。但存在砂层厚、淤泥层厚、淤泥力学性能差等不利条件，易造成偏桩；淤泥层厚，容易造成桩周土层产生的沉降超过基桩的沉降，因此计算单桩承载力时按规范计算桩侧负摩阻力及其引起的下拉荷载；上部淤泥层厚度大，在承受较大竖向荷载的高层塔楼范围采用较大直径的 600mm 直径管桩；在主要承受上浮荷载的纯地下室范围采用经济性更高的 500mm 直径管桩；此外，塔楼范围的管桩数量多且较为密集，存在基桩上浮风险，提出以下解决措施：（1）降低成桩速度；（2）跳打间距加大到 6m；（3）加强基桩的桩顶监测，当发现基桩上浮时应进行复打。

6.2.4　基础设计

1. 基桩承压承载力计算

本工程正负零的绝对标高为 7.800m，柱顶的绝对标高为 0.500m。桩侧粉砂、淤泥土厚约 14.1m，$f_{ak} = 40\text{kPa}$，属欠固结土，故在地面堆载或施工期间降水均需考虑负摩阻力的影响。以第 <6-C> 层花岗岩全风化层作为桩端持力层，桩端入持力层 3m。

1）桩侧负摩阻力计算

桩型选用 AB 型，B 型桩靴。根据广东省标准《建筑地基基础设计规范》DBJ 15—31—2016 公式进行计算。

典型柱状图见图 6–12。

桩截面周长 $u = 1.57\text{m}$；持力层为基岩，中性点深度比 $l_n / l_0 = 1.0$；粉砂层、淤泥层的 $k_{0i}\tan\varphi_i'$ 分别取 0.40、0.3，桩长 42.6m；$l_0 = 14.1\text{m}$；$l_n = 14.1\text{m}$。其中 l_n，l_0 分别为自桩顶算起的中性点深度和桩周软弱土层下限深度；$k_{0i}\tan\varphi_i'$ 为负摩阻力系数。

根据广东省标准《建筑地基基础设计规范》DBJ 15—31—2016 式（10.2.10–1～2），

粉砂层：
$$\sigma'_{v1} = p + \gamma_1 z_1 - u_1$$
$$= 0 + (17-10) \times 0.5 \times 4.4 = 15.4\text{kPa}$$

$$q_{s1}^n = \sigma'_{v1} k_{01}\tan\varphi_1'$$
$$= 15.4 \times 0.4 = 6.16\text{kPa} < q_{sa} = 10\text{kPa}$$

取 $q_{s1}^n = 6.16\text{kPa}$

淤泥层：
$$\sigma'_{v2} = p + \gamma_2 z_2 - u_2$$
$$= 0 + (6.5 \times 8.7 + 7 \times 4.4) / 14.1 \times 0.5 \times 14.1 = 43.7\text{kPa}$$

$$q_{s2}^n = \sigma'_{v2} k_{02}\tan\varphi_2'$$
$$= 43.7 \times 0.35 = 15.3\text{kPa} > q_{sa} = 6\text{kPa}$$

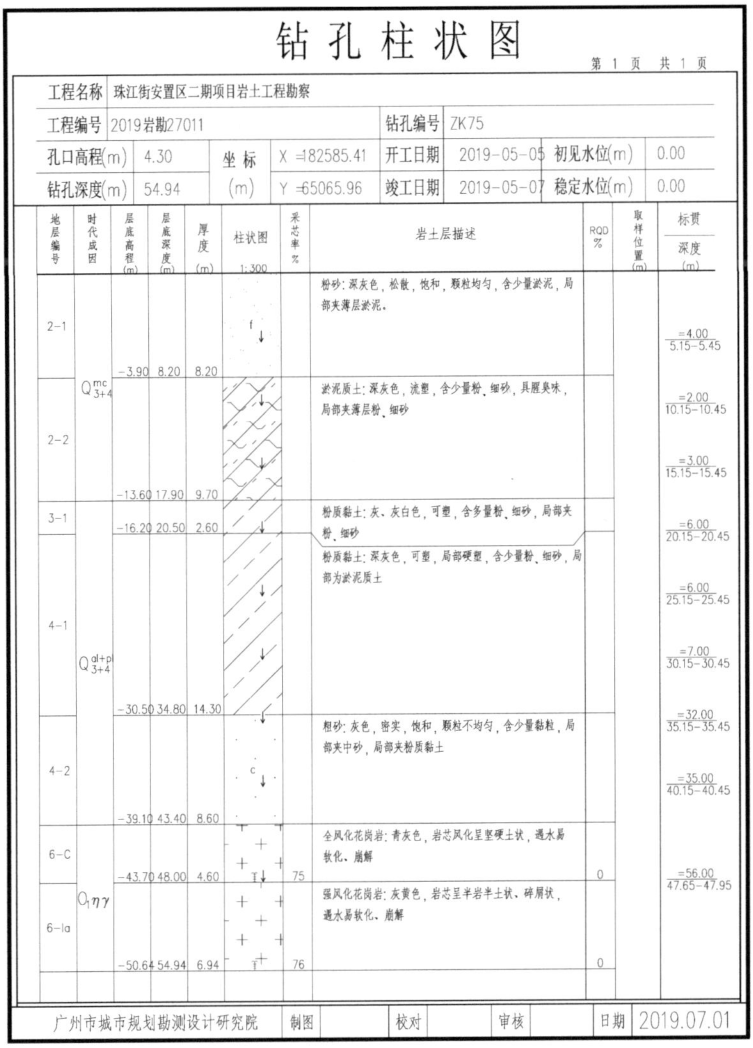

图 6-12 ZK75 钻孔柱状图

取 $q_{s2}^n = 6\text{kPa}$

根据广东省标准《建筑地基基础设计规范》DBJ 15—31—2016 式（10.2.10-3），

$$Q^n = u_p \sum q_{si}^n l_{ni}$$
$$= 0.5 \times 3.14 \times (6.16 \times 4.4 + 6 \times 8.7) = 124.5\text{kN}$$

式中：σ'_{vi} —— 桩周第 i 土层的竖向有效应力；

p —— 地面堆载，包括大面积填土；

γ_i —— 第 i 土层底以上土层按厚度计算的加权平均重度，在地下水位以下时用有效重度；

z_i —— 由地面算起至 i 土层中点的深度；

u_i——第 i 土层中超静孔隙水压力,不易测得时可近似取零;

φ'_i——第 i 土层的有效内摩擦角;

k_{0i}——第 i 土层的静止侧压力系数;

u_p——桩周长;

l_{ni}——负摩阻区第 i 土层的厚度。

2)竖向承载力计算

根据广东省标准《建筑地基基础设计规范》DBJ 15—31—2016 式(10.2.3),

$$
\begin{aligned}
R_a &= \pi \sum \xi_{si} d_{si} q_{sia} l_i + q_{pa} A \\
&= 0.5 \times 3.14 \times (20 \times 2.6 + 20 \times 14.3 + 27 \times 8.6 + 80 \times 3) + \\
&\quad 0.25 \times 0.5^2 \times 3.14 \times 4000 = 2057\text{kN},\ \text{取} R_a = 2100\text{kN}。
\end{aligned}
$$

式中:q_{sia}、q_{pa}——桩侧第 i 层土的侧阻力特征值(kPa)、桩端阻力特征值(kPa);

A——桩尖水平投影面积(m²);当为开口型桩尖时,仍按封口型桩尖的水平投影面积计算;

d_{si}——分层土中管桩直径(mm);

l_i——桩周第 i 层土(岩)的厚度(m);

ξ_{si}——管桩第 i 层土(岩)的侧阻力修正系数值。

根据结构模型的计算结果,本工程荷载效应标准组合下,作用于承台底面的竖向力 $F_k = 5500\text{kN}$。六桩承台尺寸为 4.6m × 2.85m × 1.2m(长 × 宽 × 高),承台埋深 $d = 1.2\text{m}$。

根据广东省标准《建筑地基基础设计规范》DBJ 15—31—2016 式(10.2.1–1),轴心竖向力作用下

$$
\begin{aligned}
N_k &= \frac{F_k + G_k}{n} \\
&= (5500 + 4.6 \times 2.85 \times 1.2 \times 25) / 6 = 982.2\text{kN}
\end{aligned}
$$

$N_k + Q^n = 982.21 + 124.5 = 1106.71\text{kN} < 2100\text{kN}$,满足规范要求。

式中:F_k——按荷载效应标准组合计算的作用于承台顶面的竖向力(kN);

G_k——桩基承台和承台上土自重标准值(kN);

N_k——相应于荷载效应标准组合时,轴心竖向力作用下任一单桩的竖向力(kN);

n——群桩基础中的桩数。

2. 单桩水平承载力计算

根据表 6.2–1 数据预估桩长为 42.6m。根据结构模型的计算结果,本工程荷载效应标准组合下,作用于承台底面的水平力 $H_k = 150\text{kN}$。

根据广东省标准《建筑地基基础设计规范》DBJ 15—31—2016 式（10.2.25），

$$b_0 = 0.9(1.5d + 0.5)$$
$$= 0.9 \times (1.5 \times 0.5 + 0.5) = 1.125\text{m}$$

$$I_0 = \frac{\pi}{64}(d^4 - d_1^4) + \left(\frac{E_s}{E_c} - 1\right)A_{py}D_p^2$$

$$= \frac{3.14}{64} \times (500^4 - 250^4) + \left(\frac{2.0 \times 10^5}{3.8 \times 10^4} - 1\right) \times 1080 \times 406^2 = 3.6 \times 10^9 \text{mm}^4$$

$$EI = 0.85E_cI_0$$
$$= 0.85 \times 3.8 \times 10^4 \times 3.6 \times 10^9 = 1.16 \times 10^{14}\,\text{N} \cdot \text{mm}^2 = 1.16 \times 10^5\,\text{kN} \cdot \text{m}^2$$

$$\alpha = \sqrt[5]{\frac{mb_0}{EI}}$$

$$= \sqrt[5]{\frac{3.25 \times 10^3 \times 1.125}{1.16 \times 10^5}} = 0.5\text{m}^{-1}$$

$\alpha_1 = 0.3 \times 42.6 = 12.78 > 4$，取 $\alpha_1 = 4.0$，查广东省标准《建筑地基基础设计规范》DBJ 15—31—2016 表 10.2.25，得 $v_x = 0.94$。

$$R_{Ha} \leqslant 0.75 \frac{\alpha^3 EI}{v_x}\chi_{oa}$$

$= 0.75 \times 0.5^3 \times 1.16 \times 10^5 \times 10 \times 10^{-3} / 0.94 = 115.7 \times 10^3\,\text{N} = 115.7\text{kN} > 150 / 6 = 25\text{kN}$，满足规范要求。

式中：EI——管桩桩身抗弯刚度（$\text{kN} \cdot \text{m}^2$），$EI = 0.85E_cI_0$；其中 E_c 为混凝土弹性模量；除 SC 管桩外，I_0 按下式计算：

$$I_0 = \frac{\pi}{64}(d^4 - d_1^4) + \left(\frac{E_s}{E_c} - 1\right)A_{py}D_p^2$$

式中：d——管桩外径（m）；

$\quad\quad d_1$——管桩内径（m）；

$\quad\quad D_p$——纵向预应力钢棒分布圆的直径（m）；

$\quad\quad A_{py}$——全部钢筋的总截面面积（m^2）；

$\quad\quad \chi_{oa}$——管桩桩顶允许水平位移（m）；

$\quad\quad v_x$——管桩桩顶水平位移系数，按表 4.2.15–1 取值；

$\quad\quad \alpha$——管桩的水平变形系数（m^{-1}），$\alpha = \sqrt[5]{\frac{mb_0}{EI}}$；其中，$m$ 为桩侧土的水平抗力系数的比例系数（MN/m^4）；b_0 为管桩桩身计算宽度（m），$b_0 = 0.9(1.5d + 0.5)$。

3. 单桩抗拔承载力计算

取最大抗浮区格 8.1m×8.1m 计算，抗浮水位取为室外地面下 1m。地下室负一层层高 3.6m、负二层层高 3.9m，地下室顶板距室外地面 1.7m，覆土 1.7m，顶板厚 250mm、底板厚 500mm，负一层板厚 120mm，柱截面为 600mm×600mm，梁截面为 500mm×800mm，土重度取 18kN/m³ 计算。

计算区格面积：

$$A = 8.1 \times 8.1 = 65.61 \text{m}^2$$

建筑物自重标准值（不含活荷载）：

$$W_k = [25 \times (0.25 + 0.5 + 0.12) + 18 \times 1 + 8 \times 0.7 + 3 + 3] \times 65.61 + $$
$$25 \times 7.5 \times 0.6 \times 0.6 + 4 \times 25 \times 0.5 \times 0.8 \times 8.1 = 3760.6 \text{kN}$$

水浮力标准值：

$$F_w = (3.6 + 3.9 + 0.7 + 0.5) \times 10 \times 65.61 = 5708.1 \text{kN}$$

$W_k / F_w = 3760.6 / 5708.1 = 0.66 < 1.05$，不满足规范要求。

须采取抗浮措施，采用 6 根抗拔桩抗浮。

单桩承受的拔力标准值 $N_{tk} = (1.05 \times 5708.1 - 3760.6) / 6 = 372 \text{kN}$

单桩竖向抗拔承载力特征值 R_{ta} 计算如下：

1）根据管桩端板锚固孔抗剪强度验算单桩抗拔承载力

根据《预应力混凝土管桩技术标准》JGJ/T 406—2017 式（5.2.10-2），

$$[N_t] = n'\pi(d_3 + d_4)\left(t_s - \frac{h_1 + h_2}{2}\right)f_v / 2$$
$$= 12 \times 3.14 \times (12 + 20) \times [24 - (9.5 + 6) / 2] \times 120 / 2 = 1175.616 \text{kN}$$

式中：n'——预应力钢棒数量；

d_3——端板上预应力钢棒锚固孔台阶上口直径（mm）；

d_4——端板上预应力钢棒锚固孔台阶下口直径（mm）；

h_1——端板上预应力钢棒锚固孔台阶上口至端板顶距离（mm）；

h_2——端板上预应力钢棒锚固孔台阶下口至端板顶距离（mm）；

f_v——端板抗剪强度设计值（N/mm²），取 120N/mm²；

t_s——端板厚度（mm）。

2）根据管桩接桩连接处强度验算单桩抗拔承载力

根据《预应力混凝土管桩技术标准》JGJ/T 406—2017 式（5.2.10-3），

$$[N_t] = \frac{1}{4}\pi(d_5^2 - d_6^2)f_t^w$$
$$= 0.25 \times 3.14 \times (500^2 - 484^2) \times 215 = 2657.2 \times 10^3 \text{N}$$

式中：d_5 ——焊缝外径（mm）；

　　　d_6 ——焊缝内径（mm）；

　　　f_t^w ——焊缝抗拉强度设计值（N/mm²）。

3）根据管腔内填芯微膨胀混凝土深度验算单桩抗拔承载力

管桩内 3m 灌 C30 细石微膨胀填芯混凝土，根据《预应力混凝土管桩技术标准》JGJ/T 406—2017 式（5.2.10–4），

$$[N_t] = k_1 \pi d_1 L_a f_n$$
$$= 0.8 \times 3.14 \times 0.25 \times 3000 \times 0.35 = 659.4\text{kN}$$

式中：k_1 ——综合折减系数，取 0.8；

　　　d_1 ——管桩内径（mm）；

　　　L_a ——填芯混凝土高度（mm）；

　　　f_n ——填芯混凝土与管桩内壁的粘结强度设计值，宜由现场试验确定。当缺乏试验资料时，C30 微膨胀混凝土可取 0.35N/mm²。

4）根据管腔内填芯混凝土纵向钢筋验算单桩抗拔承载力

管桩内 4$\oplus$25 钢筋承受的抗拔力。

根据《预应力混凝土管桩技术标准》JGJ/T 406—2017 式（5.2.10–5），

$$[N_t] = A_{sd} f_y$$
$$= 4 \times 491 \times 360 = 707\text{kN}$$

式中：A_{sd} ——填芯混凝土纵向钢筋总截面面积（mm²）；

　　　f_y ——填芯混凝土纵向钢筋的抗拉强度设计值（N/mm²）。

5）根据表 6.1–2 数据估算单桩竖向抗拔承载力特征值 R_{ta}

根据广东省标准《建筑地基基础设计规范》DBJ 15—31—2016 式（10.2.11–1），

$$R_{ta} = u_p \sum \lambda_i q_{sia} l_i + G_0 \text{（不考虑桩自重）}$$

$0.5 \times \pi \times (0.4 \times 10 \times 4.4 + 0.25 \times 6 \times 8.7 + 0.6 \times 20 \times 2.6 + 0.6 \times 20 \times 14.3 +$
$0.4 \times 27 \times 8.6 + 0.7 \times 80 \times 3) + 0 = 776\text{kN}$

式中：R_{ta} ——单桩竖向抗拔承载力特征值（kN）。

　　　u_p ——桩周长，$u_p = \pi d$，对于扩底桩（扩底直径为 D），可按广东省标准《建筑地基基础设计规范》DBJ 15—31—2016 表 10.2.11–1 取值。

　　　λ_i ——抗拔摩阻力折减系数，如无试验数据时可按广东省标准《建筑地基基础设计规范》DBJ 15—31—2016 表 10.2.11–2 取值；

　　　G_0 ——桩自重，地下水位以下取有效重度计算（kN）。

综合上述五项计算，取单桩上拔力设计值最小值为 659.4kN，则单桩竖向抗拔承载力特征值 $R_{ta} = 659.4 / 1.35 = 488.4$kN，偏安全地，取 $R_{ta} = 450$kN > 372kN。

根据广东省标准《建筑地基基础设计规范》DBJ 15—31—2016 第 5.2.1 条有关规定，荷载效应按标准组合，抗浮稳定性计算为：

$$nR_{ta} + W_k \geq 1.05F_w$$

$(nR_{ta} + W_k) / F_w = (6 \times 450 + 3760.6) / 5708.1 = 1.13 > 1.05$，满足规范要求。

4. 管桩桩身承载力计算

1）桩身裂缝的控制计算

本工程基础环境类别为三类，根据《预应力混凝土管桩技术标准》JGJ/T 406—2017 及《混凝土结构设计规范》GB 50010—2010（2015年版）桩身裂缝控制等级为一级，须满足 $N_{tk} \leq \sigma_{pc}A_0$。

根据《预应力混凝土管桩技术标准》JGJ/T 406—2017 表 A.0.4-1，桩型为 PHC500（125），$[A_0] = 151866\text{mm}^2$，$[\sigma_{pc}] = 6.18\text{MPa}$。

$$\sigma_{pc}A_0 = 6.18 \times 151866 = 938.5 \times 10^3\,\text{N} = 938.5\text{kN} > 350\text{kN}。$$

式中：σ_{pc} —— 管桩桩身截面混凝土有效预压应力（N/mm²）；

A_0 —— 管桩桩身横截面换算面积（mm²）。

2）桩身轴心竖向受压承载力计算

根据《预应力混凝土管桩技术标准》JGJ/T 406—2017 表 A.0.5-2，桩型为 PHC500（125），桩身轴心受压承载力设计值为 $[N] = 3701\text{kN}$。

桩身轴心受压承载力标准值为 $3701 / 1.35 = 2741.5\text{kN} > 2100\text{kN}$，满足规范要求。

3）桩身轴心竖向抗拔承载力计算

根据《预应力混凝土管桩技术标准》JGJ/T 406—2017 表 A.0.5-1，桩型为 PHC500（125），桩身轴心受拉承载力设计值为 $[N_t] = 918\text{kN}$。

桩身轴心抗拔承载力标准值为 $918 / 1.35 = 680\text{kN} > 350\text{kN}$，满足规范要求。

根据上部作用力及单桩承载力特征值进行基础设计，地块内桩基础平面总图和塔楼桩基础平面布置图如图 6-13、图 6-14 所示。

6.2.5　预应力管桩的施工与检测

为了保证管桩成桩质量，采取了以下施工措施。

1）将地下室基坑支护灌注桩、外侧止水搅拌桩、坑内被动土加固，以及中部十字市政路水泥土搅拌桩的施工结合工程桩的施工一并考虑，将整个场地分为周边区和中心区 4 个施工区块，先施工周边区的灌注桩和搅拌桩，同时进行塔楼区域的桩间土搅拌桩固化，最后施工中心区桩基。施工应遵循"先深后浅、先长后短、先里后外、先中间后两边、先群桩后单桩"原则。塔楼搅拌桩布置图见图 6-15。

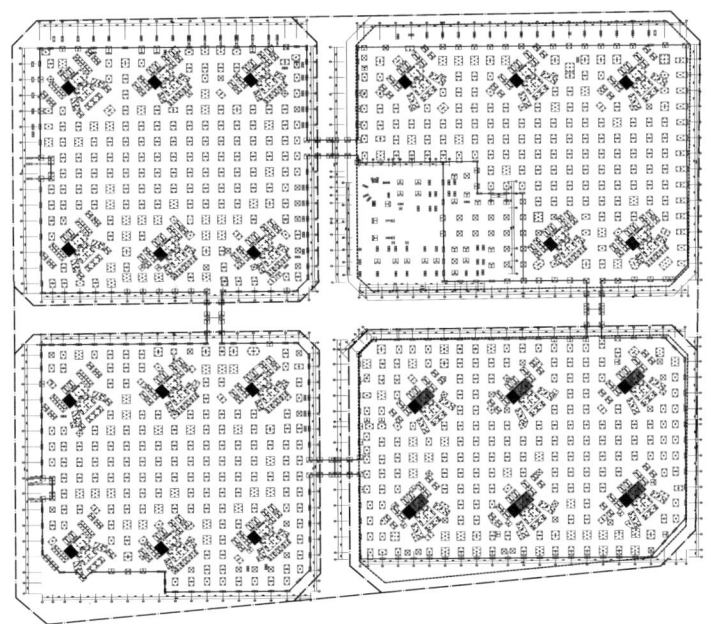

图 6-13 地块内桩基础平面总图

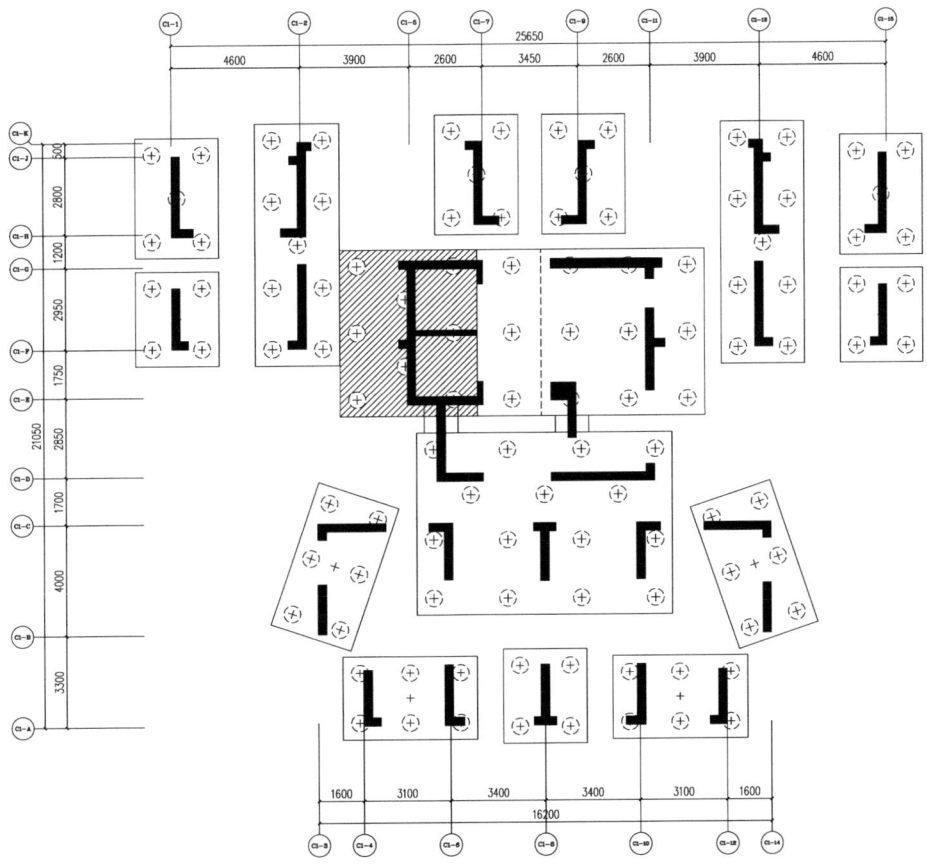

图 6-14 塔楼典型基础平面图

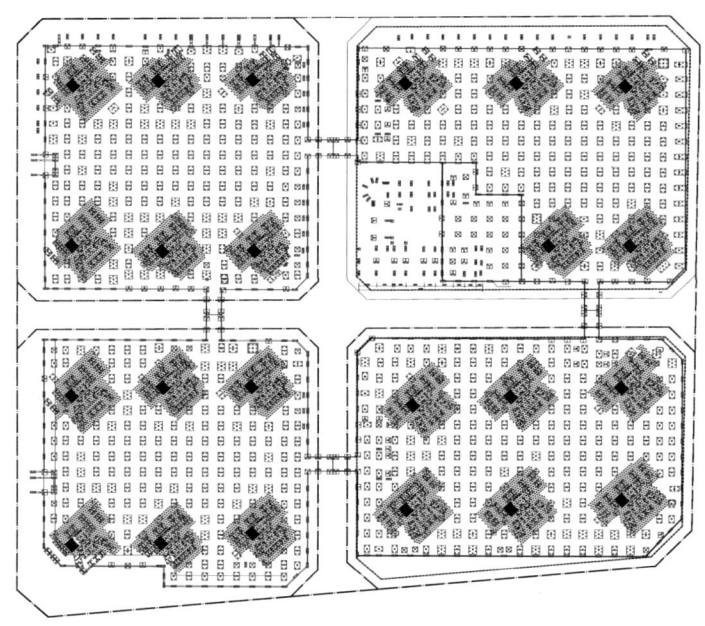

图 6-15　塔楼搅拌桩布置图

2）合理的施工顺序及打桩速率。合理确定施工流水路线，采用先长桩后短桩，先中心后外围，或对称的施工顺序和区域跳打的施工原则和施工方法。本工程先于地面工程施工场地周边的管桩（注意控制送桩质量），保证基坑支护正常施工后再由周边向中心施工。同时，为避免局部应力集中而造成桩位偏差，采取跳打，跳打距离大于10.0m。对于密集桩群（如塔楼处），自中间向两个方向或四周对称施打。控制打桩速率，打桩速率过快，超空隙水压力得不到消散，而迅速上升，土体变形加剧。所以合理控制打桩速率，可使土体在整个施工过程中有一定的回弹。一般同一区域每打6d停1d，白天打晚上停。管桩的施工顺序见图6-16。

3）高标准、严要求进行施打管桩。管桩起吊就位插入地面时的垂直度偏差不得大于0.5%，并宜用长条水准尺或其他测量仪器校正；必要时宜拔出重插。管桩施工过程中，桩锤、桩帽和桩身的中心线应重合。当桩身倾斜率超过0.8%时，应找出原因并设法纠偏。当桩尖进入硬土层后，严禁用移动桩架等强行回扳方法纠偏。打桩时应由专职记录员及时准确地填写管桩施工记录表，并经当班监理人员（或建设单位代表）验证后方可作为有效施工记录。

4）超长送桩。在施工过程中需要专门设计并投入专用送桩器，送桩器的形式采用套筒式，大小与工程桩直径匹配，桩顶标高平均在−3.0m范围，送桩长度达到6～9.5m。送桩器应具有足够的强度和刚度，且应考虑能尽量减小上拔时的阻力，送桩器应与管桩直径相适应，桩帽宜套入桩顶30～40cm。必须保证"送桩杆"与桩身的纵向轴线保持一致。送桩时，需用两台互为正交的经纬仪观测控制送桩的垂直度。送桩杆与桩顶的接

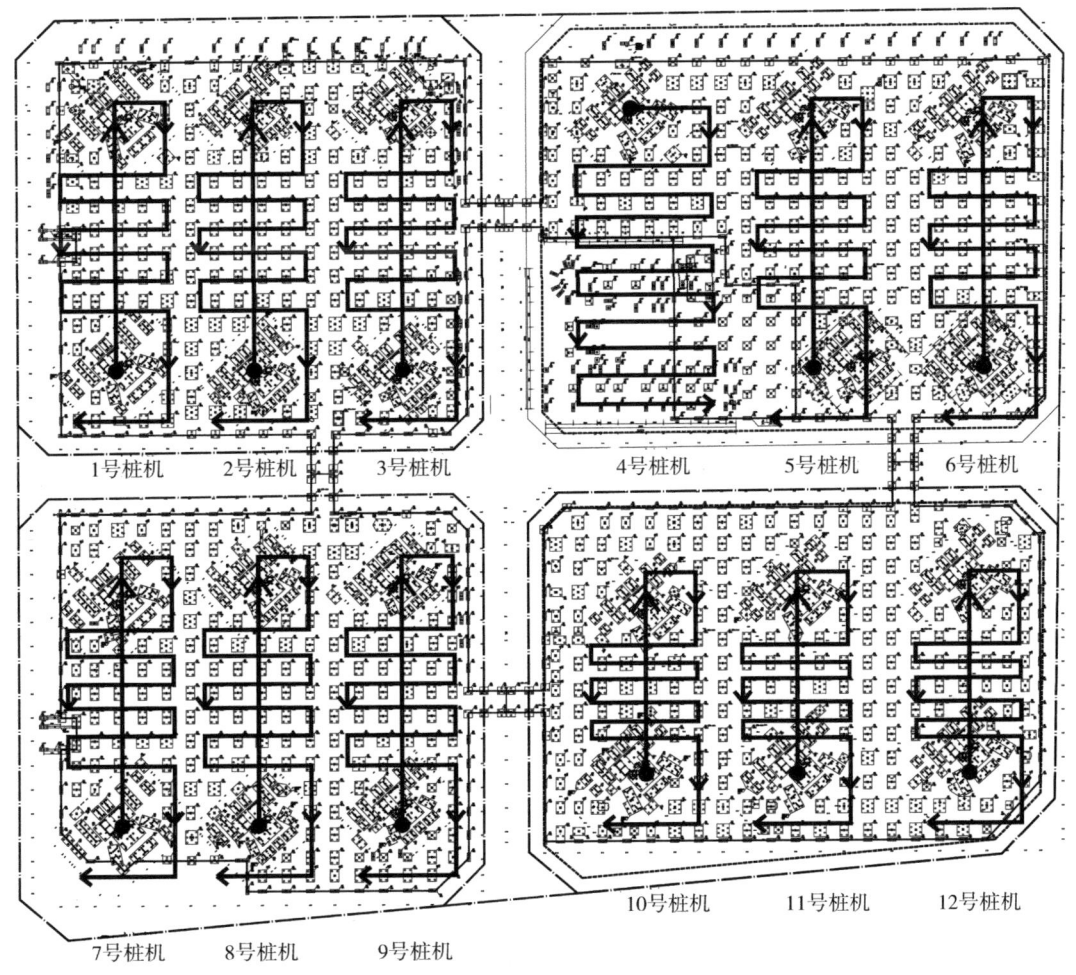

图 6-16　管桩施工顺序示意图

触面间，应加硬木衬垫，防止桩顶击碎。衬垫需经常更换，送桩杆与桩顶接触面要保持密贴。为确保周边桩基施工桩位不受影响，送桩达到深度后，送桩杆不要急于拔出，可先将送桩杆拔松动后，待相邻桩入土深度达到拟送桩深度，再将送桩杆拔出，并立即回填。在送桩施工时，送桩器缓缓套在桩顶上后，用经纬仪观察送桩器的垂直度，发现有偏差立即调整，确保桩帽、送桩器、桩身处于同一直线上。送桩器内必须放缓冲垫层，垫层必须不小于 1cm，不允许在没有放垫层的情况下进行送桩施工。用水准仪控制桩顶标高，在送桩前必须对桩顶位移进行测量并记录。送桩器做出停打标记，并由现场质量员验收确认后进行送桩工作。

5）加强管桩监测。因在原地面打桩，桩顶设计标高与现场高差为 8～9.6m，通过送桩器将工程桩送至地面以下，无法监测。行业标准《预应力混凝土管桩技术标准》JGJ/T 406—2017 要求场地内桩较密集且桩周土层为饱和淤泥质土、粉土或黏性土时，压桩施工过程应预留一定数量的观测点，监测桩的上浮量及桩顶偏位值。故以栋为单元按行业标准《预应力混凝土管桩技术标准》JGJ/T 406—2017 规定以及设计要求的检测频率留置上浮监测桩，通过在监测桩上布设观测点，按照相应等级水准测量精度要求，根据施工荷载情况，定时检测基桩的上浮量及桩顶偏位值等，控制打桩速度，限制并监控每日打桩数量，直到监测桩附近工程桩全部结束为止。当上浮量超过相关标准时，及时邀请设计、监理等各方到现场开会处理。

6）基坑开挖管桩保护方案。①土方开挖前，完成主楼区域与地下室承台区域后，采用电梯井坑中坑搅拌桩固化土的设计方案固化桩间土，保障工程桩之间的淤泥形成整体，嵌固桩身，基坑挖土采用机械挖土与人工挖土相结合，以便更好地保护管桩不受破坏；挖土应逐层、均匀进行，桩两侧土体高差不得大于1m。②禁止挖机碰撞桩身。机械开挖至桩顶30cm时桩两侧1m内土体应对称开挖。③截桩安排应提前考虑。开挖前，应对露出现状地面的桩先行截除，开挖过程中，应根据挖土流程分段截除，避免桩身自由高度过大。④考虑到挤土对已打工程桩的影响，每层土层厚度不应超过1m，并应满足施工临时放坡坡度不大于1：6。周边采用机械分多层对称挖土，双台挖上下传递运土，挖到设计基底以上30cm后，余土由人工开挖。⑤挖机、车辆选择应尽量避免采用大型设备，应尽量选择小挖机，如 PC100 以下，坑内运土车辆避免使用 10t 以上的大车。

6.2.6 桩基检测成果

开挖过程中桩基的现场照片如图 6-17 所示，开挖后对桩基进行检测，桩身完整性检测采用小应变检测法，分别进行单桩抗压静载试验和单桩抗拔试验，检测结果均满足设计及规范要求，摘抄部分检测结果见表 6-5 ~ 表 6-8 及图 6-18、图 6-19。

图 6-17 开挖过程中桩基的现场照片

单桩竖向抗压静载试验检测部分结果汇总表　　　　表 6-5

试验序号	试验桩号	桩径（mm）	桩长（m）	单桩极限承载力（kN）	最大沉降量（mm）	残余沉降量（mm）	抗压承载力特征值对应沉降量（mm）	备注
1	7B-52	600	40.00	≥6950	28.21	8.99	7.52	
2	8B-106	600	28.10	≥6950	21.07	5.70	3.75	
3	9B-98	600	30.80	≥6950	39.09	5.39	15.31	
4	9C-15	600	50.60	≥6950	22.01	3.68	6.05	
5	10C-93	600	47.90	≥6950	37.02	9.11	7.91	
6	235	500	37.40	≥4050	24.15	6.33	7.59	
7	306	500	42.80	≥4050	29.44	9.72	8.01	
8	396	500	42.80	≥4050	23.23	7.49	8.03	
9	533	500	31.10	≥4050	26.24	9.24	8.23	
10	793	500	44.90	≥4050	19.33	4.45	5.77	
11	1420	500	45.60	≥4050	23.29	1.60	7.88	
12	1485	500	38.00	≥4050	22.39	7.12	6.48	
13	1480	500	40.60	≥4050	20.07	1.43	6.23	
14	670	500	29.80	≥4050	22.41	2.87	7.15	
15	429	500	43.20	≥4650	30.30	8.02	10.17	
16	121	500	33.50	≥4650	25.11	3.11	6.50	
17	1436	500	51.60	≥4650	26.00	5.99	6.07	
18	9513	500	43.40	≥4650	35.54	4.24	12.72	
19	1B-59	600	50.00	≥6950	33.79	11.95	11.56	
20	2B-45	600	36.20	≥6950	36.81	6.52	14.40	
21	3B-27	600	44.90	≥6950	12.88	6.28	8.10	
22	3B-36	600	50.80	≥6950	27.35	7.91	6.48	
23	3B-37	600	50.40	≥6950	35.35	7.33	8.72	
24	4B-24	600	50.30	≥6950	34.91	8.86	9.01	
25	4B-47	600	47.60	≥6950	38.04	17.61	19.28	
26	5B-76	600	45.00	≥6950	35.02	8.93	14.50	
27	6B-105	600	52.80	≥6950	33.96	7.99	14.96	
28	1915	500	49.40	≥4050	27.86	9.95	8.87	
29	1914	500	50.70	≥4050	20.38	5.05	9.55	
30	2997	500	43.40	≥4050	25.70	6.29	8.17	

续表

试验序号	试验桩号	桩径（mm）	桩长（m）	单桩极限承载力（kN）	最大沉降量（mm）	残余沉降量（mm）	抗压承载力特征值对应沉降量（mm）	备注
31	3084	500	44.30	≥4050	31.96	6.11	5.83	
32	1976	500	51.30	≥4050	25.48	4.95	7.23	
33	2984	500	53.20	≥4050	25.53	3.74	6.81	
34	3023	500	44.20	≥4050	23.40	3.62	8.60	
35	2410	500	50.70	≥4050	20.56	2.53	6.52	
36	1701	500	57.60	≥4050	27.82	6.60	9.60	
37	2789	500	46.00	≥4050	23.33	7.46	6.73	
38	2940	500	43.50	≥4650	23.71	2.36	8.37	
39	1803	500	49.50	≥4650	32.70	7.35	13.20	
40	2404	500	53.10	≥4650	32.78	10.71	14.02	
41	2147	500	54.70	≥4650	33.68	19.33	12.28	
42	3A-81	600	53.00	≥6950	31.60	7.50	10.02	
43	3A-0（127）	600	48.00	≥6950	26.66	4.60	7.87	
44	4A-85	600	42.00	≥6950	32.96	4.23	12.29	
45	5C-76	600	56.00	≥6950	29.18	7.70	9.46	
46	6C-46	600	53.80	≥6950	30.03	4.95	10.45	
47	6C-64	600	53.30	≥6950	32.24	4.38	7.68	
48	7C-51	600	56.00	≥6950	22.34	3.71	7.78	
49	8C-76	600	45.90	≥6950	28.46	8.45	7.85	
50	3854	500	55.60	≥4050	25.51	3.82	6.40	

7B-52 号桩单桩竖向抗压静载试验数据　　　　表 6-6

序号	荷载（kN）	历时（min）		沉降量（mm）	
		本级	累计	本级	累计
0	0	0	0	0.00	0.00
1	1390	60	60	3.00	3.00
2	2780	60	120	2.90	5.90
3	3475	60	180	2.68	8.58
4	4170	60	240	3.38	11.96

续表

序号	荷载 （kN）	历时（min）		沉降量（mm）	
		本级	累计	本级	累计
5	4865	60	300	3.90	15.86
6	5560	60	360	2.96	18.82
7	6255	60	420	5.12	23.94
8	6950	60	480	4.27	28.21
9	5560	15	495	−0.92	27.29
10	4170	15	510	−1.90	25.39
11	2780	15	525	−4.27	21.12
12	1390	15	540	−5.61	15.51
13	0	60	600	−6.52	8.99

桩长：40.00m；桩径：600mm；最大沉降量：28.21mm；最大回弹量：19.22mm；回弹率：68.1%

单桩竖向抗拔静载试验检测结果汇总表 表 6-7

试验 序号	试验 桩号	桩径 （mm）	桩长 （m）	单桩竖向 抗拔极 限承载力 （kN）	最大上 拔量 （mm）	残余上 拔量 （mm）	抗拔承载 力特征 值对应 上拔量 （mm）	备注
1	258	500	28.80	≥900	6.42	1.91	3.35	地块四
2	380	500	36.20	≥900	14.94	4.08	6.31	地块四
3	446	500	24.50	≥900	11.57	2.36	6.01	地块四
4	545	500	23.00	≥900	11.96	5.14	3.86	地块四
5	600	500	32.90	≥900	10.01	3.90	2.94	地块四
6	754	500	31.50	≥900	12.36	2.12	4.62	地块四
7	821	500	21.00	≥900	16.71	3.97	6.03	地块四
8	859	500	28.30	≥900	14.03	5.10	4.28	地块四
9	961	500	38.90	≥900	17.88	7.26	6.59	地块四
10	1128	500	29.00	≥900	8.75	3.17	3.58	地块四
11	1137	500	28.00	≥900	11.34	1.64	4.33	地块四
12	1150	500	54.00	≥900	6.48	1.90	2.90	地块四
13	1171	500	55.20	≥900	10.16	3.12	2.31	地块四
14	1369	500	34.70	≥900	11.66	2.84	4.20	地块四

续表

试验序号	试验桩号	桩径（mm）	桩长（m）	单桩竖向抗拔极限承载力（kN）	最大上拔量（mm）	残余上拔量（mm）	抗拔承载力特征值对应上拔量（mm）	备注
15	1410	500	41.10	＞900	9.58	1.94	3.85	地块四
16	1743	500	45.20	≥900	14.90	3.72	5.50	地块三
17	1836	500	20.30	＞900	12.74	4.13	2.59	地块三
18	1915	500	41.20	＞900	7.59	2.22	2.45	地块三
19	2020	500	48.30	≥900	14.41	5.78	3.48	地块三
20	2066	500	50.40	≥900	11.18	3.09	4.80	地块三
21	2130	500	48.40	≥900	12.99	5.32	4.85	地块三
22	2246	500	43.30	≥900	19.67	4.57	2.98	地块三
23	2285	500	46.40	≥900	12.32	3.55	5.35	地块三
24	2427	500	41.30	≥900	11.36	5.23	3.39	地块三
25	2456	500	45.40	≥900	8.42	4.12	3.79	地块三
26	2502	500	50.40	≥900	13.68	2.16	4.44	地块三
27	2584	500	46.30	≥900	21.13	6.05	4.32	地块三
28	2625	500	50.30	≥900	12.98	2.25	5.16	地块三
29	2739	500	42.00	≥900	7.20	2.83	2.91	地块三
30	2863	500	46.30	≥900	12.38	1.75	4.39	地块三
31	3451	500	42.6	≥900	19.52	9.95	5.39	地块二
32	3446	500	40.3	≥900	18.88	10.29	5.74	地块二
33	4017	500	45.0	≥900	21.76	11.88	6.72	地块二
34	4338	500	40.7	≥900	15.10	8.34	6.36	地块二
35	4244	500	51.8	≥900	20.42	11.72	5.46	地块二
36	3706	500	43.0	≥900	19.84	9.71	6.33	地块二

258 号桩单桩竖向抗拔静载试验数据　　　　表 6-8

序号	荷载（kN）	历时（min）		上拔量（mm）	
		本级	累计	本级	累计
0	0	0	0	0.00	0.00
1	180	60	60	1.28	1.28

续表

序号	荷载（kN）	历时（min）		上拔量（mm）	
		本级	累计	本级	累计
2	360	60	120	0.86	2.14
3	450	60	180	1.21	3.35
4	540	60	240	0.77	4.12
5	630	60	300	0.57	4.69
6	720	60	360	0.49	5.18
7	810	60	420	0.51	5.69
8	900	60	480	0.73	6.42
9	720	15	495	−0.25	6.17
10	540	15	510	−0.38	5.79
11	360	15	525	−0.51	5.28
12	180	15	540	−1.68	3.60
13	0	60	600	−1.69	1.91

桩长：28.80m；桩径：500mm；最大上拔量：6.42mm；最大回弹量：4.51mm；回弹率：70.2%

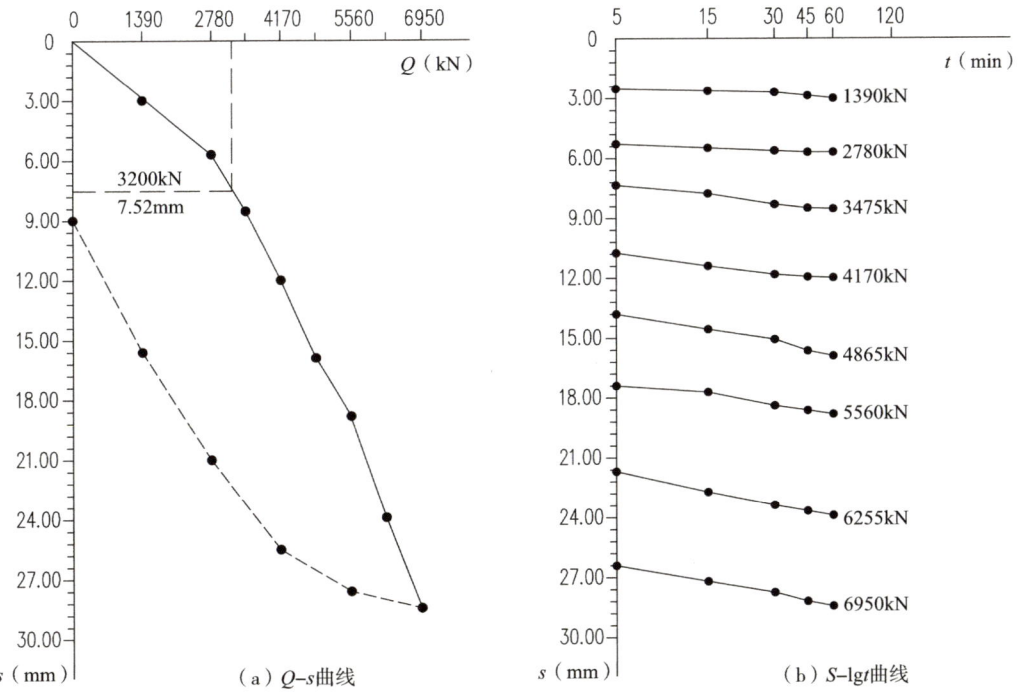

（a）Q-s曲线　　　　　　　　　　　（b）S-lgt曲线

图 6-18　7B-52 号桩单桩竖向抗压静载试验结果

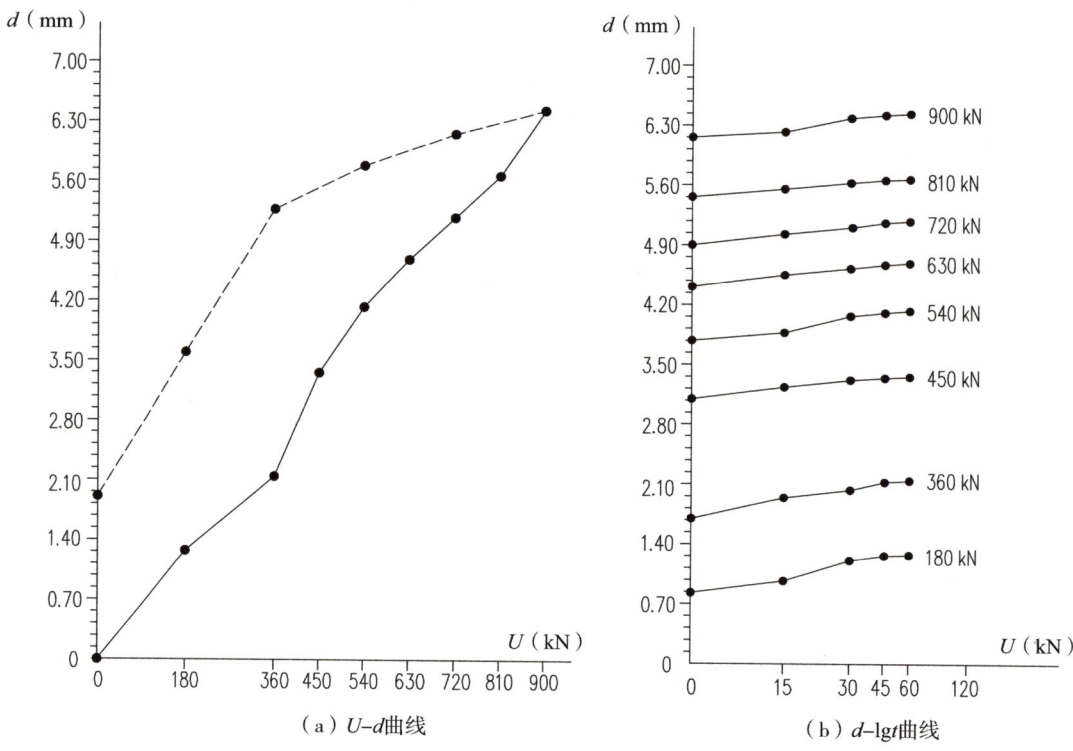

（a）U–d曲线　　　　　　　　（b）d–lgt曲线

图6-19　258号桩单桩竖向抗拔静载试验结果

6.3 大岗镇某项目

6.3.1 工程概况

本项目位于南沙区大岗镇，属于三角洲冲积平原地貌。规划地块是人工围垦河网平原，地势平坦，水网纵横有序，土地深厚肥沃。场地现状主要为空地、苗圃、鱼塘、农地、简易农舍等。

本项目地块一拟建高度70m（20层）的住宅13栋，用地面积约为49万 m²，建筑面积约为20万 m²，设2层地下室，地下室面积5.6万 m²，正负零标高8.0m（广州城建高程系统，下同），底板绝对标高 –1.40m，拟采用抗震墙结构，预应力管桩基础。在地块东南角设一座3层幼儿园，框架结构，建筑高度13.5m，无地下室。项目鸟瞰效果图见图6-20。

图 6-20　项目鸟瞰效果图

6.3.2　地质条件

南沙区大岗镇位于广州市南部，本项目场地属于三角洲冲积平原地貌。规划地块全部是人工围垦河网平原，场地低平，现状主要为涝渣堆放区、苗圃、空地、鱼塘、农地、简易农舍等，钻孔孔口高程在 4.16～7.24m 之间变化。

1. <1-1> 杂填土

灰褐、褐红、褐黄、灰黑等杂色，以填黏性土、碎石、碎砖块、碎混凝土块等建筑垃圾为主，局部填少量生活垃圾及砂土，多分布在乡村道路、农庄及养殖场人行道路等，填筑年限一般超过 5 年，湿、松散，土质不均匀，硬杂物含量约占 5%～35%。

2. <1-2> 素填土

灰色、灰褐、深灰、黄褐等色，主要以黏性土、砂土为主，局部夹含碎石、岩块，硬物含量 5%～20% 不等，土质不均匀，表面 20～40cm 大多为耕土，稍湿、松散。

3. <2> 海陆交互相沉积层（Q^{mc}）

<2-1> 淤泥及淤泥质土

深灰、灰黑色，饱和，流塑，以黏粒为主，间夹较多粉砂薄层，富含有机质，味腥臭，局部含较多贝壳碎屑，压缩性高。根据试验结果可知，软土中有机质含量 3.7%～17.2%，平均值为 9.01%，部分为泥炭质土。本层进行标准贯入试验 173 次，实测击数为 1～4 击，平均值为 2.2 击，修正后击数为 0.8～3.5 击，平均值为 1.9 击。

<2-2> 淤泥质砂

深灰、灰黑色，饱和，松散，主要组成成分为石英，以粉、细砂为主，含大量淤泥，含有机质、局部含较多贝壳碎屑。在本层进行标准贯入试验 43 次，实测击数为 2～8 击，平均值为 3.9 击，修正后击数为 1.7～6.8 击，平均值为 3.3 击。

4. <3> 冲积层（Q^{al}）

<3-1> 粉质黏土

浅黄、黄褐、褐红、红黄等色，很湿，软塑为主、局部可塑，主要由粉粒、黏粒组成，含较多粉细砂，压缩性为中等～高。

<3-2> 粉质黏土

浅黄、黄褐、褐红、红黄色，湿，可塑为主、局部软塑，主要由粉粒、黏粒组成，含较多粉细砂，压缩性中等。

<3-3> 粉、细砂

浅黄、褐红、黄红、灰褐色，饱和，松散～稍密状，主要组成成分为石英，含较多黏粒，分选性好，级配不良，局部夹软塑状粉质黏土薄层。

<3-4> 中粗砂

灰褐、深灰、褐黄、浅黄、灰白及褐红等色，饱和，中密、部分稍密，主要由石英砂粒组成，含黏粒，局部夹含粉细砂和砾砂，分选性差，级配良。

<3-5> 粉、细砂

浅黄、褐红、黄红、灰褐色，饱和，稍密状为主、局部中密，主要组成成分为石英，含较多黏粒，级配不良，局部含中粗砂。

<3-6> 粗、砾砂

灰绿、灰褐、灰黄、灰白色，饱和，中密为主、局部稍密，主要由石英砂粒组成，含少量黏粒，局部夹中粗砂或圆砾、偶见卵石。

<3-7> 淤泥质土

深灰、灰黑色，饱和，流塑，以黏粒为主，含粉砂、局部含腐殖物及有机质，局部为软塑状淤泥质黏土，高压缩性。

5. 残积层（Q^{el}）

<4-1> 粉质黏土

棕红、褐黄、灰色，湿，可塑，以粉黏粒为主、残留大量砂砾颗粒，干强度中等，韧性中等，为砂砾岩风化残积土，浸水易软化、崩解。

<4-2> 粉质黏土

棕红、褐黄、灰色，稍湿，硬塑，以粉黏粒为主、残留大量砂砾颗粒，干强度高，韧性中等，为砂砾岩风化残积土，浸水易软化、崩解。

6. 基岩（K）

本场地下伏基岩为白垩系（K）碎屑沉积岩，揭露岩性主要为砂砾岩。根据风化程度和裂隙发育程度，将岩层分为全风化、强风化、中风化层，现综合简述如下：

<5> 全风化岩

褐黄、灰绿、棕红色，母岩已完全风化成（砂）土状，原岩结构已全部破坏，岩芯坚硬，手捏呈砂状。具有遇水崩解软化的特点，遇水后强度大幅降低。

<6-2> 强风化砂砾岩

褐红、紫红、花斑色，原岩结构大部分破坏，岩芯呈半岩半土状（钻进后呈砂、砾石状）、碎块状，部分柱状，部分岩芯手可折断，浸水易软化、崩解，清水钻进易碎散。部分钻孔揭示岩石风化不均现象，强风化岩层中局部夹中风化岩。

<7-2> 中风化砂砾岩

褐红、棕红、紫红、花斑色，粒状、砾状结构，层状构造，泥、铁质胶结为主，胶结程度一般，砾径多为 0.5 ~ 3cm 不等，砾石含量约占 5% ~ 25%，砾质以砂岩、石英、灰岩及花岗岩为主，岩芯多呈短柱状、长柱状、部分块状，局部岩芯见溶蚀痕迹；岩质较软，风干易裂，RQD = 25% ~ 90% 为主，局部夹强或微风化岩薄层。

岩土参数建议值见表 6-9，典型地质剖面见图 6-21。

6.3.3　基础选型

基础设计前比选了旋挖灌注桩和预应力管桩，技术上均可行。本项目场地淤泥层厚度大，约 0.9 ~ 13.2m，灌注桩成孔难度大，桩身质量难以保证，造价高，工期长，而项目投资概算控制严格且工期紧迫，故采用预应力管桩，但有砂层厚、淤泥层厚、淤泥力学性能差等不利条件，易造成偏桩；淤泥层厚，容易造成桩周土层产生的沉降超过基桩的沉降，因此计算单桩承载力时按规范计算桩侧负摩阻力及其引起的下拉荷载；此外，塔楼范围的管桩数量多且较为密集，存在基桩上浮风险，提出以下解决措施：1）降低成桩速度，2）跳打间距加大到 6m，3）加强基桩的桩顶监测，当发现基桩上浮时应进行复打。

单桩技术参数见表 6-10。

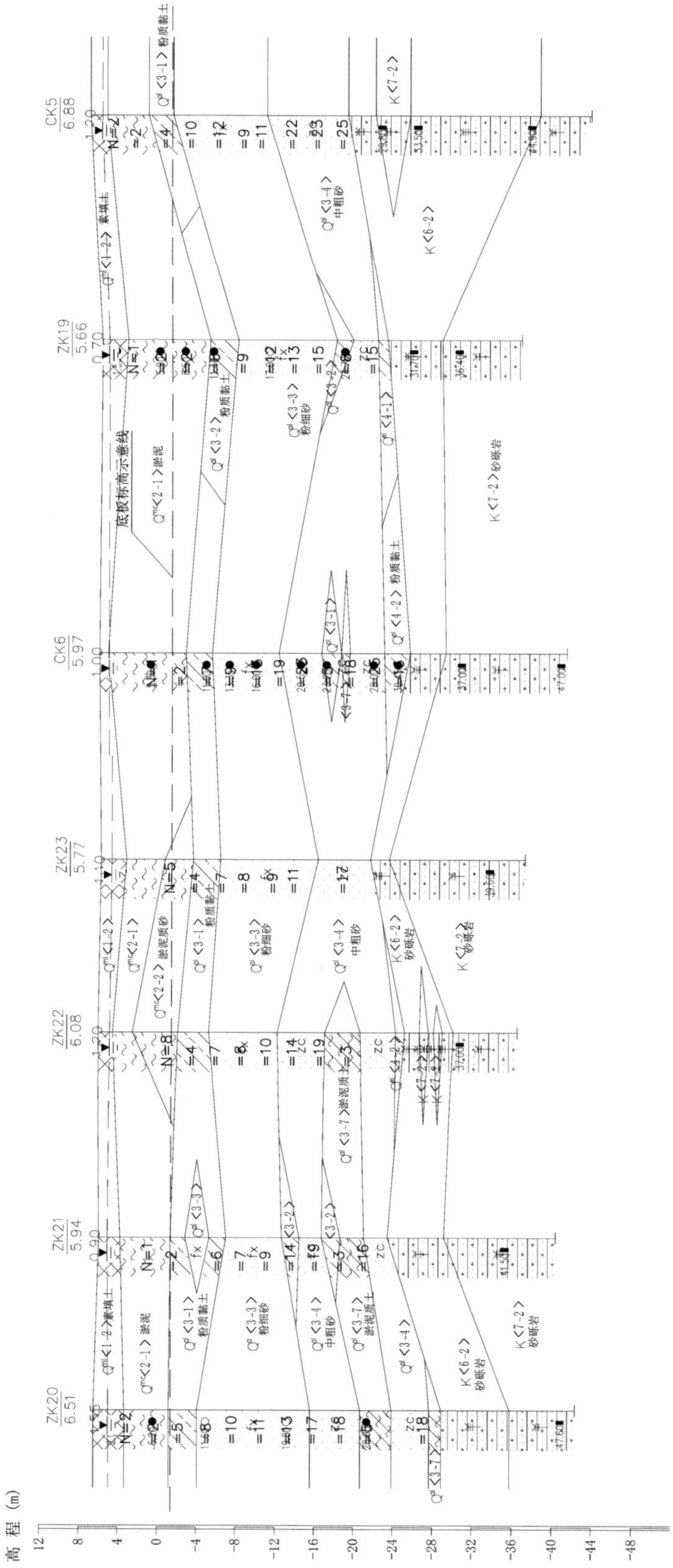
高程（m）
ZK20 6.51
ZK21 5.94
ZK22 6.08
ZK23 5.77
CK6 5.97
ZK19 5.66
CK5 6.88
底板标高示意线

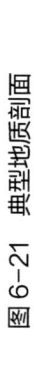

图 6-21 典型地质剖面

岩土参数建议值表

表 6-9

岩土分层	岩土层名称	时代与成因	天然密度 ρ (g/cm³)	天然含水率 w (%)	岩土地基承载力特征值 f_{ak}/f_a (kPa)	岩石天然单轴抗压强度建议值 f_{rk} (MPa)	预制桩桩侧摩阻力特征值 q_{sa} (kPa)	预制桩的端阻力特征值 ($L>16$m) q_{pa} (kPa)	负摩阻力系数建议值 ζ
<1-2>	素填土	Q^{ml}	1.80	37.8	50~60	—	12	—	0.45
<2-1>	淤泥及淤泥质土	Q^{mc}	1.65	55.5	40~45	—	8	—	0.25
<2-2>	淤泥质砂		—	—	50~60	—	10	—	0.3
<3-1>	软塑粉质黏土		1.90	30.2	80~90	—	20	—	0.3
<3-2>	可塑粉质黏土		1.90	24.3	130~150	—	25	—	0.3
<3-3>	松散~稍密粉、细砂		—	—	80~100	—	12	—	0.5
<3-4>	中密中粗砂	Q^{al}	—	—	160~180	—	25	2500~3000	0.5
<3-5>	稍密粉、细砂		—	—	100~110	—	15	—	0.5
<3-6>	中密粗、砾砂		—	—	200~220	—	30	2800~3200	0.5
<3-7>	淤泥质土		1.76	44.1	50~55	—	10	—	0.25
<4-1>	可塑粉质黏土	Q^{el}	1.90	21.8	160~180	—	30	—	—
<4-2>	硬塑粉质黏土		1.92	20.0	220~250	—	40	—	—
<5>	全风化岩		1.95	18.0	300~350	—	55	3000~3500	—
<6-2>	强风化砂砾岩	K	2.00	15.0	450~500	—	90	3500~4000	—
<7-2>	中风化砂砾岩		2.10	—	1000~1200	5~5.5	—	—	—

单桩技术参数表

表 6-10

桩号	单桩规格及设计要求							锤击法			
	管桩规格	桩外径 D（mm）	壁厚（mm）	单桩竖向承载力特征值（kN）	单桩竖向抗拔力特征值（kN）	预估有效桩长 L（m）	桩尖类型	锤型号	冲积体质量（t）	冲程（m）	最后贯入度（mm/10击）
ZH1	PHC（AB 型）	500	125	1800	—	22~35	A	柴油锤 62 号	6.2	2.5	20
*ZH1	PHC（AB 型）	500	125	1800	400	22~35	A	柴油锤 62 号	6.2	2.5	20
ZH1	PHC（AB 型）	500	125	1800	—	22~35	A	HDY18 液压锤	18.0	0.5	20
*ZH1	PHC（AB 型）	500	125	1800	400	22~35	A	HDY18 液压锤	18.0	0.5	20

注：带"*"的桩为抗拔桩。

6.3.4 基础设计

1. 基桩承压承载力计算

本工程正负零的绝对标高为 8.800m，桩顶的绝对标高为 –1.9m。桩侧淤泥（质土）厚约 9.15m，属欠固结土，需考虑负摩阻力的影响。管桩以第 <6–2> 层强风化砂砾岩作为持力层，桩端入持力层 4m。

1）桩侧负摩阻力计算

桩型选用 AB 型，A 型桩靴。根据广东省标准《建筑地基基础设计规范》DBJ 15—31—2016 公式进行计算。典型钻孔柱状图见图 6–22。

地层编号	时代成因	层底高程 (m)	层底深度 (m)	分层厚度 (m)	采取率 %	柱状图 1:300	地层描述	取样	标贯击数(击) (实测/修正)
1-2	Q^{ml}	2.15	3.00	3.00	80		素填土：灰褐色，填粉砂为主，局部含淤泥及砼块等，松散		$=1/0.9$ 3.55~3.85
2-1	Q^{mc}	-11.05	16.20	13.20	95		淤泥：灰黑色，以黏粒为主，底部含粉砂，局部夹软塑状黏土薄层，味腥臭，饱和，流塑		$=2/1.7$ 6.45~6.75 $=2/1.6$ 9.15~9.45 $=3/2.3$ 11.95~12.25 $=4/3.0$ 14.65~14.95
3-3	Q^{al}	-19.25	24.40	8.20	82	fx	粉细砂：浅黄色，主要组成成分为石英，饱和，稍密		$=14/10.0$ 17.35~17.65 $=15/10.5$ 20.35~20.65 $=13/9.1$ 23.15~23.45
3-4		-26.55	31.70	7.30	80	zc	中粗砂：浅黄色、褐黄色，主要组成成分为石英，间夹黏性土薄层，饱和，中密		$=17/11.9$ 25.85~26.15 $=18/12.6$ 28.15~28.45 $=21/14.7$ 31.15~31.45
6-2	K	-30.65	35.80	4.10	65		强风化砂砾岩：灰色、棕红色，原岩结构已大部分破坏，矿物成分已显著变化，风化强烈，岩体破碎，岩芯多呈半岩半土状，局部呈块状或柱状，遇水易软化、崩解，$f_c=2.4$MPa	ZK61-Y1 34.10~34.60	
7-2		-37.25	42.40	6.60	83		中风化砂砾岩：棕红色，砾状、粒状结构，层状构造，以砂岩为主，泥、钙、铁质胶结，胶结一般，局部裂隙较发育，砾石含量5%~15%，分布不均，砾径0.5~2cm不等；岩芯多呈短柱状，局部夹强风化岩薄层，RQD=62%		

图 6-22　典型钻孔柱状图（ZK61）

桩长 27.7m，桩截面周长 $u = 1.57m$，持力层为强风化砂砾岩。中性点深度比取 $l_n / l_0 = 1.0$，$l_0 = 9.15m$，$l_n = 9.15m$，其中 l_n，l_0 分别为自桩顶算起的中性点深度和桩周软弱土层下限深度；淤泥层负摩阻力系数 $k_{0i}\tan\varphi'_i$ 取值为 0.25。土层均位于地下水位以下，不考虑超静孔隙水压力。

根据广东省标准《建筑地基基础设计规范》DBJ 15—31—2016 式（10.2.10-1、2），

淤泥层：$\sigma'_{vi} = p + \gamma_1 z_1 - u_1 = 0 + 6.5 \times 9.15 \times 0.5 = 29.7\text{kPa}$

$$q_{s1}^n = \sigma'_{v1} k_{01} \tan\varphi'_1 = 29.7 \times 0.25 = 7.4\text{kPa}$$

取 $q_{s1}^n = 7.4\text{kPa}$

根据广东省标准《建筑地基基础设计规范》DBJ 15—31—2016 式（10.2.10-3），

$$Q^n = u_p \sum q_{si}^n l_{ni} = 0.5 \times 3.14 \times (7.4 \times 9.15) = 106.3\text{kN}$$

式中：σ'_{vi} —— 桩周第 i 土层的竖向有效应力；

　　　p —— 地面堆载，包括大面积填土；

　　　γ_i —— 第 i 土层底以上土层按厚度计算的加权平均重度，在地下水位以下时用有效重度；

　　　z_i —— 由地面算起至 i 土层中点的深度；

　　　u_i —— 第 i 土层中超静孔隙水压力，不易测得时可近似取零；

　　　φ'_i —— 第 i 土层的有效内摩擦角；

　　　k_{0i} —— 第 i 土层的静止侧压力系数；

　　　u_p —— 桩周长；

　　　l_{ni} —— 负摩阻区第 i 土层的厚度。

2）竖向承载力计算

根据广东省标准《建筑地基基础设计规范》DBJ 15—31—2016 式（10.2.3），

$R_a = \pi \sum \xi_{si} d_{si} q_{sia} l_i + q_{pa} A$

$= 0.5 \times \pi \times (12 \times 8.2 + 2.5 \times 7.3 + 90 \times 4) + 0.25 \times 0.5^2 \times \pi \times 4000 = 1791\text{kN}$，

取 $R_a = 1800\text{kN}$。

式中：q_{sia}、q_{pa} —— 桩侧第 i 层土的侧阻力特征值（kPa）、桩端阻力特征值（kPa），可由当地静载荷试验结果统计分析得到；

　　　A —— 桩尖水平投影面积（m^2）；当为开口型桩尖时，仍按封口型桩尖的水平投影面积计算；

　　　d_{si} —— 分层土中管桩直径（mm）；

　　　l_i —— 桩周第 i 层土（岩）的厚度（m）；

　　　ξ_{si} —— 管桩第 i 层土（岩）的侧阻力修正系数值。

根据结构模型的计算结果，本工程荷载效应标准组合下，作用于承台底面的竖向力 $F_k = 6400\text{kN}$。六桩承台尺寸为 $2.5\text{m} \times 2.5\text{m} \times 1.2\text{m}$（长 × 宽 × 高），承台厚度 $d = 1.2\text{m}$。

根据广东省标准《建筑地基基础设计规范》DBJ 15—31—2016 式（10.2.1-1），轴心竖向力作用下：

$$N_k = \frac{F_k + G_k}{n} = (6400 + 2.5 \times 2.5 \times 1.2 \times 25) / 4 = 1646.9\text{kN}。$$

$N_k + Q^n = 1646.9 + 106.3 = 1753.2\text{kN} < 1800\text{kN}$，满足规范要求。

式中：F_k——按荷载效应标准组合计算的作用于承台顶面的竖向力（kN）；

$\quad\quad G_k$——桩基承台和承台上土自重标准值（kN）；

$\quad\quad N_k$——相应于荷载效应标准组合时，轴心竖向力作用下任一单桩的竖向力（kN）；

$\quad\quad n$——群桩基础中的桩数；

2. 单桩抗拔承载力计算

取最大抗浮区格 $8.1\text{m} \times 8.1\text{m}$ 计算，抗浮水位取为室外地面下 1m。地下室底板结构面标高 -9.5m，地下室顶板距室外地面 1.8m，覆土 1.5m，顶板厚 250mm、底板厚 500mm，负一层板厚 120mm，柱截面为 $600\text{mm} \times 600\text{mm}$，梁截面为 $500\text{mm} \times 800\text{mm}$，覆土重度取 18kN/m^3。

建筑物自重标准值（不含活荷载）为 $W_k = 3820\text{kN}$。

水浮力标准值：$F_w = 10 \times 9 \times 8.1 \times 8.1 = 5905\text{kN}$。

$W_k / F_w = 3820 / 5905 = 0.647 < 1.05$，不满足规范要求。须采取抗浮措施，采用 6 根抗拔桩抗浮。

单桩承受的拔力标准值 $N_{tk} = (1.05 \times 5905 - 3820) / 6 = 397\text{kN}$，

单桩竖向抗拔承载力特征值 R_{ta} 计算如下：

1）根据管桩端板锚固孔抗剪强度验算单桩抗拔承载力

根据《预应力混凝土管桩技术标准》JGJ/T 406—2017 式（5.2.10-2），

$$[N_t] = n'\pi(d_3 + d_4)\left(t_s - \frac{h_1 + h_2}{2}\right)f_v / 2$$
$$= 12 \times \pi \times (12 + 20) \times [24 - (9.5 + 6) / 2] \times 120 / 2 = 1175616\text{N} = 1175.616\text{kN}$$

式中：n'——预应力钢棒数量；

$\quad\quad d_3$——端板上预应力钢棒锚固孔台阶上口直径（mm）；

$\quad\quad d_4$——端板上预应力钢棒锚固孔台阶下口直径（mm）；

$\quad\quad h_1$——端板上预应力钢棒锚固孔台阶上口至端板顶距离（mm）；

$\quad\quad h_2$——端板上预应力钢棒锚固孔台阶下口至端板顶距离（mm）；

$\quad\quad f_v$——端板抗剪强度设计值（N/mm²），取 120N/mm²；

t_s——端板厚度（mm）。

2）根据管桩接桩连接处强度验算单桩抗拔承载力

根据《预应力混凝土管桩技术标准》JGJ/T 406—2017 式（5.2.10-3），

$$[N_t] = \frac{1}{4}\pi\left(d_5^2 - d_6^2\right)f_t^w$$
$$= 0.25 \times 3.14 \times (500^2 - 484^2) \times 215 = 2657194N = 2657.2kN$$

式中：d_5——焊缝外径（mm）；

d_6——焊缝内径（mm）；

f_t^w——焊缝抗拉强度设计值（N/mm²）。

3）根据管腔内填芯微膨胀混凝土深度验算单桩抗拔承载力

管桩内 3m 灌 C35 细石微膨胀填芯混凝土，根据《预应力混凝土管桩技术标准》JGJ/T 406—2017 式（5.2.10-4），

$$[N_t] = k_1\pi d_1 L_a f_n$$
$$= 0.8 \times \pi \times 0.25 \times 3000 \times 0.35 = 659.4kN$$

式中：k_1——综合折减系数，取 0.8；

d_1——管桩内径（mm）；

L_a——填芯混凝土高度（mm）；

f_n——填芯混凝土与管桩内壁的粘结强度设计值，宜由现场试验确定。当缺乏试验资料时，C30 微膨胀混凝土可取 0.35N/mm²。

4）根据管腔内填芯混凝土纵向钢筋验算单桩抗拔承载力

管桩内 6 ⏀ 22 钢筋承受的抗拔力：

根据《预应力混凝土管桩技术标准》JGJ/T 406—2017 式（5.2.10-5），

$$[N_t] = A_{sd}f_y$$
$$= 6 \times 380 \times 360 = 820800N = 820.8kN$$

式中：A_{sd}——填芯混凝土纵向钢筋总截面面积（mm²）；

f_y——填芯混凝土纵向钢筋的抗拉强度设计值（N/mm²）。

5）根据表 6.3-1 数据估算单桩竖向抗拔承载力特征值 R_{ta}

根据广东省标准《建筑地基基础设计规范》DBJ 15—31—2016 式（10.2.11-1），

$R_{ta} = u_p\sum\lambda_i q_{sia}l_i + G_0$（不考虑桩自重）

$= 0.5 \times 3.14 \times (9.5 \times 6 \times 0 + 12 \times 8.2 \times 0.4 + 25 \times 7.3 \times 0.4 + 90 \times 3 \times 0.65) + 0 = 452kN$

式中：R_{ta}——单桩竖向抗拔承载力特征值（kN）；

u_p——桩周长，$u_p = \pi d$，对于扩底桩（扩底直径为 D），可按广东省标准
《建筑地基基础设计规范》DBJ 15—31—2016 表 10.2.11-1 取值；

λ_i——抗拔摩阻力折减系数，无试验数据时可按广东省标准《建筑地基基
础设计规范》DBJ 15—31—2016 表 10.2.11-2 取值；

G_0——桩自重，地下水位以下取有效重度计算（kN）。

综合上述五项计算，取单桩上拔力设计值最小值为 659.4kN，则单桩竖向抗拔承载
力特征值 $R_{ta} = 659.4 / 1.35 = 488\text{kN} > 451\text{kN}$，偏安全地，取 $R_{ta} = 400\text{kN}$。

根据广东省标准《建筑地基基础设计规范》DBJ 15—31—2016 第 5.2.1 条有关规定，
荷载效应按标准组合，抗浮稳定性计算为：

$$nR_{ta} + W_k \geqslant 1.05 F_w$$

（$nR_{ta} + W_k$）/ F_w =（$6 \times 400 + 3820$）/ $5905 = 1.053 > 1.05$，满足规范要求。

3. 管桩桩身承载力计算

1）桩身裂缝的控制计算

本工程基础环境类别为三类，根据《预应力混凝土管桩技术标准》JGJ/T 406—
2017 及《混凝土结构设计规范》GB 50010—2010（2015 年版），桩身裂缝控制等级为
一级，须满足 $N_{tk} \leqslant \sigma_{pc} A_0$。

根据《预应力混凝土管桩技术标准》JGJ/T 406—2017 表 A.0.4-1，桩型为 PHC500
（125），$[A_0] = 151866\text{mm}^2$，$[\sigma_{pc}] = 6.18\text{MPa}$。

$$\sigma_{pc} A_0 = 6.18 \times 151866 = 938531.9\text{N} = 938.5\text{kN} > 400\text{kN}$$

式中：σ_{pc}——管桩桩身截面混凝土有效预压应力（N/mm^2）；

A_0——管桩桩身横截面换算面积（mm^2）。

2）桩身轴心竖向受压承载力计算

根据《预应力混凝土管桩技术标准》JGJ/T 406—2017 表 A.0.5-2，桩型为 PHC500
（125），桩身轴心受压承载力设计值为 $[N] = 3701\text{kN}$。

桩身轴心受压承载力标准值为 $3701 / 1.35 = 2741.5\text{kN} > 2100\text{kN}$，满足规范要求。

3）桩身轴心竖向抗拔承载力计算

根据《预应力混凝土管桩技术标准》JGJ/T 406—2017 表 A.0.5-1，桩型为 PHC500
（125），桩身轴心受拉承载力设计值为 $[N_t] = 918\text{kN}$。

桩身轴心抗拔承载力标准值为 $918 / 1.35 = 680\text{kN} > 400\text{kN}$，满足规范要求。

根据上部作用力及单桩承载力特征值进行基础设计，地块内桩基础平面总图和塔楼
桩基础平面布置图如图 6-23、图 6-24 所示。

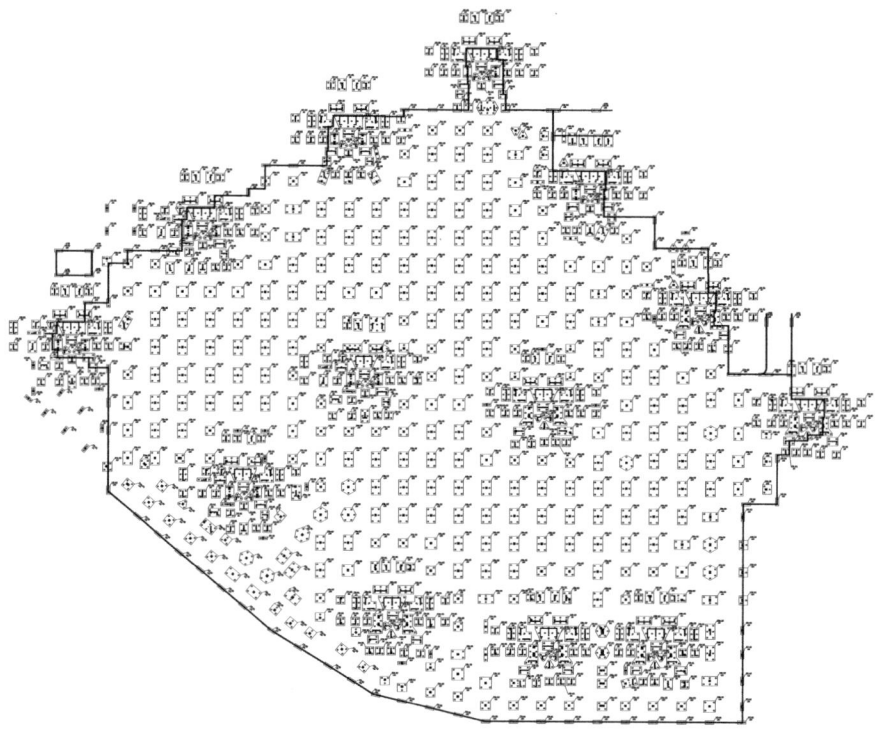

图 6-23　整体桩基础布置平面图

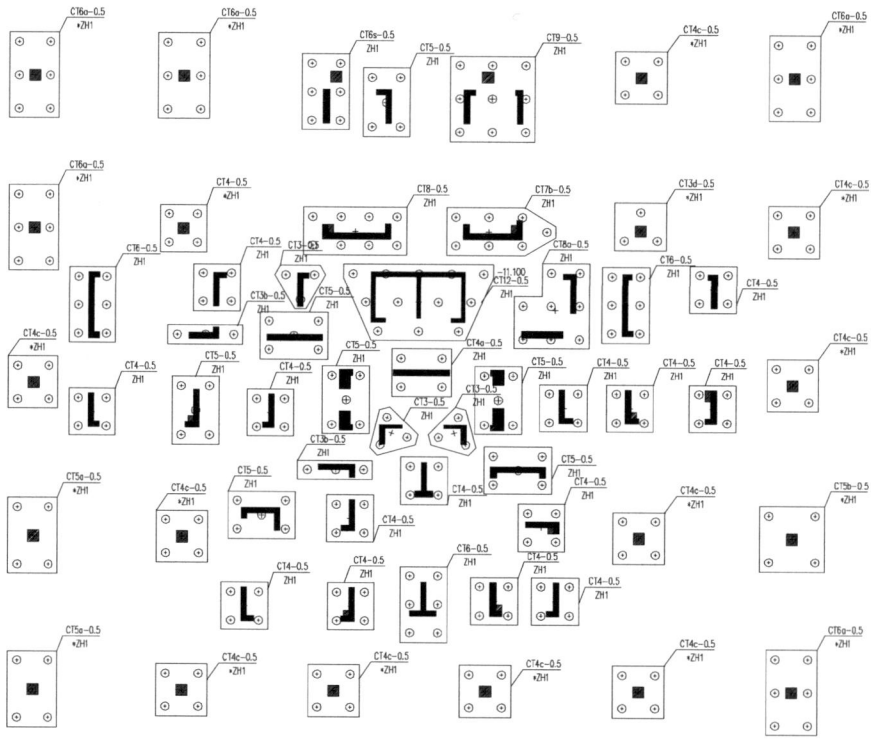

图 6-24　塔楼桩基础布置平面图

6.3.5 预应力管桩的施工与检测

采用锤击法进行施工，布局砂层较厚区域采用一体化桩尖。本工程先施工工程桩，后开挖基坑，施工过程未出现偏桩、断桩等质量问题，现场施工情况如图 6-25 所示，现场土方开挖情况如图 6-26 所示。

本工程在桩基施工完成后，在地面进行检测，故设计对桩极限承载力检测值提高到 4300kN。经检测，桩身完整性、桩基承载力均满足设计及相关规范要求，80 号、169 号桩单桩竖向静荷载检测结果如图 6-27、图 6-28 所示。

图 6-25　现场打桩照片

图 6-26　现场土方开挖照片

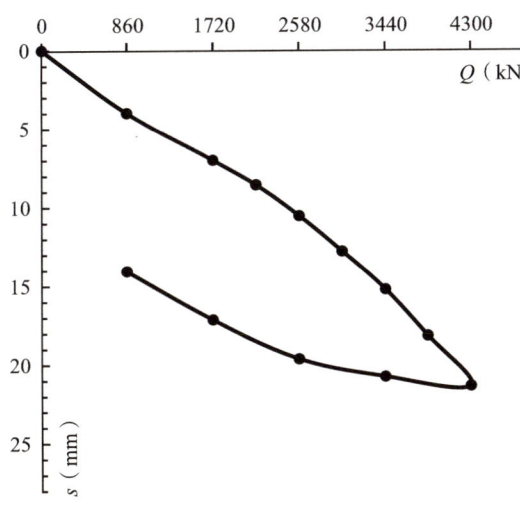

图 6-27　80 号桩 Q-s 曲线

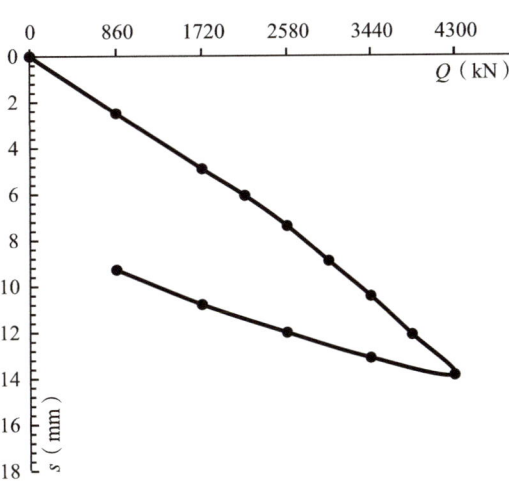

图 6-28　169 号桩 Q-s 曲线

6.4 黄阁镇某项目

6.4.1 工程概况

黄阁镇某项目为住宅小区，包括 7 栋住宅、1 栋 5 层高的交警用房和 1 栋 3 层高的幼儿园，最大高度 99.9m（32 层），场地范围拟建地下室 2 层，基坑开挖深度约 10m，含地下车库与设备用房以及负二层部分人防用房。项目鸟瞰效果图见图 6-29。

图 6-29　项目鸟瞰效果图

项目位于广州市南沙区黄阁镇，交通便利，地理位置优越。项目用地场地势相对平缓，主要为苗地、鱼塘、农地，部分覆有植被，有几处简易房；场地内有高压线塔穿过，场地周边分布供水及煤气管道等复杂管线，场地内未发现地下管线、空洞等；场地距离珠三角成品油管道一期（南沙站 NZ013+100—NZ015+200 高后果区）100~200m 范围内。

6.4.2 地质条件

场地属珠江三角洲冲 - 淤积地貌单元，为蕉林、菜地和鱼塘，有简易公路，地势较平缓。拟建项目地处富饶的珠江三角洲北部，广州市南部，南沙开发区内，场地较为平坦，为河口三角洲地貌单元，场地现状主要为已平整的农田等。其基岩主要为燕山期的花岗岩（γ）。本场地交通较便利，现地面大部分较平坦，局部稍有起伏。

1. 耕土层（Q^{ml}）

<1> 耕土

灰、灰黄色等，本层以耕土（<1-1>）为主；素填土（<1-2>）仅局部分布在旧场地大门口和村道，分布范围较小，本次无钻孔揭露。耕土以粉黏粒为主，含较多粉细砂和植物根茎，土质较均匀，湿，结构松散（软），欠固结；素填土以粉质黏土为主，局部填混凝土、填石，土质不均匀，湿，结构以松散为主，欠固结，局部稍压实。本层土堆填年限一般不大于 10 年，孔隙比较大，有一定的湿陷性。

2. 海陆交互相海冲（淤）积层（Q^{mc}）

<2-1> 淤泥

灰黑色，以粉黏粒为主，含较多腐殖质和少量粉细砂，含贝壳，饱和，呈流塑状态。部分钻孔该层局部有淤泥质土或含较多中细砂。

钻孔在本层进行标准贯入试验 984 次，实测击数为 1～7 击，平均值为 1.6 击；修正后击数为 0.67～4.45 击，平均值为 1.20 击。本层 137 个钻孔均有揭露，全场分布，层面标高 −13.70～8.40m，层面埋深 0.00～23.10m，层厚 3.60～29.90m，平均层厚 20.83m。

<2-2> 淤泥质砂

灰黑、深灰色，主要组成为石英，以粉、细砂为主，级配一般，不均匀混黏性土和有机质，局部含贝壳类，饱和，松散，部分钻孔揭露夹腐木。

<2-3> 淤泥质土

深灰、灰黑色，以粉黏粒为主，局部含较多中细砂，含腐殖质，个别钻孔含较多朽木，饱和，流塑状态为主，局部夹软塑状。

钻孔在本层进行标准贯入试验 288 次，实测击数为 2～10 击，平均值为 5.2 击；修正后击数为 1.29～5.59 击，平均值为 2.89 击。本层 93 个钻孔有揭露，大部分钻孔有揭露，且部分钻孔呈两层分布，层面标高 −26.65～−7.79m，层面埋深 12.80～31.90m，层厚 1.90～28.30m，平均层厚 8.80m。

3. 残积层（Q^{el}）

<4-1> 可塑状砂质黏性土

灰黄、褐黄等色，为花岗岩风化残积土，可塑状态，遇水易软化、崩解。

4. 花岗岩（γ）

本次勘察场地的基岩为燕山期花岗岩（γ），呈灰黄、青灰等色，按岩石风化程度可分为强风化岩、中风化岩和微风化岩等，下面分别进行描述。

<6> 强风化花岗岩

灰黄、褐黄等色，风化强烈，原岩结构大部分已破坏，矿物成分已显著变化，裂隙很发育，岩芯多呈半岩半土状~碎块状，局部呈短柱状，含较多岩块，遇水易软化、崩解。岩块的主要矿物成分为长石、石英、云母等。

<7> 中风化花岗岩

灰黄、青灰等色，细粒结构，块状构造，矿物成分以长石、石英、黑云母为主，组织结构部分破坏，裂隙较发育，裂面被锰铁质渲染，岩芯多呈短柱状和块状，少量呈长柱状。RQD=0%~20%。

<8> 微风化花岗岩

灰黑、青灰、黑白等色，细粒结构，块状构造，矿物成分以长石、石英、黑云母为主，岩芯多呈长柱状，少量短柱状。RQD=80%~90%。

岩土参数建议值见表 6-11。典型地质剖面见图 6-30。

岩土参数建议值表　　　　　　　表 6-11

序号	岩土层名称	岩石饱和湿度单轴抗压强度f_r（MPa）	承载力特征值（kPa）	r（g/cm³）	q_s（kPa）	q_{sa}（kPa）	q_{pa}（kPa）（≥16m）	软土负摩阻力系数
<1-1>	耕土	—	—	1.8	20	12	—	—
<1-2>	素填土	—	—	1.8	20	12	—	—
<2-1>	淤泥	—	40	1.5	14	8	—	0.15~0.20
<2-2>	淤泥质砂	—	50	1.65	25	10	—	0.20~0.25
<2-3>	淤泥质土	—	55	1.60	16	10	—	0.15~0.20
<4-1>	可塑状砂质黏性土	—	250	1.90	60	40	—	—
<6>	强风化花岗岩	—	500	2.10	100	100	5000	—
<7>	中风化花岗岩	12~15	2500~3000	2.40	200	—	—	—
<8>	微风化花岗岩	30~35	8000~10000	2.50	300	—	—	—

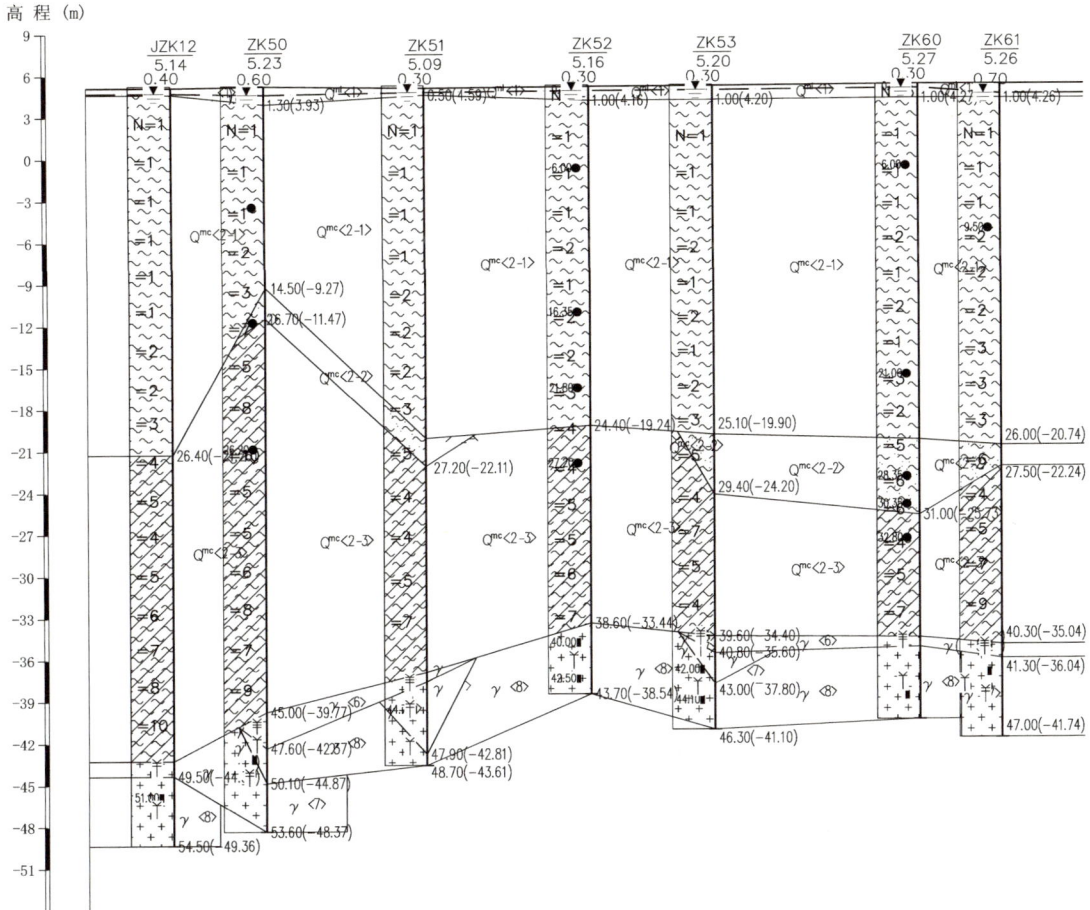

图 6-30　典型地质剖面

6.4.3　基础选型

基础设计前比选了旋挖灌注桩和预应力管桩，技术上均可行。本项目场地淤泥及淤泥质土层等软土层厚度大，约 15～44m。若采用灌注桩，桩长较大，最大桩长预计达到 50m，灌注桩成孔难度大，桩身质量难以保证，且造价高、工期长。本项目投资概算控制严格且工期紧迫，经比选后采用预应力管桩，但淤泥、淤泥质土等软土层厚，力学性能差，易造成偏桩；淤泥层厚，还容易造成桩周土层产生的沉降超过基桩的沉降，因此计算单桩承载力时按规范计算桩侧负摩阻力及其引起的下拉荷载；此外，管桩长度大，桩长细比大，且塔楼范围的数量多且较为密集，存在基桩上浮风险。提出以下解决措施：（1）降低成桩速度；（2）跳打间距加大到 6m；（3）加强基桩的桩顶监测，当发现基桩上浮时应进行复打。

6.4.4　基础设计

1. 基桩承压承载力计算

本工程正负零的绝对标高为 8.00m，桩顶的绝对标高为 –3.00m。桩侧淤泥及淤泥质土厚约 34m，属欠固结土，需考虑负摩阻力的影响。管桩以第 <7> 层中风化花岗岩作为持力层，桩端入持力层 0.5m。

1）桩侧负摩阻力计算

桩型选用 AB 型，A 型桩靴。根据广东省标准《建筑地基基础设计规范》DBJ 15—31—2016 公式进行计算。典型钻孔柱状图见图 6-31。

地层编号	时代成因	层底高程(m)	层底深度(m)	分层厚度(m)	采取率%	柱状图 1:300	地层描述	取样	标贯击数(击)(实测/修正)
1	Q^{al}	3.74	1.30	1.30	88		耕土：灰褐色，湿，松软，以粉黏粒为主，含植物根茎及砂粒	JZK50-1 1.00-1.20	
2-1	Q^{mc}	-22.06	27.10	25.80	98		淤泥：灰黑色，饱和，流塑，以粉黏粒为主，含有机质，局部含有粉细砂	JZK50-2 9.60-10.80 JZK50-3 17.20-17.40	=1/0.9 3.55-3.85 / =1/0.8 6.55-6.85 / =1/0.8 9.15-9.45 / =1/0.8 11.75-12.05 / =1/0.7 14.25-14.55 / =2/1.4 17.55-17.85 / =2/1.4 20.25-20.55 / =2/1.3 23.15-23.45 / =3/1.9 25.75-26.05
2-3		-37.06	42.10	15.00	96		淤泥质土：灰黑色，饱和，软塑～可塑，以粉黏粒为主，含有机质及腐殖质	JZK50-4 28.30-28.50	=4/2.4 28.65-28.95 / =5/2.9 31.45-31.75 / =4/2.1 34.15-34.45 / =4/2.1 36.75-37.05 / =4/2.0 39.15-39.45 / =6/2.8 41.75-42.05
6	γ	-38.46	43.50	1.40	80		强风化花岗岩：青灰色，原岩结构大部分已破坏，矿物成分已显著变化，风化强烈，裂隙很发育，岩芯呈半岩半土状、碎块状		
7		-40.66	45.70	2.20	82		中风化花岗岩：青灰色，细粒结构，块状构造，矿物成分以长石、石英、黑云母为主，组织结构部分破坏，裂隙较发育，裂隙被锰铁质渲染，岩芯呈块状、短柱状，其中45.0～45.7m呈碎块状	JZK50-Y1 46.70-47.00	
8		-45.16	50.20	4.50	89		微风化花岗岩：青灰、灰白色，细粒结构，块状构造，矿物成分以长石、石英、黑云母为主，岩芯呈长柱状、短柱状，f_r=82.4～95.4MPa		

图 6-31　典型钻孔柱状图（JZK50）

桩长 38.1m，桩截面周长 u =1.57m，持力层为中风化花岗岩。中性点深度比取 $l_n / l_0 =1.0$，$l_0 =34m$，$l_n =34m$，其中 l_n, l_0 分别为自桩顶算起的中性点深度和桩周软弱土层下限深度；淤泥层负摩阻力系数 $k_{0i}\tan\varphi'_i$ 取值为 0.25。土层均位于地下水位以下，不考虑超静孔隙水压力。

根据广东省标准《建筑地基基础设计规范》DBJ 15—31—2016 式（10.2.10–1～2），

（1）淤泥层：　　　$\sigma'_{v1} = p + \gamma_1 z_1 - u_1 = 0 + 5.3 \times 19 \times 0.5 = 50.35\text{kPa}$

$$q_{s1}^n = \sigma'_{v1} k_{01}\tan\varphi'_1 = 50.35 \times 0.25 = 12.6\text{kPa} > 8\text{kPa}$$

取 $q_{s1}^n = 8\text{kPa}$

（2）淤泥质土层：$\sigma'_{v1} = p + \gamma_1 z_1 - u_1 = 0 + 5.3 \times 19 + 6.8 \times 15 \times 0.5 = 151.7\text{kPa}$

$$q_{s1}^n = \sigma'_{v1} k_{01}\tan\varphi'_1 = 151.7 \times 0.25 = 37.9\text{kPa} > 10\text{kPa}$$

取 $q_{s1}^n = 10\text{kPa}$

根据广东省标准《建筑地基基础设计规范》DBJ 15—31—2016 式（10.2.10–3），

$$Q^n = u_p \sum q_{si}^n l_{ni} = 0.5 \times \pi \times (19 \times 8 + 15 \times 10) = 474.1\text{kN}$$

式中：σ'_{vi} ——桩周第 i 土层的竖向有效应力；

　　　　p ——地面堆载，包括大面积填土；

　　　　γ_i ——第 i 土层底以上土层按厚度计算的加权平均重度，在地下水位以下时用有效重度；

　　　　z_i ——由地面算起至 i 土层中点的深度；

　　　　u_i ——第 i 土层中超静孔隙水压力，不易测得可近似取零；

　　　　φ'_i ——第 i 土层的有效内摩擦角；

　　　　k_{0i} ——第 i 土层的静止侧压力系数。

　　　　u_p ——桩周长；

　　　　l_{ni} ——负摩阻区第 i 土层的厚度。

2）竖向承载力计算

根据广东省标准《建筑地基基础设计规范》DBJ 15—31—2016 式（10.2.3），

$$R_a = \pi \sum \xi_{si} d_{si} q_{sia} l_i + q_{pa} A$$
$$= 0.5 \times \pi \times (100 \times 1.4 + 200 \times 0.5) + 0.25 \times 0.5^2 \times \pi \times 7000 = 1750.55\text{kN}，取 R_a = 1750\text{kN}。$$

式中：q_{sia}、q_{pa} ——桩侧第 i 层土的侧阻力特征值（kPa）、桩端阻力特征值（kPa），可由当地静载荷试验结果统计分析得到；

　　　　A ——桩尖水平投影面积（m²）；当为开口型桩尖时，仍按封口型桩尖的水平投影面积计算；

　　　　d_{si} ——分层土中管桩直径（mm）；

l_i——桩周第 i 层土（岩）的厚度（m）；

ξ_{si}——管桩第 i 层土（岩）的侧阻力修正系数值。

根据结构模型的计算结果，本工程荷载效应标准组合下，作用于 B2 栋塔楼承台底面的竖向力 $F_k = 333135$kN，采用筏形承台，承台底桩数为 280。

根据广东省标准《建筑地基基础设计规范》DBJ 15—31—2016 式（10.2.1–1），轴心竖向力作用下

$$N_k = \frac{F_k + G_k}{n} = 333135 / 280 = 1189.8\text{kN}$$

$N_k + Q^n = 1189.8 + 474.1 = 1663.9$kN＜1700kN，满足规范要求。

式中：F_k —— 按荷载效应标准组合计算的作用于承台顶面的竖向力（kN）；

$\qquad$ G_k —— 桩基承台和承台上土自重标准值（kN）；

$\qquad$ N_k —— 相应于荷载效应标准组合时，轴心竖向力作用下任一单桩的竖向力（kN）；

$\qquad$ n —— 群桩基础中的桩数。

2. 单桩抗拔承载力计算

取最大抗浮区格 8.1m × 8.1m 计算，抗浮水位取为室外地面下 1m。地下室底板结构面标高 –9.7m，地下室顶板距室外地面 1.8m，覆土 1.5m，顶板厚 250mm、底板厚 500mm，负一层板厚 120mm，柱截面为 600mm × 600mm，梁截面为 500mm × 800mm，覆土重度取 18kN/m³。

建筑物自重标准值（不含活荷载）为 $W_k = 3950$kN

水浮力标准值：$F_w = 10 \times 9.2 \times 8.1 \times 8.1 = 6036$kN

$W_k / F_w = 3950 / 6036 = 0.654$＜1.05，不满足规范要求。

须采取抗浮措施，采用 6 根抗拔桩抗浮。

单桩承受的拔力标准值 $N_{tk} = (1.05 \times 6036 - 3950) / 6 = 398$kN

单桩竖向抗拔承载力特征值 R_{ta} 计算如下：

1）根据管桩端板锚固孔抗剪强度验算单桩抗拔承载力

根据《预应力混凝土管桩技术标准》JGJ/T 406—2017 式（5.2.10–2），

$$[N_t] = n'\pi(d_3 + d_4)\left(t_s - \frac{h_1 + h_2}{2}\right)f_v / 2$$

$$= 12 \times \pi \times (12 + 20) \times [24 - (9.5 + 6) / 2] \times 120 / 2 = 1175616\text{N} = 1175.616\text{kN}$$

式中：n' —— 预应力钢棒数量；

$\qquad$ d_3 —— 端板上预应力钢棒锚固孔台阶上口直径（mm）；

$\qquad$ d_4 —— 端板上预应力钢棒锚固孔台阶下口直径（mm）；

$\qquad$ h_1 —— 端板上预应力钢棒锚固孔台阶上口至端板顶距离（mm）；

h_2——端板上预应力钢棒锚固孔台阶下口至端板顶距离（mm）；

f_v——端板抗剪强度设计值（N/mm²），取 120N/mm²；

t_s——端板厚度（mm）。

2）根据管桩接桩连接处强度验算单桩抗拔承载力

根据《预应力混凝土管桩技术标准》JGJ/T 406—2017 式（5.2.10-3），

$$[N_t] = \frac{1}{4}\pi\left(d_5^2 - d_6^2\right)f_t^w$$
$$= 0.25 \times \pi \times (500^2 - 484^2) \times 215 = 2657193.6\text{N} = 2657\text{kN}$$

式中：d_5——焊缝外径（mm）；

d_6——焊缝内径（mm）；

f_t^w——焊缝抗拉强度设计值（N/mm²）。

3）根据管腔内填芯微膨胀混凝土深度验算单桩抗拔承载力

管桩内 3m 灌 C35 细石微膨胀填芯混凝土，根据《预应力混凝土管桩技术标准》JGJ/T 406—2017 式（5.2.10-4），

$$[N_t] = k_1 \pi d_1 L_a f_n$$
$$= 0.8 \times \pi \times 0.25 \times 3000 \times 0.35 = 659.4\text{kN}$$

式中：k_1——综合折减系数，取 0.8；

d_1——管桩内径（mm）；

L_a——填芯混凝土高度（mm）；

f_n——填芯混凝土与管桩内壁的粘结强度设计值，宜由现场试验确定；当缺乏试验资料时，C30 微膨胀混凝土可取 0.35N/mm²。

4）根据管腔内填芯混凝土纵向钢筋验算单桩抗拔承载力

管桩内 6Φ22 钢筋承受的抗拔力。

根据《预应力混凝土管桩技术标准》JGJ/T 406—2017 式（5.2.10-5），

$$[N_t] = A_{sd}f_y = 6 \times 380 \times 360 = 820800\text{N} = 820.8\text{kN}$$

式中：A_{sd}——填芯混凝土纵向钢筋总截面面积（mm²）；

f_y——填芯混凝土纵向钢筋的抗拉强度设计值（N/mm²）。

5）根据表 6.4-1 数据估算单桩竖向抗拔承载力特征值 R_{ta}

根据广东省标准《建筑地基基础设计规范》DBJ 15—31—2016 式（10.2.11-1），

$$R_{ta} = u_p \sum \lambda_i q_{sia} l_i + G_0 \text{（不考虑桩自重）}$$
$$= 0.5 \times \pi \times (19 \times 8 \times 0.65 + 15 \times 10 \times 0.65 + 1.4 \times 100 \times 0.7 + 0.5 \times 200 \times 0.85) + 0$$
$$= 595.5\text{kN}$$

式中：R_{ta} —— 单桩竖向抗拔承载力特征值（kN）；

$\quad u_p$ —— 桩周长，$u_p = \pi d$，对于扩底桩（扩底直径为 D），可按广东省标准《建筑地基基础设计规范》DBJ 15—31—2016 表 10.2.11–1 取值；

$\quad \lambda_i$ —— 抗拔摩阻力折减系数，如无试验数据时可按广东省标准《建筑地基基础设计规范》DBJ 15—31—2016 表 10.2.11–2 取值；

$\quad G_0$ —— 桩自重，地下水位以下取有效重度计算（kN）。

综合上述五项计算，取单桩上拔力设计值最小值为 659.4kN，则单桩竖向抗拔承载力特征值 $R_{ta} = 659.4 / 1.35 = 488$kN，偏安全地，取 $R_{ta} = 400$kN。

根据广东省标准《建筑地基基础设计规范》DBJ 15—31—2016 第 5.2.1 条有关规定，荷载效应按标准组合，抗浮稳定性计算为：

$$nR_{ta} + W_k \geq 1.05F_w$$

$(nR_{ta} + W_k) / F_w = (6 \times 400 + 3950) / 6036 = 1.052 > 1.05$，满足规范要求。

3. 管桩桩身承载力计算

1）桩身裂缝的控制计算

本工程基础环境类别为三类，根据《预应力混凝土管桩技术标准》JGJ/T 406—2017 及《混凝土结构设计规范》GB 50010—2010（2015 年版），桩身裂缝控制等级为一级，须满足 $N_{tk} \leq \sigma_{pc} A_0$。

根据《预应力混凝土管桩技术标准》JGJ/T 406—2017 表 A.0.4–1，桩型为 PHC500（125），$[A_0] = 151866 \text{mm}^2$，$[\sigma_{pc}] = 6.18\text{MPa}$。

$$\sigma_{pc} A_0 = 6.18 \times 151866 = 938531.88\text{N} = 938.5\text{kN} > 400\text{kN}$$

式中：σ_{pc} —— 管桩桩身截面混凝土有效预压应力（N/mm²）；

$\quad A_0$ —— 管桩桩身横截面换算面积（mm²）。

2）桩身轴心竖向受压承载力计算

根据《预应力混凝土管桩技术标准》JGJ/T 406—2017 表 A.0.5–2，桩型为 PHC500（125），桩身轴心受压承载力设计值为 $[N] = 3701$kN。

桩身轴心受压承载力标准值为 $3701 / 1.35 = 2741.5$kN > 1700kN，满足规范要求。

3）桩身轴心竖向抗拔承载力计算

根据《预应力混凝土管桩技术标准》JGJ/T 406—2017 表 A.0.5–1，桩型为 PHC500（125），桩身轴心受拉承载力设计值为 $[N_t] = 918$kN。

桩身轴心抗拔承载力标准值为 $918 / 1.35 = 680$kN > 400kN，满足规范要求。

根据上部作用力及单桩承载力特征值进行基础设计，地块内桩基础平面总图和塔楼桩基础平面布置图见图 6-32、图 6-33。

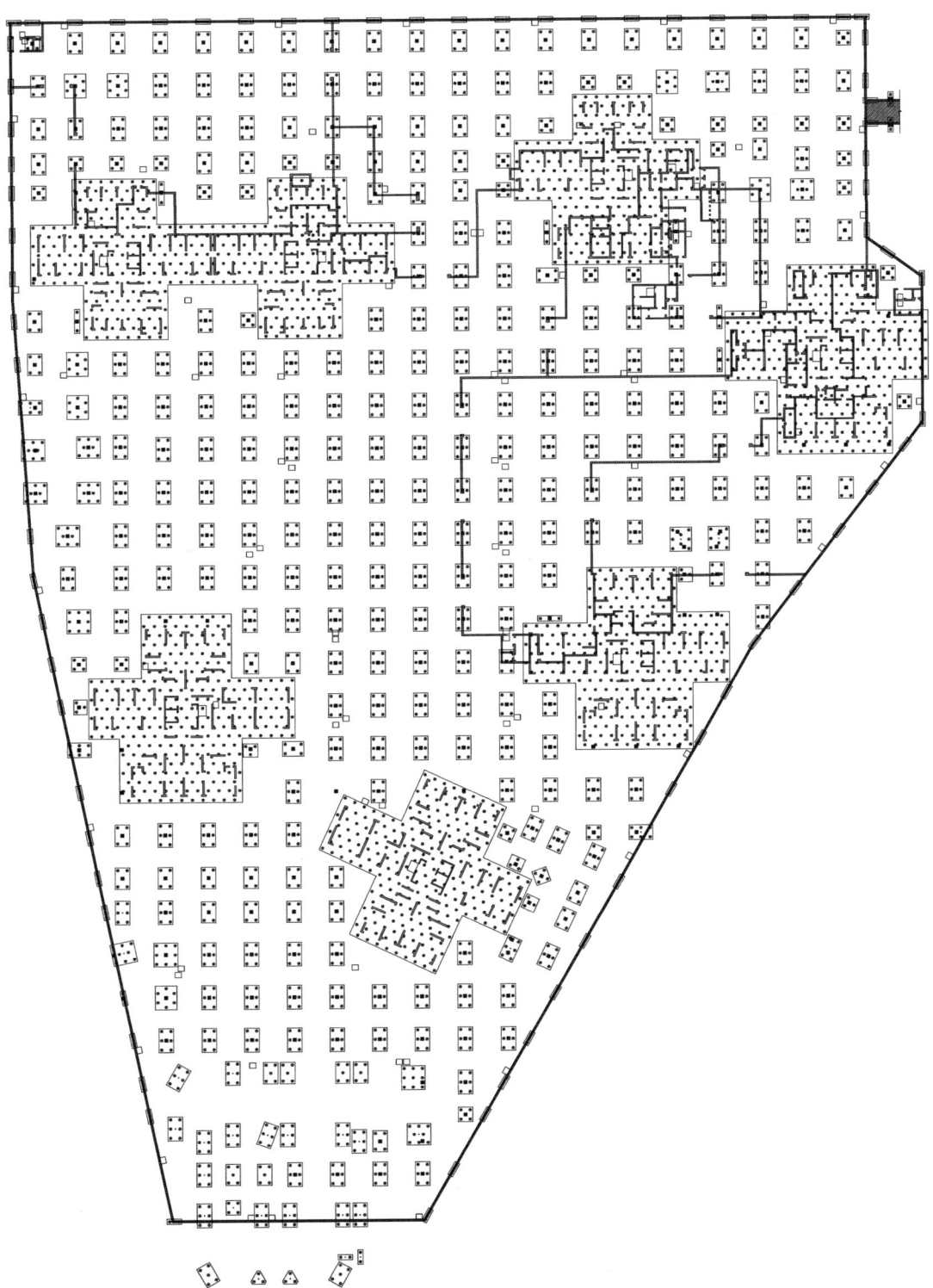

图 6-32　整体桩基础布置平面图

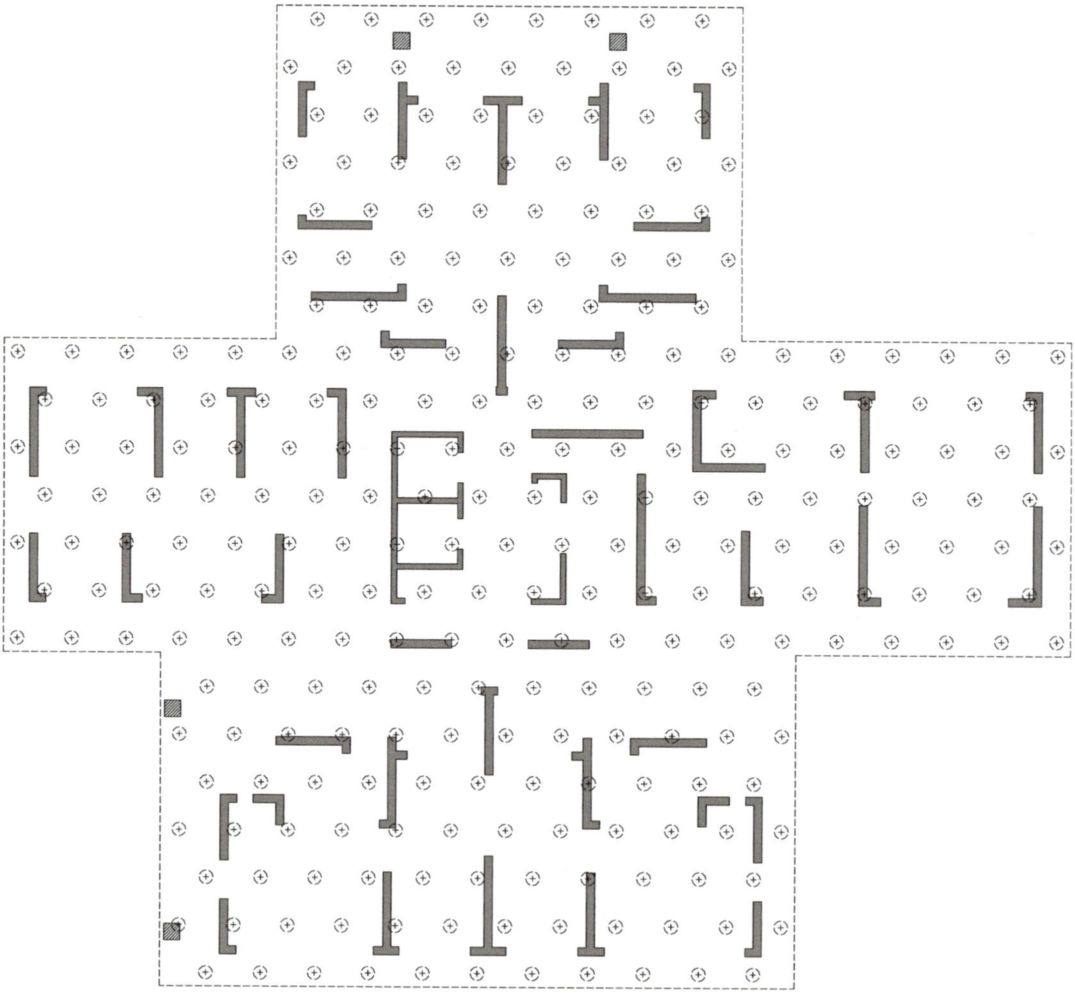

图 6-33 塔楼桩基础布置平面图

6.4.5　基础施工与检测

　　本工程先施工工程桩，后开挖基坑，工程桩施工完成后在地面进行检测，检测结果满足设计及相关规范要求。桩基检测完成后进行基坑开挖，开挖过程中出现基坑变形过大、地面开裂问题，工程桩出现偏桩，现场施工情况如图 6-34 所示。

1. 偏桩情况

　　土方开挖至设计标高后，对全部管桩

图 6-34 现场偏桩情况

进行桩顶水平位移和垂直度进行检测，同时聘请有资质的第三方检测单位对所有开挖出的管桩进行低应变检测。自检总桩数465 根，其中出现偏桩的超过设计规范要求的 12.9%，小应变检测其中 Ⅰ、Ⅱ 类桩284 根，Ⅲ 类桩 93 根，Ⅳ 类桩 58 根，上浮桩 30 根。现场检测情况见图 6-35。

图 6-35　现场检测照片

2. 偏桩原因分析

（1）场地存在深厚淤泥地质土，淤泥层达 10～40m 不等，场地未进行淤泥地基加固处理。尽管土方开挖时采用长臂挖机以及小型挖机倒土的方式，挖机下方回填砖渣以及铺垫钢板，但挖机工作和移动时仍会对管桩产生一定的影响，造成部分偏桩。

（2）土方开挖采取分区分层开挖，然基坑开挖非一日之功。淤泥地质流动性较强，分层开挖的土层高低差使淤泥流动，挤压管桩，造成桩基偏桩。

（3）对于长度较短的管桩，在施工过程中及后续承台开挖时，由于淤泥挤土效应，会产生一定上浮风险。

（4）受地质原因及岩层深度不同等因素，管桩送桩深度各不相同，在土方开挖过程中不能及时完成桩头切割，造成淤泥土对露出桩的挤压。

3. 设计处理方案

（1）对于部分 Ⅰ 类、Ⅱ 类桩，桩顶偏移量在 300mm 以内，且施工条件允许情况下，通过设计单位受力验算后，采取加大承台或者增设地梁的处理方案。

（2）对个别上浮桩，有复打条件的，先进行复压施工，然后重新进行检测；如复压后检测仍达不到设计要求的，经设计单位复核后采取补打管桩或灌注桩的方案。

（3）对于裙楼区域检测为 Ⅲ 类桩、单桩竖向承载力特征值小于 820kN 的管桩，须先经设计单位复核后，方可采用灌芯处理方案。将原设计桩芯钢筋笼延长到缺陷部位以下 3m 处，并用 C60 的膨胀混凝土灌捣振实，灌芯处理管桩的构造大样见图 6-36。

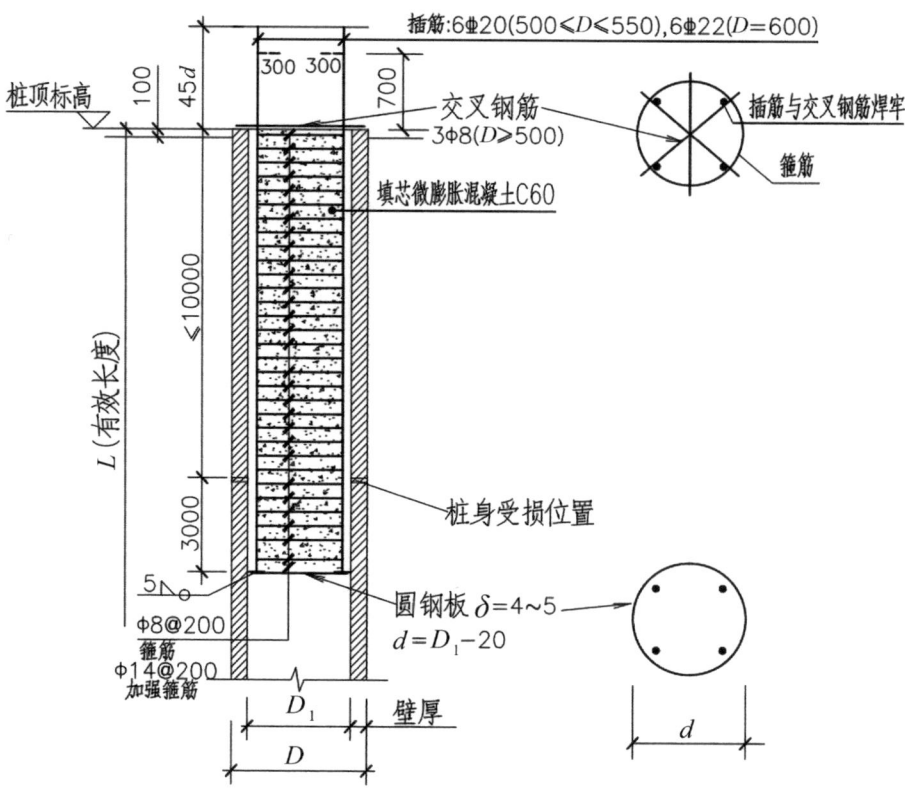

图6-36　管桩灌芯构造大样图

第 7 章 |

结语

预应力管桩在造价、工期方面对比混凝土灌注桩具有明显优势，在南沙地区得到了广泛的应用。但由于南沙地区淤泥深厚，土质条件差，应用预应力管桩易出现偏桩、断桩、浮桩、承载力离散性大等质量问题。为保证预应力管桩成桩质量，同时满足施工安全、施工进度和成本等方面的要求，需对预应力管桩设计、施工、检测等各环节进行更有效的控制。现针对南沙地区预应力管桩易出现的各种质量问题，应注意的问题和建议采取的措施总结如下：

1）南沙深厚软土区应用预应力管桩时应遵循方案先行、保证质量、费用可控的原则，建议在基础方案确定前编制专项设计和施工方案，针对不同的地质条件采取针对性的设计和施工措施，并结合造价和工期等限制条件进行论证，形成一致意见后方可开始下一阶段工作。

2）基础选型时可参考以下原则：

（1）当淤泥层厚度超过 40m 或场地为上覆淤泥层，持力层为厚度仅 0.0～1.5m 的强风化岩，其下即为坚硬的中微风化岩时优先采用大直径混凝土灌注桩；

（2）当淤泥层厚度为 20～40m 且中微风化岩面埋深超过 50m 时，优先采用 PHC600（130AB）以上级别的预应力高强度混凝土管桩；

（3）当淤泥层厚度在 20m 以内且残积土或全强风化岩层厚度大于 20m 时，可采用常用直径的预应力高强度混凝土管桩，如 PHC500（125AB）。

3）对深厚软土场地，在项目正式施工前建议进行软弱土体固化处理，如以下处理方式：

（1）工期允许时可对场地预先进行真空预压或真空预压 – 堆载处理

通过预压处理可明显提高软土的压缩模量和承载能力，有效减少管桩偏桩、断桩等质量问题的发生频率。预压处理施工工艺简单，能耗低，处理范围大，但需要的工期较长，适用于工期有保证的项目。

（2）搅拌桩土体加固

为了减少基桩偏位、桩身倾斜等质量问题，也可对场地软土采用水泥土搅拌桩进行加固，加固后软土承载力及压缩模量均会有明显提升，土方开挖对桩基的不利影响也大大降低。水泥土搅拌桩施工便捷，工艺成熟，但需要一定龄期才能达到设计强度，对工期有一定的影响，处理效果与桩的密度和加固深度有关，如受限于造价控制，可选择重点部位进行处理。

4）对于施工前应进行试桩的建议如下：

桩基大面积桩施工前应进行试桩，试桩数量不小于 6 根，验证桩基施工的可行性，并根据试桩中出现的问题和试桩结果总结施工参数，并有针对性地提出施工措施和施工工艺改进建议。

5）设置地下室的项目有条件时，管桩优先选择在基坑土方开挖后在坑底进行桩基施工。

基坑土方开挖后在坑底施工管桩，可避免土方开挖对已施工桩基的影响，也减少了送桩和截桩的工作量和不利影响。另外，在坑底进行桩基检测，桩基承载力检测值与实际值也更吻合。

因工期或其他条件限制不得不在原状地面施工时，应制定避免挖土导致管桩倾斜的基坑土方专项开挖方案，必要时可采取对管桩外侧土体进行加固处理的措施。可于塔楼及柱下承台周围环绕一周设置相互搭接的井格或格栅式搅拌桩，搅拌桩直径可为500mm，处理深度可为基坑底以下 6~10m；对于柱下承台，可仅在承台外围设置一排搅拌桩；对于桩基密集的塔楼范围，可沿塔楼外围设置 2~3 排搅拌桩。

在软土中需要送桩时，送桩深度一般情况下不宜超过 2m。如经充分论证，锤击桩送桩深度不应大于 6m，静压桩送桩深度不应大于 8m。

6）对于土方开挖措施的建议如下：

应根据场地条件对土方开挖场地进行合理分块，先挖区块与后挖区块的放坡坡度、开挖次序和分层厚度均应严格限制，必要时设置临时支撑，避免开挖过程因淤泥流动性大并由于打桩压桩过程积聚的挤压力、孔隙水压力向开挖方向释放，导致土体向开挖方向流动，导致桩基偏桩或断桩。基坑周边应避免堆载，运土车行走路线应尽量远离基坑边，减少对管桩的影响。

7）对于施工操作面硬化措施的建议如下：

为保证打桩、压桩等施工机械正常行走，并避免在行走过程因面层土体受压缩而产生侧向土压力，导致已施工的桩基偏桩，可在施工前在施工面铺填 1.0~2.0m 厚的砖渣或碎石层。

当淤泥土地基承载力特征值小于 50kPa 时，建议换填砖渣（碎石）厚度 2m；当淤泥土地基承载力特征值 80kPa 时，建议换填砖渣（碎石）厚度 1.0m，淤泥土地基承载力特征值为 50~80kPa 之间时，砖渣（碎石）换填厚度可取为 1.0~2.0m 之间。

8）对于管桩接头选择的建议如下：

偏桩、断桩破坏位置通常位于桩节间接头处，且南沙地区位于出海口，受海水影响，地下水或地基土对管桩的腐蚀性较强，为提高桩身抵抗水平推力的能力和保证桩接头耐久性，当淤泥层厚度大于 10m 且地下水土腐蚀性环境为中级时，管桩接头建议采用承载力和可靠度相比普通焊接接头均更好的机械啮合接头。机械啮合接头均在工厂制作加工，质量一致性好，施工工艺简单，受外界环境和施工工人的人为因素影响小，有利于保证预应力管桩接头质量和桩基抵抗竖向拔力、水平力。

9）对于软硬突变地质条件下管桩应用的建议如下：

南沙个别软土场地存在"上软下硬，软硬突变"的地质情况，即上部土层为厚度较大的淤泥或淤泥质土，下部为很薄的全风化、强风化岩层（厚度为 0～1.5m），全、强风化岩下即为坚硬的中、微风化岩。这种条件下采用预应力管桩，由于桩端入岩深度较少，桩端稳定性较差，打、压桩时桩基易压偏、断桩，破损率较高。为降低工程风险，一般应选择大直径混凝土灌注桩，但有些项目造价控制严格，采用大直径灌注桩的造价远超项目承受能力，在技术可行性、造价、风险、成本等各方面进行细致对比的基础上也可采用预应力管桩。但设计时应做到心中有数，预留相关费用和时间成本并采取以下措施：

（1）实施前应试桩；

（2）降低单桩承载力特征值；

（3）采用静压法进行施工并控制压桩速度；

（4）采用抗滑移能力强的十字形、锯齿形桩尖，当岩面倾斜角度大于30°时，可选用 H 形桩尖；

（5）对于基本没有嵌固层的部位采用引孔植桩的工法进行施工，即采用旋挖钻机成孔（成孔直径可比管桩直径大 50～100mm），在孔内灌注水泥砂浆或细石混凝土，再将管桩沉入，形成复合桩基。

10）对于软土下为稍密～中密砂土场地条件下的管桩应用有以下建议：

场地上浮土层为淤泥或淤泥质土，其下为一定厚度的稍密～中密的砂土层，南沙地区大部分区域的粉细砂一般为中密～密实状态，标贯击数大于15击，这样的地质条件静压桩基很难穿透砂土层，桩基承载力不易保证。这种条件采用管桩应进行充分的论证，并可采取以下措施：

（1）优先采用锤击预应力管桩。

（2）桩端采用一体化桩尖；一体化桩尖能有效穿透厚度不大的中细砂层，并避免可能存在的桩尖渗水导致的桩端强风化岩层软化问题，有利于保证和提高单桩承载力。

（3）采用搅拌植桩或长螺旋压灌植桩法进行桩基施工，即先通过搅拌桩基或长螺旋桩基成孔并穿透砂层，在孔内灌注水泥砂浆，然后沉入桩基成桩。

11）对于中强腐蚀地场地管桩的应用有以下建议：

当地下水或地基土对混凝土、钢筋和钢零部件有弱腐蚀时，宜选用直径≥400mm的 AB 型、B 型或 C 型 PHC 管桩，当管桩接头不能位于无氧层时，应按照相关标准、规范的规定采取有效的防腐措施；当地下水或地基土对混凝土、钢筋和钢零部件有中～强腐蚀时，宜选用直径≥400mm 的防腐管桩，管桩接头应按照相关标准、规范的规定采取有效的防腐措施，或选用调整预应力钢棒 D_p 值的厚壁桩，增加保护层厚度，增强桩身抗腐蚀性能。